정치적 소통과 SNS

나남
nanam

한국언론학회

한국의 언론 및 커뮤니케이션에 관한 연구, 교육, 조사분석을 행하며 국내외 관련학계와 학술교류를 하고 있습니다. 언론협업과 학계 간의 친목과 협력을 도모함으로써 한국 언론의 올바른 위상을 정립하고 언론인의 자질과 전문성을 함양하는 데 힘씁니다. 산학 협동의 바람직한 결실을 통해 올바른 언론문화 창달과 언론의 공익적 과업을 완수하는 데 공헌하고자 합니다.

나남신서 1647

정치적 소통과 SNS

2012년 10월 10일 발행
2012년 10월 10일 1쇄

엮은이 • 한국언론학회
발행자 • 趙相浩
발행처 • (주) 나남
주소 • 413-756 경기도 파주시 교하읍
출판도시 518-4
전화 • (031) 955-4601(代)
FAX • (031) 955-4555
등록 • 제 1-71호(1979.5.12)
홈페이지 • http://www.nanam.net
전자우편 • post@nanam.net

ISBN 978-89-300-8647-9
ISBN 978-89-300-8001-9 (세트)
책값은 뒤표지에 있습니다.

나남신서 1647

정치적 소통과 SNS

한국언론학회 엮음

나남
nanam

Political Communication and SNS

Edited by

Korean Society for Journalism & Communication Studies (KSJCS)

nanam

발 간 사

2012년 현재 우리 사회에 불어 닥친 소셜미디어의 열풍은 미디어 지형을 크게 흔들고 있습니다. 초고속 인터넷 기능을 탑재한 스마트폰이 널리 확산되면서 본격적으로 도래한 모바일 인터넷 시대는 SNS가 소통의 중심으로 들어올 수 있는 길을 터 주었습니다. 아직 매스미디어의 위력이 사라지지는 않았지만, 많은 사람들이 SNS를 통해 사회적 관계의 범위를 확장시키고 메시지의 파급효과를 배가시켰습니다. 그리고 매스미디어의 영향권에서 벗어난 네티즌들은 SNS를 활용하여 그들만의 소통공간을 구축하면서 정치커뮤니케이션 영역에 적극적으로 참여하고 있습니다.

SNS 이용자들의 소통관련 활동 중에는 공적 이슈에 관한 언급도 적지 않으므로, SNS가 여론을 형성하거나 동원하는 기능을 수행하는 단계까지 도달했다고 볼 수 있습니다. 특히 국회의원 선거와 대통령 선거를 한 해에 치르는 2012년은 SNS의 정치적 효과를 직접 관찰할 수 있는 기회를 제공하였습니다. SNS에 관한 경험적 연구가 늘어날 수 있는 정치적 환경이 조성된 것입니다. 따라서 SNS가 선거에 어떤 영향을 미칠지는 학계나 정계뿐 아니라 미디어업계에게도 지대한 관심사로 떠올랐습니다. 정치일선에서는 블로그, 트위터, 페이스북 등 SNS를 효과적으로 이용하려는 전략짜기에 여념이 없었으며, 미디어업계에서도 새로운 매체인 소셜미디어에 적절하게 대응하거나 활용하려는 지혜를 짜내고 있습니다. 인터넷이 촉발한 여론동원이 촛불시위로 이어져서 정치판을 뒤흔들었던 과거의 사례를 상기해 볼 때, SNS에 쏠리는 관심은 충분히 예상했던 것입니다.

인터넷 선진국으로 인정받으며 소셜미디어 활용에서도 타의 추종을 불허하는 한국은 SNS의 정치적 영향력이 어떠할지를 과학적으로 가늠해 볼 수 있는 하나의 거대한 실험실입니다. SNS는 우리에게 새롭고 편리한 소통의 경험을 선사하고 있습니다. 어려운 상황에 처한 사람들을 도와주거나, 홍수나 사고 등 주변에서 일어난 중요한 상황을 즉각적으로 알려주고, 정치적 견해를 표현하거나 투표 인증샷을 확산시키는 등 정치참여를 독려하는 행위는 SNS가 지닌 긍정적인 면을 부각시켰습니다.

그러나 소통기술이 아무리 발달했다고 해서 한 사회의 소통문제가 저절로 해결되는 것은 아닙니다. 소통기술을 둘러싼 정치, 사회, 경제, 문화영역이 기술의 제도화에 미치는 영향이 적지 않기 때문입니다. 따라서 SNS를 통한 소통활성화가 반드시 합리적이고 건전한 토론공간을 보장하지는 않습니다. 온라인 공간에서 인신공격, 욕설 그리고 막말이 미치는 부정적 영향에 대한 사례가 적지 않습니다. 또한 인터넷과 SNS를 통해 맺은 유유상종의 커뮤니티가 제공한 토론공간이 의견다양성을 확보한 공론장의 모습을 보이기보다는 비슷한 의견만을 공명시키는 울림방으로 전락했다는 지적도 있습니다.

이렇듯 SNS는 이전에 등장했던 모든 소통매체처럼 양면성을 지녔습니다. 문제는 긍정적 영향이든 부정적 영향이든 간에, 그것이 발현되는 구체적 상황과 조건에 대한 학술적 분석이 필요하다는 것입니다. 이런 분석에 기초한 지식을 갖추었을 때 SNS를 유용한 방향으로 제도화할 수 있는 정책적 지혜를 짜낼 수 있을 것입니다. 이런 맥락에서 제38대 한국언론학회는 SNS가 한국 사회의 정치적 소통에 미치는 영향을 과학적으로 평가하는 연구를 진행하고, 그 결과물을 발표하는 학술대회를 열기로 결정했습니다. 이에 윤석민 교수를 위원장으로 하는 기획위원회가 구성되었고, 수개월에 걸친 논의 끝에 세부 주제와 필진을 선정하였습니다. 기획위원회는 주제와 필진을 선정하는 과정에서 두 가지 원칙을 지키고자 했습니다. 하나는 SNS를 통한 소통이 영향을 미치는 영역은 다양하지만, 여기서는 저널리즘 혹은 여론형성 및 정치커뮤니케이션 현상과 직접 관련된 영역만을 다루고자 했습니다. 다른 하나는 SNS를 기술적(*descriptive*)으로 소개하는 교과서식 지식을 축적해 놓은 연구는 제외시켰으며, SNS 소통현상을 이론적으로 설명(*theoretically explain*)하고자 하는 연구결과를 통해 한국 사회의 SNS 이론을 정립하는 데 직접적으로 기여할 수 있는 연구만을 포함시키고자 했습니다. 기획위원회의 헌신적 봉사와 꾸준한 노력이 결실을 맺어 2012년 6월 1일에는 한국프레스센터 기자회견장에서 학술대회를 개최하여 연구논문을 발표하였습니다. 이 행사에는 언론학자뿐 아니라 정치학자, 심리학자, 법학자를 초빙하여 이른바 다학제적 접근을 실현하고자 노력한 결과, 언론학회 회원뿐 아니라 현업종사자, 대학원생과 시민들이 다수 참석하는 대성황을 이루었습니다.

이 책은 학술대회에서 제기된 토론내용에 기초하여 수정과 보완작업을 거친 결과물을 엮은 것입니다. SNS는 최신의 소통매체이므로 이 영역의 연구결과가 아직 많이 축적되지 않은 상황입니다. 그럼에도 불구하고 이 분야에서 가장 활발하고 충실하게 연구활동을 펼친 필진을 엄선하였고 학술대회의 발표를 통해 논문의 완성도를 더욱 높였으므로 이 책이

SNS 소통 연구자뿐 아니라 SNS에 관심을 지닌 학생들이나 시민들에게도 필독서가 될 것이라고 자부합니다. 이 책이 제공하는 다양한 이론적 논의를 통해 SNS와 정치적 소통의 관계를 총체적이고 심층적으로 이해할 수 있기를 기대합니다.

마지막으로 이 책이 세상 빛을 보기까지 수고해 주시고 도움을 주신 여러분들께 감사드립니다. 오랜 기간 동안 수고를 아끼지 않으신 윤석민 기획위원장을 비롯한 기획위원들과, 잦은 재촉과 수정요구를 마다하지 않고 훌륭한 논문을 저술해 주신 23인의 필자 선생님들께도 감사의 인사를 드립니다. 이 연구를 후원해주신 한국언론진흥재단, 한국방송공사 그리고 조선일보 미디어연구소에도 이 지면을 빌려 감사의 마음을 전합니다. 또한 이 책의 출판을 선뜻 수락해주신 나남출판의 조상호 사장님께도 감사드립니다. 이 책의 발간을 통해 한국언론학회가 학문적 내실을 굳건히 다지고 한국사회의 소통현상 연구에 더욱 크게 기여하기를 기원합니다.

제 38대 한국언론학회장

윤 영 철 (연세대)

정치적 소통과 SNS

차 례

2부 SNS와 정치참여

제4장 **SNS를 통한 정치참여**_ 정일권

제5장 **SNS와 정당정치 변화**_ 조화순

제6장 **19대 국회의원 선거에서의 SNS 선거캠페인**_ 이소영

1부

SNS에 대한 이론적 이해

제 1 장

저널리즘과 SNS

임영호

SNS, '저널리즘'을 말하다

SNS(*social networking service*, 이하 SNS)가 저널리즘을 혁명적으로 바꿔놓고 있다. 이 표현에는 여러 가지 의미가 복합적으로 함축되어 있다. 만일 특정한 기능을 담당하는 사회제도라는 의미에서 저널리즘을 이해한다면, 신문이나 방송 등 전통적 언론매체의 위상이나 역할이 SNS의 등장으로 크고 작은 변화를 겪고 있다는 뜻이 된다. 뉴스를 제공하고 사람들의 태도와 의견에 영향을 미치며 궁극적으로 여론을 형성하는 일은 지금까지 대중매체의 전유물이었지만, SNS라는 새로운 미디어의 등장은 저널리즘의 직업관행과 규범을 위협하면서 많은 현안들을 던져주고 있다. 즉, 이때 문제는 SNS라는 환경의 도전에 직면한 저널리즘 매체의 위기가 된다.

반면에 저널리즘을 특정한 제도가 아니라 뉴스제공과 여론형성이라는 사회적 기능으로 간주한다면, 이는 SNS가 전통적인 저널리즘 매체와 사적 통신채널의 경계를 무너뜨리면서 사회적 커뮤니케이션 구조 자체를 어떻게 근본적으로 바꾸어놓고 있는가 하는 관점에서 접근할 문제다. 공적 뉴스제공과 사적 대화 간의 경계가 허물어지고 있다든지, 정보이용의 편식성이 심화된다든지, 여론형성과정이 사실과 논리 위주에서 감성과 공감에 근거한 소통방식으로 바뀐다든지 하는 현상들은 특정 업종을 넘어서 사회 전체의 중요한 의제가 된다.

물론 이 두 가지 유형의 변화들은 서로 밀접하게 얽혀있다. SNS는 비록 제도화된 저널리즘 매체는 아니지만, 저널리즘의 정보제공, 여론형성 기능을 실질적으로 수행하면서 사회적 영향력을 행사하고 있으며, 이러한 영향력에는 사실상의 권력행사에 대한 책임문제가 따르게 된다. SNS를 통한 소통에서 팩트가 실종되고 감정표출이 여론을 좌지우지하며 공론장이 파편화하는 등 사회적으로 심각한 상황이 초래되고 있다면, 이것 역시 주류언론의 폐해와 마찬가지로 중요한 공적 의제로 다뤄질 필요가 있다. SNS의 확산에 따른 문제점들을 어떻게 개선할 것인가 하는 문제는 사회 전체 차원에서 함께 고민해야 할 문제이지만, 동시에 이러한 환경에서 전통적인 저널리즘 매체는 자신의 새로운 역할을 어떻게 정립할 것인가 하는 문제를 피해갈 수 없다.

현재 우리가 SNS에서 목격하는 소통문화의 특징들이 순수하게 SNS라는 테크놀로지의 기술적 속성에서 비롯한 것이라고는 할 수 없다. 그보다는 이 현상들은 오래전 신문에서 시작해 텔레비전, 인터넷을 거치면서 진화한 저널리즘 매체의 역사적 맥락에서 파악해야 한다. 현재 SNS가 저널리즘 매체로서 지닌 특성과 문제점 역시 과거 올드미디어의 저널리즘이 안고 있던 해묵은 문제점과 분리해 생각할 수 없다. SNS에서 흔히 보이는 불신과 분노의 문화는 바로 직전 시기 인터넷의 비방과 악플 문화에서 전승된 것이지만, 더 길게 보면 권위주의 시절부터 주류신문들이 보여준 신뢰성 위기와 무관하지 않을 것이다.

과거 특정한 맥락 속에서 우연한 계기로 형성된 문화나 관행은 그 다음 단계에 적지 않은 영향을 미치며, 이를 수용・변용하면서 생겨난 것이 바로 현재 우리 사회의 자화상이다. 바로 이 점에서 이 글은 SNS와 전통적인 저널리즘 매체 양자의 문제점에 대한 문제제기이자, 현재 한국사회 소통문화 전반의 문제점에 대한 성찰의 성격을 띤다.

SNS로 위협받는 저널리즘 매체의 위상

1) 뉴스 개념의 변화

우리는 대화를 통해 새로운 정보나 소식을 접하는데, 이는 SNS환경에서도 마찬가지다. 사람들은 신문이나 포털에서 읽은 대통령 선거나 한·미 FTA처럼 무거운 시사문제에서 시작해 맛집이나 취미, 쇼핑 같은 개인적 관심사, 애인이나 친구들의 신상 소식 등 온갖 것들을 대화의 주제로 삼는다. 물론 신문이나 방송사에서 다룰 정도로 중요한 정보도 있지만 '점심 먹었냐?', '잘 지내냐?' 하는 의례적이고 알맹이 없는 소식 주고받기도 대화의 주된 항목 중 하나이다. SNS를 통해 교환하는 정보 중에는 객관적으로 그다지 중요하지 않아서 제 3자에게는 거의 무의미한 내용이 많은 부분을 차지한다. 과거 신문이나 텔레비전을 통해서 뉴스를 접하던 것처럼, 지금 우리는 SNS에서 온갖 종류의 새로운 정보를 얻는다.

다만 이러한 새로운 뉴스 유통구조는 기본적으로 이용자들의 참여를 통해 유지된다는 점이 다를 뿐이다. 여기서는 이용자들이 이전의 대중매체와 똑같이 글을 올리고 공유, 유통할 수 있으며, 때로는 이 글이 엄청난 반향을 일으키면서 사회적 관심사로 부각되기도 한다. 실제로 뉴스를 만들어내는 것은 평범한 개인이 될 수도 있고 이전처럼 미디어일 수도 있다. 그렇지만 SNS의 뉴스 유통과정에서는 정보의 출처와 상관없이 사람들이 관심을 보여주어야만 뉴스로 인정받을 수 있다. 맛집 정보나 개인 신상 관련소식도 사람들의 관심만 끌 수 있다면 널리 확산된다. 물론 이전의 저널리즘 매체와 달리, 여기서는 객관적이고 체계화된 뉴스의 판단기준은 존재하지 않는다. 뉴스란 언론사 내부의 생산과정에서 자격이 결정되는 게 아니라, 유통과정에서 일반인들이 인정만 해주면 어떤 정보든 뉴스거리로 탈바꿈한다. 즉, 일반 이용자들이 뉴스의 최종 심판관 역할을 맡는 셈이다.

물론 사람들이 SNS에서 유통시키며 화젯거리로 삼는 뉴스는 상당부분 신문이나 방송, 포털에서 얻은 정보를 토대로 한다. SNS시대의 이용자들은 과거의 신문기사처럼 새로운 정보를 발굴해 제공하기는 어려우며 대개 남의 정보를 차용해 재활용하는 데 그친다는 점에서 독창적인 생산자라 할 수는 없다. 그렇지만 이들은 남에게서 얻은 진부한 정보에 살을 붙이고 의미를 부여하여(남들에게 호소력 있는) 자신의 이야기로 만들어낸다는 점에서 나름대로 적극적이고 생산적인 이용자 역할을 한다고 볼 수 있다. 이제 뉴스란 전문가가 정해놓은 어떤 객관적인 기준을 충족하는 것이라기보다는 나에게 관련성이 높은 정보를 의미하게 되었다. 이는 SNS환경에서는 뉴스개념 자체가 그만큼 확장되고 다원화했음을 뜻한다.

지금까지 저널리즘의 모든 관행은 '선별성'과 '구분'이라는 키워드로 특징지어졌다. 직업적으로 확립된 뉴스가치에 근거해 뉴스는 뉴스가 아닌 것과 구분되었다. 더 나아가 의견과 보도기사는 엄격하게 분리되었으며, 보도는 오락과 별개의 장르로 인식되었다. 물론 여러 저널리즘 교과서에서는 시의성, 근접성, 저명성, 영향성, 인간적 흥미 등을 뉴스가치 판단기준으로 들고 있지만(임영호, 2005, p. 133), 합의된 기준은 마련되어 있지 않다. 하지만 여기서 주목할 부분은 바로 뉴스를 걸러내는 체계적인 기준이 어떤 형태로든 존재하며, 이것이 언론인의 중요한 직업적 안목이자 자질이라는 것이다. 언론인이 일반 수용자들과 차별화되는 부분은 바로 이러한 선별작업을 수행할 판단력을 갖추었다고 인정받는다는 점이다.

이 때문에 지금까지 뉴스 이용자에게 뉴스 소비라는 단어는(유익하지만 귀찮고 힘든) 의무적 행위를 함축하며, 오락 장르의 이용과 뚜렷하게 구분되는 행위로 간주되었다. 하지만 SNS에서는 이러한 구분이 사라지고 정보의 이용과 오락 행위 등이 혼재, 공존, 융합된다. 사람들은 친구들과 가상공간에서 만나 정보와 정서를 공유하면서 관계를 만들어가고 때로는 서로 말장난을 치면서 즐기기도 한다. 이처럼 SNS에서는 관계 맺기, 오락, 정보공유가 떼놓을 수 없는 한 덩어리이므로, 뉴스의 경계를 엄격하게 확정하기란 거의 불가능해졌다(김은미 외, 2011, p. 159). 더구나 사람마다 필요로 하는 기능들의 조합이 다양하기 때문에 뉴스 개념 역시 개인의 여건에 맞춰 정해지는 유동적인 개념으로 바뀌었다.

기술적으로도 엄청난 양의 정보가 쏟아져 나오며 빠른 속도로 유통하는 SNS

환경에서는 뉴스거리를 판단해 걸러내는 일이 사실상 불가능할 뿐 아니라 무의미해졌다. 꼭 알아야 할 중요한 정보가 사람에 따라 다르다면 뉴스를 하나의 잣대에 따라 선별할 수가 없기 때문이다. 그래서 올드미디어 시대에 뉴스생산 과정에서 이루어졌던 게이트키핑은 불가능할 뿐 아니라 의미도 없다. 어떻게 보면 모든 게 뉴스가 되면서 뉴스의 외연확장이 이루어졌다고 할 수도 있고, 정보의 홍수 속에 진짜 뉴스가 파묻혀버려 저널리즘 기능 자체가 와해되었다고 극단적으로 평가할 수도 있다. 적어도 분명한 것은 과거 올드미디어 시대의 뉴스 개념으로는 SNS 환경에서 저널리즘의 의미나 기능을 파악하기 어려워졌으며, 언론매체의 역할 역시 새롭게 규정할 필요가 있다는 점이다.

2) 모바일에 기반을 둔 유목성 뉴스이용

SNS 등장 이후 뉴스 이용방식에서 일어난 또 한 가지 변화는 정보소비의 시공간적 구조의 측면에서 풀이할 수 있다. 19세기 신문의 전성기에는 매우 정태적인 뉴스 소비방식이 지배적이었다. 사람들은 주로 거실이나 사무실에서 편히 앉은 자세로 종이에 인쇄된 뉴스를 읽었다. 당시 기준으로는 사람들이 붐비는 전차에서 신문을 읽기 시작한 것조차 신문이용에서 획기적인 변화라 평가할 수 있을 정도다. 제한된 지면에 많은 정보를 담아야 하는 매체특성 때문에 체계적인 관행에 따라 특정 시점에서 선별, 가공되고 압축된 정보형태로 뉴스를 수용해야 했던 것도 주목할 만한 점이다. 라디오나 텔레비전이라는 전자매체의 등장은 신문매체의 본질적 특성이던 거리나 공간적 장벽을 무너뜨렸다는 점에서 뉴스이용이나 뉴스에 대한 인식을 크게 바꾸어놓았지만, 사람들은 여전히 제한된 채널과 방송시간이라는 틀 안에서, 그리고 선별, 편집된 뉴스를 시간순으로 수용하는 수동적인 소비자라는 점에서는 변화가 없었다.

인터넷의 등장은 이처럼 공간적, 시간적인 제약에서 수용자들을 해방시켰고 이를 기반으로 뉴스 '이용' 개념 자체를 바꿔놓았다. 하드웨어 측면에서 볼 때 사람들은 전 세계 구석구석을 이어주는 인터넷이라는 모세혈관을 통해 국경이나 거리, 사회적 장벽을 넘어서 서로 긴밀하게 연결된 탈공간적인 소통환경에 익숙해졌다. 방송시간이 지나면 내용이 날아가 버리는 이전의 방송과 달리 시간에 구애받지 않고 글을 검색해 읽고 쓸 수 있다는 점에서 시간적 장벽도 존재하지 않는다. SNS의 확산은 바로 인터넷이라는 기술적, 문화적 하부구조 위에서 이루어졌으며, 인터넷 특유의 개방적이고 참여적인 문화를 상당부분 계승한 상태에서 진행되었다고 할 수 있다.

과거 올드미디어 시대의 뉴스이용이란 생산자인 전문 언론인이 제공한 뉴스의 수동적인 소비에 그쳤으며, 이용자들이 여기에 피드백을 제공하거나 생산에 참여할 수 있는 경로는 매우 제한적이었다. 그런데 이제 사람들은 인터넷에서 접한 정보를 퍼 날라 널리 확산시키고 댓글로 의견을 덧붙일 수도 있으며, 블로그 형태로 자신만의 매체를 별도로 운영할 수도 있다. 생산과 소비의 시간·공간적 경계와 거리를 무너뜨리고 그 위에 양자가 융합된 새로운 이용개념이 형성된 것이야말로 인터넷이 남긴 가장 두드러진 전통이다.

SNS는 바로 인터넷의 이러한 전통의 연장선에서 때마침 발전한 모바일이라는 새로운 하드웨어를 활용해서 뉴스이용에 이동성을 가미하여 더욱 개방적이고 참여적인 문화를 발전시켰다. 인터넷과 달리 SNS는 지하철, 화장실, 식당 등 장소를 가리지 않고, 사회적으로 규정된 근무시간이라는 시간적 라이프사이클에 얽매이지 않고 언제든 메시지를 읽고 쓸 수 있다는 장점이 있다. 예를 들어 발리에 지진이 일어났을 경우 한 관광객이 디지털 카메라로 찍어 모바일로 트위터나 유튜브에 올리면 전 세계 사람들이 실시간으로 재난현장을 눈으로 목격할 수 있다. 이제 사람들은 이동하면서 실시간으로 서로 소통하는 시대에 접어들었고, SNS는 이러한 유동적인 환경에 적합한 사고, 감각과 소통방식을 널리 확산시키는 데 기여했다고 평가할 수 있다.

말하자면 석기시대의 유목민적 삶의 방식이 21세기 소통문화에 접목된 셈이다. 이제 SNS는 이용자의 이동성에 기반을 두고 실시간으로 정보를 소비하고 유포하며, 이용자들이 생산에 적극적으로 참여할 수 있는 기반을 마련해주었다. 이는 SNS가 정보유통에서 '초(超) 속보성'을 본질적인 특성으로 삼게 되었다는 뜻이다. 이는 또한 이러한 환경에서는 뉴스이용자들이 실시간으로 접한 뉴스에 대해 차분하고 논리적인 사고에 근거해 반응하기보다는 감각적·즉흥적으로 대응하고 글을 쓰는 등 뉴스의 인식이나 속성에서도 상당한 변화가 일어날 수 있음을 시사한다.

3) '초'속보성과 정보에 대한 인식변화

2009년 각 언론의 사회면을 장식한 강남 파이낸스타워 화재는 현장에서 대피하던 시민이 트위터로 처음 소식을 전했다. 같은 해에 전 세계를 경악시킨 아이티 대지진이라는 초대형 뉴스 역시 유수 언론매체가 아니라 사고현장을 목격한 개인이 트위터에 올리면서 본격적으로 전파된 것이다. 트위터를 비롯한 SNS는 과거 어떤 뉴스매체도 따라올 수 없을 정도로 사건현장의 소식을 빠르고 생생하게 전파하는 뉴스매체 기능을 이미 수행하고 있다. 특히 모바일에 기반을 둔 SNS 환경에 비추어 보면 19세기 뉴스매체의 속보성이란 우스운 수준이었다 해도 무방할 것이다. 과거 신문의 뉴스가 뛰는 정도의 속보성을 갖추었다면 21세기 SNS 환경에서 정보유통은 거의 빛의 속도로 번져나간다고 말할 수 있다. 저널리즘의 오랜 전통에서 속보성에 근거한 특종은 늘 직업적인 전문성과 자부심의 핵심요소였지만, 이제 기본적으로 속보성 면에서 뉴스매체는 SNS와 경쟁상대가 되기 어렵다.

설혹 어떤 사건에 관해 특종을 터뜨리지는 못하는 상황에서도 트위터는 기자들의 취재망에 걸리지 않는 보충정보를 속속 제공할 수 있기 때문에, 뉴스전개의 중요한 일부가 되고 있다. 트위터는 언론의 손길이 미치지 못하는 영역에서 새로운 뉴스를 발굴해낼 뿐 아니라 기존 뉴스매체가 제공하는 뉴스의 확산속도를 높이는 데도 크게 기여한다. 이용자들은 모바일을 들여다보다 흥미 있는 기사를 발견하면 트위터나 페이스북을 통해 주변에 퍼뜨리며, 이렇게 해서 뉴스는 훨씬 빠르게 확산한다. 물론 이 과정에서 뉴스는 다양한 팩트를 추가하면서 진화하기도 한다. 이에 따라 SNS 환경에서 이제는 뉴스에 대한 우리의 인식도 바꿔야할 것 같다. '생각을 올리는 게 아니라 올리면서 생각한다. 때로는 올리고 나서 차차 생각한

다.'

이처럼 SNS에서 유통되는 정보가 초속보성을 본질로 하게 되면 뉴스에 대한 우리의 관념이 어떻게 바뀌게 되는지 이해하기 위해서는 현재 정보개념에서 일어난 변화를 긴 역사적 관점에서 살펴볼 필요가 있다. 적어도 전통적 언론매체에 국한해서 볼 때 뉴스를 직업활동의 중심으로 여기는 저널리즘 문화나 관행은 19세기의 산물이다. 당시에는 정보란 기본적으로 개인의 편견이나 미신과 구분되는 과학적이고 객관적인 실체로서 사람들의 이성적 판단에 필수적인 자원이라는 낙관적인 세계관이 통용되었고, 신문은 책과 더불어 이처럼 희귀하면서도 소중한 자산이던 정보를 일반대중이 값싸고 빠르게 접할 수 있는 유일한 경로나 마찬가지였다. 당시의 세계관에서는 정보가 곧 진리는 아니었지만, 객관적이고 정확한 정보는 진리로 가는 지름길로 여겨졌다. 신문이 책과 다른 점은 단지 지식이 아니라 정보를 담았고, 속보성을 중시한다는 점이다. 급격한 변화의 시대이던 19세기 사람의 눈으로 볼 때, 신문은 사람들이 예측 불가능한 환경변화에 빠르게 대처할 수 있게 해주는 귀중한 정보의 보고였다.

하지만 20세기 이후에 이르면 정보는 더 이상 자원 대접을 받지 못하게 된다. 수많은 정보채널이 등장하면서 정보가 넘쳐나고 인간의 한정된 인지능력으로 이를 다 소화하기란 원천적으로 불가능해졌기 때문이다. 귀중한 자원이던 정보가 이제는 오히려 공해로 취급되기 시작했다. 이러한 인식을 조장하는 데는 속보성을 생명처럼 여기는 언론인의 직업가치도 한몫했다. 속보성이란 미완성 상태의 정보를 전제로 하는 것이며, 치열한 속보경쟁 때문에 불완전하고 단편적인 정보가 넘쳐나게 된 것이다.

정보에 대한 인식이 변화한 데에는 21세기의 시대적 분위기도 크게 작용했다. 정보는 사실이고 사실은 개인의 주관적 판단에서 벗어난 객관적 실체이며, 이것들이 축적되면 어떤 사안에 내재한 진리에 도달하는 경로를 발견할 수 있을 것이란 19세기의 믿음은 많이 퇴색하였다. 그 대신에 사실이란 맥락에 따라 의미가 달라질 수 있다는 상대주의적이고 불가지론적인 관점이 지식에 대한 지배적인 생각이 되었다. 이러한 시대 분위기에서 저널리즘이란 불신과 회의의 대상이 되기 쉬운데, 우리 시대 언론의 중요한 화두가 된 저널리즘의 신뢰성 위기 역시 이와 무관하지 않을 것이다.

초고속으로 실시간 정보를 양산해내는 SNS의 정보유통 구조는 바로 이러한 시대적 추세의 단면을 극단적 형태로 보여준다. 어떤 면에서는 SNS가 지닌 정보유통에서의 초속보성은 이러한 시대적 흐름을 가속화하는 결정적 요인이라 할 수 있다. SNS는 한편으로는 과거의 정보독점 구조를 허물고 빠르고 자유로운 유목민적 정보유통 문화의 밝은 모습을 약속하면서도, 다른 한편으로는 가볍고 즉흥적인 정보의 범람으로 오히려 정보의 질적 빈곤 속에 서서히 빠져드는 우리 시대의 지적 현주소를 극단적으로 대비해서 보여준다.

4) 의제설정 기능의 변화

한때 미디어가 우리의 생각이나 의견을 바꿔놓을 정도로 막강한 영향력을 발휘한다고 믿은 적이 있다. 많은 실증적 연구를 통해 검토해본 결과 이러한 믿음은 상당부분 깨졌지만, 사람들이 주변환경을 인지하는 데 미치는 효과라는 측면에서 보면, 미디어는 여전히 여론형성 과정에서 핵심적 기능을 한다. 사람들이 특정 후보자나 정책을 지지하도록 미디어가 유도할 수는 없어도, 적어도 그 문제에 사람들이 관심을 갖고 중요성을 인지하도록 할 수는 있다는 것이다. 가령 언론이 학교폭력 사건을 계속 보도하면, 사람들은 이 문제가 심각할 것이라고 느끼게 되고 폭력문제에 대해 해결책을 촉구하는 여론의 움직임도 활발해진다. 맥스웰 맥콤즈(McCombs, 1972)는 미디어의 이러한 속성을 '의제설정'(*agenda-setting*) 기능이라 이름 붙였다.

이러한 현상이 발생하는 데는 수용자와 미디어 양측에 모두 원인이 있다. 우선 수용자로서 사람들의 인지능력에는 한계가 있다. 모든 일에 다 관심을 두고 기억할 수가 없기 때문에 특히 눈길을 끄는 특정한 사안만 인지·기억하게 된다는 것이다. 신문이나 텔레비전 역시 수많은 뉴스거리를 담기에는 지면이나 시간이 모자란다. 만일 그것이 가능하다 치더라도 자잘한 온갖 잡동사니 뉴스를 담은 신문은 독자들이 읽기에는 재미가 없을 것이다. 그래서 미디어는 수용자의 주목을 끌 만한 특정한 이슈를 선별하여 강조하고, 이를 특정한 이야기(*narrative*) 형태로 정리해 전달하는데, 이러한 선별성은 대개 '뉴스가치'라는 미디어 관행으로 정착되어 여론에 지속적인 영향을 미치고 있다.

그런데 인터넷이 등장한 이후 미디어의 이러한 의제설정 기능은 약화되었고, SNS 환경에서 이 추세는 더 강화되고 있다. 인터넷에서는 과거처럼 미디어가 여론의 흐름을 유도하는 전통적 의제설정도 이루어지지만, 일반 이용자가 제기한 이슈를 역으로 미디어가 받아서 의제화하는 '역 의제설정'(*reverse agenda-setting*) 현상도 발생한다(김성태 · 이영환, 2006). 가령 은행직원의 실수로 엉뚱한 사람의 계좌에 거액이 입금되는 사고가 발생했는데, 뜻밖의 횡재를 한 이 시민이 고심 끝에 돈을 돌려준 일이 인터넷에서 화제가 되었다. 이 시민이 자신의 경험담을 블로그에 올리면서 이 미담은 인터넷에 퍼져나갔고 기성 언론사들이 이를 받아 보도하면서 다른 기사처럼 사회적 의제로 부각되었다. 더구나 이 시민이 탈북자라는 사실이 추가로 알려지면서 화제는 다시 정부의 탈북자 정책과 같은 무거운 정책 의제로 확대되기도 했다(Im et al., 2011).

트위터에서는 수많은 팔로워를 거느린 파워 트위터리언이 유력 언론사 못지않게 여론에 막대한 영향력을 행사하는 사례를 쉽게 볼 수 있다. 2012년 총선 정국에서 공지영이나 조국, 이외수 등 유명인사들의 트위터 내용은 유력 정치인들의 발언 못지않게 여론에 영향을 미쳤으며, 이들의 발언 역시 언론사에서 비중 있게 보도하였다. 심지어 잘못된 사실에 근거한 트위터 내용 역시 널리 확산되면서 큰 파장을 불러일으키기도 했다. 작가 공지영은 4월 11일 총선 투표일에 "현재 타워팰리스 투표율이 78%"라는 허위 글을 올렸다가 큰 파장을 일으켰는데, 이 사례는 일부 파워 트위터리언의 발언이 총선 투표의제를 세대간, 계층 간의 대결구도로 자리매김하는 데 상당한 영향을 미치고 있음을 시사한다.

SNS가 의제설정 과정에 가져온 변화를 우리는 여러 측면에서 해석할 수 있다. 과거에는 일반시민들이 사회적 문제에 관한 정보를 얻을 수 있는 대안적 채널이 없었기 때문에 미디어의 영향력이 성립했으며, 미디어의 영향력은 선택된 특정

의제 외에는 다양한 이슈들을 '배제'하는 방식으로 발생했다. 그런데 이제는 대중의 호응을 얻을 수만 있다면 어떤 개인이나 단체도 미디어와 똑같은 위치에서 의제설정을 놓고 경쟁을 벌일 수 있으며, 때로는 여론형성에서 미디어의 파워를 제치고 주도권을 행사할 수도 있다는 뜻이다.

SNS에 의한 의제설정 권력의 분산은 지금까지 미디어의 의제설정 과정에 작용하던 체계적 편향을 보완할 수 있다는 점에서 의미가 있다. 이전에는 미디어가 의제설정이라는 배타적 권력을 종종 자신의 이념적 성향이나 이해관계에 부합하는 방향으로 여론을 오도하는 데 남용하기도 했다. 미디어는 단순히 여론의 매개자-중재자가 아니라 자신의 이익을 추구하는 사회조직이기도 하다. 대중매체의 의제결정 과정에는 기본적으로 다수의 원칙이 지배하는데, 이는 언론이 공익적 기관이면서도 광고에 의존해 영리를 추구하는 기업인 데서 유래한다. 언론사는 의제선별 과정에서 어떤 의제가 많은 수용자의 관심을 끌 수 있을지 고려하기 때문에, 대중언론은 기본적으로 대중의 통념에 영합하려 하고, 강한 중산층 편향을 드러낸다.

하지만 SNS 환경에서는 수많은 소수 대상의 의제들이 이러한 검열과정을 거치지 않고 바로 시민들의 심판을 받을 기회를 얻는다. 전통매체가 인터넷이나 SNS와 의제설정을 놓고 경쟁을 벌이는 현재의 미디어 환경에서는 이전과 같은 의제 독점이 훨씬 어려워졌고, 언론사 역시 SNS상에서 발생하는 여론의 추이를 예의 주시하면서 입장을 조율할 수밖에 없다. 그렇지 않으면 시청자나 독자의 이탈을 초래해, 조직의 존립 자체가 위협받을 수도 있다.

이처럼 SNS가 초래한 의제설정의 민주화는 이전에는 상상조차 할 수 없던 많은 긍정적 변화를 낳고 있다. 즉, 전통적 미디어가 외면해버린 의제 중에서 작지만 사회적으로 의미 있는 수많은 의제들이 여론의 심판대상으로 오르게 된 것이다. SNS 환경에서는 전통적 미디어 시장과 다른 논리가 적용된다. 스포츠의 비유를 들자면 다수의 관심사를 점유하려는 경쟁에서 탈락한 주변적 의제들에게 '의제의 패자부활전'이라는 기회를 부여할 수 있게 되었다. 물론 이 기회를 어느 정도 활용하는가 하는 것은 오로지 그 의제를 제기한 개인이나 단체의 설득능력,

즉 대중에게 어느 정도 공감을 유도할 수 있는지에 달려 있다.

하지만 이러한 의제설정의 민주화 추세에 긍정적 측면만 있는 것은 아니다. 의제설정을 놓고 벌이는 싸움에서는 수많은 경쟁자들이 뛰어들어 대중의 제한된 주목도를 놓고 치열한 경쟁을 벌이게 된다. 이 경쟁에서는 질이 좋은 메시지가 나쁜 메시지를 항상 이긴다는 보장이 없다. '악화가 양화를 구축한다'는 그리샴의 법칙처럼, 사람들이 보고 싶어하는 뉴스와 봐야 할 뉴스는 다른 차원에 속한다. 유익하고 민주주의를 유지하는 데 꼭 필요한 내용이 사람들에게 선택된다는 보장은 없다. 인터넷 포털에서는 흔히 연예인이나 명사들에 대한 악의적인 기사들이 인기를 끌듯이, 사람들은 당장 재미는 있지만 그다지 건전하지 않은 저급한 뉴스에 더 열광할 수도 있다. SNS를 통한 여론형성 과정에서 의제가 포퓰리즘에 빠지거나 저급화하는 현상은 민주화가 정착되기까지 감내하며 치러야 할 비싼 수업료와 같다.

5) 뉴스매체와 뉴스원의 관계변화

과거 언론의 힘은 사회적 정보흐름의 요충지를 차지하고 게이트키퍼 기능을 하는 데서 시작되었다. 자신을 알리고자 하는 수많은 기관이나 단체, 명사들은 언론을 통하지 않고는 대중과 접촉하고 자신의 이미지를 구축할 수가 없었다. 언론사 역시 제한된 시간과 인력으로 효율적인 취재를 하기 위해서는 정보를 짧은 시간에 압축적으로 수집할 수 있는 곳이 필요했고, 이해관계가 일치하는 양자의 묵시적인 협약에 의해 뉴스원과 뉴스매체 간의 공생관계가 형성되었다.

이러한 관계에서 가장 두드러진 특징은 언론의 뉴스원이 주로 공적 기관, 특히 국가기관에 집중되어 있다는 점이다. 1949년 이후 10년간 〈동아일보〉의 지면을 분석한 연구에 의하면, 정치기사의 뉴스원 중 정부기관의 비중은 무려 84.7%에 달했고, 경제기사와 사회기사는 각각 61.6%, 60.1%였다(임영호·이현주, 2001). 물론 정부기관 이외의 뉴스원 역시 대부분 기업이나 전문가들로서 한국사회에서 정치적, 경제적 권력을 차지한 엘리트층임을 볼 수 있다. 저널리즘의 모든 취재

제도나 직업문화, 장르관행은 엘리트 뉴스원에 대한 의존을 전제로 형성되었다 해도 지나친 말이 아닐 것이다.

하지만 인터넷 시대를 거쳐 모바일에 기반을 둔 SNS 시대로 접어들면서 미디어의 이러한 뉴스원 독점은 크게 약화되었다. 물론 많은 뉴스원들은 여전히 미디어를 필요로 하며 이들을 효과적으로 활용하기 위해 엄청난 비용을 지출하면서 온갖 노력을 기울인다. 하지만 작지만 두드러진 변화는 바로 이러한 홍보경로가 다원화하고 있고, 권력의 무게중심이 서서히 신문사나 방송사 같은 전통적 미디어에서 이용자들의 참여에 기반을 둔 인터넷과 SNS 쪽으로 옮겨가고 있다는 점이다.

국가기관이나 대기업 홍보실의 입장에서 볼 때 최고관리자의 활동사항이나 조직현안을 시민들에게 널리 알리기는 쉽지 않은데, 더구나 이러한 효과를 공짜로 얻는다는 것은 생각만 해도 가슴 설렐 일이다. 그런데 실제로 이러한 일이 트위터에서 발생하기도 하는데, 두산그룹의 박용만 회장이 대표적 사례다. 박 회장은 트위터에서 한동안 가장 많은 팔로워를 거느린 유명인사 중 한 사람이었다. 그는 트위터를 통해 회사의 경영현안뿐 아니라 음악, 미술, 스포츠 등 취미활동 경험, 아침식단이나 점심 때 들른 음식점, 새로 산 아이패드 인증샷 등 자신의 일상을 생생하게 올려 기업 CEO에 대한 호감을 이끌어내는 데 성공했다.

이러한 효과 때문에 지금은 유명기업인뿐 아니라 스포츠스타(김연아), 작가(이외수, 공지영), 정치인(오바마, 박근혜, 노회찬 등)에 이르기까지 다양한 직군의 사람들이 트위터나 페이스북을 통해 홍보활동을 벌이고 있다. 이들이 올리는 메시지들은 예전에는 언론매체를 통해서만 일부 접할 수 있던 것들이니, SNS가 홍보매체로서 지니는 잠재력을 잘 보여준다. SNS 덕분에 수많은 유명인사들이 미디어라는 제도화된 매개체를 건너뛴 채 일반대중과 직접 접촉할 수 있다.

뉴스원에게 SNS가 지닌 잠재력은 현대경제의 역사적 발전단계라는 측면에서도 상당한 의미가 있다. 경영학자인 파인과 길모어(Pine & Gilmore, July 1998)는 현재 선진국 경제의 특성을 '체험경제'(*experience economy*)라는 키워드로 설명한다. 지금까지 산업사회의 경제모델은 주로 가격이나 첨단기능 등 기술력과 생산력 개선에 의존했고, 시장경쟁 역시 기술적 우월성을 강조하는 전략을 폈다. 하지만 후기산업사회 들어 이러한 차별성이 점차 사라짐에 따라 기업들은 제품의 기술적 특성보다는 소비를 통해 구매자에게 가치와 정서적 경험을 부여하는 전략으로 전환하고 있다. 아이폰이 기술적 장점보다 삶과 느낌 등 인간과의 교감에 초점을 두어 큰 성공을 거둔 사례를 생각해보면 이러한 추세의 의미를 이해할 수 있을 것이다. SNS는 기업과 고객 간에 감성적 교류의 기회를 부여할 수 있다는 점에서 이러한 시대흐름에 적합한 매체특성을 지녔다.

이러한 맥락에서 보자면 기업이나 기관들이 전통적 뉴스매체의 관리만으로 원하는 홍보효과를 얻기는 쉽지 않다. 이들이 SNS의 장점을 활용하기 위해 다양한 홍보전략을 실험하고 있는 것도 이러한 역사적 맥락에서 이해할 수 있다. 가령 SNS에서 기업은 소비자에게 친숙한 대화상대가 되기 위해 익명의 거대조직 이미지를 벗고 사람의 '얼굴'을 취하려 한다(김은미 외, 2011, p. 168).

이러한 변화에 따라 전통적 언론과 뉴스원 간의 관계가 어떻게 바뀔 것인지는 아직 예측하기 어렵다. 하지만 적어도 이 조직들은 자신의 홍보를 위해 오로지 언론에 의존하려 하지 않으며, 소비자인 시민들에게 직접 다가가기 위해 다양한 전략을 개발하려 할 것임은 분명하다. 과거 미디어 중심 환경에서는 기업이나 조직의 존립에 미디어가 꼭 필요했으며, 이에 못지않게 미디어 역시 뉴스를 효율적으로 생산하는 데 이 조직들의 도움을 많이 받았다. 이들은 미디어에게 중요한 정보자원을 제공하는 '정보지원'(*information subsidy*)자로서 양자 사이에는 공생관계가 성립했다. 그러나 지금의 추세대로라면 이 조직들은 곧 홍보에 언론사가 꼭 필요한 것은 아니라고 느끼게 될 것이다. 그렇게 되면 언론이 어떤 문제점에 부닥치게 될지, 이에 따라 공식 뉴스원에 의존하던 언론관행이 어떻게 바뀔 것인지는 주목할 만한 사안이다. 나아가 이러한 변화는 지금까지 우리에게 친숙한 저널리즘 관행과 규범의 대대적인 변화로 이어질 가능성이 크다.

저널리즘 규범의 변화

1) 화젯거리, 혹은 링크거리로서의 뉴스

오랫동안 뉴스란 객관적이고 나름대로 자기완결성을 갖춘 정보로 인정받았다. 저널리즘 문화에서 뉴스란 정보소비의 시작이자 종착점에 해당하는 실체와 같았다. 그런데 현재의 SNS 환경에서 이용자들은 뉴스를 그대로 수용하기보다는 새로운 맥락에서 소비한다. 신문에서 뉴스를 읽고 이를 출발점을 삼아 서로 의견과 정서, 정보를 교환하는 일련의 과정을 시작한다. 사람들은 이 긴 대화의 화두로서 뉴스를 활용하는 셈이다. 모바일 중심의 커뮤니케이션 패턴은 바로 이러한 추세에서 나타나는 특징을 상징적으로 보여준다. 그렇다면 새로운 매체환경에서 저널리즘 매체의 역할은 어떻게 바뀌어야 하는가?

역사적으로 볼 때 미디어 환경의 진화로 새로운 매체가 등장하면 이전 매체가 소멸하기보다는 대개 새로운 매체와 이전의 매체 간에 역할분담의 재조정이 발생한다(김은미 외, 2011, p. 161). 뉴미디어는 이전 미디어의 기능을 일부 대체하기도 하고 전혀 다른 기능을 선보이기도 한다. 반면에 올드미디어들은 기존의 기능 일부를 다른 미디어에 넘겨주고 새로운 역할을 모색하기도 한다. 가령 텔레비전이 등장하기 전까지만 해도 오락을 포함하는 종합 콘텐츠 매체는 잡지와 라디오였다. 그렇지만 TV라는 강력한 경쟁자가 출현한 후, 잡지는 특수한 영역으로 세분화된 전문매체로 바뀌었고, 라디오는 음악과 토크쇼를 주로 다루는 매체로 변신해 살아남았다. 이와 비슷하게 방송매체가 뉴스사업으로 진출하면서 신문 역시 속보성 대신에 심층취재 강화 등으로 나름대로 차별화하면서 변화된 환경에 적응하였다.

인터넷 포털에게 뉴스제공 영역의 상당부분을 빼앗긴 신문은 SNS의 등장으로 다시 한 번 심각한 도전에 직면하게 되었다. 이용자들에게 미디어 이용시간은 한정되어 있는데, 이 시간을 놓고 경쟁하는 서비스들이 너무 많아졌기 때문이다.

사람들이 보기에 신문은 기동성과 편리함보다는 '고루한' 매체의 상징처럼 보이고, 내용 역시 귀중한 시간을 투자하기에는 너무 지루하고 정보도 느리다고 여겨질 수 있다. 즉, SNS와 모바일 시대에 신문은 단지 종이기사를 모바일에 옮겨놓는 데 그치지 않고 새로운 색채를 가미해 변신할 필요가 있다는 말이다.

더구나 이제 사람들은 신문이나 텔레비전 등 이전의 미디어 구분과 무관하게 각자 개성대로 발췌하고 조합한 전혀 새로운 스타일의 이용방식으로 전환하고 있다. 이들은 뉴스를 훑어보다가 흥미로운 기사나 유튜브 동영상, 맘에 드는 음악을 발견하면 페이스북에 올려 친구들과 공유하고 추가정보를 덧붙이거나 댓글을 달며, 오랜만에 만난 지인에게 안부인사를 하는 등 사적 대화가 끼어들기도 한다. 인터넷 통신망을 기반으로 다양한 미디어 서비스가 융합되고, 이것이 다시 모바일로 옮아가며 전화, 카메라, MP3, 뉴스와 오락이 손 안에 집결되는 최근의 기술발전 추이를 보면 미디어 소비방식의 새로운 흐름을 읽을 수 있다.

SNS의 등장은 기존매체의 역할이나 위상에도 적지 않은 변화를 가져왔다. 무엇보다 SNS는 소셜미디어뿐 아니라 기존의 모든 미디어에서도 참여와 관계형성을 핵심적 요소로 부각하였다는 점을 주목할 필요가 있다(김은미 외, 2011, p. 162). 만일 그렇다면 저널리즘 매체의 역할 역시 체계적 기준과 판단에 근거해 작성한 뉴스기사를 사람들에게 던져주는 데 그치지 않는다. 언론인은 이 정보가 이후 어떤 연쇄적 반응을 일으키며 확산해 나갈 것인지, 어떻게 활용될 것인지를 염두에 두고 작업해야 한다. 나아가 일반 이용자를 수동적인 정보소비자로 만들지 않고, 사람들의 참여와 반응을 유도하여 이들이 공동체의 일원임을 느끼도록 만드는 것이 저널리즘 매체의 주된 기능이 되어야 한다. 만일 이러한 반응을 제대로 이끌어내지 못한다면 저널리즘 매체가 생산한 뉴스는 생산되자마자 쓰레기통으로 들어가는 신세가 될 것이다.

SNS 환경에서 뉴스가 화제를 유발하는 단서로 기능한다면, 이에 적합한 새로운 글쓰기 방식을 찾아야 한다. 우리에게 친숙한 신문기사는 논리적 순서에 따라 제한된 지면에 정보를 압축해 엮은 선형구조인데, 이는 종이신문 세대에 속한 독자의 정보소비 인터페이스에 적합한 것이다. 하지만 SNS와 인터넷이 중심이 되는 모바일과 네트워크형 미디어 시대에는 사람들의 정보이용 방식도 달라진다. 논리적 순서에 따라 읽기보다는 다양한 기사 사이를 넘나들면서 뉴스를 이용하기 때문에, 정보 간의 입체적 연결성과 감정적 친화성이 정보를 엮는 새로운 고리구실을 한다. 이러한 이용방식에는 아마 이전과 상당히 다른 내러티브 구조에 따라 정보를 조합하는 방식이 더 적합할지 모른다. 바로 이러한 최적의 모델을 찾아내기 위해 언론계 종사자들은 다양한 실험을 해야 한다. 아마 SNS 시대의 다양한 정보욕구에 맞는 새로운 콘텐츠를 효과적으로 담기 위해서는 사실을 맥락화하여 이해하기 쉽게 만들고, 정보, 오락, 사교를 넘나드는 멀티태스킹 방식에 부합하는 새로운 글쓰기 형태가 필요할 수도 있다.

이와 더불어 뉴스의 기능변화는 역설적으로 전통적인 저널리즘 규범의 중요성을 다시 한 번 환기해준다. 만일 저널리즘 매체가 제공한 기사가 한 매체를 넘어서 인터넷과 SNS 공간에서 무한대로 확산되어 엄청난 파급효과를 일으킨다면, 취재나 기사작성 과정에서 발생하는 오류의 파장도 그만큼 커질 수 있다. 어떤 매체가 제공한 단편적인 뉴스조차 일파만파로 퍼져나갈 수도 있는 현재의 정보확산 메커니즘에서는 정확하고 균형 잡힌 사실에 근거해 기사를 작성하는 것이 더욱 중요하다. 전통적 언론이 어떤 사안이나 사건을 보도할 때 단순한 속보성보다 사실에 대한 교차확인이라는 고전적인 저널리즘 규범이 더욱 중요해지는 것이다. 근거가 불확실하거나 불완전한 사실이 인터넷과 SNS을 통해 급격히 확산되어 엉뚱한 피해를 낳는다면, 사후 정정보도 정도로 수습할 수 없기 때문이다.

이제 전통적 저널리즘 매체는 개별매체로서도 중요하지만, 그보다는 수많은 미디어 플랫폼을 통해서 확산되는 뉴스 유통환경 전체, 즉 수많은 참여자와 매체들이 씨줄 날줄로 복잡하게 얽힌 뉴스 생태계에서 뉴스유통의 '씨앗'(*seed*)을 제공하는 기능을 한다는 점에서 중요성이 더욱 커진다(Im et al., 2011). 나아가 불완전한 정보를 놓고 SNS상에서 여론의 향방이 오락가락할 때, 언론매체는 확인된 추가사실 제공으로 여론을 올바른 방향으로 유도하는 지적 리더십을 발휘할 수 있어야 한다. 바로 이 때문에 역설적으로 SNS 환경에서는 전통적인 객관주의라는 저널리즘 규범이 더욱 강화되어야 하는 셈이다.

2) '팩트'의 실종, 확인 혹은 재구성

19세기 이후 지금까지 저널리즘이라는 장르는 사실성, 즉 팩트의 규정에 근거해 형성된 것이었다. 저널리즘이란 객관성과 거의 동의어로 간주될 정도로 사실과 객관성을 중시하고, 이러한 사실성을 어떻게 규정하고 판단할 것인지에 관해 정교하게 체계화된 관행들이 자리잡고 있었다. 그러나 SNS 환경에서는 저널리즘 관행에서 핵심인 바로 이 팩트에 관한 관념들이 큰 도전에 직면하게 된다.

터크만(Tuchman, 1978, 1995)에 따르면 저널리즘에서 '사실'이란 대상에 관해 직업상 정당성을 인정받은 방법으로 수집된 정보를 말하며, 사실은 그 자체로는 아무런 의미가 없다고 한다. 여기서 주목할 부분은 사실이란 것이 직업상 공인된 절차에 따라 결정된다는 점, 즉 내용이나 실체가 아니라 절차와 형식의 측면에 강조점을 둔다는 것이다. 터크만에 의하면 사실이 신뢰성을 확보하기 위해서는 정보가 적절한 취재원을 거쳐 수집되어야 하며, 이때 취재원의 적합성과 신뢰성 여부는 사회적 상식이나 통념에 비추어 판단한다. 취재원 이용에서도 논란을 배제하기 위해 사실의 여러 측면들을 동시에 배치하는 대립구조로 기사를 작성한다든지, 공인된 조직을 출처로 밝힌다든지, 주관적 판단이 개입하는 주장은 인용부호로 처리한다든지 하는 다양한 절차를 따르게 된다.

SNS에서도 어떤 사건에 관한 뉴스가 확산되는 과정에서 '팩트'가 여전히 핵심적 근거로 작용한다는 점은 변함이 없다. 이러한 팩트를 기반으로 새로운 팩트가 추가・보완되고 의견과 해석이 덧붙여지며, 공감과 분노, 열광 등 정서적 관여가 이어지면서 수많은 메시지의 연쇄적인 반응이 형성되기 때문이다. 물론 피상적으로 보면 신문이나 텔레비전이 지배하던 전통적인 저널리즘 환경에서도 늘 이와 비슷한 양상이 보였다. 그런데 SNS 환경에서는 이러한 팩트의 판단기준이나 절차에 대한 합의가 존재하지 않기 때문에 훨씬 많은 문제점이 발생하게 된다.

즉, SNS를 통한 뉴스유통에서는 사안의 본질을 이해하는 데 핵심적인 이 팩트가 불완전하고 단편적인 정보에 그칠 수도 있고, 때로는 사실과 다른 부정확한 정보를 담고 있을 때가 많아, 어떤 측면을 보는지에 따라 또는 어떤 맥락에서 해석하는지에 따라 여론의 흐름이 완전히 바뀔 수가 있다.

2012년 초 인터넷과 트위터를 달구었던 '채선당 사건'은 이처럼 불완전한 팩트를 근거로 벌어진 마녀사냥 과정의 특징을 잘 보여준다. 충남 천안의 한 임산부가 채선당이라는 식당에서 종업원에게 배를 차였다는 글을 인터넷에 올렸고, 이는 인터넷과 SNS를 통해 널리 확산되면서 해당 식당에 대한 무차별적인 공격과 불매운동으로 이어졌다. 특히 가수 신해철이 채선당에서 겪은 황당한 경험을 트위터에 올려 들끓는 여론에 기름을 부었고, 일부 언론매체까지 임산부의 주장을 기정사실로 여기며 여론재판에 동참했다. 하지만 경찰의 조사결과 임산부의 주장이 거짓으로 드러나자 비난의 화살이 임산부에게 옮아가면서 여론의 흐름은 다시 바뀌었다.

이 사례에서 여론형성의 근거가 된 것은 임산부의 일방적인 진술이었으며, 임산부는 약자라는 고정관념은 이 주장을 일종의 '팩트'로 기정사실화하는 데 기여했다. 아직 사건의 진상이 밝혀지지 않았는데도, 사람들이 자신이 믿고 싶은 것만 보는 일종의 '선택적 지각'이 작용했으며, 이를 근거로 사안에 대한 여론의 판단이 내려졌다. 그리고 사건에 관해 다각적인 정보가 밝혀진 후에도 자신의 신념과 일치하는 정보만 선별적으로 수용하는 '확증편향'이 작용해 여론의 쏠림현상을 부추겼다는 것이다(〈조선일보〉, 2012. 2. 28).

이 사례에서 드러나듯이 SNS를 통한 뉴스확산에서는 정당한 뉴스원에 대한 합의가 이루어지지 않으며, 특정한 뉴스원의 권위가 사실판단에서 결정적 역할을 하지도 않는다. 채선당 사건에서는 가수 신해철이라는 유명인이 등장하는데, 그는 사건의 본질을 이해하는 데 필수적 정보를 제공할 권위 있는 위치에 있지 않다. 그럼에도 불구하고 자신이 좋아하는 유명인의 의견을 무비판적으로 수용하는 '자기동조화' 현상(〈조선일보〉, 2012. 2. 28)이 발생하는 바람에 오히려 사태에 대한 이해를 왜곡하는 결과가 나타났다.

과거 저널리즘에서 사실성을 판단할 때에는 사안의 여러 측면, 특히 여러 당사자들을 통한 교차확인이 중요한 요건이었지만, SNS를 통한 뉴스확산에서는 이 요건들도 작동하지 않는다. 채선당 사건은 임산부의 일방적 주장만을 근거로 여론의 흐름이 형성되었으며, 다른 사실이 밝혀진 것은 이 과정이 한참 진행된 이후이다. 이런 특성 때문에 SNS 환경에서는 불완전하고 편파적인 사실을 근거로 일방적이고 무차별적인 마녀사냥이 종종 이루어지며, 중간에 추가사실이 발견될 경우 이러한 사이버테러의 칼끝이 다른 곳으로 180도 전환되는 극단적 상황이 발생하기도 한다.

이처럼 SNS를 통한 뉴스확산은 과거 대중매체가 주도하던 뉴스확산 과정과 유사하면서도, 사실의 왜곡이나 변형이 훨씬 빈번하게 발생할 수 있다는 점에서 루머 전파과정처럼 위험성을 안고 있다. 애당초 뉴스전파의 출발점이 된 사실의 정확성에서 편차가 나기도 하는데, 때로는 확인되지 않은 팩트가 마치 사실처럼 간주되면서 널리 확산되며 파장을 일으키기도 한다.

물을 데우면 발암물질이 생성된다는 '전자레인지 괴담'은 SNS와 인터넷 카페, 문자메시지 등을 통해 한동안 널리 확산되었는데, 이는 바로 이러한 현상을 보여주는 전형적 사례이다. 물론 과학자들이 이것이 터무니없는 주장임을 밝히면서 소문은 잦아들었지만, 이 사례는 마치 잘 짜인 신문기사처럼 사람들을 현혹할 만한 요소들을 갖추고 있다. 우선 그럴싸한 관련 사망사건이 등장하고, 학술논문의 외양을 갖춘 인용문이 등장해 공신력을 지닌 주장처럼 보이게 하며, 정부기관이나 대기업 등 권력기관에서 정보를 왜곡·은폐한다는 음모론을 포함하고 있어 마치 일종의 고발성 탐사보도 같은 인상을 준다(〈중앙일보〉, 2012. 4. 18). 이 사례는 SNS에서 유포되는 뉴스가 지닌 오류의 함정을 전형적으로 보여주는데, 문제는 이용자들이 이처럼 날조된 공신력을 분별할 방법이 없다는 것이다.

물론 SNS를 통한 뉴스확산에 이처럼 항상 부정적 측면만 있는 것은 아니다. 때로는 불완전한 팩트가 확산과정에서 보완, 정정되면서 사실을 균형 있게 바로잡아주는 역할을 하기도 한다. 〈한국일보〉가 그루터라는 분석업체와 공동으로 SNS상의 헛소문 확산과정을 분석한 연구결과에 의하면, 실제로는 뜬소문을 퍼뜨리는 트윗보다는 오류를 바로잡는 '정정 트윗'이 최대 6배나 많이 송신되고 있는 것으로 밝혀졌다(〈한국일보〉, 2012. 5. 4).

가령 이른바 '버스 무릎녀' 사건[1] 관련 트윗 4,647건 중에서는 소문을 정정하는 내용이 3,093건에 달했으며, 정정 트윗의 리트윗 비율은 74.8%로 헛소문 트윗의 6배가 넘었다(〈한국일보〉, 2012.5.4). 이 사례는 SNS가 사실 왜곡을 통한 마녀사냥뿐 아니라 균형잡힌 추가사실 제공으로 여론을 바로잡는 기능도 할 수 있음을 잘 보여준다.

물론 이러한 교정작용에는 한계가 있는데, 사실확인이 가능한 사안일 때만 바로잡기가 가능하다는 점이다. 그렇지만 SNS에서는 단기간에 여론이 들끓다가 일정기간 후에 열기가 식어버리는 패턴을 보이기 때문에 사후에 처음 전해진 사실과 대치되는 정보가 발견되더라도 오류에 따른 피해가 시정되지 않거나 억울하게 비난받은 사람에게 보상해 주지 못하는 사례도 많다.

이처럼 SNS에서의 '뉴스'에 독특한 팩트 개념은 마치 통제되지 않는 폭발적인 대중적 에너지처럼 사회적으로 순기능을 수행할 수도, 역기능으로 이어질 수도 있는 양면성을 지녔다. 과거 올드미디어의 저널리즘을 지배하던 관행들(특히 객관주의 관행)은 19세기의 과학주의에 대한 막연한 동경과 낙관론이 낳은 산물로서, 상대주의와 회의론이 지배적인 21세기의 시대정신에는 맞지 않는 시대착오적인 관행이라고 치부할 수도 있다. 그렇지만 이러한 저널리즘의 전통적 가치는 불완전한 현실을 다루는 불완전한 관행으로서 적어도 차선의 도구 구실을 할 수는 있을 것이다. 바로 이 점에서 신문이나 텔레비전 등의 전통적 저널리즘 매체는 SNS의 편향된 여론전개를 바로잡을 수 있도록 사안의 다양한 측면에 관한 추가 팩트를 제공하는 기능을 강화할 필요가 있다.

1 2012년 4월 18일 중년 남성이 젊은 여성 앞에 무릎을 꿇고 있는 사진 한 장이 SNS를 통해 빠르게 확산되고 있었다. 고속버스 고장으로 도착시간이 지연되자 항의하는 여성 승객에게 아버지뻘의 버스회사 직원이 무릎을 꿇고 사죄하는 장면이라는 설명은 해당 여성에 대한 엄청난 비난을 낳았다. 이 여성을 비난하는 트윗은 하루 동안 1,600여 건이나 게시되었는데, 다음날 새벽 여성의 무고함을 증명하는 트윗이 올라오기 시작했다.

3) 사실-논리 중심에서 감성-공감의 소통방식으로

19세기 이후 긴 역사적 경험을 거치는 동안 저널리즘의 규범이나 관행 역시 시대 환경에 맞게 변화를 겪었다. 그럼에도 불구하고 지난 세기의 축적된 경험이 저널리즘 직업문화에 남긴 한 가지 전통이 있는데, 그것은 바로 언론인이 현상을 대할 때 주관적 편견이나 해석을 자제하면서 나름대로 객관성을 유지해야 한다는 점이다. 즉, 새로운 사안에 접근할 때는 사실과 객관성이 의견과 감정에 앞서야 한다는 것은 직업적 불문율로 통했다. 해석과 참여, 공감 역시 저널리즘의 중요한 덕목으로 간주되기는 하지만, 이는 어디까지나 보완적인 가치일 뿐이었다.

그런데 SNS를 통한 새로운 뉴스유통 환경에서는 이러한 전통이 사실상 유명무실해지고 있다. SNS, 특히 트위터는 140자 이내의 단문으로 작성해야 하기 때문에, 논리적 근거제시에는 부적합하게 되어 있다. 짧은 글에 이야기 내용 전체를 담아야 하기 때문에 사안의 특정한 측면만 선택적으로 부각할 가능성도 커진다. SNS에서 공감을 자아내는 메시지는 대체로 산문적이기보다 시적이라는 특성을 갖는다. 내용의 핵심을 요약해서 조리 있게 전달하기보다는 사안의 느낌과 분위기를 압축적이고 은유적으로 표현하는 방식이 효과적이다.

일반 뉴스매체가 사회영역별로 다양한 뉴스주제를 균형 있게 다루는 것과 달리, SNS에서 주로 대화거리가 되는 주제는 개개인에게 관련성이 높고 개인이 소화하기 쉽다는 뚜렷한 특징을 지닌다(김은미 외, 2011, p. 196). SNS에서 뉴스란 '개인화'(*personalized*) 된 메시지를 말하며, 논리적 근거제시와 설득보다는 감정이입과 공감이 소통에서 핵심적인 가치로 간주되는 경향이 있다. 이러한 특징 때문에 SNS에서 다루는 사안에 대해서 개인들은 감정적이 되기 쉬우며, 희로애락이 뒤섞인 주관적 반응을 드러내는 것이 일반적 현상이다. 이러한 감정표출은 순전히 개인의 선택문제에 불과할 수도 있지만 이에 공감하는 사람이 많아질 경우, 여기서 발생하는 사회적 반향은 엄청나게 증폭될 수도 있다. 특히 주목할 만한 점은 SNS에서 이러한 감정은 전염성을 지니면서 집단적 감정증폭을 초래한다는 것이다(〈중앙일보〉, 2011. 6. 7).

가장 흔한 사례는 대부분 개개인이 분노를 느낄 만한 사안을 둘러싸고 특정한 세력이나 인물을 대상으로 집단적 감정표출이 이루어지면서 일종의 '마녀사냥'이 행해지는 것이다. 2005년 '개똥녀' 사건은 인터넷을 통해 벌어진 언어적인 집단테러의 사례이면서, 최근 트위터를 통해 발생하는 유사한 사례들의 전형을 보여준다(김규찬, 2006). 앞서 언급한 채선당 임산부 폭행사건 역시 이러한 패턴을 비슷하게 반복하고 있다.

어떤 사회적 문제를 부각해서 여론의 흐름을 형성하는 SNS의 힘은 이성적 논의보다는 주로 감정적 공감, 분노의 형성과 이러한 감정의 집단적 표출로 발휘된다는 점에서 긍정적 잠재력과 더불어 상당한 위험성을 안고 있다. 더구나 이러한 감정표출은 부도덕한 가해자 대 약자(피해자)라는 선악의 대립관계를 설정하고 집중적 분노표출의 표적설정이라는 단순화된 구조 위에서 진행된다. 그러나 이처럼 여론의 감성화는 고정관점에 따른 선악구도, 보고 싶은 것만 보려는 선택적 지각, 비슷한 성향의 사람들 간에 형성된 집단사고의 극단화라는 패턴으로 이루어진다는 점에서 대단히 위험한 집단적 테러의 성격으로 변질할 가능성이 크다(〈조선일보〉, 2012. 2. 28).

또 한 가지 주목할 만한 부분은 '개똥녀', '버스 무릎녀', '지하철 패륜녀' 등의 용어에서 드러나듯이, 이러한 사건은 흔히 사회적 비난거리를 특정한 여성을 통해 의인화한 형태로 구성된다는 점이다. 이는 중세의 마녀사냥에서처럼 유독 여성을 비이성적이고 감정적인 존재이자 도덕적 타락의 잠재적 위험에 노출된 존재로 간주하는 젠더 고정관념을 전제로 하며 이를 확대 재생산한다는 점에서, 젠더 정치의 측면에서도 따져볼 필요가 있는 부분이다.

감정 위주의 소통방식은 또 다른 측면의 위험성을 안고 있다. 감정은 인간의 인지능력 중 다소 극단적인 부분들로서, 모든 사안들에 작용하기 어렵다. 감동과 공감, 분노에 의존해 소통할 수 있는 주제는 제한적이며, 이러한 소통방식으로 타인과 공감대를 형성하기 위해서는 때때로 사안의 본질을 발췌, 왜곡, 과장할 수밖에 없다. 가령 인간의 행동은 대개 양면성을 지니는 것으로 선악구도에 따라 단순화하기 쉽지 않다. 감정이입이 쉽게 이루어지도록 복잡하고 추상적인 이슈를 특정한 인물에 투사하는 의인화라든지, 도덕적 틀에 따라 재단하는 틀짓기가 발생할 우려가 큰 것도 문제다. 또한 사람들은 감정적인 메시지를 접하면서 쉽게 감동하고 분노할 수는 있겠지만, 이처럼 감정의 온탕과 냉탕을 오가다보면 감정적인 무감각 상태에 빠져 더 강한 자극을 받아야만 반응하게 될 수도 있다. 이러한 소통문화에서는 여론형성에 필수적인 전제가 되는 균형잡힌 정보제공이나 합리적 토론이 더욱 어려워진다.

4) 과잉정보의 피로감

과거 저널리즘 모델에서는 우리에게 필요하다고 언론인이 판단한 정보를 균형 있게 제공하기 때문에, 일부 매체만 정기적으로 접해도 사회생활에 별 지장이 없었다. 그러나 SNS 환경에서 시민들은 불필요한 정보에 끊임없이 노출되어 피로감을 느끼게 되며, 정작 필수적인 정보는 놓치는 역설적 상황이 발생한다. 식품에 비유하자면 과거의 저널리즘 모델은 어머니가 여러 가지를 고려하여 아침저녁 차려주는 가정식에 가깝지만, SNS에서 얻는 뉴스란 직장이나 학교 주변에 널린 패스트푸드에 가깝다. 나름대로 안목을 갖춘 소비자라면 맛뿐 아니라 영양분 등 여러 가지 요소를 고려해 균형잡힌 식사를 할 수 있겠지만, 그렇지 못할 경우 자칫 자극적인 정크푸드만 섭취하여 비만과 영양 불균형에 빠질 수도 있다. 이 비유가 저널리즘에 시사하는 점은 분명하다. SNS를 통해 끊임없이 정보와 의견에 노출되다보면 정보에 무감각해지면서 오히려 중요한 정보는 소음으로 받아들이게 될 수도 있다. 즉, 과잉정보와 과잉소통에 따른 피로감은 다른 한편으로는 '정작 중요한 정보'의 결핍과 공존하면서 사회적 병폐로 발전할 수 있다는 것이다.

이처럼 기술적으로는 관계를 맺고 정보를 얻을 기회가 거의 무한대로 확대되고 있는데도, 이를 다 수용하지 못하고 정보포화에 따른 피로감이 발생하는 것은 인간의 인지능력에 한계가 있기 때문이다. 이 점에 관해 던바(Dunbar, 1992)는 '던바의 수치'(*Dunbar's number*)라는 흥미로운 가설을 제시했는데, 이는 한 개인의 관계망에 속한 사람 수가 150명을 초과하게 되면 이를 제대로 유지하기 어려워진다는 주장이다. 이는 관계 맺기뿐 아니라 뉴스이용에도 시사하는 점이 많다. 만일 우리가 인지능력을 넘어서 과잉정보에 지속적으로 노출되면 제대로 이를 소화하기 어려워진다는 뜻이다. 이와 비슷하게 카(Carr, 2010)는 인터넷의 등장 이후 사람들이 늘 일종의 정보과잉 상태에서 생활하다 보니 "지속적인 주의분산"(*continuous partial attention*)이 발생하고 이는 인간 고유의 지적 능력을 퇴화시킬 위험이 있다고 경고한다.

이러한 비판들을 되짚어보면, 인터넷 시대를 넘어서 SNS 시대로 접어드는 지금 사람들에게 필요한 저널리즘이란 무엇인가 하는 근원적 질문을 떠올리게 된다. 새로운 경쟁자들 속에서 전통매체인 신문이 살아남기 위해서는 심층성, 즉 콘텐츠의 깊이와 전문성으로 승부해야 한다는 주장은 익히 들었다. 하지만 달리 보자면 이 전문성이 곧 깊이와 동일시될 필요는 없다. 우리에게 꼭 필요한 정보들을 균형 있게 선정해서 제한된 시간에 소비할 수 있게 해주는 안목, 그것은 전문성을 필요로 하면서도 꼭 기사의 깊이나 길이와는 무관한 언론인의 자질이다. 말하자면 정보의 '선별성'과 균형감각이야말로 올드미디어인 신문에 필요한 전문성의 본질이자 신문의 경쟁력이며, 저널리즘 본연의 역할이라고 볼 수 있다.

그리고 이러한 자질은 언론사와 언론인에 대해 오랫동안 축적된 권위가 존재할 때에만 소비자들에게 가치를 인정받을 수 있다. 이는 일반 상품시장에서 지금은 기술적 재원이나 성능이 아니라 브랜드 자체가 소비자의 선택에서 중요한 요소로 작용하는 것과 마찬가지다. 종이로 읽든 모바일로 접하든 〈뉴욕타임스〉는 〈뉴욕타임스〉이며, 의견이 엇갈리는 어떤 사안에 대해 사람들이 궁금하거나 혼란스러워할 때 판단을 내리도록 도와주는 잣대 구실을 한다. 이렇게 보면 결국 SNS 환경에서도 올드미디어가 살 길은 가장 고전적인 저널리즘의 기본가치로 돌아가는 것뿐이라는 이야기다.

5) 정보이용의 편식성과 '공론장'의 파편화

새로운 현상이나 미지의 개념을 설득력 있게 설명할 때 비유는 강력한 도구 구실을 한다. 18세기 이후의 고전적 자유주의자들은 다양한 의견이 서로 경쟁하면서 진리가 서서히 모습을 드러내는 사회적 이상을 꿈꾸면서 이를 '사상의 자유시장'(*marketplace of ideas*)에 비유했다. 경제학 교과서에 나오듯이 수많은 공급자와 수요자 간의 경쟁은 보이지 않는 손의 힘을 빌려 각자에게 적정가격이라는 가장 합리적 결론으로 이어지는 양상을 상상하면서, 이 비유를 떠올렸을 것이다. 물론 이러한 이상은 사회구조적·기술적 제약 때문에 한 번도 제대로 실현된 적은 없지만, 이후 새로운 테크놀로지에 근거한 매체들이 등장할 때마다 사상가들이나 문화비평가들의 상상력을 자극하는 데 엄청난 영향력을 발휘했다.

이러한 공간적 상상력은 인터넷의 등장 이후 그 잠재력을 평가하는 과정에서 다시 등장했는데, '사이버 공간'이나 '온라인 공론장'(*online public sphere*), '디지털 공론장'(*digital public sphere*) 같은 은유적 용어에는 18세기 이래의 역사적 희망이 진하게 투영되어 있다. SNS에 대해서도 이와 비슷한 은유들이 사용되고 있다. 가령 송인혁과 이유진 등(2010)은 SNS와 소셜미디어에 관한 다양한 논의를 전개하면서 이것이 가져올 세상을 '광장'에 비유하며 낙관적으로 평가하고 있다.

용어는 조금씩 다르지만, SNS에 관한 비유들을 관통하는 것은 수많은 평범한 시민들이 참여하는 열린 공간의 이미지다. 마치 광장에서 사람들이 자유롭게 산책하고 서로 교류하며 자유와 여가를 만끽하는 것처럼, SNS는 거리와 사회적 차이라는 장벽을 뛰어넘어 세상을 사통팔달로 이어주는 정보유통의 민주화를 가져올 것이라고 사람들은 말한다. 누구든지 정보를 추가하고 댓글이나 의견을 올리는 데 자유롭게 참여할 수 있는 SNS의 구조가 광장의 이미지를 연상시키기 때문이다. 이처럼 광장의 은유가 함축하는 의미에는 구성원 간의 평등과 다양성, 참여, 협력과 조화라는 개념들이 핵심을 이룬다.

하지만 현실은 이와 전혀 다른 방향으로 전개될 수 있음을 보여주는 징후가 적지 않다. 우선, 실제로 SNS를 통해서 맺는 관계망의 범위가 생각보다 폭넓지 않다는 점은 불편한 진실로 다가온다. SNS상에서 사람들 간의 관계를 추적해 보니 사회적, 지리적 거리를 초월하여 관계망이 확장될 것이라는 예상과 달리 오프라인 세계에서처럼 주로 연고에 근거한 폐쇄적 범위 안에서 관계가 맺어진다는 결과가 나왔다. 특히 한국적 특성으로 덧붙일 만한 점은 세계 최고수준의 네트워크 기반에도 불구하고 SNS상의 친구 수가 최하위권에 그쳤다는 것이다. 영국의 여론조사기관인 TNS의 조사에 따르면, 한국인들의 SNS 친구 수는 평균 50명으로 46개 조사대상국 중 44위로서 아시아권인 중국(60명)과 일본(29명)과 최하위권을 형성했다(〈조선일보〉, 2010. 10. 12). 이는 한국인들이 다른 나라에 비해 SNS에서 상대적으로 제한된 범위에서만 관계를 유지한다는 뜻이다.

SNS는 인터넷에서 형성된 소통문화를 상당부분 계승하는 것처럼 인식되는데, 실제로는 인터넷과 다른 특징들도 보여준다. 인터넷 문화는 기본적으로 익명성을 기반으로 발전하였다. 학연이나 직장 카페 등 비슷한 사회배경에 근거해 형성된 사이버공동체도 있지만, 다음의 아고라와 같은 토론방은 자신의 신분을 밝히지 않은 채 익명이나 필명으로 참여하는 구조로 시작되었다.

반면에 SNS에서 정보유통 기반인 관계망은 서로 비슷한 사회적 네트워크에 근거해 형성된다. 특히 페이스북 같은 '관계지향적' SNS에서는 서로 친구관계의 수락을 전제로 하기 때문에 오프라인에서의 학연이나 친분관계가 상당부분 온라인으로 이어진다. 이에 비해 트위터는 한쪽이 다른 쪽에 대한 관심이 있으면(즉, 팔로잉을 하면) 관계가 맺어지기 때문에, 익명의 다수와 관계를 맺을 가능성도 있다. 그렇지만 이러한 관계 역시 상대방과 취향이나 정치성향, 지적 수준 등 어느 정도 관심사를 공유하는 호혜적 관계를 취하기 쉽다. 이렇게 형성된 관계망은 사회적 배경 면에서 상당수준의 동질성을 전제로 이루어질 가능성이 높다.

이처럼 상대적으로 동질적인 관계망에 기반을 둔 SNS에서는 정보유통 역시 폐쇄성을 띨 가능성이 있다. 다양성을 특징으로 하는 인터넷과 달리 SNS에서는 일종의 집단 내향성이 작용해 서로 정보를 공유하는 과정에서 자신에게 편향되게 걸러서 수용하는 경향, 즉 정보를 편식하는 현상이 발생할 수 있다. 이렇게 되면 SNS만으로는 균형잡힌 정보섭취가 어려워진다. 서로 관계가 밀접하거나 동질적인 배경과 생각을 지닌 사람들끼리 교유하다보면 다른 정보나 의견을 접촉할 기회가 적어지기 때문이다. 이러다 보니 집단 내부에서는 진실이라고 확신하는 사안이 나중에는 전혀 다른 성격의 것이었음이 밝혀질 수도 있다.

SNS에서 정보유통의 네트워크가 이처럼 폐쇄적이라는 것은 여론형성 과정에서 심각한 문제가 될 수 있다. 즉, SNS에서 형성되는 공론장은 사회적 차이를 넘어서 서로 자유롭게 교류하는 열린 공간이 아니라, 오히려 끼리끼리 비슷한 경험과 정보만 공유하면서 재확인하는 파편화된 공동체들의 집합에 더 가까울 수도 있다. 이렇게 되면 SNS를 통해서 전파되는 뉴스는 다양한 집단 간의 대화나 조화로 이어지기는커녕 오히려 내부적으로 비슷한 정서와 정보를 공유하는 이질적인 집단들 간에 갈등을 조장하는 결과를 낳는다.

2012년 4월 총선에 출마한 '나꼼수' 출연자 김용민은 노인, 여성, 기독교 비하 발언으로 논란을 겪었음에도 불구하고 적어도 SNS에서는 그를 지지하는 발언이 주류를 이루는 것처럼 보였다. 이 때문에 '막말 파문'에 따른 사퇴압력을 무시하고 그는 출마를 강행했지만 예상과 달리 여당후보에게 패배했다. SNS가 민심의 흐름을 반영하지 못한 것이다. 이에 대해 전문가들은 트위터 이용자들이 서로 비슷한 의견을 공유한 사람끼리만 소통하다보니 그 의견이 전부인 것 같은 착시현상이 발생했다고 해석했다(〈중앙일보〉, 2012. 4. 16). 이 사례는 SNS가 주로 동질적인 네트워크 안에서만 소통하는 데 그칠 때 여론을 어떻게 왜곡할 수 있는지 단적으로 보여준다.

또 한 가지 우려되는 점은 SNS 공간이 수많은 익명의 시민들이 적극적으로 참여해 집단적 여론을 형성하는 역동적 성격을 띨 것이라는 기대가 환상에 불과할 수도 있다는 것이다. 말콤 글래드웰은 《티핑 포인트》라는 책에서 '소수의 법칙'을 주장한다. 즉, 세상을 움직이는 영향력 있는 사람은 소수라면서, 그는 이를 전문가(*maven*), 커넥터(*connector*), 세일즈맨(*salesman*) 등의 3부류로 정리한다(송인혁 · 이유진, 2010, pp. 80~83).

트위터에 가입해 활동하는 사람들의 참여 패턴을 보면 글래드웰의 주장이 여기서도 적용되고 있음을 알 수 있다. 트위터 이용자들을 참여 유형별로 살펴본 조사

〈그림 1-1〉 트위터 세계에서 참여 유형별 비율

출처: 김은미 외, 2011, p.254.

에 따르면, 20명은 과거 활동내역이 전혀 없는 사람이고, 50명은 지난 한 주 동안 활동이 없는 데 비해, 극소수인 5명이 전체 트윗의 75%를 차지하고 있음이 밝혀졌다(김은미 외, 2011, p. 254). 즉, SNS에서는 남들이 모르는 새로운 지식과 정보를 제공하는 전문가도 있고, 효과적인 전략으로 새로운 문제를 잘 부각하는 세일즈맨도 있으며, 커넥터는 방대한 네트워크를 잘 활용해 이를 확산시키는 데 기여하지만, 어떤 형태로든 참여하는 사람은 소수에 불과하다는 것이다.

즉, SNS처럼 기술적으로는 참여기회가 모든 이에게 제공되는 열린 공간에서도 소수가 주도하고 다수는 이에 휘둘리는 수직적이고 폐쇄적인 권력구조가 작동할 수 있다는 점을 이 조사결과는 시사한다. 참여빈도 분포의 측면에서 보면, SNS는 모든 사람이 균등하게 참여해 만들어가는 민주화된 권력구조가 아니라 일부의 주도로 대다수가 수동적으로 움직이고 있어 여론조작의 가능성이 늘 존재한다는 뜻이다(임영호 · 김은미, 2011).

SNS 시대에 과연 저널리즘이란 무엇인가?

SNS가 등장하고 여론형성에서 상당한 역할을 하게 되면서 우리가 지금까지 알고 있던 저널리즘이라는 사회적 기능은 많은 변화를 겪었다. SNS를 통한 뉴스전파 과정은 저널리즘과 비(非) 저널리즘 간의 영역 경계를 넘나들며 우리의 커뮤니케이션 방식을 근본적으로 바꾸어놓았다. 이제 저널리즘은 반드시 신문이나 방송사와 같은 일부 사회조직의 전유물이나 이들의 직업활동과 동일시할 수는 없게 되었다. 모든 사람이 저널리즘이라는 공적 활동에 참여하며 영향을 미치게 된 새로운 정보환경에서 저널리즘 규범이나 관행 역시 수많은 새로운 도전을 맞게 되었다.

저널리즘이란 사회적 기능을 누가 담당하든, 그리고 우리가 원하든 그렇지 않든 규범적 가치의 부담을 피해갈 수는 없다. SNS상에서 아무리 수많은 이슈와 정보에게 기회가 열려 있다고는 하지만 결국 선택된 일부만이 대중의 주목을 받고 대다수는 잊힌다. 과연 중요한 것과 그렇지 못한 것의 판단이 어떤 잣대에 의해 이루어지는가 하는 질문은 바로 사회적으로 어떤 것이 더 바람직한가 하는 가치 판단과 직결된다. 전파력이 확장되면서 속보성과 시의성이 더 중시되는 추세도 따지고 보면 정보의 가치를 판단하는 데 새로움을 상대적으로 더 중시하는 규범적 가치가 작용했다고 할 수 있다. 뉴스가치와 의제설정은 전통적 저널리즘의 직업적 규범과 권위를 지탱하는 중요한 잣대였지만, 이제 이러한 막중한 권력이 SNS에 참여하는 수많은 대중의 손에 넘어간 셈이다.

중요성의 판단과 이에 따른 영향력의 발생이라는 문제는 결국 사회적 책임이라는 규범적 문제로 이어진다. 과거처럼 그것이 소수 언론인집단의 전유물이든, 불특정 다수의 '프로슈머'(*prosumer*) 이든 저널리즘이라는 공적 현상이 지속하는 한 우리는 여기서 발생하는 문제점에 대한 해결책을 얻기 위해 노력해야 한다. 지금의 SNS 유통환경처럼 저널리즘 기능과 책임이 불특정 다수에게 분산된 상황에서는 물론 해답을 찾기가 더욱 쉽지 않다.

과거 언론인이 책임과 권한을 독점하던 시기에는 어떤 형태로든 이들은 자신의 행위와 권력에 따르는 윤리적 책임을 져야 했고 자신의 직업적 선택을 정당화할 수 있는 체계적 작업관행을 끊임없이 발전시켜야 했다. 저널리즘 윤리는 바로 이러한 지난한 과정을 거쳐 정착된 것이라, 비록 최선은 아니라 하더라도 예상되는 문제점에 대해 나름대로 해결책을 마련하고 있다. 하지만 불특정 다수가 참여하는 SNS 공간에서는 구성원들에게 이러한 집단윤리를 기대하기는 어렵다. 특히 저널리즘이란 무엇인가, 어떤 것이 뉴스인가 하는 문제에 대한 구성원들의 기본적인 인식 공유조차 되지 않은 상황에서는 규범이 작동하기 더욱 어렵다.

윤리란 어떤 공동체를 이루는 구성원의 판단과 행위에 작용하는 집단 내부적 압력이다. 그런데 SNS란 기본적으로 소속 여부와 경계가 불확실한 불특정다수가 활동하는 공간이고 공통된 문제에 대한 공감대가 형성되어 있지 않아, 이러한 압력이 작동하기 어려운 구조이다. 모든 이가 사실상 언론인 역할을 할 수 있지만 아무도 책임지지 않는 이와 같은 확산구조에도 그것이 초래하는 결과에 대한 책임과 윤리적 규범은 필요하다. 그렇지만 이 문제를 풀 수 있는 솔로몬의 해법이 과연 무엇인지는 SNS 시대의 초입에 들어선 우리들에게 남겨진 숙제이다.

하지만 분명한 것은 저널리즘의 권력과 기능이 분산된 현재의 정보유통 구조에서도 전통적 저널리즘 매체와 언론인의 역할이 여전히 중요하다는 사실이다. 예측 불가능한 여론의 흐름을 합리적인 방향으로 유도하는 데 기여하는 일은 이들의 책임이며, 이를 위해서는 사실에 대한 교차확인과 객관성, 균형 등 전통적인 저널리즘의 직업 가치를 새로운 맥락에서 재점검하고 강화할 필요가 있다.

참고문헌

김광현(2012. 2. 10), "'뇌종양 소년 돕자' … 트통령이 만지자 3787번 확산", 〈한국경제〉.

김규찬(2006), "인터넷 마녀사냥의 전개과정과 그 함의: 2005년 '개똥녀' 사건을 중심으로", 서울대 대학원 석사학위 논문.

김기환·하선영(2012. 4. 16), "막말, 그들만의 열광 … 김용민 낙선은 SNS 패배?", 〈중앙일보〉.

김성민(2012. 2. 28), "'채선당 사건'으로 들여다 본 한국 네티즌 심리학", 〈조선일보〉.
김성태 · 이영환(2006), "인터넷을 통한 새로운 의제설정 모델의 적용: 의제파급과 역 의제설정을 중심으로", 〈한국언론학보〉, 50(3), pp. 175~204.
김신영(2010. 10. 12), "한국 네티즌 '인터넷 친구' 적어", 〈조선일보〉.
김은미 · 이동후 · 임영호 · 정일권(2011), 《SNS혁명의 신화와 실제: '토크, 플레이, 러브'의 진화》, 나남출판.
김은미 · 이주현(2011), "뉴스 미디어로서의 트위터: 뉴스 의제와 뉴스에 대한 대화를 중심으로", 〈한국언론학보〉, 55(6), pp. 152~180.
박소영(2012. 5. 4), "반짝 헛소문 잡는 '정정 트윗'의 힘", 〈한국일보〉.
송인혁 · 이유진 외(2010), 《모두가 광장에 모이다》, 아이앤유.
이재준(2012. 2. 28), "채선당 난도질 SNS, 이번엔 임신부 무차별 공격", 〈조선일보〉.
이정봉(2012. 4. 18), "SNS 타고 전자레인지 괴담", 〈중앙일보〉.
임영호(2005), 《신문원론》(개정 2판), 한나래.
임영호 · 김은미(2011), "소셜미디어형 소통 방식과 인간관계의 변화", 한국언론학회 엮음, 《한국 사회의 디지털 미디어와 문화》, pp. 249~284, 커뮤니케이션북스.
임영호 · 이현주(2001), "신문기사에 나타난 정보원의 권력분포: 1949-1999년 〈동아일보〉 기사의 내용분석", 〈언론과학연구〉, 1(1), pp. 300~330.
허 진(2011. 6. 7), "페이스북 통해 감정도 전염된다", 〈중앙일보〉.

Carr, N. (2010), *The Shallows: What the Internet is Doing to Our Brains*, New York: W. W. Norton.
Dunbar, R. I. M. (1992), "Neocortex Size as a Constraint on Group Size in Primates", *Journal of Human Evolution*, 22(6), pp. 469~493.
Im, Y., Kim, E., Kim, K. & Kim, Y. (2011), "The Emerging Mediascape, Same Old Theories: A Case Study of Online News Diffusion in Korea", *New Media & Society*, 13(4), pp. 605~625.
McCombs, M. (1972), "The Agenda Setting Function of Mass Media", *Public Opinion Quarterly*, 36, pp. 176~187.
Pine, B. J. & Gilmore, J. H. (July 1998), "Welcome to the Experience Economy", *Harvard Business Review*.
Tuchman, G. (1978), *Making News: A Study in the Construction of Reality*, 박홍수 역(1995), 《메이킹 뉴스》, 나남출판.

심리학적 관점에서의 소셜미디어

제 2 장

나은영

소셜미디어와 사회적 인간의 닮음

인간은 처음부터 '소셜'(*social*) 했다. 원래 '소셜'했던 인간 옆에 개인 미디어가 갖춰지면서 소셜미디어는 사회적 인간을 닮아가고 있다. 한 사람 한 사람이 갖추고 있는 개인 미디어들이 소셜 네트워크를 형성하여, 개개인이 만들어내는 각종 콘텐츠들이 끊임없이 소통되는 것이다.

'소셜', 즉 '사회적'이란 말은 '항상 다른 사람들과의 관계 속에 존재함'을 뜻한다. 사람도 미디어도 모두가 '소셜'하다. 즉, 모두가 연결된 미디어를 옆에 지닌 인간은 항상 다른 사람들과의 관계 속에 있다.

사람들을 그물망처럼 연결하는 소셜미디어를 이용하는 심리에는 어떤 요소들이 포함될까? 사람들은 왜 소셜미디어를 이용하고, 소셜미디어를 이용하는 과정은 어떠하며, 그 이용결과는 어떤 형태로 나타날까? 그리고 이 소셜미디어를 상생적인 방향으로 잘 활용하는 길은 어떤 것일까? 이제 이러한 궁금증들을 하나하나 짚어 보기로 하자.

소셜미디어를 이용하는 인간의 심리 (SNS 이용동기)

1) 연결욕구와 사회비교 욕구

소셜미디어의 가장 큰 특성은 인간이 지닌 '연결의 욕구'를 극대화하여 충족시켜 준다는 것이다. 원하는 사람과 언제 어디서든 쉽게 연결될 수 있는 미디어는 사회적 인간에게 더없이 소중한 도구다. 예전의 미디어는 시간과 장소의 제한이 있었고, 원하는 사람과 쉽게 연결되는 것을 보장하기 어려운 구조였다. 소셜미디어의 발달로 그러한 제한이 풀리면서 이제 인간은 연결의 욕구를 원하는 만큼 충족시킬 수 있게 되었다.

일단 연결된 다음에는 다른 사람과 자신을 끊임없이 견주어 보는 '사회비교'(*social comparison*) 욕구가 작동한다. 사회비교 욕구의 근간은 자기의 의견이 옳은지, 자기의 능력이 어느 정도인지 알고 싶은 마음이다(Festinger, 1954). 사람들은 대체로 자기 의견이 다른 사람들과 무난하게 비슷하기를 원하며, 능력은 다른 사람들보다 조금 앞서기를 원한다. 그래서 다른 사람을 찾을 때 의견을 비교하기 위해서는 자기 의견과 '비슷한' 사람을 찾고, 능력을 비교하기 위해서는 자기 능력보다 약간 더 나은 사람을 찾는 경향이 있다(cf. Taylor & Lobel, 1989).

예를 들면, 대학 캠퍼스에서 여학생이 담배 피우는 것을 좋지 않게 생각하는 남학생이 있다면, 그 남학생은 내심 자기 의견에 동의해 줄 만한 친구에게 의견을 물어본다. 반면에 시험을 치른 후 자기가 잘 본 편인지 못 본 편인지 애매할 때 그 애매함을 조금이라도 벗어나기 위해 자기보다 약간 더 잘 하는 친구에게 시험이 어땠는지 물어본다. 능력의 경우도 기본적으로 아주 차이가 많은 사람을 찾기보다는 자기와 대체로 유사하면서 '약간' 더 잘 하는 사람을 찾는 경향을 보인다.

인간의 연결욕구와 사회비교 욕구는 서로 불가분의 관계에 있다. 다른 사람과 연결되지 않으면 사회비교, 즉 타인과의 비교 자체가 불가능하기 때문이다. 타인과의 연결을 통한 사회비교 과정이 이제 타인과의 직접 만남이 없이도 SNS를 통해 더 쉽게 이루어진다.

먼저 '의견'의 측면에서 살펴보면, 어떤 이슈에 대한 자기 의견에 확신을 가질 수 없을 때 대체로 다른 사람들은 어떤 의견을 가지고 있는지 SNS를 통해 둘러볼 수 있다. 또한 자기 의견에 확신이 있는 사람들도 자기와 같은 생각을 지닌 사람들이 대략 어느 정도 되는지 가늠해 보고 싶어 SNS를 이용할 수 있다. 더 나아가, 자기 의견을 SNS상에 강력히 피력함으로써 같은 의견을 가진 사람들이 더 많아지도록 설득을 시도하기도 한다. 어떤 경우든 사람들은 자신만의 의견을 갖는 데 만족하지 않고 다른 사람들과 비교해 보려는 심리가 작동한다.

SNS는 대체로 능력 비교보다 의견 비교가 용이한 장(*field*)이라 할 수 있다. 자기가 다른 사람에 비해 어떤 일을 얼마나 잘 했는지를 판단하기에 SNS는 적절하지 않다. 왜냐하면 사람들은 어떤 일을 잘 했을 때 SNS를 통해 홍보하려 하지, 잘 하지 못했을 때 굳이 SNS로 알리지는 않기 때문이다. 이것은 SNS상에 '자기제시'(*self-presentation*)를 할 때 '자기감시'(*self-monitoring*)의 과정을 거치기 때문에 솔직하지 않을 수 있음을 시사한다. 이에 관해서는 이 글의 중반부에서 본격적으로 다룰 것이다. 요컨대, 사회비교 욕구 중 능력비교보다 의견비교 차원에서 SNS가 광범위하게 사용될 가능성이 크다는 점을 강조하고 싶다.

'능력' 영역에서의 사회비교 동기를 SNS에 굳이 적용해 본다면, 유사한 영역에서 활동하는 자기보다 유능한 사람을 팔로우(*follow*)하거나 친구관계를 맺음으로써 그가 제공하는 정보의 도움을 받는 경우가 있다. 이런 경우의 궁극적 목적은 비교 자체라기보다 비교를 통한 본인의 경쟁력 향상으로 보는 것이 옳다.

2) 편파적 선택심리

사람들은 흔히 자기가 보고 싶은 것만 보고, 듣고 싶은 것만 듣는 경향이 있다. 이것을 '선택적 노출'(*selective exposure*) 효과라 한다(Frey, 1986). 뿐만 아니라, 어쩔 수 없이 원하지 않는 정보에 노출된다 하더라도 본인의 관심이 큰 내용에 '선택적 주의집중'(*selective attention*)을 기울인다. 이 과정에서 물론 자기 의견에 반대되는 내용에 관심을 보일 수도 있지만, 이때의 관심은 대개 그런 내용을 주의 깊게 처리하여 기꺼이 받아들이려는 자세보다는 '말도 안 되는 주장'이란 생각으로 머릿속에서 반박 메시지를 생성하려는 데 있다(Na, 1999). 트위터를 쭈욱 훑어보다가 자기 의견에 반대되는 의견에 눈길이 가기도 하고 때로는 리트윗하기도 하지만, 그런 반대의견을 읽으며 고개를 끄덕이기보다 반박 메시지를 머릿속에 떠올리며 분개하거나, 리트윗하면서 그런 반박 메시지를 함께 덧붙이기도 한다. 이 과정을 통해 '기존신념의 강화효과'가 나타나게 된다.

한 연구(나은영 · 차유리, 2012)에 따르면, 인터넷상에 자기 생각과 유사한 글이 많다고 생각하는 사람은 이성적 글이 많다고 생각하고(상관계수=.477), 자기 생각과 반대되는 글이 많다고 생각하는 사람은 감정적 글이 많다고 생각하는(상관계수=.420) 경향을 보인다. 이는 대체로 자기 생각과 유사한 글에 대한 평가를 더 긍정적으로 하고 있음을 시사하는 결과이다. 자기와 유사한 사람이나 의견에 호감을 갖는 것은 특별히 편견이 강한 사람이 아니라도 인간이라면 누구나 지니고 있는 보편적 속성이다. 따라서 유유상종으로 인한 부작용을 줄이려면 의식적으로 다양성을 확보하기 위해 노력하는 것이 최선이다.

인간의 선택심리는 메시지의 '내용'뿐 아니라 '사람'에도 적용된다. 본인이 연결되고 싶은 사람만 찾는 편파심리는 SNS 환경에서 특히 극단적으로 나타날 수 있다. SNS로 연결하고자 하는 사람들 자체의 동질성은 유사한 의견을 편안해 하는 사람들의 심리와 합해져 더 극단적으로 나타나게 된다. 인터넷이 다양한 정보에 열려 있지만 인간의 선택성 때문에 구미에 맞는 정보만 추구하게 되듯이, SNS가 다양한 사람들과의 연결에 열려 있지만 역시 인간의 선택성과 편파심리 때문에 '마음 편한' 사람들하고만 교류하는 상황을 초래할 수 있다. 이러한 편안함은 심리학적으로 '인지적 일관성'(*cognitive consistency*)을 유지하려는 마음 때문이라고 분석한다(Heider, 1958). 예를 들면, 내가 어떤 사람을 좋아하는데 그 사람이 내가 싫어하는 의견을 피력하거나 싫어하는 사람을 지지한다면, 인지적 일관성이 훼손되어 마음이 불편해진다. 그러면 어떻게 해서든 일관성을 회복하려고 그 사람을 싫어하게 되거나 그 사람과 같은 의견을 지니는 쪽으로 변화를 추구한다.

유유상종의 심리는 트위터에서 팔로잉할 사람을 결정하는 데서부터 시작된다. 장덕진(2012)의 조사 자료에 따르면, 팔로우 대상 선정 기준은 ① 내가 좋아하는 사람(77.1%), ② 나와 관심사가 비슷한 사람(69.5%), ③ 유명한 사람(54.7%), ④ 기존에 알고 지내던 사람(52.7%), ⑤ 유용한 정보를 올리는 사람(50%), ⑥ 나와 가치관이 비슷한 사람(44.4%) 순으로 비율이 높아, 대부분 자신과 유사한 사람을 선호함을 알 수 있다. 반면에 '나와 가치관이 다른 사람'은 12.6%, '나와 경쟁관계에 있는 사람'은 5% 정도로, 자신과 다르거나 껄끄러운 관계에 있는 사람과 연계되려는 경우는 무척 적음을 알 수 있다.

비슷한 사람들에 둘러싸여 있으면 자기의견이 지지받을 확률도 높아지고, 그만큼 마음의 갈등 없이 편안한 심리상태가 될 수 있다. 그런데 바로 이런 편안함을 위해 나와 다른 견해에 귀를 완전히 닫아버리면, '집단사고'(*groupthink*)의 함정에 빠지게 된다. 집단사고는 유사한 사람들로 똘똘 뭉쳐진 응집력 강한 집단에서, 만장일치의 압력과 시간제한에 쫓겨 외부의 객관적인 조언에 귀를 기울이지 못한 채 불합리한 의사결정을 하는 것을 말한다(Janis, 1971). 집단사고에 함몰되면 자기 집단 안에 있는 사람들은 완전무결하다는 착각에 빠진다. 한 발 뒤로 물러나 전체 속에서 자기 집단을 바라볼 수 있는 시각을 갖추어야만 동질적 집단 구성원들끼리 있을 때 갖기 쉬운 편파적 사고방식을 바꿀 수 있다.

필자의 최근 미발표 연구자료에 따르면, 실제로 트위터에서 만나는 사람들 중 '나와 비슷한 의견을 가진 사람들이 많다'고 응답한 평균이 5점 척도에서 3.48, '나와 반대되는 의견을 가진 사람들이 많다'고 응답한 평균이 2.97로서($t = 12.78$, $p < .001$), 비슷한 사람들을 유의미하게 더 많이 접하는 것으로 나타났다. 페이스북의 경우는 그 평균치가 3.45와 2.88로서 더 큰 차이를 보여($t = 16.54$, $p < .001$), 유사한 의견을 가진 사람들의 '끼리끼리 커뮤니케이션' 양상이 더 강하게 나타난다는 결과를 얻었다.

이처럼 네트워크에서 동질성을 추구하는 경향은 트위터에 비해 페이스북이 더 크지만, 네트워크의 규모는 트위터가 페이스북에 비해 더 크다. 필자의 2012년 트위터와 페이스북 사용자 대상 온라인 조사결과를 더 살펴보면(나은영, 미발표

연구), 트위터 친구들 중에는 원래 알던 친구들보다 새로 알게 된 친구들이 더 많았고, 페이스북 친구들 중에는 원래 알던 친구들이 새로 알게 된 친구들보다 더 많았다. 또한 전체 친구들의 수는 페이스북보다 트위터가 더 많았다. 이러한 결과는 SNS 중에서도 트위터는 특히 새로운 관계의 확장에, 페이스북은 특히 기존 관계의 공고화에 더 유용하게 사용되고 있음을 말해준다.

3) 네트워크화된 개인들의 군중심리와 익명성

네트워크화된 개인들의 군중심리는 기본적으로 익명성의 원리에 바탕을 둔다. 내가 모르는 많은 사람들이 지지하고 있다는 느낌, 익명군중 속 편안함이 바로 그것이다. '가정된 유사성'(*assumed similarity*)이나 '합의 착각'(*false consensus*)은 모두 정체성이 확인된 개인들의 의견을 객관적으로 종합한 것이 아니라, "내가 생각할 때 다른 사람들이 나와 비슷할 것 같다"거나 또는 "내가 생각할 때 다른 사람들이 내 의견에 동의할 것 같다"는 '주관적 지각'일 뿐이다. 주관적 지각은 객관성을 보장하지 않는다. 네트워크화된 군중 속에서는 바로 이러한 '가정된 유사성'이나 '합의 착각'이 일어나기 쉽다.

암묵적으로 집단규범을 따라가는 '동조'(*conformity*)가 일어나는 과정에서도 실험실이 아닌 현장에서는 같은 행동을 하는 사람의 수가 많을수록 동조 행동이 더 많이 유발된다(Latane, 1981). 이와 유사한 메커니즘으로 SNS상에서도 네트워크의 규모가 클수록 군중 속의 편안함이나 다수에의 동조가 더 강하게 발생할 확률이 높다.

나은영과 차유리(2012)는 인터넷 집단극화 유발성을 결정하는 요인들로 인터넷 공론장의 '익명성'과 익명 네트워크의 '군중성'이 중요한 역할을 함을 밝혔다. 네트워크 군중성은 연결되어 있는 상대방의 정체가 누구인지는 정확히 모르지만 많은 사람들의 지지를 받고 있다는 착각을 하게 만듦으로써 집단극화를 더 쉽게 유발시킨다.

인터넷 집단극화 유발성은 '내집단 동조 태도'와 '외집단 배척 태도', 그리고 '내

집단 동조 및 외집단 배척 행동'과 '지각 편파'로 구성된다(나은영 · 차유리, 2012). 여기에 영향을 주는 요소들의 영향력 크기를 분석한 결과, '공론장 중심 소통'이 내집단 동조 및 외집단 배척행동에 영향을 주는 정도가 가장 컸다. 반면에 개인 중심 소통은 내집단 동조태도에만 약한 영향을 주었을 뿐, 행동에는 영향을 주지 않았다.

이 연구에서 또 한 가지 흥미로웠던 결과는 대체로 온라인 소통네트워크의 규모는 커질수록 인터넷 양극화 유발성이 커지는 것으로 나타난 반면, 오프라인 소통네트워크의 규모는 커질수록 인터넷 양극화 유발성이 줄어드는 것으로 나타난 것이다(나은영 · 차유리, 2012). 특히 온라인에서도 깊이 있는 소통네트워크의 규모보다 익명성과 군중성으로 정체성이 가려진 일반적 소통네트워크의 규모가 양극화 유발성을 더 강하게 일으키는 경향을 보였다. 이런 결과들은 우리가 네트워크 미디어 공간에서 공론장 소통을 할 때, 그 공간이 익명성과 군중성을 띤 사람들로 채워진 상태에서 규모만 클 경우, 스스로 양극화의 위험에 빠지지 않도록 객관적 시각을 견지하려 노력해야 함을 시사한다.

근래에는 정보의 결핍보다 과잉이 문제이듯, 연결된 사람들이 적은 것보다 많은 것을 더욱 염려해야 한다. 자기를 팔로우하고 있는, 또는 자기가 팔로잉하는 수많은 사람들의 진짜 정체성을 알고 있는지, 얼마나 깊이 알고 있는지, 친구의 페이스북에 들어갔다가 새로 연결된 친구의 친구를 얼마나 제대로 알고 있는지, 그들의 한 마디 말이 그 사람을 얼마나 잘 나타낸다고 믿는지 등이 모두 중요하다. 무작정 네트워크의 규모만 키우기보다 자기가 어느 정도 마음을 쏟아 통제할 수 있을 만큼의 네트워크를 맑은 정신으로 잘 활용하는 것이 중요한 것이다.

규모가 커질수록 한 사람 한 사람에게 그 사람만을 위한 진정한 메시지를 빠짐없이 보내기는 어려워진다. 인간의 정보처리 용량에 한계가 있기 때문이다. 이러한 한계를 무시하고 끝없이 확장에 확장을 거듭하려 욕심을 부린다면, 그것은 바벨탑을 하늘 끝까지 쌓아올리려 했던 고대인의 욕심처럼, 마침내 재앙을 불러올 수도 있다.

소셜미디어 이용과정의 심리 (SNS 이용과정)

1) 진정한 자기와 소셜미디어 속의 자기

SNS에서 형성되는 자기에 대한 인상은 '공적'(*public*) 속성을 지닌다(Rosenberg & Egbert, 2012). 따라서 소셜미디어 안의 '자기제시'는 '자기감시'의 과정을 거쳐 나타날 가능성이 크다. 자기감시 수준이 높은 사람은 스스로의 모습을 잘 드러내지 않으며, 자기감시 수준이 낮은 사람은 스스로를 솔직히 드러내는 경향이 있다(Snyder, 1974). SNS 안에서는 많은 사람들에게 보여 주기 위한 자기제시, 연출된 인상관리 등으로 인해 진정성이 100% 보장되지 않는다.

최근의 연구를 살펴보면, 페이스북 프로파일에서 일단 사진이 외향적, 긍정적으로 보이면 텍스트로 된 자기소개 글에 큰 관심을 두지 않는다. 그러나 사진이 내향적, 부정적으로 보이면 추가 정보를 더 원하게 되고 이때 텍스트 정보가 영향을 준다(Heide, D'Angelo & Schumaker, 2012). 사람들이 최대한 경제적으로 정보처리를 하고 있음을 시사하는 결과라 할 수 있다.

사람들은 다른 사람들에게 좋은 인상을 주고 싶어 하므로, 나름대로 인상을 관리하려 한다(Goffman, 1959; Schlenker, 1980). 면대면 커뮤니케이션 상황에서도 나타나던 이런 현상이 SNS에서 더 강력하게 나타날 수 있는 이유는 SNS의 파급효과가 훨씬 더 크기 때문이다. 그러다 보니 많은 사람들에 관한 넘쳐나는 SNS 정보의 홍수 속에서 가짜가 아닌 '진짜' 정보, 연출된 모습이 아닌 '진짜' 사람의 모습을 찾아내기는 더욱 어려워지고 있다. 그런 만큼 정보의 진위를 파악하려는 노력과 그렇게 할 수 있는 능력은 더욱 필요해지고 중요해진다.

최근의 한 연구에 따르면(Rosenberg & Egbert, 2012), SNS상의 자기제시는 '설득'의 속성을 지닌다. 즉, SNS 자기제시는 홍보(PR) 영역에서 사용하는 일종의 '전략적 커뮤니케이션'의 범주에 속한다고 할 수 있다. 특히 자기감시 수준이 높거나 '친밀감 추구' 성향이 강할수록(Daly & Kreiser, 1994), 향후의 상호작용을 염두에 둔 '목표 지향적' 커뮤니케이션의 일환으로서 자기제시를 시도한다. 다른 사람들이 자기를 좋아해 주기를 바라는 마음은 거의 대부분의 사람들이 지녔지만, 특히 그런 성향이 강한 사람일수록 페이스북에서의 자기제시를 통한 인상관리를 전략적으로 할 가능성이 크다는 것이다(Rosenberg & Egbert, 2012).

가장 바람직하지 않은 경우는 마키아벨리적 특성을 지닌 사람들이다(Christie & Geis, 1970). 이들은 대부분의 행동에서 전략적 계산을 할 뿐만 아니라, 목표 달성을 위해서는 거짓말을 하거나 속임수를 사용하기도 하기 때문에, 페이스북에서 인상관리를 할 때도 다른 사람들과의 진정한 상호작용을 지향하는 목표가 아닌, 자기 지향적 목표를 설정한다(Rosenberg & Egbert, 2012). 따라서 이런 사람들의 경우 SNS상에서 단순히 본인의 좋지 않은 점을 감추고 좋은 점만 보이는 단계에서 더 나아가, 본인이나 타인의 이미지를 왜곡, 조작까지 할 가능성을 지닌다.

SNS에서 '나'를 드러낼 때 실명을 밝힐 것인가 익명으로 활동할 것인가를 결정하는 것도 자기제시 방법 중 하나다. 필자의 2012년 미발표 조사자료를 소개하면, 트위터 이용자의 58.9%(623명 중 367명), 페이스북 이용자의 78.4%(851명 중 667명)가 실명을 사용하고 있는 것으로 나타나, 트위터보다 페이스북의 실명비율이 높았다. 실명사용 여부의 남녀 차는 트위터가 더 컸고(남자 63.2%, 여자 54.0%), 페이스북의 실명비율은 남녀가 거의 비슷했다. 연령대별로 살펴보면, 트위터 실명여부는 연령대와 무관했고, 페이스북은 20대의 84.1%, 30대의 76.6%, 40대의 74.1%가 실명을 사용하여, 젊은 층의 실명사용 비율이 높았다.

일단 실명을 사용하면 익명보다 실제 모습에 더 가까울 것이라 추측하기 쉽지만, 실명이기 때문에 더욱 자기 자신의 긍정적 모습만 보이려는 동기가 더 강하게 작용할 수 있다. 따라서 '홍보성' 자기제시까지는 아니더라도 자신의 부정적 면모는 숨기고 긍정적 측면만 부각시킬 가능성이 더 크다. 반면에, 익명으로 활동할 때는 좀더 자유롭게 의견을 피력할 수 있어 더 솔직할 수도 있지만, 자신의 정체가 드러나지 않기 때문에 과격한 표현이나 정화되지 않은 언어를 사용할 가능성이 크다. 따라서 어느 한쪽이 항상 바람직하다고 할 수는 없다.

이런 논리에 바탕을 두고 위에 언급한 SNS 실명사용 비율을 해석해 보면, 실제로 페이스북에서는 자유로운 의견개진보다 친밀한 관계의 유지를 중요시하기 때문에 실명을 많이 사용하고, 트위터에서는 친밀한 관계유지보다 자유로운 의견개진이 더 중요하다고 생각하여 실명을 덜 선호할 수 있다.

익명이든 실명이든 마음속의 생각을 어느 정도까지 표현할 것인가를 결정하는 데에는 이 절의 시작 부분에서 언급한 '자기감시' 수준이 결정적 역할을 한다. 실명일 때 더 조심하는 경향이 크기는 하겠지만, 개인성향에 따라 원래 '높은 자기감시' 수준을 가진 사람은 속마음을 덜 표출할 것이고, '낮은 자기감시' 수준을 가진 사람은 속마음을 더 솔직하게 내보일 것이다. 진정성 측면에서는 자기감시 수준이 낮은 쪽이 더 바람직하지만, '상황에 맞는' 커뮤니케이션을 선택하는 측면에서는 자기감시 수준이 높은 쪽이 더 바람직하기 때문에, 이 역시 어느 한쪽이 항상 더 낫다고 단정 지을 수는 없다.

분명한 것은 SNS는 소수가 인위적으로 통제하기 어려운 미디어이기 때문에, 자기 자신의 모습을 영원히 속일 수는 없다는 점이다. 수많은 사람들이 여러 각도에서 검증하고 재검증하는 자정 과정을 거쳐, 마침내 진짜 모습이 드러나게 된다. 따라서 얼핏 연출이 쉬워 보인다 하더라도 결국은 진정한 모습으로 SNS에 다가갈 때 장기적으로 좋은 인상을 남길 수 있다.

2) 즉각성의 함정: 성찰이 없는 표현의 홍수

'즉각성'은 매우 중요한 뉴미디어의 특성 중 하나다. 휴대폰이 등장했을 때도 직접성, 즉시성, 및 개인중심성의 특성을 지닌다고 논의했다(나은영, 2001). '내가 직접 즉각적으로' 누군가와 연결될 수 있다는 특성, 바로 '즉시적 연결'이 매력이었던 휴대폰의 특성에서 한 발 더 나아가, '즉시적 반응'까지 기대할 수 있는 SNS로 발전했다.

소셜미디어의 콘텐츠는 순간적으로 흘러가버리는 속성을 지닌다. 이것을 '메시지의 휘발성'이라 지칭하기도 한다(송인혁·이유진, 2010). 따라서 즉각적으로 반응하지 않으면 묻혀버리기 때문에 빨리 반응해야 한다는 강박관념을 가질 수 있다. 이로 인해 시간을 두고 메시지의 내용을 깊이 생각하는 '중심경로 처리'(*central route processing*)보다는 순간적으로 떠오르는 말초적 단서에 의해 반응을 보이기가 쉽다. 즉, 인지적 정교화 과정이 부족한 '주변경로 처리'를 할 가능성이 높다는 것이다(Petty & Cacioppo, 1986).

빨리 반응하지 않으면 자기가 올린 메시지가 휘발해버린다는 생각, 이것이 일종의 심리적 압박으로 작용한다. 깊은 생각을 거치지 않고 즉흥적으로 반응하다 보면 자연히 사실보다 감정에 치중하게 되고, 성찰보다 순간적 느낌과 반응을 중요시하게 된다. 성찰이 없는 표현의 홍수, 본인의 깊은 생각보다는 다른 사람들이 언급한 명언의 난무 등이 이런 과정의 결과이다. 인터넷이 한국의 빨리빨리 문화에 잘 들어맞아 IT강국의 위상을 SNS로 더 높일 수 있게 된 것도 사실이지만, 이로 인해 이성적인 '생각'이나 깊이 있는 '사색'을 거친 양질의 메시지는 점점 설 자리가 없어지는 양상이다.

캐나다 토론토의 소셜미디어 분석기관인 시소모스(www. sysomos. com)에서 2010년 중 2개월 동안 약 12억 개의 트위터 게시물을 분석한 결과, 트위터의 글 중 71%는 아무런 반응을 얻지 못한다는 결과를 얻었다. 리트윗되는 6%의 글 중 1시간 이내에 리트윗이 이루어지는 비율이 무려 92. 42%에 달했다. 1시간 후부터 2시간이 지나기 전까지는 겨우 1. 63%만이 더 리트윗 되며, 2시간 이후에는 그 비율이 급격히 줄어들어 10시간이 지나면 97. 52%의 리트윗이 마무리된다고 한다. 꾸준히 이슈가 되는 몇 가지 사안들을 제외하고는, 하루가 지나면 거의 리트윗 되지 않는다. 반응을 얻는 트윗의 비율은 23% 정도인데, 그중 85%는 단 하나의 반응을 얻으며, 두 개를 얻는 것은 10. 7%에 불과했다. 이런 결과는 너무나 많은 트윗들이 작성되지만 대부분은 흘러가버린다는 사실을 말한다. 타임라인에는 기계적으로 남아 있을지 모르지만, 심리적으로는 거의 소멸되는 것이다.

하루만 지나도 이미 '오래된 정보'가 되어버려, 사람들은 더욱 싱싱하고 따끈따끈한 정보를 찾는다. 이로 인해 사실 확인에도 인색해진다. 사실 확인 전에 먼저 리트윗 하고 보는 현상, 그리고 감정에 치우쳐 즉각적으로 반응하는 현상이 나타나는 것이다. 그러다가 나중에 사실이 확인되면 상황이 뒤집히기도 한다. 채선당 임산부 폭행사건이나 악마 에쿠스 사건 등, 이런 예들은 수시로 발생한다.[1]

즉각성의 함정에 빠져 성찰 없는 표현의 홍수로 가득 찬 SNS에서 벗어나, 차분한 생각과 사실 확인을 거친 정화된 글이 절실히 필요하다. 정보의 양 자체는 적더라도 진심과 성찰이 담긴 의미공유가 인간의 경험을 더욱 풍요롭게 만들어줄 수 있다.

3) 깊이 없는 피상적 대인관계와 깊이 있는 심층적 대인관계

인터넷이든 SNS든 새로운 미디어가 등장하기 시작하는 초기에는 미디어를 통해 '정보'를 받아들이는 기능이 우선시되지만, 많이 보급되어 보편화될수록 정보에 못지않게 미디어를 통한 '관계'의 형성과 유지, 즉 '접촉'의 기능이 중요해진다. 미디어가 발전할수록 정보든 관계든 '너무 적은' 것이 문제가 되는 것이 아니라, '너무 많은' 것이 문제가 된다.

대규모의 피상적 대인관계에 대한 피로감을 느끼면서도 SNS로 끊임없이 연결되어 있어야만 할 것 같은 압박을 느끼는 현재 상황은 '지속적인 주의분산'과 '관계의 과부하'를 가져온다(김은미 등, 2011). 배영(2012)은 2010년 TED 컨퍼런스의 크리스타키(Nicholas Christakis) 실험결과를 소개하면서, 유유상종, 유인, 및 교란의 효과를 강조했다. 좀더 구체적으로 언급하면, 2,200명의 사람으로 구성

---

1 **채선당 임산부 폭행사건:** 2012년 2월 17일 한 임산부가 채선당 종업원에게 배를 차이는 등 폭행을 당했다며 인터넷 카페와 트위터에 알리면서 사건이 시작되었다. 추후 채선당 측이 '몸싸움은 있었지만 오히려 폭력을 행사한 것은 임산부였다'고 반박하면서 무엇이 진실인지 궁금증을 자아냈다. 양측이 합의에 이르는 듯했으나, 최종적으로 결국 쌍방과실로 양측 모두 상해혐의가 인정되어 기소의견으로 검찰에 송치되었다. 양쪽이 서로 피해자라면서 2주간의 상해진단서를 제출했다고 한다.

악마 에쿠스 사건: 2012년 4월 21일, 한 자동차 전문사이트에 '에쿠스에 강아지 걸고 고속도로 질주'라는 제목의 글을 한 회원이 올리면서 시작된 사건이다. 유명 연예인까지 공격에 가담하며 사건이 커지자 차주는 "차가 더러워질까 봐 개를 트렁크에 실었고 산소가 부족할까 염려돼 트렁크를 열어놓고 달렸는데 차량에 속도가 붙으면서 트렁크 밖으로 개가 떨어졌다"는 해명 글을 올렸고, 경찰에서도 무혐의처리 했다. 그러나 이후에도 논란은 끊이지 않았고, 급기야 5월 16일 동물사랑실천협회에서 동물보호법과 도로교통법 위반으로 철저한 수사를 촉구하는 고발장을 접수하기에까지 이르렀다.

된 네트워크 분석에서 "친구들이 비만이면 내가 비만일 위험이 45%나 더 높고, 친구의 친구가 비만이면 나의 비만위험이 25% 더 높은" 것으로 나타났다(배영, 2012, p. 96). '유유상종' 효과는 비만인 사람끼리 서로 친근감을 더 느껴 가까워짐을 의미하며, '유인' 효과는 비만 친구와 관계를 맺으면서 비만해지는 음식을 같이 즐기게 됨을 의미한다. '교란' 효과는 지속적으로 교류함으로써 비만에 대한 생각이 달라짐을 뜻하는 것으로, '지속적인 주의분산'과 유사한 의미를 지닌다고 볼 수 있다.

SNS에서 만나는 사람들의 규모가 커짐에 따라 깊이 있고 진정성 있는 관계를 형성하는 일이 어려워졌다. 최근에는 트위터와 페이스북의 차이에 주목한 연구들이 등장하고 있는데(예: SK M & C, 2012), 2010년에 "가장 자주 이용하는 SNS"로 '트위터'를 꼽았던 사람이 42%였으나 2011년에는 32%로 줄어들었고, 2010년에 17%에 불과했던 '페이스북'이 33%로 SNS의 대표주자 자리를 차지하였다. 앞서 언급했듯이 트위터보다 페이스북에서 실명을 더 많이 사용하며, 더 작은 규모이지만 더 깊이 있는 일상적 대화를 즐긴다. 트위터는 정치적, 사회적 문제에 관한 공론의 장 역할을 하면서 연령대로는 40대, 성별로는 남성들이 더 많이 이용하는 반면, 페이스북은 일상적 생활에 관한 친밀한 대화 위주로 이루어지며, 연령대로는 20대, 성별로는 여성들이 더 많이 이용하는 경향이 있다.

《뉴미디어시대: 나, 그리고 우리》를 살펴보면(SK Marketing & Company, 2012), 깊이 있는 대인관계에 대한 욕구는 트위터보다 페이스북이 더 잘 충족시켜주고 있다. 〈표 2-1〉의 인터뷰 사례를 살펴보면, 이용자들에게 트위터는 '광장'의 느낌을, 페이스북은 '사랑방'의 느낌을 주고 있음을 알 수 있다. 많은 사람들에게 의견을 개진하고 확산하는 장으로 활용되는 곳이 트위터이며, 원래 알던 사람들과의 깊이 있는 끼리끼리 커뮤니케이션이 더 잘 일어나는 곳이 페이스북인 것이다. 한국에서 특히 싸이월드에 열광했던 특성이 지금은 페이스북으로 옮겨간 상태로 보인다. 페이스북은 트위터보다는 약간 더 폐쇄적인 측면이 있다 하더라도 싸이월드보다는 훨씬 더 개방적이며, 따라서 개인의 정보가 개인의 통제를 벗어날 가능성이 더 크다는 사실을 아직은 크게 인식하지 못하는 단계인 듯하다.

〈표 2-1〉 트위터와 페이스북 사용자의 인터뷰 사례

트위터	페이스북
"트위터는 유명인, 정치인, 연예인들의 사생활과 의견 등을 듣는 용도로 이용하는 경우가 많아요." (20대 여자)	"페이스북은 원래 친했던 친구들과의 사이를 더 돈독하게 만들어주는 것 같아요. 친구들과 일상을 공유하고 대화를 나누는 게 제겐 모르는 사람을 만나는 것보다 즐거워요." (20대 여자)
"트위터에서 연결된 사람 중에는 모르는 사람도 많기 때문에 의견을 올리는 데 더 신중하게 되는 것 같아요. 공식적으로 의견을 외치는 기분이 들죠." (30대 남자)	"페이스북에는 그룹별로 분류를 해서 글을 가리거나, 특정 그룹에게만 보이게 할 수 있는 기능이 있기 때문에 개인의 프라이버시를 조금 더 지킬 수 있다는 느낌이 들어요." (20대 남자)
"트위터에서는 시사뉴스나 정보를 받을 때 주요 오피니언 리더를 팔로잉해요. 때문에 트위터는 신문같이 이용되곤 하죠." (40대 남자)	"트위터에는 모르는 사람들이 대부분인데, 페이스북에는 거의 다 아는 사람들이라 내가 하고 싶은 얘기, 듣고 싶은 얘기를 주고받기 더 좋아요." (30대 남자)

출처: 에스케이 마케팅 앤 컴퍼니, 2012, p.28.

〈그림 2-1〉은 27세 여성 직장인의 '관계 지도' 사례이다. 직장 동료 12명 중 3명과는 '강한 연대'(*strong tie*) 관계에 있고, 다른 9명과는 '약한 연대' 관계에 있다. 한 개인을 둘러싸고 있는 사람들의 모습은 대체로 이와 유사하지만, 개개인의 특성에 따라 관계집단의 수와 강도는 매우 다양하게 나타날 것이다. SNS를 활용하면서 강한, 약한 연대뿐 아니라 '일시적 연대'를 갖는 사람이 늘어나게 되고, 때로는 일시적 연대에서 시작하여 약한 연대로 발전하고, 차츰 강한 연대로까지 이어지는 친구들도 생길 수 있다.

예전에는 친구관계가 '근접성'의 원리에 의해 주로 가까운 거리에 살거나 활동공간이 중복되는 경우에 많이 형성되었다면, 근래에는 그 '공간 근접성'이 물리적 공간을 넘어서는 전 지구적 미디어 공간에서의 '접촉 편의성'을 의미하는 방향으로 변화했다는 점을 주목할 만하다. 오히려 지하철이나 음식점 같은 동일한 물리적 공간에 있으면서도 그 공간에 있는 사람들에게는 주의집중을 하지 않고 SNS 상의 인물들과 심리적으로 더 가까이 접촉하며 친구관계를 유지하는 경우도 흔히 볼 수 있다. '눈에서 멀어지면 마음에서 멀어진다'는 말보다 'SNS로 접속하지 않으면 마음에서 멀어진다'는 말이 더 타당해지고 있는 실정이다.

〈그림 2-1〉 27세 여성 직장인의 사례를 관계의 강도 (r) 와 관계집단의 분포 (θ) 에 따라 그린 관계지도

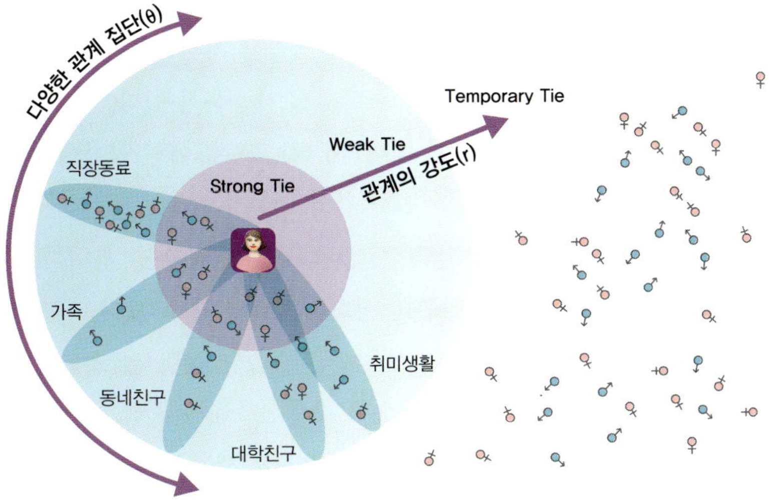

출처: SK M & C, 2012, p. 82.

소셜미디어를 통한 강화효과 (SNS 이용효과)

1) 의견 유사성에 근거한 그룹핑 · 클러스터링

새로운 미디어들은 대개 인간의 선택권을 확장하는 방향으로 발달하기 때문에, 사람들은 자기가 원하는 방식으로 미디어를 사용한다. 이로 인해 원래 내향적이었던 사람은 더욱 내향적으로, 원래 외향적이었던 사람은 더욱 외향적으로 사용한다(Shedletsky & Aitken, 2004). SNS도 마찬가지다. 이렇게 자기가 원하는 방향으로 미디어를 계속 사용하다 보면 미디어로 인해 본래의 성향이 더욱 강화되는 효과를 낳는다. 예컨대, 개인주의자는 SNS를 홀로 즐기는 도구로 생각하며, 집단주의자는 SNS를 통해 마당발 인맥을 더욱 넓히게 된다.

인간의 선택성 증가로 인한 부작용의 하나는 비슷한 사람들끼리만 모이면서 다양한 의견을 외면하게 되는 것이다. 동일소속 친구가 많을수록 트위터 유사의견

이 증가하며($r = .132$, $p < .01$), 페이스북 유사의견도 증가하는 경향이 있다($r = .111$, $p < .01$). 이는 단합된 응집력을 선호하며 내집단의 끼리끼리 관계를 중요시하는 사람이 대체로 유사의견을 좇는 경향이 있음을 시사한다. 이런 경우 집단 내 관계는 좋을 수 있지만 집단 간 관계는 소원해질 가능성이 있다.

개인 특성의 강화효과와 함께 집단 간 대립의 강화도 SNS에서 일어나기 쉽다. 이미 현실 속에서 대립각을 세우고 있는 집단 간의 불화가 SNS로 인해 더 악화되기 쉽다는 뜻이다. 이는 유사성에 천착한 선택 극대화의 부작용 중 하나다. 양 집단 간에 '우리'(*we*)와 '그들'(*they*)의 구분이 심화됨으로써, 실제보다 의견차이가 더 큰 것으로 지각하게 하여 화합의 가능성을 해칠 수 있다(선스타인, 2011; Jones, Wood & Quattrone, 1981; Price, 1989).

장덕진(2012)은 트위터 이용자 분석에서 "(유명인의) 생각이 (본인과) 다를 경우 '언팔'(*unfollow*) 한다"는 응답이 20.2%에 불과하다는 데 근거하여 "트위터에서 '끼리끼리'의 성향이 강하다는 일부의 근거 없는 추측과는 달리 트위터 이용자들의 이견수용성(異見受容性)이 매우 높다"고 주장한다. 그러나 이러한 결론은 성급해 보인다. 그 이유는 첫째, 나머지 79.8%가 기꺼이 그런 이견을 수용할 자세는 아니라는 사실이다. '그의 트윗을 열심히 보지는 않지만 그렇다고 언팔하지도 않는다'가 47.3%, '생각이 다르더라도 계속 그의 트윗을 읽어본다'가 32.35%였다(장덕진, 2012, p.197). 읽어 본 후 반박 의견을 덧붙여 리트윗할 수도 있고 의도적으로 무시해버릴 수도 있기 때문에, 단순히 언팔하지 않는다는 이유로 '이견수용성'이 있다고 판단하기에는 무리가 있다.

트위터 내에서 이견수용성보다 유유상종의 원리가 더 강해 보이는 두 번째 이유는 이를 지지하는 근거들이 축적되고 있기 때문이다. 앞서 언급했듯이 장덕진(2012)의 연구에서 이미 트위터 팔로우 대상선정 기준이 대부분 '내가 좋아하는 사람, 나와 관심사가 비슷한 사람, 기존에 알고 지내던 사람, 나와 가치관이 비슷한 사람' 등으로 '유사한 사람들'이 절대다수를 차지하고 있음을 보여준다. 더욱이 리트윗하는 이유도 '나와 비슷한 의견을 전파하기 위한 것'이 73.55%를 차지했고, '리트윗하면서 내 의견을 덧붙이기 위한 것'이 69% 이상이었으며, '나의 성향이나 입장을 인정받기 위한 것'이 36.2%, '나의 영향력을 보여 주려고'가 21.5%, 심지어 '반대입장인 사람을 비판하려고'도 19.85%였다(장덕진, 2012, pp. 201~202).

뿐만 아니라 이미나와 김옥현(2011)은 트위터의 리트윗 행위에 관해 세밀한 조사결과를 발표했다. 이 연구에서 사람들은 대체로 본인 의견과 일치하는 메시지를 리트윗 하는 경향이 더 강하다는 결과를 얻었다. 구체적으로 언급하면 "공적이고 정치적 메시지가 그렇지 않은 메시지보다 리트윗 될 가능성이 높았다 … 개인의 이슈에 대한 태도와 일치할수록 대체로 해당 메시지를 리트윗 할 가능성이 높은 것으로 나타났다"(pp. 349~350). 저자들은 리트윗 의도 및 여론환경 인식과 관련된 결과들까지 종합하여, "트위터에서 자신의 의견과 일치하는 메시지에 노출될수록 해당 이슈의 여론환경이 우호적일 것으로 판단할 가능성이 높다는 것이며, 또한 리트윗하고 싶은 멘션에 더욱더 노출될수록 해당 이슈에 대한 여론환경이 우호적일 것으로 인식할 가능성이 높아진다"고 해석하였다(이미나·김옥현, 2011, p. 350).

한규섭(2011)의 발표문에서는 한국이 미국과 정반대로 "국회 표결행태의 경우 약 76.1%가 정당투표라는 변인으로 설명되었으나, 트위터 이념성향의 경우 약 85.4%가 정당이라는 변인으로 설명되었다"고 하면서, "한국에서는 트위터 사용자들의 팔로잉 행태가 국회의원들의 표결행태보다 상대적으로 더 양극화되어 있다"고 결론지었다(p. 14). 이러한 사실로 미루어 볼 때, 현재 상태로는 동질성에 기반을 둔 의견 양극화가 쉽게 해결될 문제는 아니라 여겨진다(선스타인, 2011).

본인과 유사한 사람에게 더 호감을 느끼고 본인의 의견과 일치하는 의견을 더 퍼뜨리고 싶어 하는 것은 트위터 사용자나 비사용자나 모두 '사람'이기 때문에 자연스럽게 지니고 있는 심리다. 따라서 트위터 이용여부에 관계없이, 진보든 보수든 관계없이, 우리 모두가 '내가 지금 옳다고 굳게 믿는 생각도 그렇지 않을 수 있다'는 겸손한 마음가짐으로 상대방의 의견에 진정 귀를 기울일 때, 의견 양극화는 서서히 허물어질 수 있다. 최소한 반대의견을 접하는 것 자체를 꺼리거나 무조건 반대하지는 않는 정도의 '이견에 대한 인내심'은 있어야만 의견 동질성으로 인한 집단사고의 위험성을 예방할 수 있을 것이다.

2) 참여의 불평등이 유발하는 의견 대표성의 문제와 동상이몽

초기 SNS 사용자들의 비율은 진보가 보수에 비해 월등히 높았다. 점차 보수성향의 사용자들도 늘고 있기는 하지만, 여전히 SNS에는 진보성향의 이용자들이 많다. 이는 새로운 미디어를 젊은 이용자들이 더 빨리 흡수하며, 이 젊은 이용자들 중에 진보성향의 비율이 높기 때문이다. SNS 중에서도 특히 트위터의 경우에 이런 경향이 더 강하며, 페이스북은 비교적 보수성향의 사람들도 상당히 이용하는 편이다(장덕진, 2012).

필자의 미발표 연구자료(2012년 4~5월 수집 완료)에서 트위터가 다루는 주제를 정치성향별로 분류한 결과, 진보성향이라고 응답한 사람들이 상대적으로 정치문제를 더 많이 다루고 있었다(보수 7.5%, 중도 5.3%, 진보 19.3%). 반대로 사회문제는 보수(19.9%), 중도(16.8%), 진보(10.9%) 순으로 많이 이야기하고 있었다. 일상생활에 관한 주제는 중도(59.6%), 보수(50.0%), 그리고 진보(46.9%) 순으로 많았다.

트위터상의 의견 분포는 현실에 비해 진보의견이 많이 표현되는 경향이 있다(〈중앙일보〉, 2011. 11). 사용률 편차도 중요하지만, 동일한 비율로 사용하더라도 누가 더 의견 표명을 많이 하는지, 그리고 동일한 양을 표현하더라도 누가 더 정치적 내용을 많이 표현하는지에 따라 트위터상에 보이는 정치성향 분포가 현실을 잘 대표하지 못할 수 있다. 트위터 참여자가 많아지고 점차 모두가 거리낌 없이 고루 표현하게 될 때 현실대표성이 커질 수 있을 것이다.

페이스북의 주제는 정치성향에 따른 차이가 크지 않고(보수 2.2%, 중도 1.9%, 진보 6.7%), 전체적으로 트위터보다는 정치문제를 많이 이야기하지 않는 경향을 보인다(페이스북 주제 $\chi^2 = 27.72$, $p < .01$). 진보성향 응답자도 페이스북에서는 일상생활의 주제를 많이 이야기한다(보수 66.3%, 중도 74.1%, 진보 68.5%).

SNS를 많이 이용하는 사람과 적게 이용하는 사람 간의 동상이몽을 나타내는 필자의 최근 미발표 연구자료를 한 가지 더 소개하면(나은영, 미발표 연구), SNS에 대한 의존도가 높은 사람은 현실 속의 진보-보수 비율과 SNS 속의 진보-보수 비율 간 차이를 더 적게 지각하는 경향이 있었다. 즉, SNS 의존도가 높은 사람과 낮은 사람 모두가 현실에서보다 SNS 내에서 진보비율이 더 높다고 인지한다. 그러나 SNS 의존도가 높은 사람들(현실과 SNS 보수비율 지각차이 7.88%, 상관계수=.63; 진보비율 지각차이 9.54%, 상관계수=.42)이 SNS 의존도가 낮은 사람들(현실과 SNS 보수비율 지각차이 17.94%, 상관계수=.36; 진보비율 지각차이 17.05%, 상관계수=.26)보다 현실과 SNS의 비율 추정치 간 차이가 적고 상관관계도 높았다. 이로 미루어 보아 SNS 의존도가 높은 사람들이 현실과 SNS 간의 차이가 적다고 인식하는 경향이 있음을 알 수 있다. 이는 SNS 의존도가 높은 사람들은 SNS의 현실대표성을 더 높게 지각함을 의미한다.

SNS 사용이 점차 보편화될수록 사용자의 풀(*pool*)이 대표성을 띨 것이고, 또 정치적 성향이 다른 개개인들의 표현 정도가 비슷할 때 비로소 의견들이 균형을 찾게 될 것이다. 사용자 풀이 대표성이 없거나, 어느 한쪽이 많이 표현하고 다른 쪽은 표현을 꺼릴 때 '침묵의 나선' 효과나 '다원적 무지'(*pluralistic ignorance*) 현상과 같은 '타인의견에 대한 잘못된 지각'으로 인한 부작용이 나타날 가능성이 커진다. 장기적으로는 균형을 찾아가겠지만, 아직까지는 편향적인 상태이다.

3) 경쟁과 상생: 사람의 힘 모으기

SNS는 기본적으로 개개인이 가지고 있는 지적, 심리적, 행동적 힘을 쉽게, 대량으로, 신속하게 모으는 데 탁월한 기능을 지닌다. 요컨대 '사람의 힘 모으기'가 SNS의 가장 큰 특성이라 할 수 있다. 이때 어떤 사람들이 어떤 힘을 모으느냐에 따라 SNS는 우리 사회를 유토피아로 이끌 수도, 디스토피아의 나락으로 떨어뜨릴 수도 있다.

인간의 사회적 행동들이 공적 영역과 사적 영역으로 나뉘듯, SNS 안에서 이루어지는 인간의 언어적, 비언어적 행동들도 공적 및 사적 영역으로 나누어볼 수 있

〈표 2-2〉 SNS가 경쟁 또는 상생으로 이용될 수 있는 사적 및 공적 영역 사례

	경쟁	상생
사적 영역	개인의 성취를 위한 경쟁 (개인의 경쟁력 향상을 위한 정보의 힘 모으기)	가족, 친구, 및 동료 관계의 협력 (심리적 위안과 격려를 위한 마음의 힘 모으기)
공적 영역	선거, 경쟁사와의 성과경쟁 (집단 간 경쟁을 위한 행동의 힘 모으기)	재능기부, 도움행동 (실질적 도움을 주기 위한 행동의 힘 모으기)

다. 공적, 사적 영역을 각각 경쟁과 상생의 심리로 〈표 2-2〉와 같이 구분할 수 있다. 구체적 영역별로 나누어 살펴보면, 개인적 · 사적 영역에서 '경쟁'의 심리는 개인의 성취와 경쟁력 향상을 위한 정보수집의 도구로 SNS를 활용하도록 유도한다. '정보의 힘 모으기'가 행해지는 것이다. 이와 대조적으로 개인적 · 사적 영역에서 '상생'의 심리는 경쟁 속 스트레스를 달래는 위안의 도구로 SNS를 활용하도록 유도한다. 가족, 친구 및 동료 관계의 협력이 SNS를 통해 더욱 효율적으로 이루어지며, 심리적 위안과 격려를 위한 '마음의 힘 모으기'가 진행된다.

집단적 · 공적 영역에서 '경쟁'의 심리는 자기 집단의 승리를 위한 힘 모으기로 나타나며, 선거에서 지지하는 특정 후보를 승리하게 하거나 자기가 속한 회사가 라이벌 회사를 누르고 승리하는 데 기여하는 도구로서 SNS를 활용하는 것이 그 예다. 이미 우리는 두어 차례의 선거과정에서 SNS에 나타난 집단적 · 공적 영역의 경쟁심리를 관찰하였다. 이에 비해 집단적 · 공적 영역에서 '상생'의 심리는 재능기부나 도움행동으로 발현되며, 도움을 필요로 하는 타인에게 실질적 도움을 주기 위한 '행동의 힘 모으기'에 SNS가 나눔과 상생의 도구 역할을 한다.

소셜미디어가 '좋은' 또는 '인간에게 유익한' 미디어냐 그렇지 않으냐 하는 것은 '어떤' 사람들이 '어떻게' 사용하느냐에 달려있다. 소셜미디어의 가장 큰 장점은 '사람들의 힘'을 쉽게, 빨리, 그리고 많이 모을 수 있다는 것이므로, '어떤' 사람들이 '어떤' 힘을 모으는지에 따라 소셜미디어의 가치가 결정된다. 두 가지 대조적인 사례로서 〈그림 2-2〉의 위 그림은 양극화된 정치 트위터의 모습을, 아래 그림은 상생적인 재능기부 트위터의 모습을 보여준다(중앙일보와 SBS미래한국리포트 2011년 자료). 아래와 같은 모습을 지향하는 SNS가 더 바람직한 것은 당연하다.

《경쟁의 딜레마: 공존의 신생태계를 찾아서》라는 제목의 SBS 미래한국리포트 2011년 보고서를 좀더 자세히 살펴보면(SBS 미래국, 2011), 〈그림 2-3〉의 좌측에 나타나 있듯이, 경쟁관련 트윗들의 의미 네트워크 분석결과 "극한-책임-비극이란 말이 패배자-낙인과 함께 언급되면서, 무한경쟁과 그 폐해가 서로 연결"되

〈그림 2-2〉
양극화된 정치 트위터 (위) 와
상생적인 재능기부 트위터 (아래)

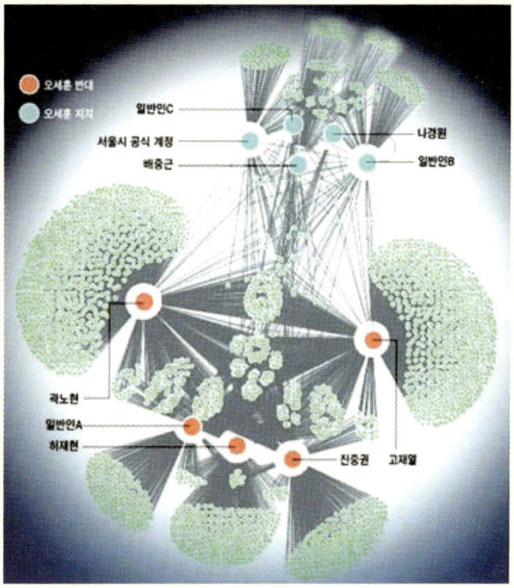

출처: 중앙일보 2011년 8월 26일자 4면, SBS 미래한국리포트 2011 보고서.

〈그림 2-3〉 '경쟁' 관련 트윗 키워드 분석 (좌) 과 쌍용차 해고가족 돕기 관련 트윗 네트워크의 일부 (우)

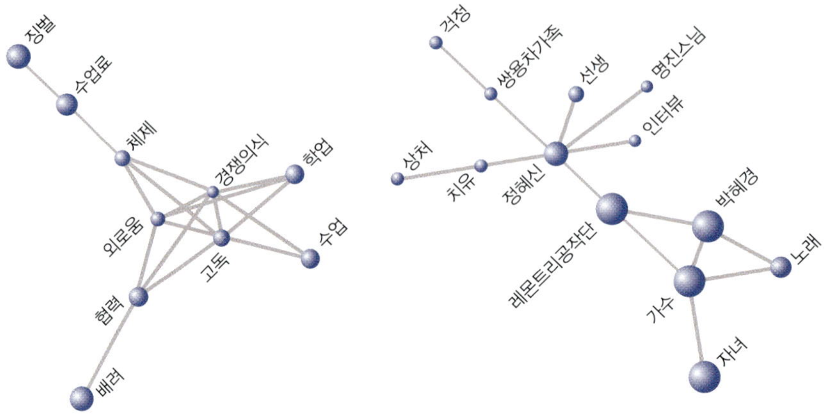

출처: SBS 미래국, 2011, 85쪽과 87쪽.

어 있음을 알 수 있었다. 또한 "경쟁으로 인한 고독이나 외로움 등 심리를 대변하는 말들이 협력, 배려 같은 말과 연결되기도 하고, 천민자본주의-문제점-대졸실업자-자살문제 등의 단어가 반성-해결방안 같은 말과 연결"되며 과잉경쟁으로 잃어버린 가치를 되찾으려는 시도도 보였다(p. 85).

나아가 2011년 1월부터 9월까지 무려 8만 2천여 건의 트윗이 작성된 것으로 조사된 쌍용자동차 해고노동자 가족돕기 관련 트윗의 네트워크 분석결과 일부가 〈그림 2-3〉의 우측과 같이 나타났다. "가수 박혜경 씨가 트위터에서 만난 친구들과 함께 쌍용차 해고노동자들 및 그 아이들을 돕기 위한 재능기부 행사를 시작"했고, "정혜신 신경정신과 전문의가 앞장서 이들을 위한 상담치료를 시작"했을 뿐 아니라, "이들과 연결된 다른 많은 사람들도 자기가 할 수 있는 만큼씩 재능기부를 해 주고" 있었다(SBS 미래국, 2011, p. 87).

뿐만 아니라, "트위터 내에 리트윗이 열 번 이상 되는 주요 재능기부 프로젝트들의 네트워크 지도"를 살펴본 결과, "목적과 활동은 달랐지만 서로 모두 연결"되어 있었다. 목적이 달랐던 다른 재능기부 프로젝트들의 사례는 "세상에서 가장 따뜻한 콘서트(중병에 걸린 아이들 아연이와 우성이를 도우려는 콘서트 개최를 위한 재능모집)", "10월의 하늘(청소년들을 도우려는 '도서관 과학강연'을 위한 재능모집)", 그리고 "굿앱스(공익단체의 애플리케이션 개발과 SNS 강연을 지원하는 재능모집)" 등이 있었다(사이람, 2011, pp. 29~30).

여기서 알 수 있는 점은 "관심사는 달라도 서로 돕고자 하는 마음들이 서로 얽혀 있다"는 점이다(SBS 미래국, 2011, pp. 88). 이처럼 상생을 위한 재능기부 트윗들의 연결모양이 바로 〈그림 2-3〉의 우측과 같이 형성되어 있어 서로 손을 잡아주며 확대되어 가는 형태를 띠고 있다. 물론 그림을 어떻게 그리느냐에 따라 모양이 달라질 수도 있지만, '마음'이 가까운 정도와 모이는 정도를 고려하여 그릴 때 이와 같은 형태가 된다고 볼 수 있다.

소셜미디어 시대의 인간이 나아가야 할 방향

SNS는 삶의 공간이다. 더 정확히 이야기하면 삶의 일부가 SNS 안에서 재현되며, 새로운 사회적·정치적 행동을 유발한다. 사람은 기본적으로 사회적 동물이기에 소셜미디어의 등장은 인간의 전형적인 사회적 행동들에 불을 붙인 중요한 사건으로 자리매김하였다. SNS 속에는 우리의 삶이 고스란히 녹아 있고 그 안에서 공동의 사회적 활동을 추구하기 때문에, 소셜미디어라는 공간 안에 담겨 있는 사람들의 경쟁 및 상생의 심리와 사회적 활동을 학제적으로 조명해보는 과정은 큰 의미를 지닌다.

SNS라는 문명의 이기는 이미 대세가 되었다. 자동차 사고가 난다고 해서 자동차를 없앨 수 없듯이, SNS 이용과정에서 간혹 부작용이 생긴다고 해서 SNS를 없앨 수는 없다는 뜻이다. 부작용을 극복하며 올바르게 사용함으로써 인류의 발전에 도움이 되는 방향을 생각해보는 것이 옳다.

서두에서 언급했듯이, SNS에서 '소셜'의 의미는 '사회'(*society*)라기보다 '관계'(*relationship*)에 가깝다. 많은 사람들이 서로 얽혀 그물망 형태의 관계를 형성하고, 이들 사이에서 많은 정보가 순식간에 대량으로 교환됨으로써 의미를 공유하는 시스템인 것이다. 따라서 '소셜미디어'를 우리말로 번역한다면 '관계 미디어'라

할 수 있고, 특히 좀더 세부적으로 명명한다면 '다원적 관계 미디어'라 부르는 것이 적합하다.

핵심은 '다원적 관계'에 있다. 다원적 관계는 정보가 특정 개인에게만 집중되지 않기 때문에 위계적이기보다는 수평적이다. 그래서 '누구나 평등하게 모든 정보에' 접근할 수 있다. 그런데 이론적으로는 이렇게 누구나 평등하게 누구와도 연결되며 이용할 수 있는 미디어임에도 불구하고, '사람들'이 이용하기 때문에 개인의 성격 차이(내향성, 외향성 등), 참여를 더 원하는 사람과 덜 원하는 사람, 진심으로 참여하는 사람과 전략적으로 참여하는 사람 등과 같은 '사람들' 간의 격차로 인해 모든 링크가 동일하게 활성화되지도 않고, 모든 링크에 양질의 정보가 흐르는 것도 아니다. SNS의 미래는 바로 그것을 이용하는 우리 '사람들'이 결정하는 것이다.

SNS 사용자들에게는 생각할 수 있는 시간, 깊이 있는 성찰, 진정성을 담은 정화된 메시지, 오프라인 관계와의 균형 등이 필요하다. 완전한 통제는 불가능하더라도 개개인이 어느 정도 이상의 성의를 쏟을 수 있는 만큼만 네트워크의 규모를 확장하는 것도 하나의 방법이다. 모든 것이 그렇듯, 관계 네트워크도 크기에 못지않게 연결고리 하나하나의 질이 중요하다. 링크를 따라 흘러가는 메시지의 질을 신뢰할 수 있을 때 비로소 진정한 의미공유가 가능하기 때문이다(브로건과 스미스, 2010). 우선 '지금 여기 바로 내 옆에 있는 사람들'의 이야기를 나 자신의 감각기관으로 직접 보고 듣고 공감할 수 있어야, SNS를 통한 관계에서도 진정성을 가지고 성찰의 시간으로 무르익은 생각들을 잘 교환할 수 있으리라 생각한다.

뿐만 아니라, SNS가 화합의 미디어인지 대립의 미디어인지의 여부도 그것을 사용하는 사람들의 인식과 표현하는 언어에 달려 있다. 다른 사람들의 의견을 실제와 다르게 지각하는 것은 흔한 일이며 SNS에 나타나는 의견들은 더욱 그렇다. 흘러 다니는 모든 메시지들을 사실 확인이나 논리적 성찰 없이 즉각적으로 퍼뜨리기부터 할 것이 아니라, 다양한 경로를 통해 사실을 확인한 연후에 정화된 언어로 전달할 필요가 있다. 대립각을 세우며 상대 팀을 집단적으로 제압하기 위해 SNS를 사용하기보다는 사람들이 지닌 장점들을 모아 서로에게 도움이 되는 방향으로 사용할 때, 온전하게 행복한 화합의 장을 이룰 수 있을 것이다.

참고문헌

김은미 · 이동후 · 임영호 · 정일권(2011), 《SNS 혁명의 신화와 실제: 토크, 플레이, 러브의 진화》, 나남출판.

나은영(미발표 연구), 2012년 SNS 사용자 조사자료 〈전국 5개 권역 트위터 및 페이스북 사용자 960명(20, 30, 40대 각 320명씩) 온라인 조사분석 자료〉.

나은영(2001), "이동전화 채택에 영향을 미치는 이동전화 커뮤니케이션의 매체적 속성에 관한 연구: 개인 중심성, 즉시성, 및 직접성을 중심으로", 〈한국언론학보〉, 45(4), pp. 189~228.

나은영 · 차유리(2012), "인터넷 집단극화를 결정하는 요인들: 공론장 익명성과 네트워크 군중성 및 개인적, 문화적 요인을 중심으로", 〈한국심리학회지: 사회 및 성격〉, 26(1), pp. 103~121.

배 영(2012), "SNS의 사회적 의미", 조화순 편저, 《소셜 네트워크와 정치변동》, pp. 85~111, 도서출판 한울.

브로건, K. & 스미스, J. (2010), 《신뢰: 소셜미디어시대의 성공 키워드》, 에이콘.

사이람(CYRAM) (2011), "SBS 미래한국리포트 트위터 분석보고서".

선스타인, S. R. (2011), 《우리는 왜 극단에 끌리는가》, 프리뷰.

송인혁 · 이유진(2010), 《모두가 광장에 모이다》, 아이앤유.

SBS 미래국(2011), 제9차 미래한국리포트 《경쟁의 딜레마: 공존의 신생태계를 찾아서》, http://future.sbs.co.kr/data/future2011.

SK Marketing & Company(2012), 《뉴미디어 시대: 나, 그리고 우리》, SK M & C Communication Insight Group.

이미나 · 김옥현(2011), "트위터 리트윗의 마인드셋: 메시지 재전송자의 역할 인식과 효과에 대한 연구", 〈한국언론학보〉, 55(4), pp. 331~357.

장덕진(2012), "트위터, 누가 누구와 왜 어떻게 하나", 조화순 편저, 《소셜 네트워크와 정치변동》, pp. 181~205, 도서출판 한울.

중앙일보(2011), "주민투표 트위터, 곽노현 가장 영향력 컸다", (8. 26. 제4면).

중앙일보(2011), "또 하나의 미디어 SNS, 진실 괴담 거름장치 있어야: 좌쏠림 현상 심한 한국 트위터", (11. 29. 제 6면).

한규섭 · 박주용 · 이덕재(2011), 소셜미디어와 오프라인 정치의 이중성: 트위터 사용자와 정치 엘리트의 정치이념 마이닝. ICE 2011 'SNS의, SNS에 의한, SNS를 위한 ICE (Interactive Communication and Engagement) 포럼' 발표자료 pp. 1~14, samsungtomorrow.com/1881.

Festinger, L. (1954), "A Theory of Social Comparison Processes", *Human Relations*, 7(2), pp. 117~140.

Frey, D. (1986), "Recent Research on Selective Exposure to Information", *Advances in Experimental Social Psychology*, 19, pp. 41~80.

Goffman, E. (1959), *The Presentation of Self in Everyday Life*, New York: Doubleday.

Heide, B. V. D., D'Angelo, J. D. & Schumaker, E. M. (2012), "The Effects of Verbal Versus Photographic Self-presentation on Impression Formation in Facebook", *Journal of Communication*, 62, pp. 98~116.

Heider, F. (1958), *The Psychology of Interpersonal Relations*, New York: John Wiley.

Janis, I. L. (1971), *Victims of Groupthink*, Boston: Houghton-Mifflin.

Jones, E. E., Wood, G. C. & Quattrone, G. A. (1981), "Perceived Variability of Personal Characteristics in In-groups and Out-groups: The Role of Knowledge and Evaluation", *Personality and Social Psychology Bulletin*, 7, pp. 523~528.

Latane, B. (1981), "The Psychology of Social Impact", *American Psychologist*, 36(4), pp. 343~356.

Na, E.-Y. (1999), "Is Biased Processing of Strong Attitudes Peripheral? An Extension of the Dual Process Models of Attitude Change", *Psychological Reports*, 85, pp. 589~605.

Price, V. (1989), "Social Identification and Public Opinion: Effects of Communicating Group Conflict", *Public Opinion Quarterly*, 53, pp. 197~224.

Rosenberg, J. & Egbert, N. (2011), "Online Impression Management: Personality Traits and Concerns for Secondary Goals as Predictors of Self-presentation Tactics on Facebook", *Journal of Computer-Mediated Communication*, 17, pp. 1~18.

Schlenker, B. R. (1980), *Impression Management: The Self-concept, Social Identity, and Interpersonal Relations*, Monterey, California: Brooks/Cole.

Shedletsky, L. J. & Aitken, J. E. (2004), *Human Communication on the Internet*, Boston, MA: Pearson Education.

Snyder, M. (1974), "Self-monitoring of Expressive Behavior", *Journal of Personality and Social Psychology*, 30, pp. 526~37.

Taylor, S. E. & Lobel, M. (1989), "Social Comparison Activity under Threat: Downward Evaluation and Upward Contacts", *Psychological Review*, 96, pp. 569~575.

Wills, T. A. (1981), "Downward Comparison Principles in Social Psychology", *Psychological Bulletin*, 90, pp. 245~271.

SNS와 사회자본

제 3 장

이재신 · 이영수

왜 사회자본인가?

사람들은 때론 남들이 부러워할 만한 사회적 성공 속에서도 이 세상에 혼자 남겨진 것 같은 외로움과 고독을 경험한다. 또한 때로는 절대 헤어날 수 없을 것 같은 고통과 좌절 속에서도 따뜻한 격려 한마디와 기꺼이 내미는 한 번의 도움의 손길로 다시 일어서기도 한다. 이는 우리가 세상을 홀로 살아가는 것이 아니기 때문이다. 사람은 작게는 가족과 친척, 크게는 지역과 사회공동체 속에서 관계를 맺어가며 서로 믿고 의지하며 살아가는 것이다. 이렇게 서로 믿는 가운데 도움을 주고받는 인간관계는 우리가 행복한 삶을 누릴 수 있도록 해주는 기본적 요건으로 작용한다.

그러나 현대 사회에서는 동서양을 막론하고 우리 삶의 다양한 부분에서 남들과의 관계보다는 나만을 먼저 생각하는 개인적 성향들이 나타나고 있다. 기술과 교통시설의 발전은 인간의 자유로운 원거리 이동을 가능하게 했고 그 결과 나타난 근대 도시라는 생활공간은 구성원들로 하여금 과거와는 변화된 삶을 살도록 요구했다. 특히 바쁜 현대인들에게는 다른 사람들과의 관계와 조화를 신경 쓰는 모습보다는 나 혼자만의 즐거움과 만족을 추구하는 것이 더욱 가치 있고 바람직한 모습으로 비춰지기까지 한다. 우리 사회만 해도 전통적 공동체 사회의 모습은 빠른 속도로 사라지고 있으며 가족해체가 가속화되면서 '인간 소외' 같은 다양한 사회문제가 확산되고 있다.

이러한 현대 사회의 문제점들에 대해 학자들은 '사회자본'(*social capital*)이라는 개념을 이용하여 그 해결책을 제시하려고 노력했다. 간단히 말해 사회자본이란 '서로의 신뢰를 바탕으로 사회적 규범 속에서 형성되는 사람들 간의 관계, 혹은 그러한 관계로 나타나는 긍정적 결과물'을 의미한다.[1] 우리는 흔히 자본이라고 하면 '경제자본', 즉 금전적 자본을 떠올리게 된다. 사회자본이 비록 경제자본이 의미하는 바와 같은 물질적 자본은 아니지만 사회적 관계로 인해 발생하는 긍정적 요인들을 통칭하기 위해 학자들은 '자본'이라는 개념을 차용하였다.

사회자본은 개인수준 혹은 사회수준으로 구분해 접근할 수 있다. 사회자본을 개인이 지닌 자본으로 볼 수도 있지만 특정 사회가 지닌 자본으로 이해할 수도 있다는 의미이다. 학자들은 사회자본이 풍부한 개인이나 사회는 그렇지 못한 경우보다 안정되고 바람직한 삶을 향유할 수 있다고 본다. 가령 사회자본이 많은 사람은 심리적, 정서적으로 안정되고 유용한 정보를 원활히 얻을 수 있으며 사회적인 성공도 상대적으로 쉽게 이룰 수 있는 것으로 알려져 있다. 또한 사회자본이 풍부한 사회는 높은 신뢰를 바탕으로 서로 돕는 규범이 형성되어 범죄율이 낮아지고 시민의 정치참여 역시 활발히 일어난다(이영수 · 이재신, 2009). 이러한 이유로 개인화로 인한 소외가 만연한 현대 사회의 제반 문제점들을 극복하기 위한 방안으로서 사회자본에 대한 논의가 활발하게 이루어지는 것이다.

사회자본에 관한 논의에서 빠짐없이 등장하는 것이 미디어가 사회자본 형성에 어떠한 역할을 하는가에 대한 것이다. 즉, 미디어 이용이 사회자본을 증가시키는가 혹은 감소시키는가의 여부는 학자들의 첨예한 관심사가 되었다. 특히 사회자본 개념을 대중화시킨 미국의 사회학자 퍼트넘(Putnam, 1995)은 TV 시청 때문에 지역공동체 구성원들의 상호작용이 감소하고 이로 인해 사회 전반적으로 사회자

1 사회자본이라는 개념이 이렇게 간단하게 정의되기는 어렵지만 여기서는 독자의 이해를 돕기 위해 간략한 의미를 먼저 제시한다. 사회자본에 대한 보다 상세한 의미는 본론에서 제공될 것이다.

본이 감소하게 되었다고 주장하였다. 즉, 과거에는 공동체 구성원들이 한데 모여 대화를 주고받으며 사회관계를 유지했지만 이제는 각자의 공간에서 TV를 보며 따로 보내는 시간이 많아짐에 따라 사회자본이 감소했다는 것이다. 퍼트넘은 미국 사회에서 사람들이 단체로 즐기던 볼링 게임을 이제는 혼자 할 수밖에 없게 된 상황을 'Bowling alone'이라는 말로 표현하며 현대 사회에서 발견되는 사회자본 감소를 대중 미디어의 탓으로 돌렸다.

아직까지 미디어 이용과 사회자본의 관계에 대해서는 학자들 간에 의견이 분분하다. 퍼트넘의 주장대로 TV가 사회자본을 감소시킨다는 연구결과도 있지만 그 반대의 연구도 많다. TV를 통해 공통된 정보를 전달받고 이에 관한 의견을 활발히 교환함으로써 오히려 사회자본이 증가하는 경우도 발견되는 것이다. 비단 TV 뿐만 아니라 신문, 라디오, 인터넷 등의 이용이 사회자본에 미치는 영향에 대한 연구결과들은 서로 상반된 것들이 많다. 때로는 미디어 이용이 사회자본의 증가로 이어지기도 하고 때로는 감소로 나타나기도 하는 것이다.

그러나 여기서 주목할 점은 사회자본을 증가시키건 감소시키건, 많은 경우 미디어 이용이 사회자본과 밀접한 관계가 있다는 것이다. 특히 인터넷의 등장으로 인해 온라인을 통한 인간관계가 활성화되면서 과거와는 다른 새로운 형태의 사회자본, 즉 온라인 사회자본에 대한 논의가 활발히 이어지고 있다. 과연 온라인 인간관계가 전통적 의미의 사회자본으로서 역할 할 수 있는가에 대한 논의가 진행되기 시작한 것이다.

이러한 상황 속에서 최근 등장한 사회 연결망 서비스(이하 SNS)는 사회자본 연구자들에게 많은 관심을 받고 있다. 만약 인터넷을 통해 형성되는 온라인 인간관계가 사회자본으로서 취급될 수 있다면 개인의 사회 연결망을 근간으로 하여 서비스되는 SNS 이용이 사회자본에 더욱 큰 영향을 줄 수 있음을 쉽게 예상할 수 있기 때문이다. 시간과 공간의 장벽을 넘어서 언제 어디서나 인터넷과 스마트 미디어를 통해 사용가능한 SNS와 사회자본의 관계는 이제 사회자본을 연구하는 학자들에게 빼놓을 수 없는 연구주제가 되었다.

따라서 이 장에서는 SNS와 사회자본의 관계에 대해 상세히 살펴보고자 한다.

즉, SNS를 통해 형성되고 유지되는 인간관계가 온라인 사회자본과 어떠한 관련이 있는지, 또한 이러한 온라인 인간관계를 통해 우리사회의 사회자본이 어떻게 변화할 수 있는지를 살펴보고자 하는 것이다. 이를 위해 먼저 사회자본 개념과 구성 요소, 그리고 사회자본의 유형과 역할을 소개할 것이다. 이후 우리사회의 사회자본 특징에 대해 이야기하고 SNS를 통한 사회적 상호작용이 사회자본에 미치는 영향에 대해 살펴볼 것이다.

사회자본의 의미와 유형

1) 사회자본이란 무엇인가?

온라인 사회자본과 SNS에 대해 상세히 논하기 위해서는 먼저 전통적 의미의 사회자본 개념과 이를 구성하는 몇 가지 중요한 요소들에 대해 살펴볼 필요가 있다. 1980년대에 프랑스 사회학자 피에르 부르디외(Pierre Bourdieu)는 개인의 자본을 경제자본, 사회자본, 문화자본으로 구분하고 사회의 구조적 요인, 가령 사회 계급적 격차 등이 개인의 여러 가지 자본 형성에 미치는 다양한 영향에 대해 소개하였다(Bourdieu, 1986). 사실 사회자본 개념이 처음 등장한 것은 부르디외의 논의보다도 훨씬 전의 일이지만 부르디외의 논의 이후, 콜만(Coleman), 퍼트넘, 후쿠야마(Fukuyama) 등의 학자들이 합류하며 사회자본 개념이 본격적으로 다루어지기 시작했다. 앞서 사회자본의 의미에 대해 간략히 설명했지만 아직까지 무엇을 사회자본으로 규정할 것인가에 대해서는 학자들 간에 의견이 분분하다. 또한 사회자본이 논의되는 학문분야(가령 정치학, 경제학, 사회학, 언론학)에 따라 그 정의와 논점이 조금씩 다르게 이루어진다. 사회자본에 대한 몇 가지 학문적 정의를 소개하면 다음과 같다.

먼저, 부르디외는 서로 면식이 있으며 이미 인지하는 제도 속에서 형성된 사회관계와 그러한 사회관계의 지속적인 유지로 인해 나타나는 실재적 혹은 잠재적 자원의 총체로 사회자본을 규정했다. 퍼트넘은 네트워크나 규범, 사회적 신뢰와 같이 상호 이익을 위한 조정과 협조를 가능하게 하는 사회조직의 특성을 사회자본이라고 주장하였다. 이와 달리 후쿠야마는 사회자본을 집단이나 조직 내에서 공통의 목표를 위해 함께 일하도록 하는 사람들의 능력으로 보았다. 후쿠야마의 이러한 관점은 사회자본을 자원으로서의 가치나 계약관계보다는 그것이 만들어 내는 집합적 행위양식과 그로 인한 사회적 성과로 보는 것이다.

이러한 사회자본에 대한 정의에서 알 수 있듯이 학자들마다 무엇을 사회자본으로 보는가는 조금씩 차이가 있다. 또한 그 역할과 중요 요소들에 대한 설명도 조금씩 다르다. 그러나 사회자본에 대한 기존의 다양한 정의와 연구들을 종합하면, 학자들은 대체적으로 사회자본이 '신뢰', '호혜성 규범', '사회 연결망'으로 구성되며 사회자본은 개인과 사회의 삶에 긍정적 영향을 주는 것으로 보고 있다. 그러면 신뢰, 호혜성 규범, 연결망은 어떠한 방법으로 사회자본을 구성하는 것일까? 이들 사회자본의 세 구성요소의 의미와 역할에 대해 살펴보기로 하자.

2) 사회자본의 구성요소

(1) 신뢰

신뢰(*trust*)는 사회의 행위 주체, 즉 개인이 특정 대상에 대해 지닌 긍정적 믿음을 의미한다. 경제적 관점에서 볼 때 신뢰는 거래비용을 감소시키며 상호이익을 증진시키는 역할을 한다. 거래는 서로 간의 신뢰를 바탕으로 이루어지며 서로 믿지 못하는 상황에서는 거래가 온전히 이루어질 수 없기 때문이다. 따라서 신뢰가 높은 사회에서는 상대방을 불신하기 때문에 발생할 수 있는 각종 추가적 비용(예: 감시 및 관찰 비용)이 들지 않게 되므로 결과적으로 거래 당사자들의 이익이 증가하게 된다. 서로 믿지 못하는 상황에서 이루어지는 마약 거래와 서로가 필요할 때에 기꺼이 도울 것이라는 믿음 속에서 이루어지는 품앗이를 비교한다면 신뢰가 왜 사회자본의 중요한 요인이 되는가는 쉽게 이해할 수 있다.

사회자본의 한 요소로서 신뢰를 설명할 때 흔히 인용되는 예가 뉴욕의 다이아몬드 거래소이다. 도매시장인 이곳에서 상인이 보석을 보여주고 손님에게 전달하는 과정 속에서 고가의 다이아몬드를 도난당할 가능성이 충분히 존재한다. 또한 도매상 역시 처음에 진품을 보여주고 중간에 가짜로 바꿔치기 할 가능성이 있다. 그러나 대부분이 유태계 친족으로 구성된 이 공동체에서는 상호신뢰를 기반으로 거래가 이루어진다. 혈연과 종교적 동질성으로 형성된 유대 공동체 속에서 운영되는 뉴욕 다이아몬드 거래소는 신뢰라는 사회자본에 의해 효율적 거래가 이루어진다.

물론 신뢰가 항상 긍정적 역할만을 하는 것은 아니다. 특히 신뢰의 범위가 개인이 속한 사회의 구성범위보다 작을 때에는 신뢰가 오히려 남을 배제하는 역할을 하게 된다. 가령 어느 직장 상사가 자신이 졸업한 학교나 출신 지역의 직원들만을 신뢰하는 경우 그 상사의 신뢰범위는 회사의 범위보다 작게 된다. 이때 신뢰는 회사의 발전에 도움이 되기보다는 남들을 배타적으로 대하는 원동력으로 작용하여 결과적으로 회사의 단합과 발전에 부정적 영향을 주기 쉽다. 따라서 사회자본 연구에서는 신뢰 개념과 함께 그 범위 역시 중요한 요인으로 다루어진다.

신뢰는 그 '적용범위'에 의해 특정인에 대한 신뢰를 의미하는 특정화된 신뢰와 일반적인 타인에 대한 신뢰를 의미하는 일반화된 신뢰로 구분된다. 전자는 신뢰의 범위가 특정인 혹은 개인 주변의 소수에게 국한된 경우를, 후자는 그 범위가 사회 전반의 다른 사람들에게까지 확대된 경우를 의미한다. 가령 내 주변 친구들이나 우리 지역사회의 사람들에 대한 신뢰는 특정화된 신뢰에 해당하며 우리나라 사람들에 대한 전반적 신뢰는 일반화된 신뢰이다. 신뢰가 사회자본을 구성하기도 하고 사회자본에 의해 신뢰가 발생하기도 한다. 즉, 신뢰는 사회자본의 구성물인 동시에 결과물인 것이다.

신뢰는 그 적용범위에 따라 구분되기도 하지만 때로는 적용대상에 따라 구분되기도 한다. 가령 신뢰는 신뢰하는 대상이 누구인가에 따라 사람에 대한 신뢰를 나타내는 '대인 신뢰'와 사회제도나 법규에 대한 신뢰를 의미하는 '제도 신뢰'로 구분된다. 물론 이들 두 신뢰는 서로 역동적으로 연결되어 영향을 주고받는다. 사람에 대한 신뢰가 바탕이 되어야 사회나 제도에 대한 신뢰가 수반되고 역으로 사회제도에 대한 신뢰가 있어야 사람에 대한 신뢰가 형성되는 것이다. 가령 개인은 다른 사람들도 그러할 것이라는 신뢰가 존재할 때에 법과 제도를 믿고 이를 준수하게 된다.

이처럼 타인에 대한 신뢰와 제도에 대한 신뢰가 높은 사회는 사회자본이 풍부하게 되고 이는 사회의 보다 효과적인 법 집행과 발전을 가능하게 한다. 이 경우 사회자본은 사회의 발전을 가속화하며 이는 다시 그 사회의 구성원들에게 만족감과 안정감을 제공함으로써 구성원들의 타인과 사회제도에 대한 신뢰를 높여주어 사회자본과 사회발전의 동반상승이라는 선순환적 연결고리를 형성하게 된다. 이와 달리 타인에 대한 불신은 제도에 대한 불신으로 이어지고 그 결과 사회의 발전은 저해되며 이는 다시 사회자본의 감소라는 악순환을 낳을 것임은 쉽게 예상할 수 있다.

(2) 호혜성 규범

사회자본의 또 다른 중요한 구성요소로서 규범(*norm*)을 들 수 있다. 사회자본 연구에서 규범은 흔히 호혜성 규범(*norm of reciprocity*)이라 불린다. 호혜성 규범이란 내가 다른 사람의 도움을 받을 때에 나 역시 다음에는 다른 사람에게 도움을 주어야 한다고 생각하도록 하는 사회적 규칙이나 눈에 보이지 않는 압력을 의미한다. 따라서 호혜성 규범이 존재하는 사회에서는 서로 믿고 흔쾌히 타인에게 도움을 주게 된다. 이는 자신이 베푸는 도움이 지금 당장은 아니더라도 언젠가는 자신에게 되돌아올 것이라고 기대하기 때문이다. 이러한 점에서 호혜성의 규범은 신뢰와 밀접한 관련이 있다. 신뢰가 높지 않은 사회에서 강한 호혜성 규범이 존재하기는 쉽지 않기 때문이다.

규범이란 일반적으로 내가 어떻게 행동해야 하는가를 의미한다. 따라서 규범이 올바르게 작동하기 위해서는 개인이 그 규범을 지키지 않았을 때 효과적인 처벌방법이 존재해야 한다. 우리의 전통 풍속인 품앗이는 집중적으로 노동이 필요한 때 마을 사람들이 돌아가며 한 가정씩 일을 도와주는 과정 속에 생겨났다. 만약 어떤 가정이 품앗이로 도움을 받은 뒤 다른 가정의 일을 외면한다면 그 가정은 지역 공동체로부터 소외되어 이후 다시 도움을 얻기 어려울 것이다. 뉴욕 다이아몬드 거래소의 경우도 마찬가지다. 모조 다이아몬드를 유통시킬 때에 상인 공동체로부터 받게 될 처벌이 개별 상인으로 하여금 진품 다이아몬드만을 거래하게끔 만든다.

사실 모든 규범은 호혜성을 기반으로 한다고 볼 수 있다. 일부는 규범을 준수하고 일부는 준수하지 않는다면 결국 그 규범은 지켜지기 어렵다. 가령 횡단보도 신호를 기다리고 있을 때 지나가는 차가 없다고 다른 사람들이 신호를 무시하고 건넌다면 나 역시 그냥 건너고 싶은 욕구가 생기게 마련이다. 그러나 다른 모든 사람들도 교통신호를 준수한다면 이후에도 교통신호를 준수하고자 하는 의지가 높아진다.

호혜성의 규범이 사회자본 논의에서 중요한 역할을 하는 이유 중 하나는 호혜성의 규범이 존재해야 공동체의 집단행동을 이끌어낼 수 있기 때문이다. 특히 서로 다른 배경을 가진 사람들이 모인 공동체에서 신뢰를 바탕으로 하는 호혜성 규범은 어떻게 행동할지를 판단하는 기준으로 작용하며 이를 통해 공동체에 이익이 되는 협력적 행동에 구성원들이 모두 참여하게 된다. 남이 나를 위해 무엇을 할 때에 나도 무엇인가를 해야 한다는 '의무' 의식, 그리고 내가 남에게서 되돌려 받을 게 있다는 '권리' 의식은 모두 호혜성 규범으로부터 나온다. 이러한 점에서 볼 때 시민의 사회에 대한 참여 의무와 권리 역시 호혜성 규범과 밀접한 관계가 있다.

앞서 신뢰가 그 적용 범위에 따라 특정화된 신뢰와 일반화된 신뢰로 구분된 것과 유사하게 호혜성의 규범 역시 그 대상에 따라 두 가지로 구분된다. 즉, 도움을 받은 사람에게 도움을 돌려주는 것을 의미하는 '특정화된 호혜성 규범'과 일반적인 타인에게 도움을 베풀어야 한다는 것을 의미하는 '일반화된 호혜성 규범'으로 구분된다. 가령 내가 곤경에 빠졌을 때 나를 도와준 사람에게 감사하여 도움을 주는 경우가 특정화된 호혜성 규범이 발현된 경우로 볼 수 있다. 이와 달리 내가 과거 누군가에게 도움을 받았기 때문에 나 역시 비슷한 상황에서 전혀 모르는 타인을 돕고자 한다면 이는 일반화된 호혜성 규범의 예에 해당한다. 일반화된 호혜성 규범이 높은 사회에서는 직접적인 이해관계가 없어도 타인을 돕는 것을 당연시 여기게 되어 사람들 간의 신뢰 역시 높아지는 결과로 이어진다.

사회자본 연구자들이 강조하는 것은 일반화된 호혜성 규범이다. 도움을 준 당사자뿐만 아니라 일반 다른 사람들도 도와주고자 하는 의지를 지닐 때 그 사회의 사회자본이 증가하게 된다고 보기 때문이다. 호혜성의 규범이 존재하지 않는 사회에는 '무임승차'가 만연하게 된다. 호혜성의 규범이 없는 사회에서는 도움을 받은 만큼 남을 도와야 한다는 사회적 압력도 약하며 이에 대한 사회적 처벌 방법 역시 약하기 때문에 무임승차가 나타나게 된다.

(3) 연결망

이제까지 사회자본의 중요한 요인으로서 신뢰와 호혜성의 규범에 대해 소개했다. 앞서 사회자본은 개인수준의 자본으로 접근될 수 있으며 사회 수준의 자본으로도 취급될 수 있다고 설명했다. 사회자본을 개인수준과 집단수준에서 동시에 다룰 수 있는 이유 중 하나는 사람들의 관계를 나타내는 '연결망'(*network*) 이 사회자본의 중요 요인으로 작용하기 때문이다. 연결망은 개인이 다른 사람들과 맺고 있는 관계에 의해 형성되기 때문에 개인적이며 동시에 집단적일 수 있다.

사회자본 논의에 의하면 신뢰와 호혜성 규범이 사회관계 속에 반영될 때 진정한 사회자본이 형성될 수 있다. 연결망이란 말 그대로 개인이 맺고 있는 다양한 사회적 관계에 의해 형성되는 '눈에 보이지 않는' 네트워크를 의미한다. 우리가 사회에서 맺는 관계는 다양하게 구성된다. 어떤 관계는 순전히 사업적 관계이며 어떤 관계는 진한 우정을 나누는 친밀한 관계이기도 하다. 사회자본 논의에서 강조하는 것은 다양한 사회적 관계가 신뢰와 호혜성 규범을 기반으로 형성되어야 한다는 것이다. 이는 연결망이 사회자본으로서 중요한 역할을 하기 위해서는 개인의 사적인 연결망 내에 상호 신뢰와 호혜성의 규범이 녹아들어가 있어야 한다는 것을 의미한다. 피상적인 인간관계보다는 서로를 신뢰하며 도움을 기꺼이 주고받는 관계들이야 말로 사회자본의 중요한 요인으로 작용하게 되는 것이다.

우리가 흔히 '연줄'이라고 부르는 관계가 있다. 다양한 연줄을 지닌 사람들은 각계각층의 많은 사람들을 알고 지내기 때문에 필요에 따라 적절한 사람들과의 관계를 이용하여 자신의 목적을 남들보다 쉽게 달성할 수 있다. 그렇다면 이들을 높은 사회자본을 지닌 사람들이라고 할 것인가? 사회자본에서의 연결망이란 그 관계들 속에 신뢰와 호혜성의 규범이 내재된 연결망을 의미한다. 사회자본 논의에서 사회적 관계를 자본으로 보는 이유는 그러한 관계를 통해 장기적으로 사회를 위한 가치를 생성하고 공동의 목표 달성과 협력을 촉진하며 소비해도 사라지지 않는 누적적 특징을 지니기 때문이다. 따라서 연줄 관계가 이러한 특성을 만족한다면 사회자본으로 볼 수 있지만 만약 특정 개인의 이익과 사회경제적 목적 달성을 위한 도구로서만 작용한다면 이는 사회자본으로 보기 어려울 것이다.

따라서 다양한 '연줄'과 '인맥'을 자랑하는 사람은 높은 '인적 자본'을 지닌 것으로 볼 수 있지만 높은 사회자본을 지녔다고 보기는 어렵다. 사회자본은 개인의 사회적 관계가 신뢰와 호혜성의 원칙이라는 규범 속에서 형성될 때에야 나타나는 것이기 때문이다. 다만 인적 자본이 풍부한 사람들은 그렇지 못한 사람들에 비해 높은 사회자본을 얻기 위한 잠재력을 지녔다고 할 수 있다.

이처럼 연결망은 개인의 사적 대인관계로 이해될 수도 있지만 사회참여와 관련된 공적 관계로 접근할 수도 있다. 퍼트넘은 사적 연결망보다는 사회에 대한 시민의 참여와 그 과정에서 형성되는 네트워크를 중시하며 '시민 참여의 연결망'(*network of civic engagement*)을 사회자본의 중요 요인으로 설명했다. 이는 개인이 맺고 있는 관계들 중 시민으로서 사회에 참여하는 과정에서 맺게 되는 공적 성격을 지닌 관계들로 구성된 연결망이 사회자본 형성에 중요한 역할을 한다고 보는 것이다. 퍼트넘은 이러한 시민 참여의 연결망에 신뢰와 호혜성 규범이 형성되는 것을 사회자본으로 보는 것이다. 이때의 사회자본은 공적 성격이 강하며 집합적 수준의 이익을 위한 개인의 이타적 행동을 일으키는 조건으로 작용한다.

이는 사회 구성원 간에 신뢰가 있고 개인의 이타적인 행동이 언젠가는 자신에게 되돌아올 것이라는 믿음과 그에 대한 규범이 형성되어 있다면, 그리고 그에 근거하여 사회 참여의 연결망이 구축된다면 사회 구성원들이 서로 협력하고 상호 이익을 증진시키기 위한 행동을 하게 된다고 보는 것이다. 사적 연결망이 주로 개인의 유대에 의해 형성되고 유지되는 데 반해 공적 연결망은 자발적이며 수평적

〈그림 3-1〉 사회자본 구성요소들의 관계

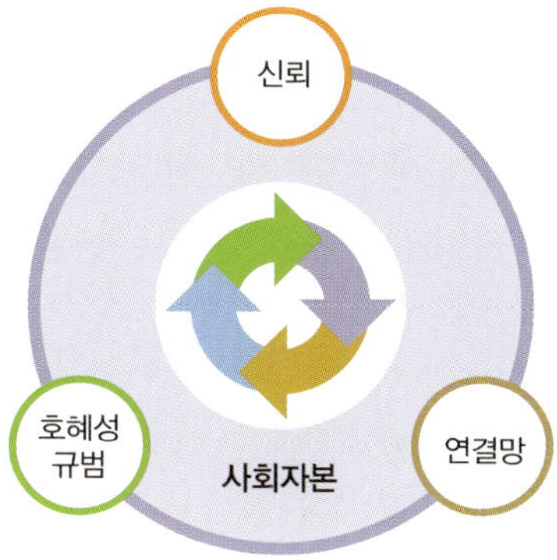

인 관계 속에서 사회적인 커뮤니케이션을 가능케 하며 그 구성원들로 하여금 사회적 역할수행과 사회참여의 경험을 얻을 수 있게 해준다. 이에 따라 구성원들은 공적 연결망 안에서의 커뮤니케이션을 통해 민주시민으로서의 소양을 쌓고 타인에 대한 배려와 관용을 배우게 된다.

이제까지의 이야기를 정리하면 연결망에 대한 논의는 개인의 사적 관계를 중심으로 하는 사적 연결망과 공적 성격을 지니는 사회참여의 연결망으로 구분할 수 있다. 그러나 사적 연결망이든 공적 연결망이든 사회자본 논의에서는 단순히 관계의 다양성이나 그 수의 많고 적음이 중요하다고 보지 않는다. 그보다는 연결망 속 관계들의 속성, 특히 상호 신뢰와 호혜성의 규범이 함께 나타나는가를 중시한다. 특히 공적 연결망 내에서의 사회자본은 구성원의 사회참여 같은 집단적 행동을 가능하게 하며 이를 통해 구성원들은 민주시민으로서의 기본적 소양을 쌓을 수 있는 기회를 제공받는다.

(4) 소 결

사회자본의 구성요소에 대한 설명을 마치기에 앞서 한 가지 강조하고 싶은 것은 이들이 별개의 구성요소로서 따로따로 작용하는 것이 아니라 서로 밀접한 관련성을 지니며 사회자본을 구성해 나간다는 것이다. 즉 〈그림 3-1〉에 제시된 것처럼 이들은 서로 영향을 주고받으며 사회자본을 형성해간다. 가령 신뢰가 바탕이 될 때에 호혜성 규범이 올바르게 작용하게 되며 그 결과 다시 신뢰가 형성된다. 또한 이러한 신뢰와 호혜성 규범이 바탕이 되는 연결망 속에서 사회자본이 형성되어가고 그러할 때에 상호 신뢰와 호혜성 규범은 더욱 강화되는 것이다. 이렇게 신뢰, 호혜성 규범, 연결망은 사회자본의 주된 축으로서 작용하며 서로 영향을 주고받으며 사회자본을 형성한다.

3) 사회자본에 대한 두 가지 접근수준

사회자본 논의에서 중요한 사항은 사회자본에 대해 접근하는 수준(*level*)에 따라 그 의미와 쟁점이 달라질 수 있다는 것이다. 앞서 사회자본은 개인수준과 사회수준에서 이해될 수 있다고 설명했다. 이를 조금 달리 표현하면, 사회자본은 미시적 수준과 거시적 수준으로 구분하여 접근하고 이해될 수 있다.

(1) 미시적 수준의 접근법

미시적 수준의 사회자본 논의는 사회자본을 개인 혹은 사회 연결망 내의 집단수준의 자본으로 이해하는 것으로서 사회자본에 대한 사적 연결망 수준, 혹은 개인수준의 접근이라고 볼 수 있다. 이 경우 사회자본은 특정 개인들이 형성하는 사회연결망 내에 내장된 자본으로 이해되고 이를 이용할 수 있는 사람들 역시 연결망 내에 존재하는 사람들로 한정한다. 따라서 미시적 접근법에서는 사적 연결망 내에 존재하는 내장 자원인 사회자본을 그 구성원들이 어떻게 이용할 수 있으며 그 결과로서 나타나는 효과는 무엇인가를 살펴보게 된다. 즉, 미시적 수준의 사회자본 논의에서는 개인이 사회자본으로 인해 어떠한 신체적 혹은 정신적 이득과 만족을 얻는가에 관심을 둔다.

미시적 수준에서의 신뢰는 특정화된 신뢰, 즉 그 적용 범위가 특정인에 한정된 신뢰를 의미한다. 이와 유사하게, 미시적 수준의 호혜성 규범은 나에게 도움을 준 사람들에게 도움을 되돌려 주어야 한다고 생각하는 특정화된 호혜성 규범을 의미한다. 또한 앞서 언급한 것처럼 미시적 시각에서는 사회자본이 개인이 맺고 있는 특정 연결망 내에 축적된다고 본다. 즉, 사회자본이 사회 구성원 모두의 것이 되지 않고 특정 연결망에 속한 사람들만이 활용할 수 있는 형태로 '연결망 안에 축적된다'는 것이다. 이 경우 개인이 사회자본을 활용하기 위해서 특정 연결망에 어떻게 접근할 수 있는가가 주된 관심사가 된다. 연결망 내에 축적된 사회자본을 활용하기 위해서는 연결망에의 접근이 선행되어야 하기 때문이다.

린(Lin, 2000)은 이러한 관점에서 사회자본을 살펴보는 대표적인 학자에 해당한다. 그는 사회자본을 사회구조에 내장된 자원으로 이해하고 개인이 특정한 필요에 따라 접근할 수 있는 자원이라고 설명한다. 린에 의하면 사회자본은 사회 구조 속에 축적된 자원으로서 존재해야 하며 개인이 이러한 자원에 접근 가능하며 또한 특정 행위 수행을 위해 활용할 수 있어야 한다. 이러한 조건들이 만족되지 않으면 사회자본을 이용하는 것이 불가능하다는 것이다. 가령 직장을 구하는 사람이 구직에 유용한 정보를 제공할 수 있는 사회 집단의 연결망을 지니고 있지 못하거나, 있어도 접근이 불가능하거나, 접근이 가능해도 정보를 활용할 방법을 잘 모른다면 사회자본을 활용할 수 없다. 따라서 미시적 접근법에서는 사회자본의 불평등성(*inequality*)에 관심을 둔다. 즉, 성별, 교육, 직업 등의 차이로 인해 발생하는 사회자본의 불평등성에 주목하여 이를 해소할 수 있는 방안에 대한 논의가 이루어진다.

(2) 거시적 수준의 접근법

미시적 수준과 달리 거시적 수준의 접근법에서는 사회자본의 구성요소인 신뢰를 특정인에 한정되지 않는 일반 타인에 대한 신뢰로 취급한다. 이와 유사하게 호혜성 규범 역시 일반적인 타인에 대한 호혜성 규범으로 인식한다. 즉, 특정 사람들을 대상으로 하는 신뢰와 규범보다는 사회 전체의 타인들에 대한 신뢰와 호혜성 규범에 관심을 두는 것이다.

거시적 수준의 접근에서는 사적인 연결망보다는 시민 참여적인 공적 연결망을 중시한다. 이는 사회자본을 특정 연결망 내에 축적되어 한정된 사람들에게 작용

〈표 3-1〉 사회자본에 대한 접근 수준 비교

	미시적 수준의 접근법	거시적 수준의 접근법
신뢰	특정 대상에 대한 신뢰	일반 타인에 대한 신뢰
호혜성 규범	도움을 준 대상에 대한 호혜성	일반 타인에 대한 호혜성
연결망	사회자본은 특정 사적 연결망 내에 축적되며 해당 연결망 내에 속한 사람들만이 이를 활용할 수 있음. 연결망의 구조, 개인의 연결망 내 위치와 역할이 중요한 의미를 지님	사회자본은 시민 참여적인 공적 연결망에 축적되며 사회와 국가에 속하는 공공재적 성격을 지니게 된다고 봄

하는 자본으로 보지 않음을 의미한다. 그보다는 공적 연결망에 관심을 두고 다양한 공적 연결망 내의 사회자본이 집합적으로 축적되어 사회와 국가라는 상부 층위의 광범위한 사람들이 이를 활용할 수 있다고 본다. 즉, 사회자본이 공공재의 성격을 띤다고 보는 것이다. 공공재란 개인에게 귀속되는 사유재와 달리 특정 경제 주체에 의해 생산이 이루어지더라도 구성원 모두가 혜택을 누릴 수 있는 상품이나 서비스를 의미하는 경제 용어이다. 따라서 거시적 수준에서 사회자본을 이해하는 경우 사회자본은 한 사회나 국가에 축적된 공동의 자산이며 그 구성원 모두가 사회자본을 활용할 수 있다. 이제까지 소개한 사회자본의 두 가지 접근법을 비교 정리하면 〈표 3-1〉과 같다.

4) 사회자본의 두 유형

알려진 바에 따르면 일반인은 대개 평생 약 500명 정도의 사람과 관계를 맺고 살아간다고 한다. 따라서 개인의 연결망은 이들과의 사회적 관계에 의해 구성된다고 이해할 수 있다. 그러나 이를 좀더 세부적으로 나누는 것도 가능하다. 한 개인이 맺고 있는 관계들을 대략적으로 구분하면 먼저 혈연, 지연, 학연 같이 동질성을 기반으로 하는 관계들이 존재한다. 이와 달리 서로 다른 배경의 사람들과 맺게 되는 이질적 관계들도 있다. 의사 - 환자 같은 상담관계나 주식투자를 위한 정보를 얻기 위해 알고 지내는 사람들, 거래나 사업을 위한 관계 등이 다양성을 기반으로 구성된 이질적 관계라고 볼 수 있다. 우리가 경험을 통해 알 수 있는 사실은 동질성을 기반으로 하는 관계는 상당히 강한 관계(*strong tie*)이며 때로는 폐쇄적 집단을 이루기도 한다는 것이다. 반면 다양성을 기반으로 형성되는 이질적 관계는 약한 관계(*weak tie*)가 대부분이며 주로 특정 목적을 달성하기 위해 맺어진 관계이다.

이처럼 사람들의 관계는 그 대상과 속성에 따라 크게 두 가지로 구분될 수 있다. 사회자본 학자들은 이러한 관계적 속성에 따라 서로 다른 유형의 사회자본이 형성될 수 있음에 주목하고 사회자본을 크게 두 가지로 구분하여 설명한다. 하나는 결속형 사회자본이며 다른 하나는 연계형 사회자본이다.

(1) 결속형 사회자본

결속형(*bonding*) 사회자본이란 정치, 경제, 사회적 특성을 포함하여 하나 혹은 그 이상의 속성이 유사한 사람들 간의 관계를 기반으로 형성되는 사회자본을 의미한다. 흔히 혈연, 지연, 학연 등으로 맺어지는 관계를 의미하며 응집력과 구성원의 충성도가 높다는 특징을 지닌다. 일반적으로 결속형 사회자본은 그 범위가 넓지 않고 폐쇄적 속성을 지닌 사적 연결망을 토대로 형성되기 때문에 특정화된 호혜성 규범과 특정화된 신뢰를 기반으로 한다. 이에 따라 결속형 사회자본은 높은 결속력과 신뢰 속에서 협력적 행동을 장려하며, 특히 개인이 어려운 상황에 처했을 때에 문제 해결을 위한 도움을 쉽게 얻을 수 있다는 장점이 있다.

그러나 결속형 사회자본이 강한 집단은 집단에 속하지 않은 타인에게 배타적이거나 불평등한 대우를 하기 쉽다. 또한 결속이라는 이름 아래 집단 구성원의 자유를 억압할 수도 있다. 폭력 조직이나 마약 카르텔, 배타적인 정치조직, KKK(*Ku Klux Klan*) 등은 결속형 관계성이 과잉되어 부정적 사회자본을 형성하는 집단의 예로 볼 수 있다. 이들은 집단 차원에서는 내부 결속력이 강하고 집단 내의 규범과 신뢰가 존재하지만 보다 상위차원, 가령 커뮤니티와 사회 수준에는 전반적으로 부정적 영향을 주기 쉽다.

(2) 연계형 사회자본

연계형(*bridging*) 사회자본은 개인의 지위나 속성을 뛰어넘어 다양한 배경의 사람들이 관계를 유지하며 형성하는 사회자본이다. 일반적으로 결속형 사회자본에 비해 집단의 범위가 넓으며 특정인이 아닌 불특정 다수의 타인을 대상으로 하는 신뢰와 호혜성 규범을 기초로 한다. 결속형 사회자본과 달리 연계형 사회자본은 특정 집단의 범위를 넘어 사회 내의 다양한 집단들과 관계를 형성할 때에 형성되는 사회자본이다. 앞서 결속형 사회자본이 정치·경제·사회적 특성을 포함하여 하나 혹은 그 이상의 속성이 유사한 사람들 간의 관계를 기반으로 형성된다고 설명하였다. 그러나 연계형 사회자본은 인종이나 계층, 나이, 종교 등의 주요 특성에서 차이가 나는 사람들과의 연대를 통해 형성되며 일반적으로 유대는 결속형 사회자본에 비해 약한 반면 다양한 관계가 나타나는 특징을 보인다.

사회학자인 그라노베터(Granovetter, 1973)는 '강한 관계의 약함'(*weakness of strong ties*)과 '약한 관계의 강함'(*strength of weak ties*)에 대한 논의로 널리 알려져 있다. 그라노베터는 결속형 관계와 같은 강한 관계는 일반적으로 출신, 배경, 사상 등이 매우 유사한 사람들 사이에 형성되기 때문에 그 안에서 유통되는 정보는 대부분의 구성원들이 이미 알고 있는 정보라고 설명하였다. 따라서 강한 관계 사이의 정보는 다양성이 떨어지며 유용성 면에서 그 가치가 높지 않은 경우가 많다. 이와 달리 연계형 관계와 같은 약한 관계는 출신, 배경, 사상 등이 다양하기 때문에 서로 알고 있는 정보가 상이할 가능성이 높다. 따라서 이들 사이에 유통되는 정보는 새로운 사실을 포함할 가능성이 높아 그 유용성 또한 크다는 것이다.

실제로 그라노베터는 연구를 통해 미국에서 교수직을 찾는 사람들은 구직정보를 주로 약한 관계로부터 얻는 것을 밝혀냈다. 즉, 친한 사람들 사이의 정보는 이미 알고 있는 정보가 대부분이지만 가끔씩 연락을 주고받는 사람들로부터 얻어지는 정보야말로 새로운 내용을 담고 있기 때문에 구직에 큰 도움이 된다는 것이다. 이러한 점에서 볼 때 결속형 사회자본은 강한 관계를 바탕으로 협력적 집단행동을 가능하게 하는 반면 연계형 사회자본은 다양한 정보의 획득 창구로서 역할을 할 가능성이 높다. 따라서 연계형 사회자본이 높은 커뮤니티는 집단의 범위를 넘어서는 일반화된 상호작용이 활발히 일어나고 정보확산과 외부 지향적 커뮤니케이션을 촉진하게 된다.

(3) 소 결

이상에서 살펴 본 바와 같이 사회자본은 그 논의의 수준과 관점에 따라 구성 요인에 대한 이해와 역할도 달라진다. 또한 사회자본의 유형에 따라 사회자본의 역할과 효과 역시 다르게 나타난다. 사회자본에 대한 논의가 복잡해 보이고 자칫 혼란스러울 수도 있는 이유는 학자들에 따라 그 접근법과 관점이 다르기 때문이다. 사회자본이라는 공통된 용어를 사용하지만 서로 다른 의미로 사용하기 때문인 것이다. 따라서 사회자본에 대한 논의를 보다 효율적으로 이해하기 위해서는 어떠한 관점과 접근법으로 사회자본이 논의되고 있는가를 파악하고 그에 맞는 사회자본 개념으로 이해할 필요가 있다.

우리사회의 사회자본과 SNS

1) SNS에서의 사회적 상호작용과 정보유통

이제까지 사회자본과 관련된 개념들에 대해 살펴보았다. 이제는 사회자본 개념을 SNS에 적용하여 SNS를 통해 우리사회의 사회자본이 어떻게 변화하고 있는가에 대해 이야기하고자 한다. SNS, 즉 사회연결망 서비스란 말 그대로 개인의 사회적 연결망을 기초로 다른 사람과 사회적 상호작용을 촉진하는 서비스이다. 따라서 SNS의 가장 큰 특징은 사용자가 SNS상에서 이루어지는 사회적 상호작용을 통해 자신의 사회적 관계를 형성하고 유지할 수 있다는 점이다. 사회자본의 가장 중요한 요인인 사회 연결망은 기본적으로 다른 사람들과의 상호작용을 통해 형성·유지된다. 따라서 SNS는 사람들의 사회적 상호작용 방법에 변화를 주고 이를 통해 사회자본에 직·간접적인 영향을 줄 것이라고 예상할 수 있다.

그렇다면 SNS는 우리사회에서 사람들의 사회적 상호작용을 어떻게 바꾸고 있으며 이는 사회자본에 어떠한 영향을 주게 될까? SNS 같은 온라인 환경은 면대면과 비교할 때 수평적 커뮤니케이션이 수월하다는 특징을 지닌다. 일반적으로 온라인에서는 상대방의 사회적 신분이나 지위 등에 대한 정보가 부족하다. 설사 상대방이 누구인가를 알고 있다고 하더라도 SNS상에서는 직접 대면하는 상황이 아니기 때문에 심리적으로 상대방의 사회적 신분과 지위의 영향을 덜 받게 된다. 기존의 제도화된 사회구조에서 탈피하여 자유롭고 수평적인 대화를 할 수 있는 것은 온라인 커뮤니케이션의 가장 큰 특징이다.

수평적 대화는 개방성과 다양성과도 관련이 된다. 온라인에서의 개방성이란 사회적 약자도 동등한 자격으로 목소리를 낼 수 있다는 것을 의미하며 다양성이란 대화 주제나 내용이 특정 분야에 한정되지 않는 것을 의미한다. 가령 온라인에서는 시간이나 공간적 제약을 쉽게 넘어설 수 있어 누구든지 원한다면 대화에 참여하는 것이 가능하며 대중매체에서 소홀히 다루어지는 주제나 의견도 쉽게 여론화될 수 있다. 온라인 사회적 상호작용의 수평성, 개방성, 다양성은 온라인 환경을 통합적 커뮤니케이션 공간인 동시에 표현의 자유를 누릴 수 있는 공간으로 작용하게 해준다.

사실 수평성, 개방성, 다양성을 SNS만의 특징이라고 보기는 어렵다. 기존의 다른 온라인 서비스들도 공통적으로 지닌 특성이라고 보는 것이 옳다. 그럼에도 SNS가 다른 온라인 서비스와 차별되는 특징이 있다면 SNS에서 유통되는 정보는 실시간에 가까운 속도로 확산된다는 점이다. 기존의 온라인 서비스에서의 정보 유통은 주로 내부 구성원들 사이에서 이루어졌다. 가령 과거에는 주로 같은 온라인 커뮤니티에 속한 구성원들 사이에서 정보 유통이 이루어졌다. 일부 회원에 의해 다른 커뮤니티로 정보가 전달될 수는 있지만 기본적으로 내부 구성원이 정보 유통의 대상이었다.

그러나 SNS에서의 정보 유통은 한 사람이 제공한 정보가 단계를 거치며 각 사람의 사회 연결망 크기에 따라 기하급수적으로 빠르게 확산되는 특징을 지닌다. 내가 전하는 정보는 나와 관계를 맺고 있는 사람들 혹은 나와 관계 맺은 사람과 관계를 맺는 또 다른 사람들에게까지 빠른 시간 안에 전달될 수 있는 것이다. 또한 SNS의 경계는 고정되어 있지 않으며 한 개인이 타인의 사회 연결망에 합류하면 그 연결망에 속한 다른 사람과도 관계를 맺을 수 있다. 하나의 새로운 사회적 관계형성은 단지 '하나'의 관계 확장으로 끝나지 않고 새로운 사람들과의 만남으로 이어질 수 있는 것이다. 이렇게 직 · 간접적으로 형성되는 관계의 확장 속에서 다양한 주제의 정보가 빠른 속도로 유통된다.

SNS를 통해 수많은 사람들이 빠른 속도로 서로 정보를 주고받게 됨에 따라 SNS를 통해 확산되는 정보는 사회적 이슈가 되거나 여론형성에 영향을 주기도 한다. 우리사회는 이미 각종 선거와 SNS 괴담 등의 긍정적 혹은 부정적 사례에서 SNS를 통해 유통되는 정보가 사회 전반에 어떠한 영향을 줄 수 있는가를 경험했다. 개방적이고 수평적인 사회적 상호작용을 통해 다양한 주제의 정보를 매우 빠르게 유통시키는 SNS는 이제 단순히 하나의 온라인 서비스가 아닌 사회의 여론형성과 선거참여에도 긍정 혹은 부정적 영향을 줄 수 있는 하나의 거대한 공론장으로 성장한 것이다.

2) 우리사회에서의 SNS

페이스북(*Facebook*)이나 트위터(*Twitter*) 같은 SNS가 최근 수년에 걸쳐 전 세계적인 인기를 얻고 있지만 사실 국내에서는 이미 지난 세기 말에 현 SNS의 전신격인 '아이러브스쿨'이 등장해 큰 인기를 얻었다. 같은 해인 1999년에 등장한 '싸이월드'는 한때 전 국민을 '싸이질' 열풍에 빠지게 하였으며 2004년에 해외 진출을 시도할 만큼 급성장했다. 외국에서 대표적인 SNS로서 '마이스페이스'(*MySpace*)나 페이스북 혹은 트위터를 언급할 때에 우리들은 마음속으로 그래도 싸이월드가 SNS의 효시라고 생각하는 것이 사실이다. 국내에서 페이스북이나 트위터가 상대적으로 늦게 2010년에 들어서야 사용자를 확보하기 시작한 것도 사실 싸이월드라는 서비스가 버티고 있었기 때문이었다.

그러나 일단 페이스북과 트위터가 국내에 자리 잡은 이후 가입자 수와 사용량은 세계적으로도 손꼽힐 정도로 빠르게 증가했다. 비록 싸이월드 같은 SNS가 이미 있었기 때문에 상대적으로 늦게 사용하기 시작했지만 이후 이들 서비스를 매우 적극적으로 활용한 것이다. 가령 2010년의 경우 월간 생성된 트윗 개수는 1년간 34배 증가했다(이혜미, 2011. 1. 18). 통계청 발표에 의하면 2011년 말 현재 페이스북 사용자가 536만 명, 트위터 사용자가 544만 명이라고 한다. 짧은 사용기간과 전체 인구수를 생각할 때 페이스북과 트위터가 국내에서 이미 상당히 넓은 사용자층을 확보했음을 의미한다. 여기에 싸이월드와 카카오톡 그리고 미투데이 같은 다양한 국내 SNS 사용자 규모를 감안한다면 거의 전국민이 SNS를 사용하고 있다고 해도 과언이 아니다.

그렇다면 우리나라에서는 왜 SNS가 이렇게 큰 인기를 얻고 있을까? 물론 현재의 SNS 인기가 국내에 국한된 것은 아니지만 과거의 싸이월드 열풍, 엄청난 속도로 증가하는 페이스북과 트위터 사용자, 그리고 거의 모든 스마트폰 이용자가 사용하는 카카오톡 서비스의 예에서 알 수 있듯이 분명 우리나라의 SNS 이용은 다른 국가들과 차별점을 지닌다. 사실 이제까지 휴대폰 보급률, 초고속 인터넷 보급률과 이용량, 스마트폰 사용자 증가율, 모바일 인터넷 이용량 등 커뮤니케이션과 관련된 뉴미디어 이용에서 세계 1, 2등을 다투어왔다.

이는 우리국민들이 뉴미디어가 제공하는 다양한 형태의 수평적・개방적인 소통에 목말라 있었음을 의미한다. 이러한 우리 국민들의 사회적 상호작용과 소통에 대한 욕구는 여러 가지 측면에서 설명될 수 있겠지만 여기에서는 문화와 정치라는 두 가지 배경요인을 중심으로 살펴보고자 한다.

먼저 문화적 측면에서는 우리사회에 남아 있는 구술문화의 특징을 들 수 있다. 영문학자인 월터 옹(Ong, 2002)에 의하면 문자보다는 주로 말로써 정보를 전달하는 구술사회에서는 구성원의 사고와 표현방법이 문자문화 사회와는 다른 특징을 지닌다. 구술문화에서는 논리적 표현보다는 상황을 서술하는 삽화적인 표현을 즐겨 이용한다. 따라서 대화는 추상적이기보다는 상황 의존적이며 생생한 표현을 즐겨 쓴다. 표현이 생활에 밀착되어 있고 객관적이기보다는 감정이입적인 사고가 발달하는 것은 구술문화의 대표적 특징에 해당한다.

해방 직후 우리나라의 문맹률이 90%였다는 사실은 우리인구의 대부분이 구술문화에 속했다는 것을 의미한다. 해방 이후 문자가 보급되면서 문맹률이 급격히 감소했지만 아직까지 우리사회 전반에는 구술문화의 특징이 존재하는 것이다. 이러한 우리사회의 구술문화적 특징으로 인해 인터넷을 주로 정보를 얻는 데 이용하는 서구와 달리 우리의 인터넷 문화는 친교적 목적으로 많이 사용되곤 한다(정재승 · 진중권, 2009).

우리사회의 또 다른 문화적 특징은 우리의 문화가 상호의존적(*interdependent*) 특징을 지닌다는 점이다. 흔히 서구는 개인주의 문화로, 동양은 집단주의 문화로 설명된다. 상호의존성이란 집단주의 문화와 유사한 개념으로서 개인의 행동과 규범에 '타인'이 중요한 역할을 하는 것을 의미한다. 상호의존적 개인은 나보다는 내가 속한 집단과 사회의 규율을 중시하고 내 의견을 목소리 높여 표현하는 것을 삼간다. 또한 나의 개인적 목표보다는 집단의 목적달성을 우선시하며 특정 사안에 대한 개인의 태도보다는 주변의 상황이 개인의 실제 행동을 결정하는 중요한 요소로 작용한다(Kim, 2002).

상호의존적 문화에서는 같은 집단에 속하지 않은 사람들에게는 배타적인 태도를 취할 수 있지만 같은 집단에 속한 구성원들 간에는 활발한 상호작용이 일어난다. 상호의존적 개인은 체면과 남의 시선을 중시하는 경향을 갖는데 이러한 성향은 내 아바타 꾸미기, 얼짱사진 올리기 등의 온라인 자아노출로 이어지곤 한다. 이처럼 상호의존적 개인은 집단 소속감을 중시하며 자신이 속한 집단 내에서 끊임없이 자신의 위치를 인정받으려는 열망을 지니고 있다.

정치적 측면에서는 한국 시민사회의 형성과 발전이 서구와는 다른 경로를 통해 이루어졌다는 점에 주목할 필요가 있다. 지난 한 세기 동안 우리사회는 전통사회에서 근대사회로 숨 가쁜 변화를 경험했다. 우리사회는 다른 국가들처럼 시민사회의 성숙을 거쳐 자연스럽게 현대사회로 진입한 것이 아니며 1960~70년대에 국가주도로 빠르게 근대화가 이루어졌다. 그러다보니 국가의 의지를 실현하기 위해 개인이 동원되는 일이 필수적으로 요구되었으며 그 결과 우리사회에서는 근대사회의 특성인 '개인성'과 국가주의라는 '집단성'이 동시에 발현되는 경험을 하게 된다(김인영, 2002). 즉, 우리사회에서는 개인주의와 국가주의가 결합된 왜곡된 집단성이 증가하게 된 것이다. 소통의 측면에서 보면, 이는 다양한 계층들 간의 수평적 커뮤니케이션이 억압되고 사회적 계층구조에 기반을 둔 수직적 커뮤니케이션이 만연하게 되는 것을 의미한다. 이러한 상황 속에서 맞이한 1980년대 후반의 군사독재 청산, 그리고 이어진 김대중, 노무현 정부의 등장은 그동안 막혀 있던 소통의 욕구를 분출할 수 있는 계기를 제공했다.

이처럼 우리사회는 구술 문화에서 아직 완전히 벗어나지 못한 상황에서 집단주의적이며 상호의존적 문화가 폭넓게 퍼져 있었다. 그 와중에 급속히 이루어진 근대화를 통해 개인성이 증가하였지만 근대화가 국가주도적으로 이루어진 탓에 개인성과 집단성이 결합된 특수한 사회적 환경이 나타나게 되었다. 이러한 상황을 소통의 측면에서 보면, 우리사회는 한편으로는 수직적 커뮤니케이션 구조를 벗어나 수평적이고 개인적인 커뮤니케이션을 추구하면서도 다른 한편으로는 여전히 집단주의적이고 상호의존적 소통 성향을 벗어나지 못하고 있다는 것으로 해석된다.

20세기 말에 등장한 인터넷과 휴대전화 같은 뉴미디어는 우리사회의 의사소통 방법과 사회적 관계유지에 새로운 장을 열어주었다. 즉, 과거에 비해 제약이 한결 덜하고 쌍방향적·개방적인 의사소통 환경 속에서 사람들은 자신의 개성을 능동적으로 표현할 수 있는 수평적 커뮤니케이션을 즐길 수 있게 되었다. 사람들은 새로운 방법의 사회적 상호작용을 가능하게 하는 뉴미디어를 다른 어느 사회보다 적극적으로 이용하게 된 것이다. SNS에 대한 높은 열기 역시 이와 맥락을 같이 한다고 볼 수 있다.

그러나 우리사회가 지닌 개인성과 집단성의 혼재라는 특징은 뉴미디어를 이용한 상호작용에서도 그대로 발견된다. 가령 월드컵 길거리 응원, 각종 촛불집회 등은 뉴미디어를 통해 집단주의적 성향이 분출된 예로 볼 수 있다. 인터넷 같은 뉴미디어가 단순히 능동적이며 개인적인 의사표현의 장소로만 활용되는 것이 아니라 집합적 행동의 촉매제로서도 작용하는 것이다. 그러나 이러한 구술문화에 기반을 둔 집단주의적 성향은 때론 부작용을 낳기도 한다. '개똥녀' 사건[2]부터 영화 〈디 워〉의 국수주의 논쟁[3]까지, 뉴미디어 환경에서의 감정적·즉각적인 사이버 집단성의 발현은 때론 부정적 형태로 나타나기도 한다.

3) SNS와 사회자본의 관계

SNS는 사회자본에 어떠한 영향을 미치는가? 앞서 사회자본은 결속형과 연계형의 두 가지로 구분될 수 있음을 설명하였다. 이들 두 유형의 사회자본이 지닌 특징에 대해 살펴보면, 혈연과 지연 등으로 인한 결속형 사회자본이 높은 사회는 응집력과 충성도가 높으며 어려운 상황에 처했을 때 도움을 받기 쉽다. 따라서 결속형 사회자본은 개인적 수준에서는 구성원에게 심리적 안정감을 주며 사회적 수준에서는 범죄율을 낮추는 효과를 낳는다. 그러나 결속적 성향이 지나칠 경우 사회는 배타적이 되며 구성원의 자유를 억압하는 부작용을 발생시키기도 한다.

이와 달리 연계형 사회자본이 높은 사회에서는 개인의 노력에 따라 부와 권력, 사회적 평판과 지위를 획득할 기회가 공평하게 주어진다. 따라서 개인은 자신의 일에 열심히 매진하게 되며 이는 사회로의 공헌으로 이어진다. 퍼트넘에 의하면 연계형 사회자본은 구성원들 서로에게 이득이 되는 협조와 조정을 촉진하며 이에 따라 집단의 문제해결이 용이해지고 커뮤니케이션의 발전이 잘 이루어지며 정치적 만족감과 민주주의 발전에도 긍정적 영향을 준다. 또한 연계형 사회자본이 높은 사회에서는 일반 호혜성 규범과 신뢰가 높아 정보의 공유를 촉진하고 거래비용을 감소시켜 시장 성장에도 긍정적인 영향을 미친다.

한국사회의 사회자본은 결속형에 가깝다. 우리사회에서 혈연, 지연, 학연 등

---

2 **개똥녀사건:** 2005년 6월 9일 지하철 안에서 자신의 애완견이 바닥에 싼 배설물을 치우지 않고 이를 지적하는 다른 승객들에게 오히려 짜증을 내고 하차한 여성에 대한 사건. 동승했던 승객이 당시 상황을 담은 사진을 인터넷에 올리면서 해당 여성에 대한 네티즌의 마녀사냥으로까지 비화했다.

3 **〈디 워〉 논쟁:** 2007년 개봉한 심형래 감독의 한국형 판타지 액션영화 〈디 워〉(*D-War, Dragon Wars*)는 컴퓨터를 이용한 특수효과로 주목을 받았다. 당시 영화 평론가들은 〈디 워〉가 영화적 완성도가 떨어지며 애국주의에 기댄 작품이라며 비판했지만 네티즌들은 오히려 전문가들을 비판하며 이 영화에 환호했다. 그러나 이 영화를 지지했던 많은 네티즌들 역시 객관적 의견을 전개하기 보다는 애국심과 국수주의적 관점에서 논쟁을 벌였으며 이를 통해 나타난 온라인 토론의 부정적 속성, 즉 집단양극화 현상은 사회적 이슈가 되었다.

으로 맺어진 수직적 관계가 사회생활 전반에 걸쳐 중요한 역할을 한다는 것은 익히 알려진 사실이다. 신뢰의 측면에서 보았을 때 우리사회는 사회적 통합에 중요한 공적 신뢰 혹은 제도신뢰가 결여되어 있으며 지나치게 전통적 가치에 의존하며 사적 신뢰는 과잉된 양상을 보인다(김인영, 2002). 국가에 대한 신뢰가 부족하다보니 원하는 바를 개인 스스로가 사적으로 해결하려고 한다. 공교육 불신으로 인한 사교육에의 과도한 투자 역시 이러한 측면에서 해석할 수 있다. 또한 경제적 효율성을 우선시하는 성장제일주의 이데올로기 속에서 목적이 수단을 정당화하게 되었으며 법과 규범의 준수, 즉 절차적 합리성의 유지는 부차적인 것이 되었다. 우리사회에서는 정당한 절차에 의존하기보다는 알음알이를 통한 문제해결이 더욱 빠르다고 믿는 것이 널리 퍼져 있음은 주지의 사실이다.

학자들은 우리사회의 이러한 특징이 왜곡된 근대화 과정에 기인한다고 본다. 과거 조선시대의 전통적 신뢰구조는 일제 강점기를 거치며 훼손되었으며 해방 이후 민주주의적 헌정질서 수립을 통해 신뢰를 회복할 기회를 제대로 갖지 못했다. 쿠데타로 집권한 군부정권은 시민연대의 장애물로 작용하였으며 위계적 사회질서를 보편화시키는 결과를 가져왔다. 이에 따라 국가제도에 의지하기보다는 개인의 사적 연결망, 사적 신뢰에 지나치게 의지하는 현상이 나타났으며 집단 내에서는 위계적 소통이 이루어지고 수직적 관계가 형성된 것이다.

박희봉과 김명환(2001)은 우리사회에서는 전반적으로 지역사회 참여수준이 높을수록, 또한 수직적 단체 참여가 높을수록 사회자본이 증가하는 것을 발견했다. 이는 수평적 단체의 참여가 사회자본의 증가를 가져오는 외국의 경우와는 정반대의 현상이며 우리사회의 사회자본이 위계적·결속적이며 공적 신뢰보다는 사적 신뢰에 기반을 두고 형성되어 있음을 반영하는 것이다.

이러한 점에서 볼 때 우리사회에서의 SNS와 사회자본에 대한 논의는 SNS를 통해 공적 신뢰와 규범이 회복되고 집단 간 경계를 넘어서는 사회적 상호작용이 활발히 이루어지며 이를 통해 사회자본의 긍정적 효과가 발생하게 되는가의 여부로 모아진다고 할 수 있다. 즉, SNS를 통해 서로 다른 집단 간의 교류가 활발히 일어나는가, 사회 구성원 간의 협조와 의견조정이 원활히 이루어지는가, 이를 통해 시민 정치참여 같은 민주주의 발전이 이루어지며 공적 신뢰와 규범이 형성되고 있는가에 대한 논의가 되는 것이다. 이는 우리사회에서 SNS와 사회자본의 관계를 살펴보기 위해서는 현재 SNS를 통해 어떤 종류의 관계가 활성화되고 어떠한 문화가 퍼져나가고 있는가를 살펴볼 필요가 있음을 의미한다.

앞서 SNS 같은 온라인에서는 사회적 구조와 제도의 영향에서 벗어나 수평적이며 개방적인 커뮤니케이션이 이루어지고 빠른 속도로 정보가 유통되는 특징이 있음을 살펴보았다. 이러한 온라인 커뮤니케이션의 특징은 SNS를 통해 형성되고 유지되는 사회적 관계, 그리고 사회적 상호작용에 영향을 주며 이에 따라 형성되는 사회자본에 어떤 식으로든지 영향을 주게 될 것으로 예상할 수 있다.

그렇다면 현재 SNS에서는 어떠한 관계들이 형성되고 있을까? 관계는 일반적으로 그 폭과 깊이에 의해 특징된다. 관계의 폭은 얼마나 다양한 주제의 대화를 나누는가와 관련되며 관계의 깊이는 상대방에게 자신의 내면적 중요한 이야기를 털어놓는 정도를 의미한다. SNS에서는 다양한 사람들과 다양한 주제의 이야기를 빈번히 나누게 된다. 그러나 많은 경우 깊이 있고 내면적인 이야기보다는 가볍고 짧은 일상적 이야기를 주로 나누는 것도 사실이다. 이러한 다양하면서도 가볍고 일상적인 짧은 이야기들이 과연 대인관계에 어떠한 영향을 주게 되는가를 단정적으로 이야기하기는 어렵다. 빈번한 커뮤니케이션은 친밀감을 높이고 관계의 폭과 깊이에도 긍정적 영향을 줄 수 있다(Miller, 2008). 그러나 가볍고 피상적인 이야기들로 이루어진 커뮤니케이션은 결국 가볍고 피상적인 관계에만 머물게 된다는 비판적 시각도 존재한다(Turkle, 2011).

SNS를 통해 집단의 경계를 넘어서는 새로운 관계가 활발하게 형성되는가 역시 SNS와 사회자본의 관계를 규명하기 위한 중요한 질문이 될 수 있다. SNS 같은 온라인에서는 면대면의 관계에 비해 사회적 집단의 경계가 불명확해지는 것이 사실이다. 페이스북이나 트위터를 통해 새로운 관계가 활발히 형성된다는 것은 익히 알려져 있다. 특히 140자의 짧은 문자 메시지를 사용해서 소통하는 트위터는 다양한 정보의 유통과 공유를 통해 관계를 맺을 수 있게 해준다.

SNS에서는 평소 친하게 지내던 사람들과 관계를 맺고 소통하는 경우도 많지만 유명인이나 전문인, 혹은 취미나 관심이 유사한 사람들과도 쉽게 관계를 맺을 수 있다. 이는 비록 강한 관계와 약한 관계 모두 SNS 사용자들의 연결망 안에 쉽게 포함될 수 있지만 SNS에서는 상대적으로 결속형보다 연계형 관계가 더욱 원활히 형성될 수 있음을 의미한다. 면대면 상황에 비해 SNS에서는 다양한 사람들과 다양한 주제에 대한 이야기를 하면서 연계형 사회자본이 보다 쉽게 형성될 수 있는 것이다. 또한 온라인을 통해 알게 된 사람들 사이에서 서로 필요한 정보를 주고받으며 이러한 사회적 교류가 공적 영역으로까지 진행될 경우 상호 간의 신뢰와 호혜성 규범 역시 형성될 수 있다. 트위터를 이용한 사회 참여활동, 선거참여 독려 등은 이러한 사례로 이해될 수 있다.

그러나 일부에서는 SNS의 관계가 지나치게 유희적이며 휘발적이라는 점을 들어 SNS를 통해 형성되는 관계가 사회적으로 유효한 영향력을 발휘하기 어려울 것이라는 지적을 하기도 한다. 이러한 시각에 의하면 SNS는 일상적 놀이공간의 확대일 뿐 진정한 만남과 관계를 형성하기에는 부적절한 매체이다. 이 경우 관계에 대한 책임과 의무감이 약하기 때문에 관계들 사이에 유통되는 정보 역시 가볍고 책임감 없는 정보가 유통되기 쉽다. 'SNS 괴담' 같이 SNS를 통한 잘못된 정보의 확산은 이러한 예에 해당한다. SNS에 의한 잘못된 여론형성이나 집단 양극화의 사례들 역시 이러한 부정적 현상의 예로서 지목되곤 한다. SNS를 통해 다양한 의견을 주고받으며 자신의 의견을 수정하는 것이 아니라 자기가 속한 집단의 의견주장만을 반복하며 상대방을 비난하는 경우 집단의 결속은 높아질 수 있지만 보다 큰 차원의 집단 간 연계는 어렵게 된다.

이를 사회자본의 측면에서 보면 SNS를 통해 기존의 결속형 자본은 더욱 강화될 수 있지만 새로운 연계형 자본은 형성되기 어렵다는 것을 의미한다. 앞서 언급했듯이 결속형 사회자본이 높은 사회는 외부에 배타적이기 쉬우며 구성원의 자유를 억압할 수도 있다. 이미 결속형 자본이 높은 우리사회에서 SNS를 통해 기존의 결속성이 더욱 높아질 경우 사회자본의 부정적 영향이 발현될 가능성이 높아진다. 내부 구성원의 결속이라는 긍정적 영향보다는 집단 양극화라는 부정적 영향이 나타날 가능성이 높은 것이다.

이제까지의 논의를 정리하면, SNS는 그 특성에 의해 수평적 커뮤니케이션에 기반을 둔 사회적 상호작용이 가능하고 기존의 사회적 구조와 집단의 경계를 넘어서는 관계를 형성하는 데 효과적이다. 이는 면대면 상황에 비해 연계형 사회자본이 활발히 형성될 수 있음을 의미한다. 이미 결속형 사회자본이 높은 우리사회에서는 SNS를 통해 연계형 사회자본이 높아지는 것이 보다 바람직하다고 할 수 있다.

연계형 사회자본은 시민의 정치참여와 구성원들 간의 협조와 조정이라는 긍정적 부산물을 동반하게 된다. 한 사회 내에 특정 형태의 사회자본이 만연하는 것보다는 다양한 수준과 유형의 사회자본이 균형을 이루어 존재하는 것이 더욱 바람직하다. 따라서 우리사회에 지배적으로 존재하는 결속형 사회자본에 더하여 SNS를 통해 신뢰와 규범에 기반을 두는 연계형 사회자본이 형성된다면 우리사회가 지니는 사회자본은 보다 균형을 이룰 수 있을 것이다. 그러나 SNS를 통한 수평적 사회적 상호작용과 이를 통해 형성되는 연계형 사회자본이 진정한 가치를 지니기 위해서는 사회자본의 또 다른 핵심요소인 상호신뢰와 호혜성의 규범을 확립해 나가는 과정이 수반되어야 할 것이다.

맺는말

이 장에서는 사회자본과 관련된 개념들을 소개하고 SNS가 우리사회의 사회자본에 어떠한 영향을 줄 수 있는가에 대해 살펴보았다. 우리사회는 해방 후 성장 중심의 이데올로기 속에서 정부주도로 근대화가 이루어졌다. 이러한 왜곡된 근대화는 아직까지 많은 부작용을 낳고 있는 것이 사실이다. 아직까지 구술문화적 특징이 강하고 상호의존적 특징을 지닌 우리사회 구성원들은 근대화 과정 속에서 정부와 공적 기구에 대한 불신과 수직적이고 위계적인 사회적 상호작용을 경험하게 되었다. 그 결과 우리사회에서는 집단 간 경계를 뚜렷이 하고 사회적 경계선 내에서의 사적 신뢰와 소통에 의존한 결속형 사회자본이 주로 형성된 것이다.

결속형 사회자본이 높은 사회는 구성원의 집단에 대한 충성심이 높다는 장점이 있는 반면 집단 외부에 배타적이기 쉽다는 단점이 있다. 강한 관계를 위주로 형성되는 결속형 사회자본은 집단 간 교류를 저해하고 구성원들의 자유를 억압할 수도 있다. 물론 우리사회의 집단적 결속성이 반드시 부정적 영향만을 준다고 보기는 어렵다. 1997년 국제통화기금(IMF) 환란 당시 전국적으로 일어난 금 모으기 운동은 전 세계를 놀라게 하기에 충분했다. 이는 우리사회의 결속형 사회자본이 긍정적 영향을 발휘한 사례라고 할 수 있다. 다만 선거 때마다 나타나는 지역감정과 집단 이기주의 논란처럼, 결속형 사회자본은 우리에게 부정적 영향을 주기도 한다.

사회자본은 연결망, 신뢰, 호혜성 규범으로 구성되며 그 접근 수준에 따라 미시적·거시적 수준에서 이해될 수 있으며 유형에 따라 결속형과 연계형으로 나누어진다. 이때 기억해야 할 점은 사회자본은 특정한 한 가지 유형의 성격만을 띠지는 않는다는 것이다. 가령 사회자본은 결속형과 연계형의 속성을 동시에 지니며 다만 그 정도의 차이가 존재할 뿐이다. 또한 사회자본은 고정불변의 것이 아니다. 사회 구성원들의 관계가 시간과 사회적 상호작용에 따라 역동적으로 변화하듯이 사회자본 역시 변화하게 마련이다. 따라서 보다 중요한 점은 사회자본의 구분이 아니라 특정 시점과 환경에서 왜 어떠한 사회자본의 특성이 보다 강하게 나타나는가를 이해하는 것이라고 할 것이다.

SNS를 통해 형성되는 사회자본은 어떠한 특성을 보일 것인가? SNS를 통해 형성되는 사회자본은 시간과 공간의 제약에서 벗어나 우리에게 기존의 사회자본에 비해 보다 긍정적 영향을 주게 될 것인가? 결속형 사회자본이 장단점을 지녔듯이 연계형 사회자본 역시 장단점을 지닌다. 가령 연계형 사회자본은 구성원들에게 다양한 정보를 제공하며 시민적 사회참여를 장려하는 공공재적 역할을 할 수도 있지만 기본적으로 결속형의 경우와 같은 구성원들 간의 끈끈한 유대관계를 기대하기는 어렵다. 사회자본이 보다 유용하게 되기 위해서는 다양한 유형의 사회자본이 적절히 혼합되어 존재하는 것이 나을 것이다.

과연 SNS가 새로운 형태의 사회적 상호작용을 통해 새로운 관계들을 형성하고 상호신뢰와 호혜성의 규범을 바탕으로 집단의 경계를 벗어나는 자유롭고 수평적인 의사소통의 장으로 작용할 것인가, 아니면 오히려 기존의 사회관계를 강화하고 폐쇄된 집단성을 강화하게 될 것인가? 이러한 질문에 답하는 것은 쉬운 일은 아니다. 아직까지 이에 대한 연구들 역시 시작단계에 있는 것이 사실이다. 다만 한 가지 예상할 수 있는 것은 SNS가 우리 사회에 특정한 한 방향으로만 무조건적 영향력을 발휘하지는 않으리라는 점이다. SNS라는 새로운 소통창구를 이용해 사회적 상호작용을 하는 주체는 결국 우리 사회의 구성원들이기 때문이다. 앞으로 SNS가 우리사회의 사회자본에 어떠한 영향을 주며 그 결과 우리사회의 사회적 상호작용과 소통 방식이 어떤 방식으로 변화하게 될 것인가는 흥미로운 사안인 동시에 학문적으로도 중요한 관전 포인트가 될 것이다.

참고문헌

김인영(2002). 《한국사회 신뢰와 불신의 구조: 거시적 접근》, 도서출판 소화.

박희봉·김명환(2001). "우리나라 지역사회의 사회자본 증진에 관한 연구", 〈한국정치학회보〉, 34(1), pp. 119~237.

이영수·이재신(2009). "사회자본과 정치참여 기대감이 정치참여 의도에 미치는 영향에 관한 연구", 〈한국언론학보〉, 53(5), pp. 316~339.

이혜미(2011. 1. 18.). "국내 트위터 이용자, 평균보다 2배 더 적극적", 헤럴드경제.

정재승·진중권(2009). 《크로스: 무한 상상력을 위한 생각의 합계》, 웅진지식하우스.

Bourdieu, P. (1986). "The Form of Capital", In J. G. Richardson"(Ed.), *Handbook of Theory and Research for the Sociology of Education*, pp. 241~258, New York: Greenwood.

Granovetter, M. (1973). "The Strength of Weak Ties", *American Journal of Sociology*, 78, pp. 1360~1380.

Kim, M-S. (2002). "Non-western Perspectives on Human Communication: Implications for Theory and Practice", *Thousand Oaks*, CA: Sage.

Lin, N. (2000). "Inequality in Social Capital", *Contemporary Sociology*, 29(6), pp. 785~794.

Miller, V. (2008). "New Media, Networking, and Phatic Culture", *The International Journal of Research into New Media Technologies*, 14(4), pp. 387~400.

Ong, W. (2002). *Orality and Literacy: The Technologizing of the Word* (2nd Ed.). New York: Routledge.

Putnam, R. D. (1995). "Bowling Alone: America's Declining Social Capital", *Journal of Democracy*, 6, pp. 65~78.

Turkle, S. (2011). *Along Together: Why We Expect, More From Technology and Less From Each Other*, New York: Basic Books.

2부

SNS와 정치참여

제 4 장

SNS를 통한 정치참여

정일권

정치 유력자 SNS의 등장

소셜 네트워크서비스(SNS)는 인터넷을 통해 개인의 정보를 공유할 수 있게 하고, 의사소통을 도와줌으로써 웹상에서 폭넓은 인적 네트워크를 형성할 수 있게 하는 서비스며, 트위터와 페이스북이 가장 대표적이다. 비록 소개된 지 채 10년도 되지 않았지만 SNS는 현재 엄청난 속도로 우리 일상에 스며들고 있으며 여러 부분에서 영향력을 넓혀가고 있다. SNS형 관계, SNS형 PR, SNS형 쇼핑, SNS형 뉴스, SNS형 교육, SNS형 오락 등이 등장하고 있다. 정치도 예외가 아니다.

SNS가 정치에 영향을 미친다는 주장은 몇몇 역사적 사례에 대한 해석을 통해 제기되었다. 중동의 재스민 혁명이 실현되는 과정에서 페이스북, 트위터, 유튜브 등의 소셜 네트워크서비스가 결정적 역할을 했으며 미국의 버락 오바마 대통령의 당선에 큰 역할을 담당한 것으로 분석된다.

재스민 혁명의 시작점이 된 튀니지 혁명은 대학을 졸업하고 거리에서 과일을 팔던 한 실업청년인 모하메드 부아지지의 분신자살을 계기로 터져 나왔다. 허락 없이 과일을 팔았다는 이유로 경찰에 과일수레를 압수당한 이 청년은 2010년 12월 17일 정부청사 앞에서 자신의 몸을 불태웠고 2011년 1월 4일 결국 사망했다.

중동혁명에 관한 신문기사

SNS 혁명

1970년대 이란 팔레비 왕의 독재에는 물 샐 틈이 없어 보였다. 당시 이란의 TV 보급률은 70%, 라디오 보급률은 100%에 달했지만 국민이 듣고 볼 수 있는 것은 국왕을 칭송하는 용비어천가뿐이었다. 비밀경찰 사바크(SAVAK)는 반왕정 인사들을 철저하게 압박했고 최대의 위협인 아야톨라 호메이니는 64년 이라크로 추방돼 있었다.

하지만 77년, 이란 정부가 맞닥뜨린 것은 예상외로 치열한 반정부 세력의 시위였다. 어떻게 이런 조직적인 저항이 가능했을까. 개혁확산(*diffusion of innovations*) 연구로 잘 알려진 에버릿 로저스는 이란 혁명의 배후에 새로운 정보기술이 있었다는 사실에 주목했다.

〈중앙일보〉 2011.1.29 송원섭 기자

부아지지의 사촌은 분신시위 장면을 바로 휴대폰으로 촬영해 페이스북에 올렸다. 이 동영상은 SNS 이용자들을 중심으로 퍼져나갔고 결국 억압받는 시민들의 분노를 이끌어내어 벤 아리 대통령의 장기 독재정권을 붕괴시키는 재스민 혁명으로 발전했다.

이런 역사적 사례를 통한 실제 경험적 근거 외에 SNS가 정치에 영향을 미치고 있다는 학술연구 결과와 민간 연구기관의 보고서도 꽤 많이 축적되어 있다. 미국의 퓨리서치센터가 2011년에 공개한 보고서에 따르면, 미국인을 대상으로 한 조사에서 페이스북과 트위터를 통해 정치정보를 얻거나 정치적 메시지를 활발히 게재한 사람일수록 오프라인 정치참여도 활발한 것으로 나타났다. SNS를 통해 정치적 콘텐츠를 유통시키거나 정치적 이슈에 관한 개인적 견해를 피력하고 정치적 내용의 정보를 게시한 사람이 그렇지 않은 사람보다 투표하거나 정치집회에 참여하는 빈도가 높게 나타난 것이다.

지금까지의 연구결과를 보면 모든 SNS가 정치적 영향력을 지녔다고 보기는 힘들다. 이용자 규모가 큰 트위터와 페이스북을 위주로 SNS의 정치적 영향력이 확인되고 있을 뿐이다. 그리고 이 두 서비스 이용자들 사이에도 정치적 영향력의 구체적 형태에는 분명한 차이가 존재한다. 발렌주엘라 등(Valenzuela et al., 2009)은 이와 관련해서 트위터 이용자와 페이스북 이용자를 비교했다. 이 연구결과에 따르면, 페이스북 이용 정도를 많이 하면 시민참여(자원봉사활동 등)와 유의미한 관련이 늘어나지만 전통적인 정치적 참여(서명, 투표참여, 불매운동 등)는 변화가 없다. 반면에 트위터를 이용하면 전통적 의미의 정치적 참여가 증가한다. 이런 이유에서 SNS와 정치와의 관계를 이야기할 때는 흔히 트위터 이용에 초점을 맞춘다. 이런 흐름에 맞춰 이 글에서도 비록 페이스북과 미투데이와 같은 다른 SNS를 전적으로 배제하지는 않지만 트위터를 중심으로 SNS와 정치의 관계를 이야기하고자 한다.

트위터 이용자를 보면, 비록 인과관계를 입증할 수는 없지만 정치참여에 SNS가 영향력을 갖는 것을 짐작하게 하는 여러 사례를 볼 수 있다. 앞에서 말한 중동혁명과 미국의 대통령 선거결과 그리고 우리나라의 2011년 서울시장 보궐선거결과를 봐도, 트위터가 정치에 영향을 미친다고 이야기하는 것이 무리가 없을 듯하다. 게다가 언론에서 인용하는 각종 설문조사의 결과와 몇 가지 통계자료도 이를 뒷받침한다. 만약 이게 사실이라면, 즉 SNS 이용이 정치와 관련이 있다면 한 가지 질문을 던져봐야 한다.

"그렇다면 SNS는 왜, 그리고 구체적으로 어떤 정치적 참여에 어떻게 영향을 미치는가?" 이에 대한 답을 시원하게 제시해주는 사람은 없다. 그런데 이 답을 찾는 것은 대단히 중요하다. 만약 이 왜라는 질문에 대해 논리적 설명을 할 수 없다면 지금까지 제시된 역사적 증거와 통계자료에도 불구하고 SNS이용과 정치적 결과는 무관하며, 지금까지의 사례는 우연에 지나지 않는다는 주장을 반박할 수 없다. 즉, SNS 이용과 정치적 결과는 실제로는 전혀 관계가 없거나 아주 미미한 관계를 갖는다는 결론도 가능한 것이다.

이렇게 SNS 이용과 정치적 결과의 인과관계가 제대로 규명되지 않는 상황임에도 불구하고 최근의 크고 작은 정치사회적 변화에 SNS가 큰 영향력을 미치고 있다는 믿음이 국내외적으로 급속히 확산되고 있다. 올해 2월 20일부터 24일까지 닐슨사가 전국의 남녀(만 18~54세) 1천 명을 대상으로 한 여론조사 결과를 보면(〈동아일보〉, 2012. 4. 9, "국민 85% 'SNS가 선거후보 선택에 영향'"), 유권자 대다수가 비록 유통되는 정보의 신뢰성은 낮지만 SNS가 후보 선택에 영향을 미친다고 생각하고 있다. 어떻게 SNS의 정치적 영향력에 대한 이런 강한 믿음이 생길 수 있을까? 이에 대한 답의 실마리를 SNS의 기술적 특징에서 찾아보자.

SNS 정보에 대한 신뢰도

SNS 정보 신뢰한다는 답변은 14.1%에 불과
RT, 팔로우 등 SNS 통한 정치활동 부유층서 활발

4·11 총선을 앞두고 유권자 대다수가 SNS(소셜 네트워크서비스)가 후보 선택에 영향을 미친다고 생각하지만 정작 SNS정보에 대한 신뢰는 떨어지는 것으로 나타났다.

글로벌 정보 분석기업 닐슨이 지난 2월 20일부터 24일까지 서울, 대전, 대구, 광주, 부산의 만 18~54세 남녀 1천 명을 설문조사한 결과 SNS가 후보 선택에 영향을 미친다는 답변이 85.1%에 달했다고 9일 밝혔다. 세부적으로는 매우 많은 영향을 미친다는 답이 17.2%, 어느 정도 영향을 미친다는 응답이 67.9%를 차지했다. 후보 선택에 영향을 미치지 못한다는 답은 14.9%였다.

그러나 SNS에서 유통되는 정보의 신뢰성은 크게 낮은 것으로 드러났다. 유권자의 14.1%만이 SNS상 정보를 '신뢰한다', 또는 '매우 신뢰한다'고 답했다. '보통이다'가 63.3%로 대다수를 차지했고 '신뢰하지 않는다 · 전혀 신뢰하지 않는다'는 답변은 22.5%였다.

연령대별로 보면 30~39세의 신뢰한다는 답변이 15.3%로 가장 높았다. 18세~29세는 신뢰한다는 답변이 15.0%였다. 신뢰하지 않는다는 응답도 전 연령대에서 가장 높은 24.9%에 달했다. 정치성향별로는 중도진보와 진보를 합친 진보집단의 20.5%가 SNS 정보를 신뢰한다고 답했으며 보수와 중도보수를 합한 보수집단의 34.3%는 신뢰하지 않는다고 말했다.

유권자의 39.4%는 SNS를 통한 정치활동 경험이 있는 것으로 파악됐다.

정치인의 공약이나 정책관련 자료 검색(28.1%)이 주를 이뤘고, SNS로 다른 이용자와 토론(19.0%)하거나, 유명인의 글을 리트윗(RT, 15.3%), 정치인의 계정 구독(13.4%)이 뒤를 이었다. 선거일에 투표소에서 '인증샷'을 찍어 올린 적이 있다는 응답은 5.6%로 나타났다.

소득수준이 높을수록 SNS를 통한 정치활동이 활발했다. 월 가구 소득이 501만 원을 넘어가는 응답자들이 공약·정책 자료 검색(37.0%), 다른 이용자와 토론(27.4%), 정치인 계정 구독(18.6%), 투표소 '인증샷'(11.8%) 등 거의 모든 정치활동에서 가장 활발했다. 그 뒤를 월 소득 201~500만 원 계층이 이었고, 200만 원 이하 응답자들이 모든 항목에서 꼴찌로 조사됐다.

닐슨코리아 최원석 본부장은 "이번 선거는 SNS를 통한 선거운동이 합법화한 이후 첫 선거다"며, "유권자 다수가 SNS를 통해 공약과 정책 자료를 접하는 만큼 SNS를 통해 국민과 얼마나 진솔한 소통이 이루어졌는가가 총선의 주요 변수가 될 것"이라고 말했다.

연합뉴스 2012.4.9

SNS의 기술적 특징과 정치적 기능

〈그림 4-1〉 정치인과 유권자의 매개체로서의 SNS

SNS를 하나의 미디어로 볼 때 SNS는 정치인과 유권자를 매개하는 기능을 수행한다. 따라서 이때의 SNS의 정치적 기능은 〈그림 4-1〉과 같이 두 방향에서 실현된다. 첫째는 정치인 혹은 정치단체가 유권자를 설득하여 특정 방향으로 정치적 참여를 유도하는 수단으로서 기능한다. 이때 설득의 구체적 목표는 투표, 정책지지, 선거캠페인 참여 등이며 여기서 SNS는 정치인 혹은 정치단체가 정치적 목적을 달성하기 위한 수단으로 기능한다고 볼 수 있다. 오바마가 SNS를 잘 활용하여 당선되었다고 설명하는 것은 이 기능을 염두에 둔 분석일 것이다.

정치인과 정치집단이 유권자 혹은 시민에게 자신의 메시지를 전달하는 수단으로 SNS를 선택하는 경향이 확산되는 것은 SNS가 지닌 몇 가지 특징에 기인한다. 이를테면 메시지 전달의 신속성, 메시지의 지속성과 복제가능성, 전달의 광범위성, 비용의 경제성, 그리고 관계를 기반으로 한 신뢰성이 포함된다. 모바일 매체를 통해 사람들은 자기가 보는 장면을 그 자리에서 바로 SNS를 통해 다른 사람들에게 전달할 수 있고, SNS를 이용하는 사람들은 언제 어디서나 그 메시지를 확인할 수 있다. 이런 과정을 통해 SNS는 다른 어떤 매체보다 빨리 많은 사람들에게 소식을 전달한다. 그리고 그렇게 전달된 메시지는 리트윗 등을 통해 끊임없이 복제되어 퍼져나간다. 비록 최초 송신자가 메시지를 삭제하더라도 이미 복제된 메시지는 여전히 퍼져나간다. 따라서 SNS상의 메시지는 지속성이 강하다. 그리고 네트워크와 네트워크를 연결하는 사람들이 존재하기에 SNS상의 메시지는 지구

〈그림 4-2〉 이라크 전쟁 반대운동에서 소셜미디어 활용

http://www.ddanzi.com/blog/archives/81862

반대편까지도 전달될 수 있다. 그런데 이렇게 빨리 많은 사람들에게 메시지를 전달하는 데 비용도 거의 들지 않는다. 게다가 비슷한 관심과 라이프스타일을 지닌 사람들끼리의 일상적 관계망을 통해 정보가 교류되므로 사람들이 상대방에 대해 가지고 있는 신뢰가 메시지의 신뢰로 전환될 수 있다. 때문에 SNS는 높은 영향력을 가진다.

SNS가 지닌 이런 기술적 특징에 주목하는 사람들은 비단 선거를 목전에 둔 정치인에 한정되지 않는다. 특정 이슈에 대해 찬반의사를 표현하고 이에 동조하는 이를 규합하여 조직적 사회운동을 목표로 하는 이들도 SNS를 적극 활용하고 있다. 미국 커뮤니케이션학자인 베넷 등(Bennett, Breunig & Givens, 2008)은 미국 내의 이라크 전쟁 반대운동을 사례로 디지털 소셜미디어가 참여를 촉진하는 역할에 관해 탐구하고는 소셜미디어가 전통 미디어 혹은 정보 중심의 인터넷 채널보다 참여를 위한 동원(*mobilization*)의 속도와 규모 측면에서 매우 효과적이라고 결론 내렸다.

SNS의 두 번째 정치적 기능은 유권자가 정치인과 정치단체에게 행동을 요구하는 수단으로 활용될 때 드러난다. 이때는 정부나 국회의원들에 대한 청원, 법안

의 지지 혹은 반대의사 표현, 온라인 혹은 오프라인에서 정치적 집회에 참여하는 수단 혹은 다른 유권자들에게 이에 동참하도록 설득하는 수단으로서 SNS를 이용하는 것을 의미한다. SNS를 정치참여의 수단이라고 할 때는 주로 이 방향의 정치적 영향력을 의미하는 것이다.

유권자 입장에서 SNS를 정치인과의 소통수단으로 선택하는 이유는 SNS가 지닌 참여, 공개, 대화, 자기중심의 커뮤니티, 연결의 편의성이라는 속성에서 찾을 수 있다. SNS는 특정 신분이나 계층에 상관없이 누구나 참여할 수 있는 매체인 동시에 개인의 일상사와 관심을 함께 공유할 수 있는 플랫폼이다. SNS는 관심있는 모든 사람들의 기여와 피드백을 가로막는 장벽을 해체하여 모든 사람들이 참여할 수 있도록 했다. 또한 SNS에서 유통되는 정보는 질과 종류에 제한이 없고 유통과 교류의 과정이 1차적으로 네트워크 내의 모든 사람들에게 공개되고 2차적으로는 네트워크와 네트워크를 이어주는 연결자를 통해 자신과 직접적으로 연결되지 않은 사람들의 네트워크로도 전달된다.

세 번째 특징인 대화는 곧 커뮤니케이션의 쌍방향성을 의미하는데 이는 인터넷기반 미디어의 공통적 특징이다. SNS의 커뮤니티 속성은 공통의 관심사에 대해 이야기할 수 있는 공간이라는 점에서는 인터넷 카페와 유사하지만 커뮤니티의 중심이 각각의 개인이라는 점에서 차이가 있다. 즉, 각자가 자기가 원하는 사람을 골라 커뮤니티를 구성할 수 있고 특정한 사람을 커뮤니티에서 제외할 수 있으며 본인이 커뮤니티를 탈퇴하는 순간 커뮤니티 자체가 소멸한다는 점에서 기존의 인터넷 커뮤니티와는 구별된다.

마지막으로 연결의 편의성이란 대부분의 SNS가 다양한 미디어의 조합이나 링크를 통해 연결이 가능하다는 의미다. 특히 모바일 미디어 디바이스를 이용해서 상시적으로 접속할 수 있다는 특징이 있다. 이런 특징들은 모두 유권자 혹은 일반시민들이 정치적 권력을 지닌 사람들에게 보다 쉽고 편하면서 동시에 낮은 위험부담만을 안은 채 자신의 정치적 바람을 요구할 수 있게 해 준다.

유권자(시민)의 정치참여 유형

1) 정치참여의 의미

정치참여는 정부의 국정운행, 정책의 수립과 집행, 정치인의 선택 등에 직·간접적 영향을 미치려는 목적을 갖는 활동이다. 이런 활동 중에는 제도적으로 보장된 것도 있고 아닌 것도 있다. 후자의 경우는 탈법적이라고 평가되기도 하는데 폭력을 동반하거나 불공정한 경쟁수단을 이용하는 것 그리고 비참여자에게 불편함을 초래하는 행동 등이 포함된다. 특히, 젊은 세대의 경우 기성세대에 비해 투표참여와 같은 제도적 방식의 참여는 상대적으로 저조하지만 보이콧이나 시위와 같은 비제도적 혹은 대안적 정치활동에는 더 높은 관심을 표명하고 있다.

정치참여의 구체적인 예를 들어보면, 투표, 정당 혹은 캠페인 활동, 정치인 접촉, 로비, 청원, 서명, 합법적 시위나 집회에서부터 보이콧(*boycott*), 파업, 점거, 타격, 비합법적 시위, 전쟁 등에 이르기까지 매우 다양하다.

정치참여의 개념은 인터넷이 등장한 이후 확장되었다. 이 확장은 두 가지 경로로 진행되었는데, 첫째는 공간의 확대를 통해 이루어졌고, 둘째는 의도성이라는 조건을 완화함으로써 이루어졌다. 우선 공간의 확장을 보면, 인터넷이 등장하기 이전에는 투표, 캠페인 참여, 정당 활동 등이 실제 공간에서 이루어질 때만 참여로 인정받았다. 그러나 인터넷이 등장한 이후로는 인터넷을 통해 정당 사이트를 방문하여 글을 남기거나 정치인의 사이트를 방문하여 의견 혹은 정책 아이디어를 제시하는 행동 등이 참여로 포함되었다. 예를 들어 과거에는 특정 후보에 대한 지지의견을 일기장에 적는 행위가 정치적 참여가 아니었지만 요즘 블로그에 자신의 의견을 기록하는 것은 정치적 참여로 간주된다. 즉, 오프라인에서의 행동에 한정되었던 정치적 참여가 사이버 공간에서의 활동을 포함하는 것으로, 범주를 넓힌 것이다.

또한 과거에는 정치적 의도나 목적이 뚜렷한 행위에 한정해서 정치적 참여로 간주되었지만 요즘은 정치적 목적이 드러나지 않거나 혹은 전혀 다른 목적에서 시작된 행위도 정치적 영향력을 지니면 정치참여로 받아들여진다. 예를 들어 정치적 의도나 목적 없이 그저 웃음을 전달하기 위해 유명 정치인의 캐리커처를 그리는 것, 혹은 그를 주인공으로 만화를 그리는 것이 정치적 참여로 간주되고 있다. 이런 비의도적 참여행위는 특히 젊은 세대에게서 주로 나타난다.

〈그림 4-3〉
유희적 정치참여의 예:
나경원 전 의원의 캐리커처

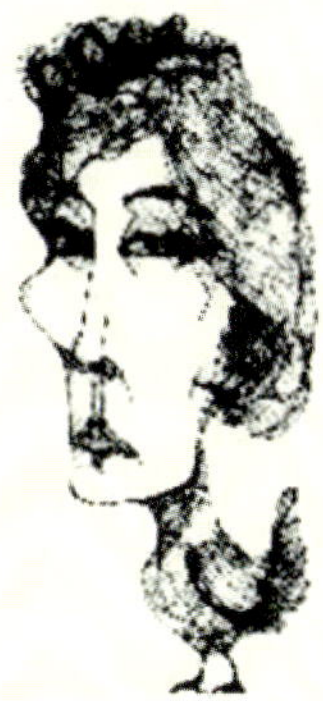

젊은 세대가 전통적 방식과는 다른 방식으로 정치적 의사표현을 늘려가는 현상에 주목한 달튼(Dalton, 2008)은 청년층의 정치적 무관심에 냉소적인 시선을 비판한다. 그는 후기산업사회로 올수록 정당소속감이 해체되고 정치적 신뢰가 저하됨에 따라 선거 참여도는 뚜렷이 감소했지만, 시민들의 정치에 대한 일반적인 관심은 오히려 증가했다고 본다. 그리고 이러한 관심은 투표, 선거캠페인, 로비, 정치인 접촉 등 전통적 의미의 정치참여가 아니라 청원, 서명, 시위, 점거 등 비제도적 정치참여로 분출되는데, 이 경향이 젊은 세대에서 더 뚜렷하다고 주장한다. 이는 젊은 세대일수록 자기 존중이나 표현의 자유와 같은 탈물질주의적 가치를 선호하고 이를 적극적으로 분출하기 때문이며, 청소년들의 경우 제도적인 정치참여의 기회는 상대적으로 적지만 사안에 따라 높은 표현의 욕구를 가질 수 있기 때문이다. 최근의 공직자 선거에서 투표장 인증샷이 유행한 것은 이런 욕구 분출의 대표적인 예로 볼 수 있다.

이제는 성명서에 이름을 연서하는 방식이 아니라 자신만의 표현공간에 자신만의 흔적을 남기는 방식으로 정치적 참여행위가 이루어지고 있다. 이런 참여자들은 정치적 목적의 실현 가능성보다는 자신의 가치를 표현하는 데서 오는 즐거움에서 정치적 참여의 의의를 찾는 것으로 보인다. 따라서 전통적 의미에서 이들의 행위는 '참여'라기보다 '관여'(*engagement*)로 보는 것이 더 합당할지도 모른다. 그러나 이런 관여행위가 정치적 결과에 영향을 미친다는 점을 생각하면 전통적 의미의 참여개념을 확장할 필요가 있다.

정치에 '관여하는 시민'(*engaged citizen*)의 등장은 젊은 세대를 중심으로 새로운 시민성이 구축된 결과라고 볼 수 있다. 기성세대는 제도적 정치활동에 대한 참여 의무를 중심으로 시민의 역할을 이해한다. 이들은 '의무적 시민'(*dutiful citizen*)으로서 정치참여를 시민의 의무로 받아들인다. 전통적으로 의무적 시민의식은 정당, 선거, 정부 중심의 제도적 정치참여의 토대가 되었다. 반면에 젊은 세대는 표현활동을 통해 시민의 정치적 역할을 수행하는데, 이들에게 정치참여는 자신의 가치를 확인하고 이를 실현하는 과정이다. 따라서 이들은 '자기실현적 시민'(*actualizing citizen*)이라고 부를 수 있다. 자기실현적 시민성을 고려한다면, 청년들의 정치적 무관심을 기정사실화하거나 이를 정치체제의 위기로 간주하는 시각은 타당하지 않다. 젊은 세대는 무관심하다기보다 '정치' 혹은 '정치참여'의 의미를 새롭게 규정하고 있으며 제도정치 밖의 문제들에 더 높은 관심을 표명하고 있다고 해석해야 한다.

SNS에서도 정치적 참여의 의미는 새로운 행위를 담아낼 수 있도록 확장되어야 할 것이다. 또한 과거의 정치참여는 의도를 가진 행위에 한정되었지만 최근에는 의도와 무관한 행위마저 정치참여로 간주된다. 더 중요한 것은 개인적 차원의 비정치적 행위가 SNS상에서 집단화되어 정치적 영향력을 지니게 될 때 애초의 행위가 정치적 참여로 간주될 수도 있다는 점이다. 따라서 SNS를 통한 정치참여는 '정치적 함의를 지닐 수 있는 모든 행위, 즉 정치적으로 의미 있는 결과를 낳는 데 기여하는 모든 행위를 포함하는 것'으로 범주를 넓혀 생각할 필요가 있다. 이런 정의를 바탕으로 SNS의 정치참여 유도 효과의 가능성과 과정을 예측해야 한다.

2) 정치참여 유형

정치참여는 다양한 하위영역을 포함하는 개념이며 이에 대한 구분은 사회적·정치적 환경, 그리고 구분의 목적과 기준에 따라 달라진다. 이 중에서 학계와 언론에서 가장 빈번하게 인용하는 것은 1970년 정치학자들이 제안한 구분이다(Verba

& Nie, 1972). 이 구분에 따르면, 정치참여는 크게 ① 정치 선거에서 투표 참여, ② 선거캠페인 활동 참여, ③ 정부 · 정치단체 · 정치인과의 커뮤니케이션, ④ 정치단체 활동 · 사회운동의 4유형으로 구분된다. 이 중에서 투표와 캠페인 참여는 선거 시기에 한정된 한시적 참여행위며 나머지 둘은 선거가 없는 시기에도 상대적으로 지속성 있게 이루어지는 참여행위다. 또한 투표와 정치인과의 커뮤니케이션은 일반적으로 개인의 자격으로 참여하는 행위며 캠페인과 정치단체, 사회운동 참여는 비록 참여 자체에 대한 판단은 개인적 차원에서 이뤄지지만 실제적 활동은 조직에 의해 규율된다는 점에서 구분된다. 이와 같이 행위의 한시성과 행위의 주체라는 두 가지 기준으로 정치참여행위를 구분하면 〈표 4-1〉과 같이 정리할 수 있다.

〈표 4-1〉에 정리된 정치참여행위 중 사회적으로 큰 반향을 일으키는 참여는 주로 조직화된 참여다. 예를 들어 개인이 투표하는 참여보다는 다른 사람의 투표를 유도하는 캠페인 조직이 정치적 파급력이 크다. 따라서 정치적 영향력을 발휘하고 싶은 사람들은 개인적으로 실천하기보다는 자신과 뜻을 같이하는 단체를 찾아 이러한 단체에 가입하거나 새롭게 단체를 조직해서 활동하는 것이 일반적이었다. SNS가 정치적 영향력을 지닌다는 전망 혹은 분석은 〈표 4-1〉에 구분된 행위 중에서 대개 조직이 중심이 된 참여에 기반을 둔다.

인터넷이 등장한 이후 정치참여를 주도한 조직의 활동무대가 오프라인에서 온라인으로 옮겨가는 변화를 겪었지만 활동의 목표와 방향은 조직에 의해 선택되고 구성되는 점에서의 변화는 없었다. 즉, 조직적 정치참여 과정의 변화는 없이 활동의 장(場)만이 이동 혹은 확장된 것이다. 인터넷이 등장한 이후 조직적 정치참여행위에 나타난 보다 중요한 변화는 조직의 지도층의 구성에서 찾을 수 있다. 인터넷 등장 이전에는 조직의 지도층은 정당이나 시민정치연합체와 같은 제도권 정치 단체와 깊이 연관된다. 그러나 인터넷이 등장한 이후로는 조직의 지도층에 비정치적 단체와 관련된 사람들 그리고 관련된 오프라인 조직이 전혀 없는 사람들도 추가되었다. 즉, 정치참여 조직이 오프라인 정치단체와 연관성이 높은 사람들에 의한 것이었다면 이제는 오프라인 단체와 연관성이 없거나 비정치적 단체활동을

〈표 4-1〉 행위의 한시성과 행위의 조직화에 따른 정치참여행위의 유형화

주체 \ 행위의 한시성	선거에 한정	일상적
개인 (조직적)	투표, 투표권유, 특정후보지지·반대, 선거자금지원, 후보자 관련 메시지 전달	청원, 투고, 게시판 글쓰기, 댓글 달기, 1인시위, 온라인 여론조사 참여, 서명
단체 (비조직적)	선거캠페인, 낙천, 낙선운동	시민운동, 지역 공동체 가입, 이슈 공동체 가입, 정치행사 참여, 집회 참여

한 사람들이 정치참여 조직의 중심에 서게 된 것이다.

미디어와 정치과정의 관계를 연구한 렌스 베넷은 인터넷 커뮤니티의 영향으로 정당이나 단체 등 전통적 의미의 정치조직을 통한 참여를 넘어서 항의시위 등 새로운 형태의 정치참여가 급속도로 증가하고 있다고 지적했다(Bennett et al., 2008). 국내에서도 2000년 여름, 교육당국의 두발규제에 맞서 전개된 온라인과 오프라인상의 다양한 두발자유화 운동은 온라인 조직에 의해 주도되었다. 당시 두발제한 반대서명운동을 주도했던 조직은 '채널 10'(www.ch10.com), '아이두'(www.idoo.net), '사이버칼리지'(www.cybercollege.asia)와 같은 청소년 웹진이었다. 이후 2002년 미 장갑차에 희생당한 여중생 추모 집회, 2004년 노무현 대통령 탄핵반대 촛불집회, 2008년 5월 전국을 떠들썩하게 만들었던 미국산 쇠고기 수입반대 촛불집회 등 주요 사회적 사건이 발생할 때마다 일시적으로 만들어진 연합체 성격의 인터넷 커뮤니티가 젊은 세대의 사회참여 채널이 된 것이다.

한편 인터넷이 등장한 이후로는 개인 자격의 참여와 조직의 일원으로서의 참여의 경계가 흐려지는 경향도 나타났다. 이것은 조직의 구성과 해체의 용이성에서 원인을 찾을 수 있다. 개인적 활동도 언제든지 조직적 활동으로 전환이 가능하기 때문에 구태여 단체에 가입하는 형식을 갖추고자 하지 않는다. 예를 들어, 예전에는 집회에 참여하는 것도 특정 단체의 일원으로서 깃발 아래 모여 함께 참가하고 행동을 통일했지만, 지금은 개별적으로 참여해서 특정 장소에서 자신이 원하는 행동을 하는 무리에 한시적으로 동조할 뿐이다. 동시에 최근의 정치참여는 선거 시기의 한시적 참여보다는 (물론 이런 참여가 정권의 향배를 정한다는 점에서 정

〈그림 4-4〉 사회운동의 매개자로서의 소셜미디어: 사이버칼리지와 채널 10

www.cybercollege.asia, www.ch10.com

치세력들에게는 여전히 중요하지만) 일상적 참여행위에 대한 중요성이 강조되고 실제로 이런 참여행위가 더 많이 나타나고 있다.

이러한 변화는 특히 SNS 이용자들에게서 많이 발견된다. 최근 언론보도에 따르면 유권자의 39.4%는 SNS를 통한 정치활동 경험이 있는 것으로 파악되었는데 정치인의 공약이나 정책관련 자료검색(28.1%), SNS로 다른 이용자와 토론(19%) 하거나, 유명인의 글 리트윗(RT, 15.3%), 정치인의 계정 구독(13.4%)이 뒤를 이었다. 또한 선거일에 투표소에서 '인증샷'을 찍어 올리기도 했다(5.6%). 이외에도 이들은 길거리 정치참여(집회, 촛불시위 등), 온라인 정치토론이나 게시판 글쓰기 등 기존의 온라인 정치참여도 활발했다.

오프라인 정치참여 그리고 인터넷 등장 이후의 온라인 정치참여와 비교해 볼 때, SNS이용자들의 정치참여 행위가 아주 새롭다고는 말할 수 없다. SNS를 통한 정치참여는 상당부분 인터넷을 통한 참여의 연장으로 보인다. 그런데 내면을 보다 자세히 들여다보면 차이가 드러난다. SNS를 통한 사회운동 참여의 예로 자주 등장하는 대학생 반값등록금 시위 때를 생각해 보자. 당시 SNS는 집회상황을

〈그림 4-5〉 대학생 반값 등록금 시위 사진

사진출처: 오마이뉴스.

알리고 참가자 서로의 연대를 확인하는 중요한 매체로 자리 잡았다. 이때 집회에 대한 정보의 전달방식은 하나의 중앙조직, 즉 인터넷 시대의 특정 사이트나 게시판이 아니라 1 : 1 관계를 통한 메시지의 릴레이식 전달에 의해 이뤄졌다. 조직의 이름이 아니라 특정 개인의 이름으로 그것도 본인이 신뢰하는 사람이 전달한 내용인 것이다. 따라서 구체적 논거 없이도 이런 행동의 정당성에 공감했던 것이다. 이 과정에서 이른바 SNS 유력자(예를 들어, 파워 트위터리언) 혹은 '마이크로 셀러브리티'의 영향력이 크게 작용했다.

이원태 · 차미영 · 양해륜은 2011년에 네트워크 분석을 통해 SNS 이용자들을 중심으로 한 조직화의 핵심은 단체의 이름이 아니라 특별한 개인, 즉 SNS 유력자들임을 보여줬다. SNS 유력자들은 트위터나 페이스북 등 SNS를 통해 많은 팔로우나 친구들을 보유하면서 정보의 확산뿐 아니라 정치사회적 의제설정 및 여론형성에 큰 영향력을 발휘하고 있다. SNS 유력자들은 인기 연예인 김제동과 김미화 씨부터 '시골의사' 박경철 씨, 소설가 이외수 씨와 공지영 씨 그리고 강남좌파로 인기를 얻고 있는 서울대 조국 교수 등 공중에게 인지도가 높은 사람들이 많다. SNS 유력자들은 기존 정치조직의 지도자처럼 구체적 행동지침이나 행동의 정당성을 부여하지는 않는다. 이들은 자신의 네트워크에 속한 개인들에게 개별적으로 정보와 의견을 전달할 뿐이다. 그러나 이런 행위는 결과적으로는 이들이 하나의 결사체가 되어 통일된 정치적 행위를 할 수 있도록 유도한다. 이런 면에서 이들은 SNS에서 정치적 참여를 이끌어 내는 핵심적 인물이자 조직화의 중심이라 할 수 있다.

정치참여 과정별 SNS의 기능

SNS를 통해 사람들이 정치에 참여 혹은 관여하는 형태는 참으로 다양하다. 그럼 이런 다양한 유형의 정치참여를 가능하게 하는 요인은 무엇일까? 즉, 언제 어떤 이유에서 사람들은 정치적 참여를 하게 되는 것일까? 이와 관련해서, 신지와 모디(Shingi & Mody, 1976)가 제시한 '커뮤니케이션 효과격차'라는 개념을 생각해 볼 필요가 있다. 미디어 이용과 커뮤니케이션 환경이 사회경제적 계층, 사전 지식 등에 따라 다르고 그로 인한 결과도 격차가 있을 수 있다. 즉, 정치참여에 영향을 미칠 수 있는 콘텐츠에 노출된 사람들 중 어떤 이는 전혀 참여하지 않을 수도 있고 어떤 이는 정당의 핵심 당원이 되어 적극적으로 참여할 수도 있다는 것이다. 이 개념을 받아들인 후속 연구들에서는 미디어 이용이 정치적 태도와 행동에 미치는 영향은 개인의 사전 지식, 관심, 동기 등에 따라 달라진다는 점을 발견했다. 연구결과는 〈그림 4-6〉과 같이 5개 요인들이 메시지의 처리 전과 후의 두 단계로 나뉘어 영향을 미치는 것으로 정리할 수 있다.

정치참여라는 행위가 일어나기 위해서는 이런 행위의 필요성에 대한 인식이 선행되었다고 볼 수 있다. 이런 필요성 인식에 영향을 미치는 요인으로는 ① 이슈에 대한 관심의 고조, ② 이슈 관련 정보의 축적, ③ 행동을 통해 변화를 모색할 수 있다고 믿는 정치적 효능감의 증가를 들 수 있다. 따라서 SNS가 정치참여에 영향을 미친다면 SNS가 이 3요인에도 영향을 준 것으로 봐야 한다. 즉, 주어진 이슈에 더 관심을 가지고 더 많은 정보를 축적하고 이를 통해 자신이 원하는 변화를 기대

〈그림 4-6〉 정치참여의 4단계

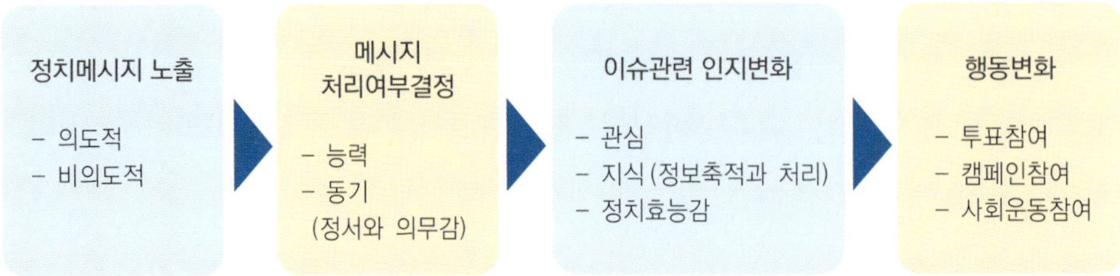

할 수 있다는 믿음을 확충하는 데 SNS가 기여하는 것이다.

그런데 이런 인지적 변화가 일어나기 위한 한 가지 전제는 메시지에 대한 적극적 처리다. 즉, 정치적 메시지를 의도적으로 찾거나 혹은 우연히 마주쳤을 때 제목만 보고 제쳐두지 않고 내용을 곱씹으며 이해하고 동감할 때, 관심도 높아지고 정보도 축적되고 효능감도 올라가는 것이다. 따라서 SNS가 정치참여를 이끈다면 이렇게 정치적 메시지를 처리할 능력을 배양하거나 동기를 부여함으로써 영향을 미치는 간접 경로도 생각해볼 수 있다. 이와 같이 SNS가 정치참여라는 행위를 이끌기 위해서는 인지적 변화가 필요하고 그러한 변화가 메시지를 처리할 수 있는 동기와 능력을 전제조건으로 한다면, 정치참여의 과정은 〈그림 4-6〉과 같이 4단계로 정리할 수 있다.

1) 1차적 정치참여 유인(이슈관련 인지변화)

(1) 관심

트위터의 경우를 보면, 정치에 관심이 있는 사람들은 정치인, 정치적 메시지를 많이 트윗하는 사람, 정치단체나 언론 등을 팔로우하면 정치적 메시지를 실시간으로 구독할 수 있다. 또 특정 사안에 대해 해시태그("#")를 이용하여 메시지를 검색해서 찾아 볼 수도 있다. 이런 사람들은 SNS를 이용한다고 해서 특정 이슈나 메시지에 대한 관심이 더 높아질 것으로 기대하기는 힘들다. 이미 충분히 관심이 높기 때문이다. 그러나 우연히 정치적 메시지에 노출되는 사람들에게는 SNS가 관심을 높이는 역할을 한다. 자신과 능력이나 성향이 비슷하다고 판단한 사람들이 관심을 가진다면, 자신도 관심을 가질 법한 이슈라고 생각하기 때문이다. 이는 결국 정치적 이슈에 관심을 갖는 계층을 넓히는 결과를 낳는다.

SNS가 정치적 관심 확산에 미칠 수 있는 일은 비록 제한적이지만, 지금까지 정치를 멀게만 느껴왔던 사람들을 관심 영역으로 포섭하는 데 일정한 기여를 하리라는 점은 충분히 예측이 가능하다. 이를 직접적으로 검증한 연구는 없지만 간접적으로 이런 논리를 지지하는 사례는 많다. 송경재(2011)의 연구에 따르면, SNS를 적극적으로 이용하는 세대는 인터넷만을 주로 이용하는 웹 1.0세대에 비해 정치참여가 높았다.

사실상 기능적으로만 본다면 온라인에서 이루어지는 정치적 커뮤니케이션은 다른 사람과의 면대면 토론과 그다지 다르지 않다. 공통적으로 집단적 문제를 인식하게 하고 다양한 관점에 노출시키며 참여기회를 더 많이 제공하여 결과적으로 참여 가능성을 높이는 기능을 수행한다. 이런 기능은 SNS도 마찬가지다. SNS를 통해 정치적 메시지에 많이 노출된 사람들은 그 이슈를 중요한 것으로 인식하고 이에 대한 관심이 높아질 것이다. 특히 우리나라의 선거관련 여론은 이른바 '바람'의 지배를 많이 받는다. 바람은 흔히 사람들 사이의 입과 입을 통해 전달되는 정보를 기반으로 한다. SNS는 사람들의 입과 입을 통한 전달을 폭과 속도 측면에서 크게 증폭시킨다. 따라서 바람을 일으키는 데 SNS가 큰 역할을 하는 것이다. 특히, 상대적으로 정치 혹은 선거에 무관심한 사람들에게까지 바람을 확산시키는 데 효과적 수단이 될 수 있다.

(2) 지식(정보)

금희조·조재호(2010)는 한국과 미국 대학생 모두에게서 SNS 이용이 시민참여와 사회운동 모두에 긍정적 영향을 미치는 것을 발견하고 그 이유를 SNS를 통해 새로운 정보를 더 많이 얻고 새로운 사람을 만나 더 활발히 소통했기 때문이라고 설명한다. 그리고 송경재(2011)가 미국 SNS 사용자의 특성과 정치참여를 분석한 결과를 보면, SNS를 이용하는 집단은 SNS를 사용하지 않는 일반 인터넷 사용자 집단에 비해 온라인 정치참여가 더 활발하다. 이러한 결과의 원인은 정치 및 선거정보의 차이에서 찾을 수 있다. 정치적 참여는 관련정보 혹은 지식의 양의 정적 함수인 것이다. 사실상 이런 논의는 SNS가 등장하기 훨씬 전에 제기되었다. 정치 커뮤니케이션 학자인 이블랜드와 슈펠레(Eveland & Scheufele, 2000)는 '참여의 격차'(*participation gap*)라는 용어를 사용하며, 지식은 참여로 연결될 가능성이 높고, 두 영역에서 격차가 발생하는 과정이 유사하기 때문에 같은 이론적 틀을 적용할 수 있다고 주장했다. 이 논의에 따르면, SNS는 이슈의 중요성과 이슈에 대한 이해를 돕는 정보를 제공하여 이용자들이 관련 지식을 갖게 함으로써 구체적인 행동을 결정하는 기반을 마련하는 데 영향을 미친다고 볼 수 있다.

한편 SNS는 이전의 인터넷 매체와는 다른 정보를 제공하기도 하는데 선거기간 중의 판세에 관한 정보가 그렇다. 지난 4월 총선에서 많은 SNS 관련업체들이 트위터 등의 글을 분석해 선거 후보자의 여론파악을 돕는 서비스를 제공했다. 큐로보, 미디어그램, 그루터, 트리움 등 많은 업체들이 총선 판세를 분석하는 프로그램을 내놓았다. 큐로보는 트위터 여론을 실시간으로 파악할 수 있는 '소셜 카운트' 서비스를 하고 있다. 이를 통해 출마자들은 물론이고 유권자들도 선거구별 ·

〈그림 4-7〉 네이버의 이슈 히스토리

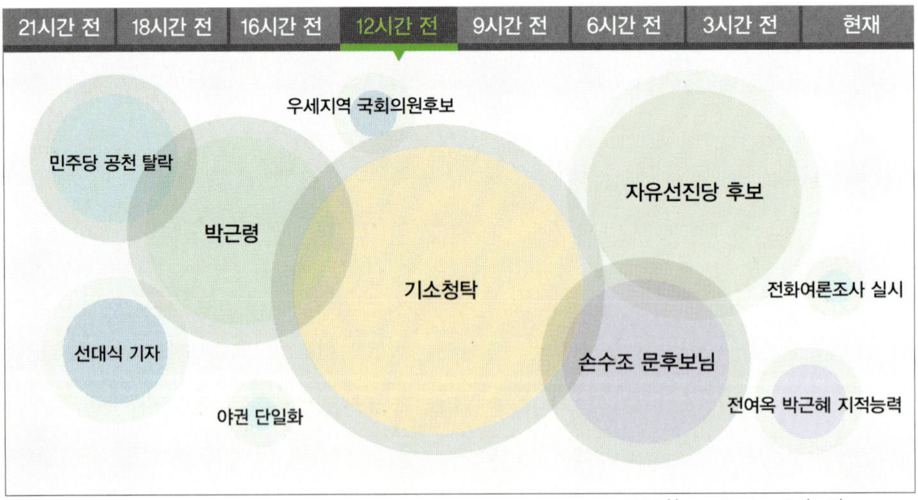

http://www.hani.co.kr/arti/economy

후보별 트위터 여론동향을 실시간 또는 일간, 주간 단위로 분석할 수 있다. 지난 19대 총선에서 인터넷 포털 업체들도 트위터 글을 분석하여 유권자의 관심사를 보여주었는데, 네이버의 '이슈히스토리', 다음의 'SNS맵'이 그것이다. 이런 서비스는 유권자에게는 선거에 대한 흥미를 높이는 동시에 전략적 투표를 할 수 있는 정보를 제공하고, 후보자에게는 캠페인 전략의 선택기준을 제공한다.

(3) 정치효능감

자기효능감은 주어진 과제를 달성하는 데 필요한 일련의 행위들을 조직하고 실행할 수 있는 능력이다. 높은 자기효능감은 관련된 분야의 행동을 할 가능성을 높이고 낮은 자기효능감은 그 가능성을 낮춘다. 그리고 대체로 특정 과제를 수행하는 양과 자기효능감은 정적(正的) 관계가 있다. 따라서 정치적 행위를 통해 원하는 바를 달성할 수 있다는 믿음인 정치적 효능감은 구체적인 참여행위를 끌어낸다고 봐야 한다.

정치적 효능감과 관련해서 애터니 다운스와 윌리엄 라이커를 비롯한 학자들은

〈그림 4-8〉 다음의 SNS맵

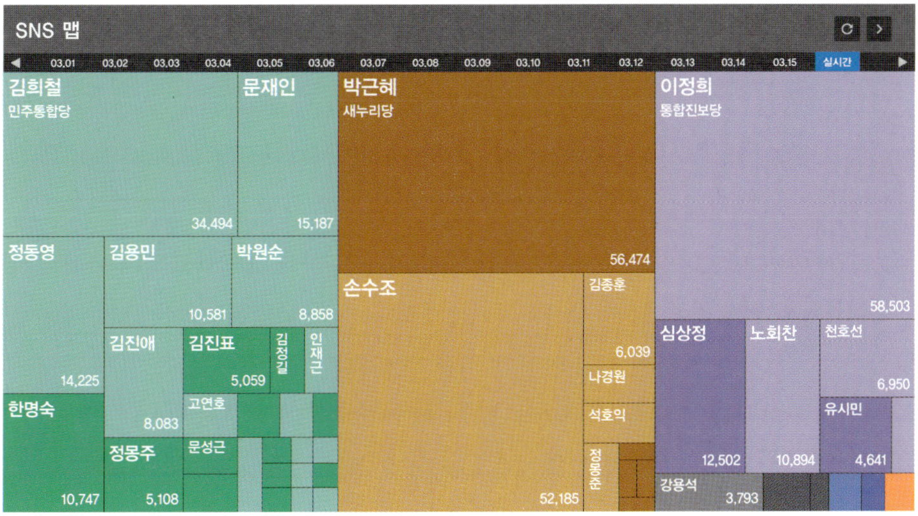

다음의 SNS맵 사진 자료 http://www.hani.co.kr/arti/economy

투표 행위에 대한 합리적 모형을 제안하고 한 개인이 투표를 통해 정치적 변화에 기여할 수 있는 가능성을 이성적으로 따져보면 극히 미약하기 때문에 사람들이 깊이 생각할수록 투표를 하지 않게 되는 역설이 성립한다고 주장한다(Dawns, A., 1957.). 이들의 논리는 유권자의 투표 행위로 인한 효용이 참여의 비용을 능가하게 되는 경우에 투표에 참여할 것이라는 논리에 기초한다. 그런데 수학적으로 계산하면, 한 유권자가 선거결과에 영향을 미칠 수 있는 확률은 거의 0에 가까울 만큼 너무 작기 때문에 전체 효용은 음수가 되고 이 논리대로라면 누구도 투표에 참여하지 않는 결과로 이어진다는 것이다.

이러한 역설적 상황에 대응해서 정치학자들은 투표 승자결정 이외에도 투표참여를 통해 얻을 수 있는 또 다른 효용을 제시했는데, 민주주의 시민의 덕성을 실천했다는 도덕적 만족감, 정치체제에 대한 충성도를 보였다는 데서 비롯되는 만족감, 자신이 좋아하는 정당에 대한 선호도를 표현했다는 만족감, 투표장에 다녀왔다는 만족감, 정치체제 속에서 효능감을 확인했다는 만족감 등이 그것이다. 개인이 투표참여 여부를 결정하는 것이 이와 같이 합리적 선택과정의 결과라면 선거구의 경쟁이 치열할수록 유권자의 한 표가 미치는 영향에 대한 기대가 커진다고 볼 수 있다. 따라서 SNS가 '경쟁이 치열하다'는 인식을 줄 수 있다면, 유권자들의 투표참여를 높이는 데 기여할 수 있다. 특히 기존의 매스미디어가 주목하지 않는 후보를 지지하는 유권자들을 투표하도록 유도할 것으로 예상된다.

한편 SNS는 투표참여 연쇄파급 효과를 낳기 때문에 한 유권자가 선거결과에 영향을 미치는 확률을 높일 수도 있다. 이 점을 인지한다면 더 많은 사람이 투표하게 될 것이다. 사람들이 서로 관계를 맺지 않는다면 각자 단 한 표를 행사하고, 투표결과에 미치는 영향력도 '1/전체 표수'에 지나지 않을 것이다. 그러나 유권자들이 서로 관계를 맺게 되면 각자의 한 표가 지니는 영향력은 그 한 표에 머무르지 않는다. 그것은 각자의 투표행위가 자신과 유사한 정치적 성향을 가진 사람들을 투표장으로 이끌어내는 원동력이 되기 때문이다. "너 투표했어? 왜 안 했어, 어서 해"라는 말은 주변 사람의 투표로 이어지고 서로 투표를 권하는 사람들은 같은 후보 혹은 정당을 지지할 가능성이 크다. 이와 같이 자신의 투표행위가 지니는 한 표의 영향력을 크게 생각할수록 더 적극적으로 투표에 참가하게 된다. 이런 논리는 비단 투표행위에만 한정되는 것은 아니다. 서명과 집회 같은 다른 유형의 정치참여에도 유사하게 작용할 수 있다.

2) 2차적 정치참여 유인(메시지 처리여부 결정)

(1) 능력 부여

미디어 혹은 다른 사람들을 통해 접하는 정치관련 메시지가 관심, 지식, 그리고 효능감에 영향을 미치기 위해서는 기본적으로 메시지를 인지적으로 처리해야 한다. 그런데 메시지 내용이 너무 어려우면 사람들은 이런 처리를 포기하거나 대충하게 된다. 이럴 경우 이 메시지의 잠재적 영향력이 사라지거나 약화될 가능성이 크다. 그런데 SNS에서 유통되는 메시지는 어렵지 않다. 나와 유사한 생활환경에 있는 사람들이 자신의 삶과 관련된 내용을 전달하거나, 복잡한 내용에 자신의 해석을 덧붙여 전달한다. 또한 이해를 돕는 영상과 그림이 첨부되는 경우가 많고 무엇보다 짧은 글이기에 비록 깊이는 좀 부족하더라도 이해하기가 쉽다. 게다가 이해가 잘 안 돼서 이에 대해 질문하면 내 네트워크 안의 누군가가 짧은 시간 내에 답해 준다. 결국, 네트워크 안에서는 정치적 메시지를 처리할 수 있는 능력이 내가 가지고 있는 능력에 나의 네트워크의 능력이 더해져, 몇 배나 향상되는 것이다. 메시지 처리능력의 향상은 메시지 처리량의 확대로 이어질 가능성이 크며 그만큼 많은 정치적 메시지를 교류할 수 있다.

(2) 동기 부여 - 정서 & 의무 각성

메시지가 처리되기 위해서는 이를 처리할 능력 이외에도, 이를 처리할 '의지'가 필요하다. 이는 흔히 메시지 처리 동기(*motivation*) 라고 불린다. 우리는 구체적으로 무엇인가를 얻고자 하거나 혹은 하지 않으면 정서적·물질적으로 해(害)가 될 때 이를 피하기 위해 일을 할 동기를 부여받는다. 따라서 정치적 메시지가 구체적으로 이익 혹은 손해와 관련될 때 그 메시지를 처리하려는 동기도 자연스럽게 생길 것이다. SNS에서 흔히 "완전 재미있어요", "총선에서 승리하는 길" 등이 제목에 달리면 이를 읽어보려는 마음이 생기기 쉬운데, 이 경우 동기화에 성공했다 할 수 있다. 또한 특정 메시지에 "좋아요" 등의 동의 혹은 공감의 표시가 많이 달리면 이 역시 메시지를 처리하도록 유도하는 역할을 한다.

정치적 메시지의 경우 이렇게 구체적인 이익과 결부시켜 동기화하기보다는 정서적 자극과 도덕적 의무감을 자극하여 메시지 처리 동기를 불러일으키는 경우가 많다. 정서적 동기화는 우선 '개인의 주관적 행복을 증진시킬 수 있다'는 인상을 주는 방법을 생각해 볼 수 있다. SNS를 통해 자신의 감정과 느낌을 거리낌 없이 터놓고 이야기할수록 그리고 자신의 경험을 공유할수록 개인의 주관적 만족도와 행복감은 증진된다. 일단 터놓고 말할 수 있는 사이가 되면 이 사람이 전달하는 메시지는 나에게 행복을 가져다줄 것이라는 기대감을 가지게 된다. 따라서 친밀한 관계 그 자체가 메시지 처리의 동기가 되는 것이다.

한편 우리나라 정치인 혹은 정치세력들의 경우 오랫동안 부정적 정서를 자극하여 메시지를 처리하도록 유도하는 경향을 보였다. 특히 이른바 '적(敵) 만들기'를 통해 사람들의 분노를 일으키고 이를 기반으로 특정한 방향으로 투표를 유도했는데, 이런 과정을 통해 '정치화된' 사람들은 그들이 두려워하거나 혐오하는 사람을 반대함으로써 자신의 정체성을 규명하려든다. 이런 맥락에서 우리나라 정치인들 중에는 가장 효과적인 리더십이 '적을 만들어내는' 능력이라고 생각하는 이들도 있다. 불행히도 그동안 우리의 정치 역사는 이런 방식이 효과적임을 보여주었다. 정치적 동원 혹은 운동의 추동성에 가장 큰 힘을 발휘한 것은 특정 정치세력에 대한 증오였던 것이다.

한편 도덕적 의무감을 자극하여 메시지 처리를 유도할 수도 있다. "민주시민이라면 읽어야 할 글", "이런 일에 관심을 보이지 않는다면 살아야 할 이유가 없다" 등의 제목을 단 글들은 도덕적 의무감을 강조한 예다. SNS는 정치적 의무감을 간략한 문구 혹은 사진을 통해 효과적으로 일깨우는 수단이 될 수 있다.

맺는말 : SNS를 통한 정치참여의 기대와 우려

많은 학자들과 정치인 그리고 언론은 SNS가 정치 생태계에서 정치인과 유권자의 관계를 매개하며 정치 과정과 결과에 큰 변화를 불러왔거나 앞으로 불러올 것이라는 분석과 전망을 내놓고 있다. SNS는 유권자가 정치에 참여하는 도구이며 동시에 정치인이 유권자에게 메시지를 전달하고 캠페인을 꾸려나가는 도구이기도 하다. SNS가 정치에 미치는 영향력을 이해하기 위해서는 이와 같은 두 방향에서의 작동원리와 과정을 함께 살펴야 할 것이다. 그러나 정치적 참여라고 했을 때는 이 중에서 유권자가 정치적 관심과 이익을 실현하는 도구로서 SNS를 활용하는 측면을 의미한다고 봐야 한다.

이런 관점에서 이 장에서는 정치참여 행위를 선거에 대한 관련성과 참여 주체에 따라 4개의 유형으로 나누고 유형별로 SNS에 의해 일어나게 될 변화에 대해 예상해 보았다. 그리고 정치참여를 일으키는 요인을 정치적 메시지의 처리 전과 후의 두 단계로 나눠 각 요인에 대해 SNS가 미칠 영향에 관해 논의했다. 즉, 메시지의 처리결과 형성되는 인지적 변화인 관심, 지식, 그리고 정치효능감에 미치는 SNS의 영향력이다. 그리고 이러한 인지적 변화가 메시지의 처리를 전제로 한다고 할 때 이에 영향을 미치는 변인인 개인의 메시지 처리능력과 동기가 SNS이용에 어떻게 영향을 받을지에 대해서 논의했다. 현재까지 나타난 SNS를 통한 정치참여의 유형에 한정해서 분석해볼 때 SNS를 통한 정치참여가 완전히 새로운 정치참여 유형이라고 보기는 힘들다. 그러나 각 유형의 세부적 모습에 변화를 가져왔음은 분명하다. 구체적으로는 개인적 차원이 조직적 차원의 참여를 대신하는 경향이 강하지만, 완전한 대체는 아니고 현재는 두 가지 유형이 혼재하며 교체되는 시기에 있다고 봄이 타당하다.

의미와 유형의 변화 외에 정치참여와 관련해서 더 논의할 부분은 SNS를 통해 유권자들의 정치적 참여가 증가하는 현상이 갖는 사회적 의미다. 정치적 참여가 늘어나는 것은 민주주의의 기본원리에 따르자면 바람직한 변화다. 그럼에도 불구하고 우리사회에서는 이에 대한 우려의 목소리가 작지 않다. 이러한 우려들을 정리하는 것으로 이 글을 끝맺고자 한다.

첫 번째 우려는 SNS를 통한 정치에 참여의 상당부분이 이견(異見)에 귀 기울이지 않고 자기주장만을 표현하는 일방적인 측면이 강하다는 점이다. 이런 주장은 박승관(2011)의 '군론'을 떠올리게 하는데, 이는 "'입'은 열리되 '귀'는 닫힌 상태의 의견체계"를 말한다. 군론사회에서는 사회에 대한 불신과 증오감을 정치적으로 조직화하여 이익을 챙기는 정치세력이 등장하는데 이들이 사회 전체의 정치적 퇴보를 이끈다. 군론사회에서 정치는 표 동원전략일 뿐이다. 존재하는 사회적 균열을 봉합하여 전체 공동체의 통합이나 발전을 기도하기보다는 이러한 균열을 극대화하고 적극 활용하여, 자신들의 분파적 이익을 챙기는 정치인들이 득세하게 된다. 여기서 '정치인'은 국회의원처럼 전문적으로 정치행위를 하는 직업인에 한정되지 않는다. 정치적 목소리를 내는 대부분의 사람들이 군론사회를 만들어 내는 것이다. 따라서 이런 상황에서 정치토론은 민주적 소양으로서의 여론이 아니라 집단적 세력과 우김질에 비이성적으로 의존하여 이기적 욕구를 관철시키는 '떼법'이 될 뿐이다.

SNS를 통한 정치참여의 결과로서 경계해야 하는 첫 번째가 바로 이런 군론사회의 등장이다. SNS를 통한 소통의 특징은 네트워크 내의 활발한 교류이며 이러한 네트워크는 비슷한 성향의 사람들의 집합이다. 따라서 자신의 정치적 지지세력을 찾기에 유리한 소통수단이다. 그런데 이런 유사한 의견을 지닌 사람들과의 네트워크의 활성화는 결국 정치적 편향성을 심화시키고 의견의 유연성을 훼손하는 결과를 낳을 수 있다. 네트워크 내의 단결이 곧 네트워크 간의 '우리 대 그들'이라는 이분법 투쟁을 강화할 수 있는 것이다. 또한 SNS의 대안 미디어적 성격을 감안하면 기존 미디어와 기존 정치 세력에 반감을 가진 세력들이 기존의 정치 체제에 대한 적대적인 태도를 강화하는 데 SNS가 기여할 가능성이 크다.

두 번째 우려할 점은, SNS를 통한 참여의 확대가 사회 전체적으로 보면 극히 일부에 한정되는 결과를 낳을 수 있다는 점이다. 노무현 정부의 정치를 '디지털 포퓰리즘'에 의존한 정치라고 평가하는 시각이 있다. 김일영(2004)은 노무현 정부가 제도화되지 않은 참여를 부추겼다고 비판하며 이런 행위가 포퓰리즘적 정치라고 결론 내린다. 그리고 포퓰리즘 아래에서의 정치참여는 결국 정권이 그들과 의견을 같이 하는 일부 사람들을 '홍위병'으로 동원하는 과정일 뿐이라는 과격한 주장을 펼치기도 한다. 이런 그의 주장이 노무현 정부에 대한 타당한 평가인가에 대해서는 논란의 여지가 있지만, 그의 관점은 오늘날 SNS에서의 '여론의 의미'에 대한 중요한 시사점을 제시한다. 즉, SNS를 지배하는 사람들이 자신들이 지배적 위상을 이용해 다수의 의견을 특정한 방향으로 유도한 후 마치 다수를 위하는 듯이 위장하여 실제로는 자신의 이익을 도모할 가능성을 생각하게 한다. 포퓰리즘 정치처럼 다수의 지지라는 힘을 바탕으로 사회 전체의 이익보다는 소수의 이익을 위한 여론몰이를 할 가능성이 우려되는 것이다.

이미 여러 전문가들이 지적했듯이 SNS에서 유통되는 정보의 대부분이 소수에 의해 주도된다. 따라서 SNS를 통한 정치참여의 확대가 일부 이용자들만의 정치적 영향력 확대로 귀결될 우려가 있다. 영향력이 큰 위치에 있는 개인들로 이루어진 소수집단이 거의 언제나 자신들의 뜻대로 전체 집단을 이끄는 '소수세력 효과'(*minority power effect*)가 나타날 가능성이 크다는 것이다. 반면에 그러한 집단은 전체적인 행동 통일을 촉진하여 모든 사람이 아무것도 얻지 못하는 결과를 막을 수 있다. 따라서 소셜 네트워크는 우리가 혼자 힘으로는 할 수 없는 일을 할 수 있도록 도움을 주는 한편, 종종 연결이 많은 사람들에게 더 많은 힘이 쏠리게 할 수 있다. 그 결과 연결이 가장 많은 사람이 가장 많은 열매를 차지하는 경우가 생긴다. 즉, SNS가 정치적 불평등을 오히려 심화시킬 수도 있는 것이다.

이상과 같은 우려가 현실화될지의 여부는 지금 현재로서는 알 수가 없다. 그러나 이러한 우려의 공통점은 SNS로 인해 정치참여가 확대될 수 있음을 부인하지 않는다는 점이다. 오히려 이런 확대를 믿기에 우려한다. 이것은 결국 참여의 확대만으로는 더 나은 민주주의를 가져올 수 없다는 점을 시사한다. 참여의 확대가 미치는 범위의 다양성, 즉 특정한 세력에 그치지 않고 보편적인 참여가 이루어질 때, SNS가 민주주의에 긍정적으로 기여할 것이다. 또한, 참여의 내용이 '말하기'에 치우치지 않고 더 많은 정보를 '소화해내는 것'으로도 확장되어야 한다. 여기서 '더 많은 정보'란 이견을 수용한다는 의미를 포함한다. 그저 '말을 뱉는' 데서 그치지 않고 듣고, 생각하고, 말하는 모든 과정이 SNS에서 이루어질 때, SNS를 통한 정치참여가 민주주의의 실현에 기여할 수 있다. SNS와 정치의 관계에 대한 연구와 정책은 이런 측면, 즉 참여를 확대할 방안을 넘어 질 좋은 참여를 이끌어 낼 방안을 모색하는 데 목표를 두어야 할 것이다.

참고문헌

금희조 · 조재호(2010), "스마트폰, 커뮤니케이션 격차, 그리고 정치참여: 소셜미디어 효과에 대한 스마트폰 이용의 조절 역할을 중심으로", 〈한국언론학보〉, 54(5), pp. 348~371.

김일영(2004), "민주화, 신자유주의적 포퓰리즘, 그리고 한국: 김대중 정권과 노무현 정권을 중심으로", 철학연구회 편, 《디지털시대의 민주주의와 포퓰리즘》, pp. 11~40, 철학과 현실사.

박승관(2011), "한국사회와 소통의 위기: 소통의 역설과 공동체의 위기", 임혁백 외, 《한국 사회의 소통위기》, 커뮤니케이션북스.

송경재(2011), "소셜 네트워크 세대의 정치참여", 〈한국과 국제정치〉, 27(2), pp. 57~88.

이원태 · 차미영 · 양해륜(2011), "소셜미디어 유력자의 네트워크 특성: 한국의 트위터 공동체를 중심으로", 〈언론정보연구〉, 48(2), pp. 44~79.

Bennett, W. L. & Breunig, C. & Givens, T. (2008), "Communication and Political Mobilization: Digital Media and the Organization of Anti-Iraq War Demonstrations" in the *U.S. Political Communication*, 25(3), pp. 269~289.

Dalton, R. J. (2008), "Citizenship Norms and the Expansion of Political Participation", *Political Studies*, 56, pp. 76~98.

Downs, A. (1957), *An Economic Theory of Democracy*, New York: Harper & Row.

Eveland, W. P., Jr. & Scheufele, D. A. (2000), "Connecting News Media Use with Gaps in Knowledge and Participation", *Political Communication*, 17, pp. 215~237.

Shingi, P. M. & Mody, B. (1976), "The Communication Effects Gap: a Field Experiment on Television and Agricultural Ignorance in India", *Communication Research*, 3, pp. 171~190.

Valenzuela, S., Park, N. & Kee, K. F. (2009), "Is There Social Capital in a Social Network Site?: Facebook Use and College Students' Life Satisfaction, Trust, and Participation", *Journal of Computer-Mediated Communication*, 14, pp. 857~901.

Verba, S. & Nie, N. (1972), *Participation in America: Political Democracy and Social Equality*, New York: Harper and Row.

SNS와 정당정치 변화

제 5 장

조화순

소셜 네트워크 시대, 정당정치는 위기인가?

소셜 네트워크 서비스(*Social Network Service*)는 특유의 커뮤니케이션 구조와 파급력을 바탕으로 한국정치에 큰 영향력을 행사하고 있다. 2011년 10월 26일 서울시장 선거가 한 예이다. 오세훈 서울시장이 사퇴하면서 이루어진 2011년 서울시장 보궐선거에서는 정치인으로 활동한 적이 없는 안철수 교수가 순식간에 대중의 관심과 지지를 받으며 유력한 후보로 부상했다. 트위터 사용자들은 안철수 교수를 공론의 중심에 세우고 SNS를 이용해 지지를 표명하였다. 또한 트위터는 변호사 출신으로 활발한 시민운동을 전개한 박원순 씨가 야권의 시장후보로 출마해 서울시장으로 당선되기까지 중요한 역할을 했다.

민주당의 정당조직은 네트워크에 기반을 둔 시민의 조직화보다 우세할 수 없었다. 출마 의지를 처음 밝혔을 당시 박원순 변호사의 지지율은 5%대에 불과했다. 그러나 유명 인사들이 트위터를 통해 공개적인 지지를 선언하고 투표에 참여하는 인증샷을 남기면서, 트위터는 박원순 후보를 경선승리로 이끌며 한국정치에 변화를 일으키는 새로운 커뮤니케이션 매체 중 하나로 주목받았다. 박원순 후보의 당선은 시민사회를 기반으로 한 정치세력이 기성정당을 우회해 부상하고 정치권에 진입했다는 점에서 정당정치의 위기, 나아가 대의제 민주주의의 변화에 대한 논의를 불러일으키는 촉매제가 되었다.

트위터, 페이스북으로 대표되는 SNS는 권력변동과 대의민주주의 제도 변화에 기회가 됨과 동시에 많은 도전과제를 준다. SNS의 발전은 민주주의의 이상이 실현될 수 있는 가능성을 제시한다. SNS는 사회구성원 간의 소통방식을 급격히 변화시키며 비교적 자유롭고 개방된 공간에서 정보가 전달될 수 있게 한다. SNS를 이용하면 기존의 특정 시민단체와 전통적 커뮤니티와 같은 매개집단을 우회해 보다 개인화된 능동적 참여가 가능하다. 시민은 새로운 커뮤니케이션을 통해 기존 정치에 대한 거부감을 나타내며 적극적으로 구체적인 이슈와 의제를 제기한다. 시민은 이제 권력의 구조와 소통에도 영향을 미치며 변혁의 주체로서 등장한 것이다.

대의(代議) 민주주의에서 정당은 시민사회와 국가를 매개하는 핵심적 기제로, 근대 이후 가장 보편적인 정치기구로 정착했다. 일반적으로 정당은 시민사회의 다양한 이익을 정책에 반영하는 매개적 기능을 수행했다. 대의민주주의에서 정당이 차지하는 지위의 밑바탕에는 시민들이 정당을 자신들의 대표로 인정하고 권한을 위임해주는 정치적 지지가 깔려 있다. 영국의 정치학자인 어니스트 바커(Ernest Barker)는 일찍이 정당을 "사회와 국가를 연결해주는 교량이며, 사회에 존재하는 다양한 사고와 이를 바탕으로 벌어지는 토론이 정치기구라는 물레방아로 흘러들어 작동할 수 있게 하는 수로이자, 수문"이라고 표현했다. 사회와 국가 사이의 가교로서의 정당은 시민 사회의 다양한 집단과 개인이 표출하는 요구를 파악하여, 이를 일련의 정책대안으로 집약한다.

그런데 최근 정당정치의 문제는 시민이 SNS를 이용해 대의민주주의에서 주요 정치적 행위자인 정당과 같은 정치적 매개체를 우회하여 정치에 참여한다는 것이다. 정당이 갈등해소와 사회통합의 역할을 제대로 수행하기는커녕 시민사회에서 생성되는 갈등을 오히려 확대하고 있다는 비판도 나왔다. 무엇보다 정보기술의 발달에 따라 시민들의 정치의식 및 정치참여 행태가 변화하기 때문에 정당이 시민들의 이익집약을 수행해 내기도 쉽지 않다. 그렇다면 SNS를 이용한 시민사회의 변화는 한국의 정당정치에 어떤 영향을 미치는가? SNS는 기존의 정치구조, 권력구조에 어떠한 도전을 가져왔는가? SNS는 시민의 비제도적 정치참여를 증가시키고, 생활에 기반을 둔 담론을 증진시키며, 정치적 결정의 방식을 변화시킨다. 이러한 변화는 당원과 이념에 기초한 정당의 정체성을 더욱 약화시키고 있다. 이 글에서는 SNS가 촉진하는 시민사회와 정당의 변화를 통해 최근 정당정치의 변화를 살펴보고 이러한 변화가 한국 민주주의의 미래에 갖는 의미를 논의해 보고자 한다.

소셜 네트워크와 시민의 변화

1) 비제도적 정치참여의 증가

새로운 소통매체의 등장이 정당정치 변화의 근본적 원인이 된다는 주장의 가장 큰 전제는 SNS가 개인의 일상적 부분부터 정치, 경제, 사회, 문화를 아우르는 광범위한 전환을 가져온다는 데 있다. SNS의 발달을 통해 정당이 독점하던 권력의 영역을 위협하는 현상이 곳곳에서 목격된다. 이러한 현상의 가장 큰 원인은 정당정치의 기반이 정당과 같은 조직이 아니라 '네트워크화된 개인'이기 때문이다. 네트워크 시대에는 접속 · 접촉과 같은 상호관계가 더 중요해지는 반면, 중앙집권적 권력행사는 어려워진다. 개인은 네트워크를 통해 지식을 집단적으로 생산하고 공유하며 비제도적 형태로 공적 어젠다에 접근한다. 정당정치에 실망한 유권자들은 2002년 효순이, 미선이 촛불집회, 2008년 미국산 쇠고기 반대 촛불집회에서 정당을 우회하여 집단을 형성하였다.

유권자는 기존정당으로는 자신들의 관심과 이해관계를 반영하지 못한다는 것을 인식하고 있다. 기존 정치에 대한 유권자들의 불만은 정당정치에 대한 불만과 불신으로 나타난다. 〈동아일보〉가 2011년 12월에 실시한 국회와 정당에 관한 신뢰도 조사에서는 '국회를 신뢰한다'는 응답자가 7%, '정당을 신뢰한다'는 응답

〈그림 5-1〉 국회와 정당에 대한 신뢰도 조사

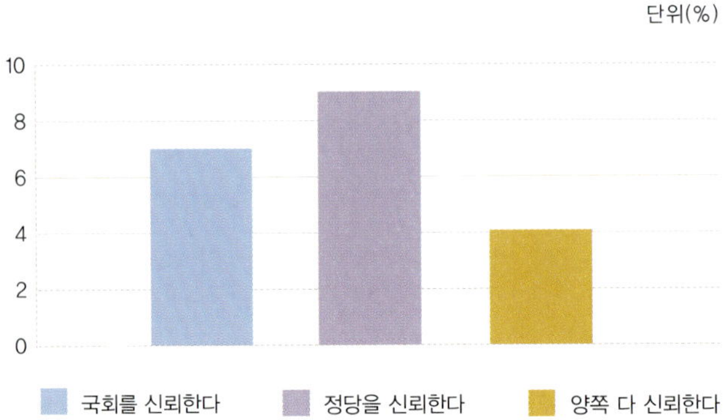

출처: 〈동아일보〉 2011.12.3.

자가 9%, '양쪽을 다 신뢰한다'는 응답자는 4%에 불과한 것으로 나타났다. 〈중앙일보〉가 2012년 4월에 실시한 비슷한 조사에서 4·11 총선에서 후보 선택기준으로 '정당'을 꼽은 유권자의 비율은 19%에 불과한 것으로 드러났다. 정치불신이 심각한 수준임을 알 수 있다.

사회적으로도 집단정체성보다는 개인의 다양성을 존중하는 기류가 확대되면서 개개인의 정당 일체감은 약화되고 있다. 특정 정당에 대해 소속감을 갖지 못한 독립적인 유권자, 즉 무당파의 비율도 높다. 2011년 서울시장 재선거를 앞두고 실시된 아산정책연구원의 조사(2011)에서는 무당파의 비율이 33.1%에 달해 당시 제1야당인 민주당의 지지율(21.4%)보다 높았다. 〈그림 5-2〉에서와 같이 2012년 4·11 총선 직전 실시된 정당 지지율 조사에서도 '지지정당이 없다'고 응답한 유권자들의 비율이 30%대에 달하는 것으로 나타났다.

매우 다양한 정체성과 이익을 가진 개인화된 시민은 개인주의적이고 자유주의적인 성향을 보인다. 기존에 참여를 주도하던 세력은 '공중'(*public*)에 가까웠다. 공중은 연고주의적 가치관에 기반을 둔 뚜렷한 공통의 목표를 가지고 있으며 매우 체계적인 조직으로 결집한다. 반면 최근의 시민은 다양성에 기반을 두고 우발적이고 비조직적으로 행동한다. 빠올로 비르노(Paolo Virno)는 이를 '다중'(*multitude*)이라 부르고 이들이 대의제 민주주의의 한계 속에서 사회를 변혁시킬 수 있

〈그림 5-2〉 어느 정당에 투표할 것인가

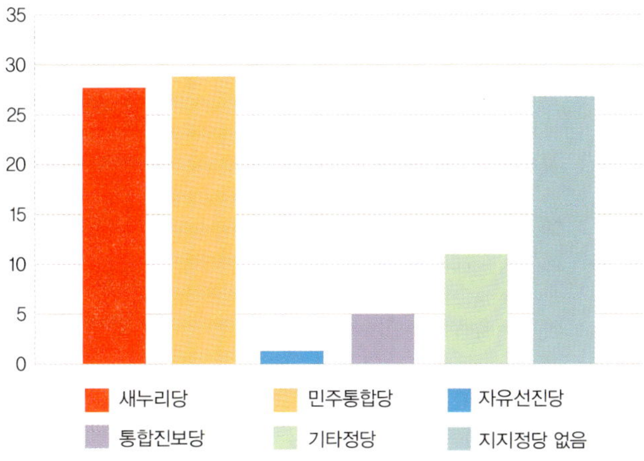

출처: 〈동아일보〉 2012.3.30.

는 새로운 세력이라고 주장하였다(조화순, 2010a).

다중은 인터넷과 SNS를 무기로 다양한 형태의 비제도적 참여를 확대하고 있다. 시민사회의 다양한 요구와 어젠다들이 기존에 존재하는 정치적 중간매개체를 통해서는 더 이상 사회 전반의 다양한 갈등과 균열에 처방을 제시하지 못하게 되면서, 기존 정치 매개수단을 우회하는 정치참여의 모습이 빈번하게 나타나고 있다. 인터넷 커뮤니티를 통해 평상시에는 일상적 관심사를 공유하다가, 사회적 이슈가 나타나면 공적 어젠다에 대한 의사를 표현한다. 참여형태도 과거에는 길거리 시위가 시민 참여의 전형적 패턴이었다면 현재의 시민참여는 재미있는 놀이처럼 이루어진다. 시민사회 동원의 주체 역시 위계적 조직에 기반을 둔 시민단체보다는 자신의 관심사에 따라 움직이는 분절된 행위자로서의 개인들로 변화하고 있으며 이들의 역할을 통해 공적인 어젠다에 대한 참여가 이루어진다.

2) 거대 이념담론에서 생활정치로

SNS를 활용한 시민참여의 특징은 개인들이 평상시에는 사회적인 이슈나 사건들에 무관심하고 결속력이 약한 것처럼 보이나 관심을 갖는 이슈를 발견하면 적극적이고 열성적으로 참여한다는 것이다. SNS를 사용하면서 지극히 일상적이고 개인적인 시민의 삶과 사회적이고 정치적인 삶을 뚜렷이 구분하기 어려워졌다. 너무나 사소하고 일상적인 삶의 영역이 친구들은 물론 만난 적도 없는 사람들에게까지 공유된다. 그런가 하면 사회적 이슈가 널리 공유되면서 과거에는 거창하게만 여겨졌던 이슈들이 일상적으로 논의된다.

네트워크를 통해 시민사회 내에서 기존의 정치적 담론에서 다루어지지 않았던 정치이슈들이 제시되고 있다. 이것은 1970년대 이후 서유럽에서 새로운 정치적 이슈의 부상과 함께 등장한 신 사회운동(*new social movement*)에 비견할 만하다. 신 사회운동은 환경운동, 반핵운동, 여성운동, 노동운동과 같이 다양한 형태로 진행되었는데 기성정당에서 수용하지 못한 이슈들이 시민단체를 중심으로 제기되었다. 한국 시민사회가 관심을 갖는 이슈들 역시 민주화, 민족주의와 같은 거대 담론에서 급식 문제, 등록금 문제 등 개인의 삶과 직접적으로 연결된 정책들로 변화하고 있다.

장승진(2012)은 19대 총선을 앞두고 실시한 조사에서 유권자들은 가장 중요한 이슈로서 일자리 창출 및 비정규직 문제해결, 경제성장 및 국가경쟁력 강화, 재벌개혁 및 서민경제 활성화, 교육개혁 및 등록금문제 해결, 양극화 해소 및 복지확대 순을 꼽는다는 것을 확인했다. 이에 비해 국가안보 강화, 정치적 민주주의 확대, 남북관계 개선 등은 상대적으로 낮은 비율을 차지함으로써 고용, 물가, 교육, 복지 등이 새로운 정치적 이슈로서 등장했음을 보여준다. 실제로 다양한 정치적 이슈가 증가하는 경향을 보이며, 계급 중심의 경쟁을 대변하는 가장 중요한 이슈인 거시경제에 대한 논쟁이 정치적 어젠다에서 차지하는 비중이 점점 감소하고 있다. 대형할인점에서 판매하는 '통큰 치킨'에 대한 논란이나 블로그・소셜미디어를 통해 공정무역제품을 소비하는 정치적 소비자운동 등은 기존의 정당정치

〈그림 5-3〉 유권자들의 19대 총선에서의 이슈조사 (장승진, 2012)

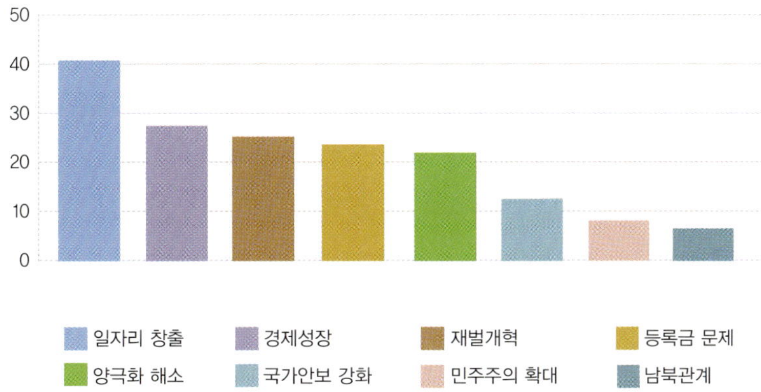

에서는 다루기 어려운 생활이슈로, 소셜미디어가 없었다면 상상하기 어려운 현상들이다.

시민들은 자신들의 삶을 직접적으로 개선할 수 있는 정치를 원한다. 비정치적 공동체를 통해 관심이 가는 이슈에 참여하는 '생활정치'(*life politics*)의 시대가 온 것이다. 생활정치는 전통적 의미의 정당이나 국가를 향한 정치적 행동이 아니라 특정 이슈를 중심으로 이루어진다. '생활 밀착형 정책'에 관한 정치를 의미하는 생활정치는 정치・사회 엘리트들을 중심으로 일방적으로 이루어졌던 기존의 정치와 달리 아래로부터의 요구를 반영한다. 또한 복지와 환경, 여성, 고용문제 등에 대한 다양한 이슈에 대한 참여와 자치를 통해 소통과 공공성을 강화함으로써 삶의 질을 향상시키고자 한다. 그동안 시민단체들이 주도적 역할을 했던 어젠다가 아니라 개개인 행위자들의 어젠다가 네트워크를 통해 결집되고 논의되는 것이다(조화순, 2012).

생활정치의 등장은 권위주의와 싸우면서 자유와 민주주의를 실현해나갔던 기성세대와는 달리 태어나면서부터 완전히 다른 방식으로 민주주의를 체득한 디지털 세대의 등장을 통해 더욱 가속화된다. 디지털 세대에게 전통적 정치를 거부하는 것은 새로운 자유를 탐색하는 한 과정이며, 그 결과로 이들이 추구하는 새로운 형태의 정치는 자기실현의 생활정치라고 할 수 있다. 디지털 세대는 의도적으로 기성 정치과정에의 참여를 거부하며, 자신들만의 새로운 정치영역에서의 활동을 강화하고 있다. 2011년 서울시장 선거 출구조사 결과 20대의 67%, 30대의 76%가 무소속 박원순 후보를 지지한 것으로 나타나 정치변화에 대한 유권자들의 갈망을 읽을 수 있었다. 이들 젊은 세대의 참여의식 폭발은 보수 혹은 진보의 이념이 아니라 생활의 문제에 기반을 둔 참여라 할 수 있다.

물론 최근 한국의 정치는 다른 여러 유럽 국가들과 마찬가지로 개별 이슈들의 중요성이 커지면서 점차 이슈경쟁으로 변화하는 모습을 보인다. 주요 정당들은 19대 총선에서 일자리 창출, 의료비 부담완화, 학교폭력 해결, 무상보육, 반값 등록금, 비정규직문제 해결과 같은 정책을 주요 공약으로 내세우며 복지문제로 그 관심을 넓히는 모습을 보여주기도 했다. 그런데 문제는 기존의 정당정치로는 이러한 이슈들에 적절하게 대응하는 것이 불가능하다는 것이다. 생활정치는 기존 정당의 중앙집권적 방식으로는 관리가 불가능하기 때문에 보다 개방적 접근이 필요하다.

3) 선거와 정치적 결정방식의 변화

선거운동 양식의 변화도 정당의 변화에 직접적 영향을 미쳤다. SNS가 선거운동에서 핵심적 역할을 차지하게 되면서 당의 하부조직과 당원들이 직접 수행했던 대중정당 특유의 선거운동 방식의 효율성에 대해 의문이 제기되기 시작했다. 과거의 선거운동은 엄청난 자본을 필요로 하는 자본집약적 성격을 띠었다. 실제로 정당의 총지출에서 선거비용이 압도적 비율을 차지하며, 당선확률과 선거비용이 비례하는 경우가 많기 때문에 자금동원에 불리한 입장인 군소정당이나 신생정당이 제도화된 정당체계에 진입하는 것은 쉽지 않았다. 그런데 SNS는 소수당이나 정치신인들이 열세를 극복하는 자원으로 활용되는 '동원효과'(*mobilization effect*)를 가진다.

정치인들은 자신의 이미지를 홍보하고 광범위한 대중의 참여를 독려하는 전략에 SNS를 적극적으로 활용한다. 정당은 참여를 활성화시키기 위해서 정치 자체를 더욱 매력적으로 느껴질 수 있도록 변화시키는 전략을 사용한다. 정당보다 후보자 개인의 인기도와 역량 등의 중요성이 커지면서, 정치인들은 유명 연예인과 함께 캠페인을 진행하거나, 음악 콘서트에 참여해 연설하는 등의 방식을 동원하여 정치를 더욱 매력적인 것으로 선전하고 있다.

미국의 오바마가 인터넷과 같은 새로운 미디어를 동원해 선거에서 승리했다는 사실이 알려지면서 정당정치에 네트워크의 활용은 필수적인 요소로 자리 잡았다. 2008년 미국 대선에서 SNS는 매우 중요한 캠페인 도구였다. 오바마는 SNS 상의 지지자들을 서로 연결하고 거주지별 혹은 관심사별 커뮤니티를 조직한 후 오프라인에서의 지지 활동으로 이끌어내는 전략을 사용해 선거에 승리하였다. 오바마는 공식 선거운동 웹사이트인 'MyBo'를 개설하고 여기서 다양한 온라인 선거운동을 전개하였다. 특히 주목할 만한 것은 선거캠페인이 후보자나 선거본부가 일방적으로 유권자에게 전달하는 방식으로 진행된 것이 아니라 지지자들이 자발적으로 선거운동을 전개하도록 했다는 것이다.

깁슨(Gibson, 2009)은 아이폰 애플리케이션인 '콜 프렌즈'(*call friends*)가 지지자들의 휴대전화를 개인적인 선거캠페인 도구로 전환시켰다고 설명한다. 지지자들의 전화 속 주소록이 이들이 전화해서 오바마에게 투표하도록 독려할 사람들의 명부가 된 것이다. 오바마의 선거캠프에서 운영한 웹 사이트 외에 다른 사이트들도 다양한 방식으로 오바마 지지자들이 자발적으로 지지운동을 벌일 수 있는 캠페인 도구로 이용되었다. 유튜브(YouTube)에서는 오바마 자신뿐 아니라 '오바마걸'(*Obama girl*)과 같은 지원자들이 직접 동영상을 제작하여 올렸고, 수많은 사람들이 이를 보았다. '보터-보터'(*Voter-Voter*)는 개인이 직접 정치광고를 만들고, 목표로 하는 대상을 설정한 뒤에 지역 TV 광고에 내보낼 수 있게 하는 사이트이다. 오바마 캠페인은 새로운 미디어가 단절된 시민-국가 사이의 관계를 회복하는 데 유용한 도구가 될 수 있는 가능성이 있음을 보여주었다. 이는 한마디로 "시민선거운동"(*Citizen Campaigning*)이라고 정의할 수 있으며, 선거운동에서 일반 유권자들은 스스로 생산과 관리역할에 참여하는 것이 가능하게 되었다.

이러한 예는 선거가 당원 중심의 선거운동에서 네트워크를 활용한 선거운동으로 전환되었음을 의미한다. 선거전략에서 가장 중요한 부분은 지지자들을 효율적으로 연결하는 네트워크를 어떻게 형성하느냐 이다. SNS는 수많은 시민들을 끌어들이는 효율적 수단으로 떠올랐다. SNS로 유입된 정보는 순식간에 거대한 네트워크로 퍼져 나간다. 네트워크 선거운동의 특성은 유권자의 자기조직적 참여에 있다. 시민들은 정보를 공유하고 후보를 위한 모임과 돈을 만들고, 정치인과 직접 교류한다. 서울대 강원택 교수는 열성적인 당원과 당 하부의 조직을 선거운동의 기반으로 하는 운동방식은 더 이상 효과적이지 않으며 많은 대중적 지지를 획득하기 어렵다고 설명하기도 했다.

자기조직적 네트워크와 선거운동은 대의민주주의의 변화에 기여할 수 있다. 조직 차원에서 후보자나 선거운동 본부에 배타적으로 집중된 선거운동의 권한이 이러한 자원봉사자들의 자기조직적 네트워크를 통해 분산되는 결과를 가져오는 것이다. 특히 시민이 정당과 후보의 정치활동에 적극적으로 관여하는 풀뿌리 선거운동의 가능성이 나타나고 있다. 풀뿌리 정치활동이 시위와 같은 비정치적 형태가 아니라 선거라는 전통적 정치행위 안에서 발생하고 있다는 것은 기술과 사회의 변화에 의해 형성된 새로운 에너지가 기성 정치 안에 투영되고 있음을 보여주는 것이다.

시민의 의사를 결정하는 방식인 선거에서는 전자투표(*e-voting*) 혹은 전자투표를 위한 온라인 시스템의 이용으로 보다 편리하게 정치적 의사를 결정할 수 있게 되었다. 전자투표 혹은 온라인 전자 여론조사 같은 것은 이미 부분적으로 활발히 이용되고 있다. 또한 유권자가 자신의 정치적 가치와 선호에 부합하는 후보자를 선택할 수 있도록 도와주는 온라인 시스템도 활용되고 있다. 예를 들어 스위스에 기반을 둔 '스마트보트'(*smartvote*)는 일종의 전자투표를 위한 온라인 시스템으로서, 설문조사 결과를 바탕으로 개별 후보자들에 대한 포괄적인 정치적 프로파일을 작성하여 보유한다. 스마트보트는 동일한 설문을 통해 작성된 유권자의 정치적 프로파일을 후보자의 프로파일과 비교함으로써 유권자의 정치적 성향과 가장 잘 부합하는 후보자를 자동적으로 추천해준다.

스마트보트는 2003년 처음 시작된 이래로 후보자와 유권자 모두 이용률이 높다. 먼저 후보자의 경우 2003년 스위스 의회 선거에서 전체 후보자의 50.3%, 특히 당선자들 중에서는 69.5%가 이용했는데 2004년부터 2006년 사이의 지방선거에서는 이용률이 계속 증가해 2006년의 취리히 지방선거 등 몇몇 선거에서는 후보자 전원이 스마트보트를 이용하기도 했다. 유권자의 경우에도 실제로 투표한 유권자 중 스마트보트를 이용한 사람들의 비율이 2003년에는 11.7%였지만 이후 지방선거에서는 20%를 넘는 경우가 여러 차례 있었다(Fivaz & Schwarz, 2007). 이러한 다양한 정보통신 기제는 시민들의 정치적 지식을 높이고 의사결정 방식의 획기적인 변화를 가져올 수 있다.

소셜 네트워크와 정당의 변화

1) 정당 정체성의 약화

한국에서는 경제성장, 탈이념화와 더불어 오토 키르히하이머(Otto Kirchheimer)가 주장했던 유연한 정책목표, 포괄적 정치적 목표, 선거에서의 승리를 강조하는 포괄정당이 자리 잡아왔다. 포괄정당은 특정 집단과 계급을 초월하여 광범위한 유권자의 지지를 확보하는 것을 목표로 선거 중심의 활동을 전개하는 정당이다. 포괄정당은 후기 산업사회에서 분배나 안보와 같은 이슈의 중요성이 감소하고 탈(脫)물질주의적 가치관이 확산되면서 나타나기 시작했다.

일반적으로 포괄정당은 엘리트가 의사결정의 중심이 되는 하향식 구조를 지닌다. 한국의 정당들은 권력획득을 목표로 조직되기보다는 이미 권력을 획득한 집단이 통치수단으로서 창당한 경우가 더 많았다. 정당은 이들이 대통령 선거에서 활용하기 위한 사조직에 가까운 집단으로, 한국의 정당정치에 당원의 정치적 역할은 제한적이었던 것이다. 연세대 신명순 교수는 한국의 정당은 형태상으로는 대중정당의 특성을 나타내고 있으나, 당원을 중심으로 하는 서구의 대중정당과는 많은 차이를 보인다고 주장하기도 했다. 즉, 한국의 정당은 "머리는 있으나 손과 발은 없는 기형적 당 조직"이라는 것이다. 이승만의 자유당은 그의 장기집권을 보장하기 위한 수단에 불과했으며, 박정희의 민주공화당도 외형적으로는 대중정당의 구조를 가지고 있으나 실질적으로는 지도부의 명령이 하향식으로 전달되고 당원의 역할은 미미한 수준에 불과했다. 민주화 이후에도 정당 내부적으로는 권위주의 시대의 정당구조가 큰 변화 없이 유지되었다. 특정 인물을 중심으로 한 정당 속에서 총재는 막강한 권한을 행사할 수 있었으며, 정당은 이들이 대통령 선거에서 활용하기 위한 사조직에 가까운 집단이었다.

대의제(代議制)의 기초는 선거에서 승리하기 위한 정당들 사이의 경쟁, 즉 정당경쟁(*party competition*)을 기반으로 한다. 과거 정당 간의 경쟁에서 가장 핵심이 되는 요소는 계급이었다. 정당은 사회 내의 다양한 계급을 대표하여 그들의 정치적 이익이 정책에 반영되도록 노력하였고, 정당은 각 계급의 구성원들과 계급투표(*class-voting*) 및 대중동원 기제를 통해 연결되어 있었다. 한국은 60년대 이후의 경제성장과 산업화 과정에서 제조업 종사 노동자가 급증하고, 농어민의 수가 크게 감소하면서 계급정치가 등장할 수 있는 환경이 만들어졌지만, 계급균열은 한국 정당정치의 중심에는 등장하지 못했다. 노동운동은 1987년 민주화에 적지 않은 기여를 했음에도 불구하고 이후에는 오히려 위축되었고, 노동정당으로 확고하게 자리 잡지도 못했다.

1980년대 이후 선거결과를 분석하면, 노동자 계급이 보수여당을 지지하거나, 자본가 계급이 상대적으로 더 진보적인 야당을 지지하는 경향이 나타나는 등 계급균열이 정당정치를 규정하고 있다는 일관된 증거가 존재하지 않는다. 성균관대 마인섭 교수는 이러한 현상이 계급균열이 한국사회에서 지배적 영향력을 갖는 지역균열에 의해 억눌려버렸기 때문에 나타났을 가능성이 있으며, 이외에도 억압적인 노동정책, 노동조직의 전략적 실패, 서비스 산업의 급속한 성장과 탈물질주의의 영향일 수도 있다고 분석했다.

이런 상황에서 SNS의 발달은 기존의 정당 정체성의 한계를 더욱 가속화할 전망이다. 한국의 정당은 이미 계급을 중심으로 하는 정당경쟁이 아니라 이슈경쟁으로 전환하는 변화를 보이고 있다. 이슈 경쟁 체제에서는 특정 정당이 특정 이슈에 대해 독점적 관련성을 가지며, 이러한 이슈들을 선점하거나 이슈에 대한 유권자들의 관심을 유도하기 위한 경쟁이 벌어지게 된다. 정당경쟁의 전환은 정당의 정치적 어젠다의 변화양상을 통해서 파악할 수 있다. 계급을 기반으로 한 정당경쟁 구도에서 정치적 어젠다는 거시경제 차원에서의 계급적 이익과 관련된 협소하고 고정된 범위에 머물러 있었다. 그러나 이슈 경쟁의 관점에서 정당의 정치적 어젠다는 광범위하고, 정당경쟁의 결과에 따라 쉽게 변화할 수 있는 것들이다(Green-Pedersen, 2006).

2) 이슈정당의 출현

일본 와세다대학의 오카자와 노리오(岡澤憲芙) 교수는 정당이 유권자의 지지를 획득하기 위해서는 시민사회에서 표출하는 신호(*signal*)를 정확하게 수신할 수 있어야 한다고 말했다. 정당이 유권자의 선호를 파악할 수 있는 지표 중 하나가 여론이다. 미국의 정치학자 키이(V. O. Key)는 여론을 "정부가 경청하는 것이 현명하다고 판단되는 개개인들이 견지하는 견해"라고 정의했다. 그러나 여론은 고정된 것이 아니며, 특정 정치상황이나 쟁점에 따라 언제든지 변할 수 있다. 게다가 사회 구성원 중에는 쟁점에 대한 견해를 표출하지 않는 집단도 존재하기 때문에 여론이 사회 전체의 생각을 반영하는 것도 아니다. 정당은 여론의 선호도와 강도(*intensity*)를 적절히 고려해 진정한 국민의 선호를 파악할 수 있어야 한다.

그런데 사회 구성원으로서의 개인과 국가를 매개하는 역할을 담당하는 정당의 역할은 약화되고 있다. 정당은 다양한 이익을 집약하는 과정에서 우선순위를 정하고 정치과정에 반영하는 데 한계를 가진다. 정당의 아날로그 조직력은 SNS를 통한 '네트워크 시민'과 만날 때 변화가 불가피할 것이다. 이 때문에 최근 다양한 이슈를 중심으로 이익집약을 수행하는 이슈정당 등 여러 형태의 정치조직화가 나타난다. 시민들은 정치적 의사를 표현하며 스스로를 조직화한다. 사이버공간을 기반으로 하는 이슈그룹이나 시민단체, 네트워크 기반 정당 등 새로운 정치조직들이 탄생하고 있다.

〈그림 5-4〉 세계 해적당 활동지역

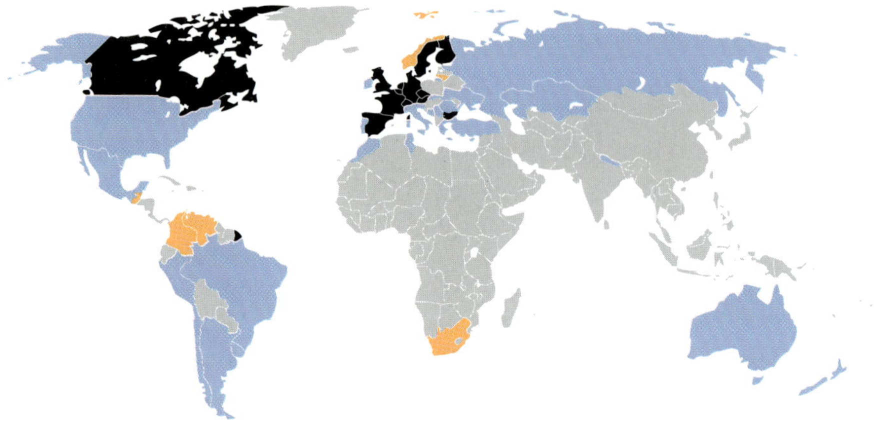

출처: http://www.mediaus.co.kr/news/articleView.html?idxno = 21577

스웨덴에서는 2006년 '해적당'이 결성되어 인터넷 이용자의 권리를 침해하는 지적 재산권의 개혁을 주장하며 정치세력으로 떠올랐다. 해적당은 기존 정당처럼 TV 토론이나 매스미디어를 활용하지 못했지만, 블로그·동영상·SNS를 통한 선거운동으로 스웨덴에서 세 번째로 큰 정당이 되었다. 네트워크 정당이자 단일의제 정당(*single issue party*)이라 할 수 있는 해적당은 2005년 7월의 스웨덴 저작권법 개정안 이후 2006년 1월 1일 리카르드 폭빈지(Rickard Falkvinge)가 홈페이지를 오픈하면서 창당했다. 그는 이 홈페이지에서 지적 재산권을 제한하고 프라이버시를 보호할 수 있는 새로운 정당을 위한 서명운동을 제안했는데 이틀 동안 3백만 건의 접속이 있었고 하루 만에 2천 명 이상의 서명을 받아냈다. 2006년 9월 해적당은 총선에 후보를 배출하였으며 0.63%의 득표율을 기록하여 스웨덴에서 세 번째로 큰 원외 정당이 되었다. 2008년에는 당원 수에서 녹색당을 추월하기에 이르렀으며, 2009년 6월 유럽의회 선거에서는 7.13%로 득표율이 급상승하였다.

해적당의 움직임은 독일, 오스트리아, 스페인으로 확산되었고 그 과정에서 크리스티안 엥스트룀(Christian Engström)과 아멜리아 안데르스도테르(Amelia Andersdotter) 등 2명이 유럽의회 의원으로 선출되었다. 선거운동 과정에서 해적당은 기존 정당의 몫이었던 TV 토론이나 매스미디어를 활용한 선거운동에 참여할 수 없었다. 그 대신 작은 규모의 토론을 자주 벌이고, 유튜브에 동영상을 올려 해적당의 취지를 알리는 선거운동을 했다.

2009년 10월 브뤼셀에서 열린 해적당 국제모임에서 '해적당 인터내셔널'(www.pp-international.net)이 결성되었는데, 유럽의 19개국, 미국, 브라질 등 22개국에서 해적당이 창당되었고, 2010년 10월에는 전 세계 47개국에서 활동하게 되었다. 해적당은 독일 지방선거에서도 2석을 차지하였으며, 우리나라의 경우 정보공유연대와 진보넷이 참여하여 '인터넷 주인 찾기 네트워크'(ournet.kr)를 통해 활동에 동참하고 있다.

시민은 SNS를 통해 정당이 강요하는 양자택일적 정책과 대안에 무기력하게 대응하기보다는 특정 이슈에 대해 반응을 보이고 의제를 설정한다. 이슈정당의 등장과 더불어 지지정당도 보다 다양해지고 있다. 예를 들어 한국의 4·11 총선에 나타난 정당 득표율을 살펴보면 약 7%가 군소정당을 지지하였다. 이 투표율은 대안 정당들을 생존시키지는 못했지만 유권자들이 적극적으로 정치적 의사를 표현하며 대안을 모색했다는 것을 의미한다. 기독자유민주당, 녹색당, 국민생각, 창조한국당, 청년당 등의 정당은 정당 존속요건인 2% 득표율을 넘지 못해 사라졌지만 대안세력을 찾는 유권자가 이 정도로 결집했다는 점에서 무시할 수 없는 의미를 가진다. 시민들은 기회가 주어지면 보다 적극적으로 대안 정당을 찾거나 박원순 후보와 같은 대안을 모색할 것이다.

3) 당원 조직의 약화

근대 정치의 근간이 된 정당의 제도적 기반에도 변화가 일어나고 있다. 먼저 정당제도의 근간인 당원의 유지와 유지방식에 변화가 나타난다. 사회적으로도 집단 정체성보다는 개인의 다양성을 존중하는 기류가 확대되면서 계급사회가 해체되고, 개개인의 정당 일체감도 약화되었다. 중앙선거관리위원회에 따르면 2009년 현재 정당에 등록한 당원은 총 4백만 명 정도로, 이는 전체 인구 대비 8.3%에 해당한다. 이는 상대적으로 정당조직률이 높은 것으로 알려진 유럽 국가들과 비교할 때 크게 낮은 수준은 아니지만, 당비를 납부하는 실질적 당원들의 조직률을 보면 2009년 현재 당원 수 대비 8.0%, 인구 수 대비 0.7%, 유권자 수 대비 0.9%로 상당히 저조한 수치이다. 한국의 정당이 가입 당원 수에 비해 당비 납부비율이 저조한 원인은 당원의 가입동기에서 찾아볼 수 있다. 2007년 한국정당학회에서 실시한 당원의 정당 가입시 고려대상에 대한 설문에서 상당수의 응답자가 지지자의 당선이라고 답했으며, 정책실현이나 지지정당과의 일체감과 관련된 항목을 선택한 응답자의 수는 이보다 낮게 나타나고 있다.

한국 정당의 의사결정구조에서도 당원이 차지하는 비중은 크지 않다. 당원들을 대상으로 한 한국정당학회의 2008년 설문조사에서 "정당의 의사결정에 얼마나 영향을 주고 있느냐"는 질문에서 영향을 주고 있다는 응답은 20.4% 불과했다. 보통이라는 응답이 51.3%이기 때문에 단정적으로 말하기는 어렵지만, 당원의 영향력이 서구의 전통적인 대중정당에 비해서 그리 크지 않다는 것은 분명하다. 특히 2007년 설문조사에서 보다 직접으로 "정당의 정책결정 권한이 누구에게 있느냐"고 물었을 때는 고위 당직자와 국회의원이라는 응답이 71.5%에 달했다.

재정적 측면에서도 SNS의 발달은 당원이 자발적으로 내는 당비보다는 기부나 후원금, 국고보조금에 크게 의존하는 형태를 더욱 가속화할 것이다. 2011년 10월 서울시장 재선거에 입후보한 박원순 후보는 펀드라는 형태로 인터넷에서 후원금을 모금하는 방식을 선보였다. 이것은 기존의 일방적인 후원방식이 아니라 1인당 10만 원 이상의 후원금을 기부하고 선거 두 달 후 3.58%의 이자와 함께 반환받는 투자성격의 모금방식이다. 인터넷 사이트 '원순닷컴'(www.wonsoon.com)에서 진행된 모금은 네트워크를 통해 지지자들의 참여를 유도하였고 모금 시작 52시간 만에 7,211명이 참가하여 목표금액 38억 5천만 원을 상회하는 45억 2,300만원을 모금하는 데 성공하였다.

미국에서도 당비와는 다른 형태의 정당유지 비용의 조달이 이루어진다. 기부금 모금운동에서 오바마는 인터넷을 통해 기록적인 액수를 모금할 수 있었는데, 그 액수보다 더욱 놀라운 것은 3백만 명에 가까운 사람들이 1인당 약 80달러를 기부하였다는 것이다. 이는 정치적으로 밀접한 네트워크를 지닌 소수의 고액 기부자들이 중요한 역할을 했던 이전의 모금과는 다른, 다수 시민들의 적극적 참여에 의한 결과라는 의미를 지녔다(Gibson, 2009). 정치인들은 유튜브나 SNS 같은 상호작용이 가능한 채널을 통해 콘텐츠를 다양하게 제공하는 한편, 지지자들을 하나로 연결하고 선거자금을 모은다.

또한 정당제도는 정당이 예비선거(*primary*)를 통해 문호를 확대하면서 변화가 더욱 가속화되고 있다. 전자투표나 인터넷을 활용해 당원과 일반 국민이 참여하는 시민 예선, 이른바 '오픈 프라이머리'가 이루어진다. 17대 대통령 선거에서 한나라당은 대통령 후보를 뽑는 과정에서 국민참여 선거인단을 구성하여 경선을 실시하였다. 당선자 결정은 국민참여 선거인단의 유효투표 결과를 80%, 일반 여론조사 결과를 20%의 비율로 반영하여 산정한 집계의 최다득표자로 결정하는 방식이었다. 대통합민주신당은 국민 여론조사와 선거인단 여론조사를 병행하여 대통령 후보를 선정하였다.

오픈 프라이머리는 개인적 인지도가 높은 외부 후보를 당내 경선에 참여시켜 선거에 대한 관심을 유도할 수 있다는 점에서 선거에 활발하게 이용될 가능성이 높다. 오픈 프라이머리는 2011년 10월 프랑스 사회당의 대선 후보를 뽑는 선거과정에서도 채택됐다. 오픈 프라이머리에 대해서 일부 학자들은 이 제도가 당 지도부와 거대정파가 당을 일방적으로 통제하는 것을 방지하고 민심을 정확하게 반영할 수 있는 장점이 있다고 지적한다. 반면 오픈 프라이머리는 당의 정책이 아니라 국민의 대중적 인기에 영합하는 후보를 선출하여 정당정치의 본질을 훼손하고 막대한 선거비용을 유발할 가능성 역시 존재한다. 2012년 4·11 총선에서처럼 여론조사가 보다 용이해지면서 각 정당의 후보경선 등에서 여론조사가 더욱 빈번하게 사용될 수 있다. 물론 여론조사에 대해서 전문가들은 선진국에서는 후보자 결정에 여론조사를 사용하는 경우가 거의 없으며 선거에서 여론조사를 위해 사용하는 모바일투표는 신뢰도에 문제가 있다고 지적한다.

정치적 현안이나 공공문제 등에 대한 관심과 지각, 해석, 표현을 가능하게 하는 SNS는 대중의 정치참여를 증가시키는 데 중요한 역할을 담당하고 있다. SNS의 대중화 이후 서비스 이용자 간 혹은 정치인과 유권자 간에 개개인의 사이버 인맥을 중심으로 한 담론이 형성되고 대화가 이루어지고 있다. 블로그와 트위터는 온라인 공론장을 확대할 뿐만 아니라, 오프라인 공론장들과 연결을 강화하는 데 기여한다.

그런데 시민사회의 분화와 비제도적 차원의 참여는 증가하는 데 비해, 정당과 같은 기존의 중간매개체를 통해 이해관계를 통합·조정하는 대의제는 한계를 보인다. SNS를 이용해 시민들은 새로운 이슈를 제기하고 있지만 이를 정치의 장으로 편입해 해결하는 이익집약의 기능은 정작 수행하지 못하고 있다.

1) 참여의 불균형과 정치적 편향성

전문가들은 한국에서 진정한 의미의 정당정치가 존재하지 않았다고 주장한다. 한국인은 전통적으로 정치에 대해 합리적이고 이성적인 접근보다는 비합리적이고 감성적인 접근을 취했다. 1950, 60년대 정당정치의 행태가 여전하고 정책적 대결이 아닌 지역감정에 의존하는 등 정치적 이합집산과 유권자의 태도는 별로 달라지지 않았다. 이러한 정치문화에서는 SNS를 통해 합리적 소통이 이루어지기보다는 인지적 동원에 의존하는 선거캠페인과 투표가 이루어질 가능성이 높다.

시민 개개인이 참여하는 이슈가 제도정치에 수용되기 위해서는 시민이 조직화되고 참여를 조직화할 조건들, 즉 적절한 전략이 중요한 역할을 수행할 것이다. 2000년대 초 한국의 시민단체들은 낙천낙선운동과 같이 사회가 관심을 가진 이슈들을 개발하고 이를 결집시키는 데 영향력을 행사하면서 정당이 수행하지 못한 이익집약의 기능을 수행했다. 그런데 서울시장 선거에서 시민후보인 박원순 후보가 시장으로 당선되기는 했지만 이후 정당을 대신할 만한 대안적 조직이 시민사회 내에서 높은 호응을 얻고 있지는 못하다. 즉, 새로운 정치적 이슈들이 대두되고 있지만, 시민단체들은 이러한 이슈들을 조직화하고 역량을 결집하여 대의제의 대안적 운영 주체로 기능하는 대안조직으로 발전되는 수준까지는 이르지 못하고 있다.

SNS와 정치변화의 가능성에 대한 부정적 시각들은 우리 사회의 다양한 시각을 소셜미디어가 반영하지 못하고 있다고 주장한다. 이른바 SNS의 '진보편향 가설'은 소셜미디어의 특징이 진보적 성향 시민들의 정치활동에 의해 지배되고 있으며 이 경우 전체 국민들의 의견을 반영하기보다는 왜곡된 여론의 형성을 유발할 수 있다는 것이다. 한국에서 SNS는 진보의 네트워크로, 진보후보가 SNS의 더욱 큰 수혜자가 될 가능성이 높다. 시민사회를 대표하는 정치세력의 부상이 한국 정당정치의 문제점을 개선하는 것처럼 보이지만 인물중심으로 정치적 네트워크를 만드는 구조라면 큰 변화를 기대하기 어렵다. 네트워크상에서 일부 집중적인 영향력을 가진 이용자들은 정치적 책임성을 가진 행위자가 아니기 때문에 정당의 약화를 가져올 수 있다.

한편, SNS는 한국정치의 '이미지 정치'적 성격과 맞물리면서 국민의 정치적 판단을 왜곡시키는 정치적 선동의 도구가 될 가능성도 내포한다. 실제로 선거기간 동안 흑색선전이나 잘못된 정보를 바탕으로 여론이 조성되고 인물에 대한 평가가 이루어지는 경향이 컸다. 2011년 서울시장 선거에서 나경원 후보의 1억 원 피부과 이용설, 김용민의 막말 등이 선거승리의 당락을 결정하는 변수가 되었다.

오픈 프라이머리 방식이 정당후보의 선출에 이용되면서 인물 중심의 선거운동이 강화될 전망이다. 후보의 호감도와 정치적 메시지가 기존의 당 조직과 당원 동원력보다 중요해진다. 선거캠페인도 각 후보의 직접적인 시민접촉과 홍보에 의해 좌우된다. 이러한 경향은 후보자 중심의 인기에 기반을 둔 한국정치를 더욱 악화시킬 것이다. 한국은 선진국에 비해 초선의원의 비율이 상당히 높다. 한국의 초선의원 비율은 18대 44.8%에서 19대 49.3%로 증가하였다. 이는 지난 50~60년간 평균 90% 이상의 하원의원 재선율을 보이는 미국정치와 비교할 때 상당히 높은 것으로 한국정치가 전문성과 독립적인 정치적 판단을 가진 정치인을 바탕으로 발전할 가능성을 저해할 수 있다.

2) 정치적 안정성의 문제

정치발전을 위해서는 정치적 선호와 이익을 결집하는 기능의 제도화가 필요하다. 미국의 정치학자 새뮤얼 헌팅턴(Samuel Huntington)은 제도화를 "조직이나 절차가 대중들로부터 가치와 안정성을 얻어가는 과정"으로 정의하며 안정적인 정치의 수행을 위해서는 정당의 제도화가 필요하다고 본다. 즉, 제도화와 안정성은 민주주의의 지속성이나 안정을 판단할 수 있는 지표로서 중요시되고 있다. 정당체계의 제도화와 안정성이라는 관점에서 볼 때, 한국의 정당체계는 기형적인 양태를 보였다. 한국 정당체계에서 한 정당이 몇 번의 선거를 치르는 동안 계속 생존하는 경우는 드물다. 문제는, 이러한 정당의 유동화가 사회적 변화나 유권자들의 정치적 선호의 변동에 의한 결과가 아니라 정치 엘리트들의 이합집산의 결과로 나타난 것이라는 데 있다. 즉, 한국의 정당체계는 안정적 제도화의 길을 밟지 못하고, 특정 정치 지도자를 중심으로 통합과 분리를 거듭한 것이다. 한편으로 한국 정당들은 외형적으로 분당과 합당, 당명 변경을 거듭하면서 지속적인 변화를 거친 것처럼 보이지만, 실상은 권위주의 시기부터 존재했던 여당과 야당의 계승정당으로 정당의 지도자, 정책지향점, 조직적 특성 등의 본질적 부분에서는 큰 변화 없이 이어졌다.

다시 말해, 한국의 정당체계는 제도적으로 충분히 공고화되지 못한 반면, 권위주의 시대부터 이어져온 계승정당들이 독과점 체제를 구성함으로써 폐쇄적 정당체계를 형성하고 있다. 이러한 폐쇄성은 정당이 새로이 떠오르는 정치적 이슈에 유연하게 대응하는 것을 어렵게 해 시민의 고양된 정치적 관심을 충족시키는 데 장해가 된다. 중앙대 장훈 교수는 한국정당사에서 새로이 생겨난 정당들은 정당체계 내에 제도화된 행위자로서의 입지를 확보하지 못했다고 지적하며, 이는 한국의 정치적 토양이 새로운 정치운동과 정치적 세력이 제도정치권에 진입하는 것을 용인하지 않는 폐쇄성을 가지기 때문이라고 설명한다.

한국의 폐쇄적 정당체계는 불균등한 국고 보조금 지급 정책, 자본집약적 선거운동 방식, 기존 거대정당에 의한 커뮤니케이션 통로의 점유로 인해 더욱 고착화되고 있다. 일례로 국고 보조금은 애초에 기업이 정당자금의 상당 부분을 담당하면서 나타났던 정경유착의 고리를 끊고, 투명성을 제고하기 위해 시행되었다. 그러나 지급기준이 소속의원으로 교섭단체를 구성한 정당에 대해 50%를 정당별로 분할 지급하고, 이러한 기준에 해당하지 않는 정당 중 5석 이상의 의석을 얻은 정당은 5%를 지급하며, 그 외 정당 중 특정 기준을 만족하는 정당은 2%를 지급하도록 되어 있다. 그리고 지급액을 제외한 잔여분의 50%는 총선거에서 정당별 득표율에 비례하여 배분하도록 규정하고 있다. 이는 여당과 제 1야당에게 유리하기 때문에 기존의 정당체계 유지에 유리한 반면, 신생 정당의 진입에는 장벽으로 작용하고 있다.

3) 온라인의 배타주의와 양극화

양극화와 거짓정보 전파력은 SNS의 문제점으로 지적되고 있다. SNS가 많이 사용되고 있지만 국회의원들 사이에서 중도가 줄어들고 보수 또는 진보가 증가할 뿐만 아니라 시간이 지나면서 보수와 진보 사이의 이념적 거리도 계속 벌어지고 있다. 이내영(2011)은 국회의원의 정당별 이념성향을 가장 진보적인 0점과 가장 보수적인 10점 사이의 스펙트럼에 표시했는데, 16대 국회에서 민주당은 4.03, 한나라당은 5.4, 자민련은 6.36으로 양대 정당인 한나라당과 민주당 사이의 차이는 1.37에 불과했다. 그러나 17대에서는 민주노동당 0.8, 열린우리당 3.5, 민주당 3.9, 한나라당 5.4로 열린우리당의 진보 쪽으로의 이동이 나타났으며, 그 결과 한나라당과의 차이는 1.9로 벌어졌고, 18대에서는 민노당 1.4, 통합민주당 4.4, 한나라당 및 친박연대 6.0, 자유선진당 6.2로 여당과 제 1 야당 사이의 거리가 1.6으로 17대보다는 줄어들었지만 16대에 비해 여전히 큰 이념적 거리가 유지되고 있다.

이런 점에서 SNS가 진정한 의미의 공론장을 형성하여 시민들이 다양한 의견을 개진하고, 토론하며, 이에 대한 숙의를 통하여 올바른 정치적 판단을 내릴 기회를 제공할 수 있는가는 논쟁거리이다. 부정적 입장 중 하나는 SNS를 통한 교류는 자신과 유사한 성향을 가진 사람들에게 국한되기 때문에 '고립된 숙의'(*enclave deliberation*)에 불과하다는 것이다. 이는 기존의 견해와 부합하는 정보만을 선택하여 접근하는 '선택적 노출'과도 관계가 있다. 엄청난 양의 정보가 빠른 속도로 유통되면서 누구나 손쉽게 접근할 수 있는 반면, 정보의 정확성에 대한 검증이 쉽지 않은 인터넷과 SNS환경 속에서 정치 활동가들은 스스로에게 유리한 정보를 지지세력을 통해 빠르게 유통시키는데, 온라인 정치참여자들은 이러한 확실치 않은 편향된 정보를 선택적으로 수용하면서 이념적 극단화 과정을 겪게 될 확률이 높다. 이러한 현상은 미국의 SNS 활동에 적극적인 정치참여자들이 지지정당에 따라 유사한 이념성향을 가진 블로거들하고만 연결되어 편협하고 동질적인 커뮤니티를 형성하고 있다는 연구결과에서도 잘 드러난다. 흥미로운 것은 정파적 입장에서 소수의견을 가진 사람일수록 온라인 매체를 다양한 시각을 반영하며, 신속하게 정보를 전달하는 신뢰성 있는 매체로 인식하고 있다는 것이다. 이러한 양상은 블로그 이용자들에게 더욱 뚜렷하게 나타나는데, 자신과 유사한 이념적 성향을 가진 블로거들과 선택적 노출에 따른 폐쇄적인 정보공유 양상을 지속하면 정치적 양극화는 더욱 공고해질 수 있다.

정당의 매개 기능을 대신할 대안적 매개체 혹은 조직이 있는가의 문제에 답하는 것은 아직 시기상조이다. 아직 정보사회의 초입에서 여러 가지 권력구조 변동과 정당정치 변화의 가능성을 탐색하고 있는 수준이기 때문이다. 정당은 온라인 자원을 어떻게 활용할 수 있는가를 검토하는 도구적 차원에서 SNS의 활용 가능성에 관심을 가지고 있다. 네트워크화된 시민은 SNS를 통해 더욱 다양하고 다원화된 정치적 어젠다를 생산해낼 것이다. 당분간 정당을 대체할 만한 대리자가 나타나기보다는 시민사회가 조직하는 대안 조직체와 정당의 재편이 동시에 이루어질 가능성이 높다. 그리고 이들 네트워크는 기존의 정당 간, 시민 간, 정당과 시민 간의 정치적 기회구조를 반영하며, 편향적이고 양극화된 소통의 특징이 나타나고 있어 정보매체의 발전과 더불어 꿈꾸었던 직접민주주의의 이상 실현에 한계가 있다는 것이다.

참고문헌

이내영(2011), "한국사회 이념갈등의 원인: 국민들의 양극화인가, 정치엘리트들의 양극화인가." 〈한국정당학회보〉, 10(2).

장승진(2012), "19대 총선의 이슈와 유권자의 선택", 〈2012 한국정치학회 특별학술회의 '제19대 총선과 한국정치'〉 발표자료.

조화순(2010a), "이명박 정부의 인터넷 정치와 통치", 《이명박 정부의 국가관리》, 연세대 국가관리연구원(공저).

______(2010b), "집단지성의 정치: 지식패러다임의 변화와 민주주의의 가능성." 〈정보화정책〉, 17(4).

______(2012), "SNS와 한국사회의 정치변동", 조화순 편, 《소셜 네트워크와 정치변동》, 한울 아카데미.

Barker, Ernest(1942), *Reflection on Government*, London: Oxford University Press.

Fivaz, Jan and Daniel Schwarz(2007), "Nailing the Pudding to the Wall: E-Democracy as Catalyst for Transparency and Accountability." Paper presented at the International Conference on Direct Democracy in Latin America.

Gibson, Rachel K. (2009), "New Media and the Revitalisation of Politics." *Representation* 45(3), pp. 289~299.

Green-Pedersen, Christoffer(2006), "Long-term Changes in Danishi Party Politics: The Rise and Importance of Issue Competition." *Scandinavian Political Studies*, 29(3), pp. 219~235.

19대 국회의원 선거에서의 SNS 선거캠페인

제 6 장

이소영

들어가는말

다양한 차원에서 우리의 삶을 변화시키고 있는 SNS는 선거캠페인에도 큰 변화를 야기했다. 소통이 핵심요소인 대의민주주의 정치에서 SNS는 네트워크를 통해 후보자와 유권자 간의 직접적이고 활발한 소통을 가능하게 함으로써 후보자에 대한 관심과 선거과정에의 참여를 촉진하고 있다. 특히 지난 2011년 10·26 보궐선거와 민주통합당 형성과정에서 극대화되었던 SNS 효과를 경험한 정치권은 19대 국회의원 선거에 임하면서 SNS 캠페인을 적극 도입하였다.

1990년대 중반 이후 인터넷은 선거캠페인의 중요한 수단이 되었다. 특히 2002년 16대 대선에서 인터넷은 지지율에서 이회창 후보에 15% 이상 뒤지던 노무현 후보가 대통령으로 당선되는 데 결정적 역할을 한 것으로 평가된다. 2002년 대선 기간 동안 노사모 홈페이지의 일평균 접속자 수가 30만 명을 상회하고 게시판 파일의 조회 수도 일평균 200만 건을 넘어서면서 노무현 후보가 막판 뒤집기에 성공하자 인터넷이 선거에 미치는 영향력에 대한 관심이 증폭되었다. 그러나 UCC 등 인터넷이 다차원적으로 발전한 17대 대선과 18대 총선에서 오히려 인터넷 선거캠페인이 웹 2.0이라는 새로운 온라인 환경을 담아내지 못하고 그 효과가 미미하게 나타나자, 인터넷 선거캠페인의 무용론까지 제기되었다.

하지만 2008년 미국 대선에서 오바마 후보가 소셜 네트워크를 통한 혁신적 선거캠페인으로 승리를 거머쥔 후 온라인 선거캠페인의 정치적 역할과 전략적 가능성에 대한 관심이 다시 고조되기 시작하였다. 2008년 미 대선에서 주요한 역할을 하였던 트위터, 페이스북 등의 SNS가 우리 사회에서 급속히 확산되기 시작하면서 2010년 지방선거에서 최초로 SNS가 선거에 활용되기 시작하였다. 그중에서도 가장 활발히 선거캠페인에 활용되었던 기제는 트위터로, 후보들은 트위터를 통해 서로 메시지를 교환하고 공유하는 새로운 캠페인 형태를 선보였다. 유권자들도 트위터에서 정당과 후보자에 대한 지지와 반대를 표현하고 이를 확산하였으며 투표 당일에는 유명 연예인과 일반인들이 투표 인증샷을 트위터에 올리는 방식으로 선거참여를 독려하기도 하였다. 그러나 트위터 가입자 수가 65만 명 정도에 불과했던 당시의 이러한 움직임은 규모 면에서나 관심도 면에서 SNS가 선거에 의미 있는 영향을 미쳤다고 보기는 어렵다.

반면, 2011년의 두 차례 보궐선거에서는 소셜 네트워크의 영향력이 확대되어 실제로 선거결과에까지 영향을 미쳤다고 평가된다. 이들 선거 이후 SNS는 한국 사회에서 선거캠페인의 핵심기제로 자리 잡게 되었다. 특히 트위터는 사회적 이슈에 대해 즉각적인 토론이 가능하고 정보들이 순식간에 확대 재생산되는 경향이 있어 간편하고 신속한 정보의 소통을 원하는 젊은 세대들에게 크게 어필하고 있다. 이 때문에 정치적 담론을 생성하는 파워 트위터리언들 뿐만 아니라 정치인들도 캠페인 도구로서 트위터를 적극적으로 활용하고 있다. 소셜 네트워크의 역할이 극대화되었던 선거로 평가되는 10·26 서울시장 보궐선거를 위한 범야권 국민참여경선 참여율이 60%를 상회한 사실이나 이후 민주통합당 전당대회의 시민경선 참여자가 60만 명을 넘은 사실 등은 SNS를 이용한 소통이 한국의 선거 및 정치과정에 영향을 미친 대표적 사례들이다.

이러한 경험들에 바탕하여 우리 사회는 4·11 총선에서의 SNS의 영향력에 대해 큰 기대감을 가지게 되었고, 주요 이슈와 관련한 트위터에서의 활발한 소통은 이러한 기대를 더욱 증대시키는 요인이 되었다. 이 기대감은 대부분의 후보자로

하여금 SNS, 특히 트위터를 활용한 선거캠페인을 전개하도록 유도하였다. 그러나 선거 후 전문가들과 언론은 이번 총선에서 SNS의 영향력이 기대 이하였던 것으로 평가하고 있다.

SNS를 이용한 선거캠페인은 과거의 선거캠페인과 큰 차이를 보인다. 무엇보다도 복합적인 네트워킹을 바탕으로 하는 SNS 캠페인에서는 캠페인의 주체가 더 이상 후보자만이 아니라는 특징을 가진다. 트위터에서의 후보자의 메시지는 리트윗을 통해 순식간에 복잡한 네트워크 속으로 확산되고 재생산되며, 이렇게 재생산된 메시지들이 다시 캠페인을 담당하게 된다. 다시 말하면 SNS를 통해 캠페인 메시지를 생산하는 후보자들이나 그 메시지를 다시 재생산하여 리트윗하는 유권자들이나 후보자의 메시지에 대해 의견을 개진하는 개인이 모두 캠페인을 전개하는 주체라고 하겠다.

이 글에서는 선거과정에서 이렇게 다양한 주체들이 전개하는 SNS를 이용한 선거캠페인 중 특히 후보자들이 전개하는 SNS 캠페인의 특징과 효과를 19대 국회의원 선거를 중심으로 살펴보고자 한다. 이를 위해 먼저, SNS를 이용한 선거캠페인이 기존의 선거캠페인과 비교하여 어떠한 차이점이 있는지를 고찰하고 이러한 새로운 개념의 선거캠페인이 최근의 국내외 주요 선거들에서 어떻게 전개되었는지 살펴볼 것이다. 이를 바탕으로 4·11 총선의 SNS 선거캠페인의 효과와 한계를 논의하기로 하겠다.

SNS 선거캠페인과 기존 선거캠페인의 차이점

1) 유권자와 관계맺기를 통한 관여와 연대, 그리고 동원

선거캠페인은 후보자나 정당이 선거경쟁에서 승리하기 위해 인적, 물적 자원을 동원하여 유권자들의 지지를 유인, 획득, 유지하기 위한 모든 활동을 의미한다 (김용철·윤성이, 2005). 과거 선거캠페인은 후보자 및 정당에 대한 TV 또는 지면 광고나 홍보물 배부, 후보자나 정당의 TV 프로그램 출연을 통한 정책홍보, 유권자 방문 등의 형태로 이루어졌다. 하지만 인터넷이 발달하면서 선거캠페인의 형태는 크게 변화하였다. 인터넷은 쌍방향적인 정보의 흐름과 후보자와 유권자 간의 활발한 소통과 정서적 교감을 가능하게 했다. 장소와 시간의 제한 없이 후보자는 유권자와 소통할 수 있게 되었으며, 과거의 선거캠페인보다 훨씬 다양하면서도 저렴한 방식으로 캠페인을 전개할 수 있게 되었다.

슈나이더와 풋(Schneider & Foot, 2006)에 의하면, 온라인 캠페인은 그 전략적 목표에 따라 4단계로 구분되어 전개된다. 첫 번째는 홈페이지 등 인터넷 사이트를 통해 후보자가 유권자에게 자신의 정책과 기타 캠페인 정보를 '제공'(*informing*) 하는 단계이다. 두 번째는 '관여'(*involving*)의 단계로서 인터넷상에서의 상호작용을 통해 유권자들을 실제 캠페인 조직과 여러 가지 방법으로 상호작용하도록 만드는 전략적 단계이다. 세 번째 단계인 '연대'(*connecting*)는 인터넷 포럼의 개최나 블로그 개설 등을 통해 인터넷 사이트를 방문하는 유권자와 다른 집단이나 개인들을 연결시키는 것을 목표로 하는 단계이다. 마지막으로 '동원'(*mobilizing*)은 유권자들이 후보자 지지에 직접 참여하도록 하는 단계이다.

흔히 웹 1.0시대라고 명명되는 인터넷 초기 선거캠페인은 이 4단계 중 첫 번째 단계인 정보제공 위주로 캠페인을 전개하였다. 인터넷이 쌍방향적인 소통기제임에도 불구하고 여전히 정보의 흐름은 탑-다운의 방식으로서, 후보자가 정보의 주체가 되어 미디어 사용자들에게 캠페인 정보를 제공하는 위계적 네트워크 안에서 캠페인이 전개되었다(이소영, 2012). 인터넷을 통해 후보자와 유권자 간 상호작용적 소통이 가능한 형태였지만 그 관계의 망이 다차원적이지 않아서 인터넷 사이트 등을 이용한 선거캠페인은 오히려 양방향 네트워크의 기능을 망각한 채 유권자에게 정보 콘텐츠만 제공하는 또 하나의 기존 유형의 미디어를 만들려 하는 경향이 있었다(김상배, 2010). 예를 들어, 2010년 지방선거 당시만 해도 후보자들은 웹사이트에서 자신의 선거캠페인과 관련한 여러 정보를 제공하기는 하였지만 유권자들의 참여를 직접 유도할 수 있는 온라인 포럼이라든지 캠페인 자료의 2차적 배포 등 상호작용적 활동에는 거의 관심이 없었다(장우영 외, 2010). 이와 같은 정보제공 위주의 인터넷 활용으로는 캠페인 정보의 파급력이 과거에 비해 획기적으로 커졌다고 평가하기에는 아직은 이르다고 할 수 있겠다.

웹 2.0 시대라 불리는 소셜 네트워크 시대의 미디어는 과거와는 매우 차별적인 선거캠페인을 가능하게 했다. 소셜 네트워크를 통해 개인은 정치적 정보를 받아서 소비만 하는 것이 아니라 스스로가 새로운 소스가 되어 정보를 생산한다. 그 정보를 받은 개인은 정보 생산자와 상호작용하면서 정보와 의견을 확산하고 공유하며 재생산해낸다. 이 과정에서 관계망 속에 들어 있는 개인들은 복합적으로 관계를 맺으며 소통하게 되는 것이다. 이와 같은 맥락에서 선거캠페인도 '관계맺기'를 바탕으로 진행된다. 예를 들어 트위터에서 개인들은 팔로워(*followers*)를 생성하여 관계를 맺는다. 한 개인이 트윗을 하면 그 내용은 자동적으로 팔로워들에게 전달되며, 이 메시지를 받은 팔로워는 다시 그 메시지를 자신의 팔로워에게 그대로 리트윗하거나 그 메시지에 자신의 의견을 붙여서 전달한다. 메시지는 전달의 과정에서 서로 다른 의견들이 덧붙여지고 때로는 새로이 해석되면서 네트워크를 타고 끊임없이 확산되는 것이다. 따라서 소셜 네트워크에서는 정보전달의 과정 자체가 정보의 재생산 과정이며 자발적 참여과정이다.

다시 말하자면, 선거캠페인이 후보자나 정당에서 출발하더라도 시작과 동시에 캠페인의 주체가 후보자뿐 아니라 유권자에로까지 확대되는 특성을 지니게 되는 것이다. 이러한 의미에서 소셜 네트워크를 통한 선거캠페인은 단순히 정보를 제공하는 차원을 넘어 유권자가 캠페인에 '관여'하고, 이들이 다시 다른 사람들이나 조직과 관계를 맺고 정보를 공유함으로써 '연대'가 확산되는 과정이라고 할 수 있다. 이 과정에 관여하는 자체가 참여를 의미하는 만큼 SNS 선거캠페인은 유권자들을 실제 투표에 참여하도록 유도하는 효과 또한 기존의 미디어 캠페인보다 클 수밖에 없다. 더불어 실시간적이고 속도감 있는 소셜 네트워크 서비스는 투표 당일 참여를 독려하는 데 매우 유용한 소통 기제이다. 이 때문에 최근의 선거들에서는 후보자들이 가능한 한 많은 유권자와 관계를 맺기 위해 노력한다. SNS 중 특히 트위터는 간편성과 신속성, 대규모 접근성, 관계망의 급속한 확산 가능성 등으로 인해 정치인들에게 매우 매력적인 캠페인 도구가 되고 있다.

2) SNS 선거캠페인은 특정 후보에게 유리한 캠페인 방식인가

선거캠페인의 방식을 획기적으로 전환시키는 SNS는 그러나 적어도 한국에서는 모든 후보자들에게 똑같이 그 효과가 분배되는 것 같지는 않다. 2011년 10·26 보궐선거 직후 트위터상에서 정치적 이슈를 주도한 영향력 있는 파워트리언 10인을 보면, 10위의 나경원 한나라당 의원을 제외하고는 전원이 진보적 성향을 가진 것으로 나타났다. 이번 총선을 앞둔 2012년 2월 28일 현재 트위터에서 가장 영향력이 높은 정치인을 분석한 정치인 트위터 영향력 순위 Top 10에 드는 정치인들도 문재인, 박원순, 강용석, 이정희, 문성근, 한명숙, 박근혜, 정동영, 유시민, 박영선 의원으로 강용석 의원과 박근혜 위원장을 제외한 8명이 야권인사인 것으로 조사되었다(〈동아일보〉, 2012. 3. 1).

소셜 네트워크 안에서 이러한 이념적 치우침 현상은 왜 일어나는 것일까? 이것은 주요 매스미디어가 친(親)정부적, 친 여당적 성격을 띠는 것에 대해서 SNS가 대항담론을 생산하고 확산하는 대안 미디어적 역할을 하는 사실과 무관하지 않

〈표 6-1〉 트위터 영향력 상위 랭크 정치인의 팔로워 수 및 트윗 수

2012.5.12 현재

영향력순위	정치인	팔로워 수	트윗 수	소속 정당
1	김용민	321,063	7,285	민주통합당
2	박원순	483,683	11,003	민주통합당
3	이정희	225,694	10,124	통합진보당
4	문성근	216,840	9,111	민주통합당
5	최재천	115,174	40,662	민주통합당
6	정동영	116,618	14,881	민주통합당
7	유시민	462,229	1,037	통합진보당
8	노회찬	225,735	13,642	통합진보당
9	심상정	190,875	4,462	통합진보당
10	박근혜	195,124	164	새누리당

출처: 한국트위터 (koreantweeters.com)

다. 트위터, 페이스북 등에서 개인들은 주류 언론에서 주목하지 않거나 간과한 이슈에 관한 정보를 생산하고 공유하는 경향이 있다. 이러한 경향은 대안적 미디어라는 SNS의 특징을 반영하는 것으로서(김상배, 2010), 미국과 같이 언론이 다소 진보지향적인 것으로 평가되는 나라들에서는 SNS 이용자들이 오히려 보수적 성향을 띤다는 점에서 SNS의 이러한 대안적 경향을 잘 알 수 있다. 한국에서는 기존의 매스미디어에 대한 보수독점이 심해지면서 사람들이 뉴미디어를 통해 이와는 다른 의견이나 정보를 찾으려는 경향을 보인다(장덕진 · 김기훈, 2011). 소셜미디어 이용자가 주로 젊은 층이며, 대항적 의견들을 위한 공론장이 주류 미디어 시장에는 거의 존재하지 않는다는 점이 이러한 경향을 더욱 부추긴다. SNS를 통한 이러한 대항담론의 생성과 공유는 온라인 공간을 진보적 성향으로 조직화하였고 이렇게 조직화된 힘은 오프라인까지 연결되어 미국산 쇠고기 수입 반대, 한 · 미 FTA 반대, 반값 등록금 등 굵직한 이슈들에 대해 중심적 역할을 수행하였다. 이러한 사회운동의 경험들은 온라인 공간이 진보적 색채로 조직화하는 경향을 더욱 부채질하는 요인이다.

이러한 경향은 트위터상에서 진보적 정치인들이 보수적 정치인들이나 중도적 정치인들에 비해 훨씬 많은 팔로워를 생성하고 있다는 사실에서도 확인할 수 있다(〈표 6-1〉). 이슈의 경우에도 사람들은 중립적이거나 보수적 성향의 내용보다 진보적인 성향의 내용을 압도적으로 많이 리트윗하고 있는 것으로 조사되었다(장덕진 · 김기훈, 2011).

사실상 인터넷을 통한 선거캠페인이 확대되면서 이 새로운 형태의 선거캠페인이 과연 큰 정당의 후보들에게 유리한가 아니면 소수정당이나 열세후보들에게 유리한가에 대해 논란이 있었다. 한편에서는 인터넷 공간 역시 궁극적으로는 풍부한 자원을 기반으로 하는 다수당이 유리할 것이라고 보는 반면, 다른 한편에서는 인터넷의 쌍방향성, 낮은 비용, 참여성 등을 고려하면 지금까지 소외되었던 계층의 참여가 확대될 수 있고 따라서 후보 간 경쟁이 보다 평등해질 것으로 본다(윤성이, 2008). 인터넷 및 SNS 선거캠페인의 경험들은 후자에 힘을 실어주고 있다. 2002년 대선에서 크게 뒤지던 노무현 후보의 역전승, 2008년 미국 대선에서 물적

· 인적 자원이 상대적으로 부족한 상황에서 출발한 오바마 후보가 대규모 자원봉사자군과 정치자금을 확보할 수 있었던 사실, 2010년 영국 총선에서 제 3당이었던 자유민주당의 약진, 그리고 2011년 10 · 26 서울시장 보궐선거에서 지지율 5% 시민후보로 출발했던 박원순 후보의 승리에는 인터넷 또는 SNS를 이용한 선거캠페인이 큰 역할을 하였다.

그렇다면, 19대 국회의원 선거에서 SNS 캠페인은 어떠한 역할을 하였을까? 선거 이전에는 SNS가 야당의 약진에 결정적 역할을 할 것이라는 견해가 지배적이었던 반면, 야권이 과반에 실패한 선거결과 이후 많은 전문가와 언론이 SNS의 영향력에 대한 기대가 과장된 면이 있었다고 평가하고 있다. 사실상 방대한 네트워크 구조와 데이터의 문제, 그리고 캠페인과 연관되는 다양한 변수들 때문에 SNS 캠페인이 선거결과에 어느 정도 영향을 미쳤는지를 정확하게 계량화하기는 매우 힘든 작업이다. 하지만 SNS 캠페인이 어떠한 특징을 가지고 있었는지, 후보자의 전략과 어떻게 관련되었는지, 그리고 그 역할이 무엇이었는지 등에 대한 포괄적인 고찰은 향후 SNS 선거캠페인이 나아가야 할 방향을 가늠하기 위해 꼭 필요한 일일 것이다. 이러한 의미에서 아래에서 최근의 주요 SNS 선거캠페인과 4 · 11 총선의 SNS 캠페인을 살펴보면서 그 역할과 효과 및 한계를 구체적으로 논의해 보기로 한다.

SNS를 활용한 선거캠페인의 사례

1) 2008년 미국 대선 오바마 캠페인

2008년의 오바마 선거캠페인은 SNS를 빼고는 설명하기가 어려울 만큼 SNS가 큰 역할을 한 캠페인이다. 2007년 당시 미국에서는 인터넷 인구의 55%가 SNS를 이용하고 있었고 이 때문에 대선 후보들은 SNS에 관심을 가지고 이 사이트들을 통해 선거자금을 모금하기 시작하였다. 그러나 어느 후보도 오바마만큼 적극적으

〈표 6-2〉 소셜 네트워크 사이트의 후보자별 친구 및 팔로워 수

사이트	오바마	매케인	오바마의 리드
페이스북 친구	2,444,384	627,459	2.9배
마이스페이스 친구	844,781	219,463	2.9배
트위터 팔로워	121,314	4,911	22.5배
플리커 접촉자	7,148	기록 없음	-
유튜브 비디오	1,819	330	4.5배

출처: 주미영 · 이소영, 2009, p.180, 〈표 9〉 재인용.

로 SNS를 활용한 캠페인을 전개하지는 않았고 그 결과 소셜 네트워크에서의 관심은 오바마에게 집중되었다. 오바마는 2007년 8월에 이미 페이스북에서 12,200명의 친구를, 마이스페이스에서 15만 8천 명의 친구를 만들었다. 당시 오바마의 이 수치는 공화당 예비선거 전체 주자가 만든 네트워크 친구보다 2배 이상 많은 수치였다. 예비선거 당시 구글에서 오바마 지지자들이 만들어 올린 UCC는 8만 개 이상으로 경쟁후보들의 것을 모두 합친 수보다 많았으며, 특히 이들 UCC가 캠프에서 홍보용으로 제작된 것이 아니라 지지자들이 자체 제작한 것들이었다는 점에서 다른 후보와 차별성을 가졌다. 본 선거에 돌입해서도 오바마는 소셜 네트워킹 사이트들에서 경쟁자인 매케인 공화당 후보에 비해 훨씬 많은 친구 및 팔로워 관계를 형성하는 데 성공하였다.

오바마 캠프는 2007년 2월 대통령 후보 출마 선언과 함께 공식 웹사이트인 BarackObama.com을 개설하고 더불어 페이스북과 유사한 형태의 네트워킹 사이트인 My.BarackObama.com(MyBO)을 만들어 1백만 명 이상의 회원을 확보하였다. MyBO는 성별, 연령별, 거주지별로 집단들을 분류하여 정보를 제공하였고 사이트 방문자들이 이를 자신들의 커뮤니티나 블로그에 연결하여 관계를 맺을 수 있도록 하였다(장우영 · 차재권, 2012). MyBO가 만들어진 첫 주 약 1천 개의 소그룹이 사이트 내에 생겨났고 2007년 3월까지 약 5천 개의 정치그룹들이 조직되었다. 오바마와 캠페인 팀은 이들 그룹의 지도자들과 컨퍼런스를 열어 각 그룹의 조직화를 적극적으로 유도하였다. 더불어 온라인 포럼이나 그룹을 통해 형

성된 자원봉사자들이 오프라인에서 서로 간 관계를 맺고 연계를 형성하도록 이들을 조직화하고 지원하였다(이소영, 2011).

오바마의 SNS 선거캠페인이 성공적일 수 있었던 가장 큰 요인은 이렇게 온라인에서의 관계맺기와 연대가 오프라인으로 연결되어 캠페인 조직으로 적극 활용될 수 있었다는 점에서 찾을 수 있다. MyBO를 비롯한 소셜 네트워킹 사이트들에서 관계를 형성한 지지자들은 자발적으로 오프라인 그룹을 형성하여 캠페인 활동에 참여하였다. 대선 기간 동안 3백만 명에 달하는 오바마의 대규모 자원봉사자의 많은 부분이 SNS를 통해 연대를 결성한 지지자들이었다. 특히 MyBO에는 사이트 방문자들이 자신의 거주지 우편번호를 입력하면 반경 80km 이내에 위치한 오바마의 지지자들이 표기되는 기능이 갖추어졌는데, 이러한 기능은 지지자들의 연대와 오프라인 지지그룹의 형성에 중요한 역할을 하였다. 이들 그룹은 지역에서 오바마 선거자금 모금을 위해 자발적으로 행사를 개최하고 각종 모임과 거리행진 등을 주도하면서 대선 후보자의 선거캠페인이 후보자 캠프를 넘어 풀뿌리 차원에서 이루어지는 모습을 보여주었다. 이렇게 결성된 아래로부터의 자발적 자원봉사자군은 오바마 중앙 캠프의 관리 아래 지역 선거사무소 캠페인 활동가로 전환되면서 오바마의 풀뿌리 캠페인의 인적 자원이 되었고, 더불어 선거 막바지 오바마 캠프의 투표동원 전략이 성공적으로 전개되는 데 결정적 역할을 하였다.

실제 투표에서 소셜 네트워크에의 참여가 가장 활발한 18~29세까지의 유권자 중에 66%가 오바마를 선택한 것은 이러한 온라인에서의 연대와 오프라인에서의 조직화 활동에 크게 힘입은 것이다. 또한 이렇게 온오프라인을 넘나드는 캠페인은 오바마가 모금한 선거자금의 많은 부분을 200달러 이하의 소액기부자로부터 모금할 수 있는 환경을 조성하였으며, 그 결과 오바마는 기부받은 선거자금의 액수뿐 아니라 기부자 수에서도 역사적 기록을 세우게 되었다.

더불어, 오바마의 SNS 캠페인은 과거에는 생각할 수도 없던 규모로 캠페인의 마이크로 타기팅(*microtargeting*)을 가능하게 하였다. 네트워크 내에서 관계의 형성과 강화를 통해 캠페인의 대상을 마이크로한 수준으로 좁힐 수 있었다. 대규모의 관계망과 온라인을 통해 형성된 인적 자원, 그리고 테크놀로지의 발전에 힘입어 오바마 캠프는 MyBO를 비롯한 웹사이트에 방문한 사람들, 소셜 네트워킹 사이트에서 관계를 맺은 사람들, 이들을 기반으로 하는 자원봉사자들, 그리고 그들이 제공하는 수많은 이웃들과 주변 인물들에 대한 인구학적 정보뿐 아니라 정치적 입장, 관심 이슈 등 세세한 프로파일을 데이터베이스화하는 데 성공하였다. 이 데이터베이스를 기반으로 캠페인 팀은 지역의 거의 모든 오바마 지지자 또는 오바마를 지지할 가능성이 있는 유권자들과 접촉하였으며 이들에게 적절한 선거자료와 정보를 제공하였다(이소영, 2011 참조).

요약컨대, 2008년 오바마 후보의 SNS 선거캠페인은 온라인의 변화된 환경을 빨리 인지하고 소셜 네트워크상에서 대규모 관계를 형성하면서 이를 다시 자발적 조직들로 조직화하는 데 성공하였고, 네트워크를 통해 관계를 맺은 개인들과 온라인상에서 조직화된 그룹들을 오프라인의 조직으로 적극 활용함으로써 성공적인 캠페인을 전개할 수 있었다.

2) 2010년 영국 총선 캠페인

2010년 영국 총선 캠페인은 영국 최초의 SNS 선거캠페인으로 평가된다. 그러나 영국 총선 캠페인은 SNS가 전적으로 중심적 역할을 담당한 선거라기보다는 기존 미디어와 새로운 소셜미디어가 그 역할을 적절히 보완한, 말 그대로 '미디어 선거'였다고 하는 것이 더 알맞은 평가일 것이다. 2010년 총선에서는 최초로 TV 토론이 행해졌고, 인터넷을 활용한 정보제공이 과거보다 훨씬 세련된 형태로 이루어졌으며, SNS를 이용한 선거캠페인이 새로이 가미되어 과거 어느 때보다도 활발한 미디어 캠페인이 이루어졌다.

2010년 영국 총선은 보수당이 집권 노동당을 이기고 제 1당으로 부상하였지만 1974년 이래 처음으로 과반수 의석을 차지한 정당이 없이 의회를 구성하게 되어 양당제 국가로 인식되는 영국에서 보수당과 제 3당인 자유민주당 간의 연정이 형성되는 결과를 낳았다. 특히 이 선거에서는 젊은 유권자들의 관심이 높아지면서 투표율이 2001년의 59.4%, 2005년의 61.4%보다 크게 높아진 64.5%를 기록하였다. 이러한 선거결과와 젊은 층의 관심 및 전체 투표율의 향상에는 페이스북과 트위터 그리고 유튜브로 대표되는 SNS 선거캠페인의 영향이 상당히 컸던 것으로 알려졌다.

사실상 2010년 영국 총선은 SNS 선거캠페인이라기보다는 TV 캠페인이라고 불릴 정도로 TV토론의 영향이 컸던 선거이다. 그러나 단순한 TV토론이 아닌 TV와 페이스북 및 유튜브가 연계한 이 토론은 사전 질문이 5,300개가 올라오고 40만 명이 시청하면서 온라인에서 큰 관심을 끌었다. 3차까지 있었던 TV토론회 중 1차 토론회 종료 후, 22%의 지지에 불과하던 자유민주당의 지지율이 크게 상승하였고 당수인 닉 크레그의 지지율은 61%까지 치솟았다(조희정 · 이원태, 2010). 이러한 닉 크레그의 지지율 급상승은 물론 크레그의 성공적인 토론이 바탕이 된 결과이었지만, 그에 더하여 SNS 사용자들의 토론에 대한 즉각적인 반응이 더해지면서 SNS를 캠페인 기제로 적극 활용하던 닉 크레그가 실제 수혜를 입었다는 것이 대체적인 평가이다. 젊은 유권자들은 TV가 아닌 모바일 등을 통해 토론회를 시청하고 페이스북이나 트위터를 통해 자신의 견해를 곧바로 밝힘으로써 TV토론의 캠페인 효과를 극대화하였다.

2010년 영국 총선을 즈음하여 영국에서는 2,800만여 명이 소셜미디어를 사용하였고 그중 2,300만 명 정도가 페이스북을 사용한 것으로 알려졌다. 페이스북, 트위터, 그리고 유튜브 등 소셜미디어는 젊은 유권자들에게는 정당과 후보자에 관한 정보 및 주요 의제를 소통하기 위한 핵심적인 기제로 활용되고 있었다.

이러한 상황에서 각 정당과 후보들도 SNS를 이용한 캠페인의 필요성을 인식하고 홈페이지나 각종 소셜미디어 기제를 통해 SNS 선거캠페인을 진행하였다. 각 정당들은 풀타임 뉴미디어 전문가들을 고용하고, 노동당을 제외한 주요 정당들은 공히 홈페이지에 소셜 네트워크 서비스를 연결하여 이를 유권자와 후보자 간 소통 기제로 이용하였다. 단순히 정당에 대한 정보제공과 일방적 홍보만이 아닌 유권자와의 소통을 목표로 한 홈페이지는 정당들의 선거자금 모금에도 중요한 역할을 담당하였다. 예를 들어, 보수당의 "마이 컨서버티브 닷컴"(My Conservatives.com)

〈표 6-3〉 2010년 영국 총선의 소셜미디어 활용현황 지표

페이스북의 영국 총선 페이지	- 지지 정당 설문: 1,119,769명 투표 - 유권자 투표등록 서식 다운로드: 약 14,000명 - 자신의 페이스북 페이지와 링크: 약 20만 건
페이스북과 유튜브가 제휴한 TV 토론	- 사전질문: 5,300건 - 후보자 지지 투표 참여: 18만 건 - 시청 수: 40만 건
트위터	TV 토론회 생방송 동안 관련 트윗 배포 수 초당 27건
• 페이스북에 투표 참여 의사 표명을 위한 온라인 배지 게재: 6만 9천 건 • 18~24세 유권자의 약 25%가 소셜미디어를 통해 정치적 의견 표현	

출처: 조희정 · 이원태 2010, 〈표 3〉 재인용.

은 특정 정책을 동영상으로 설명하고 그 정책을 유권자가 지지한다면 간단한 방법으로 정치헌금을 낼 수 있도록 되어 있는데 이를 통해 보수당은 선거 전까지 온라인에서만 80만 달러의 모금에 성공할 수 있었다. 노동당의 경우는 홈페이지에서 SNS로 직접 연결되는 서비스는 제공하지 않지만 당원들을 위한 네트워크 서비스를 제공하고 있고 지지자들의 SNS로부터 가지고 온 의견들을 홈페이지에 공개함으로써 소셜 네트워크상에서 소통되는 의견들에 직접적인 관심을 기울였다(조희정 · 이원태, 2010).

더불어, 각 당들은 유튜브를 활용한 캠페인도 적극적으로 진행하였다. 특히 보수당의 유튜브 채널은 선거기간 동안 약 120만 명이 시청하였던 것으로 집계되었다. 이는 노동당의 약 40만 명, 자유민주당의 약 33만 명에 비해 훨씬 많은 시청자의 관심을 끌었음[1]을 의미하는 것으로, 이 때문에 혹자는 이번 선거를 '유튜브 선거'라고 말하기도 한다.

그러나 실제로 2010년 영국 총선의 SNS 선거캠페인을 이야기할 때 가장 많이 언급되는 인물은 자유민주당 당수인 닉 크레그이다. 자유민주당 자체적으로는 SNS 캠페인에서 크게 두각을 나타내지 않았으나 닉 크레그의 경우에는 트위터에서 다른 정치인들보다 많은 팔로워를 거느리면서 적극적으로 SNS 캠페인을 전개

1 Greg Jarboe, 2010, "UK Election 2010: Lessons Learned from Watching First Social Media Battle of Britain", SearchEngine.com (May 9).

하였다. 한 연구에 따르면, 선거기간 동안 보수당 당수인 데이비드 캐머런(David Cameron)의 경우 소셜미디어 전체 멘션 중 약 28%에서, 노동당 당수인 고든 브라운(Gordon Brown)은 14% 정도에서만 언급된 데 반해, 닉 크레그는 약 33%의 멘션에서 언급되었다.[2] TV 토론 후 자유민주당의 온라인 기부가 700% 이상 증가한 것도 이러한 소셜 네트워크 활동과 무관하지 않아 보인다.

하지만 SNS 선거캠페인이라는 면에서만 보자면 영국 총선은 캠페인의 규모나 영향력이 2008년 미국 대선에 비유될 정도로 큰 것은 아니었다. 정당들은 온라인 미디어를 기존 미디어만큼 중요하게 생각하지 않았고 무엇보다 후보자나 정당이 소셜 네트워크 내에서 유권자들을 조직화하기 위한 활동을 적극적으로 전개하지 않았다. 이 때문에 2010년 영국 총선은 SNS의 영향력이 매우 제한적이었다고 평가하는 사람들도 많다. 더구나 TV토론이 캠페인의 전환점을 제공하였다는 점에서 이 선거를 SNS 선거라기보다는 TV선거 또는 매스미디어 선거로 간주해야 한다는 주장이 제기되기도 한다. 그러나 한편에서는 TV토론이 그렇게 효과적으로 유권자를 동원할 수 있었던 것은 소셜 네트워크 내에서의 활발한 소통과 캠페인의 역할 때문이었다는 점을 강조한다.

비록 소셜 네트워크의 역할이 제한적이었다고 해도 2010년 영국 총선에서 소셜 네트워크 선거캠페인은 기존의 매스미디어와 연계되면서 중요한 역할을 수행하였다. 더불어 SNS 캠페인이 없었다면 2010년과 같은 기록적인 투표율이 나오기는 힘들었을 것이라는 사실에도 대부분 동의하고 있다. 이러한 경험으로 인해 향후 영국의 선거에서 SNS의 영향력이 매우 커질 것이라는 점에는 이견이 없는 듯하다.

2 "2010: Whatever Happened to the Social Media Election?", Public TECHNOLOGY.net (2010.5.14).

3) 2011년 10 · 26 서울시장 보궐선거

2011년 10・26 서울시장 보궐선거는 한국 정치과정에서 여러 가지로 의미 있는 선거였지만 특히 캠페인 방법의 전환이라는 측면에서 매우 의미가 컸다. 한국 선거에서 SNS의 영향력이 언급되기 시작한 것은 2010년 6・10 지방선거 때부터였고, 2011년 4・27 재보선 당시 분당 보궐선거 과정에서 트위터가 상당한 영향력을 발휘하면서 SNS 선거캠페인에 대한 관심이 고조되었다. 그러나 4・27 재보선 때의 주요 후보자 트윗이 약 10만 건 정도인 데 반해 6개월 뒤인 10・26 재보선 당시 주요 후보의 트윗은 약 100만 건에 육박한다는 사실에서 알 수 있듯이, 10・26 재보선, 특히 서울시장 보궐선거에서 트위터는 새로운 기록을 세우면서 캠페인의 핵심적 기제가 되었다.

후보자가 SNS 캠페인을 주도하여 소셜 네트워크 내에서 유권자들을 조직화하는 데 성공한 2008년 미국 대선이나 매스미디어와의 연계를 통한 SNS의 역할이 두드러졌던 2010년 영국 총선과는 달리, 10・26 서울시장 보궐선거에서의 SNS 선거캠페인은 거의 전적으로 소셜미디어의 사용자인 시민들에 의해 주도된 캠페인이었다는 특징을 지닌다.

먼저 야권 통합후보를 선출하기 위해 10월 3일 치러진 국민참여경선은 3만 명이 등록했고 투표율도 60%에 육박하는 기록적인 성황을 이루었다. 특히 이 경선에 젊은 층 유권자의 참여율이 높아 결국 SNS에서 크게 지지를 확보하던 시민후보인 박원순 후보가 양 정당 후보들을 제치고 야권 단일후보로 선출됨으로써 SNS의 영향력이 정치적 동원의 단계에까지 발전되었음을 보여주었다.

한나라당 나경원 후보와 박원순 후보 간의 서울시장 보궐선거에서도 시민주도형 SNS 캠페인은 핵심적 역할을 하였다. 서울시장 선거 출구조사 결과 20대의 69.3%, 30대의 75.8%, 그리고 40대의 66.8%가 박원순 후보에게 투표한 것으로 나타났다. 이러한 젊은 층의 '표 쏠림'은 이미 소셜 네트워크 내에서의 소통양태를 통해 예견된 결과였다. 우선, 젊은 유권자들이 많이 사용하는 트위터의 주요 어젠다에 대한 소통이 박원순 후보에게는 유리하게 그리고 나경원 후보에게는

〈표 6-4〉 10월 3일~25일 선거 관련 파워 트위터리언 [3]

영향력 순위	트위터리언	정치 성향
1	나경원 (한나라당 서울시장 후보)	보수
2	정봉주 (전 민주당 의원, 나는 꼼수다 멤버)	진보
3	박원순 (서울시장 야권 통합 후보)	진보
4	조 국 (서울대 법대 교수)	진보
5	허재현 (한겨레신문 기자)	진보
6	공지영 (작가)	진보
7	김진애 (민주당 국회의원)	진보
8	서영석 (서프라이즈 기자)	진보
9	이정희 (민주노동당 대표)	진보
10	진중권 (동양대 교수, 논객)	진보

출처: SNS 코리아 (폴리뉴스, 2011.10.30).

불리하게 전개되었다. 선거운동 기간이었던 10월 11일부터 25일 사이에 두 후보가 언급된 트윗 메시지는 나경원 언급 53만 건 대 박원순 언급 45만 건으로 나경원 후보가 박원순 후보에게 앞섰지만, 그 내용 면에서는 박원순 후보와 관련된 메시지는 긍정적 내용 위주였던 데 반해 나경원 후보와 관련된 메시지는 부정적 내용이 주를 이루었던 것으로 조사되고 있다. 리트윗 횟수도 '나경원 네거티브 실체 분석'이라는 제목의 동영상과 나경원 후보에 부정적인 전직 보좌관의 글, 억대 피부클리닉 논란, 거짓으로 드러난 딸의 편지 등 나경원 후보 관련 부정적 메시지가 박원순 후보에 대한 긍정적 메시지보다 4배 이상 많이 리트윗된 것으로 알려졌다 (〈한겨레〉, 2011. 10. 28).

트위터의 어젠다를 주도하는 파워 트위터리언들 역시 박원순 후보에게 우호적인 진보성향의 인사들이 대다수를 차지하였다. 파워 트위터리언 100명 중 72명이 박원순 후보 지지자였으며, 정치적 이슈를 트윗한 파워 트위터리언 중 상위 10명은 거의가 진보적 지지성향인 것으로 조사되었다. 특히 박 후보 쪽 지지자 상위 10명의 메시지는 약 16만 7천 회 리트윗된 반면, 나 후보 쪽 지지자 상위 10명의

3 사실상 정치이슈 관련 트위터 영향력 1순위는 작가 이외수이나 직접적으로 선거관련 내용을 트윗한 트위터리언을 대상으로 한 집계이므로 이외수 작가는 제외된 것으로 보인다.

메시지는 약 3만 4천 회 리트윗됨으로써 리트윗의 횟수에서도 젊은 층에서의 압도적인 박원순 후보지지를 확인할 수 있었다. (〈한겨레〉 2011. 10. 28).

서울시장 보궐선거에서 시민이 주도하는 SNS 선거캠페인의 영향력은 선거 당일 최고조에 도달하였다. 한국사회여론연구소(KSOI)의 분석에 의하면 투표 당일 오후 3시 이후부터 박원순 후보 관련 트윗의 수가 수직 상승하면서 트윗이 젊은 세대의 투표참여에 큰 영향을 미친 것으로 분석되었다. 특히 파워 트위터리언들의 투표 독려 메시지의 동원효과는 매우 컸던 것으로 알려졌는데, 예를 들어 투표 당일 조국 교수가 올린 5개의 트윗 메시지는 2천 69번 리트윗 되었고, 정봉주 전 의원의 5개 트윗은 총 6천 911번이 리트윗 되었으며, 개그맨 김제동 씨가 불을 지핀 투표 인증샷 트윗은 선거 당일 하루 동안 2만 7천 번이나 소통되었다(경향닷컴, 2011. 10. 27).

10·26 서울시장 선거가 시민주도형 SNS 선거캠페인이었다고 할 수 있는 또 다른 이유는, 각 후보들이 선거기간 동안 정책과 공약 정보를 제공하고 주요 이슈가 있을 때마다 해명 혹은 논평을 제공한 후보자 홈페이지는 관심거리가 되지 못했을 뿐 아니라 소셜 네트워크 내에서도 그다지 관심 있게 유통되지 않았다는 점에서 찾을 수 있다. 뿐만 아니라 후보자들의 트윗 자체 또한 후보들이 언급된 다른 파워 트위터리언들의 트윗보다는 관심을 적게 끌었다. 선거가 다가오면서 나경원 후보는 하루 10개 미만의 트윗을 올렸는데, 특히 선거운동 중반 자화자찬 리트윗이 이슈가 된 이후 공식 트윗 수가 더 감소하는 경향을 보였다. 반면, 박원순 후보는 하루 약 70개의 트윗을 함으로써 적극적으로 SNS 캠페인을 전개하였지만 강한 네거티브적 내용이나 자극적 이슈를 내용으로 하지 않았기에 리트윗되는 횟수는 다른 파워 트위터리언들의 트윗에 비해 매우 적었다. 박 후보의 트윗 가운데 가장 많이 리트윗된 수는 193회에 불과했다(경향닷컴, 2011. 10. 27).

이렇게 서울시장 보궐선거가 2040세대라고 명명되는 젊은 세대들의 적극적인 SNS 캠페인에 힘입어 집권여당의 패배로 끝나자, 4개월도 남지 않은 제 19대 국회의원 선거에서의 SNS 파워에 대한 관심이 고조되었다. 이 때문에 SNS 캠페인 역량을 가지지 못한 후보자들의 전략적 역량이 저평가되는 상황까지 이어졌다.

특히 서울시장 보궐선거를 통해 SNS 캠페인의 동원효과를 강하게 경험함으로써 총선에서 SNS가 젊은 유권자들을 다시 투표장으로 나오게 하고 반(反)여당 및 반 이명박 정서를 확대하여 야권의 승리에 일조할 것이라는 기대감이 높아져 야권 후보들은 그 중요성을 더욱 크게 느끼게 되었다.

4 · 11 총선 후보자들의 SNS 선거캠페인

1) SNS 선거캠페인의 환경

(1) SNS 선거캠페인 규제위헌 판결과 SNS 캠페인에 대한 기대고조

서울시장 보궐선거에서 SNS 선거캠페인의 파급력이 상상을 초월할 정도로 컸던 사실은 국회의원 선거에서의 SNS 역할에 대한 기대감을 고취시키고 이에 대한 준비를 요구하였다. 특히 서울시장 보궐선거를 통해 정당정치를 뛰어 넘은 시민정치를 경험한 시민사회는 SNS가 가져올 정치적 변화와 정권심판에 대한 기대가 매우 높은 상황이었다. 그러나 대검찰청 공안부는 10 · 26 재보선 당시 SNS를 활용한 흑색선전 및 불법행위에 대한 엄단 방침을 밝혔다. 이러한 상황에서 시민단체들과 SNS 사용자들은 인터넷과 SNS를 통한 선거운동을 금지한 공직선거법에 대해 크게 반발하고 공직선거법 개정을 위한 청원을 제출하는 등 적극적인 행동에 나섰다.

선거를 석 달여 앞둔 12월 29일 헌법재판소는 마침내 "선거일 전 180일부터 선거에 영향을 미치게 하기 위하여 정당이나 후보자를 지지, 추천 또는 반대하는 내용을 포함한 인쇄물, 시설물 그리고 그 밖에 이와 유사한 것을 금지하는 공직선거법 93조 1항을 근거로 인터넷을 통한 선거운동을 규제해온 것은 헌법에 위반된다"는 판결을 내렸다. 이에 따라 선관위가 온라인 선거운동을 전면 허용하는 결정을 내렸고, 그 이후에 '선거 당일을 제외하고는 언제든지 온라인 선거운동을 허용하는 것'으로 선거법이 최종 개정됨으로써, 허위사실이나 명예훼손 및 선거 당일 선거운동을 제외하고는 인터넷 및 SNS를 통한 정치적 의사표현의 제한이 더 이상 존재하지 않게 되었다. 이러한 제도적 변화는 SNS를 활용한 선거캠페인의 더욱 활발한 전개 가능성을 의미하는 것이었다.

4·11 총선에서 젊은 세대를 중심으로 SNS가 선거 표심을 결정할 매체로 부상할 것이라는 전망은 정치권을 긴장시켰다. 예비후보들은 SNS나 모바일 메신저 등을 통해 사전 선거운동을 적극적으로 진행하기 시작하였고, 공천을 앞두고 각 정당 지도부는 무엇보다도 총선 후보자들이 SNS를 캠페인 기제로 사용할 역량을 가지고 있어야 함을 강조하였다. 한나라당의 경우는 'SNS 역량지수'를 공천심사에 공식적으로 반영하기로 결정하기도 하였다.

공천 예비후보로 등록한 1,500여 명의 후보자 중 2012년 1월말 현재 약 1/3만이 SNS 계정을 가진 상황에서 후보들은 정당지도부의 이러한 움직임에 긴장하지 않을 수 없었다. 이 때문에 팔로워 수가 많고 오래된 트위터 계정에 대한 매매사례도 있어 단속이 행해지기도 했다. 이러한 열풍은 당연히 SNS 선거캠페인의 역할과 영향력에 대한 기대를 증폭시켰다.

(2) 유권자의 SNS 사용현황

특히 이 기대는 유권자들의 SNS 이용이 기하급수적으로 증가한 사실과 무관하지 않다. 통계청 발표에 의하면, 2011년 12월 현재 한국의 트위터 이용자는 544만 명, 페이스북 이용자는 536만 명이다. 트위터 이용자는 1년 반 사이에 8.6배의 증가를 보였고 페이스북 역시 집계가 처음 시작된 2011년 9월 대비 33.7%의 계정이 증가한 것으로 나타났다. 이러한 SNS 수요의 폭발적 증가는 정치적 담론의 장이 인터넷 포털이나 블로그에서 점차 소셜 네트워크로 이동하는 현상을 유도하였다.

이 같은 현상은 SNS를 잘 활용하지 못하면 패배할 수도 있겠다는 긴장감을 정치권에 만들어냈다. 2011년 12월 현재 국회의원 296명 중 약 51%인 152명만이 트위터 계정을 가진 상황에서 총선에서의 SNS 역할에 대한 기대와 긴장감으로 인해 평소 전혀 유권자와 소통하지 않던 많은 후보들이 갑자기 소셜 네트워크를 통한 소통을 해야만 하는 상황에 이르게 되었다. 이 때문에 후보자들은 SNS가 구체적으로 어떠한 미디어인지 그리고 자신의 지역구 유권자 또는 지지자로 확보해야 하는 세대의 SNS 사용양태가 어떠한지, 또 SNS 캠페인 전략은 어떠해야 하는지에 대해 깊이 연구할 수 있는 기회를 갖지 못한 채 SNS 선거캠페인에 돌입하게 되었다.

몇몇 전문가들은 SNS가 지역이나 연령별 편중 현상이 심한 기제이므로 지역별로 선거가 이루어지는 국회의원 선거에서 SNS에 대한 의존도를 너무 높이는 것은 후보자에 따라 적절한 전략이 아니라는 의견을 개진하기도 하였다. 사실상 한국에서 정치적 정보와 담론이 가장 많이 유포되는 소셜 네트워크 기제인 트위터 이용자의 2011년 7월 현재 지역별 분포는 〈표 6-5〉와 같다.

〈표 6-5〉 트위터 지역별 점유비율 (2009.4.1~2011.7.31 현재)

지역	트위터 점유 비율	지역	트위터 점유 비율
서울특별시	45.40%	경기도	21.57%
부산광역시	5.09%	충청남도	1.91%
대구광역시	3.36%	충청북도	1.60%
인천광역시	4.84%	전라남도	0.99%
광주광역시	1.61%	전라북도	2.27%
대전광역시	2.81%	경상남도	3.32%
울산광역시	1.11%	경상북도	2.06%
		제주도	0.48%

출처: 블로터닷넷 (www.bloter.net/archives/74422)

〈표 6-6〉 제 19대 국회의원 선거 유권자 연령대별 SNS 선거캠페인 노출 및 신뢰정도

연령대	SNS를 통한 선거정보 획득 비율 (%)	SNS 신뢰 비율 (%)
20대	20.9	16
30대	14.5	14
40대	6.7	11.7
50대 이상	2.6	8.9
전체	9.4	11.9

출처: 제19대 국회의원 유권자 조사 (한국사회과학데이터센터)

〈표 6-5〉에서 알 수 있듯이, 한국 트위터 이용자의 약 67%가 서울 및 수도권에 분포한다. 뿐만 아니라 연령별로도 SNS를 통해 정치적 정보를 얻는 유권자는 제한적인 경향이 있다. 〈표 6-6〉에서는 SNS를 정치적 정보의 소스로 사용하는 빈도와 SNS상의 정보에 대한 신뢰도에 있어 세대별 차이가 상당함을 알 수 있다. 따라서 SNS 선거캠페인은 지역구의 성격 및 유권자의 연령 분포 등에 따른 맞춤형 전략이 수립된 후에 제대로 진행될 필요가 있었다. 그러나 10·26 보궐선거 이후 SNS 파워에 긴장한 정치권과 이로 인한 공천과정에의 SNS 역량 반영 등으로 후보자들은 데이터에 기반을 둔 세밀한 전략을 세울 시간이 없었던 것이 현실이었다.

2) 4·11 총선 후보자들의 SNS 선거캠페인과 그 성과 및 한계

(1) 총선 후보자들의 SNS 선거캠페인

소셜미디어를 선거캠페인의 주요 기제로 활용하고자 한 총선 후보자들은 급히 SNS 계정들을 만들었다. 본선 후보자 902명 중 600명 이상의 트위터 계정이 만들어졌고, 평소에는 정치적 담론이 거의 소통되지 않는 미투데이 또한 선거기간에는 후보자들의 선거캠페인 도구가 되어 3월에 250명이 가지고 있던 미투데이 계정이 총선이 가까워지면서 414개로 증가하는 현상을 보였다. 그러나 후보자들이 모두 소셜미디어를 선거캠페인 기제로 적극 활용한 것은 아니었다. 예를 들어, 187명이 트위터 계정을 가지고 선거운동을 전개하였던 새누리당 후보들의 경우, 공식 선거운동 기간(3월 25일~4월 11일) 동안 50회 이상의 트윗을 한 후보자는 61명, 그리고 100회 이상의 트윗을 한 후보자는 31명에 불과하였다. 〈표 6-7〉에서 볼 수 있듯이, 이 기간 동안 트윗 횟수 상위 10위에 드는 후보자들은 야당 후보들이다. 그러나 이들 중 몇몇을 제외한 대부분은 캠페인 기간 동안 크게 주목을 받은 인물은 아니었다.

후보자의 트윗 메시지가 얼마나 많이 노출되었는지를 나타내는 트윗 노출도[4]는 후보자의 트윗 횟수 순위와는 전혀 다른 양태를 보이고 있다. 〈표 6-7〉에서

측정된 트윗 노출도 순위 10위권에 드는 후보자들은 실제로 트윗 횟수에서는 전혀 드러나지 않는 후보들도 있다. 예를 들어, 4월 10일 현재 노출도 2위였던 문재인 후보의 경우 공식 선거운동 기간 동안의 트윗 횟수는 205회로 그다지 많지 않은 편이며, 표에는 없지만 노출도 14위의 노회찬 후보의 경우 트윗 횟수가 53회밖에 되지 않았다.

트위터에서 노출도가 많다는 것은 그만큼 영향력이 있다는 것을 의미하고 이것은 다시 많은 유권자들을 캠페인에 관여시키고 또 그들끼리 연대하도록 하는 데

〈표 6-7〉 총선 후보자의 트윗 횟수와 트위터 노출도 순위 Top 10

순위	트윗 횟수			트윗 노출도		
	3월 25일~4월 10일			3월 25일~4월 10일		
	후보자	트윗 횟수	지역구	후보자	노출도	지역구
1	이언주 (민주통합)	1737	경기 광명을	김용민 (민주통합)	202,000,000	서울 노원갑
2	김인회 (민주통합)	1556	부산 연제	문재인 (민주통합)	136,000,000	부산 사상
3	민병두 (민주통합)	1079	서울 동대문을	문성근 (민주통합)	119,000,000	부산 북강서을
4	김철용 (민주통합)	912	대구 달서병	최재천 (민주통합)	109,000,000	서울 성동갑
5	정균환 (민주통합)	609	서울 송파병	천정배 (민주통합)	84,429,612	서울 송파을
6	허준영 (새누리)	593	서울 노원병	유시민 (통합진보)	68,869,830	비례대표
7	홍영표 (민주통합)	585	인천 부평을	정동영 (민주통합)	54,558,847	서울 강남을
8	최재천 (민주통합)	581	서울 성동갑	심상정 (통합진보)	50,904,610	경기 고양 덕양갑
9	설훈 (민주통합)	556	경기 부천 원미을	서기호 (통합진보)	44,159,984	비례대표
10	서기호 (통합진보)	530	비례 대표	신경민 (민주통합)	42,513,087	서울 영등포을

출처: 다음소프트.

4 트위터 노출도는 후보자의 트위터 메시지가 리트윗되어 개인들에게 노출된 횟수이다.

성공하였다는 것을 의미할 것이다. 〈표 6-7〉은 SNS 선거캠페인이 더 이상 정보제공식 소통만으로는 유권자들을 캠페인에 관여시키거나 연대를 형성하도록 하는 것이 어렵다는 것을 보여준다. 유권자들의 관심을 얻기 위해서는 후보자들이 얼마나 빈번히 트윗을 하느냐의 문제보다는 복합적인 관계망 속에서 많은 유권자들을 자신의 관계망 속으로 끌어들이고 동시에 적극적으로 관계망을 확장할 수 있는 역량, 다시 말하면, 유권자들의 마음을 제대로 읽어 내고 소통하는 것이 핵심적 문제라는 것이다. 이는 트윗 노출도 상위권에 있는 후보들의 대부분이 선거에 임박해서 트위터 계정을 만들고 소통을 시작한 정치인들이 아니라 꾸준히 유권자와 소통을 이어오던 인물들이라는 점과도 일맥상통한다.

이러한 점에서 SNS 선거캠페인의 성공 여부는 후보자의 지속적인 소통 기술의 문제이며, 소통의 진정성과 관련이 있다. 후보자가 아무리 많은 메시지를 열심히 보내도 그것을 받는 유권자가 이를 다시 네트워크의 영역으로 끌어들여 주지 않으면 안 되는 캠페인 시스템에서는, 유권자들의 미디어에의 노출빈도에 초점을 맞추었던 과거의 선거캠페인과는 전혀 다른 차원에서 접근해야 함을 의미한다.

한편, 4·11 총선 후보자들의 SNS 선거캠페인은 후보전용 모바일 애플리케이션(앱)을 이용한 선거캠페인으로도 발전되었다. 2008년 미국 대선에서 오바마 후보 진영이 "오바마 '08" 이라는 공식 iPod 애플리케이션을 이용하여 젊은 유권자들에게 크게 어필한 이후 한국에서도 개인 앱을 가진 정치인들이 생기기 시작했지만, 이러한 개인 앱을 이용한 선거캠페인은 한국에서는 이번 총선에서 처음 선보인 SNS 캠페인 방식이다. 많은 후보들이 개인 앱을 만들어 소셜 네트워크에 다각도로 접근하기 위해 애쓰는 모습을 보였다. 후보들은 앱을 통해 프로필과 공약 및 후보자 관련 뉴스, 그리고 후보자 블로그와의 링크 등을 제공할 뿐 아니라 후보자의 트위터나 페이스북으로도 연계되도록 디자인하여 후보자들의 SNS를 통한 소통을 직접 확인할 수 있게 하였다. 후보자 맞춤형 앱은 실제로 선거결과에 매우 긍정적인 영향을 미친 것으로 보고되고 있다.[5]

---

5 "SNS 잘 쓴 후보, 총선서 완승", (〈아시아경제〉, 2012.4.13)

(2) 4 · 11 총선 후보자들의 SNS 선거캠페인 효과

인터넷을 통한 선거운동이 전면 허용되고 다양한 채널을 통한 SNS 캠페인에 대한 관심이 높았던 4 · 11 총선에서 후보자들이 전개한 SNS 캠페인의 영향력은 어느 정도였을까? 다양한 변수들이 영향을 미치는 유권자들의 선택에 SNS를 활용한 선거캠페인이 얼마나 영향을 미쳤는지를 측정하기는 매우 어려운 일이다. 이 글에서는 각각 트윗 메시지의 노출도가 높은 후보자들과 트윗을 많이 한 후보자들의 선거결과를 분석해 봄으로써 간접적으로 SNS 캠페인의 영향력을 논의하기로 한다. 〈표 6-8〉은 공식선거기간 동안 트윗 빈도가 가장 높은 후보자 100명과 트윗의 노출도가 가장 높았던 후보자 100명의 지역적 분포와 당선자 수 및 당선 비율을 나타냈다. 트윗 횟수가 많은 후보자 100명 중 59%가 서울과 경기지역 후보자이며, 노출도에서는 상위 100명의 후보자 중 69%가 서울 · 경기를 지역구로 하고 있다는 점에서 지역적 편향성을 더욱 강하게 보이고 있다. 서울 · 경기 지역을 제외하고는 SNS 이용빈도가 가장 높은 것(5. 09%) 으로 나타난 부산의 경우에도 전체 67명 후보 중 문재인, 문성근, 손수조, 김정길, 전재수, 고창권, 최인호, 나성린 후보 등 8명을 제외하고는 팔로워가 1만 명이 넘는 후보가 없이 기본적 정보를 게재하는 데에만 SNS를 사용한 것으로 조사되었다.[6]

트위터 사용 유권자들의 지역적 편중과 그에 따른 후보자 SNS 캠페인의 지역적 편중의 결과, 트위터의 캠페인 효과도 지역적으로 치우쳐서 나타나고 있다. 〈표 6-8〉에서 나타나듯이, 트위터를 캠페인 기제로 사용하는 후보들 중 서울과 경기지역 후보들이 전국적 수준이나 수도권 외 지역의 후보자에 비해 훨씬 더 높은 당선율을 보이고 있다. 구체적으로 상위 100명 후보자의 당선율로 추정할 수 있는 트윗 빈도효과는 서울 · 경기지역이 다른 지역보다 약 16% 높게 나타나며, 트윗 노출효과는 서울 · 경기지역이 약 26% 높게 나타나는 것으로 집계되었다.

다음으로 〈표 6-8〉에서 트위터 캠페인의 빈도효과와 노출도 효과를 비교하면, 전국적으로 트윗을 가장 빈번히 한 후보자 100명 중 46명이 당선된 데 반해

6 "SNS 선거운동 열풍 부산은 비켜가", (〈국제신문〉, 2012.4.8)

〈표 6-8〉 트위터 버즈량 상위 후보자와 트윗 횟수 상위 후보자의 선거결과

지역	트윗 횟수 100위 이내 후보자	트윗 횟수 100위 이내 당선자(비율)	노출도 100위 이내 후보자	노출도 100위 이내 당선자(비율)
서울	36	18(50.0%)	48	27(56.3%)
경기	23	13(56.5%)	21	13(61.9%)
기타 지역	41	15(36.6%)	31	10(32.3%)
전국	100	46(46.0%)	100	51(51.0%)

출처: 다음소프트(전국적으로 트위터 사용 후보자 617명 중 39.2%인 241명이 당선됨).

노출도가 높았던 후보자는 100명 중 51명이 당선되어 약간의 차이는 있지만 크게 유의미한 차이를 보이고 있지는 않다. 하지만 서울과 경기지역에 한정해서 보면 트윗 빈도가 높은 후보자들과 노출도가 높은 후보자들 간의 당선 비율에 상당한 차이가 나타난다. 이러한 결과는 SNS 선거캠페인이 효과적이기 위해서는 단순 정보제공형 소통방식을 넘어 유권자들과의 관계맺음을 통해 네트워크상에서 노출도를 높임으로써 영향력을 확대할 필요가 있음을 다시 한 번 확인할 수 있다.

한편, SNS 캠페인의 가장 대표적인 효과 중 하나는 유권자 동원역할이다. 4·11 총선에서도 SNS 캠페인의 유권자 동원효과는 상당했던 것으로 평가된다. 특히, 전국 수준에 비해 상당히 높은 서울지역 젊은 유권자들의 투표율은 SNS 캠페인과 무관하지 않은 것으로 분석되고 있다. 전국의 20대 투표율은 41.5%, 30대 투표율은 45.5%인 데 반해, 서울지역의 20대 투표율은 46.2%, 30대 투표율은 49%였다.

그러나 많은 이들이 지적하는 것처럼 SNS 효과가 수도권에 한정되었다고만 평가하는 것은 SNS 선거캠페인의 효과를 축소해서 보는 시각일 수 있다. 지역에 상관없이 18대 총선보다 월등히 높아진 2030세대의 투표율[7] 또한 후보자들과 파워트위터리언들의 SNS 선거캠페인의 영향을 상당 부분 받은 것으로 평가할 수 있다. 특히 각각 약 20%와 15% 유권자들이 선거에 대한 정보를 SNS를 통해 획득하는 20대와 30대(〈표 6-6〉 참조)의 경우에는 지역구 후보의 SNS 활동에 상관없

7 18대 총선의 20대 투표율은 28.1%, 30대 투표율은 35.5%였다.

〈그림 6-1〉 4 · 11 총선 연령대별 정당 지지율

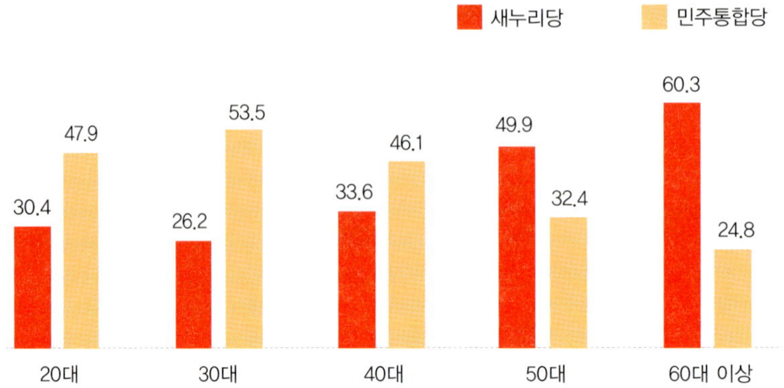

이 주요 후보자들과 파워 트위터리언들의 SNS활동에 노출될 확률이 크다. 이러한 세대 간 SNS 노출의 차이는 〈그림 6-1〉에서 확인할 수 있듯이 정당 지지율에서도 세대 간 격차를 강하게 나타내게 한 요인이 되었을 것으로 분석된다.

(3) 4 · 11 총선 후보자들의 SNS 선거캠페인의 한계

선거결과에의 영향력에도 불구하고, 우리 국회의원선거 최초의 SNS 캠페인은 몇 가지 면에서 한계를 보여주었다. 무엇보다도, 후보자들의 SNS 캠페인 전략의 부재를 지적할 수 있다. 10 · 26 서울시장 보궐선거 이후 SNS의 정치적 중요성이 급격히 커지자 SNS를 선거캠페인을 위해 어떻게 활용해야 하는지에 대한 구체적인 전략 없이 정치권은 SNS를 캠페인 기제로 급히 도입하였다. 이에 따라 많은 후보자들이 SNS라는 새로운 기제를 일방적 정보전달의 수단이었던 기존의 미디어 또는 홍보도구 이상으로 활용하지 못하는 양상을 보였다. 복합적 관계망 속에서 어떻게 정보를 확산하고 의견을 공유하며 신뢰를 확보할 것인지에 대한 적절한 전략이 없는 캠페인은 SNS 사용자들의 관심을 소수의 후보들에게 집중하도록 만들었으며, 그 결과 팔로워나 노출도에서 두각을 나타내지 못하는 많은 후보들이 SNS 캠페인을 중도 포기하는 일이 많아졌다.

더불어, 정당이나 후보자들이 SNS에서 주요 이슈들을 캠페인 의제화하지 못

했다는 점도 SNS 캠페인의 한계로 지적될 수 있다. 아직까지 무엇을 어떻게 소통하여야 하는지에 대한 매뉴얼이 없는 상황에서 정당과 후보자들은 스스로가 주도할 의제를 적극적으로 제시하지 못했으며, 결과적으로 오프라인에서 주로 캠페인을 전개하는 후보자들과 마찬가지로 SNS에서도 이슈 없는 선거전을 전개하게 되었다. 또한 SNS 사용자들이 가장 많은 관심을 보인 민간인 사찰, 제주 해군기지, FTA, 김용민 막말 등의 이슈에 대해서도 전체여론을 주도하는 데 성공적이지 못하였다. 이렇게 주요 의제를 이끌어 가는 데 실패하였을 뿐 아니라 지역 관련 이슈도 거의 제시되지 않는 가운데 몇몇 영향력 있는 후보자들을 제외하고는 SNS 사용자들에게 기존 캠페인과 차별적인 진정성이나 신뢰, 그리고 대안적 소통의 느낌을 줄 수가 없었다는 점이 이번 SNS 선거캠페인의 한계일 것이다.

캠페인 전략적 맥락에서 보았을 때 이러한 한계는 무엇보다도 정당이나 후보자들, 특히 SNS 효과의 극대화가 필요했던 야당 후보자들이 SNS 이용자들을 적극적으로 조직화하여 여론을 주도하도록 유도하는 전략적 시도가 부족했기 때문인 것으로 분석된다.

SNS를 활용하여 선거캠페인을 전개하는 정당과 대부분의 후보자들은 이번 총선에서 소셜 네트워크를 단순히 소통이나 정보제공의 장으로 생각했을 뿐 네트워크 내부를 조직화하려는 시도를 하지 않았다. 2008년 미국 대선에서의 오바마 캠페인은 물론이고 10·26 서울시장 선거 때도 야권후보 단일화를 위한 국민참여경선 등의 이벤트를 통해 네트워크 세계의 조직화가 상당 수준으로 진행되었다. 여기에 파워 트위터리언들이 주도하는 의제들이 박원순 후보에게 큰 힘을 실어줄 수 있었던 것이다. 물론 총선은 지역 단위의 선거이기 때문에 이들 두 선거와는 다른 유형이기는 하다. 총선 후보자들은 지역민을 대상으로 캠페인을 전개하는 것이 일반적이지만, SNS 캠페인은 지역민에 국한하여 전개할 수 없기 때문에 단일화된 지역구의 선거보다 그 집중도와 조직화 면에서 효과가 현저하게 떨어질 수밖에 없다. 하지만 현재 한국에서 '정당'이라는 요인이 후보자 선택에 중요한 변인인 만큼, 지역단위의 국회의원 선거에서도 소셜 네트워크상의 조직화가 효과적일 수 있다. 예컨대, 정당을 중심으로 온라인 세계를 조직화하는 작업이 진행되고 소수의 파워 트위터리언들이 아니라 다수의 조직화된 유권자가 온라인을 넘어 오프라인까지 여론을 주도할 수 있었다면, 지역에 관계없이 20대부터 40대까지의 젊은 유권자들의 관심과 지지를 훨씬 많이 확보할 수 있었을 것이다.

더불어, 4·11 총선에서의 SNS 선거캠페인은 대부분 기존의 미디어를 철저히 배제한 채 진행되었다는 점도 한계로 지적될 수 있다. 물론 그것은 SNS 선거캠페인의 주도 그룹이 기존언론의 지지를 얻지 못한 야당후보들인데다 총선과정이 주요 언론사의 파업시기와 맞물려 기존 매스미디어와 SNS 간의 괴리가 보다 커졌다는 점이 작용한 결과일 것이다. 그러나 그렇다고 하여도 각 정당이나 후보자들은 전략적으로 매스미디어와 SNS를 연동하는 다양한 이벤트를 구상할 수 있다. 예를 들어, 주요 후보자들의 TV 토론회를 SNS와 연동시키고 토론 후 정당이나 후보자가 주도하는 SNS 끝장 토론회를 개최하는 등의 이벤트는 단순히 후보자의 메시지를 받거나 이 메시지를 리트윗하는 방식을 통해 주로 전개되는 SNS 선거캠페인에 유권자가 적극적으로 참여하고 개입할 수 있도록 하는 하나의 방법이 될 수 있다.

같은 맥락에서 SNS 총선캠페인은 주요 SNS 기제들을 기존 인터넷 블로그 등과 연동시켜 소통의 깊이와 폭을 키우려는 시도를 거의 하지 않은 채 짧은 문장만으로 소통하는 트위터에 주로 의존하였다. 이 때문에 유권자와 깊이 있는 소통을 할 수 없었고 이는 위에서 언급했듯이 오프라인에까지 연결될 수 있는 온라인상의 조직화가 불가능했던 이유 중 하나가 되었다.

이러한 한계들에도 불구하고, 앞서 논의했듯이 4·11 총선에서 SNS의 영향력은 상당히 의미 있는 수준으로 나타났다. 특히 이번 선거가 SNS가 아직은 지역별, 세대별 차이를 심하게 보이는 가운데 선거캠페인에 SNS가 활용된 최초의 선거이자, 그것도 유권자가 지역으로 한정되는 지역단위 선거였다는 점을 고려하면, SNS 이용자가 크게 늘어나고 SNS 캠페인의 전략이 더욱 세련되어질 앞으로의 선거전에서는 그 효과가 더욱 커질 것이라고 전망할 수 있다.

맺는말

개방, 공유, 참여를 통한 정보와 의견의 무한 확산 가능성이라는 특성을 지닌 SNS는 저비용 미디어라는 점을 더하여 후보자들에게는 매우 매력적인 캠페인 기제이다. 19대 국회의원 선거를 앞둔 정당과 후보자들도 SNS 선거캠페인을 적극적으로 수용하였다. 전체 후보자들 중 트위터, 페이스북, 미투데이 등 SNS 계정을 하나라도 가지지 않은 후보자는 거의 없었고 특히 2011년 두 차례의 재・보궐 선거에서 중요한 역할을 한 트위터 계정은 600명 이상의 후보자들이 개설하였다. 그러나 대부분의 후보들은 선거에 돌입하면서 급하게 계정을 개설하고 SNS가 선거캠페인 기제로서 어떠한 이점을 가지고 있는지 제대로 파악하지도 못한 채 캠페인을 시작하였다. 이 때문에 많은 후보들이 과거의 미디어와는 전혀 다른 형태인 소셜미디어를 단순히 글을 올리거나 자원봉사자를 이용하여 댓글을 달거나 하는 식의 구태의연한 방법으로만 사용하는 모습을 보였다.

소셜 네트워크의 세계는 일방적 소통의 장이 아니라 그 규모가 어디까지 확대될지 상상하기 어려운 복합적 관계망 속의 소통의 장이다. 사용자들은 자발적인 참여를 통해 후보자가 전하는 정치적 정보를 재생산하고 공유하며 확산하는 역할을 한다. 이 과정에서 후보자 또는 후보자가 전달한 정보에 신뢰성이 더해지지 않으면 소셜 네트워크상의 유권자들은 더 이상 그 정보를 공유하지도 의견을 더하여 재생산하지도 그리고 확산시키지도 않는다. 즉, 소통과정에서 진정성이 느껴지지 않는 정보는 더 이상 재생산되지 않는 것이다. 신뢰관계가 가장 중요한 공간인 소셜 네트워크에 단순히 선거정보를 올리고 자원봉사자들이 대신 글을 쓰는 식의 소통방식은 SNS 사용자들에게는 결코 어필할 수 없는 캠페인 방식인 것이다.

소셜미디어는 사회 관계망 속에서만 의미가 있는 미디어라는 사실은 또한 소셜미디어가 유권자의 조직화에 매우 유리한 기제임을 의미한다. SNS 캠페인이 성공적이었던 정치적 경험들은 하나같이 SNS를 통한 정치적 조직화의 중요성을 보여준다. 이 글의 앞부분에서 논의한 것처럼 SNS 선거캠페인은 유권자들을 캠페인 조직에 '관여'시키고 집단들끼리의 '연대'를 형성하여 유권자 스스로가 후보자 지지에 직접 참여하도록 '동원'할 수 있어야 성공적이었다고 평가받을 수 있다. 그러나 4 · 11 총선 과정에서 나타난 SNS 선거캠페인은 소셜 네트워크상에서의 '관여'와 '연대'의 영역에 이르지 못하였고 따라서 동원에 성공적이지 못하였다고 분석된다. 이미 SNS에서 영향력과 파급력을 확보한 파워 트위터리언을 중심으로 이념적 또는 이슈에 따른 연대가 이루어졌지만, 이러한 연대가 지역을 단위로 하는 선거에서 전국적 지명도가 없는 후보자들에게까지 관심을 확대시키는 역할을 하지는 못했다.

오프라인까지 확대될 수 있는 소셜 네트워크상의 연대를 결성하기 위해서는 가능한 미디어 기제들을 통합적으로 활용하여 후보자와 유권자의 소통을 확대해야 한다. 즉, 짧은 정보와 의견을 제공할 수 있는 트위터나 페이스북과, 심도 있는 토론을 할 수 있는 블로그, 팟캐스트 등을 총동원하여 유권자와 깊이 있는 소통을 통해 유권자를 훈련하고 조직화하여 유권자와 함께 캠페인 정보를 만들고 함께 유포하는 방식이 되지 않고는, 소셜미디어라는 새로운 미디어의 활용이 기대만큼의 성과를 내기는 힘들어 보인다.

소셜 네트워크에서 유권자들은 캠프에서 올리는 캠페인 정보보다는 후보자가 직접 토론하고 답하는 소통을 통해 후보자를 알기를 원한다. 이 때문에 2008년 오바마 후보는 대선이라는 엄청난 규모의 선거에서 바쁜 일정을 소화하는 중에도 끊임없이 소셜 네트워크상에 형성된 그룹들과 토론을 전개했다. 10 · 26 서울시장 선거에서의 박원순 후보나 이번 총선에서 파워 트위터리언에 등재한 후보자들도 유사한 모습이었다. SNS 선거캠페인에 성공하는 후보자는 유권자들에게 많은 정보를 제공하는 후보자가 아니라 네트워크상에서 유권자들과 많은 이야기를 하고 이들을 그룹별로 조직화하여 결국 그들이 스스로 후보자의 오프라인 캠프로 찾아오게 만드는 후보자이다. 이를 위해서는 후보자 자신이 인터넷상에 형성된 다양한 정치그룹들을 찾아내고 이들과 토론하는 적극적 방법으로 유권자들에게 다가가야 할 것이다.

한편, 한국에서 SNS는 진보적 성향의 정당과 후보자들에게만 유리한 캠페인

기제라고 인식되는 경향이 있다. 물론 기존 매스미디어의 지나친 편향성으로 인해 대안적 성격을 가진 소셜 네트워크의 세계가 한국에서는 진보적 인물들에 의해 주도되고, 그 결과 전반적으로 진보적 성향을 띠는 것이 사실이다. 그러나 이것은 온라인의 연대가 오프라인의 연대에까지 연결되어 정치적 동원을 수행하는 경험들을 통해 온라인이 진보적 이슈를 중심으로 조직화에 성공한 결과이다. 하지만 SNS 전문가들이 지적하듯이, 실제 SNS 사용자들은 이념적으로 다양한 시각들을 가지고 있다. 뿐만 아니라 현재 소셜 네트워크를 지배하는 다소 진보적인 지향성에 동의할 수 없어 활발히 사용하지는 않으나 실제로는 정치소통의 기제로 소셜미디어를 사용할 준비가 된 사람들도 많다. 그러므로 유권자들과 소통하여 신뢰관계를 확보하고 이들을 조직화할 수 있다면 후보자의 성향에 관계없이 SNS 선거캠페인의 수혜자가 될 수 있다고 하겠다.

후보자들이 소셜미디어의 특성을 이해하고 적극적으로 유권자들과의 소통을 시도하는 가운데 SNS 선거캠페인의 전략이 보다 세련되어질 앞으로의 선거에서는, 소셜미디어의 역할이 보다 커질 것으로 전망된다.

참고문헌

김상배(2010), 《정보혁명과 권력변환》, 한울.

김용철 · 윤성이(2005), "E-Governance 구축의 전략적 모색", 〈한국정치학회보〉, 39(5).

윤성이(2008), "17대 대선에 나타난 온라인 선거운동의 특성과 한계", 〈한국정치학회보〉, 42(2).

이소영(2011), "풀뿌리 조직화와 2008 오바마 캠페인", 〈미국학논집〉, 43(2).

______(2012), "소셜미디어는 정치적 지식을 어떻게 확대하는가?", 《소셜 네트워크와 정치변동》, 한울.

장덕진 · 김기훈(2011), "한국인 트위터 네트워크의 구조와 동학", 〈언론정보연구〉, 48(1).

장우영 · 차재권(2012), "소셜 네트워크와 선거캠페인", 〈소셜 네트워크와 정치변동〉, 한울.

장우영 · 민희 · 이원태(2010), "지방선거와 웹캠페인: 제5회 서울시장 선거를 중심으로", 〈정보와 사회〉 18.

조희정 · 이원태(2010), "소셜미디어의 선택적 적응과 정치발전", 〈한국정당학회보〉, 9(2).

주미영 · 이소영(2009), "후보자의 미디어 전략과 대민 선거캠페인", 《2008년 미국 대선을 말한다—변화와 희망》, 도서출판 오름.

Schneider, Steven M., and Kristen A. Foot(2006), "Web Campaigning by U.S. Presidential Primary Candidates in 2000 and 2004", in Andrew P. Williams and John C. Tedesco(eds). *The Internet Elections: Perspectives on the Web in Campaign 2004*. Lanham: Rowman & Littlefield Publishers Inc.

Public TECHNOLOGY.net(2010. 5. 14), "2010: Whatever Happened to the Social Media Election?".

트위터 투표 인증샷을 통해 본 젊은 세대의 투표참여와 선거문화

제 7 장

서희정 · 이미나

들어가는말

2010년 6월 2일 지방선거를 시작으로 지난 3년간의 한국의 선거를 '한국판 SNS 선거의 해'라고 해도 무방할 것이다. SNS는 등장과 동시에 선거캠페인의 도구로 적극 활용되면서 선거캠페인 유형 및 방식에 변화를 가져왔으며, 또한 유권자들은 다른 유권자들이나 정치 후보자들과 직접 소통할 수 있는 공간과 기회를 얻었다. 이에 따라 SNS의 정치적 위력에 관심이 집중되었고, 이와 관련된 에피소드가 쏟아졌다. 또한 미디어 연구자들은 SNS가 가지고 온 정치, 사회, 문화적 변화에 주목하여 과연 SNS가 오늘날 한국 정치사회에 어떠한 영향력을 줄 수 있고, 이를 어떠한 방식에서 논의할 수 있는지에 주목하기 시작하였다.

특히 한국판 SNS 선거에서는 다른 나라의 SNS 선거와 다른 차별적인 특징이 나타나는데, 바로 '투표 인증샷' 현상이다. 투표 인증샷이란 유권자들이 자신의 투표행위를 증명하기 위해 찍는 사진을 뜻하는 것으로, 트위터를 포함한 온라인 공간에 '본인이 투표했음을 인증'하는 행위이다. 트위터에 인증샷을 올리는 것이 어떻게, 누구에 의해 시작되었는지는 정확하게 알 수 없으나 투표 인증샷이 한국

정치 선거문화의 인상적인 움직임으로 자리 잡은 것은 확실해 보인다. 투표 인증샷이 유행처럼 번져 하나의 선거문화로 자리매김한 것은 2010년 6·2 지방선거 때부터이다. 당시 일부 연예인들과 트위터 이용자들이 자신의 투표행위를 알리고 다른 유권자들에게 투표참여를 독려하는 목적으로 인증샷을 트위터에 올렸다.

투표참여를 독려하는 움직임은 트위터가 유행하기 이전에도 존재하였다. 투표 독려는 주로 중앙선거관리위원회(이하 선관위)나 공공기관을 중심으로 진행되었는데, 온·오프라인 투표참여 독려 캠페인을 실시하거나 참여 경품 이벤트, 행사 등을 열어 유권자들의 참여를 이끌어 내고자 하였다. 이외에 언론사에서도 공익 캠페인 차원에서 유명인사나 연예인들을 모델로 한 공익광고를 통해 투표 참여 메시지를 전달하거나 선거송을 불러 투표에 대한 관심을 일으키고자 하였다.

그러나 트위터 이용자가 확대되면서 '트위터'라는 미디어를 투표 독려의 목적으로 활용하기 시작하였고, 이는 트위터 이용자들의 증가와 더불어 사회적으로 매우 빠르게 확산되고 있다. 2012년 통계개발원 자료에 따르면 국내 트위터의 이용자수는 약 544만 명 정도로 추정된다(김태헌 외, 2012). 이는 전체 유권자의 약 12.5% 정도에 불과한 수치지만 트위터 이용자의 77%가 20~30대인 것으로 추정되면서 젊은 층의 트위터 이용과 연결되어 트위터에서의 투표 인증샷이 젊은 층의 투표참여에 어떤 영향을 미치는지에 대한 논의로 진행되고 있다.

신문보도와 설문조사기관의 설문결과 역시 투표 인증샷이 투표참여에 미치는 영향에 대한 분석을 내놓고 있는데, 공통적으로 트위터를 통한 투표 독려나 인증샷 참여가 오늘날 20~30대 젊은 세대의 정치참여나 투표율과 무관하지 않은 것으로 평가하고 있다. 상당수의 SNS 이용자들이 선거후보를 선택하는 데 SNS를 참고하며, 그중에서도 일부 이용자들은 이를 통해 정치참여활동을 하거나 선거일에 투표 인증샷에 동참하고 있다는 것이다. 특히 최근 20대 이상 성인남녀 833명을 대상으로 실시한 투표 인증샷의 효과에 대한 설문조사(뉴시스, 2012. 4. 10)는 실제로 트위터 투표 인증샷과 투표참여 간의 연관이 있을 것으로 추정하게 한다. 설문조사 결과에 따르면, 절반 정도인 51%가 투표 인증샷의 영향을 받는다고 응답하였으며, 연예인과 방송인(53.5%)의 투표 관련 트윗에 가장 영향을 많이 받은 것으로 나타났다.

말하자면, 트위터를 통한 투표 인증샷의 참여와 투표독려는 단순히 일회성으로 나타나는 에피소드가 아니라 우리 사회의 제도에까지도 파장을 미칠 수 있는 하나의 정치현상으로 이해되어야 할 것이다. 이는 2011년 10월 26일 보궐선거 당시, 선거관리위원회에서 특정 유명인사들의 투표 인증샷 및 투표독려 행위를 제도적으로 금지하였지만 해당 조항이 2012년 4월 11일 총선에서는 허용된 사례에서도 잘 알 수 있다.

트위터에서의 투표 인증샷은 간단하게 보면 '내가 오늘 투표했다'는 것을 트위터로 밝히는 일이지만, 그 효과와 의미를 밝히는 일은 보다 면밀한 분석을 요구한다. '투표 인증샷'이라는 새로운 사회적 현상이 현재 우리나라 정치 선거와 미디어 이용환경, 이용자의 미디어 이용행태와 맞물려 상호 간에 영향을 주고받기 때문이다. 특히 '투표 인증샷'이 다른 나라에서 유례를 찾아 볼 수 없는 우리나라만의 독특한 사회현상이며, 이에 대한 체계적 논의나 실증적 연구사례가 아직 없다는 점을 감안하면 '투표 인증샷'의 영향력을 정리하는 시도는 더욱 의미가 있다. 이에 이 글은 투표 인증샷에 대한 분석과 논의를 발전시키려는 의도에서 첫째, 투표 인증샷의 배경과 발전, 둘째, 투표 인증샷의 주요 이용층인 젊은 세대의 특성, 셋째 투표 인증샷이 투표참여에 미치는 영향에 대해 논의해 보고자 한다.

선거별 투표 인증샷의 특성

1) 6·2 지방선거: 투표 인증샷의 등장

2010년 6·2 지방선거는 '한국판 SNS 선거'의 장을 연 최초의 선거로, 트위터가 선거캠페인의 일환으로 처음 활용된 것은 물론 큰 이목을 끌면서 새로운 정치적 소통공간으로서의 가능성을 보여주었다. SNS의 위력은 이미 2008년 미국 대통령 선거에서 증명되었는데, 당시 오바마 후보는 선거운동 초기부터 SNS를 적극 활용하여 유권자들과 소통하였다. 특히 정치적 무관심이 지배적이던 젊은 세대에게 그들이 이용하는 SNS로 접근하여 관계를 형성함으로써 이들을 하나의 거대한 지지 네트워크로 연결하는 데 성공하였고, 이는 소셜미디어를 통한 정치 캠페인 및 소통의 새로운 영향력을 보여주는 가장 대표적인 사례로 꼽히고 있다.

한국의 경우에는 미국과 차별적인 측면에서 소셜미디어 선거 활용이 나타나고 있다. 이미 지방선거가 실시되기 이전부터 일각에서는 과연 한국 선거에서도 SNS의 위력이 발현될 수 있을지에 대한 궁금증이 나오기는 하였지만, 미국 대선과 같이 정치 후보자가 선거캠페인 전략의 하나로 소셜미디어를 적극 활용하는 형태는 두드러지지 않았다.

구체적으로 6·2 지방선거 당시의 선거캠페인을 살펴보면, 이전의 선거캠페인과 마찬가지로 다양한 공공기관과 전통매체에서 선거관련 캠페인을 실시하여 선거홍보 및 참여를 독려하였다. 방송사와 선관위에서는 연예인 홍보모델을 중심으로 선거송이나 선거홍보 캠페인, 선물 증정 이벤트 등을 실시하였으며, 인터넷 포털사이트에서는 선거관련 정보를 제공함으로써 선거에 대한 유권자들의 관심과 참여를 이끌어내고자 하였다. 물론 일부 정치 후보자들과 정당들은 트위터를 통하여 유권자들과 소통하고자 시도하였으나 2010년 2월에 선관위에서 발표한 '선거 관련 트위터 이용가능 범위'에 의해 트위터를 공식적으로 선거캠페인에 활용하는 데는 한계가 있었다.

실제로 한국에서의 트위터 열풍은 일부 연예인들과 일반 트위터 이용자들의 자발적인 투표참여 및 독려행위에서 시작된 것으로 보인다. 연예인들의 경우 트위터가 등장하기 이전에는 정치적 목소리를 내는 데 상대적으로 소극적이었으며, 투표독려나 선거홍보를 한다고 해도 공익 캠페인의 차원에서 공공기관이나 미디어의 선거캠페인을 통해 일반 유권자들을 독려하는 간접적 형태였다. 그러나 6·2 지방선거 때부터 이효리, 김제동, 박진희, 노홍철 등 일부 유명 연예인들은 트위터를 통해 자신이 한 국가의 유권자로서 정치에 적극적으로 참여하고 다른 유권자들 역시 참여해 줄 것을 '인증샷'과 '멘션'으로 독려하면서 팬들을 포함한 일반 유권자들에게 큰 호응을 얻었다.

이러한 변화에는 '투표 인증샷'의 공이 매우 컸다고 해도 과언이 아니다. 이전에 투표확인증과 같이 투표행위를 다른 누군가에게 확인받는 의미에서의 투표사진은 존재하였지만 순수하게 자신의 투표행위를 다른 사람들에게 알리고, 참여를 독려하는 차원에서 '투표 인증샷'이란 용어가 등장한 것은 6 · 2 지방선거가 처음인 것으로 보인다.

2) 10 · 26 보궐선거: 투표 인증샷의 확산

6 · 2 지방선거가 트위터 인증샷이 유행하게 된 첫 번째 선거라고 한다면 2011년 10월 26일 보궐선거는 트위터인증샷의 획기적 확산을 가져온 선거라고 할 수 있다. 이 과정에서 트위터인증샷을 올리는 이용자들과 선관위 사이의 트위터의 선거캠페인 매체에 대한 제도적 인식에 따른 갈등은 10 · 26 선거의 특징이라고 할 수 있다.

10 · 26 보궐선거에서는 6 · 2 지방선거에서 트위터의 파급력과 위력을 경험한 트위터 이용자들과 정당 및 정치 후보자들이 트위터를 선거캠페인에 본격적으로 활용하기 시작하였다. 이에 따라 선관위에서는 보궐선거에 앞서 선거와 관련된 'SNS 규제방침'을 제시하였으나 그 내용과 규제 기준에 있어 일부 애매모호하고 모순된 부분이 포함되면서 논란이 일어났다.

트위터 선거운동에 대한 지침을 처음 제시한 2010년 지방선거의 '선거관련 트위터 이용가능 범위'지침에서는 트위터가 선거캠페인의 일환으로 활용되는 데 있어서 허용이 가능한 범위를 중점으로 다룬 반면, 2011년 보궐선거의 'SNS 규제방침'에서는 위법 트위터 선거운동에 초점을 두어 단속이나 범위, 대처 방법 등을 제시하였다(시사브리핑, 2011. 10. 20). 그러나 일부 내용은 지난 선거 때 밝힌 내용과 모순되며, 개별 항목에 대한 판단기준 또한 매우 애매하고 미흡하여 해석에 따라 논란의 여지가 있다고 비난받았다. 그중에서도 가장 논란이 되었던 부분은 일반 유권자와 유명인들의 투표독려 행위에 대해서 위법기준을 제시하고 일부 제한한 내용이었는데, 특정 후보를 지지하는 글을 올리는 것은 가능하지만 여러 번

올리는 경우 규정위반이 되며, 특정 후보에게 투표하도록 권유하는 것으로 인식될 수 있는 사람은 투표 인증샷을 올리거나 투표독려하는 것 자체도 위법행위로 간주되었다. 이에 따라 유권자들은 SNS 선거운동이라는 새로운 시대적 흐름에 선관위가 적절하게 대처하기보다는 규제하는 데 급급하며, 특히 유명인들을 포함한 일반인들의 투표독려 행위 및 투표 인증샷의 규제로 개인의 표현의 자유와 정보접근의 권리를 침해한다고 비판하였다.

10·26 보궐선거는 인증샷이 트위터 이용자에게 확산되고 자발적으로 참여를 이끌어내어, 인증샷이 보편화되고 대중적으로 자리잡는 모습을 보여주었다. 선거 당일 트위터상에서 투표 인증샷이 거론된 트윗 수는 약 17만 3천 건으로, 전체 트윗 건수의 11.3%에 이르는 수치였다(〈한겨레〉, 2011.10.26).[1]

또한 트위터뿐만 아니라 페이스북, 미투데이와 같은 다른 주요 SNS에서도 투표 인증샷이 퍼져나가면서 이들 SNS 역시 투표 인증샷의 새로운 무대로 대중화되기 시작하였다. 페이스북의 정치 선거운동의 위력은 이미 2008년 미국 대선의 오바마 대통령 선거캠페인에서 증명되었다. 우리나라의 경우에는 페이스북이 트위터보다 인지도가 낮아 조금 늦게 성장하기는 했지만, 엄청난 속도로 성장하면서 최근 선거캠페인의 주요 SNS로 자리잡게 되었다. 특히 10·26 보궐선거에서는 서울시장 보궐선거와 관련하여 '서울시장 선거 투표 인증샷 공유 페이스북 어플'을 출시하면서 많은 이용자들의 참여와 호응을 얻었다.

1 스티브 잡스 사망일 트위터에서 스티브 잡스가 거론된 트윗수가 전체 트윗수의 3.5%에 불과한 것으로 알려진 것에 비춰 볼 때, 10·26 보궐선거 당시의 투표 인증샷의 열기를 짐작할 수 있다.

3) 4 · 11 총선과 투표 인증샷: 투표 인증샷의 진화

2012년 4월 11일 총선은 앞서의 등장시기와 대중적 확산 및 안착시기를 거쳐 법적 허용과 투표 인증샷 문화의 확장 시기로 볼 수 있다. 먼저 소셜 네트워크 분석 업체인 그루터의 통계자료에 따르면, '투표'가 언급된 트윗 수는 투표가 있기 전날인 10일부터 평소 평균 시간당 1만 5천여 건이었던 것에 비해 3배 가까이 높게 나타났으며(〈한국일보〉, 2012. 4. 11), 투표가 진행되었던 4 · 11 당일 오전 6시부터 오후 6시 사이에는 평소 선거운동 기간 대비 무려 6배가량이나 폭증한 47만 건이 트위터에 올라왔다(뉴시스, 2012. 4. 12). 그중에서도 낮 12시 전후로 투표독려 글이 약 4만 5천여 건 증가함과 동시에 투표율 역시 가파른 상승세를 보였다(뉴시스, 2012. 4. 12). 또한 투표 인증사진 파일이 담긴 투표 인증샷은 선거 당일 시간당 7천여 건에 달하여, 이날 투표시간 동안 총합 6만여 건 정도가 트위터에 올라온 것으로 확인되었다(〈한국일보〉, 2012. 4. 11).

4 · 11 총선의 투표 인증샷의 특징은 첫째, SNS를 통한 인터넷 선거운동과 이전 선거에서 논란이 되었던 투표 인증샷이 처음으로 허용되어 합법적 SNS 선거운동이 실시되었던 최초의 선거였다는 점이다. 선거관리위원회(www.nec.go.kr)의 구체적인 허용사항을 보면, 포털사이트와 미니홈페이지, 블로그 등을 포함하는 인터넷 선거운동과 전자우편, 모바일메신저, 트위터 등 SNS를 이용한 선거운동 모두가 허용되었다. 기존에 선거운동기간 인터넷을 통한 선거운동을 금지하였던 선거조항은 언제든 SNS를 이용해 선거운동을 할 수 있도록 변경되었으며, 그 범위 역시 허위사실 유포와 비방 등의 조항을 금지하지 않는 선에서 가능하게 되었다. 심지어 선거운동에 이르지 않는 범위 내에서 투표일에도 SNS 등으로 특정 후보에 대한 지지를 호소하거나 투표 인증샷 등을 통하여 투표참여를 홍보하는 것 역시 허용되었다. 또한 투표 인증샷을 찍을 경우 인증샷 안에 특정 정당 또는 후보자를 지지하거나 반대하는 내용이 들어가서는 안 되며, 손가락으로 'V자'를 그리거나 '특정 기호나 숫자'를 연상시킬 수 있는 행위는 선거법 위반에 해당된다고 밝혔다.

둘째로 4·11 총선에서 나타난 투표 인증샷의 특징은 다양성 확보이다. 투표 인증샷에 참여하는 사람들의 유형, 투표 인증샷의 유형 등이 다양한 형태로 전개되었으며, 유명인들의 적극적인 정치참여와 활동들이 부각되었다. 이는 유명인들의 '이색 공약 시리즈'에서 쉽게 확인해 볼 수 있다. 이색공약 시리즈는 연예인들을 포함한 유명인들이 선거 투표율 제고를 위해 '전체 투표율이 몇 % 넘길 경우 ○○을 하겠다'는 내용의 공약을 제시하는 이벤트로, 몇몇 일부 유명인에 한하여 진행되었던 과거 선거 때와는 달리 4·11 총선에서는 유명 연예인뿐 아니라 사회적으로 영향력 있는 인물로 뽑히는 유명인들과 정당 대표 및 정치 후보자, 일반 기업들까지 광범위하게 참여하면서 유권자들의 이목을 끌었다.

이외에도 4·11 총선에서는 일반 유권자들의 참여 역시 두드러졌는데, 유권자들 사이에서도 투표독려 및 투표 인증샷 릴레이가 이루어져 트위터뿐만 아니라 페이스북, 미투데이와 같은 다른 소셜미디어에서도 투표독려 행위가 활발하게 진행되었다. 또한 4·11 총선에서는 SNS뿐만 아니라 모바일 메신저(예를 들면, 카카오스토리, 카카오톡, 틱톡 등)의 활약도 돋보였다. 페이스북, 미투데이, 모바일 메신저 서비스 등은 업로드가 빠르고 간단하지만 가입자 간의 사적인 연결망 안에서 운영되는 만큼 제약이 덜하다는 특징이 있어 선거 당일 지인들과 자신의 투표 인증샷을 공유하는 사례가 빠르게 증가하였으며, 특히 당일 '카카오스토리' 게시물 가운데 상당수가 선거와 관련된 것으로 확인되었다(〈머니투데이〉, 2012. 4. 11).

투표 인증샷의 참여에도 많은 변화가 나타났다. 이전에는 인증샷 공유가 젊은 세대에 집중된 현상이었다면 가족 단위의 투표 인증샷이 많이 등장하게 되었으며, 뿐만 아니라 투표행위와 팬덤현상이 결합된 형태의 투표 인증샷도 등장하였다. 가수 JYJ의 팬들은 투표 인증샷에 스타 응원 메시지까지 함께 포함시키는 신종 투표 팬덤 놀이를 보여주면서 투표를 독려하였다.

이러한 투표참여의 움직임에는 SNS 뿐만 아니라 전통매체와 포털사이트, 정당에서도 동참하였다. 전통매체와 포털사이트에서는 SNS상에 올라오는 총선관련 주요 트윗 글들을 정리하여 보도했고, 그중에서도 SBS는 투표 당일 오전부터

〈그림 7-1〉 MBC와 DAUM의 '19대 총선 투표 인증샷 놀이' 사이트

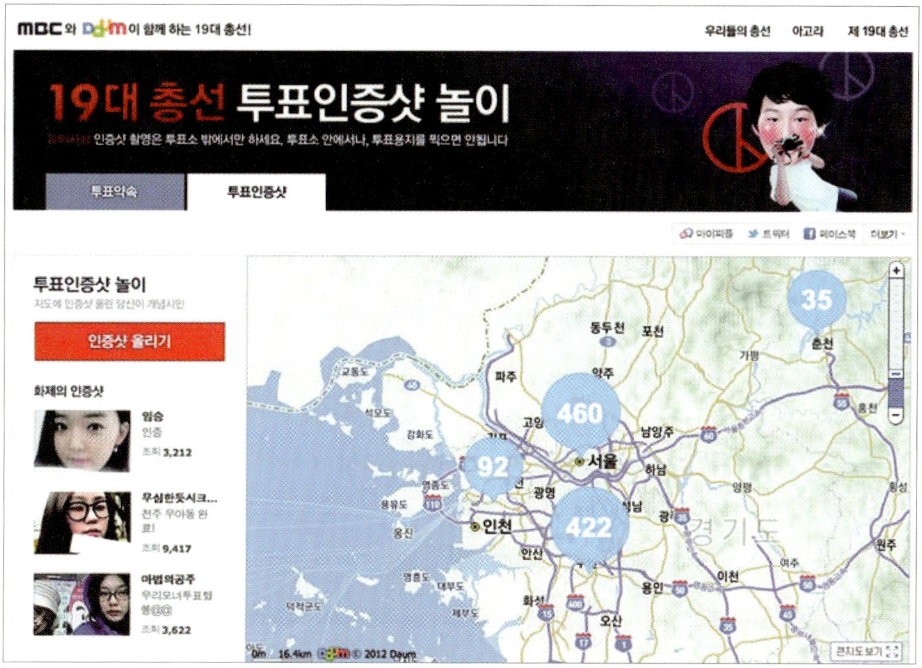

투표 인증샷을 실시간 제공하였다. MBC와 포털사이트 다음(media. daum. net/ 2012g_election)은 함께 총선참여 캠페인을 기획하여 유권자들이 투표참여를 다짐하는 '투표 약속'과 투표 인증샷을 올리는 수 있는 공간을 만들었다(〈그림 7-1〉). 이 밖에 경향신문(www. vote4u. kr)과 한겨레 등을 포함한 인터넷 신문 사이트와 정당 홈페이지에서도 실시간 SNS 생중계와 투표 인증샷 공간을 만들었다.

이와 같은 투표 인증샷의 다양성은 4 · 11 총선의 특징과 무관하지 않은 것으로 보이는데, 4 · 11 총선의 트위터 투표 인증샷은 특정 후보자에 대한 지지보다 투표 자체를 독려하는 목적성을 띠었다. 이에 따라 사회 전반적으로 적극적인 투표참여를 이끌어 내고자 하는 분위기가 형성되었고 유명인들의 투표참여나 투표 인증샷, 이색공약 등이 일반 유권자들에게 큰 호응을 얻고 있는 것 역시 이러한 이유인 것으로 분석된다.

투표 인증샷이 젊은 세대의 투표참여에 미치는 영향 : 세대의 특성

젊은 층의 투표 인증샷과 투표 참여에 미치는 영향을 분석하기 위해 먼저 그간의 통계치를 통해 젊은 세대의 투표참여율과 최근 선거에서 나타난 특징을 살펴보고 이어서 젊은 세대의 투표참여율을 이해하기 위해 젊은 세대의 세대적 특징을 살펴볼 필요가 있다.

1) 젊은 세대의 투표 참여율

이미 오래전부터 한국 정치사회에서 '세대' 요인은 정치 커뮤니케이션에 영향을 미치는 주요 핵심변수로 주목받았다. 그중에서도 20~30대의 젊은 세대들에 대한 관심은 꾸준히 지속되었는데, 특히 선거 때마다 젊은 세대는 선거결과의 최대 변수로 거론되고 있다.

먼저, 〈표 7-1〉의 역대 주요 선거 연령별 투표율을 살펴보면 전반적으로 투표

〈표 7-1〉 주요 선거의 연령구간별 투표율

단위: %

구분	19세	20대 전반	20대 후반	30대 전반	30대 후반	40대	50대	60대 이상
15대 대통령 선거(1998)	-	66.4	69.9	80.4	84.9	87.5	81.3	74.4
16대 국회의원 선거(2000)	-	39.9	34.2	45.1	56.5	66.8	77.6	75.2
3회 지방선거(2002)	-	36.3	27.0	34.5	44.8	56.2	70.0	72.5
16대 대통령선거(2002)	-	57.9	55.2	64.3	70.8	76.3	83.7	78.7
17대 국회의원 선거(2004)	-	46.0	43.3	53.2	59.8	66.0	74.8	71.5
4회 지방선거(2006)	37.9	38.3	29.6	37.0	45.6	55.4	68.2	70.9
17대 대통령 선거(2007)	54.2	51.1	42.9	51.3	58.5	66.3	76.6	76.3
18대 국회의원 선거(2008)	33.2	32.9	24.2	31.0	39.4	47.9	60.3	65.5
5회 지방선거(2010)	47.4	45.8	37.1	41.9	50.0	55.0	64.1	69.3
19대 국회의원 선거(2012)	47.2	45.5	37.9	41.9	49.1	52.6	62.4	68.8

출처: 선거관리위원회 자료 참조.

〈그림 7-2〉 18대와 19대 총선의 연령구간별 투표율

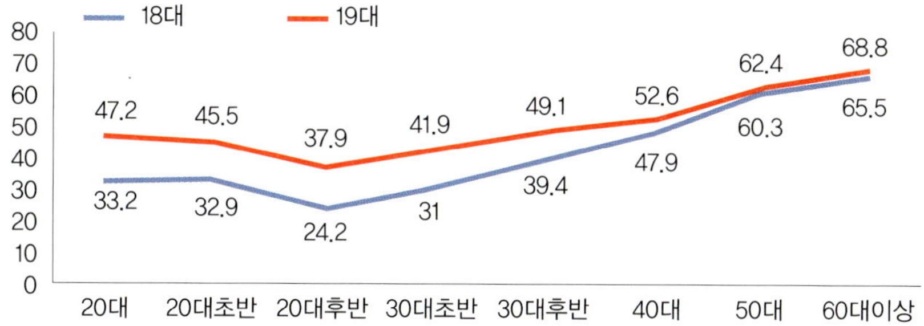

율과 연령이 정비례하는 현상을 보이고 있다. 1997년에서 2010년까지 약 13년 동안 진행된 국내 선거를 살펴보면, 50~60대 이상 투표율이 가장 높고 20대의 투표율은 가장 낮은 것으로 나타났다. 전반적으로 선거 투표율이 회를 거듭할수록 감소하는 것으로 확인되고 있지만 그중에서도 젊은 세대의 투표 참여율은 꾸준히 전 연령대비 가장 낮은 비율을 기록하고 있다.

그러나 여기서 주목해야 할 점은 2010년 6월 2일에 실시되었던 5대 지방선거를 기점으로 20~30대 투표율이 눈에 띄게 늘었다는 것이다. 40~60대 투표율은 감소한 반면, 20대~30대의 투표율은 적게는 4%, 많게는 17%까지 증가했다. 또한 이러한 젊은 세대의 투표율 증가현상은 6·2 지방선거 때에만 나타난 일회적 현상에 그치지 않고 그 이후의 10·26 보궐선거와 4·11 총선에서도 계속 지속되고 있다는 점이 사회적 이목을 끌고 있다.

구체적으로 18대 총선과 19대 총선의 세대별 투표율을 비교하면, 비록 20~30대의 투표율이 다른 연령대에 비해 가장 낮게 나타나기는 하였지만 18대 총선에 비해 19대 총선에서 큰 폭으로 상승하였으며, 이는 지난 2010년 6·2 지방선거 당시 나타났던 20대(41.1%), 30대(46.2%)의 투표율과 유사하게 높다는 점에서 의미가 있다(〈그림 7-2〉 참고).

2) 젊은 세대의 세대별 구분과 특성

특정 세대는 다른 세대와는 구분되는 역사적・문화적・사회적 경험을 가지고 있어 어떠한 세대적 경험을 공유하느냐에 따라 그 세대에 속하는 개인들의 가치관이나 행동양식이 달라질 수 있다. 따라서 이러한 세대별 특성이 2010년 6・2 지방선거를 기준으로 20~30대의 투표율의 증가세와의 어떠한 관련이 있는지를 생각해 볼 수 있다.

오늘날의 젊은 세대는 이전의 젊은 세대와 전혀 다른 차별적인 모습을 보이고 있다. 이들을 뜻하는 용어에는 '디지털세대'(*Digital Generation*), 'N세대'(*Net Generation*), '정보화세대' 등의 다양한 이름이 존재한다. 우리가 흔히 '젊은 세대'라 칭하는 이들의 이러한 변화와 행동을 설명하기 위해서는 이를 구분할 수 있는 명확한 세대 논의와 더불어 이들이 어떠한 특징을 가지고 있는지를 살펴볼 필요가 있다. 이를 정리해보면 크게 3가지로 구분할 수 있다.

첫째는 가장 보편적인 구분인 코호트(*cohort*)에 따른 세대구분이다. 이는 출생연도를 기준으로 역사적 경험이나 사회화에서 동일한 경험을 겪은 세대들을 지칭하는 것이다. 대표적인 예로 탭스콧(Tapscott, 1997, 2009)의 'N세대'를 들 수 있는데, 이는 1977년부터 1997년 사이에 출생한 세대로 디지털 매체를 적극적으로 활용하면서 이를 통해 대화, 오락, 학습, 작업, 사고 등의 새로운 가치관을 형성하는 세대를 일컫는 말이다.

이들은 자신들이 만든 인터넷 세계에 직접 참여하고 자신의 의견을 능동적으로 개진할 뿐만 아니라 토론 및 논쟁 등을 하며, 놀이와 쇼핑 등의 모든 활동을 한다(김기환・윤상호・조주은, 2009). 또한 실시간, 즉시성에 매우 민감하게 반응하며, 능동적으로 자신에게 관심이 있는 정보를 취사선택・편집・가공하면서 자신의 것으로 만든다. 한국의 경우에는 1974~1983년 사이에 출생한 '신세대'나, 20대(1984~1994년생)를 지칭하는 88만원 세대, 반값등록금 세대, 촛불집회 세대 등이 N세대에 해당한다.

둘째로 정치 또는 경제적 이념의 차이에 따라 나타나는 세대구분이 있다. 가장 보편적인 예로 2040세대를 진보적 세대동맹으로, 5060세대를 보수적 세대동맹으로 칭하는 것이 여기에 속한다. 일부 학자들은 최근에 있었던 선거들에서는 그동안 정초(定礎) 선거로 논의된 지역구도의 위력이 약해지고 세대 간의 계급적 갈등이 커지는, 즉 '세대'가 '지역'을 대체하는 경향이 나타났다고 지적하였다(시사 INLive, 2011. 11. 9. ; 〈경향신문〉, 2011. 10. 28). 즉, 젊은 세대는 야권을, 50대 이상은 여권을 지지하는 '여노야소(與老野少) 현상'이 이제 선거의 기본문법이자 핵심변수가 되었다는 것이다.

그러나 앞에서 살펴본 2가지 세대구분(코호트에 의한, 정치 또는 경제적・이념적 차이에 의한 구분)을 한국의 정치현실에 적용하기에는 한계가 있다는 논의도 존재한다. 박권일(2012)은 연령 또는 코호트에 의한 구분은 단순하게 연령에 따라 한 세대의 동질성을 묶어내고자 하였지만, 이들은 정치, 사회, 문화적 공통점을 찾기 힘들 정도로 다른 면모를 가졌다고 지적한다. 정치 또는 경제적・이념적 차이에 따른 구분 역시 세대가 이념의 문제를 포함하지만, 반대로 이념으로는 환원된다고는 할 수 없다는 점에서 이념을 세대구분 기준으로 보기 어렵다.

또한 세대 내 모든 사람이 언제나 정치・경제적 이념의 문제로 연결되지는 않으며, 이러한 이념에 의한 세대구분과 갈등은 최근에만 나타난 현상이 아니라 이전부터 지속적으로 대두되었던 문제이기 때문에 이를 오늘날 2030대의 적용시켜 논의하기에는 매우 한계가 있다고 주장하였다. 실제로 1992~2008년 한국인의 투표행태를 분석한 '한국인의 투표행태'(이갑윤, 2011)에서도 한국 선거에서는 이러한 구분에 따라 투표한다는 증거를 찾아볼 수 없었다. 따라서 단순히 불투명한 이념적 특성에 따라 2030세대를 구분하는 데에는 문제가 있다.

이러한 비판과 함께 최근 2030대의 특징을 표현할 수 있는 매우 중요한 공통점으로 '미디어 리터러시'(*media literacy*)가 강조된다(박원일, 2012). '리터러시'란 본래 사전적 의미로 의사소통을 목적으로 하는 문자언어의 읽고 쓸 수 있는 능력으로, 여기서 읽고 쓸 수 있는 능력은 단순 읽기, 쓰기 능력뿐만 아니라 읽기와 쓰기의 활용에 대한 심적 경향이나 사고방식까지 포함된다. 이는 다양한 미디어의 등장으로 인해 그 의미가 더욱 광범위하게 확장되었다.

1992년 애스펜연구소에서는 미디어 리터러시를 "다양한 형태의 커뮤니케이션에 접근하고, 분석하고, 평가하고, 발신하는 능력"이라고 정의하였다(안해룡·안미라, 2001). 이것은 인간 커뮤니케이션의 수단이 되는 미디어가 제시하는 메시지를 이해하고(*read*), 이들 미디어를 활용하여 자신의 의사를 표현하는(*write*) 능력으로(안남일, 2006), 결국 미디어 리터러시는 미디어가 형성한 현실을 비판적으로 읽어내면서 미디어를 사용하여 표현해가는 능력이라고 할 수 있다(안해룡·안미라, 2001).

이는 이질적 세대의 특성을 하나의 동맹으로 통합적으로 설명하고 다른 세대와의 구분을 짓는 데 핵심요인으로 작용할 수 있다. 즉, 각 세대가 어떠한 미디어를 통해 어떠한 정보를 분석하고 평가하였는지에 따라 이를 바탕으로 의견이나 사고를 표현하는 방식이 달라질 수 있으며, 더 나아가서는 영향을 미칠 수 있는 능력 역시 달라질 수 있다는 것이다.

이러한 논의를 바탕으로 20~30대 젊은 세대만의 특징 역시 설명할 수 있다. 2030 이전의 세대들은 전통 미디어를 중심으로 미디어 리터러시를 해왔다면, 2030세대들은 디지털 매체를 중심으로 적극 활용하면서 이전 세대와는 구분되는 특성을 가지게 된다. 이는 단순히 디지털 매체를 적극적으로 활용하는 N세대에서 그치지 않고 사회정치적 이슈에 적극 관여함으로써 '따로 또 같이'라는 그들만의 특성을 만들어 가는 특징을 가지게 되는 것이다(이현우, 2005).

선거에 참여하는 젊은 세대의 특징을 미디어 리터러시의 측면으로 요약하는 것은 이 글의 주제인 투표 인증샷과 젊은 세대의 투표참여와 선거문화에 대해 시사하는 바가 크다. 미디어 리터러시는 한마디로 '미디어 활용능력'인 동시에 '매체에 대한 감수성'이다. 좀더 구체적으로 기존 올드미디어에 대한 비판의식 내지는 냉소와 새로운 미디어에 대한 기대 및 열망, 이에 대한 감수성이 복합적으로 작용하여 나타나는 것이 바로 미디어 리터러시인 것이다. 선거와 관련하여 보면 미디어 리터러시는 특정 시대의 선거에 참여하는 젊은 세대를 특징짓는 데도 유효한 개념이다. 곧 어떠한 미디어를 중심으로 미디어 리터러시가 생성되고 공유되었느냐에 따라 이를 향유하는 세대의 특성 역시 각기 다르며, 이를 통해 투표참여와 선거문화를 설명할 수 있기 때문이다. 이러한 논의에 따라 세대가 공유하는 미디어 리터러시의 특징을 젊은 세대의 투표참여와 선거문화와 연관시킬 수 있다.[2]

오늘날의 젊은 세대들은 트위터, 페이스북 등과 같은 'SNS'를 적극 수용하면서 새로운 미디어 리터러시를 공유하고 있으며, 또한 이를 바탕으로 그들만의 세대적 특성과 문화를 만들어내고 있으며 이러한 세대적 특성은 지난 3년간의 선거를 비롯한 정치영역에까지 여실히 드러났다고 볼 수 있다. 특히 정치참여 측면에서 나타나는 젊은 세대의 가장 큰 특징은 '자발적 참여'와 '즐거움 또는 재미'로 정리된다. 이전의 정치 선거캠페인은 정당을 중심으로 특정 후보자 및 정당을 홍보하고, 지지를 호소하는 내용이 지배적이었다. 그러나 소셜미디어의 네트워크 연결성은 정치 후보자나 정당과 유권자들이 직접 관계를 맺고 소통할 수 있는 가능성을 제공하면서 정당 중심의 일방적, 간접적 선거운동을 후보자와 유권자 간의 소통 중심의 참여적 선거운동으로 변화시켰다.

서울시장 박원순 후보의 소셜미디어 선거운동 사례는 트위터와 같은 SNS에 익숙한 젊은 세대들이 어떻게 투표에 참가하고 선거를 받아들이는지를 잘 보여줬다. 상대 후보에 비해 상대적으로 낮은 인지도와 정치적 경험을 가지고 있었던 무소속 박원순 후보가 한나라당의 나경원 후보를 이기고 당선할 수 있었던 데는 트위터의 힘이 결정적으로 작용했다고 볼 수 있다. 트위터는 무소속으로 출마한 '시민 후보' 박원순에게 정당 그 이상의 기능을 수행하며 승리의 원동력으로 작용한 것이다(오마이뉴스, 2011. 11. 6). 당시 박원순 후보는 트위터를 적극 활용한 선거운동을 펼치면서 그 결과 20대(69.3%), 30대(75.8%), 40대(66.85%)에게 높은 지지를 받았다. 이는 단순히 트위터를 선거캠페인에 적극 활용한 후보자의 승리가 아닌 그동안 정치 무관심이 만연했던 젊은 세대들의 집합적이고 적극적인 정치참여 가능성을 그들이 공유하는 소셜미디어를 통해 활성화하고 참여를 이끌어 냈다는 점에서 의의가 있다.

또한 이러한 소셜미디어의 정치적 활용은 정치참여에 대한 젊은 유권자들의 관

2 한나라당 김형오 의원(국회 과학기술정보통신위원장)은 연도별로 권력을 창출하는 핵심미디어에 대해 1987년 대선에서는 광장의 확성기가, 1992년 대선은 신문, 1997년 대선은 TV, 2002년 대선에서는 인터넷이라고 지적하였다.

심을 높인 반면, 정치참여의 개념을 한 국가의 국민에게 주어진 무겁고 번거로운 임무나 의무의 수행이 아닌 민주주의의 축제 또는 놀이의 참여로 받아들일 수 있도록 하였다고 평가할 수 있다. 즉, 소셜미디어에 내포된 매체적 즐거움이 정치참여의 즐거움으로 확장되면서 이를 이용하는 20~30대들은 정치에 보다 거부감 없이 쉽게 접근할 수 있게 된 것이다. 또한 소셜미디어를 통한 정치참여는 젊은 세대에게 놀이가 된 동시에, 궁극적으로는 국민의 의무를 다하고 그들의 목소리를 낼 수 있도록 하는 계기를 마련해 주었다.

투표 인증샷의 동기

투표 인증샷의 영향력과 효과를 진단하기 위한 다른 하나의 접근 방식은 보다 구체적으로 투표 인증샷을 왜 올리는지 그리고 투표 인증샷에 노출되었을 때는 어떤 효과가 있는지를 살펴보는 것이다. 이를 위해 이 글에서는 2012년 4·11 총선 당일 '인증샷'을 포함한 트위터 멘션을 수집하였다.[3]

인증샷을 키워드로 수집된 멘션을 보면, '투표 인증샷'을 포함하는 많은 멘션들에서 실제 본인이 투표했음을 전달하고 있는 내용이 다수를 이뤘다(예: '한 표가 역사를 바꾼 인증샷. 한 표가 정말 중요해요', '투표 하셨죠? 꼭 하세요'). 그러나 단순히 본인이 투표했음을 알리는 것 이외에도 다른 사람의 투표 인증샷을 리트윗하는 등 투표 인증샷으로 지칭되는 멘션들은 다양한 내용을 포함하고 있었다. 이를 대략적으로 구분해 보면 다음 〈표 7-2〉와 같다.

멘션에 대한 대략적인 구분은 '투표했음을 인증하는 내용', '정치적 의사표현', '정보제공', '투표 독려', '자기표현', '맞팔 신청', '리트윗' 등이었다. 투표했음을

3 이 글을 위한 자료수집은 총선 직후 트위터 전문분석기관을 이용하였다. 투표 개시시간인 오전 6시부터 종료시간인 오후 6시까지 '인증샷'을 키워드로 하였으며, 총 49,486건의 멘션을 수집하였다. 다른 조사기관을 이용한 보도에 따르면 4·11 총선에서 약 6만 건의 트윗 멘션이 언급되는데(〈한국일보〉, 2011.4.11), 수치상의 차이는 오전 6시 이전과 오후 6시 이후의 멘션을 포함했는지의 여부, 조사기관별로 보유하고 있는 트위터 계정의 차이 등에서 오는 것으로 파악된다. 한편 이 글에서 인용한 자료의 심층분석은 추후 실시될 예정이며 별개 연구를 통해 보고할 예정이다.

인증하는 내용은 본인이 투표했다는 것이 주요 내용이며, 또한 투표 인증샷을 통해 개인의 정치적 의사를 표현하는 멘션을 발견할 수 있었다. 이외에도 투표 인증샷을 통해 투표 인증샷을 올리는 방법이나 선거 전반에 대한 정보를 제공하는 내용이 있었다. 투표를 독려하는 행위는 대부분 유권자로서 투표에 참여할 것을 독려하는 내용이었으나 일부에서는 사회의 변화를 이끌기 위해서는 투표에 참여해야 한다는 식의 간접적인 정치적 의사를 담은 투표 독려 내용도 존재하였다. 자기표현 유형은 투표 인증샷을 투표 참여나 정치참여의 의미보다 자신의 이미지나 일상을 표현하는 데 더 비중을 둔 멘션이다. 또한 맞팔 신청 유형은 유명인들에게

〈표 7-2〉 투표 인증샷 멘션의 유형별 구분

주요구분	세부항목	트윗 멘션의 예
투표했음을 인증하는 내용		"투표 인증샷~~", "소중한 한 표 행사했습니다."
정치적 의사 표현		"전국민이 '새집'으로 이사갈 기세ㅋ"
정보제공	투표 인증샷을 올리는 방법	• "투표 인증샷 올리려고 '손가락 V'했다가는 …" • "투표 뒤 본인이 찍은 후보를 손가락 등으로 공개하는 인증샷은 안 됩니다~."
	투표 인증샷에 대한 정보	• "타임라인에 인증샷이 넘쳐난다~" • "투표 인증샷을 찍어서 올리신 분 들이 벌써부터 나오고 있습니다. 투표의 열기를 북돋아 주시기 바랍니다."
투표 독려		• "투표하지 않는 자는 비난할 자격도 없다." • "대한민국을 바꾸는 투표 모두모두 참여하세요"
자기표현	다른 사람에게 드러나는 자신의 이미지에 집중	• "투표 인증샷 중요하거든요. 우리 남자들도 이쁘게 인증샷 찍고 싶어요 - - 전 실패!" • "잘 생긴 걸로 투표 유도하기 있긔없긔~~"
	자신의 일상을 드러냄	• "머리하고 다시 투표소가서 인증샷! 출근해야 돼서 아침 일찍 투표하고 지금 출근하는 길입니다" • "91년생 딸과 인증샷. 생애 첫 투표권 행사하는 딸과 행복한 마음으로 한 표 꾹. 마침 결혼 25주년 기념일. 딸이 축하한다며 뽀뽀까지."
맞팔 신청		• "저도 진샘과 맞팔할 수 있는 건가요?" • "조국 교수와 맞팔하자"
리트윗	연예인의 투표 인증샷이나 이외의 인증샷을 재전송	• "RT 김미화 · 이효리 · 문재인 부지런한 인증샷" • "또 한 명의 친구가.. 인증샷을 보내왔다..."

트위터 기본 용어설명

- 멘션(Mention): 입력한 메시지.
- 리플라이(Reply): 다른 사람의 아이디 앞에 @를 붙여 상대방 글에 답변하는 댓글기능.
- 리트윗(RT, Retweet): 자신이 팔로잉하는 사용자의 트윗을 자신의 팔로워들에게도 알려주고 싶을 때 사용. 코멘트를 포함한 RT는 상대방의 글에 자신의 의견을 추가적으로 남겨 리트윗하는 방식이다.
- 타임라인(Timeline): 글이 표시되는 영역으로, 팔로잉한 사람들이 올린 트윗의 실시간 리스트.
- 트위터의 차별점: 트위터는 몇 가지 면에서 다른 SNS와 차별되는데, 가장 큰 특징은 이용자 간 관계를 맺는 방식이다. 트위터는 다른 SNS와 달리 쌍방향의 동의 없이도 트위터상에서 관계를 맺을 수 있다. 트위터 이용자 A는 다른 이용자 B의 동의 없이도 B를 팔로우(follow)함으로써 B와 관계를 맺을 수 있다. 팔로잉하는 관계에서 A는 B의 팔로워(follower)로 불리며 이때 A는 B의 멘션을 A의 타임라인에서 확인할 수 있다. 이러한 관계 맺기의 특징으로 트위터 네트워크는 다른 SNS 네트워크와 다른 연결망을 구성한다.

맞팔을 신청하는 용도로 인증샷을 이용한 것이며, 마지막으로 리트윗 유형은 유명인들이나 일반 사람들의 투표 인증샷을 재전송한 경우이다.

이러한 구분에서 투표 인증샷의 본질적 의의를 재점검한다면 투표 인증샷은 트위터 네트워크에서 자신의 팔로워들에게 자신이 투표를 했음을 알리는 행위에 머무르지 않고 다른 이용자들이 투표하도록 유도하는 설득 메시지가 되고 있다는 점이다. 이는 투표 인증샷을 올리는 이용자들이 투표 인증샷 이외에도 투표 인증샷을 올리는 방식에 대한 정보를 제공하거나 혹은 투표 인증샷이 올라오는 것을 모니터해 전달하는 등의 설득적 전략을 사용하고 있다는 사실에서도 알 수 있으며, 직접적으로 투표독려 메시지를 전달하는 트위터 멘션도 마찬가지이다.

둘째 유형은 투표 인증샷을 통해 정치적 의사를 전달하는 멘션들이다. 이때의 투표 인증샷은 자신의 정치적 의사를 간접적으로 표현하거나 특정 정당 후보자의 투표 인증샷을 리트윗함으로써 정치적 의견을 표명하고 있었다.

셋째로 투표 인증샷에서 두드러진 측면은 투표를 했다는 것 이외에도 자기표현의 수단으로 투표 인증샷을 이용하고 있다는 점이다. 해당 멘션들은 투표 인증샷을 자신이 다른 사람에게 어떻게 드러나는지와 연관시키고 있었으며 한편으로는 자신의 일상적인 생활과 결부시키고 있었다.

마지막으로 투표 인증샷의 특징은 투표 인증샷을 올린 특정 유명인과 관련된다. 유명인의 투표 인증샷을 리트윗하거나 유명인과 맞팔을 하기 위해 투표 인증샷을 올린 경우가 이에 해당된다.

요약하자면 트위터 이용자들 중 투표 인증샷을 올리는 사람의 경우, 다른 사람에게 자신의 투표참여를 알리는 일차적인 목적 이외에도 다른 사람이 투표를 하도록 하기 위한 설득의 동기가 주요하게 작용하며, 이를 위해 정보를 제공하는 전략과 투표의 중요성을 강조하는 전략 등을 사용하고 있다. 또한 자기표현을 위한 동기 역시 작용하고 있는데 이는 트위터 이용자들이 미디어에서 자기 자신을 어떻게 드러내고 트위터 네트워크를 어떻게 이해하는지를 보여주는 단초가 될 것이다. 또한 투표 인증샷 분석에서 두드러지는 점은 리트윗 기능이 활발하게 사용된다는 점인데 투표 인증샷과 관련된 내용을 리트윗함으로써 간적접인 방식으로 투표참여 분위기를 전달하고 있다.

투표 인증샷이 타인의 투표의사에 미치는 영향

앞서 트위터 인증샷 멘션을 통해 투표 인증샷을 올리는 이용자의 입장에서 투표 인증샷의 동기를 살펴보았다면 다른 사람의 투표 인증샷을 보게 되는 이용자의 입장에서는 투표 인증샷이 어떠한 효과가 있는지를 살펴보아야 할 것이다. 이를 위해 다음에서는 트위터 네트워크의 특성을 염두에 두고 다른 사람의 투표 인증샷에 따른 효과를 추정할 수 있는 이론적 논거를 소개할 것이다.[4] 특히 트위터 투표 인증샷 노출이 개인의 투표의사에 미치는 영향을 두 가지 측면으로 구분하였는데, 첫째는 트위터 네트워크상의 개인의 사회적 관계 측면이며, 둘째는 유명인

4 해당 이론에 대한 적합성은 투표 인증샷 효과에 대한 경험적 접근이 시도되어야 제대로 된 논의를 할 수 있겠지만 이에 대한 연구가 전무한 상황에서, 그리고 이 글의 취지인 투표 인증샷의 효과에 대한 포괄적 이해를 위해서는 보다 적극적이고 다양한 시도가 필요할 것이라는 판단에서 분석적 틀로써 이론적 접근을 실시하였다.

의 트위터 투표 인증샷의 노출 효과이다.

1) 네트워크의 사회적 관계와 투표 인증샷

기존 연구에 따르면 개인이 형성하는 사회적 관계의 네트워크는 개인의 투표의사에 영향을 미치는 주요한 요인으로 지적되었으며 투표 인증샷이 다른 사람의 투표 행사에 미치는 영향 역시, 트위터를 통해 형성되는 관계의 특성에 기반을 두고 있는 것으로 보인다.

사회적 네트워크는 개인이 형성한 다른 사람과의 관계를 의미하는데 오프라인의 경우 사회적 네트워크를 형성한 개인 간의 관계는 시간, 감정적 상호작용, 친밀감, 혹은 상호호혜의 정도, 자기 노출 정도 등에 따라 달라진다. 관계가 오래 유지될수록, 감정적인 지지나 호응의 정도가 높을수록, 그리고 상호간 서로에게 유익한 서비스를 제공할수록, 그리고 자기 노출의 상응성과 심화가 증가할수록 개인 간의 사회적 관계는 높은 것으로 파악되었다.

사회적 네트워크가 투표의사 등의 정치적 의사결정과정에 미치는 영향에 대한 연구는 이미 다수이며 정치적 의사결정에서 네트워크를 형성하는 주변 사람들에게 크게 영향을 받는다는 점은 기존 연구에서 반복적으로 관찰된 결과이다. 기존의 이러한 논의가 트위터 네트워크에서 적용될 수 있을지를 분석하는 것은 트위터의 투표 인증샷의 노출효과를 가늠하는 데 주요하게 작용할 것이다.

먼저 네트워크의 동질성 측면에 대한 논의를 생각해 볼 수 있다. 대표적으로 머츠 등(Mutz, 2002; Mutz & Martin, 2001)에 따르면 전통적 대인커뮤니케이션은 동질적 네트워크를 형성하기 쉬운데, 이는 개인의 사회적 네트워크가 소속된 지역이나 공동체 기반으로 이루어지기 때문이다. 동질적 네트워크는 다양한 관점이 제기되기 어려우며 자신의 정치적 의사와 다른 의견에 노출되기 어려운 조건을 만드는데, 이러한 이견 노출성의 감소는 정치적으로 다양한 견해를 학습하거나 자신의 정치적 의사를 점검하는 긍정적 기회의 축소로 이어질 수 있다.

또한 네트워크가 개인의 정치적 의사결정에 미치는 영향에서 주요하게 논의되어온 요소는 영향력 있는 특정인이라는 개념이다. 이 또한 트위터의 투표 인증샷의 노출효과를 분석할 때 고려해야 할 요소이다. 기존 이론들 중, 특히 합리적 행위이론(Ajzen & Fishbein, 1973; 1980)은 이를 준거인(*referent*) 개념을 중심으로 설명한다. 이 이론에서는 개인이 자신에게 중요하다고 생각하는 준거집단의 인물이나 준거인이 자신의 행동에 대해 어떻게 생각하는지가 개인의 행동을 예측하는 데 결정적 역할을 한다고 본다. 준거인은 대개의 경우 지속적이고 안정적인 사회적 관계를 형성한 사람 중에서 선택되며 이들의 의견은 개인이 특정 행동을 수행하려는 의도에 직접적으로 영향을 미치는 것으로 이해된다.

이러한 논의를 트위터에서 다른 사람의 투표 인증샷에 노출되는 상황에 비추어 볼 수 있다. 오프라인의 경우 상대적으로 동질한 네트워크를 형성하여 개인의 정치적 의사결정을 유사한 방식으로 이끄는 경향이 있고 다른 한편으로는 이러한 유사성의 특징이 규범을 따르고 준거인의 의견에 더욱 귀 기울이게 되는 메커니즘을 지탱한다. 트위터 네트워크의 경우, 트위터에서 맺고 있는 팔로잉 관계에서 다른 사람의 투표 인증샷에 노출되었을 때, 오프라인의 경우처럼 규범 인식에 의한 효과가 나타날 것으로 예상되며 또한 그 대상을 준거인으로 여길 가능성에 따라 준거인이 개인의 행동에 미치는 영향력의 측면도 고려할 수 있을 것이다.

이와 같은 논의에 더해 두 가지 측면을 지적할 수 있는데 첫째, 투표 인증샷에서 전달되는 '투표참여'라는 메시지가 사회구성원이 공유하는 도덕적 강제의 특성을 가지고 있으므로 규범인식에 따른 영향과 준거인에 의한 영향력이 더욱 확대될 수 있다는 점이다. 둘째, 트위터 이용자의 이용동기에 따른 차이점이 나타날 수 있을 것으로 여겨지는데 특히 이용동기 중에 사회적 관계를 유지하고 형성하는 동기가 강한 경우는 투표 인증샷이 개인의 투표참여에 미치는 영향이 더욱 클 것으로 예상된다.

2) 유명인의 투표 인증샷

트위터의 투표 인증샷의 주요한 특징 중 하나는 유명인의 투표 인증샷이다. 유명인의 투표 인증샷은 앞서 확인된 것처럼 개인이 투표 인증샷을 올리는 동기 중 하나로 파악되었으며 특정 유명인의 인증샷을 리트윗하는 데서 관찰되듯이, 유명인의 투표 인증샷은 4·11 총선의 투표 인증샷 현상에서 특기할 만한 점이었다.

먼저 유명인을 트위터 네트워크의 측면에서 살펴보면, 네트워크 허브로서의 유명인의 역할을 생각해 볼 수 있다. 허브는 네트워크에서 많은 연결이 모이는 점과 같은 역할을 하며 정보전달 및 전파에서 핵심적 역할을 담당한다. 허브 역할을 하는 이용자는 스스로 메시지를 만들어 네트워크상에 올리거나 다른 한편으로는 팔로워에게 전달되었으면 하는 메시지를 선택해 리트윗 함으로써 메시지를 필터링하는 역할을 수행하기도 한다.

한편 트위터 네트워크의 정보전달의 특성은 수많은 팔로워를 가진 허브의 존재 이외에도 약한 연대(*weak-tie*)가 가능한 트위터 네트워크의 속성에서도 살펴볼 수 있다. 네트워크의 약한 관계의 연구자들은 강한 관계보다 약한 관계를 형성하고 있을 때 정보의 공유와 확산이 더 많이 이루어진다는 연구결과를 보여주었다(곽해운·이창현·박호성·문수복, 2011; Granovetter, 1973). 팔로잉 관계를 맺는 방식의 특성, 허브의 존재, 네트워크상에 정보를 전달하는 매개자 역할을 하는 특정 이용자들 등의 특성으로 인해 트위터 네트워크는 정보전달의 체인효과에 따른 속보성을 특징으로 한다.

이러한 네트워크의 특징에 비추어볼 때 유명인의 투표 인증샷은 전파속도와 정도에서 일반인의 투표 인증샷에 비해 훨씬 더 효율적일 것으로 여겨진다. 그렇다면 유명인의 투표 인증샷이 개인에게 미치는 영향력은 어떻게 이해될 수 있을까?

먼저 유명인의 선거참여와 이에 대한 효과에 대한 연구는 미국의 예를 참고할 수 있다. 미국의 경우 2008년 대선에서 오프라 윈프리가 당시의 민주당 후보인 버락 오바마를 지지한 데 따른 '오프라 효과'가 지적되는 등 연예인의 정치참여가 두드러진다. 특히 2004년 선거에서는 연예인들의 투표참여 독려를 위한 캠페인이 활발했는데 레오나르도 디카프리오와 사무엘 잭슨의 'Get-Out-The-Vote' 캠페인 참여를 포함하여 크리스티나 아길레라, 비욘세 놀즈 등도 투표참여 캠페인에 적극 참가하였다.

그러나 연예인의 정치캠페인 참가가 미치는 효과에 대한 연구결과는 엇갈리고 있다. 2004년 미국 대선에서 젊은 유권자들에게 연예인의 투표참여 캠페인이 긍정적으로 작용하여 이들의 투표율이 2000년 선거보다 11% 높은 47%의 득표율을 보였다고 주장하는 연구(Austin, Van de Vord, Pinkleton & Epstein, 2008)가 있는 반면, 정치 의사결정 과정에서 개인적으로 중요하다고 인식하는 사람들에서 더 많은 영향을 받고 유명인을 포함한 캠페인은 상대적으로 거의 영향을 주지 못한다고 보고한 연구결과도 있다. 또한 전반적으로 연예인들의 투표참여 독려 캠페인에 대해서는 긍정적으로 평가하지만 특정 후보를 선택하는 데는 영향을 주지 못하는 것으로 보고되기도 했다(Wood & Herbst, 2007). 한편 연예인의 정치 캠페인 참여에 대한 부정적 효과 역시 지적되었는데 해당 연예인이 정치적 이슈를 심각하게 인식하는 것이 아니라면 해당 연예인의 정치 캠페인 참여는 긍정적이기보다는 부정적으로 평가되었다.

연예인의 정치캠페인 참여가 어떤 효과를 갖는지를 설명하는 논거는 연예인 소구(訴求, *appeal*)의 측면과 동일화 과정의 관점을 생각해 볼 수 있다. 우선 연예인 소구는 연예인이 가진 긍정적 측면을 브랜드 가치나 이미지, 상품구입과 연관시키는 방식이다. 긍정적 이미지를 가진 연예인과 사물 또는 사람을 쌍을 이루게 하여 연예인의 긍정적 이미지가 그 대상에 전이될 수 있도록 하는 것이다. 정치 캠페인에서는 연예인과 후보자를 연관시킴으로써 연예인이 가지고 있는 긍정적 이미지가 후보자에게 도움이 될 수 있도록 하는 의도로 활용된다.

또한 동일화 과정이란 바람직하게 여기는 다른 사람의 가치나 행동을 따라하는 것으로(Basil, 1996; Kelman, 2006; Fraser & Brown, 2002) 특히 프레이저와 브라운(Fraser & Brown, 2002)은 미디어 이용에서도 동일화가 발생하고 있음을 지적하였다. 프레이저와 브라운은 미디어를 통해 미디어 페르소나의 가치와 행동을 따라하는 동일화 과정이 발생하며 개인은 그들처럼 되고 싶어 하고, 그들과 유사 행위를 하는 것이 바람직하다고 여길 경우 더욱 그러한 행동을 적극적으로 모방하게 된다고 주장하였다.

이와 같은 논의에 근거해 유명인의 투표 인증샷이 미치는 효과를 논의하면, 무엇보다 유명인의 투표 인증샷이 네트워크상에서 빠르게 확산되는 성격이 있음을 고려해야 할 것이다. 이것은 앞서 밝힌 대로 신속한 정보전달이 용이한 트위터 네트워크의 구조적 특징에도 원인이 있지만 연예인이 가진 기존의 사회적 평판에 따른 주목도 역시 유의미한 요인이 될 것이다.

한편으로 개인이 유명인의 투표 인증샷에 노출되었을 때를 고려하면, 먼저 일반적 수준에서 유명인이 투표 인증샷을 올리는 행위를 바람직하게 여기는지에 따라 효과가 다르게 나타날 수 있다. 또한 인증샷을 올린 연예인이 누구인지 역시 중요한 변수인데, 해당 연예인에 대한 선호도가 있을 경우와 동일화 가능성이 있을 때는 이에 따른 긍정적 효과가 발생할 것으로 예측할 수 있다.

맺는말

지난 3년간 국내에서 치러진 선거들은 '트위터 선거혁명'이라 표현해도 지나치지 않을 정도로 소셜미디어의 역량이 크게 나타났으며, 이는 젊은 세대의 문화적 특성과 SNS의 매체적 특성이 복합적으로 상호작용한 결과로 볼 수 있다.

SNS는 인터넷을 기반으로 다양한 유형의 개인들을 하나의 네트워크로 연결시킴으로써, 개인적으로는 자신을 드러내어 정체성 내지 개성을 표출하고 싶은 욕구를 충족시켜주며, 사회적으로는 개인 간의 커뮤니케이션을 촉진하여 여러 사회적 네트워크를 형성하고 이를 기반으로 공유, 대화, 참여, 전파 등이 이루어지는 사회적 장을 제공한다. 이러한 소셜미디어의 매체적 특성은 결과적으로 디지털 기술의 활용 능력이 뛰어나고 사람들과의 관계 형성을 중요시 여기는 젊은 세대의 폭발적인 관심을 유발해냈으며, 더 나아가서는 이들을 정치적 참여의 공간으로까지 이끌어 내는 데 큰 역할을 했다.

SNS의 '투표 인증샷'은 오늘날 SNS 선거문화를 대표하는 정치 언어이자 한국 정치 문화의 새로운 역사를 만들어냈다는 점에서 큰 의미를 갖는다. 이 글에서는 이에 따라 트위터의 투표 인증샷이 우리나라 젊은 세대의 투표참여와 선거문화에 어떠한 영향을 갖는지를 점검하였다.

먼저 투표 인증샷의 시작과 전개에 주목하여 그간의 투표 인증샷 현상의 발전 양상을 검토했으며 투표 인증샷과 젊은 세대에 주목하여 투표 인증샷의 효과를 투표참여와 선거문화의 측면에서 살펴보았다. 투표참여율의 경우 전체 그룹을 대상으로 한 연령별 투표참가율의 증가 추이에서 젊은 세대의 투표참여에 영향을 미칠 수 있는 가능성을 제시했으며 사회문화적 수준에서 이를 젊은 세대의 미디어 리터러시 특징과 연관시켰다. 마지막으로 투표 인증샷의 효과를 알아보기 위해 투표 인증샷을 왜 올리는지, 그리고 어떠한 메커니즘에서 다른 사람의 투표 인증샷을 보고 이에 따라 어떤 효과가 발생할 수 있는지를 가늠해 보았다.

투표 인증샷은 선거의 의미를 '국민 의무의 수행'에서 더 나아가 '범국민적 축제' 또는 '사회적 인정과 유대감 형성의 기회'로 확대시키면서 유권자들의 많은 참여를 이끌어낸 것으로 평가된다. 또한 투표 인증샷은 선거캠페인 방식과 기존의 전통 미디어의 선거보도 양식에도 영향을 미쳤는데 과거의 선거캠페인은 전통 미디어를 통한 간접적 접근이나 선거기간 중의 오프라인 유세가 대부분이었지만 오늘날에는 소셜미디어가 적극 활용되면서 후보자와 유권자 간의 직접적인 소통과 유대감 형성을 기반으로 하는 선거캠페인이 가능하게 되었다. 선거보도 역시 변화하였는데, 기존에는 전통 미디어가 선거보도의 중심적인 역할을 수행하였지만 SNS상에서 투표 인증샷을 통한 실시간 중계가 가능해지면서 선거보도가 보다 다양해졌다. 전통 미디어에서도 역시 SNS 내에서 이루어지는 정치 대화나 투표 인증샷, 투표 독려 행위 등에 주목하여 이를 보도하면서 전통 미디어와 뉴미디어의 융합적 선거보도를 시도하였다.

투표 인증샷은 유권자들이 SNS에 자신의 투표 인증샷을 올리는 행위만을 의미하는 것이 아니라 한 국가의 유권자이자 한 사회의 구성원으로서 서로 유대감을 느낄 수 있도록 하는 하나의 정치문화로 이해되어야 할 것이다. 투표 인증샷은 개인, 미디어, 선거라는 주요한 핵심어들이 어떻게 서로를 결정짓고 발전시키는지를 역동적으로 보여주고 있다. 그 움직임의 현장을 우리가 목도하고 있으며, 미디어 연구자로서 유권자로서 관심을 가지고 찬찬히 분석하고 지켜봐야 할 것이다.

참고문헌

곽해운 · 이창현 · 박호성 · 문수복(2011), "트위터는 소셜 네트워크인가? 네트워크 구조와 정보전파의 관점", 〈언론정보연구〉, 48(1), pp. 87~113.

김기환 · 윤상호 · 조주은(2009), "디지털세대의 특성과 가치관에 관한 연구", 〈정보화정책〉, 16(2), pp. 140~162.

김유향(2011), "소셜미디어와 인터넷공간에서의 정치적 소통", 〈평화연구〉, 19(2), pp. 199~222.

김태헌 외(2012), 《한국의 사회동향 2011》, 통계개발원.

김희준(2012. 4. 12), "이번에도 SNS '위력' 발휘", 〈뉴시스〉.

박권일(2012), "세대와 정당정치", 〈황해문화〉, 74, pp. 54~72.

박엘리(2012. 4. 9), "국민 85%, 'SNS가 후보 선택에 영향을 미친다'", 〈이투데이〉.

박홍두 · 곽희양(2011. 10. 28), "양극화 덫에 걸린 2040, 단일 계급으로 묶였다", 〈경향신문〉.

배민욱(2012. 4. 10), "'투표 인증샷' 20~30 투표율 끌어올릴까?", 〈뉴시스〉.

안남일(2006), "리터러시 관점에서의 문학과 영상매체에 대한 연구", 〈한국학연구〉, 25, pp. 103~127.

안해룡 · 안미라 역(2001), 《미디어 리터러시: 미국 영국 캐나다의 새로운 미디어 교육현장 보고》, 커뮤니케이션북스.

양홍주(2011. 4. 11), "여전히 바빴던 SNS… '투표' 트윗 47만 건, 인증샷 시간당 7천 건", 〈한국일보〉.

이갑윤(2011), 《한국인의 투표 행태》, 후마니타스.

이근우(2011. 10. 27), "서울시장 보궐선거 박원순 당선 … 정치권 대격변 시작", 〈MK뉴스〉.

이득수(2012. 1. 2), "새해 특집 '선거의 해, 2040을 잡아라'—SNS 장악해야 그들의 표심 얻는다", 〈뉴시스아이즈〉, http://postview.co.kr/821.

이하늘(2012. 4. 11), "SNS 선거 … 새로운 정치혁명 '절반의 성공'", 〈머니투데이〉.

이현우(2005), 《2030세대와 참여정치》, 정보통신정책연구원.

이홍섭(2011. 10. 20), "중앙선관위, SNS 선거운동 가능범위 10문 10답", 〈시사브리핑〉.

임인택(2011. 10. 26), "투표 끝날 때까지 … 트위터 불났다", 〈한겨레〉.

정용인(2012. 2. 4), "2030은 한국사회 변화의 중심", 〈주간경향〉.
조성훈(2012. 4. 11), "카카오톡, 4·11총선서도 위력 뿜을까?", 〈머니투데이〉.
천관율(2011. 11. 9), "2040은 세대동맹 아닌 계급동맹", 〈시사INLive〉.
최경준(2011. 11. 6), "오바마처럼 승리한 박원순 놀랍다. SNS 아닌 외부보수파, 한나라당의 위험은…", 〈오마이뉴스〉.
한승희(2012. 4. 11), "투표 '인증샷' 보내면 방송해드려요", 〈SBS〉.

Ajzen, I. & Fishbein, M. (1973), "Attitudinal and Normative Variables as Predictors of Specific Behaviors", *Journal of Personality and Social Psychology*, 27(1), pp. 41~57.
______(1980), *Understanding Attitudes and Predicting Social Behavior*, NJ: Prentice-Hall.
Austin, E. W., Van de Vord, R., Pinkleton, B. E. & Epstein, E. (2008), "Celebrity Endorsements and Their Potential to Motivate Young Voters", *Mass Communication and Society*, 11(4), pp. 420~436.
Basil, M. D. (1996), "Identification as a Mediator of Celebrity Effects", *Journal of Broadcasting and Electronic Media* 40(4), pp. 478~495.
Fraser, B. & Brown, W. (2002), "Media, Celebrities, and Social Influence: Identification with Elvis Presley", *Mass Communication and Society*, 5(2), pp. 183~206.
Granovetter, M. (1973), "The Strength of Weak Ties", *American Journal of Sociology*, 78, pp. 1360~1380.
Kelman, H. C. (2006), "Interests, Relationships, Identities: Three Central Issues for Individuals and Groups in Negotiating Their Social Environment", *Annual Review of Psychology* 57, pp. 1~26.
Mutz, D. C. (2002), "Cross-cutting Social Networks: Testing Democratic Theory in Practice", *American Political Science Review*, 96(1), pp. 111~126.
______ & Martin, P. S. (2001), "Facilitating Communication Across Lines of Political Difference: the Role of Mass Media", *American Political Science Review*, 95(1), pp. 97~114.
Ohanian, R. (1990), "Construction and Validation of a Scale to Measure Celebrity Endorser's Perceived Expertise, Trustworthiness, and Attractiveness", *Journal of Advertising*, 19(3), pp. 39~52.
Tapscott, D. (1997), *Growing up Digital: The Rise of the Net Generation*, New York: McGraw-Hill.
______(2009), *Grown up Digital: How the Net Generation is Changing your World*. New York: McGraw-Hill.
Wood, N. T. & Herbst, K. C. (2007), "Political Star Power and Political Parties: Does Celebrity Endorsement win First-time Voter?", *Journal of Political Marketing*, 6(2/3), pp. 141~158.

소셜미디어와 한국의 뷰어태리어트

제 8 장

허윤철 · 김지영
박지영 · 박한우

소셜 시청과 뷰어태리어트의 등장

그동안 텔레비전에 쏟아졌던 가장 일반적인 비판 중 하나는 텔레비전이 사람들의 여가시간을 집어삼키는 괴물이라는 것이었다. 미국의 미디어 학자 클레이 셔키는 2010년 출간한 《많아지면 달라진다》(*Cognitive Surplus*)에서 텔레비전의 역할을 1700년대 초기 산업시대 런던 시민들의 극심한 스트레스를 달래주던 진 열풍(*Gin Craze*)에 비교하며 미국인의 누적 여가시간인 수십억에 달하는 시간의 대부분이 텔레비전을 보는 데 쓰인다고 비판하였다. 또한 텔레비전 시청은 사람들의 대인 접촉을 줄여 사람들의 관계적 활동을 감소시키고 사회적 고립을 강화한다고 비판받기도 하였다. 대표적으로 미국의 정치학자 퍼트넘(Putnam, 1995)은 1974년부터 1994년까지 미국의 종합사회조사(GSS: *General Social Survey*) 데이터에 근거하여 텔레비전 시청량의 증가가 미국인들의 사회자본과 시민참여를 붕괴시키고 있다고 지적하였다.

그러나 최근 기술의 발전으로 사람들의 텔레비전 시청형태는 크게 변화하고 있다. 이제 시청자들은 단순히 방송 콘텐츠를 수동적으로 소비하는 데 머물지 않고, 셋톱박스나 TV 본체에 내장된 PVR (*Personal Video Recorder*) 을 이용하여 시청 시간과 상황을 좀더 효율적으로 통제할 수 있게 되었고, 다양한 양방향 서비스를 이용하여 방송 프로그램에 대한 보다 적극적인 피드백을 보내는 것이 가능하게 되었다. 앞으로는 TV 시청 중 모니터를 통하여 인터넷에 글을 올린다던지 음성 통화나 문자를 주고받는 일이 일반화되면서 시청자 간 상호작용이 보다 활발해질 것으로 예상된다.

그런가하면 텔레비전과 동시적 소비가 가능한 다양한 소셜미디어들의 등장은 텔레비전의 '소셜화'를 더욱 부추기며 텔레비전의 정치적 영향력을 새롭게 정의하고 있다. 특히, 전통적 매스 커뮤니케이션과 대인 커뮤니케이션 간의 이분법적 경계가 조금씩 무너지고 있다는 점을 주목할 필요가 있는데, 최근 영국에서 제기된 '뷰어태리어트' (*Viewertariat*) 라는 개념의 출현은 종래의 동시적 미디어 이용 (*simultaneous media usage*) 의 핵심적 매체조합이 '텔레비전과 인터넷'에서 '텔레비전과 SNS'로 넘어가고 있음을 시사한다.

뷰어태리어트란 정치적 담론을 다룬 TV 프로그램을 시청하며 SNS를 통해 실시간으로 의견을 표출하는 행위자들을 뜻하는 용어로서 시청자 (*viewer*) 와 독일어로 무산 계급을 뜻하는 프롤레타리아트 (*Proletariat*) 의 합성어이다. 이 용어는 영국의 정치학자 안스태드와 오로클린 (Anstead & O'Loughlin, 2009) 이 2009년 10월 영국의 인기 토론 프로그램인 '퀘스천 타임' (Question Time) 에 극우정당인 영국 국민당 (British National Party) 의 당수 닉 그리핀 (Nick Griffin) 이 출연하자 방송을 시청하며 트위터를 통해 실시간으로 의견을 교환하고 토론을 벌인 시청자들을 지칭하기 위해 고안한 개념이다. 후술하겠으나 뷰어태리어트는 온라인상의 엘리트 행위자나 오피니언 리더와는 차별성을 지닌 집단으로서 최근의 새로운 정치정보 사이클 (*political information cycles*) 의 등장을 설명하는 데도 적지 않은 함의를 지닌 개념이라고 하겠다. 우리는 이 장에서 먼저 2010년 영국 총선의 사례를 중심으로 새로운 정치정보 사이클의 등장과 뷰어태리어트가 어떠한 관련을 맺고 있는지를 살펴본 후 한국에서 있었던 2010년 한나라당 서울시장 예비후보자 TV 토론회와 2011년 서울시장 재선거 TV 토론회에 대한 구체적인 분석을 통해 한국의 뷰어태리어트들이 어떠한 방식으로 정치 담론의 생산과 확산에 참여하고 있으며, 이들의 등장이 지니는 정치·사회적 의미는 무엇인지를 살펴보고자 한다.

2010년 영국 총선과 정치정보 사이클

2010년에 있었던 영국 총선은 미디어 선거의 측면에서 몇 가지 주목할 만한 특징을 지닌다. 우선 최초로 TV 토론회가 실시된 점을 들 수 있는데, 정당정치가 발전한 영국에서는 TV 토론이 정책대결보다는 후보자 개인의 인기에 좌우되는 정치를 부추길 수 있다는 이유로 실시되지 않다가 여·야 합의로 처음 TV 토론회가 개최된 것이다. 물론 처음 실시된 영국의 선거 TV 토론은 정치인들과 언론 그리고 일반 시민들의 큰 관심을 끌었다. 영국의 정당들은 버락 오바마 미국 대통령의 TV 토론을 도왔던 인사들을 특별 고용하여 TV 토론을 준비하는 등 각별한 공을 들였다. 그런 한편으로 2010년 영국 총선은 각종 소셜미디어들이 적극적으로 활용된 선거이기도 했다. 우선 보수당은 선거용 홈페이지 '마이 컨서버티브 닷컴'(www. myconservatives. com)에 기부금 현황 온도계 그림을 게시하고 SNS 이용자들이 페이팔(*Paypal*)을 통해 간단하게 정치 성금을 기부할 수 있도록 유도하였고, 노동당은 '레이버 도어스텝'이라는 사이트(www. labour. org. uk/labourdoorstep)의 첫 페이지를 트위터와 페이스북에서 수집한 노동당 지지자들의 코멘트로 채운 트위터폴(*Twitterfall*)로 구성하였다. 그리고 2010년 영국 총선에서 닉 오바마라는 별명으로 불리며 돌풍을 일으킨 자유민주당의 닉 클레그(Nick Clegg)는 트위터(twitter. com/nick_clegg) 상에서 경쟁 후보들보다 많은 팔로워를 거느리며 활발한 활동을 전개하였다.

그러나 무엇보다 2010년 영국 총선은 전통적 매스미디어와 다양한 소셜미디어들이 어떻게 연동하며 상호의존적으로 작동하는지를 보여주었다는 점에서 관심을 끄는 사례라 하겠다. 특히 TV와 SNS의 연동이 두드러졌는데, ITV는 캐나다

회사 '커버잇라이브'(CoveritLive)의 서비스를 적용하여 웹사이트의 실시간 방송 보기에 시청자들이 트위터에 올리는 글을 실시간으로 노출시켰다. 그리고 트위터 이용자들의 정치 웹사이트인 '트윗민스터'(tweetminster. co. uk)[1]는 트위터의 메시지를 실시간으로 내용분석한 '감성 추적기'(*sentiment tracker*)라는 서비스를 활용하여 TV토론 중 트위터상에 올라오는 시청자들의 반응을 실시간으로 소개하였다. 또한 BBC와 SKY 그리고 ITV는 소규모 시청자 패널의 실시간 반응을 화면상의 웜 차트(*real-time worm chart*)를 통해 전달하기도 하였다(Chadwick, 2011). 결국 2010년 영국 총선은 방송을 비롯한 매스미디어의 정치 담론이 소셜미디어로 옮겨오고, 다시 소셜미디어의 반응이 매스미디어로 전달되는 과정이 매우 빠르고 즉각적이었던 것이다.

이러한 2010년 영국 총선의 사례는 전통적인 '뉴스 사이클'에서 새로운 '정치정보 사이클'로의 전환이라는 측면에서도 시사하는 바가 매우 크다고 할 수 있다. 영국의 정치학자 채드윅(Chadwick, 2011)은 2010년 영국 총선의 사례를 바탕으로 매스미디어에 의해 생산되고 유포되는 정치적 정보들이 더 이상 언론인, 정당, 파워블로거와 같은 소수의 엘리트 집단에 의해 순환하는 전통적 뉴스 사이클(*news cycle*)의 형태를 띠지 않게 되었다고 주장하며 정치정보 사이클(*political information cycles*)이라는 개념을 제안하였다. 정치정보 사이클이란 비균질적인 비엘리트들(*non-elites*)의 즉각적인 반응과 실천에 의해 집합적으로 만들어진 다양한 정치정보들이 조직과 가공, 재생산을 거듭하며 다양한 형태로 경합하는 것을 의미하는데, 뷰어태리어트는 전통적 미디어가 제공하는 정치 담론을 실시간으로 매개함과 동시에 담론을 재구성하는 비균질적 집단으로서 새로운 정치정보 사이클을 추동하는 대표적 행위 집단으로 볼 수 있을 것이다.

1 트윗민스터(http://tweetminster.co.uk)는 정치인들의 트위터 활동 정보를 제공하는 서비스로서 유권자와 정치인, 그리고 언론을 연결하는 서비스로서 주목받고 있다. 이 서비스는 트위터 이용자들의 커뮤니티 서비스이자 다양한 트윗리서치 기능을 제공하는 일종의 정치 트위터 포털이라고 볼 수 있다.

새로운 정치정보 사이클과 뷰어태리어트

새로운 정치정보 사이클은 소수의 엘리트 행위자가 아닌 다수의 비엘리트(*non-elites*)에 의해 생산되고 조직되며, 서로 경합한다는 점에서 온라인에서의 기존 뉴스 사이클과는 차이가 있다고 설명하였다. 그동안 온라인 환경에서의 뉴스 사이클과 관련된 연구들은 엘리트 행위자 중심의 설명이 대다수였다. 예컨대, 데이비스(Davis, 2009)는 직업기자와 파워 블로거(*A-list blogger*)에 관한 일련의 사례 연구를 통하여 이들이 상호 간에 큰 영향을 주고 있다는 것을 보여주었지만 직업기자와 소수의 파워 블로거 사이의 상호작용을 보여주었다는 점에서 뉴스 사이클에 대한 엘리트주의적 가정을 견지하였다. 또, 메스너와 디스타소(Messner & Distaso, 2008)는 뉴욕타임스와 워싱턴 포스트, 그리고 미국에서 가장 유명한 상위 120개의 블로그에 대한 내용분석을 통해 매체 간 의제설정(*intermedia agenda setting*)이 일어나고 있음을 실증하였지만, 이 또한 엘리트 기자와 유명 블로거 사이의 상호작용이라는 관점을 벗어나지 못하였다. 이러한 경향은 트위터를 대상으로 한 연구에서도 마찬가지여서 글래스만 등(Glassman et al., 2010)은 미국 상원의원들의 트위터상에서의 소통양상을 추적하는 등 엘리트 행위자를 중심으로 한 연구경향을 유지하였다.

그동안 한국에서 진행된 온라인상의 오피니언 리더에 관한 연구 역시 기존의 엘리트 중심적 뉴스 사이클이라는 관점 안에 있다고 볼 수 있다. 이준웅 외(2007)는 한국의 온라인 오피니언 리더들의 특성이 전통적 오피니언 리더들의 특성과 크게 다르지 않다고 분석하였으며, 온라인 오피니언 리더그룹이 전체 인터넷 토론자의 약 10%에 해당한다고 추정하였다. 그리고 최근 트위터에서의 오피니언 리더의 특성을 연구한 황유선과 심홍진(2010)의 연구에서도 기존 온라인에서의 오피니언 리더의 특성이 트위터에서도 나타나고 있음을 재확인하였다.

그러나 안스태드와 오로클린(Anstead & O'Loughlin, 2009)이 제안하는 뷰어태리어트(*viewertariat*)라는 개념은 소수의 엘리트 행위자와 오피니언 리더 중심의 연구에서 벗어나 TV와 SNS의 상호작용이라는 관점에서 TV 시청자 집단의 사회적 의미를 새롭게 고찰하는 개념이다. 암포포 등(Ampofo et al., 2011)은 2010년 영국 총선 TV토론에 이 개념을 적용하여 비슷한 현상을 관찰하기도 하였는데, 뷰어태리어트는 전통적 오피니언 리더와는 다음의 몇 가지 점에서 차이를 보인다. 첫째, 이들은 종래의 오피니언 리더와 달리 특정한 사안에 대해 실시간의 반응을 보인다. 전통적 매스미디어 환경에서 오피니언 리더들의 의견이 유포되기까지 일정한 시간이 필요했던 것과는 차이가 있다. 둘째, 기존의 오피니언 리더 그룹이 주로 높은 교육수준과 사회·경제적 위치를 지녔던 것과 달리 이들은 비균질적인 다수의 특성을 지닌다. 셋째, 소셜미디어의 특성상 뷰어태리어트 간에는 영향을 주는 자와 영향을 받는 자의 경계가 모호하고 구분이 절대적이지 않다. 이는 영향의 방향이 뚜렷했던 2단계 또는 다단계 유통모델의 특징과는 구별이 된다. 넷째, 뷰어태리어트는 매스미디어가 제공하는 이슈를 단순히 능동적으로 해석하는 것을 넘어 이슈에 직접적으로 참여한다는 점에서 해석 집단인 동시에 행위집단이라 할 수 있다. 이는 이들이 더 이상 비인격화된 익명의 대중이 아닌 '중요한 다수'가 될 수 있는 가능성을 내포하는 것이다.

2010년 한나라당 서울시장 예비후보자 TV토론회 사례

그렇다면 한국의 뷰어태리어트들은 선거 TV토론과 같은 정치적 담론을 다룬 방송 프로그램을 시청하며 어떠한 방식으로 의견을 제출하고 토론에 참여하며 감정을 표출하고 있을까? 우리는 2010년 4월 17일 〈SBS 시사토론〉에서 방송된 한나라당 서울시장 예비 후보자 TV토론회를 대상으로 한국의 뷰어태리어트의 특성과 소통 구조를 조사하였다.[2] 이 TV 토론회에는 한나라당의 서울시장 예비후보인

2 2010년 한나라당 서울시장 예비후보자 TV 토론회 분석은 2010년에 영남대 사이버감성연구소에서 수행한 연구결과의 일부로서 2011년 〈동아인문학〉 19집에 "한국에서 나타난 마이크로 블로깅과 정치현상 사이의 상호작용"이라는 제목으로 게재되었다.

오세훈, 원희룡, 나경원, 김충환이 참석하였고, 자정을 넘겨 오전 12시 15분에 시작되었다. 우리는 영국에서 수행된 뷰어태리어트 연구와 마찬가지로 TV토론회 중 SNS를 통해 어떤 내용의 메시지가 어떠한 패턴으로 표출되는지를 살피기 위해 포스트에 대한 텍스트 분석을 시도하였다. 그리고 여기에 뷰어태리어트 간 소통구조를 살피기 위한 게시물 간의 네트워크 분석도 시도하였다. 특히, 조사대상에 트위터 외에도 트위터와 비슷한 성격의 한국형 SNS인 미투데이(me2day)도 포함시켰는데, 이 두 서비스를 함께 조사함으로써 한국 뷰어태리어트의 보편적 특성과 특수성을 어느 정도 동시에 보여줄 수 있을 것이라고 보았기 때문이다.

분석을 위한 자료는 '서울시장', '시장선거', '시사토론'이라는 키워드를 사용하여 토론회 시작 시점부터 4월 17일 당일 업데이트된 포스트들을 모두 수집하였다. 포스트 수집을 위한 수집도구의 경우 트위터는 트위터 API(*application programming interface*)를 이용한 소프트웨어인 트위터 스크랩퍼(*Twitter Scraper*)를 사용하였고 미투데이는 'me2search' 검색기능을 이용하여 직접 수집하였다. 수집된 포스트는 함께 등장하는 단어들을 묶어 텍스트의 의미구조를 시각화시키는 방법인 CONCOR(*Convergence of Iterated Correlations*) 분석을 실시하였다. CONCOR 분석은 단어들의 행렬과 그 역행렬의 상관관계를 이용하여 비슷한 구조적 위치를 지닌 단어들을 집단으로 묶는 분석기법으로서 텍스트의 전반적인 의미와 구조를 찾아내는 데 유용한 방법이다.

그리고 뷰어태리어트 간의 소통구조를 살펴보기 위해 트위터에서 포스트와 리트윗, 리플의 네트워크를, 미투데이에서 포스트와 댓글의 네트워크를 조사하였다. 네트워크 분석을 위한 데이터 수집과 분석에는 NodeXL을 사용했다. 이 소프트웨어는 마이크로소프트사의 엑셀 프로그램에 네트워크 분석 툴을 결합한 소셜 네트워크 분석(*Social Network Analysis*) 소프트웨어로서 트위터와 같은 SNS상의 네트워크 데이터를 수집, 분석하고 시각화하는 데 유용한 소프트웨어 중 하나이다.

1) 트위터와 미투데이에 나타난 TV 토론회

먼저 살펴볼 내용은 게시물들의 내용적 특성인데, 앞서 설명한 절차에 따라 수집된 트위터 메시지 81개(포스트 56개, 리트윗 18개, 리플 7개), 미투데이 메시지 47개(포스트 17개, '내 미투에도 쓰기'[3] 5개, 댓글 25개)가 분석대상이 되었다.

우리는 트위터와 미투데이에 나타난 서울시장 예비후보 TV토론회의 내용적 특징을 살피기 위해 포스트에 등장하는 단어들의 빈도를 조사하고, 함께 등장하는 단어들을 그룹화했다. 먼저 〈표 8-1〉에는 트위터와 미투데이의 게시물에 2번

〈표 8-1〉 트위터와 미투데이에서 2번 이상 등장한 단어들

<table>
<tr><th colspan="2">트위터</th><th colspan="2">미투데이</th></tr>
<tr><th>사용된 단어</th><th>빈도수</th><th>사용된 단어</th><th>빈도수</th></tr>
<tr><td>서울시장</td><td>63</td><td rowspan="10">서울시장</td><td rowspan="10">12</td></tr>
<tr><td>SBS, 한나라당</td><td>36</td></tr>
<tr><td>오세훈, 후보</td><td>35</td></tr>
<tr><td>나경원</td><td>31</td></tr>
<tr><td>시사토론</td><td>26</td></tr>
<tr><td>토론회</td><td>23</td></tr>
<tr><td>원희룡</td><td>14</td></tr>
<tr><td>토론</td><td>12</td></tr>
<tr><td>ㅋㅋ, 의원, 지금, 후보들</td><td>10</td></tr>
<tr><td>설전</td><td>9</td></tr>
<tr><td>시장</td><td>7</td><td>후보</td><td>7</td></tr>
<tr><td>김충환, 누가, 말</td><td>6</td><td rowspan="3">나경원, 오세훈</td><td rowspan="3">6</td></tr>
<tr><td>보고, 서울</td><td>5</td></tr>
<tr><td>ㅎㅎ, 서울시, 자기, 적합한가, 한나라</td><td>4</td></tr>
<tr><td>ㅋㅋ, 개판, 경기도지사, 맞장토론, 불꽃, 생각, 신경전, 싸워라, 어뢰, 인간, 재미, 재밌, 정치, 진행, 첫, 한명숙</td><td>3</td><td>ㅋㅋㅋ, ㅎㅎ, 머리, 사람, 파주</td><td>3</td></tr>
<tr><td>#시사토론, ㅋㅋㅋㅋㅋ, ㅋㅋㅋㅋㅋㅋㅋㅋㅋㅋㅋㅋ, ㅠ_ㅠ, 개그, 개콘, 걱정, 게임, 경선, 경청, 경험, 구도, 기분, 김대중, 내용, 노무현, 대박, 더럽, 막장, 맞장토론, 맞짱토론, 모습, 박살, 방송, 보완, 서울시민, 선거, 스파르타쿠스, 싸움, 쌈, 씨방새, 어제, 여기두, 예능, 예비후보, 욕심, 정책, 정치뉴스, 주어, 주제, 채널, 출신, 탈락, 투표, 특집, 한명, 해치상</td><td>2</td><td>SBS, 국쌍, 그분, 딴나라, 딴나라당, 맞장토론, 미친, 수원, 시사토론, 오늘, 원희룡, 이명박, 재밌어, 준비, 토론, 한나라당, 한명숙</td><td>2</td></tr>
<tr><td>사용된 총 단어 수</td><td>562</td><td>사용된 총 단어 수</td><td>80</td></tr>
</table>

이상 등장한 단어들이 제시되었는데, 트위터의 경우 서울시장(63회), SBS와 한나라당(36회), 오세훈과 후보(35회)의 순으로 단어들이 등장하였고 미투데이의 경우 서울시장(12회), 후보(7회), 나경원과 오세훈(6회)의 순으로 단어들이 나타난 것을 확인할 수 있다.

그리고 주요 단어들을 다시 네트워크 분석 소프트웨어인 UciNET을 활용하여 CONCOR 분석을 실시하였는데, 그 결과는 〈그림 8-1〉과 〈그림 8-2〉에 제시되어 있다. 〈그림 8-1〉을 보면, 트위터의 경우 후보자 및 토론회와 관련한 단어 그

〈그림 8-1〉 트위터의 포스트 내용 CONCOR 분석결과

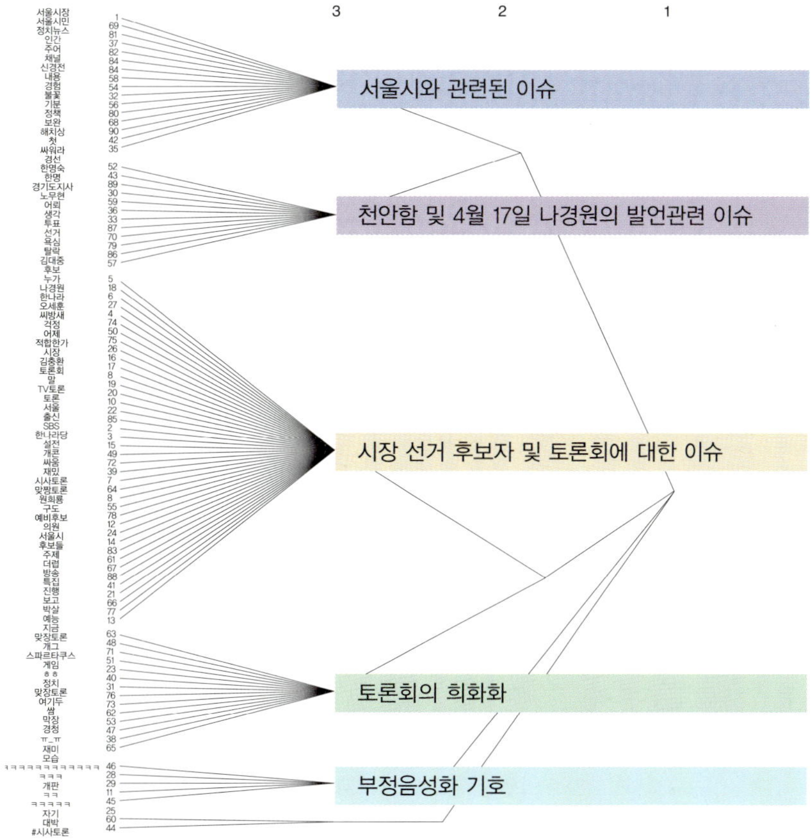

3 미투데이의 '내 미투에도 쓰기' 기능은 댓글을 남길 때 '내 미투에도 쓰기' 버튼을 체크하면 자신의 게시글에도 등록이 되는 기능으로서 댓글과 트위터의 리트윗 기능을 합친 기능이라고 볼 수 있다.

룹이 가장 현저하게 나타났고, 다음으로 서울시와 관련한 단어 그룹이 두드러지게 나타났고, 그 다음으로 토론회 자체를 희화화하는 단어 그룹이 두드러졌던 것을 확인할 수 있다.

그리고 〈그림 8-2〉를 보면, 미투데이도 트위터와 현저하게 나타나는 단어군이 비슷하였으나 나경원 후보에 대한 비난 메시지가 두드러졌던 점이 특징적이었다. 전반적으로 보면 CONCOR 분석에서는 트위터와 미투데이의 메시지의 내용과 구조에서 큰 차별성은 나타나지 않았다. 그러나 추가적인 내용분석과 질적 분석을 통해 밝혀 낸 바에 의하면 트위터상의 메시지 81개 가운데 34개, 약 42%의 메시지가 경어를 사용하는 반면, 미투데이의 경우 총 47개의 메시지 가운데 단 4개의 메시지만이 경어를 사용하는 특징을 보였다. 그리고 미투데이에서는 문장보다는 단문형 글들이 많이 등장하는 특징이 나타났으며, 정책과 관련된 언급이

〈그림 8-2〉 미투데이의 포스트 내용 CONCOR 분석결과

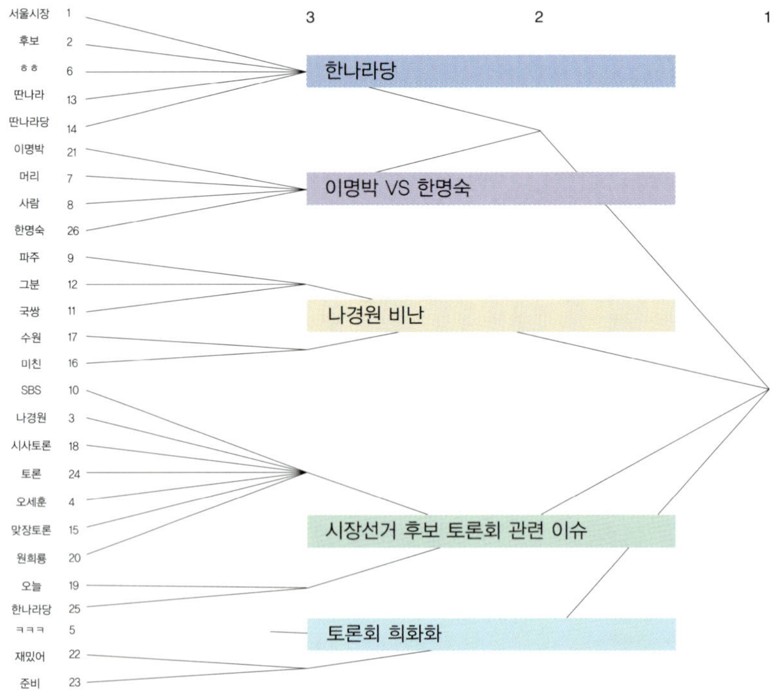

단 한 건도 이루어지지 않은 채 공격성 발언들이 대다수를 이루고 있었다. 전체적으로 보면 트위터와 미투데이 모두 진지한 대화를 목적으로 한 글 보다는 단편적, 감성적, 일방적인 의견 표출에 매몰되는 경향이 나타났다.

2) 트위터와 미투데이의 뷰어태리어트의 소통구조

다음으로 트위터와 미투데이에서 리트윗과 댓글 등을 통해 이루어진 소통의 연결망을 조사함으로써 뷰어태리어트 간 네트워크를 파악하고자 하였다. 결과는 <그림 8-3>과 <그림 8-4>에 제시되어 있는데, <그림 8-3>에서 화살표의 방향은 트위터상에서 리플을 남겼거나 리트윗한 사람을 의미하는 것으로서, 의견을 전달

<그림 8-3> 트위터의 뷰어태리어트 네트워크

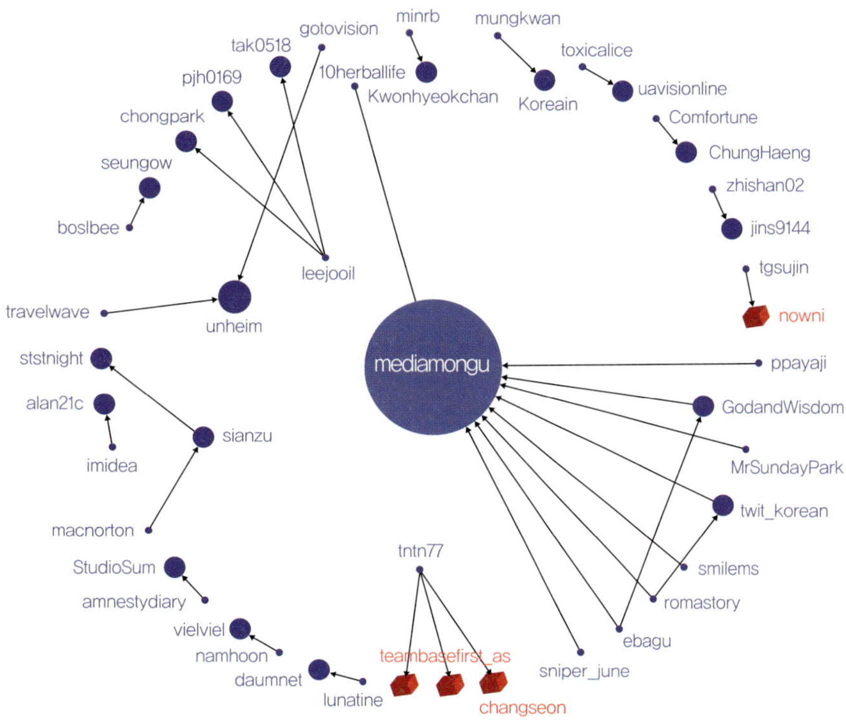

하였거나 교환한 이용자 간의 연결망을 보여주고 있는 것이다. 예를 들어 'twit_korean'는 'mediamongu'의 글을 리트윗 하였거나 리플을 달았다는 이야기인데, 〈그림 8-3〉에서 보듯, 이용자 사이에서 TV 토론회에 대한 의견 교환이나 확산이 활발히 이루어지지 않았다는 것을 확인할 수 있다. 또한 'mediamongu'라는 이용자를 중심으로 메시지가 확산되는 경향이 강하였다는 것을 알 수 있는데, 'media mongu'는 정치 이슈를 다루는 유명 파워블로거로서 뷰어태리어트들 사이에 활발한 의견교류나 토론이 이루어지기보다는 영향력이 강한 중심 이용자로부터 메시지가 일방적으로 확산되는 소통구조를 띠었다고 볼 수 있을 것이다.

이러한 경향은 미투데이에서도 비슷하게 나타났는데, 〈그림 8-4〉는 미투데이의 댓글의 네트워크를 조사한 것으로서 'forpurity'라는 아이디를 가진 이용자의 글에 댓글이 집중되었던 것을 확인할 수 있다. 즉, 미투데이 역시 뷰어태리어트

〈그림 8-4〉 미투데이의 뷰어태리어트 네트워크

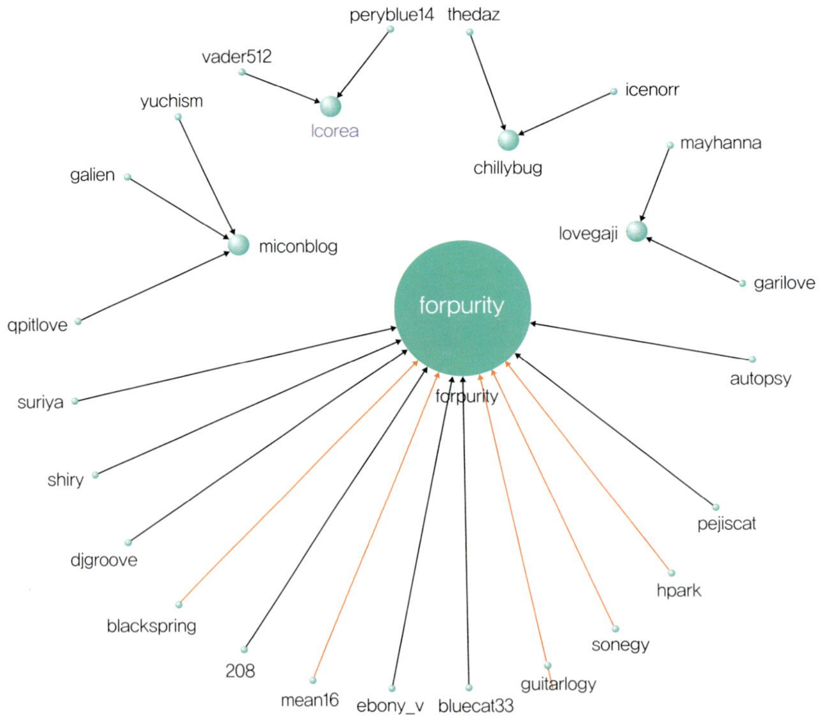

사이에 정보가 원활하게 교류되기보다는 중심 이용자를 주축으로 한 커뮤니케이션 구조를 가지고 있었다고 볼 수 있다. 그러나 이 조사의 경우 충분한 샘플수를 확보하지 못한 탐색적 시도로서 한국 뷰어태리어트의 특성과 소통 구조를 충분히 보여주지 못하는 한계를 지녔다. 그리고 기술적 특성이 비슷한 트위터와 미투데이를 분석대상으로 삼았기 때문에 소셜미디어 플랫폼별로 나타날 수 있는 차별성을 뚜렷하게 보여주지는 못하였다.

2011년 서울시장 보궐선거 TV토론 사례

앞의 사례의 한계를 보완하기 위해 우리는 2011년 서울시장 재선거 TV토론회를 대상으로 한국 뷰어태리어트의 특성과 소통양상에 대한 보다 체계적이고 포괄적인 조사를 시도하였다. 또한 조금 더 뚜렷한 차별성을 지닌 소셜미디어 플랫폼인 트위터와 페이스북 그리고 블로그를 대상으로 플랫폼별 이용패턴의 차이와 메시지의 언어적 특성에 대한 분석을 시도하였다.[4] 소셜미디어 플랫폼별 비교를 시도한 이유는 같은 SNS 범주에 속하는 서비스라 할지라도 플랫폼이 어떻게 구조화(*structuration*) 되는가에 따라 TV와의 상호작용 양상이 다르게 나타날 수 있다고 보기 때문이다. 적응 구조화 이론(*Adaptive Structuration Theory*) 에 따르면 정보기술의 사용자들은 일정한 구조(*structure*) 에 영향과 제약을 받지만, 역으로 사용자들의 지속적인 사용과 다른 사용자들과의 사회적 상호작용을 통해 구조를 변화시킬 수도 있다. 이렇게 행위자와 구조가 상호작용하며 새롭게 구조를 변화시키고 상호 적응하는 과정을 '적응 구조화'의 과정이라 부르는데(De Sanctis & Poole, 1994), 우리는 서로 다른 기술적 특성을 지닌 트위터, 페이스북, 블로그가 한국

4 2011년 서울시장 재선거에 관한 내용은 현재 국제 저널 *Information, Communication & Society*에 심사 중인 논문 "The Emerging Viewertariat in South Korea: The Seoul Mayoral TV Debates Represented on Twitter, Facebook and Blogs"의 분석결과 부분을 참고하고 있다.

적 맥락 안에서 어떠한 방식으로 구조화되는지를 살펴보고자 하였다.

이를 위해 우선 트위터와 페이스북, 블로그 각각의 플랫폼별로 서울시장 재선거 TV 토론회와 관련한 게시물을 수집하였다. 게시물은 2011년 10월 27일부터 11월 5일에 걸쳐 수집하였으며, 포스팅 수집을 위한 검색어는 '서울시장 토론', '박원순 토론', '나경원 토론' 세 가지를 사용하였다. 키워드별로 검색을 실시하여 TV 토론회와 관련이 없는 게시물을 제외한 상위 검색 게시물 100개씩을 선별하였고, 각각의 검색어별로 선별된 게시물을 합친 300개의 게시물 중 중복되는 게시물을 제외한 모든 게시물을 최종 분석 대상으로 선정하였다. 자료수집은 트위터와 페이스북은 한국 구글(google.co.kr)의 고급 검색기능을 사용하였고, 블로그는 한국 최대 포탈인 네이버의 블로그 검색기능(section.blog.naver.com)을 사용하였다. 수집된 게시물은 전반적인 포스팅 패턴을 확인하기 위하여 게시날짜, 게시시간, 게시글 도메인과 댓글 수, 링크 글, 그리고 '좋아요'(페이스북), RT(트위터), 공감(블로그), View on(블로그)의 빈도를 확인하고, 텍스트 분석을 위하여 '의미 네트워크 분석'(*semantic network analysis*)도 실시하였다.

의미 네트워크 분석이란 빈도가 높은 단어들 간의 의미 네트워크 행렬(*semantic network matrix*)을 만들어 연결망을 시각화하는 방법이다. 분석 툴은 한국어 분석에 적합하게 만들어진 의미 네트워크 분석 소프트웨어인 KrKwic (Korean Key Words In Context)을 이용하였다. 그리고 네트워크 분석 툴인 UciNET의 넷드로(NetDraw) 기능을 활용해 단어들 간의 의미 연결망 그림을 그렸다.

1) 플랫폼별 포스팅 빈도와 추세분석 결과

플랫폼별 포스팅 빈도의 변화를 살피기에 앞서 먼저 2011년 서울시장 재선거 토론회의 전체적인 일정을 살펴보면, 방송사 초청 토론회를 10월 10일부터 10월 13일까지 방송사별로 세 차례 가진 후 10월 20일 지상파 방송 3사가 중계하는 중앙선거방송토론위원회 주관 토론회가 한 차례, 10월 24일 YTN이 방송한 방송기자클럽 초청 토론회가 한 차례 열렸다.[5] 구체적인 방송 시간은 SBS토론회가 10월

10일 월요일 20시 45분부터 21시 55분까지 열렸고, KBS토론회가 10월 11일 화요일 22시부터 23시 10분까지 열렸다. 그리고 하루를 쉰 후 10월 13일에 MBC토론회가 〈100분 토론〉 시간대인 목요일 23시부터 0시 5분까지 개최되었다. 중앙선거방송토론위원회가 주관하는 합동 토론회는 일주일 후인 10월 20일 목요일 23시 10분부터 0시 20분까지 KBS, MBC, SBS에서 동시 중계되었다. 마지막으로 방송기자클럽 초청 토론회는 낮 시간대인 10월 24일 월요일 11시부터 12시까지 YTN으로 중계되었다. AGB닐슨미디어리서치 수도권 시청률 자료에 따르면, SBS 토론회의 시청률은 8.3%, 시청점유율은 12.5%로 나타났으며, KBS토론회의 시청률은 11.0%, 시청점유율은 17.0%로 나타났다. 그리고 MBC토론회의 시청률은 가장 낮은 5.6%, 시청점유율은 11.0%로 나타났다.

TV 토론회 일정과 방송 시간을 감안하여 〈그림 8-5〉에 제시된 플랫폼별 포스팅(트위터 총 288건, 페이스북 총 228건, 블로그 총 206건) 빈도 변화와 추세를 살펴보면, 트위터는 KBS토론회가 있었던 10월 11일에 포스팅 빈도가 가장 높았고, 다음으로 중앙선거방송토론위원회 토론회 다음날인 10월 21일, SBS토론회가 있었던 10월 10일, MBC토론회 다음날인 10월 14일순으로 포스팅 빈도가 높다. 반면 페이스북은 SBS토론회 다음날인 10월 11일, MBC토론회 다음날인 10월 14일, YTN토론회 날인 10월 24일순으로 포스팅 빈도가 높게 나타났다. 한편 블로그는 SBS, KBS, MBC의 연속 토론회가 끝난 다음날인 10월 14일, 중앙선거방송토론위원회의 토론회가 있었던 다음날인 10월 21일, SBS토론회가 있었던 다음날인 10월 11일순으로 포스팅 빈도가 높았던 것이 확인된다.

각 플랫폼별로 포스팅 빈도 변화의 특징을 구체적으로 살펴보면, 트위터는 먼저 실시간 포스팅의 비율이 매우 높다는 것이 특징이다. 〈그림 8-5〉에서 토론회가 있었던 10월 10일, 11일, 13일, 20일, 24일이 전반적으로 포스팅 빈도가 높게 나타난 것을 확인할 수 있다. 트위터의 전체 포스팅 중 TV 토론 방송 중에 이루어진 포스팅의 비율을 살펴보면, 총 288건 중 236건이 방송 중에 포스팅된 것으로

5 현행 '공직선거법'은 선거방송토론위원회가 주관하여 대통령 선거, 광역자치단체장 선거, 국회의원 선거운동 기간 중 토론회를 의무적으로 개최하도록 규정하고 있다(중앙선거방송토론위원회, 2010, p.79).

나타났다. 이는 81.94%에 해당하는 것으로서, 트위터는 방송 시청 중 포스팅의 비율이 매우 높았음을 보여준다.

트위터의 경우 토론회에 참여한 후보들에 대한 인상평가가 주를 이루었다는 점도 특징적이다. 트윗된 내용 중엔 박원순 후보와 나경원 후보의 토론 태도나 어조에 관한 내용이 많았는데, 가장 많이 리트윗(RT) 된 게시물은 "나경원 토론하는 모습을 보면 닭싸움장의 싸움닭 같은 느낌이 든다. 그냥 변호사 하는 게 낫겠다. 주제넘게 서울시장 출마라니 … 서울시장이 초딩 회장 선거도 아니고"라는 내용으로 10월 21일 0시 37분에 포스팅되어 101회 리트윗되었다. 두 번째 리트윗이 많은 게시물 역시 "앞으로 나경원과 토론할 때 예, 아니오 만으로 질문해야 해 너 자위대 행사 갔어, 안 갔어, 너 1억 피부과 갔어, 안 갔어, 등등"이라는 내용으로, 10월 21일 0시 43분에 포스팅되어 100회 리트윗되었다.

반면 페이스북에서 나타나는 포스팅 빈도 변화의 가장 큰 특징은 토론회 다음날 포스팅이 집중되었다는 점이다. 〈그림 8-5〉에서 10월 11일, 10월 14일에 포스팅 빈도가 높았던 것은 전날 밤에 있었던 토론회 내용에 대한 포스팅이 다음날 새벽(자정 이후)에 집중되었기 때문이다. 실제로 페이스북은 분석대상인 228개 중 33개만이 방송 중에 포스팅된 게시물이었다. 즉, 페이스북은 실시간으로 하기보다는 시청 직후에 포스팅하는 경향이 발견된다. 그리고 페이스북은 신기성 효과(*novelty effect*)의 영향을 가장 많이 받는 것으로 나타난다. 〈그림 8-5〉에서 10월 11일에 포스팅이 집중된 것은 10월 10일에 있었던 첫 토론회에 관심이 집중되었던 영향으로 볼 수 있을 것이다.

한편 페이스북에서 포스팅된 게시물들은 토론회 내용에 대한 종합적인 평가보다는 구체적이고 특정한 이슈에 초점을 맞추는 경향이 강하였다. 예를 들어, 나경원 후보가 토론회에서 서울시의 부기 문제와 관련하여 사실과 다른 발언을 하자 포스팅이 집중되었는데, 가장 많은 '좋아요'를 얻은 게시물 역시 10월 10일 18시 1분에 포스팅된 "어제 SBS 토론에서 나경원이 서울시가 단식부기를 쓴다고 한 것은 거짓말…"이라는 게시물로 179개의 '좋아요'를 얻었으며, 15차례 공유가 되었다. 그리고 페이스북의 또 한 가지 특징은 논쟁적인 댓글보다는 포스팅 내용에

〈그림 8-5〉 트위터, 페이스북, 블로그의 포스팅 빈도 비교

동조하는 댓글이 주를 이루었다는 점이다. 가장 많은 댓글이 달린 게시물은 나경원 후보 캠프 관계자가 10월 11일 23시 31분에 올린 포스팅이었는데, 총 51건(본인 7건)의 댓글이 달렸다. 이 게시물의 댓글 내용은 주로 박원순 후보의 이념과 관련한 것들로서 "말로만 듣던 공산당의 태도군요", "박원순의 정책은 사회주의적이다", "박원순 자체가 종북주의자 공산당 추종세력입니다", "보수는 진보의 기만술과 선동술을 좀 배워라"와 같이 포스팅 내용에 동조하는 내용이었다.

마지막으로 블로그는 계획적 포스팅이 많다는 점이 가장 특징적이었다. 〈그림 8-5〉에서 10월 14일에 포스팅 빈도가 가장 높았던 것은 SBS, KBS, MBC의 방송사 초청 연속 토론회가 끝난 다음날이었기 때문으로 보인다. 중앙선거방송토론위원회의 토론회 다음날인 10월 21일에 두 번째로 포스팅 빈도가 높았던 이유도 같은 이유로 보인다. 즉, TV 토론과 포스팅 사이에 시차가 가장 많이 생긴 플랫폼은 블로그이며, 중요한 시점에 계획적인 포스팅이 이루어졌다고 볼 수 있다. 블로그의 포스팅은 인상평가에 근거한 내용보다는 토론회를 종합적으로 평가하고 후보들의 공약에 대해 전문적으로 분석하는 것들이 많았는데, 가장 많은 '공감'을 얻은 게시물 역시 "박원순 서울시장 당선, 유권자는 나경원 '피부'보다 박원순 '기부'를 선택했다!"라는 제목의 게시물로서 토론회가 선거에 미친 영향을 비롯하여 선거를 전반적으로 정리하는 내용이었다. 10월 26일 23시 9분에 포스팅된 이 게시물은 총 73개의 '공감'을 얻었으며, 블로그의 상위 노출의 기준이 되는 'View on'도 171회로 가장 많이 받았다. 가장 많은 댓글이 달린 게시물은 10월 10일 22시 29분에 포스팅된 "나경원, 박원순 TV 토론~나경원 완승!"이라는 게시물이었는데, 총 2,587개의 댓글이 달렸다. 이 게시물에 댓글이 많았던 이유는 '나경원 완승!'이라는 자극적 제목과 나경원 후보의 편향적 내용에 대한 논쟁적 댓글이 많았기 때문으로 보인다. 이는 나경원 후보 캠프에서 올린 게시물에 동조하는 댓글이 많았던 페이스북의 특징과는 차이를 보이는 것이다.

2) 의미망 분석 및 의미론적 특징

다음으로 트위터, 페이스북, 블로그에 나타난 TV토론 관련담화의 특징을 살피기 위해 텍스트에 등장하는 단어들 간의 연결망을 분석했다. 분석절차는 먼저 분석 툴인 KrKwic을 사용하여 플랫폼별로 가장 많이 등장하는 상위 69개의 단어를 선택했다. 상위 69개의 단어를 선택한 것은 플랫폼별로 상이한 글자 수 제한 때문에 등장하는 단어의 수가 차이가 많이 났기 때문이며, 전체 단어의 수를 분석이 용이한 약 200개로 맞추기 위함이었다. 수집된 200개의 단어들은 다시 클리닝 과정을 거쳐, 중첩되는 단어들을 제외한 총 130개의 단어로 정리하였다. 이를 바탕으로 세 플랫폼에서 나타나는 주요 단어들 간의 연결망 그림을 그렸다. 단어 노드들의 크기는 각각 플랫폼에서의 출현빈도가 아닌 선택한 69개의 단어들 사이에서의 비율로 표현되었으며, 중첩되는 단어들은 비율 값을 합하였다.

〈그림 8-6〉은 트위터, 페이스북, 블로그에 나타난 주요 단어들의 네트워크를 보여주는데, 트위터, 페이스북, 블로그 모두 '나경원, '박원순, '토론', '서울시장', '후보' 등이 공통적으로 가장 두드러지게 나타났다. 그리고 그 외 '말', '선거', '생각', 'TV토론', '사람', '박원순 후보', '정치', '나 후보', '한나라당' 등이 공통으로 출현하고 있다. 이는 서울시장 재선거 TV토론회와 직접 관련이 있는 단어들로서 각 플랫폼별로 연구주제에 맞게 게시물이 표집되었다는 것을 보여준다.

그러나 각각의 플랫폼별로 단어 출현에 있어서 다른 양상도 확인이 되었는데, 우선 플랫폼 간에 공통으로 등장한 단어들을 살펴보면, 블로그와 페이스북에서 공통으로 출현한 단어가 가장 많았고, 블로그와 트위터가 가장 적었다. 플랫폼 간 공통으로 출현한 단어를 바탕으로 살펴볼 때, 트위터 - 페이스북 - 블로그 순으로 비슷한 성향을 띤 내용의 글이 등장했음을 알 수 있다. 가장 많은 단어가 공통으로 등장하는 블로그와 페이스북의 공통단어를 살펴보면, '안철수', '민주당', '대통령' 등 서울시장 선거와 직접적으로 관련되는 단어들보다는 여타 정치담론과 관련한 단어들이 많았다. 그에 반해 페이스북과 트위터의 경우 'KBS', 'SBS', '어제', '나경원 후보' 등 토론회와 직접적으로 관련된 단어들이 많이 등장하였다.

〈그림 8-6〉 트위터, 페이스북, 블로그에서 나타난 주요 단어들 간의 네트워크

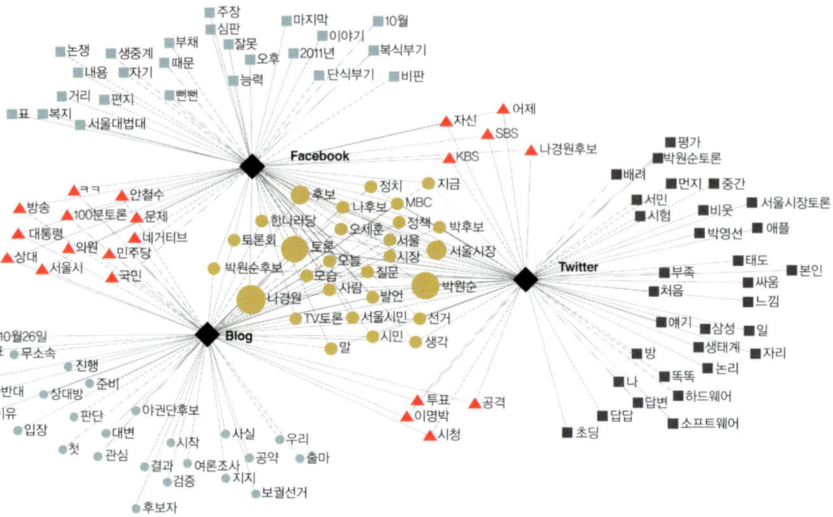

플랫폼끼리 중첩되지 않은 단어들을 살펴보면, 먼저 트위터의 경우 '똑똑', '느낌', '배려', '태도', '논리' 등 시장선거 관련이슈보다는 토론회를 보며 받은 인상 위주의 단어들이 많았다. 그리고 페이스북에서는 '단식부기', '복식부기', '부채', '서울대 법대' 등 첫 TV토론회에서 논란이 된 나경원 의원의 서울시 부기방식 발언과 관련한 단어들이 많았다. 마지막으로 블로그에서는 '야권후보', '출마', '공약', '검증', 보궐선거', '입장' 등 선거와 관련한 심층적 용어뿐 아니라 여타 정치 담론들과 연관성이 있는 단어들이 많았다. 전체적으로 보면 트위터에 인상 위주의 단어들이 가장 많고, 페이스북에 구체적 발언과 관련한 단어들이 많았으며, 블로그에 심층적인 단어들이 가장 많이 등장하였다고 볼 수 있다.

맺는말 : 한국 뷰어태리어트의 특성

매스미디어 연구에서 '개인의 영향력'은 라자스펠트 등(Lazarsfeld, Berelson & Gaudet, 1944)이 제기한 커뮤니케이션의 2단계 유통이론(*two-step flow theory*)을 통해 처음 주목받기 시작하였다. 라자스펠트 등은 유권자들이 투표행위를 하는데 매스미디어에 의해 직접 영향을 받기보다는 교육수준이 높고, 매스미디어에서 보다 많은 정보를 습득하며, 보다 높은 사회·경제적 위치를 지닌 오피니언 리더를 거쳐 간접 영향을 받는 것을 발견하였다. 이들의 이러한 발견은 사람들의 정치적 태도변화에서 매스미디어가 수용자들에게 직접적으로 미치는 영향은 제한적이라 하더라도 매스미디어의 내용이 개인적 정보망과 대인적 접촉에 영향을 주어 간접적으로 더 큰 영향을 미칠 수 있음을 시사하는 것이었다.

한편 "미디어가 사람들에게 무엇을 하는가?"(What do the media do to people?)에 초점을 맞춘 연구에서 "사람들이 미디어를 가지고 무엇을 하는가?"(What do people do with the media?)로 연구의 초점을 전환시킨 이용과 충족이론(*uses & gratifications theory*)은 수용자 연구에 '능동성'의 개념을 부여하며 수용자들이 저마다의 욕구와 동기에 따라 매스미디어를 이용하고 있음을 밝혔다(Blumler & Katz, 1974). 블럼러와 맥퀘일(Blumler & McQuail, 1969)은 이용과 충족의 관점에서 1964년 영국 총선거에서 유권자들의 TV 시청동기와 태도변용 간의 관계를 실증적으로 분석하였는데, 유권자들은 실제로 특정한 시청동기를 지니고 TV를 시청했으며, 이러한 시청은 자신들의 기존 태도를 강화시키거나 태도변용을 일으킬 수 있는 것으로 분석되었다.

그러나 모바일 환경의 구축과 SNS의 대중화로 '개인의 영향'과 수용자의 '능동성' 개념에 대한 새로운 고찰이 필요하다. 최근 방송 시청자들은 정치적 담론을 다룬 방송 프로그램을 시청하며 SNS를 통해 실시간으로 의견을 공유하고, 자신의 주장을 표출하는 현상이 두드러지고 있다. 즉, TV를 시청하며 정치적 담론을 단순히 수용하고 해석하는 것을 넘어 담론의 생산과 확산에 실시간으로 참여하는 것이다. 이러한 현상은 '개인의 영향'을 강조하던 관점을 넘어 매스미디어의 영향과 개인의 영향이 급속도로 섞이기 시작했음을 의미하는 것이다. 이들은 이제 단순한 수용자 집단이 아닌 해석과 참여를 동시에 하고 있는 적극적인 행위자 집단으로 변모해 가고 있다. 따라서 TV시청자의 사회적 의미와 역할은 차츰 새롭게 규정될 것으로 보인다.

이 절에서는 이러한 소셜미디어라는 새로운 커뮤니케이션 양식이 TV가 전파하는 정치담론의 확산과 재구성에 어떠한 영향을 미치는지를 살피기 위해 2010년 4월에 있었던 한나라당 서울시장 예비후보자 TV토론회와 2011년 10월에 있었던 서울시장 재선거 TV토론회를 대상으로 TV 토론을 시청한 SNS 사용자들이 TV토론을 어떠한 방식으로 매개하고 있는지를 살폈다. 구체적으로는 한국의 뷰어태리어트들의 SNS 이용패턴과 언어사용 양상, 그리고 소통구조를 다양한 방식으로 분석하여 보았다. 그리고 같은 SNS 범주에 속하는 서비스라 할지라도 플랫폼에 따라 서로 다른 방식으로 구조화(*structuration*)가 되고 있음을 구체적인 분석을 통해 살펴보았다.

이상의 분석에서 발견되는 특징들은 다음과 같이 요약할 수 있다. 먼저 2010년 한나라당 서울시장 예비후보자 TV토론회의 경우 트위터와 미투데이를 분석대상으로 삼았는데, 두 플랫폼에 나타난 메시지의 내용과 구조는 큰 차별성을 보이지는 않았다. 전반적으로 두 플랫폼 모두 진지한 정치적 대화보다는 감정적인 글들이 많이 나타났는데, 트위터가 미투데이에 비해 경어 사용률이 높고, 미투데이에서 조금 더 공격적인 발언들이 많이 등장하는 경향이 있었다. 그리고 뷰어태리어트들의 소통구조를 살피기 위해 포스트 및 리트윗, 댓글의 네트워크를 조사하였는데, 뷰어태리어트 사이에 쌍방향 의견교류가 활발하게 일어나기보다는 중심 이용자로부터 메시지가 일방향적으로 확산되는 경향이 나타났다. 즉, 뷰어태리어트의 소통구조가 아직까지는 쌍방향적이기보다는 영향력을 지닌 중심 이용자의 메시지를 일방향적으로 확산하는 경향이 강하다고 하겠다.

한편 2011년 서울시장 재선거 TV토론회를 대상으로 한 조사에서는 플랫폼별로 뷰어태리어트들의 활동양상의 차이가 조금 더 뚜렷하게 나타났는데, 트위터가 가장 실시간성이 뚜렷한 플랫폼으로서 방송시간 중에 가장 많은 반응이 있었다. 트윗된 메시지의 특징은 '나는 …'으로 시작되는 주관적 의견이 많았으며, 종합적 평가보다는 주로 인상이나 느낌을 언급한 경우가 많았다. 이는 "답답", "똑똑", "갑갑", "실실"과 같은 개인의 느낌을 표현하는 의태어들이 많이 등장하는 언어적 특징에 반영되어 나타났으며, 리트윗이 많은 게시물 역시 개인의 인상평가적인 내용이었다.

반면 페이스북은 방송 중 실시간 포스팅보다는 방송이 끝난 직후 포스팅되는 비율이 높은 플랫폼으로 나타났다. 그리고 인상평가보다는 토론회에서 있었던 구체적이고 특정한 발언에 영향을 많이 받는 경향을 보였다. 이는 게시물의 인기를 반영하는 '좋아요'나 '공유'의 숫자에서도 나타났으며, "단식부기", "복식부기", "정권교체", "심판"과 같은 용어들이 상대적으로 많이 출현하는 언어적 특징에서도 확인이 되었다. 페이스북의 특징 중 또 하나 특기할 만한 점은 논쟁적 댓글보다 게시글에 대한 동조성 댓글이 많았다는 점이다. 소셜미디어가 관계를 맺고 있는 사람들 간의 유사성을 더욱 강화시키는 역할을 하고 있다는 주장은 현재 페이스북을 중심으로 가장 활발하게 제기되는데, 이번 조사에서 페이스북에 동조성 댓글이 많았던 것도 같은 맥락에서 해석할 수 있을 것이다.

한편 블로그는 TV 방송시간과 포스팅 사이에 시차가 가장 큰 플랫폼으로서 계획적 포스팅이 많은 것이 특징이었다. 방송사 초청 토론회 마지막 날의 다음날과 선거관리위원회 토론회 다음날에 포스팅이 급증하였는데, 이는 즉흥적이고 즉각적인 포스팅보다는 중요한 분기점에 집중적으로 포스팅이 이루어진다는 것을 보여준다. 포스팅 내용에서는 토론회의 내용과 후보자들의 공약을 종합적으로 정리하는 사례가 많았다. 페이스북처럼 후보들의 특정한 발언과 관련한 게시글보다는 토론회를 전체적으로 정리한 게시글이 많은 '공감'을 얻고, 'View on'의 빈도가 높았다. 단어들의 출현 빈도도 "검증", "여론조사", "이유", "판단", "의혹" 등의 단어들이 상대적으로 많이 등장하여 가장 전문적이고 심층적인 용어사용 패턴을 보였다. 특기할 만한 점은 페이스북과 달리 블로그는 동조성 댓글보다는 논쟁적인 댓글이 많았다는 점인데, "나경원, 박원순 TV 토론~나경원 완승!"이라는 게시물에 총 2587개의 댓글이 달려 페이스북과 달리 댓글이 매우 논쟁적인 방식으로 이루어지는 것이 확인되었다.

전반적으로 보면 미투데이에 감성적이고 감정적인 단어들이 가장 많이 등장하였고, 트위터에 인상 위주의 단어들이 가장 많이 등장하였으며, 페이스북은 구체적인 사건과 관련한 단어들이 많이 등장하였다. 그리고 블로그에 심층적이고 분석적인 단어들이 가장 많이 등장하는 것을 확인할 수 있었다. 즉, 플랫폼별로 두드러지게 사용된 단어를 바탕으로 살펴볼 때, 미투데이 - 트위터 - 페이스북 - 블로그 순으로 유사성이 있음을 알 수 있다.

이상으로 우리는 한국의 SNS 이용자들이 정치담론을 다룬 TV프로그램을 시청하며 어떠한 방식으로 의견을 제출하고 토론에 참여하며 감정을 표출하는지를 포괄적으로 살폈으며, 뷰어태리어트들의 소통구조와 플랫폼에 따른 커뮤니케이션 패턴의 차이를 확인하였다. 최근 모바일 미디어의 확산과 다양한 소셜미디어의 등장은 인류의 온라인 소통환경을 더욱 역동적으로 변화시키고 있다. 이러한 변화 속에서 TV와 같은 전통적 매스미디어들은 고립적으로 작동하는 것이 아니라 다양한 소셜미디어와 연동하며 정치적 영향력을 새롭게 구성해나가고 있다. 하지만 아직까지 TV와 같은 전통적 매스미디어와 다양한 소셜미디어들이 구체적으로 어떻게 상호작용하는지를 보여주는 연구는 국내·외적으로 상당히 드문 실정이었다. 이 연구는 이러한 문제의식에서 출발하여 경험적인 수준에서 답을 찾고자 하였다.

주지하다시피 매스미디어 이전 시대의 수용자들은 하나의 공간에서 공통적이고 순간적인 경험을 공유하였다. 그러나 매스미디어의 발달로 수용자들은 더 이상 동일한 시간과 공간에 묶이지 않을 수 있게 되었고, 그 대신 익명의 다수로 전락하였다. 하지만 다양한 정보기술의 발달과 쌍방향 미디어의 확산으로 인한 커뮤니케이션 환경의 변화는 수용자들이 더 이상 영향력 없는 익명의 존재가 아님을 보여준다. 특히 최근 SNS가 세계적으로 활성화되고 시청 중 정보의 실시간적 공유와 확산이 가능해지면서 하나의 공간에서 공통적이고 순간적인 경험을 공유하고 토론에 참여했던 매스미디어 이전 시대의 수용경험과 유사한 의사-공동

(*pseudo-communal*)의 수용형태가 나타났다. 이 장은 한국적 현실 안에서 TV와 대표적 SNS인 미투데이, 트위터, 페이스북, 블로그가 어떤 방식으로 상호작용하는지를 살핀 탐색적 시도로서, 앞으로 전통적인 미디어와 새로운 미디어들의 관계에 대해 보다 포괄적인 이해를 제공하는 연구들이 이어져야 할 것이다.

참고문헌

이준웅·김은미·김현석(2007), "누가 인터넷 토론에서 영향력을 행사하는가?: 온라인 의견 지도자의 속성", 〈한국언론학보〉, 51(3), pp. 358~443.

조인호·박지영·박한우(2011), "한국에서 나타난 마이크로 블로깅과 정치현상 사이의 상호작용: 서울시장 예비후보 토론회를 중심으로", 〈동아인문학〉, 19, pp. 323~359.

중앙선거방송토론위원회(2010), 《2010 선거방송토론백서》, 유앤아이.

황유선·심홍진(2010), "트위터에서의 의견 지도력과 트위터 이용패턴: 이용동기, 트윗 이용패턴, 그리고 유형별 사례분석", 〈한국방송학보〉, 24(6), pp. 365~404.

Anstead, N. & O'Loughlin, B. (2009), "Emerging Viewertariat: Explaining Twitter Responses to Nick Griffin's Appearance on BBC Question Time", UEA School of Political, *Social and International Studies Working Paper*.

______(2011), "The Emerging Viewertariat and BBC Question Time: Television Debate and Real-time Commenting Online", *The International Journal of Press/Politics*, 16(4), pp. 1~23.

Ampofo, L., Anstead, N. & O'Loughlin, B. (2011), "Trust, Confidence, Credibility: Citizen Responses on Twitter to Opinion Polls During the 2010 UK General Election", *Information, Communication and Society*, 14(6), pp. 850~871.

Blumler, J. G. & Katz, E. (1974), *The Uses of Mass Communications: Current Perspectives on Gratifications Research*, Beverly Hills: Sage.

Blumler, J. G. & McQuail, D. (1969), *Television in Politics: Its Uses and Influences*, Chicago: Univ. of Chicago Press.

Chadwick, A. (2011), "Britain's First Live Televised Party Leaders' Debate: From the News Cycle to the Political Information", *Parliamentary Affairs* 64(1), pp. 24~44.

Davis, R. (2009), *Typing Politics: The Role of Blogs in American Politics*, New York: Oxford University Press.

De Sanctis, G. & Poole, M. S. (1994), "Capturing the Complexity in Advanced Technology use: Adaptive Structuration Theory", *Organization Science*, 5(2), pp. 121~146.

Glassman, M. E., J. R. Straus & C. J. Shogan(2010), "Social Networking and Constituent Communications: Member Use of Twitter During a Two-month Period in the 111th Congress", Congressional Research Reservice.

Lazarsfeld, P. F., Berelson, B. & Gaudet, H. (1944), *The People's Choice: How the Voter Makes up His Mind in a Presidential Campaign*, New York: Columbia University Press.

Messner, M. & Distaso, M. W. (2008), "The Source Cycle: How Traditional Media and Weblogs Use Each Other as Sources", *Journalism Studies*, 9, pp. 447~463.

Putnam, R. (1995), "Bowling Alone: America's Declining Social Capital", *Journal of Democracy*, 6, pp. 65~78.

인터넷과 SNS를 통한 감성적 참여와 공유

제 9 장

이기형 · 이영주

들어가는말

네트워크 사회, 넷 파워, 네티즌, 온라인 공론장, 비판적 담론공중, 감정구조, 자발적 참여, 촛불광장, 사이버 행동주의, SNS, 파워 트위터리언, 소셜 미디어 등은 한국사회의 급격한 사회변동과 정보화, 그리고 "탈(脫) 전통화" 현상을 예시하는 주제어들이자, 여러 측면에서 한국사회의 변화하는 "(사회) 문화적인 문법"을 구성하는 중요한 구성요인들이다. 뒤에서 보다 구체적 논의를 제시하겠지만, 한국사회에서 최근에 발생한 주목할 만한 변화들의 동학(*dynamics*)을 담아내는 지식담론을 누군가가 생산한다면, 앞서 언급한 주제와 현상들이 대거 포함될 가능성이 매우 높다.[1]

이 글의 목적은 한국사회에서 지난 20여 년간 형성된 인터넷의 질서와 온라인을 기반으로 하는 새로운 매개와 표출의 공간이 대중의 참여와 감정의 공유라는

1 위에서 언급한 주제들에 대한 다면적인 지식생산이 당위의 수준을 넘어서 필요하지만, 현실은 그리 간단하지 못하다. 언론학을 포함하여 학문영역에서 이 주제들에 관한 연구는 상당한 관심을 받으면서 이루어졌으나 연구의 숙성도 면에서는 아직까지 체계화된 결과들을 제시했다고 보기 어렵기 때문이다. 다른 차원에서 이 글은 현재 진행형의 작업으로, 그간 학문적 조명을 크게 받지 못한 주제인 온라인과 SNS의 동학과 그 과정에서 발현되는 감정과 감성적 차원의 쟁점들을 징후적으로 논하고자 한다.

양상을 어떤 방식으로 발현하는지를 폭 넓게 탐문하는 데 있다. 보다 구체적으로는 인터넷과 SNS의 사회적 배치와 일상적 활용이라는 거시적 환경의 변화 속에서, 넓은 범주의 문화와 감정, 그리고 언어적 자원을 질료로 삼는 사회문화적 변화상이 어떻게 생성·변화되었는지에 관한 관찰과 논의를 광의의 "문화정치적" 관점으로 풀어내고자 한다.

먼저 문화정치(*cultural politics*)는 일상에서 매우 큰 역할을 수행하는 문화적 영역과 문법의 특성과 역할에 대한 조밀한 분석을 매개로, 사회적으로 비중 있는 의미와 담론들 그리고 정치적 관점과 열정(*passions*)들이 부상·표출하는 과정과 함의들을 상세하게 다루며 추적한다. 문화정치적 관심은, 특히 정치를 제도정치나 정당의 영역에만 한정짓는 제도적 관성에서 벗어나, 문화가 공공영역과 생활세계를 가로지르며 수행하는 넓은 차원의 정치적 역할과 의미와 감성의 생산 및 대안적 실천의 과정에 주목한다(이택광, 2011; 전규찬, 2012; 정수복, 2007 참고). 예를 들면 온·오프라인을 넘나들면서 세대, 젠더, 섹슈얼리티, 계급, 정체성, 그리고 사회문화적 차이(*difference*)들이 발휘하는 정치성과 사회 내에서의 의미화 그리고 감정과 욕망의 표출이 생성하는 효과는, 문화정치학적 문제의식이 지속적으로 분석하고 이론화한 일련의 연계된 주제들이다(송호근, 2003; 이택광, 2011 참고).

이 글에서는 인터넷과 SNS를 매개로 "사이버 대중" 혹은 다양한 사회적 수행의 주체들이 풀어내는 활동과 대안적 실천들을 중심으로, 이들이 발현하는 정치성과 감정의 함의들을 몇 가지 관점에서 되돌아보고자 한다(이동후, 2008 참고). 나아가서는 온라인의 확장에서 소셜미디어의 등장이 한국사회의 정치적 영역과 일상의 문법을 변화시키고 재구성하는 새로운 흐름들을 어떻게 생성하는지와 관련된 일련의 조망(*mapping*) 작업들을 제시할 것이다. 한편 글쓰기와 서술의 측면에서, 이 작업은 상대적으로 건조하고 양식에 영향을 많이 받는 논문식의 딱딱한 글쓰기가 아닌, 비교적 자유롭게 관찰과 분석 그리고 사유와 주장을 펼쳐내는 문화비평 스타일의 글쓰기 방식을 활용하고자 한다.

이 글은 크게 두 개의 부분으로 구성된다. 전반부는 인터넷의 부상과 인터넷을 기반으로 전개되는 주체들의 활동상에 관한 질적 관찰과 문화적 함의들을 주로 다루고, 후반부는 SNS의 역할과 정치미학의 관계성을 탐구하고자 한다.

다음 절에서는 2000년 대 초반부터 현재까지 부상한 인터넷과 관련된 현상들의 의의와 위상을 압축적으로 자리매김하고자 한다. 이 부분에서는 인터넷과 SNS와 관련된 일련의 사례와 예시들을 일종의 '파노라마적' 시선(*panoramic view*)으로 조감한다. 특히 온라인 공동체들의 등장부터 촛불광장까지, '미네르바 현상'에서 트위터와 SNS의 개화(開花)와 이른바 '나꼼수 현상'에 이르기까지 일련의 주목할 만한 사례와 사건들을 주요한 예시로 삼아, 인터넷과 광장에서의 자발적 참여와 공유를 기반으로 형성된 공공영역과 '난장'의 개화가 지니는 함의들을 살펴보고자 한다.

인터넷의 진화와 온라인 공론장의 활성화

한국사회의 정보화가 급속하게 진전되면서 발생한 온라인과 사이버 공간들의 역할을 포함한 일련의 사회문화적 현상들과 이들 사례가 담아내는 정치성과 명암에 관한 고찰과 '복기'(*retrospect*)는 필수적이라고 할 수 있다. 현재는 SNS가 상당한 주목을 받고 있지만, 온라인의 사회문화적 중요성과 현실상황에 대한 개입, 그리고 담론과 감성의 표출공간이라는 사건사적 함의들을 보여주는 "가까운 과거"는 SNS상에서도 상당부분 계승되어 나타나고 있으며, 현재의 상황과 겹치거나 연계되는 징후들이 이미 강하게 예시되고 있기 때문이다.

다소 단순화시켜 복기하면, 2000년대 초반 한국사회는 인터넷의 전면적 개화와 사회문화적 활용이라는 현상을 다양한 차원에서 경험하게 되었다. 우선 2002년 대선을 앞두고, 다수의 정치웹진과 인터넷을 기반으로 하는 공동체와 매체들이 출현하면서, 대안적 역량을 구체적으로 발휘하기 시작했다(강준만, 2006; 장우영, 2005). 이런 현상은 1990년대 후반의 흔히 말하는 'PC통신'의 시대에 발현되기 시작했지만, 초고속 통신망과 정보인프라의 확장과 가입자들의 폭발적 증가, 인터넷을 통한 소통과 공유, 그리고 담론과 정보의 교류가 급속하게 진행되면서 결이 뚜렷한 사회문화적 흐름과 관찰가능한 트렌드로 확장되었다. 이 시기에 온라인 공간에서 네티즌들의 관심을 견인하는 사이트와 블로그 혹은 미니홈피와 같은 크고 작은 공동체들이 다수 부상하기 시작했다. 특히 '정치의 계절'이 다가오면서, 이들은 활기차게 사회정치적 이슈들과 의제를 논하는 토론과 감성적 결연의 공동체를 형성하게 된다. 자발적으로 사회정치적 이슈에 대한 글을 온라인에 게시하고 다른 네티즌들과 치열한 논쟁을 벌이며, 동시에 수평적 교류와 결연을 주체적으로 도모하는 '넷의 문법'과 자발적 참여가 빠르게 이루어지면서, 온라인 공간이 상당한 현실(개입)적 함의와 동력을 생성하게 되었던 것을 많은 이들이 아직 기억할 것이다(강준만, 2006; 백선기 2003; 한국언론학회, 2011 참고).

1) 인터넷의 부상과 표출의 공간들이 담아내는 함의들

이러한 변화의 과정 속에서 특히 주목할 만한 부분은, 제도화된 언론이나 엘리트층의 의제설정 능력과 권위에 도전하면서 네티즌과 온라인 사이트들이 새로운 유형의 발화자(發話者)이자 행위자로서의 면모를 구축하게 되었다는 점일 것이다. 즉, 주요한 사회정치적 쟁점과 의제를 둘러싸고, 부상하기 시작한 온라인의 매체와 공동체들은 과거에는 접하기 어려운 수준의 대항적·대안적 담론과 논의의 생산 및 흐름을 활성화시켰다. 지리학적 한계와 세대를 뛰어넘는 온라인 공동체의 구성원으로서, 다수의 네티즌들과 이른바 '논객'들이 자신들의 의견과 가치를 활발하게 개진하기 시작했다. 집합적으로 이들은 주류언론이나 정치인이 생산하는 담론들 — 정치적 언설, 뉴스와 칼럼, 사설 등을 망라하는 — 에 대한 평가와 검증 그리고 비판적 분석과 상세한 해제의 작업을 매우 능동적으로 시도하게 된다. 장르면에서는 관점과 주장이 상대적으로 명확하고 쓰는 이의 주관과 감정이 강하게 드러나는 개입적 글쓰기와 활발한 댓글 달기 그리고 동료 네티즌들과의 수평적 대화 등을 포함하는 치열한 논쟁이 인터넷을 매개로 활발하게 수행되기 시작했다. 이러한 변화는 온라인이 다양한 담론의 생산지로 기능하는 데 크게 이바지

했다(나은경 · 이준웅, 2008; 이기형, 2004 참고).

부연하자면 과거에는 지식인이나 학자집단과 같은 특정한 전문가 집단이나 언론제도 내 구성원들이 거의 독점적으로 행사하던 사회현실이나 특정한 사안들에 대한 정의 내리기(*the definition of situation*)나 담론의 생산이 인터넷을 매개로, 다수의 일반 시민과 세대와 지역을 아우르는 다양한 주체들이 참여하고 수행하는 새롭고 대안적인 논의의 큰 흐름으로 변화 · 확산되었다. 당대의 사회적 · 정치적 쟁점들에 대한 치밀한 논점이 제기되기 시작했으며 또한 주류사회의 엘리트층이나 담론생산자들의 관점을 분석하고 개입적 입장을 밝히는 작업들이 주요 온라인 공동체들을 중심으로 활발하게 이루어졌다. 이는 한국사회 '말들의 풍경'과 사회정치적으로 구현되는 담론의 질서를 재구성하는 괄목할만한 변화를 가져왔다.

현실의 권위와 제도의 위상을 완전히 바꿀 정도의 전면적 변화에는 이르지 못했을 지라도 인터넷상 담론의 활성화를 통해 언로가 상대적으로 수평화하고 탈권위주의적 가치가 신장되는 등의 성취가 이루어졌다. 또한 욕망하는 사회적 주체들의 부상이라는 차원에서는 확립된 엘리트들의 권위에 도전하고, 다양하고 복합적인 말들의 흐름과 대안적 해석을 가능하게 함으로써, 인터넷 공간은 새로운 재현의 공간이자, 의미를 둘러싼 치열하고 열기 띤 논쟁들이 출몰하는 확장된 표출의 영역으로서의 강한 존재감을 보여주게 되었다. 특히 다양한 사회경제적 그리고 정치적 배경을 가진 다수의 네티즌들이 이 과정에 참여하게 됨으로써, 온라인은 과거와는 매우 다른 결집과 정체성 그리고 상상력의 구현을 보여주었다.

이러한 현상은 온라인상에서 의견을 나누는 개인들의 자발적 회합과 결합이라는 측면을 강조하는 '네트워크화된 개인주의'(*networked individualism*)의 부상이나 탈전통적 차원의 느슨한 연대들의 결합이라는 차원에서 접근할 수 있을 것이다(Castells, 2004). 기존의 집합적 구성이나 통상적 결연(*association*)의 문법과는 매우 차별화되는 접속과, 결연을 매개로한 다수의 사회적 주체들의 결집이 생성된 것이다. 그 결과 기존의 언론매체와 공중이 생성하는 공론장 혹은 공공영역에 대한 논의들이 인터넷 공간에서 분출하는 현상들에 적용 · 모색되기 시작했으며, 온라인의 역할과 명암을 둘러싼 활발한 관측과 분석들이 뒤따르게 되었다.

이러한 변화는 인터넷을 통한 언로의 확장과 정보 공유, 그리고 다수의 시민들의 참여 없이는 결코 이뤄낼 수 없었던 것이다. 나아가 이 과정에서 흔히 '논객'이라 불리는 지식인과 온라인 공동체 구성원들이 사회에서 특정 역할을 맡은 새로운 유형의 집단을 형성하기에 이른다. 예컨대 온라인의 특정한 사이트나 공동체에서 주기적으로 올라온 글을 정독하고 의견을 달거나, 특정한 사회·정치적 이슈에 관하여 자신들의 관점을 적극적으로 표출 및 교환하는 집단이 등장하게 된 것이다. 이를 이준웅(2011)과 이동후(2008), 그리고 임종수(2011) 등은 사회정치적으로 일정한 영향력과 인지도를 행사하는 담론의 생산자이자, '공적'이고 표출적인 자아를 스스로 드러내는 '비판적 담론공중'(*critical discursive public*) 혹은 "잠재적 다중" 등으로 정의한 바 있다.

제도권 내의 저널리스트나 지식인집단과 경쟁하면서 일부 논객과 네티즌들은 담론과 지식의 생산에 있어서 상당한 개입능력을 발휘하며 사회적으로 구축된 힘의 균형을 변화시키는 새로운 동인으로 작용하게 된 것이다. 이미 이러한 현상의 함의를 다양한 방법론과 입장에서 논한 작업들이 다수 존재한다(주창윤, 2010; 조화순 외, 2012 참고). 특히 비판적·감성적 담론공중은 세대와 성별, 사회경제적 차원의 차이들을 내장하는 매우 복합적인 무정형의 집단으로, 정보를 능동적으로 갈무리하고 현안에 대한 관심과 논의를 자율적으로 표출하는 성질을 갖는다(윤수종, 2009 참고). 물론 비판적 담론공중의 구체적 특성이나 실질적 구성은 사회적 상황이나 사안에 따라 차이를 보이지만, 인터넷과 제도언론에서 접하는 정보와 논점들을 비판적으로 수용하고, 이 과정에서 현실에 대한 판단과 의미의 부여를 활발하게 표출하는 이들이 자신들의 존재감을 능동적으로 드러냄으로써, 한국사회에서 심대하게 커진 인터넷의 역할과 함께, 자율적으로 판단하고 의사를 적극적으로 표현하는 수행의 주체들에 대한 관심 또한 크게 증가하게 되었다.

한편 노사모와 같은 매우 활발한 정치적 팬덤(*fandom*)의 개화 역시 인터넷을 매개로 목소리의 결집과 연대의 위력을 드러내는 중요한 예라고 할 수 있다. 주지하다시피 특히 2002년의 대선에서 노무현 후보를 당선시킨 배경에는 인터넷과 정치적 변화를 원하는 이들의 참여를 매개로 한 자발적 조직화와 연대가 매우 큰 기여를 했다. 주창윤(2010, p. 90)은 '노사모 현상'의 특성에 대해, "노사모는 세대의 수평적 만남을 시도했다. 여기에 인터넷이 매개가 되었고, 〔기존에〕 스타에게 국한되었던 팬덤현상이 정치현실에도 접합되었다"고 평했다. 변화를 열망하는 네티즌과 시민들이 특정한 정치인을 지원하고 자발적 연대와 더불어 변화에 대한 감성적 공유를 도모했다는 점은 여러모로 주목할 만하다. 어떤 정치적 조직이나 정당에 의한 위로부터의 기획이나 정치공학의 결과물이 아닌, 자신의 의지와 특정한 가치를 표출하는 다양한 사회적 주체들이 기존의 정치제도의 외부에서 새로운 실행을 생성하는 흔치 않은 결집을 성취했기 때문이다.

한편 온라인과 소통의 문제를 논할 때 빼놓을 수 없는 또 다른 주요한 표현의 수단으로 패러디(*parody*)가 있다. 인터넷상의 공동체와 네티즌들은 다양한 방식으로 기존의 대표적인 문화적 이미지와 아이콘, 문법과 상징들을 창의적으로 '전유'하면서 자신들의 의사와 감정을 능동적으로 표출하기 시작했으며, 정치권력이나 특정한 사회현상에 대한 예리하고 기발한 풍자와 비판 그리고 희화를 활발하게 제기했다(이광석, 2009 참고). 이들은 먼저 광고와 대중문화 그리고 언론영역에서 등장한 대중적 이미지와 상징들을 자신들의 것으로 변형시키거나 새로운 문화 코드와 스타일을 만들어내면서, 현실비판적이며 도발적인 메시지를 결합하는 작업을 수행했다. 예리한 지적과 비유, 권위를 조롱하고 비꼬는 날렵한 풍자, 그리고 사회적 문제의식들이 패러디 속에서 생동감 있게 결합·확산되면서, 확립된 권위(*established power*)나 엘리트층의 오만 혹은 사회 내 부조리를 날카롭게 짚어내는 면모가 적극적으로 부각된 것이다.

다른 한편으로는 DC인사이드 등 대중이 주목하고 주기적으로 활용하는 사이트들이 예시하듯이, 사이트와 사이트를 오가며 네티즌들과 경쟁하고 상상적 차원의 싸움과 (재)영역화, 그리고 정체성의 결집을 시도하는 놀이문화와 가상성을 실재하는 사안으로 만드는 일종의 하위문화적 실천과 대안적 문화감성이 온라인 공간에서 적극적으로 표출되기도 했다(이길호, 2012 참고). 그 결과 패러디는 기존의 상징질서를 일정부분 해체하고 파고들면서, 다수의 네티즌이 정서적으로 공감할 수 있는 새로운 문화양식 혹은 대안적인 소통 형태로서 일정한 위상을 갖

게 된다.[2]

주지하다시피 '발칙한' 온라인 패러디의 원조라고 할 수 있는 〈딴지일보〉나 DC인사이드, 아고라나 그 외 "DVD 프라임"이나 "MLB파크," "소울드레서," "레몬 테라스", "82cook.com"과 같은 인터넷상의 다양한 취향과 담화의 공동체들이 이러한 온라인 패러디와 담론의 주요한 생산지로 부상했다(이동후, 2012 참고). 또한 네티즌들은 패러디와 담론들을 생산하고 퍼 나르며 확산시키는 과정에서 새로운 매개자의 역할을 수행하면서 자신들의 의견과 감정, 그리고 관점을 더함으로써, 패러디가 온라인 발화(發話)와 소통의 주요한 양식으로 확고하게 자리잡는 데 일조했다. 이렇듯 기성의 권위나 상대적으로 폐쇄적인 전문가주의에 대항하고 일정한 "탈권위화"와 대항적 담론들의 생산 혹은 대안적인 문화적 표현들을 이끌어내면서, 인터넷은 다양한 목소리와 표현, 공감들이 생성되는 새로운 영역으로 부상하게 된다. '촛불국면'에서도 앞서 언급한 온라인 공동체들은 상당히 많은 수의 네티즌들이 참여하는 논쟁과 자발적인 조직화의 공간으로서의 역할을 수행했다. 2000년대 초반부터 인터넷 사이트와 공동체들의 존재는, 이처럼 치열한 토론을 수렴하고 현실에 대한 다수의 의견을 대변하는 역할을 함으로써, 현실정치와 언론제도 그리고 여론의 동향에도 상당한 환기효과를 주는 무시 못할 요인으로 자리매김하게 된 것이다(최영묵, 2012 참고).[3]

2000년대 후반에 들어서면서 인터넷을 근거지로 한 담론 문화는 새로운 기류를 형성한다. 예를 들어 2008년 말 금융위기의 국면에서 대표적인 온라인 토론장인 아고라의 경제방에 등장한 논객인 "미네르바"는 온라인을 매개로 하는 지식의 생산과 네티즌들과의 상호작용을 기반으로 새로운 담론권력이 부상·작동하는

2 물론 시간이 지나면서 온라인에서 유통·확산되는 패러디가 탈정치화하거나 상업적으로 (재)전유되는 양상도 관찰된다. 그 결과 패러디가 발휘하던 전복성과 도전과 풍자의 힘이 휘발되는 경향이 감지되기도 하는 것이다(전규찬, 2012 참고).

3 정파성이라는 측면에서는 확연하게 범 진보계열의 네티즌들이 2002년에서 탄핵국면까지 우세한 입장을 점유하지만, 이후 보수계열의 사이트와 네티즌들이 가세하면서 온라인은 복수의 이데올로기적 가치를 표출하고 있다. 물론 온라인의 영역에서 특정한 국면에서 양극단으로 나뉘는 가치와 이념의 몰이나 비생산적인 정파적 공방전들이 두드러지기도 한다. 하지만 온라인을 벗어난 사회제도 내부의 정치나 언론관련 행위자들 역시 이러한 가치의 양극화와 진영논리에서 크게 자유롭다고 하기는 어렵다.

중요한 사례다. 금융과 경제상황에 관한 해박한 지식과 설명, 독자의 관심을 끄는 은유와 호소력이 뛰어난 기민한 글쓰기, 그리고 전문가적 안목의 투사는 미네르바를 단시간 내에 일약 스타로 등극시켰다. 그는 금융위기의 국면에서 불안해하며 정보와 설명을 찾던 상당수의 네티즌들에게, 다가가기 수월한 동시에 상당한 설득력을 갖는 글쓰기로 강한 인상을 남겼다(최선정, 2012 참고).

미네르바는 네티즌의 관심을 이끌어내고 그들에게 다가가는 방식으로 여느 경제학자나 경제 전문 저널리스트가 성취하기 어려운 수준의 대중적인 인지도와 위상을 구축한 것이다. 상당수의 네티즌들이 그를 긍정적으로 받아들인 것과 대조적으로 제도언론이나 정치권의 엘리트는 그를 혹세무민(惑世誣民)하는 사기꾼 혹은 공익을 위협하는 위험한 돈키호테 같은 인물로 간주했으며, 제도와 법을 동원해서 그를 비판하고 단죄하게 된다. 이 글에서 매우 복잡하게 전개된 미네르바 현상을 둘러싼 명(明)과 암(暗)을 세세하게 복기할 수는 없지만, 엘리트로서의 사회화와 위상을 갖지 못한 한 평범한 네티즌이 금융위기라는 국면에서 대표적인 혹은 문제적인 담론생산자로 부상했다는 사실은, 그가 짊어질 공과(功過)를 떠나서, 한국사회의 지식생산과 언로의 작동이 인터넷 공간을 매개로 상당한 수준에서 현실개입의 역량을 발휘할 수 있음을 다시 한 번 일깨워준다.

2) 인터넷과 '광장문화' 그리고 공론장의 명암을 둘러싼 쟁점들

또 다른 사례를 들어보자. 인터넷 공간의 부상과 현실에 개입하는 새로운 동학(動學)과 오프라인에 대한 영향력과 관련해서는 2002년의 대선 이후, 2002년의 최초의 촛불시위, 2004년의 탄핵국면에서의 넷을 매개로한 "광장정치"의 등장과 활성화, 그리고 2008년 "촛불광장"의 개화 등과 같은 연계된 사건과 움직임들을 중심으로 인터넷 공간의 역동성과 의의를 논할 수 있다. 한 이름 모를 개인이자 시민의 발의로 배경과 사회적인 위상이 매우 다른 주체들이 광장에 자발적으로 나와서 특정한 사안에 대한 정치사회적 의지와 자신들의 감성을 적극적으로 표출할 수 있었다는 점은, 온라인을 매개로 형성된 감성과 정서적 투하를 통한 자기주체화라는 측면에서 접근할 수 있다. 촛불의 등장은 다양한 사회적 주체들이 아래로부터 발현되는 새로운 감성과 상상력의 결집을 매개로 문화정치 혹은 생활정치(*life politics*)와 정치적 영역의 확대를 촉발시킨 이정표적 사건이었다(당대비평 기획위원회, 2008; 백욱인, 2008 참고).

특히 다수의 네티즌들이 특정한 사회정치적 의제의 형성과 확산에 참여하고, 이들 중 일부가 광장으로 진출하게 된 배경에는 공유되는 감성과 현실인식, 그리고 사회적으로 제조된(*socially-manufactured*) 불안과 위험성이 존재한다는 점을 앞서 언급한 사안들이 예시해준다. 사고이긴 했지만 미군에 의해 희생된 어린소녀들의 죽음과 불평등한 한미방위조약에 대한 진전된 문제의식은, 분노와 논리를 동반한 현실인식과 결연이 더해지면서 광장에서의 자발적인 시위라는 독특한 집합행동을 이끌어냈다. 한편 제도정치의 내부에서 갑작스럽게 발생하게 된 대통령의 탄핵은 다수의 네티즌과 시민들의 분노와 우려를 자아냈으며, 이들은 정치권의 해결책을 기다리기 보다는 광장에서 결집된 비판의 목소리를 표출함으로써 정치권 내부의 주요 행위자들에게 간담이 서늘할 정도의 경고의 메시지를 보냈다. 이 과정에서 인터넷의 다기한 채널과 언로들을 타고 공유되는 정치엘리트층에 대한 분노와 실망은 '대항적 공론장'과 '난장'을 생성했다.

여기서 대항적 공론장(*alternative public spheres*) 혹은 난장(*wild publics*)이란, 기존의 공론장이나 공론영역에 대한 개념적 대안이자 사회적 측면의 보완의 한 형태로, 일군의 연구자들은 공공적으로 발화되고 체감되는 목소리와 감정의 표출과 함의에 주목한 바 있다. 예컨대 하버마스 등이 제시한 매우 영향력 있는 개념인 '공론장의 작동'은 무엇보다도 이성중심의 그리고 합리적 대담과 논의의 교환을 기반으로 삼는 합의(*consensus*)의 도출을 근간으로 삼는다. 그럼에도 이 입장이 경제력과 문화자본의 측면에서 우월한 지위에 있는 지배 엘리트층이나 교육받은 집단을 선호하고, 대중이나 사회 내의 여성이나 서민 혹은 소수자들의 상황에 필요한 만큼의 관심을 기울이지 않았다는 비판 또한 강하게 개진된 바 있다. 이러한 측면에서 난장의 모델은, 엘리트층만이 아닌 평범한 시민들이나 피지배층, 혹은 사회적인 소수자들이 형성하고 촉발하는 다양한 층위의 정서적 반응과 변화에 대한 욕망 그리고 목소리들을 생생하게 조명하고, 이를 토대로 기존의 공론장 모델을 부분적으로 해체하면서, 동시에 보완적인 개념화를 시도함으로써 난장의 지위를 격상시키고 재평가하려는 일련의 노력들을 담는다(김예란, 2010; 원용진 · 이수엽, 2010; Crossley et. al. 2004 참고).

이 개념은 기성의 회의장이나 포럼 등에서 벌어지는 (표면적으로는) 정치한 대담과 합리적 이성이 발현되는 담론적 실천만이 아닌, 예컨대 떠들썩한 선술집이나 저잣거리에서 발현되는 목청이 크고 주관과 체험과 감정이 짙게 실린 서민들의 목소리와, 이 과정에서 발현되는 아래로부터의 정서적 반응과 현실인식에 주목한다. 이러한 감성의 표출과정에는 희망, 체화된 공감(*empathy*), 정치적 정념 혹은 열정(*politicized passion*), 강한 냉소와 분노, 정동(*affect*) 등과 같은, 우리가 통상적으로 감정이라고 느슨하게 정의하는 영역에 속하는 반응들이 두루 포함된다(Goodwin et al., 2001; Thompson and Hoggett, 2012 참고).

난장의 개념은 앞서 논한 비판적 · 감성적 담론공중의 존재와 발현을 기성의 담론화의 과정에서 종종 소외되거나 주목받지 못하는 주체들의 대항적 관점이나 감정과 열정이 체화된 반응과, 이들이 자신들의 입장에서 풀어내고 전하고자하는 체험들을 중심으로 접근하려는 대안적 시도를 보여준다.[4] 물론 이러한 현상을 개념화하기 위해서는 향후 경험과 담론에 대한 분석을 지속적으로 축적하는 작업이 필요할 것이다. 이기형(2004)과 이준웅(2011), 권명아(2012) 등이 강조하듯이, 말의 풍경 속에서 엘리트만이 아닌 다수의 사회적 주체와 소수자들이 이야기로 엮어내는 논쟁과 감정의 표출은 정치적 '비정상성'과 제도의 무리수가 만연한 기존 정치현실에 불만을 가지고 대안을 찾는 대중들의 요구를 담고 있다.

4 인터넷이라는 공간은 해학과 풍자 그리고 골계미 넘치는 소란스럽고 걸쭉한 대화에서 격한 표현과 야유가 들어간 외침과 다툼, 그리고 진중하고 열정이 배어나는 담화나 합리적인 소통 시도에 이르기까지 수많은 목소리와 형식들이 출몰하는 역동적인 장(field)이다. 기본적으로 '다성성'(polyphony)과 수많은 악센트들의 공간이기에, 인터넷의 흐름과 여론의 형성은 특정집단이 독점하여 좌지우지할 수는 없다. 인터넷상의 언어폭력이나 근거 없는 비방과 허위사실 유포, 프라이버시 침해, 지적소유권 등의 문제들을 개선할 수 있는 일정한 제도적인 요건과 방비책들 — 그리고 네티즌 자신들의 책임감(accountability) — 은 마련되어야 하겠지만, 이는 언로와 표현의 자유를 축소하지 않는다는 절대조건을 침해하지 않는 선에서, 특정한 정치적인 목적이 개입하지 않는 방식으로 매우 조심스럽게 이루어져야 한다.

주지하다시피 탄핵이나 미국산 소고기의 갑작스런 수입 등으로 불거진 사회정치적 사안들의 전개과정에서 한국사회를 뒤흔들 만큼의 갈등과 더불어 매우 활발한 논의와 논쟁, 그리고 집합행동이 발현되었다. 이 두 사안에서 다수의 네티즌과 시민들은 제도화된 정치와 다수의 제도언론이 제대로 작동하지 못하고 역할을 방기하고 있다고 판단했고, 이 상황에 직접 그리고 자발적으로 개입한 바 있다. 이러한 과정에서 축적된 민중들의 분노는 온라인상에서 상당한 수준의 연대감을 형성했고, 나아가 오프라인에서 전에 없던 규모의 자발적인 참여와 동원을 가능케 했다.

특히 2008년 4월부터 나타난 촛불광장은 특정한 사회단체들이나 정당이 주도적 역할을 수행했다기보다는, 자발적 연대와 참여가 이룬 결과물이라고 볼 수 있다. 주지하다시피 정부가 시민들에게 충분한 설명 없이 서둘러서 빗장을 푼 미국산 소고기의 수입 건은 정치권력에 대한 불신을 가져왔으며, 이미 누적된 교육정책이나 4대강 개발, 그리고 "비즈니스 프렌들리"를 내세운 친시장적 경제정책에 대한 비판과 소통하지 않는 정치권력에 대한 문제의식이 이들 사안들과 결합되었다. 그 결과 10대 청소년에서 예비군, 주부, 직장인과 자영업자, 지식인, 청년층, 중년층에 이르기까지 매우 다기한 배경을 지닌 사회 주체들이 광장을 채웠고, 과거에는 볼 수 없었던 "광장의 정치"를 생성했다(김철규 외, 2008; 백욱인, 2008 참고). 이는 이성적 문제제기와 정치한 논의의 교환 외에, 상당수의 대중이 공유하는 감성(*popular sentiments*)과 공분이 특정한 국면에서 강한 정치적 참여와 자발적 동원의 매우 중요한 자원(*resources*)이 되는 측면을 생생하게 보여준다.

3) 감정과 감성을 매개로 한 결속과 참여의 함의

감정과 정서적인 반응들의 결합은 휘발성과 전염성이 강하며, 기존의 커뮤니케이션학이 활용하는 분석의 틀로는 개념화와 분류가 상당히 어려운 사안이자, 그간 지식담론의 영역에서 필요한 만큼의 관심과 주목받지 못한 주제이기도 하다. 이 주제와 관련해서 국내 학계의 경우 현재 매우 한정적인 연구와 분석만이 존재한다. 반면 서구 학계의 경우 상당한 분석의 작업들이 축적되고 있다. 굿윈(Goodwin et al., 2001), 그렉과 시거스(Gregg & Seigworth, 2010) 그리고 엔젤켄-호르헤(Engelken-Jorge et al., 2011) 등은 넓은 범주의 사회적 주체들이 느끼는 감정과 감성, 연민, 분노, 좌절 등이 특정한 정치역사적 상황이나 사건을 매개로 결집된 힘을 얻으면서 사회운동과 담론들의 향방을 역동적으로 끌어가는 면과 온라인을 매개로 한 동원화(*e-mobilization*)로 어떻게 표출되는가와 관련된 사항들을 비교적 구체적인 사례분석과 추론으로 제시한 바 있다.

한편 흔히 감정(*emotion*)으로 통칭되는 대상에는 정념 혹은 열정(*passion*), 연민(*compassion*), 공감(*sympathy*), 느낌(*feeling*), 관용(*tolerance*), 낙담(*despair*), 정동(*affect*), 감성(*sensibility*), 분노(*rage*), 혐오(*hate*), 긴장(*anxiety*), 좌절(*frustration*), 공포(*fear*), 위기감(*panic*) 등이 포함된다(Thompson and Hoggett, 2012 참고). 이들 감정으로 통칭·표출되며 사회 내에서 유통되는 담론과 담화들 속에 포함되며, 정치적 사안과 사건들을 계기로 집합적으로 분출되기도 하는 대상들은, 앞에서 언급했듯이, 기존의 사회과학적 접근방식에서는 상당기간 동안 크게 주목받거나 개념화되지 못했다(Gregg & Seigworth, 2010 참고).

그런 반면에 사회정치적으로 갈등이 첨예한 사안이나 사건 혹은 정치권력의 오만과 독주가 발생할 때 대중들이 느끼는 괴리감과 실망, 분노와 같은 감정의 스펙트럼은 강한 운동성과 집합적 분출의 양상을 보여준다. 이렇게 고양된 감정은 새로운 담론과 개입의 행동을 만들어낸다. 또한 특정 국면에서 집합적 운동을 전개하고 변화를 일으키는 데 감정이 중요한 요인으로 작용하며, 때로는 운동에 참여하는 경험에 의해 특정한 유형의 감정이 생성되기도 한다. 정보와 담론 그리고 물리적 힘을 동원할 수 있는 엘리트층이나 정치권력에 비교할 때, 어떤 면에서 감정의 투사와 감정을 매개로 한 자발적 동원과 주체되기는 시민들과 소수자들이 의지하고 동원할 수 있는 긴요한 자원이 된다. 사회문화적 문법 속에 내장된 동시에 작동하는 감정의 정치적인, 그리고 단순한 상징을 넘어서는 역능에 주목하는 간학문적 작업들은 서구학계의 경우 현재 비교적 활발하게 진행되고 있다. 한편 주요 방법론으로는 담론분석과 액션 리서치, 심층 인터뷰와 현장연구, 사례연구 등이 활용되고 있다.

이러한 분석과 조명의 노력들은 기존에 특정한 가치들이나 논리들이 개입되고 중시되는 담론들을 매개로 이루어지는 사회 내 특정한 이슈나 쟁점들과 관련된 투쟁과 노선의 추구에 방점을 두던 관점에서 상당히 벗어나는 입장을 개진한다. 즉, 감정과 감성의 사회문화적 역할과 정치성에 대한 관심은, 사회적 주체들이 체감하는 위협과 불의(*injustice*) 그리고 정치권력의 비합리적 처사에 대한 비판과 분노와 같은 일련의 체화된 대응(*embodied responses*)들이, 특정한 국면에서 정서와 감정의 정치화를 통한 집합적 차원의 사회운동과 사회적 역학을 구성하는 요소로 작동하는 측면에 초점을 맞춘 바 있다. 외국의 사례연구에서는 정치인들이 발현하는 수사학과 이를 재현하는 미디어의 프레임, 인종주의와 관련된 담론들, 젠더와 몸의 정치(*body politics*)의 문제, 테러리즘과 정치적 언설의 명암과 상징적 효과 그리고 사회운동과 정치적 열정(*politics of passions*)의 결합 등을 통한 동원과 참여와 같은 주제들이 여러 각도에서 천착되었다.

이 입장은 기존에 강조되던 사회운동과 동학의 주요한 동력원으로서 특정한 이데올로기와 가치의 투사나 거시적 행위자들의 역할을 주목하는 작업들 외에, 시민들이나 사회적 소수자들이 표출하는 정치화된 열정이나 정념 혹은 감정의 역할에도 상당한 가치를 부여한다. 특히 아흐메드(Ahmad, 2004, p. 11)는 감정의 역할을 논하면서, 감정이라는 단어의 어원인 "emovere"가 "움직이다"(*to move out*)임을 강조한 바 있다. 그녀는 관성적이고 고착된 이성중심의 사고를 비판하면서, 고통, 증오, 공포, 불편함, 사랑, 연민, 분노, 혐오 등의 감정이 복합적으로 발현·결합되면서 정의와 불의와 관련된 공적 주제를 둘러싼 논쟁과 힘겨루기가 전개되는 과정에서 — 예컨대 우익민족주의나 '퀴어정치'(*queer politics*)의 부상 혹은 '테러리즘에 대한 전쟁' 등 첨예한 공공의 쟁점들이 불거질 때 — 사회적 반향을 생성하는 역할과 함의에 주목한다. 한편 라클라우와 무페 같은 사회이론가들 역시 이성과 합리성을 과도하게 믿고 강조하는 기존의 학문적 접근과 전통을 비판하면서, 감정이 표현의 수단을 넘어서서 정치적 영역의 중요한 구성인자임을 강조하기도 한다(Mouffe, 2006 참고).

한편 언론학자인 달그렌(Dahlgren, 2004) 또한 이러한 감성과 열정을 체화한 사회적 주체들의 개입과 결집은 전통적으로 이데올로기를 정치적 행위와 사회운동의 주요한 동력으로 바라보는 시각에서 벗어나서, 사적 가치와 감정과 정서가 형성하는 특정한 정체성과 이를 기반으로 발현되는 능동적 수행성(*performance*)과 대안적 의미들의 표출에 주목하면서, 특히 이러한 결합이 넷 기반(*net-based*)의 사회운동과 활동가 네트워크를 매개로 발현되는 사안들에 초점을 맞추어 논하였다. 달그렌은 앞서 논한 대항적 공론장의 활성화를 사회운동과 정보 테크놀로지의 새로운 결합으로 풀어내면서, 이 현상이 후기 근대의 민주주의 정경에서 상당히 중요한 요소임을 강조한다. 특히 이 과정에서 그는 이질적 집단과 개인들이 부상하는 문화적 기류들(*currents*) 속에서 자신들이 처한 환경에 적극적으로 대응하는 일종의 '성찰적 기획'(*reflexive project*)의 일환으로서 '사회적 주체되기'의 역할을 수행하는 측면에 주목한다.

이러한 달그렌의 관찰은 우리 상황에도 상당부분 적용할 수 있다. 주지하다시피 촛불광장의 경우에도, 인터넷공간을 뜨겁게 달아오르게 하고, 광장에 모인 — 동시에 광장 자체를 생성한 — 주체는 어떤 명확한 배후나 특정한 조직의 기획에 따랐다기보다는 자신들의 자발적 의지를 실천했다. 능동적으로 정보를 찾고 의견을 구하며, 자신들의 관점과 감정을 매개로 집합적 참여에 자발적으로 가담한 주체들이 다수를 차지했다는 분석이 상당한 동조를 얻고 있는 것이다(김철규 외, 2008; 이해진, 2008; 참고).[5]

이 지점에서 지금까지의 논의를 정리하기 위해, 한국사회에 새롭게 부상하여 다원적으로 현실에 개입하기 시작한 이 담론권력을 '넷 파워'(*Net Power*)라는 개념으로 정리해보자. 다소 모호하게 들리기도 하고 개념적 정합성이 느슨한 면도 있지만, 넷 파워는 상징권력이자 현실에 직·간접적으로 개입하는 담론들의 생성, 다기한 목소리와 감정의 표출, 그리고 테크놀로지의 조합과 역학이라는 측면

5 넓은 범주에서 '감정의 역할'이 사회과학 분야에서 오랜 기간 "비합리적"이라는 이유로 폄하되었다면, 지난 수 년간은 간학문적인 차원에서 감정과 감성 혹은 정서적인 요인들의 역할과 이 요인들이 정체성의 형성이나 사회운동의 개화라는 주제들에 개입하는 방식에 관한 탐구가 상당한 주목을 받으며 천착되고 있다(Thompson and Hoggett, 2012 참고).

에서 주요한 특성과 역량을 찾을 수 있다. 예컨대 앞서 논한 논객과 네티즌들이 생성하는 담론공중의 등장이나 미네르바 현상이 예시하듯이 유명세가 없는 네티즌이라 해도 자신이 주기적으로 방문하거나 상주하는 온라인 사이트에서 특정 의제나 쟁점에 대해 꾸준히 의견을 밝히면 동료 네티즌집단의 지지를 받게 되면서, 혹은 비판의 목소리와 치열한 상호작용을 겪으면서 새로운 담론생산자와 해석자(*interpreter*) 혹은 행위자로서의 역할을 하게 된다.

또한 이 과정에서 종종 발현되는 감정적 요소들과 역능(*emotional contents and competence*)은 앞서 논했듯이, 특정한 사회운동들을 끌어가는 무시할 수 없는 힘으로 작용하고 상징적 의례(*rituals*)들을 통해서 사회적 존재감을 강화하며, 기성제도와 문법에 도전 혹은 저항하기도 한다. 부연하자면 넷 파워의 전개과정에서 감정의 역할은 기존의 숙의 민주주의(*deliberative democracy*) 모델이 간과한 측면들을 환기시키며 이 모델이 발휘하는 규범중심의 그리고 전문가와 정치집단이 발휘하는 제도적·담론적인 권위와 관성에 도전한다. 나아가 감정의 동원을 기반으로 온·오프라인에서 이루어지는 사회정치적 실천은 숙의모델의 한계를 실제적으로 보완 및 재구성하는 힘을 갖는다(Goodwin et al., 2001 참고).

물론 인터넷을 매개로 한 정치사회적 실천과 문화적 트렌드들이 부상했고 과거와는 매우 다른 새로운 면모와 변화의 동력을 제공했지만, 동시에 부정적이고 문제적인 상황들도 나타났다. 강준만(2006)과 장우영(2005) 등이 지적하듯이, 인터넷은 공동성찰과 대안적 담론의 생성에 크게 기여하지 못하고 지나친 정파성(*partisanship*)의 추구와 피아를 극명하게 가르고 대립하는 "진영논리"에 빠지는 모습을 보였다. 인터넷 공간이 공론장의 한 현실태로서 상당한 가능성과 자정작용을 보여주기도 하지만, 숙의와 조정이 결여된 논쟁을 낳거나 생산적이지 못한 담론과 극단적인 주장들이 충돌하는 거친 공간으로 변모하는 상황도 부분적으로 나타난 것이다. 또 다른 측면으로는 제도언론, 특히 의사정치집단으로 정의되기도 하는 언론권력인 '조중동'에 대한 비판과 감시가 인터넷상의 정치웹진과 토론사이트들을 중심으로 활성화되었지만, 한편으로는 이러한 흐름이 경직된 정파성을 띠면서 관점이 다른 집단들과의 대화를 가로막고 특정 이슈를 다면적으로 성찰하는 데 일정한 걸림돌이 되기도 했다. 다른 절에서 논하겠지만, 이러한 부정적 경향성과 낙차가 큰 집합적 열정과 경직된 진영논리는 트위터를 중심으로 한 SNS상에서도 관찰된다.

조금 다른 관점에서 접근하면, 온라인의 개화에 힘입어 발달한 전자적인 공론장을 둘러싼 학술적 논의들은 메타비평과 더불어 경험조사, 담론분석 혹은 수용자연구 등의 방식을 매개로 온라인이 오프라인에 미치는 영향력을 탐색하고 다양한 주체들의 참여가 갖는 의의를 설파했다. 동시에 온라인상의 담론생산과 결연의 구조가 특정한 정치목적이나 정파성에 휘둘리는 측면도 드러남으로써 새로운 공공영역으로 규정하기에는 일정부분 한계가 있음을 보였다. 물론 이러한 이슈는 온라인이 공론장인가 아닌가라는 이분법적이고 평면적인 방식으로 질의하고 답할 사안만은 아니다.

사회에 존재하는 크고 작은 담론의 장에서 어떤 정치적 지향을 지지하느냐에 따라 특정 개인이나 집단 혹은 세대가 공유하는 인식의 틀과 언어적 표현은 자신과 타자를 나누는 중요한 잣대가 되고, 현실에 개입하는 동력이 된다. 그런데 이러한 대화와 주장의 장이 지나친 정파성과 맹목적 열정에 휘둘리게 되면, 현실에도 영향을 미치는 담론들이 갈등과 대립의 공간으로 변모하여 합의의 도출이나 성찰성을 발휘하기 보다는 '인정투쟁'과 경직된 정파성에 휘둘리는 담론의 싸움터를 만들어낸다(강준만, 2009). 이 결과 공론이 활성화되는 것이 아니라 공론장의 기능이 파편화되고, 특정한 이해관계나 힘의 역학에 휘둘리기도 한다.

물론 필자들이 판단하기에 이러한 관찰은, 인터넷 공간만의 특성은 아니다. 인터넷 공간은 다소 은유적으로 표현하면 우리 실존의 또 다른 얼굴이기 때문이다. 오프라인의 특정 공간에서도 특정 사회정치적 이슈들에 대한 공론과 정론이 형성되고 집합적 지혜가 모아지기 보다는 피아를 나누는 치열한 인정투쟁이나 이전투구(泥田鬪狗)가 종종 벌어진다. 정당이나 언론, 사회단체들도 이러한 상황을 중재하기 보다는, 개별적 이익이나 정치적 판도에 따라 기회주의적 처신을 하곤 한다. 이런 측면을 고려할 때, 인터넷을 전반적으로 괴담의 진원지라거나 마녀사냥의 광풍이 몰아치는 공간으로 일면적으로 그려내고 법적 처벌의 필요성과 같은 제도적 개입만을 앞세우는 것은, 특정한 정치적 이해관계나 경직된 관점으로 인터넷을 재단하는 행위이며, 다른 한편으로는 매우 단선적인 방식으로 거친 — 그리고 특정한 의도가 실린 — 인과론을 설정하는 것이다.

그러한 이유로 온라인과 전자적 매개체로 활성화되는 공적 공간의 명암에 대한 보다 합리적인 분석과 추론은 온·오프라인을 연결하는 입체적 조망과 더불어 조심스럽고 성찰적인 진단을 필요로 한다. 주지하다시피, 제도언론과 보수층은 온라인을 확인되지 않은 괴담이나 낭설이 가득하고 과도한 편 가르기와 정파성이 만연한 부정적 공간으로 주로 정의하고 공세적 입장을 취했다. 새롭게 부상하는 담론권력으로서 온라인에 대하여 제도언론의 일부가 시종일관 비판적이거나 공격적이었던 것도 사실이다. 동시에 이러한 비난과 비판에는 언론제도의 사회정치적 작동과 역사적 구성의 명암에 대한 균형적·성찰적인 사유가 상당히 결여되어 있다. 즉, 제도언론 역시 지나친 편 가르기나 직·간접적인 정파성을 드러냈으며, 일종의 의사정치적 행위자로서의 역할을 수행하고 있다는 비판에서 크게 자유롭지 못한 것이다.

SNS와 변화하는 말들의 풍경: 사이버 행동주의의 명암을 중심으로

앞 절이 한국사회에서 넷 파워의 역사적 전개와 사회문화적 역할을 일종의 파노라마로 풀어냈다면, 이 절은 트위터와 팟캐스트 그리고 다수의 온라인 공동체에 참여하는 네티즌들이 생성하고 끌어가는 담화와 숙의 그리고 오프라인과 연계되는 활동과 실천을 중심으로 관찰점과 논의를 제기하고자 한다.

현재의 인터넷과 소셜·모바일 미디어의 지형을 잠시 관찰해 보자. 앞서 논했듯이, 대다수의 한국인들에게 인터넷이라는 공간은 이제 일상의 크고 작은 경험과 이야기들을 공유하며 사회적 이슈와 정치상황에 대한 비판과 의견의 표출을 가능하게 하는 상징적인 동시에 사회적인 공간으로 기능한다. 또 한편으로 소셜미디어 공간은 일상의 소소한 이야기들을 나누고, 흥미로운 동영상이나 만화, 패러디물, 그리고 사진들을 공유하며 즐거움을 추구하며, 동시에 지지부진한 현실에서 잠시 쉬어가는 쉼터와 활력 충전소로서의 역할을 수행하기도 한다. 부연하자면, 공적 공간에서 이루어지는 사적인 이야기들, 긴요하고 갈등적인 정치사회적 사안들에 대한 열띤 논의와 공방전, 재치 있고 상상력 뛰어난 자료들의 공유와 퍼가기 등 다양한 유형의 서사와 이미지, 음악, 그리고 영상들이 인터넷과 SNS를 통해서 공유되는 것이다.

인터넷 공간이 한때는 실재하는 사회와 유리된 청년세대와 네티즌 일부의 놀이터 정도로 인식되던 시기도 있었지만, 각종의 블로그와 미니홈피, 페이스북, 트위터 같은 새로운 사회 관련망들이 속속 출현하고 이용자를 늘려가면서 인터넷은 조밀하게 연계된 복잡하고 거대한 네트워크를 구성하게 되었다. 주지하다시피 SNS가 비교적 단시간 내 주목을 받게 되면서, 사회문화적 활용 역사가 그리 길지 않은 트위터의 역할이 특히 관심의 대상으로 떠올랐다. 마이크로 블로그이자 140자로 구성된 단문 텍스트로서 트위터는 이미지와 URL 링크 등을 자유롭게 포함하며 사회문화적 사안과 정치적 쟁점에 대한 속도감 있는 대응과 전파수단으로 사용되기 시작했다. 리트윗과 멘션을 통해서 원하는 특정 사안을 다루는 기사와 관점 등을 빠르게 전파하는 특성으로 일정한 여론을 형성했으며, 사안에 따라서는 강한 감정과 의견의 표출이 이루어지기도 했다(장덕진, 2011; 조화순 외, 2012 참고).

이러한 담론작용과 사회적 의제의 형성과 관련한 대중과 네티즌들의 개입은 이미 2008년의 촛불국면에서도 만만치 않은 힘을 보여주었다. 촛불집회가 100여일 가까이 진행되고 그 과정을 통해 의사결집 및 정보와 관점의 공유가 이루어지면서 인터넷과 싸이월드, 블로그, 아프리카TV와 모바일 폰으로 등으로 연계되는 다기하고 역동적인 흐름들이 여론을 형성하고 결집하는 데 이미 큰 역할을 했던 것이다. 예를 들면 집회의 일시와 장소, 집회의 성격, 그리고 광장 안팎의 표정들을 실시간으로 생생하게 전하면서, 과거와 상당히 차별화되는 정보의 공유와 정서의 투사가 이루어졌다.

한편 MB 정부 들어와서 온라인과 SNS의 망을 타고 일련의 갈등요소가 많은 정책들인 4대강 프로젝트, 의무·무상급식, 미디어법, 그리고 MB정부의 신권위주의를 비판하고 공론화하는 움직임들이 활발하게 개진되었다. 다수의 학자와 시민단체가 지적하듯이 사회적으로 '불통'이 만연한 상황에서 소통과 생각의 연계를 가능하게 하는 대안적이고 대항적인 언로가 개척된 것이다.

SNS 중에서 친구 맺기 등의 기제를 통해서 지인이나 친밀성이라는 요소를 중심으로 네트워크가 형성되는 페이스북과 같은 양식과 비교할 때, 트위터는 다수의 그리고 익명의 타자들이 참여하는 보다 확장된 개방성을 보여준다. 이 지점에서 SNS가 사회정치적으로 주목받게 된 사례들을 중심으로 논의를 풀어가 보자. 2011년 10월 26일에 시행된 서울시장 보궐선거나 2012년 4월 11일의 총선에서 투표에 참가한 시민들은 투표소를 배경으로 삼아 자신들이 담아낸 이른바 "인증샷"을 트위터와 페이스북 등의 공간에 자발적으로 올렸다. 투표참여를 독려하는 이러한 시민과 네티즌들이 주축이 된 활동은 특정사안이나 국면에서 참여를 진작하는 상징성의 표출이자, 투표율이 낮은 상황에서 상당수의 네티즌들이 공감과 참여를 자신들에게 의미 있는 일종의 문화적 의례(*ritual*)로 변화시키고 이를 자발적으로 표출한 행위였다. 특히 트위터 공간에서 비교적 많은 수의 사람들이 팔로우하고 관심을 갖는 이른바 공공적 이슈에 활발하게 발언을 해온 지식인층과 소설가, 연예인 등의 "소셜테이너"들이 이러한 상황을 선도했으며, 삭발에서 퍼포먼스와 공연에 이르기까지 재치 있고 이색적인 아이디어가 들어간 상품과 공약을 내걸고 선거참여라는 의제를 확산시켰다. 또한 상당수의 평범한 시민들도 이 과정에 자발적으로 동참하기도 했다. 특히 제도언론이 제대로 된 기능을 발휘하지 못하는 상황에서 의사 및 감정 표현의 대안적 매체를 찾던 네티즌들에게 SNS는 유효한 소통수단으로 기능하게 된 것이다.

부연하자면 주로 청년층과 전문가 집단을 중심으로 활용되면서 SNS는 반값 등록금 집회, 희망버스, 서울시장 보궐선거, 한·미 FTA 반대집회, 2012년 4월 총선 등 굵직굵직한 사회정치적 국면에서 결코 작지 않은 역할을 수행한 바 있다. 즉, 오프라인의 이슈들을 온라인에서 논하고, 활발하고 치열한 의견개진을 통해서 공동의 이해와 연대를 SNS상에서 구축하게 된 것이다. 그 결과 언론과 지식인들 그리고 정당들이 SNS가 발휘하는 정치적 파급력과 역할에 상당한 주목을 하게 되었다. 또한 정당과 정치인들도 앞 다투어 계정을 만들고 트위터와 페이스북을 이용해 자신들의 정치적인 관점을 전달하기 시작했다.

한편 인터넷과 SNS를 매개로 한 감성의 연대와 전이 역시 매우 주목할 만한 요소이다. 희망버스나 한진중공업 사태 등의 사례가 이 측면을 보여준다. 한진중공업의 정리해고에 맞서 김진숙 지도위원이 부산 영도의 85호 크레인 위로 올라가 309일여간의 "고공투쟁"을 벌이게 된다. 이 사건을 매개로 노동 대 자본, 고용과 해고의 문제가 우리사회에 상징적으로 점화되었다. 이 상황에서 송경동 시인의 발의로 김진숙 위원을 찾아가는 기획인 '희망버스'가 시발되었으며, 매우 다양한 배경을 가진 사회적인 주체들과 정당의 구성원들, 그리고 시민단체의 회원들이 자발적으로 이 기획에 동참하는 방식으로 전개되었다. 2011년 6월 11일에 처음 시작된 희망버스 프로젝트는 다섯 번에 걸쳐 진행되었으며, 일종의 자발적인 동시에 대중적인 '교통양식'의 생생한 개화의 사례가 되었다. 이 사건은 촛불 이후 '사이버 행동주의'(*cyber-activism*)가 결코 작지 않은 규모로 활성화된 사례이다.

이 과정에서 다수의 트위터리언들이 희망버스의 역할과 부당한 정리해고에 반대하는 메시지들을 지속적으로 SNS에 띄웠으며, 상당한 지지와 연대를 이끌어냈다. 한편 고공크레인에서 투쟁하던 김진숙 위원은 농성 중 지속적으로 트위터를 이용해서 네티즌 그리고 시민들과 대화를 나누었고, 자신의 근황을 알리면서 정리해고의 부당성과 노동에 대한 조직적 탄압에 대한 확산된 문제의식을 생성하는 데 일조했다. 소설가 공지영 씨와 배우 김여진 씨를 비롯한 소셜테이너들이 이러한 소통과정에서 활발하게 이 사안을 공론화시키는 역할을 수행했다. 이 사안과 관련하여 온·오프라인 양쪽에서 연대와 참여가 이루어져 사이버 항의(*cyber-protest*)의 수준을 넘어 주요 언론의 지면에 크게 등장하지도 않았던 고공농성이 사회적 쟁점으로 확장되어 제시되었다.

한 언론은 한진중공업 사태를 통해 발현된 트위터의 역할을 다음과 같이 보도했다.

트위터는 동참하지 못한 많은 사람들에게 연대의 메시지를 확산시키는 또 다른 희망버스였다. 배우 김여진 씨가 체포된 뒤 경찰버스에 올린 트위터 내용은 수많은 멘션과 함께 김진숙과 희망버스, 그리고 한진중 노동자들에 대한 관심을 높였다. 김진숙에게도 트위터는 강력한 무기였다. 그의 절친 김주익은 절망하며 죽어갔지만 김진숙 씨 트위터를 통해 35m 아래 세상과 소통했다. 회사 쪽은 한때 휴대전화 배터리 공급마저 중단시켜 세상과의 단절을 시도했지만 그는 태양광 배터리를 이용해 사람들의 메시지 수신을 이어갔다. 그러는 사이 희망버스는 5차까지 수많은 시민들의 동승행렬이 이어졌다.[6]

강자인 한진중공업의 노동자들을 배려하지 않는 결정에 대항하는 소수자이자 약자로서 김진숙 위원이 보여준 활동과 이 사안이 갖는 매우 드라마틱한 서사와 상징성에 다양한 사회적 주체들이 공감대를 형성하게 되었다.

한 여성 노동운동가가 시도한 이러한 상징성과 파급력이 상당히 큰 고공투쟁이 생성한 특정한 감정구조와 연대감의 함의에 대해 한 언론학자는 다음과 같은 해석을 제시한 바 있다.

이광석 서울과학기술대학교 교수는 "한국적인 누리꾼의 정서구조가 SNS의 세계적 쓰임새에 비해서 상대적으로 심리적·감성적 층위가 두껍다고 봐야 할 것"이라며 "특히 현 정권 들어 희망이 사라지고 비인간적 삶의 조건 등이 불거지면서 이에 반대하는 2030세대들의 정서적 연대가 강한 흐름으로 성장하고, 이것이 SNS를 통해서 표출되고 감흥을 통해 전파되고 있다"고 말했다. 그는 "트위터의 인적 관계망의 힘은 심리적 연대감이나 감정선을 연결하면서 더 큰 힘을 발휘한다"고 말하며 그 예로 김진숙 민주노총 지도위원의 크레인 고공투쟁과 희망버스를 들었다.

이 교수는 "김진숙 지도위원의 인터뷰를 보면 그를 '죽지 않게' 지탱했던 힘은 트위터리언들의 격려였고, 그녀의 외로운 투쟁의 장소와 사회를 엮는 감성의 연대와 소통이었다"며, "그리고 그녀 앞으로 희망버스 180여대를 실어 날랐던 힘도

---

6 〈한겨레신문〉, 2011.11.20. 기사 참고.

SNS가 전부는 아니었어도 일부 그 감정적 연대능력이 존재했기 때문"이라고 말했다. 나꼼수류 풍자방송의 등장, 투표 독려 '인증샷' 놀이, 공감 가는 멘션에 대한 '무한알티', '멘토들' 혹은 '소셜테이너'들의 SNS를 통한 현실개입 등도 심리적이고 정서적인 SNS 연대를 보여주는 〔대표적〕 사례들이다.[7]

이렇듯 SNS는 사회정치적 이슈와 쟁점에 대해 발언하고, 공감과 연대를 이끄는 접속과 소통의 매개체로서의 역할과 위상을 보여주고 있다. 특히 다른 매체와 비교할 때 빠른 속도성과 손쉬운 접근성을 기반으로 새로운 대중적 소통 혹은 주목받는 교통의 양식으로 등극한 트위터의 경우, 아직 연구와 분석이 탐색적 수준에서 진행되고 있지만, 일련의 연구자들이 담화와 네트워킹의 공간이자, 대안매체적 성향을 일정 부분 구현하는 미디어 양식으로서의 특징들을 탐구해왔다(곽해운 외, 2012; 이동후, 2012; 조화순 외, 2012 참고). 이 현상에 대하여 한 사회학자는 "외환위기 이후 2030세대는 일자리 문제처럼 먹고 사는 문제와 관련된 정체성만 발달해왔다. 하지만 이들은 SNS로 소통하면서 공동체 정체성을 다시 회복하고 있다"며 "SNS를 통해 삶의 문제가 나만 겪고 있는 개인의 문제가 아니라 공적인 문제, 정치의 문제라는 것을 알게 되면서 정치적 자각, 정치적 세력화가 이루어졌다"는 견해를 제시했다.[8]

물론 앞서 제시한 SNS 공간이 표출하는 유의미한 특성들의 이면에는 문제점도 존재한다. 트위터 공간에서 과잉된 정치적 감정을 갖고 특정 정치세력에 대한 맹목적 지지나 과도한 혐오를 표출하거나, 확인되지 않은 정보나 사안을 제대로 걸러내지 않고 내보내고 대량으로 리트윗하는 사례들도 발견되기 때문이다. 나아가 대중의 관심을 일시적으로 끌만한 선정적 이슈나 스캔들과 관련하여, 문화연구자인 최태섭(2012)이 지적하듯이, 인터넷과 트위터의 공간에서 부상하는 위험성과 성찰의 실종, 그리고 결코 생산적이라고 볼 수 없는 사례들이 SNS의 전망에 우려를 갖게 한다.[9] 일상을 가로지르며 빠르게 전파되는 SNS의 채널을 타고 특

7 〈주간경향〉, 2012.2.14. 기사 참고.

8 〈주간경향〉, 2012.2.14. 기사 참고.

정인에 대한 비방이나 부정적 평가나 스캔들을 지나치게 과장되고, 본래의 맥락이나 사안에서 탈구(脫句)된 채 유포되는 사례들도 존재한다. 이러한 경향이 SNS 문화의 지배적 특징이라고 볼 수는 없지만, 앞에서 논했던 온라인의 동학을 구성하는 부정적 징후와 감정구조의 표출이 SNS의 공간에서도 재연되고 있다.

또한 보선이나 총선과 같은 주요 정치적 국면에서 SNS의 역할에 성급하게 과도한 기대를 거는 이들도 있다. 하지만 지금까지의 관찰로는 트위터나 팟캐스트 등의 소셜미디어의 역량은 국면에 따라 상당한 변화를 보였으며, 역할 면에서도 매우 극단적인 평가를 받고 있다. 따라서 소셜미디어 전반에 대한 평가는 향후 보다 다면적이고 균형적인 방식으로, 그리고 예단된 방식이 아닌, 긴 호흡과 차가운 숙고로 논의된 후에 자리매김되어야 할 사안이다.

다음 절에서는 소셜미디어의 역할과 더불어 팟캐스트와 같은 커뮤니케이션 양식들이 형성하는 정치문화적 역능과 잠재성에 관한 논의를 정치미학(政治美學)이라는 주제를 중심으로 대안적으로 개진하고자 한다. 전통적 매스미디어를 넘어 수많은 사회적 주체들이 상대적으로 자유롭게 참여하고 공유할 수 있는 신종의 커뮤니케이션 양식들이 만들어내는 다층적 지형과 가능성들은 미디어연구에 매우 흥미로운 연구지점을 제공한다.

다시 한 번 강조하지만, 매우 한정적 범위 내에서 이루어지던 저널리즘과 미디어의 생산환경은 보다 다양한 개인과 집단에 의해 확장되고 있다. 기존의 매스미디어 이론이나 미디어 규범의 틀로 평가하기 쉽지 않은 탈매스미디어적 역능을 일정부분 보여주는 소셜미디어나 팟캐스트 커뮤니케이션이 문화정치적 차원에서 어떻게 이해되고 이론화될 수 있는지를 다음 절에서 살펴보고자 한다.

---

9 다소 극화된 표현을 빌리자면, 인터넷과 트위터 공간에는 "반MB를 외치며 한·미 FTA를 반대하고, 동시에 불법체류자와 이주노동자를 추방해야 한다고" 주장하는 이들도 있다. "이들은 버스 무릎녀와 된장녀와 김 여사를 욕하면서, 동시에 〈나꼼수〉를 듣고 그들의 발목을 잡는 진보지식인과 언론들에게 야유를 보낸다"(최태섭, 2012, 66쪽). 이러한 관찰은 온라인에 출몰하여 한국사회의 변화하는 감정구조와 불안의 재생산 그리고 위기의식을 예시하는 사회적인 주체들이 표출하는 감성이 갖는 명암들을 지적한다. 또한 온라인상에 등장하는 특정한 정치 논리와 정체성으로 묶어내기 어려운 매우 복합적이고 퇴행적인 현상들의 단초를 날카롭게 짚어내고 있다.

소셜미디어와 '정치미학'의 함의

신문과 라디오, 텔레비전과 같은 브로드캐스트 매스미디어의 전성기에 정치에서 빠지지 않고 등장했던 관심사 중의 하나는 여론이나 투표행위, 정치인과 정당의 이미지와 선호도 등에 영향을 미치는 매스미디어의 역능과 관련된 것이었다. 보통 미디어 효과분석 영역에 포함되는 이 같은 주제들은 다양한 가설들을 낳았고, 여전히 매스커뮤니케이션 연구분야에서 상당한 인기와 관심을 끌고 있다. 매스미디어의 정치적 영향력이 크다는 것에 동의하는 사람들은 자연스럽게 매스미디어의 '편향적' 정치개입과 이를 기반으로 생성되는 정치적 귀결들을 연구하는 데 많은 에너지를 쏟는다. 동시에 정당과 정치인들은 매스미디어를 자신의 편으로 만들려 시도하거나, 최소한 '정치적 중립'을 지키도록 요구한다. 매스미디어와 선거, 매스미디어와 정치 간의 불온한 관계나 일종의 공생에 대한 비판적 연구들도 이 과정에서 부상했다.

온라인 담론공동체에서 SNS에 이르기까지 인터넷상에서 만들어지는 다양한 흐름들은 미디어와 정치의 관계에 대한 연구작업에 또 다른 변화를 가져왔다. 소수의 전문화되고 독과점적인 매스미디어의 정치적 영향력을 넘어설 뿐만 아니라 새로운 정치현상들을 출현시켰던 인터넷의 물결에 환호를 보내고, 미디어 정치(*media politics*)와 관련된 많은 분석과 이론적 접근들이 관심을 끌었다. 인터넷 민주주의니 전자 민주주의, 시민 민주주의, 참여 민주주의나 직접 민주주의 등 정치학적 용어들을 빼놓고 정치나 미디어를 논한다는 것 자체가 불가능한 일인 것처럼 간주되었다. 포럼과 광장이라는 용어가 새롭게 주목을 받기 시작했고, 하버마스(Habermas)의 공공영역 이론은 가장 인기 있고 영향력이 강한 개념이자 학계와 언론영역을 아우르는 상품으로 자리를 잡기도 했다. 한편에서는 한국에서의 민주주의가 인터넷과 함께 가장 급진적이고 안정적인 형태로 발전할 것으로 전망되었고 다른 한편에서는 난폭하고 질 낮은 '선전선동'의 공간이 될 것이라는 비관적 주장과 우려들이 등장하기도 했다.

그리고 지금 많은 사람들이 소셜미디어의 효용에 많은 관심을 기울이고 있다. 소셜미디어에 관련된 수많은 분석과 담론들이 쏟아지고 경쟁한다. SNS로 대표되는 기술과 이를 가장 적극적으로 '잘' 활용하는 집단들의 정치적 힘에 대한 찬탄이 이어지고, 시민들의 일상적 정치참여와 선거를 중심으로 한 정당정치 과정에 영향을 미치는 소셜미디어의 측면들이 연구자와 언론의 종사자들에 의해 검토되고 있다. 심지어 소셜미디어를 지배하는 후보나 정당이 선거에서의 승리를 얻을 뿐만 아니라 정치적 우위를 점할 것이라는 예측들도 부상했다. 전통적 매스미디어 진영이나 제도언론의 구성원들 역시 SNS와 같은 신종 커뮤니케이션 양식 혹은 미디어를 경계하거나 경쟁상대로 상정하면서도 한편으론 미디어가 정치와 선거에 미치는 거대한 영향력을 환영하는 분위기다. 이에 대한 접근들 중 일부는 과도한 'SNS 역할론' 혹은 SNS라는 신종매체에 대한 '기술적 이국주의'(*technological exoticism*)의 또 다른 투사로 읽어낼 수 있을 것이다.[10] 이는 미디어가 선거나 정치에서 결정적 영향력을 행사한다고 평가되고, 정치인과 정당, 후보자와 유권자 다수가 함께 미디어의 결정적 영향력을 믿어야 결국 미디어의 힘이 인정받으면서 미디어의 사회적·상징적 위치를 유지할 수 있기 때문이다.

이와 함께 최근 1~2년 동안 정부 비판적인 팟캐스트의 부상과 소셜미디어를 통한 팟캐스트의 연쇄적 소비와 수용의 행위가 여론과 선거, 정치영역에 미치는 힘에 대한 관심도 속속 등장하고 있다. 특히 〈나는 꼼수다〉(이하 나꼼수)와 같은 팟캐스트의 부상이 미디어의 정치적 영향력 혹은 정치적 영향력에 대한 믿음을 확대 재생산하는 데 상당부분 기여한 것으로 보인다(이기형·이영주 외, 2012; 이동후, 2012 참고). 〈나꼼수〉는 이명박 대통령과 그의 친인척, 측근들을 향한 분노와 문제의식을 결집시키는 강력한 매개체(*catalyst*)의 역할을 수행하면서 새로운 담화의 풍경을 생성하고, 정치적 소통과 참여의 가능성을 드러냈다. 주지하다시피 라디오의 포맷을 전유한 매우 친근하면서도 도발적이고, 독자들의 체화된

10 여기서 기술적 이국주의란 매체 테크놀로지의 사회문화적인 역할을 기술적인 구성과 사회적인 배치의 측면과 맥락성이 발현되는 분석이 아닌, 기술적인 특성과 역할을 중심으로 환원적인 논리를 펴거나 "이전에 없었던" 현상으로 호들갑스럽게 혹은 과도하게 강조하는 입장이다(이동후, 2012 참고).

반응과 사회정치적 쟁점과 논란을 파고드는 이 독특한 소통의 양식은 상당한 공감과 더불어 논쟁을 유발한 바 있다. 〈나꼼수〉는 〈저공비행〉, 〈나는 꼽사리다〉, 〈이슈 털어주는 남자〉 등의 정치와 시사 관련 팟캐스트 프로그램과, MB 정부 하에서 해직된 언론인과 공영방송에서 내몰린 종사자들이 게릴라식으로 만들어내고 있는 〈뉴스타파〉, 〈제대로 뉴스데스크〉, 〈리셋 KBS〉 등의 대항적 언론의 선행모델이 되기도 했다. 이와 같은 상황은 전통적 매스미디어는 물론이고 인터넷, 소셜미디어, 팟캐스트 등 다양하고 복합적인 미디어와 커뮤니케이션의 통로들이 한국 사회에서 작동하는 복잡한 정치참여의 양상과 이 과정에서 유발되는 정치적 의미와 감성들을 어떻게 해석하고 동시에 어떠한 태도로 접근해야 하는지에 관한 중요한 질문들을 제기한다.

1) 인터넷, 팟캐스트, 그리고 소셜미디어의 문화정치

"어떤 사람 혹은 집단들이 어떤 미디어를 통해, 누구와 어떤 정치적 소통을 수행하며, 이 과정에서 여론의 형성과 변화가 어떻게 일어나며, 어떠한 정치적 의제에 사람들이 관심을 가지게 할 것이며, 사람들을 어떻게 조직화하며, 선거를 포함한 다양한 정치적 선택의 상황에서 어떠한 행위를 유발해 낼 것인가"는 미디어와 정치의 관계에서 매우 핵심적인 질문이다. 그래서 미디어와 정치의 관계를 탐색하고자 하는 시도에서 정치적 행위자들이 강조되어야 하며, 그 행위자들의 정치적 커뮤니케이션 행위가 어떠한 효과를 발생시키는지를 조명하는 작업이 중요하다.

정치적 행위자와 미디어의 관계에서 보자면, 지금 전통적 매스미디어 영역은 매우 제한된 정치적 스펙트럼이 존재할 뿐이며, 보수 헤게모니의 영향력 아래 놓인 실정이다. 달리 표현하면 보수적 매스미디어가 일상적인 정치적 의식과 판단을 형성하는 무대의 대부분을 차지한다. 그리고 이들은 역설적이게도 특히 50대 이상의 연령층과 매스미디어의 수동적 소비에 익숙하고 다른 뉴미디어의 적극적 활용에 어려움을 겪는 중산층 이하의 사람들에게 결정적 영향력을 행사한다.[11]

인터넷은 매스미디어에 비해 상대적으로 더 진보적인 정치발생이 용이한 장소이다. 보수정치집단이 인터넷을 통제하려고 끊임없이 시도하는 이유도 여기에 있다. 하지만 마땅한 통제와 억압의 수단이 없을 뿐만 아니라, 있다 하더라도 인터넷에 대한 완전한 통제는 애초에 불가능하다. 인터넷에서의 다양한 정치의 생성과 집단의 출현은 보수 매스미디어가 독과점한 영역에 맞설 수 있는 집단적 힘과 가능성을 만들어낸다. 하지만 그렇다고 인터넷이 진보정치의 독점적 거점인 것은 아니다. 인터넷에서는 보수의 생명력을 유지하려는 집단의 정치도 확장된다. 하지만 인터넷은 매스미디어에 비해 상대적으로 열린 정치의 공간이다. SNS 또한 앞 절에서 기술한 인터넷 공간과 크게 다르지 않은 면모를 드러낸다. 온라인과 모바일 미디어 그리고 SNS는 보다 빠른 속도와 광범위한 파급력을 활용한 '속도'와 '집결', '동원'의 정치적 장소로서의 역능을 보여준다. 동시에 특정한 정서적 교감과 공감에 기초한 매우 강력한 정치적 팬덤의 근원지이기도 하다. 정치인과 정당 그리고 이들의 지지자들은 다양한 매체공간이나 채널을 활용해 팬 카페를 만들거나 특정 정치인 중심의 네트워크의 확장을 추구한다. 이를 매개로 특정 정치인에 대한 폭넓은 팬덤을 형성하며, 마치 대중문화스타의 팬클럽과 유사한 활동을 전개한다. 이런 측면에서 정치 팬덤은 인터넷과 SNS와 같은 미디어가 정치 커뮤니케이션을 변화시키는 방식을 가장 잘 보여주는 현상이라고 할 수 있다.

한편 보다 개인화되고 친밀한 커뮤니케이션의 공간과 채널을 제공하는 인터넷과 SNS가 정치(인)의 스타일을 변화시키는 요인으로 작용한다. 이 과정에서 정치인은 스타의 역할로 탈바꿈하는 경우가 많으며, 이를 통해 대중들과 보다 친밀하고 사적인 관계를 맺는다. 유명 스타들이 그들의 사적인 생활의 많은 부분을 대중들과 공유했던 반면에 전통적 정치구조 속에서 정치인들은 자신에 관한 사적 정보를 제공하는 것에 익숙하지 않았다. 하지만 현대사회에서 대중은 정치인들이 다양한 면모를 보여주기를 원한다(Madore, 2009, pp. 4~5). 정치인 또한 어

11 현재 상당한 대중적 관심과 열기, 갈등을 매개한 〈나는 꼼수다〉와 같은 팟캐스트 정치시사콘텐츠의 경우, 다수의 수용자들은 20대에서 40대로 추정된다. 한편 트위터의 일상적인 활용은 수도권 거주 20~30대가 주요한 이용자로 추정된다. 또한 트위터와 팟캐스트의 수용자들이 수도권에 집중되었다는 진단도 이 새로운 소통과 대중참여의 매개체가 지닌 특성과 더불어 향후 극복해야 할 측면을 시사해준다.

느 정도 고안된 노출을 통해 대중에게 친밀하게 다가가고자 한다. 이 과정에서 정치인에 대한 대중들의 공감, 선택, 지지할 수 있는 요소들의 확장을 뉴미디어가 뒷받침하기도 한다(Curran et al., 2012 참고).

앞에서 논했지만 지난 2002년 대통령 선거에서 노무현의 당선은 정치학 영역뿐만 아니라 커뮤니케이션학의 관점에서도 매우 흥미로운 분석대상이다. 인터넷을 중심으로 자발적 참여에 기반을 둔 거대한 정치 팬덤이 형성되었다는 점에서 팬덤화된 정치현상의 대표적 사례로 볼 수 있기 때문이다. 노사모 조직과 인터넷 카페, 노무현을 지지하는 사람들의 블로그 등이 거대한 정치 팬덤으로 연결되었고, 노무현은 명사 정치인(*celebrity politician*)[12]의 특징을 가장 잘 보여준 대표적인 사례다. 이후 주요 정치인들을 지지하는 사람들은 다양한 매체공간이나 채널을 활용해 팬 카페를 만들거나 SNS를 통한 특정 정치인 중심형 네트워크를 추구한다. 정치 팬덤은 무엇보다도 강렬한 정서공유에 기반을 둔다. 일관되고 체계적인 이데올로기나 신념이 없는 것은 아니지만, 스타 정치인의 정서적 호소와 공감의 메시지에 네티즌과 시민들이 능동적으로 호응하는 측면이 크다.

스타 정치인에 대한 본격적 분석을 시도한 스트리트(Street)는 지난 2002년 이후 미국이나 프랑스 등 주요 국가들의 대통령 선거에서 마치 영화스타처럼 부상하는 정치인이나 이러한 경향을 만들어내는 정치커뮤니케이션의 양태들에 주목한다. 그의 연구는 정치인들의 이데올로기나 정책의 제시뿐만 아니라 외양과 스타일 만들기, 정치 마케팅, 라이프스타일, 인터뷰, 토크쇼 등을 통해 정치인의 인간성과 문화적 배경들을 대중과 공유함으로써 정치적 지지자들을 모아내는 정치적 퍼포먼스(*political performance*)가 현대정치에서 매우 핵심적인 위상을 차지하고 있음을 보여준다(Street, 2003, pp. 85~95). 더 나아가 정치 팬덤은 정치인이 아닌 정치 평론가나 언론인, 사회운동가나 여론 지도자, 지식인 등의 다양한 집단들을 중심으로 형성되기도 한다. 이들은 특정 정치인이나 정당 혹은 '정치적 가치'의 지지자이며, 시민들을 이러한 지지의 대열에 동참하도록 설득하고 유도

12 이하 스타 정치인이나 스타 정치로 표기한다.

하는 과정에서 다양한 미디어를 활용해 자신들의 시각과 해석을 제공하면서 또 다른 정치 팬덤의 흐름을 만들어낸다. 유명인들의 트위터나 페이스북 그리고 블로그를 매개로 확장되는 정치 팬덤은 매우 흥미로운 대상일 뿐만 아니라, 정치로서의 미디어를 이해하고, 미디어의 정치적 영향력을 보다 폭넓게 생각할 기회를 제공한다.

온라인과 SNS, 팟캐스트와 같은 미디어에서 정치인의 정치 철학과 이념, 지향하는 가치들과 정책들은 이 미디어의 속성에 가장 적합한 — 혹은 제시 가능한 — 형태로 축약되고 상징화되어 순식간에 보급되고 강렬한 울림을 자아낸다. 이들 미디어의 정치언어와 미디어가 채용하는 상징들은 분석적이고 논리적인 언어이기보다 시적 언어가 되기 쉽고, 또한 이러한 시적 언어의 표출은 집단적 지지와 열광을 만들어내기도 한다. 순간의 감동과 느낌, 공감을 강렬하게 불러일으키는 시적 언어의 생산능력이 정치적 능력의 주요한 부분으로 평가받는 것이다.

이제 정치는 '속도' — 얼마나 재빨리 누군가에게 자신의 메시지를 확산시키는가 — 와 '양' — 누가 더 많은 팔로워를 확보하고 이들과 끊임없는 상호작용을 수행하는가 — 을 바탕으로 한 스타성을 본격적으로 필요로 하는 단계에 들어선 듯하다. 동시에 디지털 시대의 정치에서는 소셜미디어상의 시민들이 특정한 정치인과 정당의 가치들을 함께 키워나가고 서로가 서로에게 영향을 미치며 정치적 공동체를 만들어가는 활동들도 목격된다. 정치가 정치인과 정당으로부터 시민에게 일방적으로 주어지는 흐름이 아닌, 시민들이 서로 연결되어 거대한 공감의 공동체를 형성하고 이러한 힘들이 다시 정치인과 정당에 영향을 미치는 '넓은 범주의 정치' 무대가 된다.

인터넷 블로그와 카페, SNS와 팟캐스트 등의 다양한 트랜스 미디어가 정치 커뮤니케이션에 대한 관심과 참여, 그리고 젊은 유권자의 투표율을 증폭시키는 데 상당한 역할을 한다는 것은 미디어 연구의 일반화된 진술로 자리잡을 가능성이 커 보인다(이기형·이영주 외, 2012; 이동후, 2012 참고). 진입과 접근이 상대적으로 자유로운 뉴미디어의 공간에서 매체의 활용능력과 의지가 상대적으로 강한 세대가 발현하는 넓은 범주의 정치커뮤니케이션이 활발하게 펼쳐지는 것은 자연스러우며, 이들이 주목하는 정치 공동체는 정책이나 이데올로기 이상으로 감정과 공감에 의해 매개된다는 관찰이 점차 지지를 얻고 있다.

그러나 인터넷, 소셜미디어, 팟캐스트 등을 통한 공감의 정치에 대한 성찰적 태도 또한 필요하다. 탈매스미디어적 커뮤니케이션 주체들에 의한 정치공간의 확장이라는 측면은 객관적 현상이지만, 새로운 정치공간속에서 발견되는 그들의 정치적 태도와 스타일, 커뮤니케이션 윤리나 공론형성의 과정들에 대해서는 지속적 분석과 토론이 필요하다. 특히 정치의 스타일화와 팬덤화, 정서적 동일화(*affective identification*)가 그 자체로 올바른 정치경향이라고 속단할 수는 없다. 이는 매우 논쟁적일 뿐만 아니라 이 글의 범위를 넘어서는 주제이다. 다만 앞서 제기한 현상들이 디지털 시대의 상호작용적 미디어가 만들어내는 새로운 정치적 전경(前景)의 일부임을 강조하고자 한다. 이러한 차원에서 코너와 펠스(Corner & Pels, 2003)는 어떤 개인이나 정치인의 새로운 가시성(*visibility*)이나 정서적 동일화가 탈산업화와 개인화라는 사회문화적 전환과 관련되어 있음을 주장한다. 정당의 차이나 계급과 같은 사회적 범주들 내부에서의 다양한 차이들이 확장되거나 이들 간의 경계가 무뎌지면서 개인들이 제도의 경계를 자유롭게 넘나들기도 한다. 또한 제도와 범주가 특정한 개인으로 재현되거나 동일시되는 경우들도 발생한다.

사람들이 블레어(Blair)라는 한 인물과 노동당을 동일시하는 것이 이의 대표적인 경우이다. 유명인사와 관련된 문화(*celebrity culture*)의 중심적 의미는 공적 인물들이 스타일화된 형식의 개인성을 획득, 발현하는 것이고, 탈계급적이고 개인화된 문화 속에서 유동적 집합체들에 의한 동일시와 조직화를 만들어내는 과정에 개입하는 것이다. 이렇게 '수용자 주체'(*audience subject*)는 독특한 개별성을 표현할 뿐만 아니라 특정 집단의 사회적 힘과 역량을 보여주기도 한다. 이 지점에서 중요한 이슈는 정치가 과학이 아닌 일종의 예술이 되며, 정치적 재현은 합리적 논리보다 넓은 범주의 미학을 따르게 된다는 측면이다. 즉, 정치는 일종의 대중을 고려하는 극장으로서 스펙터클이나 스타일, 감정과 개인(성)의 숭배의 요소가 결합되는 공간이 된다(Corner & Pels, 2003, pp. 7~9).

인터넷과 소셜미디어, 팟캐스트 등 다양한 디지털 미디어 상에서의 정치문화의 경향은 이렇듯 극장적 정치요소들을 매개로 확장된다고 볼 수 있다. 이러한 경향성이 모든 미디어 정치의 문화를 대표하는 것도 아니며, 다른 미디어 정치의 문화를 일거에 흡수하는 것도 아니겠지만, 정치의 미학화 혹은 미디어를 매개로 하는 정치미학의 확장은 부정할 수 없는 현상이다.

2) 소셜미디어의 잠재성과 저항성 그리고 정치미학의 이론화

지금 분명한 것은 더 많은 사람들이 온라인과 소셜미디어 상에서 자신의 존재를 알리고 자신과 관련된 문제들을 제기하며 정치적 주권에 대한 요구를 확장하고 있다는 점이다. 소수의 전문화된 사람들에 의해 점유되었던 미디어와 커뮤니케이션의 공간이 열리고 그동안 주변화되어 있거나 자기 발언의 기회와 자기 필요에 기초한 폭 넓은 조직화를 수행하지 못했던 사람들의 정치적 발언자로서의 출현은 그 자체로 매우 '정치적' 의미를 가진다. 우리가 소수의 제한된 정치집단이나 정당, 여론 지도층 집단들에 초점을 맞추면 매우 제한된 정치무대와 참여자를 발견할 수밖에 없지만, 그동안 주목받지 못했거나 침묵하던 '더 많은 사람들'이 자신들의 정치적 목소리들을 표출하며 공적 무대에 나타난 만큼 이에 따른 확장된 정치의 개념이 필요하다.

메이(May, 2008)는 지금 우리의 시대를 '정치적 수동성'의 시대로 규정한다. 모든 곳에서 모든 사람들이 그런 것은 아니지만 미국을 포함한 대부분의 국가와 사람들에 해당한다. 우리는 끊임없이 투표하고 정치적 의견을 가지며 정부에 여러 기대를 건다. 하지만 우리는 보통 조직적으로 정치적 행위에 나서지 않는다. 우리는 마치 스포츠를 행하는 것처럼 참여자보다는 일종의 팬으로 정치와 관계 맺는다. 그리고 현대사회의 지배적 정치철학과 이론들은 이러한 정치적 수동성을 재생산하는 데 기여했다. 정당과 후보자에게 투표하고, 대의자에게 불만을 제기하고, 시위에 참여하는 차원에서 서술되는 정치철학과 이론은 정치를 제한된 수동성의 차원에서 개념화하고 설명한다. 그러한 이유로 메이는 정치철학자 랑시에르(Rancière)의 작업을 소개하면서 "정치는 평등에 관련된 것으로 보통 우리가 정치라고 부르는 것의 전통적인 기제들을 의문시할 때 출현한다"는 랑시에르의 주장을 강조한다. 정치를 정부나 정당의 행위에 제한시키지 않고 오히려 사람들을 정치의 주체로 위치시킬 때 정치의 재이론화의 새로운 관문이 열린다. 또 사람을 정치 주체의 자리에 두고 정치를 불일치와 차이로 특징지을 때, 그리고 사람들의 평등을 부정하는 통치와 치안의 질서로부터 불일치와 차이에 사람들이 개입할 때 민주주의적 정치는 출현한다(May, p. 47).

랑시에르는 정치는 권력행사가 아니라 "고유한 주체로 인해 현실화되고 그 주체의 고유한 합리성에서 유래하는 하나의 특정한 행위양식"이라 정의한다. 부연하자면 정치는 특정한 관계 속에서 '참여와 몫을 가지는' 것이다. 그리고 정치에서 중대한 작업은 정치의 고유한 공간을 짜는 것이다. 즉, 정치의 주체들의 세계 그리고 정치가 작동하는 세계를 보이게 만드는 것이 정치의 작업이다. 또한 랑시에르에 따르면, 정치는 보여지는 것, 그것에 대해 말할 수 있는 것을 둘러싸고, 또 누가 볼 수 있고, 말할 수 있는가를 에워싸는 것이며, 공간의 자산들과 시간의 가능성들을 둘러싸고 회전한다(Ranciere, 2008, p. 235, p. 249). 이렇듯 정치는 무엇보다도 공간의 형성, 특정한 경험영역의 프레이밍(*framing*), 공유되는 대상들의 설정과 이들에 대해 토론하는 주체들의 출현의 문제와 긴밀하게 연관된다. 또 정치는 노동 이외의 시간을 가지지 않았던 사람들이 공통의 세계를 공유하고, 단순히 쾌락과 고통을 발화하는 것에서 그치지 않으면서 자신들의 이야기들을 공통된 것으로 발화할 수 있고, 그럼으로써 자신들을 '가시적인 것'으로 만들 때 시작된다. 정치는 권력의 행사를 위한 투쟁이라기보다 특수한 공간의 구성, 경험의 특수한 영역의 분할, 공동으로 놓여 있고 공동의 결정에 속하는 대상들에 대해 무엇인가를 주장할 수 있는 능력이 있다고 인정된 주체들의 특수한 영역의 분할인 것이다(Rancière, 2004, 2008, pp. 52~55).

랑시에르는 시간과 공간, 장소와 정체성의 분배와 재분배, 가시적인 것과 비가시적인 것의 프레이밍과 리프레이밍의 방식들, 말하기(*speech*)와 잡음(*noise*)을 구분하는 방식이 바로 '감성의 분할'(*partition of the sensible*)이며, 정치는 바로 이 감성의 분할의 재배열(*reconfiguration*)을 구성한다는 도발적 관찰을 바탕으로 대안적 주장을 제기한다. 즉, 새로운 사물들과 주제들, 대상과 주체, 보이지 않았던 것을 보이도록 하고, 단지 시끄러운 동물처럼 다루어졌던 존재들의 말을 들을 수 있게 함으로써, 정치는 감성의 분할을 재배열하는 것이다. 이러한 연유로 그에 따르면 정치는 '미적 활동'이 된다. 동시에 감각 혹은 감성에 대한 동일한 분할은 정치적 무대를 제거한다. 또 공동체의 시공간에 대한 동일한 배열은 정치가 만들어질 수 있는 가능성을 제거해 버린다. 때문에 랑시에르는 이러한 감각(감성)의 동일한 분할에 맞서고, 감각과 감성에 특정한 질서를 새기려 하는 '치안'에 맞설 것을 강조한다. 그리스의 데모스로부터 폴란드의 노동자들에 이르기까지 '배제된 자들'이 통치하는 엘리트에 항의했을 때, 단지 명시된 요구들뿐만이 아니라 논쟁에서 동등한 상대자로 인정되는 동시에 상대방에게 자신들의 목소리를 듣게 하는 것이 진정한 목표였다(Rancière, J., 2000; 2008, pp. 98~99).

랑시에르가 정치를 감성의 분할과 배열로서 설명하고자 할 때, 우리는 미디어에 대한 정치적 논의가 확장되어야 할 필요성을 느끼게 된다. 미디어가 여론과 선거, 투표행위, 정당의 지지 등에 미치는 영향력에 대한 정치적 논의들을 넘어 '미디어 그 자체'가 우리에게 가시성・비가시성, 말하는 자・침묵하는 자, 인정받는 것・부정당하는 것, 참여・배제 등의 분할과 배열을 어떻게 구성하는지에 대한 '정치미학'을 둘러싼 논의를 시작해야 할 때이다. 이러한 측면에서, 이영주(2008)는 인터넷과 같은 매체적 공간이 그동안 지배적 미디어의 질서 속에서 배제되거나 주변부화 되었던 많은 사람들을 정치적 광장으로 다시 불러내는 측면을 강조한다. 이 정치적 공간에서 어느 한 명이나 소수 집단이 '정치적 아르케(*arche*)'[13]의 설립기준을 가지는 것이 아니라 개별 시민들의 다양한 정치적 가치들이 제안되고 토론될 수 있는 가능성과 실천에 주목하는 것이다. 아르케의 다원주의가 사회적 지배계급에게는 사회의 통합성의 약화나 권력의 분산에 따른 부조화를 의미하는

13 원리, 원칙, 출발점의 의미를 가지는데, 정치적인 측면에서 이 용어는 정치행위나 통치, 민주주의와 관련된 원리와 원칙을 의미한다. 그리고 이 아르케의 기준을 왕에 두면 왕정, 일부 특권층에게 두면 귀족정치나 과두정치, 개별 시민의 판단에 둘 경우 민주정이라고 할 수 있다. 반성택, 2007, pp.100~101 참고.

것이지만, '열린 광장'에서의 정치적 경쟁 행위가 일상화되면서 국가는 그 누구의 사적 소유물이 아닌 사회적 공간으로 변화할 수 있다. 또 인터넷의 공간에서 수많은 시민들이 논쟁자로 참여하고, 누군가의 연설(메시지)의 청중이 되며, 동시에 이 청중들인 시민들이 심판관의 역할을 한다는 점에서 시민들의 정치적 소통은 확장된다(이영주, 2008; Deranty & Ross, 2012 참고).

통치세력과 권력집단들은 시민들의 열린 공공영역에 대한 억압적 관념과 태도를 가질 수밖에 없다. 예를 들어, 플라톤은 아고라의 민주주의 대신 철인왕(哲人王)의 지혜와 판단을 지지했다. 그는 "무지한 시민들의 오판을 염려하여 정의가 무엇인지 시민들에게 알려주고 이야기하는" 철인왕의 사회적 조망과 정치적 선택을 지지했다. 인간의 배, 가슴, 머리의 담당자로서의 생산자, 군인, 지배자의 3계급의 사회적 분업의 바람직한 지휘자는 플라톤에게 있어서 철인왕이었다(반성택, 2007).

그러나 인터넷, 소셜미디어, 팟캐스트 등 현재 새롭게 구성되고 상호 교섭하면서 작동하는 대중적 미디어 공간은 시민들이 읽고, 쓰고 공감하는 감성의 재분할이 활발한 곳이다. 시민들이 읽고, 쓰고, 표현하고, 논쟁하며, 주장하면서 지배집단이나 권력집단에 맞서는 일종의 '정치적 야당'으로서, 그리고 대중감정의 표출의 광장으로 기능하는 것이다. 여기서 '정치적 야당'과 '대중감정'이라는 용어는 하버마스가 인용한 볼링브룩(Bolingbroke)의 진술 속에 포함된 것인데, 볼링브룩은 자신의 기고문(1730년대의 기고문)에서 '야당에 의해 계몽되고 지도된 대중의 공공정신을 권력자의 부패에 반대하는 자유의 정신'으로 표현하며, 이 공공정신 또는 '수백만의 지식'이 절대 우스운 것이 아님을 강조한다. "모든 사람이 이성적으로 논하지 않는다 하더라도, 모든 사람이 느낄 수는 있다"(Habermas, 1962; 2001, p. 183에서 재인용). 사람들의 이러한 감정들은 공통감각이나 감정(*common sense*) 혹은 상식으로서, 어떤 의미에서 그릇됨이 없다(Habermas, 1962; 2001, p. 184). 볼링브룩은 대중감정이 정치적 야당이나 계몽가에 의해 공공정신으로 형성되어야 한다는 입장을 보이지만, 지금 확장되고 있는 수많은 미디어의 흐름과 채널을 매개로 사람들 스스로가, 그리고 이들의 공적 숙의와 토론이 정치적 야당이자 일종의 계몽가로서의 역할을 제공하는 측면들이 관찰된다.

인터넷과 SNS 등의 미디어 공간에서 사람들이 서로의 발화와 진술, 주장과 의견에 대해 참으로 다양한 형식의 댓글과 비판, 찬성과 반대투표, 트윗과 리트윗 등을 통해 발현하는 감정과 정서는 다시 공적 숙고와 이성의 과정으로 전화되며 접합된다. 그리고 이러한 현 상황은 전통적 매스미디어 중심의 공론장을 이미 뛰어 넘어, 정치·문화 광장의 명백한 확장을 이루었다. 인터넷과 모바일 그리고 소셜미디어를 활용하는 시민들의 정치 커뮤니케이션은 다양한 글쓰기와 말하기, 그리고 직접 보여주기 등의 멀티미디어를 매개로 한 대중소통의 측면들을 긍정적으로 부각시키는 일련의 계기를 제공했다. 멀티미디어 대중소통은 일방적 권력의 말하기를 중단시키고 '이성중심주의'(*logocentrism*)가 형성한 — 동시에 강한 현실구속력을 발휘하는 — 인식과 판단 그리고 제도화된 정치의 틀을 해체한다. 멀티미디어 대중소통은 그 자체로 글쓰기이자 말하기며, 이성이자 감성이며, 육체이자 정신이며, 주체이자 객체로서 이성중심주의의 이항대립을 전복한다. 또 대중들의 글쓰기, 새로운 말하기와 보여주기의 사회 커뮤니케이션의 양식은 차이의 유희를 긍정하게 하며, 이를 억압하고자 하는 권력과 마주하게 된다(이영주, 2008; Engelken-Jorge et al., 2011 참고).

반면, 대중소통 양식의 변환을 읽지 못하고 이성중심주의를 고착시키거나 유지하고자 하는 기존의 언론과 권력집단은 자신들의 정치와 언론, 문화적 패배의 가능성이 커지고 있음을 느끼게 될 것이다. 물론 이러한 가능성과 변화를 풀어내는 다양한 수준의 분석과 사유가 필요하겠지만, 인터넷과 모바일 등 다양한 미디어는 지금까지 전통적 매스미디어가 형성했던 '대중과 미디어 공론장과의 관계'와는 다른 관계를 형성할 가능성이 상당히 크다. 이미 일상과 사회공간 속에서 이러한 변화의 징후들은 목격된다. 대중과 엘리트들 간의 정보와 의견공유의 형태가 변화하고 있는 것이다.

하트만의 지적대로, 우리는 이제 더 이상 '절대적 미디어'를 가질 수 없다. "네트워크의 시대에서 미디어 개념은 더 이상 인간의 의족적 확장차원의 도구가 아니라, 미디어 개념은 어떤 질서원리를 나타내는 메타포인데, 우리는 이 질서원리에 따라 공론을 형성하고 공론장을 만들게 될 것"이며, "오늘날의 미디어 환경에서 텍스트, 음향, 영상, 신체동작, 행동사건 등의 혼합이 자기와 자아를 형성시킨다"는 하트만의 주장에 주목할 필요가 있다(Hartmann, 2000, pp. 25~35).

물론 이는 하나의 환경적 조건일 뿐이다. 미디어 기술과 네트워크화된 미디어 환경에서 도구로서의 미디어가 아닌 미디어와 혼합된 주체, 미디어와 미디어의 관계 속에서 형성되는 주체와 집단들이 다원적 정치와 문화의 공간들을 창조하면서 기존의 권력과 사회관계, 더 나아가 지배적 헤게모니에 언제든지 도전하거나 저항할 조건과 환경은 넓어지고 있다.

하지만 실제 정치와 문화는 우리가 지금 가지고 있거나 앞으로 가지게 될 미디어의 환경과 조건들로부터 자연발생적으로 형성되는 것은 아니다. 현존하는 지배권력이 부상하는 도전적 힘들을 통제하려는 수많은 시도를 할 것이며, 따라서 미디어의 정치공간은 매우 거칠어질 가능성이 크다. 또한 기존의 미디어 대 새로운 미디어, 기존의 저널리즘과 미디어 생산자 대 새로운 저널리즘과 미디어 생산자의 구도가 악과 선, 그름과 옳음의 이항대립에 기초하는 것도 아니다. 다만 새로운 미디어와 이를 매개로 발현되는 수많은 사회적 주체들이 욕망하고 표출하는 정치와 문화적 관계 그리고 행위들을 보다 더 적극적으로 이해하고 해석하며, 이에 대한 진중하고 성찰적인 이론화를 이끌어낼 학계와 비평계의 역할이 중요할 것이다.

맺는말

이 글은 한국사회에서 강한 사회문화적 트렌드와 정치성을 발현해온 인터넷과 소셜미디어들의 역할과 중요한 사회정치적 국면에서 사이버대중이 표출하는 의미와 감정 그리고 참여의 동학을 중심으로 논의를 전개했으며, 이 과정에서 발생하는 사회문화적 변화상과 다양한 매체들이 견인하는 역할과 실행들을 정치미학이라는 문제의식을 통해 조명하고자 하였다. 이러한 주제들과 관련하여 필자들은 아직은 본격적 연구나 축적된 분석들이 충분하다고 판단하기 어려운 상황에서, 인터넷과 SNS의 변화상을 조망하는 일련의 관찰과 추론으로 그간에 제기된 논점들을 정리하고자 하였다.

범 언론학의 영역에서 감정과 정치미학의 역할과 같은 주제가 온라인상의 다기한 현상들과 만나면서 생성하는 대안적 정치의 가능성들을 구체적으로 탐구하는 작업은 아직까지는 매우 희소하다. 그러한 상황에서, 비록 여러 가지 측면에서 한정적이기는 하나, 이 작업이 하나의 단초로 활용되기를 희망한다. 필자들은 그간 한국사회에서 부상한 온라인과 SNS의 동학을 중심으로 열정과 감정의 공동체들이 부상하고 새로운 참여와 연대를 생성한 징후와 사례들을 살펴보았다. 인정하건대, 이러한 조망과 사유의 방식은 탐색적 차원의 가능성과 제한된 고찰을 주로 담아내기에, 향후 보다 체계적이고 진전된 논의들과 조밀한 사례의 분석을 통해 보강할 부분이 많을 것이다. 이 연구의 부족함을 보완하는 숙성된 후속연구를 기대하면서 이 글을 맺는다.

참고문헌

강준만(2006), 《대중문화의 겉과 속 3》, 인물과 사상사.

______(2009), 《대한민국 소통법》, 개마고원.

곽해운 외(2012), 《트위터란 무엇인가》, 커뮤니케이션북스.

권명아(2012), 《무한히 정치적인 외로움》, 갈무리.

김예란(2010), 감성공론장. 《언론과 사회》, 18(3), pp. 146~191.

김철규 · 김선업 · 이철, "미국산 쇠고기 수입 반대 촛불집회 참여 10대의 사회적 특성", 《경제와 사회》, 80, 2008.

나은경 · 이준웅(2008), 《댓글문화연구》, 한국언론재단.

당대비평 기획위원회(2008), 《광장의 문화에서 현실의 정치로》, 산책자.

반성택(2007), 《아고라에서 광화문까지》, 아름나무.

백선기(2003), 《정치담론과 인터넷》, 커뮤니케이션북스.

백욱인(2008), "촛불시위와 대중", 〈동향과 전망〉, 74, pp. 159~188.

샹탈 무페(2006), 《민주주의의 역설》, 인간사랑.

송호근(2003), 《한국 무슨 일이 일어나고 있나?》, 삼성경제연구소.

원용진 · 이수엽(2010), "인터넷 공론장의 현실적 기술을 위한 이론적 제안", 〈언론과 사회〉, 18(3), pp. 71~109.
윤수종(2009), 《욕망과 혁명》, 서강대 출판부.
이기형(2004), 《인터넷 미디어: 담론들의 '공론장'인가 '논쟁의 게토'인가?》, 한국언론재단.
_____ · 이영주 외(2012), "'나꼼수 현상'이 그려내는 문화정치의 명암", 〈한국언론정보학보〉, 58, pp. 74~105.
이길호(2012), 《우리는 디씨》, 이매진.
이광석(2009), "온라인 정치 패러디물의 미학적 가능성과 한계", 〈한국언론정보학보〉, 48, pp. 109~134.
_____(2012), "스마트 시대 통치성격 변화와 미디어 공공성 실천", 미디어공공성 엮음, 《한국사회와 미디어 공공성》, pp. 462~488.
이동후(2008), "미디어 생태학적 시각으로 바라본 사이버대중", 〈계간 비평〉, 21, pp. 157~172.
_____(2012), "미디어 리터러시와 정치훈련", 〈황해문화〉, 75, pp. 85~104.
이영주(2008), "정치, 저널리즘 그리고 미디어 커뮤니케이션 양식변환의 의미", 〈한국출판학연구〉, 34(2), pp. 181~219.
이준웅(2011), 《말과 권력: 레토릭에서 의사소통 민주주의로》, 한길사.
이택광(2011), 《이것이 문화비평이다》, 자음과 모음.
이해진(2008), "촛불집회 10대 참여자들의 참여경험과 주체형성", 〈경제와 사회〉, 80.
임종수(2011), "촛불과 미디어: 컨버전스 미디어 양식과 개인화된 대중의 출현", 〈현상과 인식〉, 35(1/2), pp. 97~124.
장덕진(2011), "트위터 공간의 한국정치", 〈언론정보연구〉, 48(2), pp. 80~107.
장우영(2005), 《인터넷 규제와 거버넌스의 정치》, 한국학술정보.
전규찬(2012), "열정과 낙담 사이의 대중미디어 문화정치학", 〈황해문화〉, 75, pp. 28~47.
정수복(2007), 《한국인의 문화적 문법》, 생각의 나무.
주창윤(2010), 《대한민국 컬처코드》, 21세기북스.
조화순 외(2012), 《소셜 네트워크와 정치변동》, 한울.
최선정(2012), "미네르바 신드롬과 '시민지성'의 조건", 〈언론정보연구〉, 49(1), pp. 145~177.
최영묵(2012), "이명박 정부 언론장악 실패 '전말기'", 〈황해문화〉, 75, pp. 10~27.
최태섭(2012), "전자정의의 탄생", 〈황해문화〉, 75, pp. 48~67.
한국언론학회 엮음(2011), 《한국사회의 소통위기》, 커뮤니케이션북스.

Ahmad, Sara(2004), *Cultural Politics of Emotion*, London: Routledge.
Castells, Manuel(2009), *Communication Power*, Oxford: Oxford University Press.
_____(2004), *The Network Society: A Cross-cultural Perspective*, Cheltenham: Edward Elgar.
Corner, John & Pels, Dick(2003), *Media and The Restyling of Politics*, London : Sage

Publications.
Crossley, Nick & Roberts, Michael(2004), *After Habermas: New Perspectives on the Public Sphere*, London: Blackwell.
Curran, James et al(2012), *Misunderstanding the Internet*, London: Routledge.
Dahlgren, Peter(2004), "Foreword", *Cyberprotest: New Media, Citizens and Social movements*, New York: Routledge.
Derantym Jean-Philippe & Ross, Alison(2012), *Jacques Ranciere and the Contemporary Scene*, London: Continuum.
Donk, Wim van de et al. (2004), *Cyberprotest: New Media, Citizens and Social Movements*, New York: Routledge.
Engelken-Jorge et al. (2011), *Politics and Emotions*, Heidelberg: VS Verlag.
Goodwin, Jeff et al. (2001), *Passionate Politics: Emotions and Social Movements*, Chicago: University of Chicago Press.
Gregg, Melissa & Seigworth, Gregory(2010), *The Affective Theory Reader*, Durham: Duke University Press.
Habermas, Jurgen(1962), *Strukturwandel Der Öffentlichkeit: Untersuchungen ze Einer Kategorie der Bürgerlichen Gesellschaft, Frankfurt am Main: Suhrkamp Verlag*, 한승완 역(2001), 《공론장의 구조변동: 부르주아 사회의 한 범주에 관한 연구》, 나남출판.
Hartmann, F. (2000), *Medienphilosophie*, 이상엽·강웅경 역(2008), 《미디어 철학》, 북코리아.
Hassan, Robert(2004), *Media, Politics, and the Network Society*, New York: Open University Press.
Lee, Kwangsuk(2011), *IT Development in Korea*, London: Routledge.
Madore, M. (2009), "Myspace to Your Space : How Celebrity Politics and the Internet are Transforming Political Communication Among American Youth", *American Communication Journal*, 11(1), pp. 1~12.
May, Todd(2008), *The Political Thought of Jacques Rancière: Creating Equality*. Edinburgh: Edinburgh University Press.
Mccauchey, Martha & Ayers, Michael(2003), *Cyberactivism: Online Activism in Theory and Practice*, New York: Routledge.
Ranciere, Jacques(2000), *Le Partage Du Sensible: Esthetique et Politique*, 오윤성 역(2008), 《감성의 분할: 미학과 정치》, 도서출판 b.
______(2004), *Malaise dans L'esthèthique*, 주형일 역(2008), 《미학 안의 불편함》, 인간사랑.
Street, John. (2001), *Mass Media, Politics and Democracy*, London: Palgrave.
Thompson, Simon & Hoggett, Paul(2012), *Politics and Emotions*, London: Continuum.

3부

더 나은 SNS,
더 나은
민주주의를 향해

제 10 장

SNS 규제와 표현의 자유

문재완

서기호 판사와 SNS 규제

> "오늘부터 SNS 검열 시작이라죠? 방통위는 나의 트윗을 적극 심의하라. 심의하면 할수록 감동과 훈훈함만 느낄 것이고, 촌철살인에 감탄만 나올 것이다. 앞으로 분식집 쫄면 메뉴도 점차 사라질 듯. 쫄면 시켰다가는 가카의 빅엿까지 먹게 되니. 푸하하."

2011년 12월 초 방송통신심의위원회가 소셜 네트워크서비스(SNS)를 심의하겠다고 나서자 SNS 규제의 정당성을 놓고 여론이 갈렸다. 급기야 한 현직판사가 이명박 정부의 언론탄압을 조롱하는 글을 페이스북(위 글)에 올렸고, 그 내용은 〈조선일보〉(아래 글)를 통해 세상에 알려졌다.

> "현직 판사가, 이명박 대통령을 조롱하며 지칭하는 '가카'와 엿 먹인다는 뜻을 강조한 '빅엿'이란 단어까지 사용하며 자신의 소셜 네트워크서비스(SNS) 페이스북에 이 같은 글을 7일 올렸다. 서울북부지법 서기호(41) 판사다."

두 달 뒤 서기호 판사는 재임용 심사에서 탈락하였다. 판사 재임용은 10년 단위로 한다. 법관인사위원회는 서 판사가 재임용 심사 대상자 중 하위 2% 미만에 속한다고 부적격심사 이유를 밝혔다. 하지만 서 판사는 이를 곧이곧대로 받아들이지 않았다. 통합진보당은 서 판사가 SNS에 쓴 글이 괘씸죄에 걸렸기 때문에 서 판사가 재임용에서 탈락하였다는 논평을 냈다. 그로부터 또 두 달 뒤 서기호 전 판사는 통합진보당 비례대표후보로 제 19대 국회의원선거에 나섰다.

서기호 판사 사건은 SNS 규제와 관련하여 중요한 논쟁거리를 우리 사회에 던졌다. 첫 번째 논쟁은 "SNS 심의는 특별한가"에서부터 시작된다. 즉, SNS 심의와 보통의 인터넷 심의가 다른 것인가의 문제다. 서기호 판사가 자신의 페이스북에 글을 쓰게 된 직접적 계기는 방송통신심의위원회(이하 심의위원회)가 SNS상 불법정보를 심의하기 위하여 2011년 12월 1일 뉴미디어정보 심의팀을 신설한 데 있다. 당시 여론은 SNS 심의의 타당성을 놓고 둘로 갈라졌다. 서 판사처럼 SNS 심의가 시대착오적 정치통제본능이라고 평가하는 사람들도 있었지만, SNS상 불법정보의 심의는 불가피하다는 의견도 있었다.

심의위원회는 예전부터 인터넷 불법정보를 심의했기 때문에 SNS상 불법정보를 다루는 심의팀을 구성한 것은 그렇게 특별한 일이 아닌데 일부 언론이 과도하게 비난한다는 반응이다. 이에 대해 심의위원회가 그동안 해오던 통신심의 자체가 표현의 자유를 침해하여 위헌이라는 주장도 있다. 이 사안은 또 다른 논쟁거리다. SNS 불법정보 심의가 기존의 인터넷 불법정보 심의와 동일한 성격이라고 하더라도, SNS 불법정보 심의가 정당화될 수는 없다. 인터넷 불법정보 심의 자체가 우리 헌법이 허용하는 범위를 넘는 것이라면, SNS 불법정보 심의는 위헌을 확대하는 결과다. 서 판사는 'SNS 검열'이라는 표현을 사용하였다. 통신심의를 비판하는 사람들이 자주 사용하는 말이 인터넷 검열이다. 우리 헌법의 해석상 절대로 허용되지 않는 것이 검열이다. 헌법재판소는 표현의 자유를 포함하여 국민의 '모든' 자유와 권리는 필요한 경우 법률로써 제한할 수 있지만, 표현의 자유를 검열하는 것은 법률로써도 제한할 수 없다고 한다.[1] 따라서 SNS 심의가 헌법이 금

---

1 헌재 1996.10.4. 93헌가13.

지하는 검열에 해당하는지 검토할 필요가 있다.

세 번째 논쟁거리는 'SNS 사적 공간론'이다. 서기호 판사는 '가카 빅엿'에 대한 부정적 여론이 형성되자 CBS 라디오프로그램에 출연해서, "판사들이 사적 공간에 쓴 글들을 특정 언론사가 모든 국민에게 중계하듯이 보도하는 게 맞느냐?"고 항변하였다. 서 판사의 주장은 자신의 글이 언론을 통해 공개되리라고 생각지 못했으며, 사적인 글을 〈조선일보〉가 보도해서 세상에 드러났기 때문에 〈조선일보〉의 보도가 문제라는 것이다. 서 판사를 비롯하여 SNS 내용규제에 반대하는 견해의 유력한 논거는 사적 공간론에 있다. 과연 SNS가 사적 공간인지 살펴보는 일은 중요하다.

네 번째는 SNS가 순수한 사적 공간이 아니라면 정부는 언제나 규제할 수 있는 것인지에 관한 문제다. SNS 규제로 얻고자 하는 공익은 무엇이고, 그러한 공익과 제한받는 표현 사이의 균형을 어떻게 찾을 것인지에 관한 것이다. 서 판사가 쓴 글은 정부정책에 대한 비판으로, 전형적인 정치적 표현의 영역이다. 흔히 정치적 표현은 두텁게 보호받아야 한다고 하는데 과연 그런 것인지, 또 두텁게 보호하는 방법은 어떤 것이 있는지 검토할 필요가 있다.

정치적 표현의 자유를 논의할 때 함께 살펴보아야 할 것은 선거에서의 표현의 자유다. SNS 규제가 2011년 말 논쟁거리가 된 이유 중 하나는 SNS가 선거에 미치는 영향력에 있다. 그 영향력을 알기 때문에 규제하려는 정치적 세력과 자유롭게 내버려 두어야 한다는 정치적 세력이 충돌한 대표적 사건은 2011년 10월 26일 서울시장 보궐선거 때 방송인 김제동 씨가 트위터에 올린 투표 인증샷 사건이다. 한 시민은 이러한 행위가 공직선거법 위반이라고 고발하였고, 검찰이 조사에 들어갔다. 하지만 SNS를 이용한 투표 독려는 오히려 권장해야 하는 정치 표현 형태라고 생각하는 사람들이 많다.

다섯 번째 논쟁거리는 서기호 판사와 같이 특수한 지위에 있는 국민은 보통 사람과 다르게 취급받아야 하는지 하는 문제다. 2011년 말에는 서 판사 외에 현직 판사 여러 명이 SNS를 통해 자신의 정치적 성향을 소신 있게 드러내면서 보수언론의 비판을 받았다. 교사의 경우도 마찬가지다. 공무원이라는 신분 때문에 정치적 표현을 자제해야 하는지, 자제해야 한다면 그 한계는 어디까지인지 검토해야 한다.

이 글 두 번째 절에서는 'SNS 규제와 인터넷 규제, 다른 것인가?'라는 제목으로 첫 번째 쟁점을 다루면서 세 번째 쟁점인 사적 공간론을 함께 다루고, 그 다음절에서 SNS 규제를 왜 하는지 또 어떻게 하는지 설명하면서 두 번째 쟁점인 검열의 문제를 다루고, 넷째 절에서 SNS 규제의 특수한 영역을 설명하면서 네 번째 쟁점(선거와 SNS 규제)과 다섯 번째 쟁점(공직자의 SNS 규제)을 검토하고자 한다.

SNS 규제와 인터넷 규제, 다른 것인가?

1) 인터넷 특징과 SNS 특징

인터넷은 서로 연결된 컴퓨터의 세계적 네트워크를 의미한다. 인터넷은 1969년 미국에서 군사적 목적으로 처음 고안되었고, 1990년대 정보통신기술이 발달하면서 일반인의 생활 속으로 들어왔다. 인터넷의 일상화는 표현의 자유를 획기적으로 확대하였다. 예일대학 로스쿨의 볼킨(Jack M. Balkin) 교수는 인터넷이 표현의 자유의 본질을 바꾼 것이 아니라, 사람들이 표현행위를 하는 사회적 환경을 바꾸었다고 평가한다. 볼킨 교수는 인터넷으로 대표되는 디지털 혁명은 첫째, 정보의 복사 및 유통 비용을 대폭 줄였으며, 둘째, 유통의 지리적 경계를 지웠으며, 셋째, 기존 정보를 바탕으로 새로운 정보를 생산하거나 논평하는 데 드는 비용을 줄였으며, 넷째, 위 3가지로 인하여 표현행위가 민주화되었다고 설명한다.

그러나 양호한 정보뿐 아니라 불량한 정보까지도 인터넷을 통하여 자유롭게 유통되면서 각국 정부는 인터넷을 어느 수준에서, 어떻게 규제할 것인지를 놓고 고심하고 있다. 미국의 경우 인터넷은 방송처럼 엄격한 공적 규제를 받아야 할 매체가 아니라, 신문처럼 표현의 자유를 두텁게 보호받아야 할 매체로 인정되고 있다. 우리나라 헌법재판소도 2002년 6월 인터넷상 불온통신을 규제하는 전기통신

사업법 제 53조에 대한 헌법소원심판 사건에서 “인터넷은 공중파와 달리 ‘가장 참여적인 시장’, ‘표현촉진적 매체’ ”라고 그 성격을 규정하고, “오늘날 가장 거대하고, 주요한 표현매체의 하나로 자리를 굳힌 인터넷상의 표현에 대하여 질서위주의 사고만으로 규제하려고 할 경우 표현의 자유의 발전에 큰 장애를 초래할 수 있다”고 경고하였다.[2] 헌법재판소는 2009년 11월 공직선거법 제 93조 제 1항 등 여러 사건에서 이를 확인하였다. 즉, “인터넷은 개방성, 상호작용성, 탈중앙통제성, 접근의 용이성, 다양성 등을 기본으로 하는 사상의 자유시장에 가장 근접한 매체”라는 것이다.

하지만 최근 인터넷의 폐해를 강조하는 판례도 나타난다. 그렇다고 헌법재판소가 인터넷의 속성에 대한 이해를 달리하였다고 평가하기는 어렵다. 인터넷이 가지는 특징은 ‘신속성 · 확장성 · 복제성’으로 동일한데, 이러한 성격이 표현의 자유를 촉진하는 쪽으로 나타나기도 하고, 다른 사람의 자유나 권리를 침해하는 쪽으로 나타나기도 하는 것이다. 한편 SNS는 인터넷을 활용한 서비스의 한 유형으로 이해할 수 있기 때문에 인터넷의 특징은 SNS에서 그대로 나타난다. SNS 역시 인터넷에서 제공되는 여느 서비스처럼 저렴한 비용으로 누구나 손쉽게 접근이 가능하고 참여적인 매체라는 점, 표현의 쌍방향성이 보장된다는 점, 정보의 수령 · 취득 · 제공에 능동적이고 의도적인 행동이 필요하다는 점에서 표현의 자유를 두텁게 보호받아야 한다. 동시에 신속성 · 확장성 · 복제성으로 인하여 SNS 역시 인터넷과 같이, 그 폐해가 커질 수도 있다. 이런 면에서 인터넷과 SNS를 구분하는 일은 법리적으로 큰 의미가 없다. 법적 분쟁이 발생할 경우 SNS의 고유한 특징을 고려해서 반영하면 될 뿐이다.

---

2 헌재 2002. 6. 27. 선고, 99헌마480 결정.

2) 사적 공간론

SNS의 특징 중 하나로 사적 공간을 드는 경우가 있다. 서기호 전 판사도 사적 공간에서 이루어진 표현행위를 문제 삼을 수 없다는 입장을 피력한 적이 있다. 하지만 SNS가 순수한 사적 공간인지도 의문이지만, 사적 공간에서 이루어지는 표현행위는 규제할 수 없다는 명제도 성립하기 어렵다.

먼저 사적 공간이 갖는 법적 의미를 살펴보자. 사적 공간이 원래 중요한 의미를 갖는 것은 프라이버시(*privacy*) 보호 때문이다. 프라이버시권이란 당초 미국에서 사적 공간을 보호하기 위하여 등장한 개념이다.[3] 그 후 프라이버시권은 의사결정의 자율성 보장, 개인정보의 자기결정권, 잊힐 권리 등으로 발전하는 중이지만, 여전히 핵심적인 보호영역은 사적 공간 혹은 사적 영역이다. 우리나라는 프라이버시라는 표현 대신 사생활의 비밀과 자유라는 용어를 사용하여 헌법 제17조에서 국민의 헌법상 권리로 보호하고 있다. 헌법상 국가가 개인의 사적 공간을 함부로 침입할 수 없으며, 제3자로부터 사적 공간이 훼손되지 않도록 보호할 의무를 지는 것은 당연하다. 이러한 사적 공간은 현실의 공간일 수도 있고, 가상의 공간일 수도 있다. 국가가 내 집에 함부로 들어올 수 없는 것처럼, 내 인터넷 홈페이지에도 함부로 들어올 수 없다. 내가 내 집에서, 또는 내 인터넷 홈페이지에서 무엇을 하던 국가가 상관할 바가 아니다. 그런 의미에서 보면 서기호 전 판사의 주장은 틀린 것이 아니다.

하지만 내 집에 나 혼자 있는 것이 아니고 다른 사람을 초대하여 함께 있다면 사안의 성격이 달라진다. 그 사람과 나눈 대화 내용은 나 혼자의 권리라고 주장할 수 없다. 나와 그 사람이 함께 제3자의 침입에 대해서 프라이버시권을 주장할 수는 있다. 하지만 내 의사와 달리 그 사람이 다른 곳에서 우리의 대화내용을 공개

3 프라이버시권은 1890년 미국 하버드대학 법률잡지에 '프라이버시에 관한 권리'(The Right to Privacy) 라는 제목의 논문이 실리면서 주목받기 시작하였다. 공저자인 워렌(Samuel Warren) 과 브랜다이스(Louis Brandeis) 는 기술발전으로 과거에 볼 수 없었던 새로운 유형의 사생활 침해가 걱정거리로 대두되자, '혼자 있을 권리'(right to be let alone) 를 보호해야 한다고 주장하였다. 여기서 혼자 있을 권리란 사적 공간의 보호를 의미한다. 미 연방대법원이 음란물의 사적 소유를 형사처벌하는 법률을 위헌이라고 선언하면서, "자기 집에 혼자 앉아 있는 사람이 어떤 책을 읽고 어떤 영화를 보던, 국가가 상관할 일이 아니다"라고 판시한 것은 이를 잘 나타낸다.

하였다면 나의 프라이버시권이 침해되었다고 말할 수 없다. 그 사람은 표현의 자유를 향유하기 때문에, 자기가 합법적으로 출입한 곳에서 들은 내용을 다른 곳에서 말할 자유를 누린다.

인터넷 홈페이지에서 교환된 정보와 대화 내용도 마찬가지다. 내가 출입을 허락한 사람이 내가 공개한 정보를 읽고 그 내용을 밖으로 전달하는 것은 일반적으로 나의 프라이버시권 침해가 아니다. 만약 그렇게 펴간 것이 전파가 금지된 내용, 예컨대 저작권법 위반이라면 그 범위에서 책임져야 하지만, 프라이버시권 침해는 아니다. 또 전파된 내용이 나의 순수한 사생활에 관한 것이라면 프라이버시권 침해가 될 수 있지만, 이는 그 사람이 '전파'해서 프라이버시권 침해가 발생한 것이 아니라 '전파된 내용'이 사적 사항으로 금지된 내용이기 때문에 프라이버시권 침해가 발생한 것뿐이다. 다시 말해 전파 그 자체가 문제가 아니라, 전파된 내용이 표현의 자유의 '보호를 받을 내용'인지 '그렇지 않은 내용'인지에 따라 법적 평가가 달라진다. 서기호 판사 사건처럼 정치적 표현이 쟁점인 사안은 보도의 가치가 높기 때문에, 사적 공간론을 이유로 SNS에서 얻은 내용을 보도한 것이 잘못이라고 말할 수는 없다.

정치적 표현이 주로 문제되는 영역은 명예훼손 등 인격권 침해인데, 대법원은 비록 소수의 사람에게 말했더라도 명예훼손이 된다고 본다. 즉, 명예훼손죄에 있어서 공연성(公然性)은 불특정 또는 다수인이 인식할 수 있는 상태를 의미하므로, 비록 개별적으로 한 사람에게 사실을 유포하였다고 하더라도 그로부터 불특정 또는 다수인에게 전파될 가능성이 있다면 공연성의 요건을 충족한다는 것이다.[4] 따라서 SNS가 비록 사적 영역이라고 하더라도 그곳에서 발언한 내용이 다른 사람에게 전파될 가능성이 있다면 명예훼손 책임을 지게 된다.

거의 모든 SNS는 소셜 네트워크(*social network*)라는 말이 보여주듯 다른 사람과의 교류를 전제로 하는 공간, 즉 전파가능성을 전제로 하기 때문에 그 안에서 이뤄진 대화는 명예훼손의 책임에서 자유롭지 않다. 그런 의미에서 SNS는 순수

---

4 대법원 2010.10.28. 선고 2010도2877 판결.

한 사적 공간이라고 말할 수 없다. 독일에서 발달한 영역이론에 의하면, 공적 영역, 사회적 영역, 사적 영역, 내밀한 사적 영역 등 생활의 영역에 따라 그 보호정도가 달라진다.[5] 공적 영역은 사생활의 보호가 존재하지 않는 영역이다. 사회적 영역은 직업 활동처럼 개인이 외부 세계와의 관계를 통하여 인격을 발현하는 영역이므로 언론보도가 일반적으로 허용된다. 사적 영역은 가족, 친구 등 친밀한 범위에서 이루어지는 일상생활의 영역으로, 좀더 솔직하고 거리낌 없이 대화할 수 있도록 보호받아야 하는 영역이다. 하지만 절대적으로 보호받아야 하는 영역은 아니고, 이익형량에 의해서 언론보도의 이익이 더 큰 경우 보도가 허용된다. 절대적으로 보도가 허용되지 않는 영역은 성생활과 같은 내밀한 사적 영역이다.

SNS는 위 분류상 사적 영역과 사회적 영역의 중간 정도에 위치한다고 생각된다. 개별 SNS마다 제공하는 서비스의 내용이 다르고, 또 그 서비스를 이용하는 사람에 따라 공개의 범위가 다르기 때문에 SNS의 성격을 일률적으로 말하기는 힘들다. 트위터처럼 다른 사람 글을 검색해주는 서비스가 있는 경우 사회적 영역에 가까운 서비스로 분류할 수 있다. 페이스북은 친구들끼리 모이는 사적 영역에 가까운 SNS다. 하지만 페이스북에서도 직접 친구 맺기를 하지 않은 사람의 글과 정보를 보는 경우도 있으므로 공개의 범위는 사적 영역보다 넓다. 더구나 우리나라 언론은 SNS에 올라오는 글을 토대로 기사를 작성하는 것이 일상화되었기 때문에 이른바 '공인'(*public figure*)의 SNS는 사생활의 보호를 기대할 수 없고, 사적 공간으로 분류하기는 더욱 힘들다고 보아야 할 것이다.

5 한수웅(2012), 《헌법학》, p.545.

SNS 규제, 왜 그리고 어떻게 하는가?

1) 표현의 자유의 제한과 그 한계

SNS 규제는 인터넷 규제와 그 본성이 다르지 않다. 인터넷에서도 일상생활에서와 마찬가지로 해악은 발생한다. 다른 사람의 권리를 침해하고, 공공의 이익을 훼손하는 일은 인터넷에서 언제든지 발생할 수 있다. 국민의 자유와 권리를 보호할 의무가 있는 국가는 해악을 제거하기 위하여 강제력을 동원하기도 한다. 이는 인터넷 이용자에게 규제로 나타난다. 국민이 SNS 등 인터넷에서 누리는 정치적 표현의 자유도 규제의 대상이 된다. 국가는 국가안전보장, 질서유지, 공공복리를 위하여 법률로써 정치적 표현의 자유를 제한할 수 있으며(헌법 제37조 제2항), 또한 어떠한 표현이 다른 사람의 명예나 권리를 침해하지 못하도록 법제도를 마련할 의무가 있다(헌법 제21조 제4항). 공익을 위한 제한으로 대표적인 법률이 국가보안법과 공직선거법이고, 다른 사람의 권리 침해를 막기 위한 대표적인 법적 안전망이 명예훼손죄와 모욕죄다.

세계의 여러 민주국가들은 국민의 정치적 표현을 최대한 보호하면서 동시에 이로 인하여 발생하는 해악을 최소화하기 위한 방법, 즉 두 법익 간 조화와 균형을 이루는 방법을 찾기 위해 노력했다. 하지만 나라마다, 또 시대에 따라 중시하는 헌법적 가치가 다르기 때문에 구체적인 해결방법은 동일하게 나타나지 않는다.[6] 미국처럼 표현의 자유를 가장 소중한 헌법적 가치로 인식하는 나라는 정치적 표현의 자유를 두텁게 보호하고, 독일 등 유럽 국가들은 최고의 헌법적 가치를 인간의 존엄성에 두기 때문에 인격권을 더 중시하는 경향을 보인다. 우리나라는 유럽의 법체계를 도입한 대륙법계국가이지만, 요즘 미국에서 발전한 표현의 자유 법

6 예컨대 표현의 자유를 중시하는 나라의 대명사로 미국에서도 표현의 자유가 최고의 헌법적 가치로 인정하는 분위기는 20세기 중반 형성되었다. 1931년까지 언론사가 표현의 자유를 방패로 승소한 경우는 한 건도 없다. 사인(私人) 간 불법행위 사건에서 법원이 표현의 자유의 헌법적 가치를 고려한 것은 1964년 New York Times vs. Sullivan 사건이 처음이다.

리를 활발하게 도입하고 있어 미국과 유럽의 중간 정도에 위치한다고 평가할 수 있다. 명예훼손죄, 모욕죄 등 인격권 침해를 형사처벌하는 것이나, 반론권을 법제화하는 것은 유럽의 인격권 보호법제의 영향을 받은 것이다. 하지만 표현의 자유와 인격권이 충돌하는 사안에서 법원이 해결방법으로 제시하는 '공인이론'(*public figure doctrine*)이나, 국가보안법의 해석에서 사용된 '명백하고 현존하는 위험의 원칙'(*clear and present danger doctrine*) 등은 미국의 판례법의 영향을 받은 것이다. 전통적인 표현의 자유 법리를 먼저 살펴보고, 이러한 법리가 인터넷, 더 나아가 SNS에 그대로 적용될 수 있는지 검토하도록 하겠다.

(1) 사상의 시장과 표현의 자유에 대한 제한

① 사상의 시장과 명백하고 현존하는 위험

'표현의 자유'의 보호대상이 되는 표현은 '의사'표현이다. 국민이 자신의 의사를 자유롭게 표현하도록 보호하자는 것이 표현의 자유인 것이다. 국가권력은 의사표현의 내용이 옳고 그른지 판단하지 말고, 사상의 시장에 맡겨 놓으면 언젠가 진리는 드러나게 마련이라는 견해가 예로부터 많은 지지를 얻고 있다. 사상의 시장 이론에 입각해서 판결을 내린 최초의 판사는 미국 연방대법원의 홈즈 대법관이다. 그는 1919년 아브람스 사건[7]에서 반대의견을 내면서 "궁극적으로 바람직한 선은 사상의 자유교환에 의하여 이루어진다. 즉, 진리를 발견하는 가장 좋은 방법은 사상이 스스로 힘으로 시장의 경쟁에서 살아남아 받아들여지는 것이고, 이런 진리는 사람들의 희망을 안전하게 전달할 수 있는 유일한 기반이 된다. 이것이 바로 우리 헌법의 이론이다"라고 역설하였다. 하지만 홈즈 대법관은 표현의 자유도 제한될 수 있다고 이해하였으며, 그 제한의 기준으로 명백하고 현존하는 위험의 원칙(*clear and present danger doctrine*)을 제시하였다. 즉, 표현과 위험 사이의 인과관계가 명백하고(*clear*) 표현과 위험 발생이 시간적으로 근접해서 그 위험이 현존할

7 **아브람스 사건** 제1차 세계대전 중 사회주의자들이 탄약 등 무기를 생산하지 말도록 촉구하는 유인물을 배포한 혐의로 기소된 사건. Abrams v. U.S., 250 U.S. 616, 630 (1919).

때(*present*) 비로소 언론의 자유를 제한하는 법률이 정당성을 가진다는 것이다.

② 국가보안법 위반 사건의 해결

'명백하고 현존하는 위험의 원칙'이 우리나라에서 주목받는 이유는 국가보안법 사건을 해결하는 데 유용하기 때문이다. 국가보안법 제7조 제1항은 "국가의 존립·안전이나 자유민주적 기본질서를 위태롭게 한다는 정을 알면서 반국가단체나 그 구성원 또는 그 지령을 받은 자의 활동을 찬양·고무·선전 또는 이에 동조하거나 국가변란을 선전·선동한 자는 7년 이하의 징역에 처한다"고 규정한다. 현행 조항은 1991년 5월 31일 개정된 것인데, 그 전에는 "국가의 존립·안전이나 자유민주적 기본질서를 위태롭게 한다는 정을 알면서"란 문구가 없었다. 헌법재판소가 1990년 4월 2일 구 국가보안법 제7조에 대한 위헌심판사건에서, 국가의 존립·안전이나 자유민주적 기본질서에 무해한 행위는 처벌에서 배제하고, 이에 **실질적 해악**을 미칠 **명백한 위험성**이 있는 경우로 처벌을 축소·제한하는 것이 헌법에 합치되는 해석이라고 하자, 그 취지에 따라 개정된 내용이 현행 국가보안법의 찬양·고무죄 내용이다.[8] 현행 국가보안법에 대해서도 폐지론, 위헌론 등 다양한 견해가 제시되지만, 헌법재판소는 1996년 10월 4일 개정된 국가보안법을 합헌으로 결정하였으며 그 후 재판관 구성의 변화에도 불구하고 같은 입장을 고수하고 있다.[9] 대법원 역시 국가보안법이 헌법에 위배되는 법률이라거나 사회정의에 반하는 악법이라고 할 수 없다는 입장을 고수하고,[10] 동법 제7조 위반으로 기소된 사람에게 종종 유죄판결을 내린다.

우리 헌법 해석상 한반도와 그 부속도서의 유일한 합법정부는 대한민국이고, 따라서 북한은 반국가단체라고 볼 수밖에 없기 때문에 반국가단체를 이롭게 하는 행위를 처벌하는 내용의 법률인 국가보안법을 위헌이라고 평가할 수 없다. 그러

8 헌재 1990.4.2. 89헌가113.

9 헌재 1996.10.4. 95헌가2.

10 대법원 2008. 4. 17. 선고 2003도758 전원합의체 판결, 대법원 2010. 7. 23. 선고 2010도1189 전원합의체 판결, 대법원 1999. 10. 8. 선고 99도2437 판결 등 참조.

나 국가보안법 위헌론자들은 반국가단체를 찬양·고무하는 표현행위(제7조 제1항)와 이적표현물을 제작·소지·반포하는 행위(동조 제5항)를 처벌하는 것은 표현의 자유에 대한 침해라고 주장한다. 그 주된 논거가 바로 '명백하고 현존하는 위험의 원칙'에 있다. 2010년 7월 23일 대법원 전원합의체는 국가보안법 제7조 제5항의 처벌대상이 되는 이적표현물이 되기 위한 요건으로, "그 표현물의 내용이 국가보안법의 보호법익인 국가의 존립·안전과 자유민주적 기본질서를 위협하는 적극적이고 공격적인 것이어야 하고, 표현물에 이와 같은 이적성이 있는지 여부는 표현물의 전체적인 내용뿐만 아니라 그 작성 동기는 물론 표현행위 자체의 태양 및 외부와의 관련사항, 표현행위 당시의 정황 등 제반 사정을 종합하여 결정하여야 한다"는 종전 판례를 유지하였다. 하지만 4명의 대법관은 반대의견을 통해 "대한민국의 안전과 자유민주주의 체제를 위협하는 '적극적이고 공격적인 표현'이라는 요건 외에 국가의 존립·안전이나 자유민주적 기본질서에 대한 '위험'을 가진 표현물일 것을 요한다고 보아야 하며, 이와 같은 위험성 요건을 인정하는 기준 역시 '명백하고 현존하는 위험'의 기준이 적용되어야 한다"고 주장하였다.[11]

다수의견이나 반대의견 모두 남북이 대치하는 특수한 상황을 고려하여 사상의 자유시장에 의존하지 않고 별도의 심사기준이 필요하다는 점을 인식하였지만, 다수의견은 명백하고 현존하는 위험의 기준을 언급하지 않은 채 표현물의 이적성을 판단하였고, 소수의견은 명백하고 현존하는 위험의 기준을 명시적으로 적용하였다는 점에서 차이가 있다. 표현의 자유를 두텁게 보호한다는 측면에서 소수의견의 태도가 타당하다고 하겠다. 그러나 남북이 대치하는 상황이라는 전제는 반국가단체로서 북한이라는 위험이 현존함을 의미하기 때문에 이적표현물을 판단할 때 '현존하는 위험'이라는 요건을 언제나 충족하는 것이고, 표현물과 위험 사이의 인과관계만 '명백하면' 명백하고 현존하는 위험의 원칙은 충족한다고 할

11 대법원 2010.7.23. 선고 2010도1189 전원합의체 판결. 이러한 기준에 따라 대법원은 남북공동선언실천연대의 '2008년 정기 대의원대회' 자료집과 〈우리민족끼리〉 책자 등을 표현의 자유의 한계를 벗어난 국가보안법상 이적표현물에 해당한다고 판단하였지만, 4명의 대법관은 그렇지 않다고 주장하였다.

것이다. 다수의견은 인과관계의 명백성을 언급하지 않았으나, 이적표현물의 범위를 '적극적이고 공격적인 표현'으로 한정함으로써 표현의 자유를 보호하고 있어 명백성을 고려한 것과 사실상 동일한 효과를 얻고 있다.[12]

최근 논란이 되는 것은 인터넷을 통한 이적표현물의 확산이다. 이적단체가 자신의 웹페이지를 통해서 이적표현물을 전파하는 경우 방송통신위원회는 '정보통신망 이용촉진 및 정보보호 등에 관한 법률'(이하 정보통신망법)에 따라 방송통신심의위원회의 심의를 거쳐 정보통신서비스 제공자 또는 게시판 관리·운영자가 그 취급을 거부·정지 또는 제한하도록 명할 수 있다. 이에 대하여 사법부의 최종 결정 없이 행정기관의 일방 결정에 따라 해당 정보가 삭제되거나 해당 웹페이지에 대한 접속이 차단되는 것은 위헌이라는 주장이 있다.

하지만 대법원은 "인터넷에서의 정보유통의 신속성, 익명성 및 파급효과를 고려하면 사법판단에만 의존할 경우 피해를 효율적으로 방지하지 못할 수 있으므로 행정권에 의한 규제의 필요성이 있고, 국가보안법에서 금지하는 행위를 수행하는 내용의 정보에 대한 삭제명령 등을 신속하게 할 수 없다면 국가보안법에서 보호하는 대한민국의 존립·안전이나 자유민주적 기본질서가 위태롭게 될 수 있으므로, 위 법률 조항에서 국가보안법에서 금지하는 행위를 수행하는 내용의 정보를 삭제하도록 명령하고, 이를 위반하는 경우 형사절차로 이행하도록 하는 것은 합목적적인 제한으로서 입법 목적의 정당성이 인정된다"고 한다.[13] 인터넷의 특수성을 고려하면, 사법부가 최종판단을 내리기 전이라도 행정기관이 불법정보의 확산을 방지하는 조치를 할 수 있다고 보는 것이 타당하다. 다만, 적법절차원칙의 적용 등 국민의 기본권을 보장하는 절차적 통제수단이 더욱 확충되어야 한다.

③ SNS와 국가보안법

자신의 블로그, 미니홈피, 카페 등에 이적표현물이 게재되었는데도 이를 방치한 경우 국가보안법 위반인지 여부에 대해서도 논란이 있다. 대법원은 "죄형법정주

12 대법원의 이적표현물 판단기준에 대해서는 문재완(2008.12), "표현의 자유와 사법권", 〈헌법학연구〉, 14(4) 참조.

13 대법원 2009.5.14. 선고 2009도329 판결.

의로부터 파생된 유추해석금지 원칙과 국가보안법 제 1조 제 2항, 제 7조 제 1항, 제 5항에 비추어 볼 때, '블로그', '미니 홈페이지', '카페' 등의 이름으로 개설된 사적(私的) 인터넷 게시공간의 운영자가 사적 인터넷 게시공간에 게시된 타인의 글을 삭제할 권한이 있는데도 이를 삭제하지 아니하고 그대로 두었다는 사정만으로 사적 인터넷 게시공간의 운영자가 타인의 글을 국가보안법 제 7조 제 5항에서 규정하는 것과 같이 '소지'하였다고 볼 수는 없다"고 판단하였다.[14] 이러한 법리는 여타 SNS에서도 마찬가지로 적용되리라고 생각된다.

최근 논란을 빚는 것은 트위터를 통한 이적표현물 반포의 문제다. 북한의 인터넷 선전매체 '우리민족끼리'는 홈페이지 외에 트위터와 유튜브 계정도 운영하고 있다. 2012년 1월 11일 '우리민족끼리'가 운영하던 트위터의 트윗 102건을 리트윗하고, '우리 민족끼리'에서 유튜브 등에 올린 혁명가 등 30여 건을 트위터를 통해 유포해 국가보안법 제 7조 위반 혐의로 20대 청년이 구속된 일이 발생했다. '우리민족끼리'가 이적단체이고, '우리민족끼리'가 유포하는 글은 국가보안법상 이적표현물이라면, 이 글을 다시 유포(리트윗)하는 것은 이적표현물의 반포에 해당되어 국가보안법 제 7조 제 5항 위반이 될 수 있다. 문제는 이적표현물의 반포를 처벌하려면 행위자가 "국가의 존립・안전이나 자유민주적 기본질서를 위태롭게 한다는 정을 알면서"했어야 하며, 행위자가 이적행위를 할 목적이 있었다는 점을 검사가 증명하여야 한다는 점이다. 과거 판례에 의하면 행위자가 이적표현물임을 인식하고 취득・소지 또는 제작・반포하였다면 그 행위자에게는 위 표현물의 내용과 같은 이적행위를 할 목적이 있는 것으로 추정해 표현의 자유를 침해할 소지가 컸으나, 2010년 7월 23일 대법원 전원합의체에서 판례가 변경되었다.[15] 따라서 단순 리트윗은 국가보안법 위반이라고 보기 어렵다. 대법원은 "행위자에게 이적행위 목적이 있음을 증명할 직접증거가 없는 때에는 표현물의 이적성의 징표가 되는 여러 사정들에 더하여 피고인의 경력과 지위, 피고인이 이적표현물과 관련하여 제 5항의 행위를 하게 된 경위, 피고인의 이적단체 가입 여부 및

14 대법원 2012.1.27. 선고 2010도8336 판결.

15 대법원 2010.7.23. 선고 2010도1189 전원합의체 판결.

이적표현물과 피고인이 소속한 이적단체의 실질적인 목표 및 활동과의 연관성 등 간접사실을 종합적으로 고려하여 판단할 수 있다"고 한다. 결국 리트윗은 누가 왜 하였는지에 따라 처벌 여부가 결정될 것이다.

(2) 표현의 자유와 인격권 보호의 조화로운 해결

표현의 자유가 아무리 소중하다고 하더라도 다른 사람의 명예와 권리를 침해하면서까지 보장될 수는 없다. 정치적 표현의 자유도 마찬가지다. 우리 헌법은 제 21조 제 4항에서 "언론 · 출판은 타인의 명예나 권리 또는 공중도덕이나 사회윤리를 침해하여서는 아니 된다. 언론 · 출판이 타인의 명예나 권리를 침해한 때에는 피해자는 이에 대한 피해의 배상을 청구할 수 있다"고 명시한다. 이 조항의 의미에 대해서 표현의 자유가 가지는 내재적 한계를 주의적으로 기술한 것이라는 견해도 있지만, 우리 헌법 제 21조 제 1항에서 보호하는 언론 · 출판의 자유의 헌법적 한계를 규정한 것이라는 견해도 유력하다. 이 조항으로 보면 우리 헌법질서에서 표현의 자유가 최고 가치라고는 생각하기 어렵다. 미국 헌법의 가치질서는 자유 중심으로 형성된 데 반하여 우리 헌법의 가치질서는 인간의 존엄성 중심으로 이루어져 있기 때문에 더욱 그렇다. 미국에서 발전한 표현의 자유 우월성 법리를 우리나라에 그대로 적용할 수 없는 이유가 여기에 있다.

우리나라 법원은 인격권과 표현의 자유라는 상충하는 헌법상 가치를 조화롭게 해결하기 위하여 다음과 같은 법리를 확립하였다. 첫째는 상당성 기준의 확립이다. 우리나라 명예훼손법은 미국과 달리 허위사실뿐 아니라 진실한 내용의 표현으로 명예훼손이 발생할 수 있다고 본다. 명예훼손법을 철저하게 적용하면 표현의 자유, 특히 정치적 표현의 자유가 크게 위축된다. 명예훼손적 표현이 진실인지 여부가 불확실한 경우가 많기 때문이다.[16] 위법성조각사유로 진실성을 엄밀하게 요구하면 언론은 진실성을 입증하기 쉬운 내용만 보도하고, 정작 중요한 공권력의 감시자 역할을 소홀히 하기 쉽다. 그 결과 국민은 주권자로서 당연히 알아야

16 명예훼손에 있어서의 진실성은 의견과 사실의 구별문제와 관련되어 있다. 전원열(2007), "명예훼손에 특유한 위법성조각사유", 〈재판실무연구(1) 언론관계소송〉, 한국사법행정학회, p.121.

할 내용을 알지 못하고, 공적 관심 사안에 대해서 자유롭게 의견을 개진하고 비판하기를 꺼리게 될 수 있다. 이러한 이유에서 대법원은 자유로운 언론활동 중 파생할 수밖에 없는 불가피한 허위보도에 대해서는 법적 책임을 묻지 않는 예외를 인정한다. 즉, 허위라도 진실이라고 믿을 만한 상당한 이유가 있는 때는 위법성 조각사유가 된다는 것이다. 대법원은 1988년 이후 명예훼손 소송에서 공공성·진실성·상당성이라는 3가지 기준을 중심으로 명예훼손적 표현의 위법성 여부를 판단하고 있다.[17]

두 번째는 공인이론(*public figure doctrine*)의 도입이다. 대법원이 2002년 "공적 존재에 대한 공적인 관심사안과 사적인 영역에 속하는 사안 간에는 심사기준에 차이를 두어야 한다"고 판시하면서 공인에 관한 상당성 기준은 더욱 완화되었다.[18] 이는 미국 연방대법원이 1964년 New York Times v. Sullivan 사건에서 도입한 현실적 악의(*actual malice*) 이론[19]을 우리 식으로 도입한 것이다. 미국 판례처럼 입증책임이 원고에게 전환되는 것은 아니지만, 표현의 자유라는 헌법적 가치를 고려할 때 공적 인물의 공적 관심사안에 대해서는 자유로운 비판이 허용되어야 한다고 본 점에서는 미국 판례와 동일하다. 대법원은 이어 후속판례에서 "공직자의 도덕성, 청렴성에 대하여는 국민과 정당의 감시기능이 필요함에 비추어 볼 때, 그 점에 관한 의혹의 제기는 악의적이거나 현저히 상당성을 잃은 공격이 아닌 한 쉽게 책임을 추궁하여서는 안 된다"고 판시하기에 이르렀다.[20]

세 번째로 명예훼손에 관한 판례는 의견과 사실을 구별한다. 명예훼손은 '사실의 적시'가 있어야 성립한다. 순수하게 의견만 표명하는 것은 타인의 명예를 훼손하는 행위가 되지 않는다.[21] 다만, 의견 내지 논평을 표명하는 형식의 표현행위라

---

17 전원열(2002), "언론보도와 민사책임", 《한국언론과 명예훼손소송》, 나남출판, p.134; 이재진 외 1명(2003.2), "명예훼손 소송의 위법성 조각사유로서의 공익성에 대한 연구", 〈한국언론정보학보〉, 20, p.158; 유일상(2007), 《언론법제론》, p.215.

18 대법원 2002. 1. 22. 선고, 2000다37524, 37531 판결.

19 현실적 악의란 허위임을 알았거나, 허위인지 아닌지 알 수 있었음에도 불구하고 무분별하게 이를 무시한 경우를 말한다. 자세한 것은 한수웅(2005), "표현의 자유와 명예의 보호", 〈저스티스〉, 84, p.27; 손태규(2005), "'현실적 악의 규정'에 대한 인식과 판단", 〈한국언론학보〉, 49(1), p.195

20 대법원 2003.7.8. 선고 2002다64384 판결; 대법원 2003.9.2. 선고 2002다6355 판결 참조.

고 하더라도 그 전체적 취지에 비추어 의견의 근거가 되는 숨겨진 기초사실에 대한 주장이 묵시적으로 포함되어 있을 경우 명예훼손에 해당될 수 있다.[22] 사실을 적시하는 것인지 아니면 단순히 의견 또는 논평을 표명하는 것인지 또는 의견 내지 논평을 표명하는 것이지만 그와 동시에 묵시적으로라도 그 기초가 되는 사실을 적시하고 있는 것인지를 구별함에 있어서는, 당해 기사의 객관적인 내용과 아울러 일반의 독자가 보통의 주의로 기사를 접근하는 방법을 전제로 사용된 어휘의 통상적 의미, 전체적 흐름, 문구의 연결방법뿐 아니라 당해 기사가 게재된 보다 넓은 문맥이나 배경이 되는 사회적 흐름 및 독자에게 주는 전체적인 인상도 함께 고려하여야 한다.[23]

이러한 명예훼손 법리는 명예훼손적 표현을 전달하는 매체에 따라 달라지지 않는다. 명예훼손은 사람의 입을 통해서도, 인쇄매체를 통해서도, 방송을 통해서도, 인터넷을 통해서도 발생할 수 있다. 또 SNS에서 발생하는 명예훼손적 표현에 대해서도 동일한 법리가 적용된다. 다만, 매체의 고유한 특성에 따라 명예훼손의 폐해를 줄일 수 있는 효율적 방법은 달라질 수 있다. 그동안 우리 정부는 인터넷 매체의 특성을 강조하면서 새로운 규제법을 만들었다. 인터넷 불법행위의 폐해를 방지하기 위하여 행정권을 강화한 것이 특징이다. 하지만 표현의 자유에 대한 제한이 과도하여 위헌 시비가 끊이지 않고 있다.

2) 방송통신심의위원회의 직무와 표현의 자유

(1) 심의와 검열

이명박 정부 들어 표현의 자유가 크게 위축되었다는 평가가 국내외에서 나온다. 프랑크 라 뤼 UN 의사·표현의 자유 특별보고관이 작성한 '한국 표현의 자유 실태보고서'가 그 대표적인 예다. 보고관은 특히 인터넷상 의사와 표현의 자유에

21 대법원 2001.1.19. 선고 2000다10208 판결.

22 대법원 1999.2.9. 선고 98다31356 판결; 대법원 2002.1.22. 선고 2000다37524, 37531 판결 등 참조.

23 대법원 2003.6.24. 선고 2003도1868; 대법원 2006.2.10. 선고 2002다49040 판결.

대해서 우려를 표명하였다. 정보통신망법 제44조의7에 규정된 불법정보의 유형이 광범위하고 모호하다는 점, 심의위원회가 정부에 비판적 정보를 정보통신망법 위반이라는 이유로 삭제하는 사실상 사후검열 기구로 기능하지 않도록 하는 안전장치가 미흡하다는 점 등을 지적하였다. 이러한 점은 국내에서도 학자들과 언론시민단체에 의해서 여러 차례 제기되었던 문제이다. 서기호 판사가 "오늘부터 SNS 검열 시작이라죠?"라는 글을 페이스북에 올린 것도 이런 맥락에서 나온 것이다.

하지만 법리적으로 검열이라는 단어는 적정하지 않다. 헌법상 검열이란 행정권이 주체가 되어 사상이나 의견 등이 발표되기 이전에 예방적 조치로서 그 내용을 심사, 선별하여 발표를 사전에 억제하는, 즉 허가받지 아니한 것의 발표를 금지하는 제도를 말한다.[24] 심의위원회의 심의는 인터넷에 공개된, 즉 발표된 내용을 대상으로 하는 사후심의이기 때문에 헌법이 절대적으로 금지하는 사전검열에 해당하지 않는다. 그럼에도 불구하고 검열이라는 단어가 많은 사람들의 입에서 오르내리는 이유는 그동안 심의위원회가 해온 행태, 즉 불법정보의 색출, 심의, 삭제요구 등 일련의 과정이 검열처럼 보이는 측면이 있기 때문이다. 심의위원회의 문제점과 이에 대한 헌법재판소의 결정 내용, 불법정보 심의제도의 개선 방향 등을 차례로 살펴보자.

방송통신심의위원회는 이명박 정부 출범 초인 2008년 "방송 내용의 공공성 및 공정성을 보장하고 정보통신의 건전한 문화를 창달하며 정보통신의 올바른 이용환경 조성을 위하여"설립되었다('방송통신위원회의 설치 및 운영에 관한 법률' 제18조, 이하 설치운영법). 통신과 관련한 심의위원회의 직무는 설치운영법 제21조 제3호 및 제4호에 기술되어 있다. 즉, "정보통신망법 제44조의7에 규정된 사항의 심의"(이하 제3호) 와 "전기통신회선을 통하여 일반에게 공개되어 유통되는 정보 중 건전한 통신윤리의 함양을 위하여 필요한 사항으로서 대통령령이 정하는 정보의 심의 및 시정요구"(이하 제4호) 가 그것이다.

---

24 헌재 1996.10. 4. 93헌가13등.

그동안 심의위원회를 둘러싼 비판의 핵심은 제 4호에 집중된다. 제 3호는 심의위원회 그 자체의 문제라기보다는 불법정보의 유통금지를 규정하고 있는 정보통신망법 제 44조의7의 문제다. 여기서 규정하는 불법정보가 모호하고 광범위하여 표현의 자유를 침해한다는 주장이 있는데, 이에 대해서는 후술하겠다. 제 4호에 따라 심의위원회가 심의하는 정보는 "정보통신망법 제 44조의7에 따른 불법정보 및 청소년에게 유해한 정보"다(시행령 제 8조 제 1항). 따라서 심의위원회는 정보통신망법 제 44조의7에 규정된 불법정보를 제 3호에 근거하여 심의할 수도 있고, 제 4호에 근거하여 심의할 수도 있다. 여기에 문제가 있다.

제 3호는 불법정보에 대한 법적 제재, 즉 방송통신위원회가 정보통신서비스 제공자 또는 게시판 관리·운영자에게 불법정보의 취급을 거부·정지 또는 제한하도록 명령하는 과정에서 반드시 거쳐야 하는 절차로서의 심의다. 정보통신서비스 제공자 등에게 불이익한 조치를 하는 것이기 때문에 행정권의 남용을 방지하기 위한 절차적 통제장치가 마련되어 있다. 어떤 사항은 피해자의 의사에 반하여 제재할 수 없고,[25] 어떤 사항은 관계 중앙행정기관의 장의 요청이 있어야 심의할 수 있고,[26] 법적 제재를 하기에 앞서 이해관계자에게 의견 제출의 기회가 주어진다.[27] 또 법적 제재의 주체도 심의위원회가 아니라, 방송통신위원회다.

---

25 제 44조의7 (불법정보의 유통금지 등) ② 방송통신위원회는 제 1항 제 1호부터 제 6호까지의 정보에 대하여는 심의위원회의 심의를 거쳐 정보통신서비스 제공자 또는 게시판 관리·운영자로 하여금 그 취급을 거부·정지 또는 제한하도록 명할 수 있다. 다만, 제 1항 제 2호 및 제 3호에 따른 정보의 경우에는 해당정보로 인하여 피해를 받은 자가 구체적으로 밝힌 의사에 반하여 그 취급의 거부·정지 또는 제한을 명할 수 없다.

26 제 44조의7 (불법정보의 유통금지 등) ③ 방송통신위원회는 제 1항 제 7호부터 제 9호까지의 정보가 다음 각 호의 모두에 해당하는 경우에는 정보통신서비스 제공자 또는 게시판 관리·운영자에게 해당 정보의 취급을 거부·정지 또는 제한하도록 명하여야 한다.

1. 관계 중앙행정기관의 장의 요청이 있었을 것
2. 제 1호의 요청을 받은 날부터 7일 이내에 심의위원회의 심의를 거친 후 「방송통신위원회의 설치 및 운영에 관한 법률」 제 21조 제 4호에 따른 시정 요구를 하였을 것
3. 정보통신서비스 제공자나 게시판 관리·운영자가 시정 요구에 따르지 아니하였을 것

27 제 44조의7 (불법정보의 유통금지 등) ④ 방송통신위원회는 제 2항 및 제 3항에 따른 명령의 대상이 되는 정보통신서비스 제공자, 게시판 관리·운영자 또는 해당 이용자에게 미리 의견제출의 기회를 주어야 한다. 다만, 다음 각 호의 어느 하나에 해당하는 경우에는 의견제출의 기회를 주지 아니할 수 있다.

1. 공공의 안전 또는 복리를 위하여 긴급히 처분을 할 필요가 있는 경우
2. 의견청취가 뚜렷이 곤란하거나 명백히 불필요한 경우로서 대통령령으로 정하는 경우
3. 의견제출의 기회를 포기한다는 뜻을 명백히 표시한 경우

반면에 제 4호는 법적 제재가 아닌 시정요구라는 형식을 취하고 있다. 시정요구의 종류는 해당 정보의 삭제 또는 접속차단, 이용자에 대한 이용정지 또는 이용해지 등이다. 이러한 시정요구는 해당 정보통신서비스 제공자 등에 대한 권고로서, 법적 강제력이 없다. 따라서 심의위원회가 시정요구를 하는 과정에 대한 통제가 약하고, 심의위원회는 폭 넓은 재량권을 갖게 된다. 하지만 이러한 시정요구를 받는 상대방 입장에서 보면, 심의위원회 결정을 수용하지 않을 수 없다. 제 4호와 제 3호의 심의기관이 동일하기 때문에 제 4호에 기초한 시정요구를 듣지 않을 경우 심의위원회가 제 3호에 기초한 법적 제재를 부과하리라고 우려하는 것은 당연하다. 오히려 괘씸죄에 걸려 법적 제재의 강도가 더 높아질지 모른다고 걱정할 수 있다.

더욱 심각한 문제는 제 4호에 기초한 시정요구에 대해서는 이의가 있어도 불복할 방법이 없다는 것이다. 심의위원회는 제 4호를 자율규제라고 이해한다. 또 그러한 업무를 수행하는 심의위원회는 행정기관이 아니라, 민간기구라고 주장한다. 그렇기 때문에 시정요구는 당사자가 따르고 싶지 않으면 따르지 않아도 된다는 것이다. 실제로 심의위원회의 시정요구에 불복하여 소송을 낸 사안에서 법원은 시정요구를 행정소송의 대상이 되는 행정처분이 아니라고 판단하여 소를 각하한 사례가 있다. 결과적으로 심의위원회가 행하는 시정요구는 실제로는 법적 제재와 마찬가지로 강력한 효력을 가지면서, 형식적으로는 권유에 불과하기 때문에 다툴 방법도 없는 기이한 제도가 되었다.

심의위원회가 검열기관인 것처럼 비난받는 이유도 여기에 있다. 심의위원회는 인터넷상 유통되는 모든 불법정보 및 청소년유해정보를 모니터링하고, 그중 일부를 심의대상으로 삼아 심의하고, 심의결과를 관철하는 강력한 수단을 행사한다는 점에서 검열기관이나 마찬가지라는 지적이 나온다. 특히 사회적 쟁점이 된 사안에서 사법부의 최종 결정이 나오기 전에 심의위원회가 논쟁의 대상이 된 글을 삭제하도록 요청하는 것은 행정기관의 자의적 판단에 따라 국민이 알아야 할 내용과 그렇지 않은 것을 구분하는 태도로, 검열을 금지하는 헌법 정신에 맞지 않는 것이다.

(2) 헌법재판소 결정 분석

시정요구제도가 헌법에 위배된다는 주장은 지속적으로 제기되었다. 이른바 '조·중·동 광고불매운동'을 하다가 업무방해죄로 기소된 사람들이 낸 헌법소원심판사건[28]과 이른바 '쓰레기 시멘트' 게시글 삭제로 행정소송을 하던 최병성 목사가 제청신청한 위헌법률심판사건[29]이 그 대표적 사례이다. 두 사건에서 쟁점은 설치운영법 제 21조 제 4호의 위헌여부였다.

먼저 시정요구의 법적 성격에 대해서 헌법재판소는 심의위원회의 주장과 반대되는 결정을 내렸다. 즉, 심의위원회는 민간기구가 아니라 공권력의 행사주체인 국가행정기관이며, 시정요구는 단순한 행정지도가 아니고, 규제적·구속적 성격을 갖는 공권력의 행사라는 것이다.[30] 따라서 심의위원회의 삭제 요청 등 시정요구에 대해서 이의가 있으면 행정소송을 제기하라는 것이 헌법재판소의 판단이다. 하지만 시정요구의 법적 근거가 된 설치운영법 제 21조 제 4호의 위헌성에 대해서는 심의위원회의 주장을 받아 들였다. 즉, 제 4호는 명확성의 원칙, 포괄위임입법금지의 원칙 및 법률유보의 원칙에 반하지 않으며, 과잉금지의 원칙을 위배하여 표현의 자유를 침해하는 것이 아니라는 것이다.

헌법재판소가 시정요구제도를 합헌으로 결정한 배경에는 인터넷의 폐해에 대한 우려가 있다. 헌법재판소는 "전기통신회선을 통해 유통되는 정보, 특히 인터

---

28 조·중·동 광고불매운동 사건은 2008.6경 다음커뮤니케이션이 운영하는 인터넷포털사이트 내 게시판과 '언론소비자주권 국민캠페인'이라는 인터넷 카페에 〈조선일보〉, 〈중앙일보〉, 〈동아일보〉에 광고를 게재한 회사들의 이름과 전화번호 목록을 작성하고, 위 회사들에게 전화를 걸어 위 각 신문사에 대한 광고 게재를 중단할 것을 요구하자는 취지의 게시글들이 게재되자, 심의위원회가 2008.7.1. 그 글 중 일부에 대하여 '해당정보의 삭제'라는 시정요구를 하고, 다음커뮤니케이션이 2008.7.2.부터 게시글을 삭제한 사건이다. 조·중·동 광고불매운동의 주동자들은 업무방해죄로 기소되어 1, 2심에서 유죄 판결을 받았다.

29 쓰레기 시멘트 사건은 최병성 목사가 우리나라 시멘트는 사업 쓰레기로 생산되어 유해하다는 글을 여러 차례 다음커뮤니케이션 블로그에 올리자 한국양회공업협회가 심의신청을 하였으며, 심의위원회가 2009.4.24. 다음커뮤니케이션에 '해당정보의 삭제'를 요구하자 다음커뮤니케이션이 2009.6.23. 해당 정보를 삭제한 사건이다.

30 헌법재판소는 "행정기관인 심의위원회의 시정요구는 정보통신서비스제공자 등에게 조치결과 통지의무를 부과하고 있고, 정보통신서비스제공자 등이 이에 따르지 않는 경우 방송통신위원회의 해당 정보의 취급거부·정지 또는 제한명령이라는 법적 조치가 예정되어 있으며, 행정기관인 심의위원회가 표현의 자유를 제한하게 되는 결과의 발생을 의도하거나 또는 적어도 예상하였다 할 것이므로, 이는 단순한 행정지도로서의 한계를 넘어 규제적·구속적 성격을 갖는 것으로서 헌법소원 또는 항고소송의 대상이 되는 공권력의 행사라고 봄이 상당하다"고 설명하였다.

넷을 통해 유통되는 정보는 종전의 고전적인 통신수단과는 비교할 수 없을 정도의 복제성, 확장성, 신속성을 갖기 때문에 불법정보에 대하여 신속하게 적절한 조치를 취하지 않으면 그로 인해 발생할 수 있는 개인적 피해와 사회적 혼란 등을 사후적으로 회복하기란 사실상 불가능에 가깝다"고 설명하였다. 이러한 태도는 정보통신망법 제 44조의7 제 9호에 대한 위헌 여부 판단에서도 그대로 드러난다.

(3) 정보통신망 이용촉진 및 정보보호 등에 관한 법률 제44조의7

정보통신망법 제 44조의7은 불법정보의 유통금지를 규정하고 있다. 불법정보의 종류를 9가지로 규정하고(제 1항), 그중 6가지에 대해서는 심의위원회 심의를 거쳐 법적 제재를 내리도록 하며(제 2항), 나머지 3가지에 대해서는 관계 중앙행정기관의 장의 요청이 있으면 그로부터 7일 이내에 심의위원회 심의를 거쳐 시정요구를 먼저 하고 그 요구를 따르지 않을 경우 법적 제재를 가하도록 하고(제 3항), 법적 제재를 내리기 전에 이해관계자에게 의견제출의 기회를 제공하도록 하는 등 적법절차를 규정하고 있다(제 4항).

인터넷의 특성으로 인하여 불법정보가 급속도로 확산되는 것을 막기 위해서는 사법부의 판단을 받기 전이라도 행정기관이 조치할 수 있어야 한다. 정보통신망법 제 44조의7은 그런 취지로 이해된다. 하지만 불법정보의 유통금지는 표현의 자유에 부정적 영향을 미칠 수 있다. 행정기관에 의한 표현내용의 심의가 권력자에게 비판적 의견을 걸러내는 장치로 작용할 수 있기 때문이다. 더구나 심의위원회는 수사기관이 아니기 때문에 인터넷에 있는 표현 그 자체로 불법임이 명백한 경우에 한하여 심의대상으로 삼는 것이 타당하다. 이러한 해석이 인터넷에서 발생할 수 있는 불법행위의 확산을 막으면서도 그로 인하여 나타나는 표현의 자유에 대한 제한을 최소화할 수 있는 방법이다.

문제는 정보통신망법 제 44조의7 제 1항 제 9호다. 제 1호부터 제 8호까지는 유통이 금지되는 각 정보의 내용을 구체적으로 한정한 데 반하여, 제 9호는 '그 밖에 범죄를 목적으로 하거나 교사 또는 방조하는 내용의 정보'라고 포괄적으로 규정하고 있다. 명확성의 원칙에 위배되어 위헌이라는 주장이 있었으나, 헌법재판소는 그렇게 판단하지 않았다. 즉, '범죄를 목적으로 하는 내용의 정보'란 범죄를 실행하기 위한 목적으로 유통시킨 것으로서 내용 자체에 의해 그 범죄 목적을 판단할 수 있는 정보를, '범죄를 교사 또는 방조하는 내용의 정보'란 타인으로 하여금 범죄를 실행할 결의를 일으키게 하는 내용이나 타인의 범죄를 용이하게 하는 내용을 담고 있는 정보를 의미한다고 해석할 수 있으므로 그 뜻이 불명확하다고 할 수 없다는 것이다.

자살사이트, 인종학대사이트, 집단괴롭힘사이트 등 인터넷을 이용하여 불특정다수를 상대로 범죄를 조장하는 정보의 제공은 다양하게 나타날 수 있다. 정보통신망법 제 44조의7 제 1항이 제 1호부터 제 8호까지 불법정보의 유형을 구체적으로 기술하였지만, 새롭게 나타나는 불법정보의 유형에 대비하여 제 9호처럼 포괄적 규제조항을 두는 것은 불가피하다고 본다. 그러나 이러한 포괄적 규제조항을 해석하는 데는 엄격하여야 할 것이다. 행정기관에 의한 내용규제가 불법정보 확산을 조기차단하자는 데 있는 만큼 제 9호는 "표현행위 중에서도 사법기관의 사법적 절차진행 결과를 기다려서는 그 위해를 방지할 수 없는 극히 예외적인 경우, 즉 그 사회적 해악이 중대하고 위험이 명백한 경우에 한정"[31]하여 해석해야 한다. 헌법재판소 결정은 표현이 초래할 수 있는 위험을 지나치게 강조하고, 표현의 자유의 민주적 가치에 대한 고려가 충분하지 못하였다.

(4) 자율규제와 타율규제

방송통신심의위원회가 SNS를 심의하기 위해서는 그 전에 현재 담당하고 있는 직무권한을 축소할 필요가 있다. 지금처럼 심의위원회가 설치운영법 제 21조 소정의 제 3호와 제 4호라는 두 가지 규제수단을 모두 가지고 편의에 따라 사용할 경우 표현의 자유를 침해할 소지가 다분하다. 심의위원회가 가지고 있는 권한 중 성질상 가능한 것은 민간에게 이양하는 것이 불법정보의 급속한 확산을 막으면서도

31 위 사건에서 김종대, 송두환, 이정미 등 3인의 재판관의 반대의견임. 3인의 재판관은 "이 사건 정보통신망법조항은 표현행위에 대하여 지나치게 광범위한 규제를 하고 있는 점, 이로 인하여 행정기관에 의한 자의적 집행이 가능한 점 등에 비추어 볼 때, 과잉금지원칙에 위배된다"고 주장하였다.

표현의 자유에 대한 제한을 최소화하는 방법이다. 심의위원회가 지금까지 민간기구인 것처럼 주장했던 제 4호 소정의 직무는 순수한 민간기구로 위탁하는 것이 타당하다고 본다.

인터넷상 불법정보와 불건전정보의 폐해를 막는 방법으로 법적 강제력을 동원하는 타율규제와 민간이 스스로 해결하는 자율규제를 모두 활용할 필요가 있다. 그동안 심의위원회는 제 3호와 제 4호의 직무권한을 가지면서 타율규제기관이자 자율규제기관이라는 이중적 신분을 주장했지만, 헌법재판소 결정에서 확인되었듯이 심의위원회는 타율규제기관일 뿐이다. 자율규제란 민간영역, 주로 사업자나 사업자단체가 자기와 관련된 불법행위나 불건전행위를 자율적으로 시정하는 것을 의미한다. 상호 연계된 인터넷의 특성상 어느 한 기업이 자율적 규제체계를 갖는 것은 불법정보나 유해정보의 폐해를 막는 데 큰 의미가 없다. 인터넷 규제에서는 한 산업이 규율체계를 갖는 것이 중요하다. 인터넷상 불법정보와 불건전정보는 정보통신기술의 급속한 발전에 따라 새로운 형태로 나타날 수 있으며 유통속도가 빠르기 때문에 정부가 일일이 직접 규제하는 것은 부적절하고 비효율적이다. 정보통신기술의 변화와 이에 따른 다양한 문제를 가장 잘 파악하고 있는 사업자단체가 자율규제하는 것이 적정한 경우가 많다.

하지만 자율규제의 문제는 자율적으로 결정한 규약(*code of conduct*)이 이행되지 않았을 때 강제하기 어렵다는 데 있다. 자율규제의 규범력을 보완하기 위해서는 정부의 개입이 어느 정도 필요하다. 정부 개입 정도에 따라 위임적 자율규제, 승인적 자율규제, 강제적 자율규제, 자발적 자율규제로 나누어볼 수 있다.[32] 위임된 자율규제는 정부가 규제권한을 민간에 위탁하는 경우다. 따라서 민간영역은 정부가 만들어 놓은 규범의 틀 안에서 이를 강제하는 역할을 담당한다. 승인된 자율규제는 민간이 스스로 규범을 제정하고 시행하되 정부의 승인을 받는 것을 의미한다. 강제적 자율규제는 강제적으로 자율규제를 시행하지만, 민간이 우선

32 Price, Monroe E. & Steffan G. Verhulst, "The Concept of Self-Regulation and the Internet Content", in Jens Watermann & Marcel Machill(eds.), *Protecting Our Children on the Internet: Toward a New Culture of Responsibility*, Bertelsmann Foundation Publishers, 2000.

적으로 규제의 형식과 내용을 결정한다는 점에서 자율규제의 한 종류다. 자발적 자율규제는 정부 개입 없이 사업자 또는 사업자단체가 스스로 자율규약을 만들어 이를 시행하는 것을 말한다.

2013년 출범하는 새 정부가 정부조직개편을 할 경우 방송통신심의위원회의 권한 조정이 예상된다. 이때 현재 제4호 권한은 민간에게 위탁하는 것이 타당하며, 그렇게 되면 정부와 민간기구가 규제권한을 공유하는 새로운 규제모델이 우리나라에 도입되는 셈이다. 정보통신기술의 발전과 인터넷이 발생시킨 민주적 문화환경을 감안하면, 정부가 모든 불법정보와 불건전정보를 색출하여 국민을 보호하려는 후견주의적 태도에서 벗어나야 한다는 점에서 공유모델이 타당하다. 공유모델은 국가와 민간의 적절한 역할 분담뿐 아니라 국가기관 내에서 행정기관과 사법부 간의 적절한 역할 부담까지 함께 고려하여 수립해야 할 것이다. 즉, 사법부는 불법정보의 최종적 판단 및 그에 따른 형사적 제재를 담당하고, 행정기관은 불법임이 명백한 정보에 한정하여 그 유통의 확산을 막기 위한 행정조치를 담당하며, 자율규제기구는 불법정보와 불건전정보를 모두 포괄하여 스스로 제정한 자율규약에 따라 필요한 조치를 자유롭게 시행하는 역할을 담당하는 것이 바람직하다. 심의위원회는 SNS 심의팀을 구성하기에 앞서 정보통신심의의 권한조정을 먼저 실시하는 것이 올바른 정책방향이었다고 본다.

SNS 규제의 특수한 영역

1) 선거와 SNS 규제

선거는 대의제 민주주의를 원칙으로 하는 우리 헌법에서 주권자인 국민이 주권을 행사할 수 있는 가장 의미 있는 수단이다.[33] 선거는 헌법 제41조 제1항과 제67조 제1항에 명시된 보통·평등·직접·비밀선거의 원칙 외에 자유선거의 원칙에 따라 실시되어야 한다. 자유선거의 원칙은 국민주권의 원리, 의회민주주의원리 및 참정권 규정에서 그 근거를 찾을 수 있다. 자유선거는 선거운동의 전 과정에서 유권자, 후보자, 정당 등 모든 선거참여자가 자유로운 의사에 따라 투표하고, 입후보하고, 선거운동할 수 있을 때 실현된다.

선거운동의 자유는 또한 표현의 자유, 그중에서도 정치적 표현의 자유의 중요내용이다. 오늘날 정치적 표현의 자유는 자유민주적 기본질서의 구성요소로서 다른 기본권에 비하여 우월한 효력을 가진다고 볼 수 있고, 정치적 표현의 자유가 억압당하는 경우에는 국민주권과 민주주의 정치원리는 공허한 메아리에 지나지 않게 될 것이므로, 이를 제한하는 입법에 대하여는 엄격한 심사기준을 적용하여야 한다.[34] 따라서 선거운동은 자유로워야 하며, 국가가 함부로 그 자유를 제한할 수 없다.

그러나 우리나라 공직선거법은 자유보다 규제가 더 많은 법으로 유명하다. 공직선거법 제58조 제2항은 제1문에서 "누구든지 자유롭게 선거운동을 할 수 있다"고 선언하지만, 바로 이어 제2문에서 "그러나 이 법 또는 다른 법률의 규정에 의하여 금지 또는 제한되는 경우에는 그러하지 아니하다"고 명시하고 있다. 공직선거법은 선거운동기간, 선거운동을 할 수 있는 사람과 없는 사람, 선거운동방법과 금지되는 사유 등을 상세히 규정하고 있어 선거운동의 자유가 원칙인지 선거

33 헌재 2003.9.25. 2003헌마106.

34 헌재 2011.12.29. 2007헌마1001.

운동의 규제가 원칙인지 판단하기 어려울 정도다.

이러한 입법이 가능한 것은 우리 헌법이 또 다른 가치가 공정선거를 추구하고 있기 때문이다. 우리에게는 1960년 3·15 선거부정 사건이 대통령 하야로 이어졌고, 그 후 헌법이 개정되면서 선거관리의 공정성을 위하여 중앙선거위원회가 구성된 역사가 있다. 현행 헌법 역시 선거의 공정한 관리 등을 처리하기 위하여 선거관리위원회를 두고(제114조 제1항), "선거운동은 각급 선거관리위원회의 관리 아래 법률이 정하는 범위 안에서 하되, 균등한 기회가 보장되어야 한다"(제116조 제1항) 고 명시하고 있다. 우리 헌법상 선거운동과 관련한 입법은 선거운동의 '자유'만 강조할 수 없으며, 선거운동의 '균등한 기회 보장'이라는 또 다른 헌법적 가치와 실제적 조화를 이룰 수 있도록 규정되어야 한다. 또한 선거운동에는 돈이 들기 때문에 우리나라 선거법은 돈, 즉 경제력에 의한 선거운동의 불평등을 방지하기 위하여 선거운동의 기간과 방법 등을 제한했다.

하지만 인터넷 선거가 등장하면서 공직선거법의 전제, 즉 돈의 다과에 따라 발생하는 선거운동의 불평등을 방지하기 위하여 부득이 선거운동의 자유를 제한하여야 한다는 논리는 그 기반을 잃게 되었다. 인터넷 선거운동은 다른 선거운동보다 돈이 적게 들기 때문에 '자유'를 허용하더라도 '균등한 기회보장'이라는 목표를 달성할 수 있는 것이다. SNS 역시 누구나 적은 비용으로 선거운동을 할 수 있다는 점에서 '균등한 기회보장'보다 '자유'를 중시해야 할 매체다. 이런 면에서 헌법재판소가 2011년 12월 선거운동기간 전에 특정 후보자나 정당을 지지·추천·반대하는 UCC(User-Created Contents)를 인터넷에 올리는 것을 금지하는 것은 과잉금지원칙에 위배되어 국민의 선거운동의 자유 내지 정치적 표현의 자유를 침해한다고 결정한 것은[35] 인터넷의 특성을 제대로 반영한 타당한 결정이다. 이 사건에서 쟁점은 불법선거운동인지 여부였다. 헌법재판소는 UCC 등 인터넷을 이용한 선거운동이 공직선거법 제93조 제1항에서 금지하는 '기타 이와 유사한 것'에 포함된다고 해석하여 선거운동기간 전에 인터넷 선거운동을 금지하는 것은 정치

---

35 헌재 2011.12.29, 2007헌마1001. 이로써 선거운동기간 전 UCC 이용 선거운동의 금지를 합헌이라고 결정한 종전 결정(헌재 2009.7.30, 2007헌마718)은 이 결정과 저촉되는 범위 내에서 변경되었다.

적 표현의 자유를 침해한다고 판단하였다.

이러한 판단의 배경에는 인터넷의 특성에 관한 헌법재판소의 정확한 이해가 있다. 즉, "인터넷은 누구나 손쉽게 접근 가능한 매체이고, 이를 이용하는 비용이 거의 발생하지 아니하거나 또는 적어도 상대적으로 매우 저렴하여 선거운동비용을 획기적으로 낮출 수 있는 정치공간으로 평가받고 있고, 오히려 매체의 특성 자체가 '기회의 균형성, 투명성, 저비용성의 제고'라는 공직선거법의 목적에 부합한다고도 볼 수 있으므로, 이 사건 금지조항에서 인터넷상 선거운동 내지 정치적 표현을 제한하는 것이 후보자들 간의 경제력 차이에 따른 불균형 해소라는 입법목적을 달성하기 위하여 적합한 수단이라고 볼 수 없다"는 것이다.[36]

그러나 헌법재판소가 이 결정을 내리기 1년 전, 선거운동기간 전에 인터넷 홈페이지를 이용한 선거운동을 금지하는 것이 합헌이라는 결정을 내린 적이 있어,[37] 인터넷 선거운동의 자유가 확고하게 자리 잡았다고 평가하기는 아직 이르다. 당시 헌법재판소는 "모든 국민에게 선거운동기간 전에 인터넷 홈페이지를 이용한 선거운동을 허용하게 되면 과열되고 불공정한 선거가 자행될 우려가 크고, 이것이 후보자의 당선 여부에 큰 영향을 미칠 수 있는바, 이러한 부작용을 막으면서 현실적인 선거관리의 한계를 고려한다면 일반 유권자에 대하여 선거운동기간 전에는 다른 선거운동과 마찬가지로 이를 금지하는 외에 선거운동의 자유와 선거의 공정을 조화하기 위한 달리 효과적인 수단을 상정하기 어렵다"고 판시하였다. 인터넷 선거운동은 비용이 적게 들기 때문에 후보자간 경제력 차이에 따를 기회불균등이 발생할 가능성이 적으므로 선거운동에 있어서 '공정한 기회 보장'보다 '자유'가 중시되어야 할 것이다. 헌법재판소의 결정에 의존하기보다 국회가 스스로 공직선거법 전반을 자유의 관점에서 점검 및 개정해야 한다.

---

36 헌재 2011.12.29. 2007헌마1001 등.

37 헌재 2010.6.24. 2008헌바169.

2) 판사와 SNS 규제

판사들이 사회적 관심사에 대해서 의견을 피력하는 일이 자주 발생한다. 서기호 판사의 '가카 빅엿사건'과 비슷한 시기에 이정렬 창원지법 부장판사가 이명박 대통령을 비하하는 내용의 패러디 사진 2개를 '가카새끼 짬뽕'과 '시커먼 땟국물 꼼수면'이라는 제목으로 자신의 페이스북에 올렸고, 그 내용이 언론에 소개되면서 법원장으로부터 "앞으로 법관의 품위를 손상하는 표현이나 행동을 자제해 달라"는 내용의 서면경고를 받은 일이 있었다. 이 부장판사는 그 후 영화 '부러진 화살'의 소재가 되었던 김명호 전 성균관대 수학과 교수의 교수지위확인 소송의 합의 내용을 법원 내부통신망에 공개해, 법관징계위원회에서 6개월 정직이라는 중징계를 받았다.

또 한·미 FTA 비준안이 국회에서 통과된 날 최은배 부장판사는 자신의 페이스북에 "뼛속까지 친미인 대통령과 통상관료들이 서민과 나라 살림을 팔아먹은 2011년 11월 22일, 난 이 날을 잊지 않겠다"고 썼다가 언론에 그 내용이 공개되면서 사회적 비난을 받은 일도 있었다. 최 부장판사는 언론보도를 보고 다시 페이스북에 글을 썼다. 그는 "페이스북 친구에게 한 것은 사랑방에서 도란도란 이야기하는 수준 이상, 이하도 아니다. 이를 기사화하는 것은 대단히 적절치 않다"라며 보수언론의 보도 태도를 비판하고, "판사는 어떤 사회적 현안에 대해 말을 하지 않는 것이 옳고, 그렇게 말을 하려면 법복을 벗으라고 말하는 것은 지금까지 자신의 입맛에 맞게 충실히 행동하는 공직자를 바라는 권력층과 가진 자들이 입버릇처럼 하는 말"이라고 항변하였다.

판사들이 SNS에 쓴 글이 언론에 자주 노출되면서 그 적정성에 대한 논란이 일자 대법원 공직자윤리위원회(위원장 이태수)는 2011년 11월 29일 이 문제를 한 차례 논의한 데 이어, 2012년 5월 17일 '법관이 SNS를 사용할 때 유의할 사항'을 담은 권고의견 7호를 의결하였다. 권고의견은 다음과 같다.

- 법관은 SNS의 특성을 잘 이해하고 사용법을 숙지함으로써 SNS를 사용하는 과정에서 의도치 않은 결과가 발생하지 않도록 주의해야 한다. 그리고 SNS상에서 신상정보와 게시물 공개범위, 게시물 관리에 신중해야 한다.
- 법관은 SNS를 사용하는 경우에도 법관윤리강령을 준수해 품위를 유지하고 공정성과 청렴성을 의심받지 않도록 해야 한다. 편견이나 차별을 드러내거나 그러한 오해를 받지 않도록 유의해야 한다.
- 법관은 SNS상에서 변호사 등 소송관계인이 될 수 있는 사람과 교류할 때 공정성에 의심이 들지 않도록 해야 한다. 만약 공정성에 의심이 들도록 한 상황이라면 교류를 중단하는 등 적절한 조치를 취해야 한다.
- 법관은 SNS상 구체적 사건에 관한 논평을 하거나 의견을 표명하는 것이 제한되며 다른 사람에게 법률적 조언을 하거나 법조인에 관해 구체적 정보를 제공해서도 안 된다.
- 법관은 SNS상에서 사회적·정치적 쟁점에 대해 의견 표명을 하는 경우 자기절제와 균형적인 사고를 바탕으로 품위를 유지해야 하고, 법관이 사회적 논란의 중심에 놓이게 되거나 향후 공정한 재판에 영향을 미칠 우려가 나오지 않도록 신중하게 처신해야 한다.

이러한 권고의견 제7호에 대해서 법관의 정치적 표현의 자유를 침해한다는 반론도 있다. 법관도 일반 시민과 마찬가지로 표현의 자유를 향유하기 때문이다. 법관도 시민의 한 사람으로서 자신의 업무가 아닌 사회적·정치적 쟁점에 대해 자유롭게 의견을 표명할 자유를 향유한다는 관점에서 보면, 권고의견 제7호는 법관의 표현의 자유를 과도하게 제한한다는 평가가 나올 수 있다.

하지만 법관은 국민 전체에 대한 봉사자로 정치적 중립성이 요구되는 공무원이자, 사법부의 독립을 실현하는 직무를 부여받았다는 점에서 일반 시민과 다르다. 판사는 일반 시민임과 동시에 공무원이라는 이중적 지위를 갖는다. 전자의 입장에서 정치적 표현의 자유를 누릴 수 있어도, 후자의 입장에서는 정치적 편향을 드러내는 표현을 함부로 해서는 안 되는 것이다. 공무원이라는 이유로 정치적 표현의 자유를 함부로 제한받아서는 안 되지만, 동시에 공무원이기 때문에 일반 시민이 누리는 정치적 표현의 자유를 마음껏 누릴 수도 없는 것이다.

하나의 정치적 표현을 놓고 시민의 입장에서 한 것인지, 공무원의 입장에서 한 것인지 구분하는 것이 어려울 수도 있다. 이는 직무 관련성을 기준으로 판단할 수밖에 없다. 이때 직무관련성은 해당 공무원의 지위 및 수행하는 직무의 성질, 문제가 된 발언의 내용, 발언 당시 상황 등을 종합하여 구체적으로 판단하여야 할 것이다. 과거 노무현 대통령이 2007년 말 대통령선거를 앞두고 정치적 발언을 한 것이 공직선거법 제 9조 소정의 '공무원의 선거중립의무' 위반인지 여부가 문제된 사안에서 헌법재판소는 "이 사건 법률조항은 대통령의 직무집행과 관련된 공적인 행위만을 규제하는 것이고 대통령의 순수한 개인적 영역까지 규제하는 것은 아니다. 다만 대통령의 절대적 지명도 및 그 지위와 업무의 성질로 말미암아 그의 '사인으로서의 기본권행사'와 '직무범위 내에서의 활동'의 구분이 불명확하므로, 순수한 개인적 영역은 매우 협소해질 가능성이 높다"고 판시하였다.[38] 공무원의 지위가 높고 사회적 영향력이 크면 클수록 시민적 자유영역이 줄어들고 직무관련성이 높아지게 된다.

페이스북과 같은 SNS에서 나눈 사적 대화를 징계할 수 없다는 견해도 있다. 이러한 견해는 권고의견 제 7호는 법관의 SNS상 대화까지 징계의 대상으로 삼았다는 점에서 잘못이라고 본다. 그러나 페이스북과 같은 SNS를 순수한 사적 공간이라고 할 수도 없고, 사적 대화라고 해서 처벌이나 징계의 대상이 아니라고 할 수도 없다. 2011년 5월 30일 국회 윤리특별위원회에서 제명처분을 받고 그 해 8월 31일 국회 본회의에서 제명안이 부결된 강용석 제 18대 국회의원의 경우 술자리에서 한 성희롱 발언이 문제가 된 것이다. 성희롱 사건은 거의 모두 공무 수행 중이 아니라, 사적 자리에서 발생한다. 아는 사람들끼리 편하게 나눈 이야기라고 해서 불법행위가 아니라거나, 징계의 대상이 아니라는 논리는 성립되지 않는다.

문제는 사적 대화인지 여부가 아니고, 그 대화의 내용이 실정법을 위반하는지 또는 해당 직종의 윤리규범을 위반하는지 여부에 있다. '가카 빅엿', '가카새끼 짬뽕', '뼛속까지 친미'라는 표현 역시 마찬가지다. 그러한 표현이 페이스북과 같은

38 헌재 2008.1.17, 2007헌마700.

SNS에서 행해졌기 때문에 면책대상이라 평가하는 것은 부적절하며, 해당 표현이 실정법 위반인지 혹은 법관윤리규정 위반인지를 살펴보는 것이 중요하다.

SNS상 표현의 자유 문제는 법관에게만 해당되는 특수한 문제는 아니다. 사법부 공무원뿐 아니라 행정부 공무원에게도, 교육공무원인 학교 선생님에게도 해당되는 문제다. 그 밖에 교도소·구치소 등에 수감된 수용자, 학생 등도 일반 시민과 동등하게 표현의 자유를 향유하지 못한다. 이처럼 헌법이나 법률에 근거하여 일반인과 달리 특수한 지위에 놓인 사람들은 그러한 지위가 설정된 목적과 성질에 비추어 일반 시민보다 표현의 자유를 더 제한받을 수 있다. 다만, 그러한 제한은 설정된 목적 달성을 위하여 합리적으로 필요한 범위 내에서 최소한으로 이루어져야 할 것이다.

맺는말

지금까지 방송통신심의위원회의 SNS 심의를 계기로 우리 사회에서 논쟁거리로 등장한 SNS 규제론을 표현의 자유 시각에서 검토하였다. 필자의 견해를 정리하면 다음과 같다.

첫째, SNS 불법행위의 문제는 인터넷 불법행위의 문제와 다를 바 없다. SNS는 인터넷을 활용한 서비스의 한 유형으로, 인터넷의 특징이 SNS에 그대로 나타난다. SNS의 고유한 특징으로 사적 공간을 드는 경우가 있다. 사적 공간에서 이루어진 표현행위는 국가가 관여할 바가 아니라는 주장도 있다. 하지만 SNS는 소셜 네트워크라는 말이 보여주듯 다른 사람과의 교류를 전제로 하는 공간, 즉 전파가능성을 전제로 하는 공간이기 때문에 그 안에서 이루어진 대화도 명예훼손 등 다른 사람의 자유나 권리를 침해할 경우 그 책임에서 자유롭지 않다. 특히 우리나라 언론은 SNS에 올라오는 글을 토대로 기사를 작성하는 일이 많기 때문에 공인의 SNS는 사생활의 보호를 기대할 수 없고, 사적 공간으로 분류하기 더욱 힘들다. 그렇다고 SNS를 규제하는 별도의 법체계가 필요한 것은 아니다. SNS는 스마트폰 등 모바일 기기에서 자주 사용되고, 그 종류에 따라 고유한 특징이 나타나기 때문에 법적 분쟁이 발생할 경우 SNS의 고유한 특징을 반영하여 해결하면 될 뿐이다.

둘째, 방송통신심의위원회가 SNS 불법정보의 심의를 위하여 별도의 팀을 구성하는 것은 그동안 심의위원회가 해오던 인터넷 불법정보 심의가 정당하다는 전제가 성립한다면 타당한 조치다. 그러나 만약 그렇지 않다면 그동안의 잘못을 확대하는 결과가 된다. 따라서 심의위원회의 직무에 대한 평가가 먼저 이루어져야 한다. 그동안 심의위원회는 불법정보의 심의를 담당하는 행정기관이면서 불건전정보의 심의 및 시정요구를 담당하는 민간기구라는 이중적 지위를 주장했다. 하지만 헌법재판소 결정에서 확인되었듯이 심의위원회는 공권력을 행사하는 행정기관일 뿐이다. 인터넷의 특수성을 고려하면 사법부의 최종 판단을 받기 전이라도 행정기관이 불법정보의 급속한 확산을 방지하기 위한 조치를 취할 수 있다고 본다. 불법정보의 유통금지를 규정한 정보통신망법 제 44조의7은 표현의 자유를 침해한다고 보기 어렵다. 그러나 행정기관에 의한 표현내용의 심의는 권력자에게 비판적인 의견을 걸러내는 장치로 작용할 수 있다. 더구나 심의위원회는 수사기관이 아니기 때문에 인터넷에 있는 표현 그 자체로 불법임이 명백한 경우에 한하여 심의대상으로 삼는 것이 타당하다. 심의위원회가 그동안 민간기구라는 명분 아래 인터넷 내용 규제를 과도하게 시행한 것은 잘못이다. 심의위원회는 SNS 심의팀을 구성하기에 앞서 정보통신심의의 권한조정을 먼저 실시하는 것이 올바른 정책방향이었다고 본다.

셋째, 정보통신기술의 발전과 인터넷이 발생시킨 민주적 문화 환경을 감안하면, 정부가 모든 불법정보와 불건전정보를 색출하여 국민을 보호하려는 후견주의적 태도에서 벗어나야 한다. 인터넷상 불법정보와 불건전정보의 폐해를 막는 방법으로 법적 강제력을 동원하는 타율규제와 민간이 스스로 해결하는 자율규제를 모두 활용하는 공유모델을 개발할 필요가 있다. 또한 이러한 공유모델은 국가와 민간의 적절한 역할 분담뿐 아니라 국가기관 내에서 행정기관과 사법부 간의 적절한 역할 부담까지 함께 고려하여 수립되어야 한다. 즉, 사법부는 불법정보의 최종적 판단 및 그에 따른 형사적 제재를 담당하고, 행정기관은 불법임이 명백한 정보에 한정하여 그 유통의 확산을 막기 위한 행정조치를 담당하며, 자율규제기구는 불법정보와 불건전정보를 모두 포괄하여 스스로 제정한 자율규약에 따라 필요한 조치를 자유롭게 시행하는 역할을 담당해야 한다. 이와 같은 체제가 인터넷에서 발생할 수 있는 불법행위의 확산을 막으면서도 그로 인하여 나타나는 표현의 자유에 대한 제한을 최소화할 수 있는 대안이 될 것이다.

참고문헌

김재협(2002), 《한국언론과 명예훼손 소송》, 나남출판.

문재완(2008a), 《언론법- 한국의 현실과 이론》, 늘봄출판.

______(2008b), "표현의 자유와 사법권", 〈헌법학연구〉, 14(4).

박용상(2008), 《명예훼손법》, 현암사.

손태규(2005), "'현실적 악의 규정'에 대한 인식과 판단", 〈한국언론학보〉, 49(1).

유일상(2007), 《언론법제론》, 박영사.

이재진 외(2003), "명예훼손 소송의 위법성 조각사유로서의 공익성에 대한 연구", 〈한국언론정보학보〉, 20.

이태희(2010), 《변화의 지향 —사상의 자유시장과 인터넷의 미래》, 나남출판.

한수웅(2005), "표현의 자유와 명예의 보호", 〈저스티스〉, 84.

______(2012), 《헌법학》, 법문사.

한위수(2007), 《언론관계소송》, 한국사법행정학회.

제 11 장

SNS와 참여민주주의의 미래

윤성이

디지털 네트워크의 확산과 정치과정의 변화

최근 국제의원연맹(IPU)이 주관한 한 국제여론조사에 응답자의 44%만이 자국의 정부를 신뢰한다고 응답하였다. 특히 우리나라의 경우 정부를 신뢰하는 비율이 18%로 조사대상 19개 국가 가운데 가장 낮은 것으로 나타났다(Yun & Min, 2012, p. 147). 국내 여론조사를 보더라도 정치제도에 대한 국민의 신뢰는 민주화 이후 나날이 떨어지고 있다. 그런 한편, 각국의 민주주의 수준을 평가하는 여러 평가지표들을 보면 한국은 '공고화된 민주주의' 수준으로 분류되고 있다. 대표적으로 이코노미스트(*Economist*)와 Polity Ⅳ의 민주주의 지수, 그리고 세계은행(*World Bank*)의 거버넌스 지수 모두 한국을 완전한 민주주의 국가로 평가하고 있다(Yun & Min 2012, p. 156).

우리나라가 각종 민주주의 지수에서 '완전한 민주주의 국가'로 분류되면서도 정부와 정치제도에 대한 국민의 신뢰는 왜 날로 떨어지고 있을까? 대의민주주의의 근간을 이루는 투표 참여율은 날로 하락하는데, 비제도적 정치참여인 길거리 시위는 지속적으로 증가하는 현상을 어떻게 설명할 것인가? 이에 대한 해답은 여러 가지 측면에서 찾을 수 있을 것이나, 무엇보다 최근 급속히 확산하는 디지털 네트워크의 특성이 엘리트 중심의 대의민주주의의 '대표' 방식과 친화력(*affinity*)이 낮다는 사실을 살펴볼 필요가 있다. 산업사회에서는 엘리트 중심의 대의민주주의가 적합한 통치방식일지 몰라도, 개인의 정치참여가 날로 확산되는 정보사회에서는 공급자 중심의 대의제 모델이 한계를 지닐 수밖에 없는 것이다.

1) 디지털 네트워크 정치의 특성

네트워크 사회에서는 원천적으로 모든 요소가 여타 다른 요소들과 상호 연관된다. 따라서 노드(*nod*)라 불리는 개별 요소들은 자체적 속성을 넘어 연결망의 어떤 지점에 놓여있는가에 따라 성격을 달리하게 된다. 새로운 정보통신 매체의 확산과 함께 요소 간의 연결방식이 접촉을 넘어선 접속의 형태로 확대되면서 사회체계는 점차 거점중심사회(*node-centered society*)에서 연결중심사회(*link-centered society*)로 이행한다(김문조, 2005, p. 5).

달리 말하면, 디지털 네트워크에서는 모든 구성원을 통제하고 관리할 수 있는 중심세력이 존재하지 않으며, 그보다 개인과 개인이 연결된 네트워크가 힘을 발휘하게 된다. 또한 네트워크는 그 속성상 개인이 스스로 중심적 지위를 차지하고 싶어도 자신의 의도대로 되지 않는다. 네트워크는 형성 자체뿐 아니라 그 속에서의 구조적 지위 또한 행위자 간의 상호작용을 통해 임의적으로 만들어지게 된다(장승권·최종인·홍길표, 2004). 이러한 자발적 상호작용을 통해 이른바 '네트워크 개인'(*network individual*)이 만들어지고, 이들은 기존의 집단 혹은 조직을 대체하면서 정치과정의 중심적 행위자로 자리잡게 된다(윤성이, 2009a, pp. 322~323).

네트워크를 기반으로 하는 정치과정은 블로그, 온라인 카페, 그리고 최근의 SNS와 같은 웹 2.0 기술을 근간으로 한다. 웹 2.0 기술은 개방성과 연결성 그리고 상호작용성을 특징으로 하는데, 공동체 내의 개인과 조직을 연결하는 네트워크 구축능력이 탁월하다는 것이 강점이다. 웹 2.0 기반의 네트워크를 통해 정보와 정보, 사람과 사람 사이의 연결이 강화될 뿐 아니라, 정보와 사람 간의 연쇄적인 연결구조 역시 과거에 비해 매우 다양하고 광범위하게 형성된다(한국인터넷진흥원, 2007, pp. 106~107). 이러한 웹 2.0 네트워크는 개인의 연결성을 강화하면서 새로운 '참여 아키텍처'(*architecture of participation*)로 자리 잡았다.

디지털 네트워크의 확산으로 나타난 특징적 정치현상으로 '롱테일 정치'(*long tail politics*)와 '영리한 군중'(*smart mob*)의 등장이 있다. 롱테일 현상은 전체 상품 가운데 가장 인기 있는 20%의 상품이 전체 매출 가운데 80%를 차지한다는 80 : 20의 파레토 법칙이 인터넷 등장 이후 더 이상 적용되지 않음을 의미한다. 즉, 인터넷 네트워크에 힘입어 80%의 소량 판매 상품이 전체 매출에서 차지하는 비중이 더욱 커지게 된 것이다(강원택, 2007, p. 98). 아마존 닷컴과 같은 인터넷 서점을 보면 베스트셀러가 전체 판매량에서 차지하는 비중은 점차 줄어들고 다양한 책들이 팔려나가고 있다고 한다. 전통 서점과 달리 인터넷 서점의 경우 책을 진열할 서고가 달리 필요하지 않아 공간의 제약을 받지 않고, 고객 역시 진열대가 아닌 인터넷 검색을 통해 책을 고르기 때문에 훨씬 다양한 책에 노출될 수 있는 것이다.

롱테일 현상은 정치영역에서도 그대로 나타난다. 이전에 정치적으로 대표되지 않았거나 무시되었던 소수의 정치적 요구가 인터넷이 정치적으로 활용되면서 여론을 주도할 수 있게 되었다(강원택, 2007, p. 102). 이와 같은 롱테일 정치를 가능하게 한 것은 인터넷의 네트워크, 혹은 링크의 힘이다. 네트워크로 인해 개인들은 더 이상 고립되고 단절된 존재가 아니라 상호 연결된 집합체로 힘을 발휘하게 되었다.

라인골드의 '영리한 군중'은 이동통신으로 무장한 다수의 힘을 상징하는데, 영리한 군중은 하나의 목표를 향해 나아가는 움직임에 동참하고 있다는 것을 스스로 철저하게 인식하는 군중을 의미한다(정연정, 2004, p. 244). '영리한 군중'은 휴대전화 네트워크를 기반으로 상호 연결되면서 정보를 교환하고 집단행동을 실행할 수 있는 힘을 갖게 되었다(윤성이, 2009a, p. 324).

결국 디지털 기술의 진화와 네트워크 정치는 동전의 양면과 같이 서로 맞물려 정치영역의 변화를 추동하고 있다. 디지털 네트워크 환경으로 인해 부문 간 경계가 약화되면서 이질적 요소들이 모이고, 섞이고, 바뀌고, 나뉘고, 거듭나, 새로운 것으로 변화하고 있다. 그 결과 정치과정에 있어 중심과 주변의 구분이 모호해졌다. 정부, 국회, 정당, 주요 이익집단, 거대 시민단체와 같은 과거의 중심집단이 정치과정을 일방적으로 주도하는 것은 더 이상 불가능하다. 정치의 롱테일 현상으로 인해 과거의 주변세력들, 즉 개인, 소외집단, 비참여 세력들도 주변집단에서 벗어나 정치에 영향을 미칠 수 있게 되었다. 이들은 네트워크를 통해 모이고 섞이면서 새로운 정치세력으로 거듭난다.

디지털 네트워크 환경으로 인해 조직과 개인의 구분 역시 무의미해졌다. 소수의 정치엘리트들이 정치과정을 주도하면서 다수의 대중을 지배할 수 있었던 힘은 조직에서 나왔다. 거꾸로 대중은 수적 다수를 점하고 있으나 분산되고 고립되어 있었기 때문에 조직으로의 권력을 행사할 수 없었다. 그러나 네트워크는 흩어지고 고립되었던 대중을 모으고 섞으면서 하나의 정치집단으로 바꾸어 놓았다. 그렇다고 위계적(*hierarchical*) 지휘체계를 갖춘 경직된 조직은 아니었다. 주체적 개인들이 수평적으로 연결된 느슨한 조직체계를 유지하고, 조직의 권력은 소수 엘리트가 아니라 네트워크로 연결된 개인들(*networked individuals*)이 창출해낸다. 정리하자면, 네트워크 정치양상은 중심과 주변 그리고 조직과 개인의 뒤섞임에서 출발한다(윤성이 · 김용철, 2009, p. 19).

이와 같은 네트워크 정치가 확산됨에 따라 디지털사회의 권력양상은 산업사회와는 전혀 다른 특성을 보인다. 정부 중심의 통치가 더 이상 허용되지 않으며 시민과 함께하는 협치(協治)를 추구해야 한다. 권력의 구조도 위계적 양상에서 위계적 양상과 수평적 양상이 혼재하는 상태로 바뀌고, 권력실현 방식도 강요 · 복종이 아닌 설득 · 순응으로 변화한다. 권력의 속성도 경직된 정치권력보다 유연한 문화권력이 중시된다. 권력의 소재 또한 더 이상 제도에 국한되지 않고 네트워크로 옮겨가는데, 이에 따라 권력의 흐름(*flows of power*)보다 흐름의 권력(*power of flows*)이 더 의미를 갖게 된다(이재열 · 송호근, 2007, p. 290).

임혁백(2005)에 따르면 네트워크 시대에는 통치한다는 의미에서의 독점적, 배타적, 절대적 지위를 가진 대형국가, 복지국가가 더 이상 작동할 수 없으며 분산

〈그림 11-1〉 네트워크 시대의 정치

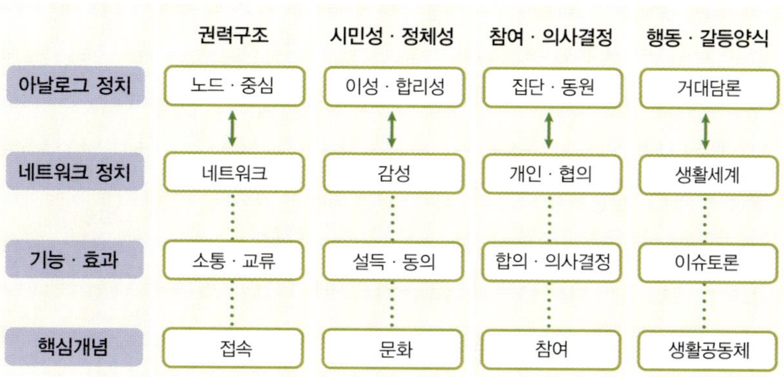

출처: 윤성이. "2008년 촛불과 정치참여 특성의 변화." p.325.

적 협치를 바탕으로 하는 소형국가 혹은 상대적으로 적은 양의 정치적 지배가 이루어지는 작은 국가만이 가능하다. 거대 조직의 정치, 포디즘(*Fordism*) 적 조립라인 생산방식으로 표를 동원하고 조직하였던 산업화시대의 정치에서 경량화된 조직으로 온라인과 오프라인상에서 개별적인 접속, 접촉, 소통을 통하여 표를 이끌어내는 유목형 정치로 바뀌고 있다(임혁백, 2005, p. 52; 윤성이, 2009a, p. 323).

2) 디지털 네트워크의 확산과 시민의 변화

디지털 네트워크의 확산은 개인의 속성에도 변화를 가져왔다. 디지털 네트워크 환경 속에서 개인들은 물질적 생산물뿐만 아니라 문화적 상징과 기호의 소비자로서 개인적 취향을 더 중시하게 된다(Faulks, 2005, p. 151). 또한 디지털 네트워크 환경은 웹 2.0 기술체계를 기반으로 하는 소셜 네트워크 서비스를 통해 '국가 속의 나' 혹은 '시민 속의 나'보다도 '나를 통한 국가' 혹은 '나를 통한 시민'으로 사고하고 행동할 수 있는 프레임을 제공한다. 이 프레임 속에서 시민은 사적인 삶을 공유할 뿐 아니라, 공적 영역에서 '자기의 방식대로 자기를 드러내는' 양상을 띤다(윤성이 · 김용철, 2009, p. 21).

이처럼 디지털 네트워크 환경은 국가 혹은 공동체 속에서의 시민보다도 자아를

〈그림 11-2〉 디지털 네트워크의 확산과 민주주의 모델의 변화

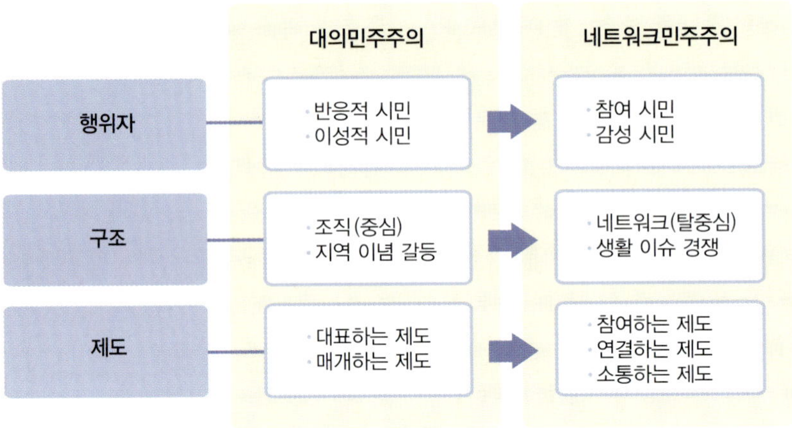

출처: 윤성이. "2008년 촛불과 정치참여 특성의 변화." p. 328에서 일부 수정.

통한 시민의 모습을 표출하는 데 훨씬 친화적이다. 이는 달톤(Dalton)이 말하는 의무적 시민(*duty-based citizen*)에서 관여적 시민(*engaged citizen*)으로의 변화와 맥을 같이한다.

의무적 시민은 제한된 참여를 바탕으로 시민의 의무와 책임을 중요시한다. 시민참여는 주로 선거를 통한 제도적 참여가 중심이 되며, 이는 엘리트 중심의 대의민주주의 모델과 일치한다. 알몬드와 버바(Almond & Verba)가 구분한 정치문화 유형 중에서는 신민-참여형(*subject-participation*)과 가장 가깝다. 이에 반해 관여적 시민은 직접행동과 같이 시민의 직접참여를 강조하며, 정부 정책의 의사결정 과정에 영향력을 행사하는 행동을 중시한다. 이때의 시민참여는 단순히 시민적 의무의 표출이 아니라, 다양한 정책선호를 표출하는 적극적 시민을 강조한다(Dalton, 2008; 윤성이 · 김용철, 2009, p. 23).

한편으로 참여의 아키텍처로 명명되는 디지털 네트워크의 속성과 자아 표출과 직접 행동을 중시하는 관여적 시민의 모습은 상호친화적 특성을 보인다. 이에 따라 디지털 시대의 시민에게는 '자기 자신'이 중심이 되며, 이들에게 일과 놀이, 이성과 감성, 사실과 가치, 중심과 주변 간 경계는 점점 모호해지게 된다. 이 가운데에서 시민은 '정치적인 것을 실천하는 시민', 자신의 삶을 스스로 결정하는 '자

기조직적 시민', 자신을 위해 사는 것이 곧 사회를 위해 사는 것과 일치하는 '사회적이면서 개인적인 시민', 그리고 개인의 감정이 정치영역을 침투하는 '감성적 모니터 시민'의 특성을 띠게 된다(윤성이 · 김용철, 2009, pp. 21~22).

이처럼 디지털 네트워크의 확산과 이에 따른 시민의 변화는 정치과정과 나아가 민주주의 모델의 변화로 이어진다. 노리스는 전통적 산업사회 개념인 시민참여의 범위와 내용이 네트워크사회에서는 재해석되어야 한다고 주장한다(Norris, 2002, p. 198). 네트워크 정치참여는 기존 정치참여와는 전혀 다른 양상으로 전개될 수 있다. 이것은 제도적 영역이 아닌 비제도적 영역을 중심으로 펼쳐지면서 대의민주주의의 대표체계와 이해 표출체계를 완전히 허물어트리는 방식으로 나타나기도 한다. 여기에서 시민은 정치과정의 소비자 역할에 그치지 않고 적극적 생산자로서 정치과정 자체를 주도하고자 한다. 대의적 정치제도를 중심으로 한 정치참여 양식을 공급자 중심 참여모델이라 한다면 네트워크 정치참여는 내용과 범위 그리고 형태에 이르기까지 전혀 새로운 양상의 수요자 중심 참여모델이라 할 수 있다(윤성이, 2009a, p. 327). 이는 레비가 주장한 집단지성(*collective intelligence*)에 의한 참여방식과 맥을 같이 한다(Levy, 2002). 산업사회가 요구한 이상적 시민 모델이 "생각하는 시민"이었다면 이제 네트워크사회가 요구하는 것은 "참여하는 시민"이다. 네트워크사회에서 시민 개인은 노드(*node*) 단위별로 파편화되고 고립적인 형태의 동원대상에서, 약한 연대를 갖는 네트워크의 독립적 참여시민으로 재구성된다. 이들 네트워크 내에서는 스스로의 의견을 자유롭게 표현하고 제언하는 능동적 시민참여가 일상화되었다. 이러한 네트워크 시민참여의 특성은 약한 연대(*weak ties*)의 참여시민 또는 '네트워크 개인주의'로 설명할 수 있다(송경재, 2008; 윤성이, 2009a, p. 327).

네트워크 사회에서는 시민참여의 행태도 거대담론 중심에서 생활이슈 중심의 생활정치 행태로 변하고 있다. 산업사회의 운동은 민주 대 반민주 구도에서 저항과 분노라는 거대담론이 주류였다. 이를 네트워크로 비유한다면, 노드가 허브에 집중된 상황에서 거대담론을 중심으로 시민들이 동원되는 형태에 해당한다(송경재, 2008). 그러나 네트워크로 인한 정보의 개방은 보다 다양한 이슈의 등장을 가능케 했고 이로써 새로운 시민성의 변화를 유도하여 탈집중·탈권위적 시민참여가 등장한 것이다.

실제 한국에서 나타난 시민참여의 유형변화도 다양하다. 온라인 시민참여는 사이버 공간에서의 토론과 소식전달, 정보공유, 디지털 동영상 제작, 패러디, 정치인 어록시리즈, 촛불시위, 사이트 공격, 항의메일, 릴레이 리플, 펌질 등 네트워크에서만 가능한 방식들이 위주가 되며, 이는 새로운 방식의 비제도화된 시민참여 유형이다. 또한 여자 중·고등학생, 주부, 취미 동호회 등 과거에는 상대적으로 정치권과 멀었던 집단의 정치참여가 일상화되었다. 즉, 네트워크사회에서의 시민참여방식은 제도적 참여에서 사이버 공간을 근간으로 하는 비제도적 참여로 전환되고 있으며, 참여의 행태도 거대담론 중심의 동원적 참여에서 생활이슈 중심의 자발적 참여로 변하고 있다(윤성이, 2009a, pp. 327~328).

SNS와 민주주의 모델 논쟁

2008년 촛불시위가 석 달 넘게 지속된 것은 촛불의 목소리를 수용하고 정책적으로 반영할 수 있는 정치제도가 제대로 작동하지 못하였기 때문이다. 2008년 촛불을 통해 얻을 수 있는 교훈은 정치참여에 관한 인식이 바뀌어야 한다는 것, 그리고 새로운 정치참여를 수용할 수 있는 정치제도가 필요하다는 것이다.

2008년 촛불시위 정국 이후 한국사회 내에서는 민주주의 모델에 관한 논쟁이 뜨거웠다. 최장집(2008)은 촛불시위의 촉발배경을 이해하면서도 그 해결방안으로 '대표'에 의한 참여체제의 강화를 이야기하고, 그동안 참여로부터 배제된 세력의 대표성을 확대할 것을 주장하였다. 김수진(2008) 역시 수용자 중심의 참여민주주의가 지금의 대의민주주의를 대체할 수 없다고 지적하였다. 그는 국가와 시민사회의 소통회복을 위해서는 사회적 파장이 큰 법률, 정책을 추진하려 할 때 시민과 협의, 타협, 이해와 지지를 구하는 절차를 제도화할 필요가 있다고 주장한다. 반면 하승우(2008)는 촛불시위를 제도정치의 오작동의 결과로 보고, 제도정치 자체에 대한 새로운 고민의 필요성을 강조하였다. 그는 수용자가 원할 때 자신의 의사를 자유롭게 표출할 수 있는 참여방식에서 비로소 인민주권의 원리가 실현된다고 본 것이다. 이처럼 민주주의 발전에 대한 논쟁은 대의제 기능을 보완하고 개선해야 한다는 입장과 새로운 민주주의 모델에 대해 고민할 시점이 되었다는 주장으로 갈린다. 문제는 민주화와 정보화라는 정치환경의 변화에 대의민주주의 모델이 제대로 적응할 수 있을 것인가이다(윤성이, 2009b, p. 156).

네트워크 사회에 적합한 민주주의 모델에 대한 논의를 위해서는 우선 그간의 민주주의 논쟁을 살펴볼 필요가 있다. 현대 민주주의는 '대표'와 '참여'라는 두 개의 경쟁적 모델과 담론을 발전시켰다. 민주주의의 실체에 대해 이해하고자 하는 것은 검은 비닐봉지 속에 손을 집어넣은 것처럼 뚜렷한 형상을 찾기가 쉽지 않은 일이다. 즉, 봉지 속에 커다란 물체가 잡히기는 하나 그 형상은 설명하기는 매우 복잡한 것이다(Blaug, 2002, p. 104). 한편에서는 민주주의를 의사결정의 방식(Schumpeter, 1966), 혹은 민주적 원칙이 내재된 일련의 정치제도로 이해한다(Dahl, 1999). 한편 윤리적 이상에 초점을 두는 이들은 민주주의를 시민적 덕목(*civic virtue*), 삶의 방식 혹은 전체 이익을 추구하는 개인 간 행위방식 등으로 이해한다(Arendt, 1973; Putnam, 1992).

이와 같은 민주주의에 대한 상반된 시각은 '대의민주주의'와 '직접민주주의'를 중심으로 논의되었다. 대의민주주의는 민주주의를 하나의 '통치방식'으로 이해하고, 이를 가장 효율적으로 실천할 수 있는 방법으로 '제도화'를 강조한다. 반면 직접민주주의는 민주주의를 '인민 본연의 가치실현'으로 보고, 인민의 직접 참여를 중요하게 여긴다. 따라서 전자는 효율성, 책임성 등을 중시하면서 대표, 선거 등을 강조하는 한편 후자는 자치, 인민주권 등을 기반으로 한 구성원들 상호간의 숙의 및 참여를 강조한다(윤성이, 2009b, p. 152).

한편 민주주의 모델에 관한 논쟁을 개혁의 방법론적 측면에서 보면, 점진적 진화의 노력과 급진적 변화에 대한 갈망 사이의 갈등으로 정리할 수 있다(Blaug, 2002, p. 104). 대의민주주의자들은 엘리트 지배의 책임성을 제도화하려는 노력을 기울여온 반면 직접민주의자들은 시민의식을 고양하고 엘리트들의 개혁을 강제할 수 있는 급진적 동원과 참여를 만드는 데 더 많은 열정을 쏟았다. 이러한 대조적 시각과 관련하여 블라우(Blaug)는 민주주의 모델을 현직자 민주주의(*incumbent democracy*)와 비판자 민주주의(*critical democracy*)로 구분하여 설명한다(Blaug, 2002).

현직자 민주주의는 대의제도를 중심으로 하며 유권자들의 지지에 의해 적자생존이 결정되는 시장경제적 참여를 근간으로 한다. 따라서 최근 민주주의 국가들이 겪는 '참여의 저하' 문제가 엘리트 중심적 의사결정의 질과 정통성을 훼손한다고 여긴다. 또한 이들은 참여의 부족을 해결하기 위해 국민들의 정치적 요구를 수렴하고, 단순화시키고, 합리화시킬 수 있는 제도적 장치를 마련하는 데 주력하고 있다. 이들은 민주주의를 제도와 규칙의 지배하에 이루어지는 절차로 인식한다. 여기서 참여는 곧 투표행위이며, 이 투표행위가 곧 이익충돌을 판정하고 선호를 조정하기 위한 근본적 제도에 해당한다(윤성이, 2009b, pp. 153~154).

한편 엘리트 지배에 저항하는 비판자 민주주의는 제도적 정치활동에서 배제된 주변(*periphery*)의 참여와 권능(*empowerment*)을 강화하는 데 주안점을 둔다. 현직자 민주주의에서 참여가 시장원리에 기초하는 데 반해 비판자 민주주의에서 참여는 광장(*forum*)을 기반으로 하며, 따라서 협의적·직접적·발전적이고, 개인적인 참여를 전제로 한다. 주변의 목소리가 배제되거나 부당하게 강요되지 않을 때 비로소 민주주의가 작동한다고 본다(Cohen, 1991; Fishkin, 1992).

비판자 민주주의는 권위(*authority*)에 대해 회의적이며, 참여자들의 지식과 합의능력을 높이 평가하여 이를 통해 정통성이 확보될 수 있다고 본다. 비판자 민주주의도 제도의 최소한의 필요성은 인정하나, 이는 참여자들에 의해 운영되고 통제되어야 한다고 믿는다. 현직자 민주주의가 참여의 효과성은 제도를 통해서만 실현될 수 있다고 보는 반면 비판자 민주주의는 구성원들이 공동의 관심사에 대해 집단적 지지를 보일 때 비로소 참여의 효과를 얻을 수 있다고 본다. 나아가 이들은 참여의 제도화를 급진적 에너지(*radical energy*)를 길들이기 위한 수단으로 인식한다(Blaug, 2002, p. 106; 윤성이, 2009b, p. 154).

슘페터(Schumpeter)나 샤츠슈나이더(Schattschneider)는 대의민주주의를 주장하는데 민주주의를 통치의 정당성을 획득하기 위한 수단으로 간주한다. 따라서 민주주의는 자연스럽게 효율성, 책임성, 대표제 등에 초점을 맞추게 되며, 정책결정 과정을 주도하는 것은 정치 지도자 즉, 대표이다. 샤츠슈나이더는 복잡한 현실세계에서는 대중이 통치에 관련된 충분한 지식을 갖추기 어렵기 때문에 대표가 필요하며, 인민의 자율적 참여보다는 대표의 선택이 더욱 중요하다고 주장한다(Schattschneider, 2008). 슘페터 역시 대중은 자신의 일상과 관련된 것만을 현실적으로 다루며, 정치적 사안을 다루어야 할 경우라도 그 행위능력이 현저하게 떨어지기 때문에 선출직 대표의 중요성을 강조한다(Schumpeter, 1975; 윤성이, 2009b, p. 152).

그러나 민주화와 정보화에 따른 정치환경의 변화는 행위자 즉, 시민의 의식과 능력의 변화를 가져왔다는 점을 주목해야 한다. 2008년의 촛불은 결국 체계와 이를 대표하는 기존 엘리트의 대의기능, 즉 정치적 대의(대통령과 정당), 계몽적 지도(운동조직, 지식인), 그리고 여론의 형성과 전달(미디어)에 대한 일반 시민의 거부이자 공격이었다 할 수 있다.

일반시민들이 기존의 권력과 권위에 거부감을 드러내는 현상은 크게 3가지 요인에 의해 발생한다. 첫째, 시민들의 교육수준이 향상되고 인터넷 기술발달에 힘입어 정보습득 능력이 강화되면서 스스로 판단하는 인지적 능력이 향상되었다. 둘째, 민주주의 발달과 함께 참여 및 권리의식이 강화되면서 시민들이 수동적 대중에서 성찰적·능동적인 역할 수행자로 바뀌었다. 셋째, 정보통신 기술의 발달이 '영리한 군중'들이 스스로를 조직하고 행동할 수 있는 사회적이고 기술적인 환경을 제공한다.

이와 같은 시민들의 인지능력의 향상, 가치관의 변화 그리고 정보통신기술의 발달은 기존 권력 및 권위에 대한 시민들의 의존 혹은 신뢰를 약화시키고 참여의 기회비용을 낮추면서 시민 스스로 참여하고 행동하고자 하는 욕구를 증진시키게 된다(전상진, 2008, p. 4; 윤성이, 2009b, pp. 156~157). 이러한 행위자의 변화는 자연히 제도의 변화 즉, 민주주의 패러다임의 변화를 요구하게 된다.

대표자의 필요성을 역설하는 주장은 복잡한 정책사안이 산재한 현대국가에서 완전한 협의절차(*deliberative procedure*)는 사실상 불가능하다는 점에 근거한다(Dahl and Tufte, 1974, p. 23). 하버마스(Habermas, 1992, p. 453)가 언급한 대로 "토론이 통치할 수는 없다"(*discourses do not rule*). 참여민주주의자들도 참여의 효과성을 구현하기 위해 어느 정도 제도가 필요하다는 사실은 인정한다. 그러나 그것은 제도화된 절차를 기반으로 하는 위계적 조직이 아니라, 신뢰에 기반을 둔 수평적 네트워크, 느슨한 집단, 그리고 비공식적 파트너십 등의 모습을 갖출 때 비로소 참여효과를 얻을 수 있다는 것이 참여민주주의자들의 생각이다. 결국 민주주의 패러다임 논쟁의 핵심과제는 참여와 효과성 사이의 조화와 균형을 찾는 데 있다(Clark, 1996, p. 113; 윤성이, 2009b, p. 155).

SNS 정치와 대의민주주의 충돌

1) 대의민주주의의 한계

현재의 민주주의 제도는 참여보다는 대표에 초점을 맞추고 있다. 관습적 정치참여로 분류되는 투표, 선거캠페인, 단체참여, 그리고 정치인 접촉 등은 대체로 대표의 기능을 강조하는 정치제도이다. 그러나 탈 물질주의 확산으로 인한 갈등이슈의 다양화 그리고 세계화로 인한 이슈의 전 지구화, 나아가 정보화로 인한 참여기회의 확대와 같은 현대사회의 구조적 변화는 기존 대의민주주의 제도로 충분히 수용할 수 없는 정치적 문제를 양산하고 있다. 기존 대의민주주의 제도가 변화하는 사회에 적응하지 못하고 정치에 대한 시민들의 욕구를 충분히 수용하지 못하면서, 정치제도에 대한 시민의 신뢰는 떨어지고 한편으로 길거리 정치와 같은 비제도적 정치참여는 증가하는 양상이 전개되는 것이다.

세계 각국의 민주주의 수준을 평가하는 많은 기관들이 한국을 '완전한 민주주의 국가'로 분류하고 있다. EIU(Economist Intelligence Unit)가 발표한 2011년 민주주의 지수에 따르면, 한국은 25개의 완전한 민주주의 국가들 중 8. 06점으로(10

〈그림 11-3〉 정치제도 신뢰도의 하락 (%)

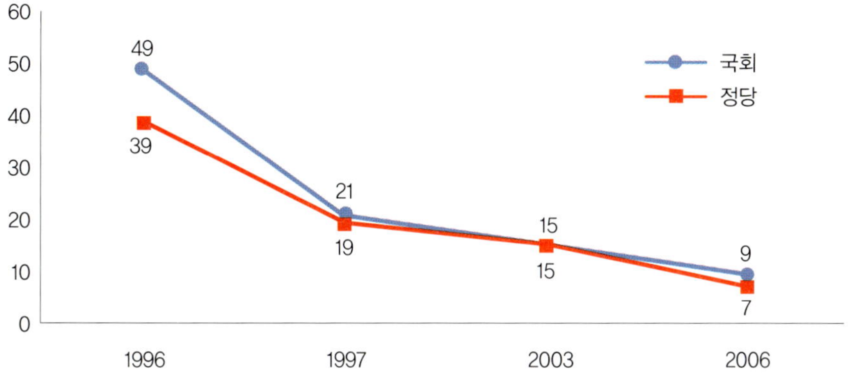

출처: KDB 설문 1996,1997; EAB 설문 2003, 2006;
Yun & Min "Democracy in South Korea," p.157에서 재인용.

점 만점) 22위를 차지하였다. 또 다른 평가기관인 정치체제(Polity Ⅳ)는 정부 충원의 경쟁성과 공개성, 행정수반에 대한 제약, 정치참여의 경쟁성 등의 범주에서 -10에서 +10까지 점수를 매기는데, 한국은 8점을 받아 높은 수준의 민주주의 체제로 평가받았다. 세계은행(World Bank)의 경우 정부책임성, 정치적 안정, 정부효율성, 규제의 질, 법에 의한 지배, 부패 통제 등 6개 영역을 기준으로 -2.5에서 +2.5 사이의 점수를 부여하는데, 한국은 정부 효율성(1.19)에서 가장 높은 점수를 받았고 부패통제(0.42)에서 가장 낮은 점수를 받아 평균 0.72의 비교적 높은 평가를 받았다(Yun & Min, 2012, pp.155~156).

이처럼 한국 민주주의에 대한 외부의 평가가 매우 높음에도 불구하고, 정작 정치제도에 대한 시민들의 신뢰도는 날로 떨어지고 있다. 한 예로 한국의 경우 대의제도의 민주적 기능에 대한 시민들의 회의가 가장 극심한 나라 중 하나로 꼽힌다. 최근 동아시아연구원(EAI)[1]의 국제여론조사에 따르면, 한국인이 한국 정부를 신뢰하는 비율이 18%로 세계 19개국 중 가장 낮은 것으로 조사되었다(19개국 평균

1 유엔인권선언 60주년을 기념하여, 경향신문, 세계여론네트워크(WPN), 동아시아연구원(EAI)이 공동으로 실시한 '민주주의 위기'여론조사이다. 이 조사는 5대륙 19개국 19,525명을 대상으로 이루어졌다(국제의원연맹 IPU 주관/WPO, EAI, 매일경제 공동 24개국 세계여론조사 2009).

〈그림 11-4〉 정치효능감과 제도신뢰 간의 차이

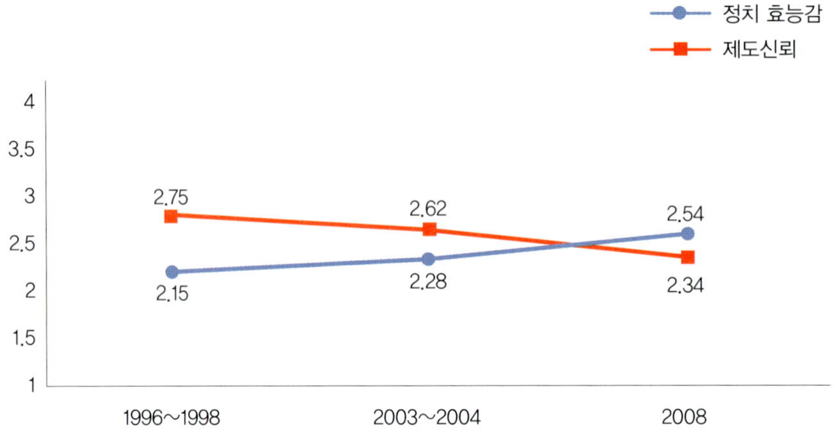

출처: 한국사회과학데이터센터 (KSDC) (1996~2008), 아시아바로미터 (ABS) (2003)

은 44%). 이러한 현상은 제도권의 민주적 실행이 시민의 기대에서 상당히 빗나가 있음을 보여준다(Norris, 2011).

〈그림 11-3〉은 주요 연구기관에서 조사한 최근 10년 동안의 국회 및 정당에 대한 신뢰변화를 보여준다. 1996년과 1997년 사이 급격히 추락한 이후, 2006년까지 꾸준히 하락하는 모습을 볼 수 있다. 정치제도에 대한 신뢰가 1996년과 1997년 사이에 가파르게 하락한 이유는 1997년 한국에 불어 닥친 IMF 경제위기의 영향이 클 것이다. 그러나 IMF 경제위기를 어느 정도 극복한 2000년대 중반 이후에도 여전히 시민불신이 증가하는 현상은 단순히 이를 정권차원의 국정업무 실패에 대한 시민불만의 증가로만 해석할 수 없음을 보여준다. 더욱이 1987년 민주화 이후 각종 선거에서 투표율이 지속적으로 하락하는 현상은 시민들의 제도 이탈의 징후를 보여주며, '제도신뢰' 문제가 한국사회에 심각하게 자리잡고 있음을 확인시켜 준다(Yun & Min, 2012, p. 157).

대의민주주의 발전의 측면에서 무엇보다 심각한 사실은 〈그림 11-4〉에서 보는 것과 같이 시민의 정치효능감과 제도평가 간의 괴리가 점차 커지고 있다는 점이다. 개인이 정치적으로 영향력을 행사할 수 있다고 인식하는 정치효능감은 날로 높아가는 데 비해, 우리나라의 민주주의 작동방식에 대한 만족도는 지속적으로 하락하고 있는 것이다. 이로 인해 투표와 같은 제도적 참여는 점차 줄어들면서 정치적 욕구를 스스로 해결하고자 하는 비제도적 참여가 증가하는 양상이 나타난다. 이러한 양상을 단순히 정치제도의 부실한 수행능력으로 설명하기보다는 디지털 네트워크 확산에 따른 정치과정의 변화와 시민의 정치의식의 변화에서 원인을 찾아야 할 것이다. 즉, 문제의 원인을 단순히 산출시스템에 국한하지 않고 투입시스템의 변화로까지 확대하여 살펴볼 필요가 있는 것이다(Yun & Min, 2012, p. 159). 그렇다면 정치개혁의 방향을 정당, 국회, 선거와 같은 대의제도에 국한하기보다 정치환경의 변화와 이에 따른 시민의 의식과 행태의 변화에 대한 분석으로까지 확대할 때 비로소 제대로 된 방안을 찾을 수 있을 것이다. 또한 이러한 시민의 변화가 디지털 네트워크의 확산과 같은 기술의 발달과 매우 밀접한 관계가 있다는 사실을 인지하여야 한다.

2) SNS 이용과 정치의식의 변화

디지털 네트워크 확산에 따른 시민의 의식과 행태의 변화를 이해하기 위해서는 우선 기술과 사회변화 간의 상호작용에 관한 논쟁을 살펴볼 필요가 있다. 기술의 변화와 정치사회의 변화는 밀접한 관계를 형성한다. 이러한 이유로 인해 그동안 학계에서는 기술과 사회의 관계에 대한 다양한 논쟁이 전개되었다. 기술결정론자들은 기술의 내재적 원리가 정치사회의 변화를 추동한다고 보는 반면, 사회구성론자들은 사용자의 의지와 이해관계가 기술의 사회적 영향을 결정짓는다고 판단한다(민희 · 윤성이, 2009, pp. 159~163). 즉, 기술결정론은 기술 자체가 사회변화를 추동할 수 있는 독립적 변인이며, 여기에 인간의 욕구와 의지가 작용할 여지는 없다고 주장한다. 한편 사회구성론의 시각에서는 기술의 발달과 기술 활용의 양상은 기술이 적용되는 사회적 맥락에서 나타나는 사용자의 욕구와 의지에 영향을 받는다고 본다(Baym, 2010, p. 44).

새로운 커뮤니케이션 매체 역시 한 사회에서 확산되면 과거와는 전혀 다른 사회적 질서를 만들고(Webster, 2002), 매체 특성에 부합하는 특정한 사회적 규범을 형성하게(May, 2002, p. 25) 된다는 것이 기술결정론자들의 주장이다. 한편, 사회구성론 시각은 사람이 기술과 사회의 변화를 추동하는 근본적 요인이라고 주장한다(Baym, 2010, p. 24). 사회구성론에 따르면 기술은 가치중립적인 도구에 불과하며, 사회 계급, 정치권력, 그리고 개인적 특성과 비기술적 요소가 기술발달과 활용의 방향을 설계하고 통제한다(Chadwick, 2006, p. 18). 따라서 인터넷 기술 역시 새롭고 특별한 점이 없으며, 그 효과는 인터넷이 활용되는 사회적, 정치적 맥락에 따라 결정된다는 것이 사회구성론자들의 주장이다(Chadwick, 2006, p. 19). 즉, 사회구성론에 따르면 인터넷이 사회정치적 변화를 가져올 수는 있으나, 그 변화의 내용과 방향은 기술이 아닌 그 사회의 정치적 맥락, 그리고 사용자의 힘과 의지에 의해 결정된다. 이러한 시각으로 보면 인터넷 기술의 확산이 대표의 권한을 축소하고 시민의 정치참여를 확대할 가능성은 거의 없다.

한편 기술과 사회변화의 관계에 대해 기술결정론과 사회결정론 양자 모두를 취하는 절충적 시각도 있다. 이들은 기술이 자체의 '논리'를 가지고는 있으나, 이것이 사회변화의 방향을 완전히 결정하지는 않으며, 다만 특정한 변화를 창출하는 데 영향은 준다고 주장한다(Katz & Aakhus, 2002). 다시 말하자면 기술이 그 자체로 새로운 역사를 만들 수는 없지만, 과거와는 다른 방향의 역사와 다른 종류의 사람을 만드는 데 도움을 줄 수 있다는 것이다(Douglas, 1999, p. 20). 결국 절충적 시각은 기술활용의 결과를 결정하는 데 기술, 사람, 그리고 제도가 모두 영향을 미친다고 본다(Lievrouw, 2006, p. 250). 즉, 기술활용의 사회적 결과는 기술과 사회적 맥락의 상호작용에 의해 결정된다는 것이다(윤성이, 2012).

다음에서는 SNS 이용과 대의민주주의 사이의 충돌 양상을 설문 데이터를 통해 살펴보았다. 이 분석을 위해 인터넷 이메일 서베이 전문기관인 엠브레인이 2011년 10월 11일부터 16일까지 1,052명을 대상을 조사한 설문자료를 활용하였다. 〈표 11-1〉에서 보는 것과 같이, SNS 사용의 정도에 따라 개인들의 정치 효능감에 유의미한 차이가 있는 것으로 나타났다. 여기서 정치 효능감이란 개인이 참여를 통해 정치과정에 변화를 가져올 수 있다고 인식하는 스스로의 정치적 영향력에 대한 자신감을 의미한다. SNS 사용 강도에 따라 구분했을 때[2] 소극적 사용자

〈표 11-1〉 SNS 사용자별 정치 효능감 및 제도신뢰(평균, 표준오차)

구분		정치 효능감	정부 신뢰	정당, 국회 신뢰
SNS 사용자별	소극 사용	4.94 (1.56)	3.10 (1.30)	2.66 (1.17)
	중간 사용	4.87 (1.43)	3.11 (1.22)	2.81 (1.22)
	적극 사용	5.34 (1.55)	2.89 (1.29)	2.69 (1.33)
	(df, F)	(2, 8.094) p = .000***	(2, 2.614) p = .074*	(2, 2.468) p = .085*

*p < 0.1, **p < 0.05, ***p < 0.01

집단의 정치 효능감이 4.94점 (7점 척도) 인 데 반해 적극 사용집단의 경우 5.34점으로 수치가 훨씬 높았다. SNS 사용 강도에 따라 정부와 정당 및 국회에 대한 신뢰도에도 차이가 있었다. SNS 중간 사용집단의 경우 정부 신뢰도가 3.11 (7점 척도), 정당 및 국회신뢰는 2.81 (7점 척도) 인 데 반해, SNS 적극 사용집단의 경우 각각 2.89와 2.69로 낮게 나타났다. 다시 말해 SNS 적극 사용집단의 경우 다른 집단에 비해 정치효능감과 제도신뢰 간의 격차가 더욱 크게 나타나고, 이는 대의민주주의에 대한 강한 불신으로 이어진다.

SNS가 지닌 상호작용성, 개방성, 연결성으로 인해 개인들은 더 많은 정치정보를 습득하고, 타인들과 정치적 의사를 교환하고, 더 많은 사람들과 연결되어 있다. 이러한 활동은 자연히 개인의 정치 효능감을 높이고 대표에 맡기기보다는 스스로 참여하고 결정하려는 욕구를 갖게 한다. 정치 효능감이 높은 개인일수록, 그리고 정치참여에 대한 욕구가 높을수록 정부와 정치제도를 불신하는 경향을 보이고 있다. 또한 SNS 이용은 개인의 정치 효능감, 정치참여 욕구 그리고 정치정보 습득과 높은 상관성을 보인다. 결국 SNS 이용이 개인의 정치효능감과 정치참여 욕구를 높이게 되고 이는 정부와 정당 및 국회를 불신하는 경향으로 연결되면서, 궁극적으로 대의민주주의와 충돌하는 양상을 띠는 것이다.

2 SNS 사용강도에 따라 소극적 사용자, 중간 사용자 그리고 적극적 사용자로 구분하였다. 최근 한 달 동안 페이스북, 미투데이, 트위터, 카카오톡 사용정도를 7첨 척도로 질문하였다 (1 = 전혀 사용하지 않음, 7 = 매우 자주 사용함). 이를 토대로 1~2점으로 응답한 그룹을 소극적 사용자로, 3~5점은 중간 사용자로, 그리고 6~7점으로 응답한 그룹을 적극적 사용자로 구분하였다. 그 결과 소극적 사용자 341명 (32.4%), 중간 사용자 467명 (44.4%), 그리고 적극적 사용자 244명 (23.2%)으로 나타났다.

SNS와 민주주의 모델 간의 친화성

현재 세계 각국에서 운용하는 민주주의 방식은 크게 4개 모델, 즉 대의민주주의(*representative democracy*), 협의제 민주주의(*consensus democracy*), 유권자 민주주의(*voter democracy*), 참여·숙의 민주주의(*participatory·deliberative democracy*)로 유형화할 수 있다.

이러한 민주주의 모델을 구분하는 기준은 두 가지이다. 첫 번째는 민주적 의사결정을 하는 방식이 집합적(*aggregative*)인가 아니면 통합적(*integrative*)인가의 차이이다. 집합적 의사결정은 단순다수결 원칙에 의해 집합적 의사가 결정되는 방식이다. 반면 통합적 의사결정은 단순히 다수의 의사를 집합의사로 결정하는 것이 아니라 구성원 간의 끊임없는 토의를 통해 최대한의 합의점을 찾아가는 방식을 의미한다. 두 번째 기준은 의사결정의 권한을 누가 갖느냐에 따라 대표의 권한을 중시하는 간접 민주주의와 시민들의 직접적 결정을 선호하는 직접 민주주의로 구분된다(Hendricks, 2010, p. 21). 이와 같이 의사결정의 방식과 의사결정의 주체에 따라 민주주의 유형은 4가지로 구분할 수 있다.

세계 각 국가들은 사회구조적 특성, 정치문화 그리고 정치제도에 따라 다른 민주주의 모델을 채택하고 있다. 민족과 언어 그리고 문화적 측면에서 사회적 동질성이 비교적 높은 영국과 미국의 경우 대의민주주의 모델을 주로 채택하고 있다. 반면 언어와 민족의 이질성이 높은 벨기에와 네덜란드의 경우에는 의사결정에 있어 구성원들 간의 합의를 중요시하는 협의제 민주주의 모델을 채택하고 있다. 스위스와 미국 캘리포니아 주의 경우 시민들이 주요 정책 결정과정에 직접 참여하는 유권자 민주주의 모델을 자주 활용한다. 한편 이스라엘의 생활공동체인 키부츠(Kibbutz)와 브라질의 포르투알레그레(Porto Alegre)를 비롯한 여러 도시에서는 다양한 토의제도를 통해 시민들의 합의를 구현하는 참여·숙의 민주주의 모델을 적극 활용하고 있다(Hendricks, 2010, pp. 26~29).

어떤 민주주의 모델을 선택할 것인가를 결정하기 위해서는 각 민주주의 모델과

〈표 11-2〉 민주주의 모델

	집합적(aggregative) (단순다수제)	통합적(integrative) (합의적 의사결정)
간접(indirect) (대표 중심)	대의민주주의 (representative democracy)	협의제 민주주의 (consensus democracy)
직접(direct) (시민 자치)	유권자 민주주의 (voter democracy)	참여·숙의 민주주의 (participatory/deliberative)

출처: Hendricks, F., *Vital Democracy: A Theory of Democracy in Action*. 2010, p.27.

시민들의 정치의식 사이의 친화성을 이해하는 것이 중요하다. 앞서 지적한 것과 같이 각 민주주의 모델은 각기 다른 사회적 맥락과 정치문화에 근간을 두고 있다.

또한 각 민주주의 모델이 설정하고 있는 리더십의 유형과 시민의 역할 및 권한 역시 차이를 보인다. 결국 한국사회에 적합한 민주주의 모델은 사회적 맥락, 정치문화, 그리고 시민의식에 의해 결정되어야 할 것이다.

여기에서 주목할 사항은 리더십과 시민의 권리에 관한 시민들의 의식을 분석하고 그에 적합한 민주주의 모델이 무엇인가를 찾는 작업이다. 집합적 민주주의 모델의 경우 시민들의 역할이 유권자(*voter*)에 맞춰져 있는 반면 통합적 모델에서는 시민들은 발언자(*speaker*)가 되기를 원한다. 또한 간접 민주주의 모델에 적합한 시민의 역할은 구경꾼(*spectator*)인 반면 직접 민주주의에서는 시민들의 적극적 참여자(*player*)가 되기를 원한다(Hendricks, 2010, pp. 41~43).

이를 앞서 살펴본 디지털 시민의 특성과 연결해 보면 '참여민주주의' 모델이 네트워크 사회에 적합한 민주주의 유형임을 알 수 있다. 디지털 네트워크의 확산과 함께 개인의 정치정보 습득 능력이 향상되고 정치효능감 또한 강화되면서 자기표출 욕구가 강해지게 된다. 시민성의 특성 역시 정치제도에 의존하는 의무적 시민보다는 정치적 의사를 적극적으로 표출하는 관여적 시민의 모습을 갖게 된다고 하였다. 결국 네트워크 사회의 시민은 제도에 의존하는 유권자이기보다는 스스로 표현하는 발언자가 되기를 원한다. 또한 소셜 네트워크의 확산과 함께 제도에 불신이 더 강해지면서 개인들은 정치제도에 의존하는 방관자이기보다는 적극적인 참여자가 되기를 원한다. 따라서 네트워크 사회는 개인이 스스로 발언하고 참

〈표 11-3〉 시민성 유형

	유권자(voter)	발언자(speaker)
방관자(spectator)	유권자/방관자	방관자/발언자
참가자(player)	참가자/유권자	참가자/발언자

출처: Hendricks, F., *Vital Democracy: A Theory of Democracy in Action*, 2010, p.33.

〈표 11-4〉 리더십 유형

	투사형(prizefighter)	중재형(bridge-builder)
주인공(protagonist)	검투사형(gladiator)	섭정관형(regent)
조력자(facilitator)	주창자형(advocate)	지도자형(coach)

출처: Hendricks, F., *Vital Democracy: A Theory of Democracy in Action*, 2010, p.33.

여하는 참여민주주의 모델과 높은 친화성을 갖는다.

민주주의 모델마다 리더십의 유형 역시 달리 나타난다. 대의민주주의 모델은 대표들이 직접 나서 문제를 해결해주는 검투사(*gladiator*)형 리더를 선호하는 반면, 협의제 민주주의에서의 리더의 역할은 상이한 집단과의 합의를 추구하면서 자신이 속한 집단을 이끌어 가는 섭정관(*Regent*)형 리더를 원한다. 한편 유권자 민주주의 모델에서 리더는 타 집단과의 경쟁하여 자신이 속한 집단을 앞세우는 주창자(*advocate*)로서의 역할을 해야 하며, 참여민주주의 모델에서는 구성원들 간의 의견의 차이를 조정하고 합의점을 찾도록 지원하는 지도자(*coach*)형의 리더를 선호한다. 앞서 지적한 것과 같이 네트워크사회의 시민은 대표에게 의존하기보다는 스스로 참여하고 발언하기를 원한다. 따라서 리더십의 유형 또한 대표가 일방적으로 앞서가는 '투사형'보다는 구성원들과 함께하는 '중재형'이 바람직하며, 그 가운데서도 대표가 일방적으로 결정하는 주인공형 리더보다는 구성원들의 의견을 취합하고 조정하는 데 주력하는 조력자형 리더가 더 적합하다 할 수 있다(Hendricks, 2010, pp. 43~45).

네트워크 사회의 민주주의

현대 민주주의가 건강하게 작동하기 위해서는 정부부문에서는 정통성과 신뢰를 확보하고 시민부문에서는 사회자본이 축적되어야 한다. 즉, 정부의 정책결정에 대해 시민들이 정통성을 인정해야 하며, 이를 통해 정치에 대한 신뢰를 쌓을 수 있다. 한편 시민사회에서 개인들 간의 상호호혜와 규범이 작동하는 사회자본이 구축될 때 민주주의가 건강하게 작동한다. 앞서 지적한 것과 같이 디지털 네트워크 진화에 따른 정치참여 환경의 변화로 인해 시민들의 참여욕구가 날로 증가하면서 대표 중심의 대의적 의사결정 방식은 사회구성원들의 동의도 얻지 못할 뿐더러 정부의 정통성과 신뢰를 훼손하는 결과를 낳는다(윤성이 · 김용철, 2009, p. 57).

민주주의에서 집합적 의사결정은 필연적으로 일정한 비용을 발생시킨다. 집합적 의사결정은 최종 의사결정을 도출하기까지 소요되는 '거래비용'(*transaction cost*)과 이 최종 의사결정에 불만을 갖는 정치행위자들이 감수해야 하는 '순응비용'(*conformity cost*)을 발생시킨다(Buchanan & Tullock, 1962). 집합적 의사결정에서 거래비용을 최소화하는 방법은 다수결 원칙에 입각하여 쟁점이 되는 의제에 대한 토론 없이 단순다수 또는 절대다수의 의사를 표결로 확인하는 것이다. 이와는 반대로 집합적 의사결정에서 순응비용을 최소화할 수 있는 방법은 쟁점의제에 대하여 만장일치의 합의가 이루어질 때까지 끊임없이 논의하는 것이다.

하지만 이와 같이 거래비용과 순응비용을 최소화시키는 방법은 오늘날 민주주의에서는 실재하기 어렵다. 그 이유는 첫째, 쟁점안건에 대한 최소한의 토론도 없이 다수의 의사를 확인하는 것은 민주주의의 과정적 정의와 관련하여 심각한 문제가 제기될 수 있다. 왜냐하면 민주주의에서 다수결의 원칙이 편의적으로 사용될 경우 효율성은 향상될 수 있겠지만 다수의 횡포에 따른 민주성의 결여문제가 발생하기 때문이다. 둘째로, 쟁점안건에 대해 만장일치의 합의가 이루어질 때까지 끊임없이 논의하는 것은 민주주의의 이상에 근접한 것이라고 생각할 수 있다. 즉, 만장일치 의사결정은 소수자의 권리를 최대한 보호함으로써 높은 수준의 민주적 대표성을 보장할 수 있다. 하지만 의사결정 참여자들 중 누군가 한 명이라도 끝까지 자신의 반대의사를 고수할 경우, 의사결정은 교착상태에 머물 수밖에 없기 때문에 효율성의 문제가 제기될 수 있다. 그리고 만장일치제는 의사결정에 있어서 다수의 의지가 소수의 의지에 의하여 발현되지 못하는 문제점을 양산할 수 있다(윤성이 · 김용철, 2009, pp. 58~59).

그러므로 현실에서 집합적 의사결정은 거래비용과 순응비용에 대한 종합적 고려 속에서 이루어지게 된다. 그리고 이때 집합적 의사결정은 거래비용과 순응비용의 조합 속에서 그 합계비용이 최소로 설정된 지점에서 이루어질 때 최적의 결과를 도출할 수 있다(문우진, 2004). 즉, 집합적 의사결정은 거래비용을 최소화하려는 효율성의 논리와 순응비용을 최소화하려는 민주성의 논리가 적절히 조화를 구축하면서 집합적 합의를 이끌어낼 수 있을 때 이상적인 모습을 띠게 된다(윤성이 · 김용철, 2009, p. 59).

그렇다면 디지털 네트워크의 확산은 거래비용과 순응비용 사이의 조합을 찾는데 어떤 영향을 미칠 것인가? 앞서 살펴보았듯이 소셜 네트워크의 확산에 따라 시민은 '의무적 시민'에서 '관여적 시민'으로 변화하고 있다. 이러한 시민의식의 변화는 리더십에 대한 인식과 시민으로서의 역할과 권한에 대한 인식의 변화를 가져온다. 이미 우리 현실을 볼 때 정부의 일방적 요구와 명령에 의해 의제가 제기되고 정책이 결정되지 못할 뿐더러 정부, 정치인, 언론 등 전통적 중간매개자의 역할은 점차 약화되고 시민들 간의 직접적 거래와 상호작용이 날로 증가하고 있다. 따라서 정부는 디지털 기술의 영향이 단순히 효율적인 정보전달과 정부 서비스뿐만 아니라 시민 개개인의 행태, 지식, 태도에까지 미친다는 사실을 이해할 필요가 있다(Coleman, 2008).

정부 주도의 일방적 통치를 억제하고 정책결정과정에서 시민참여를 필수적으로 보장해야 한다. 정책수행의 효율성 측면에서 볼 때도 정부의 일방적 의사결정은 오히려 비효율적 결과를 가져온다. 특히 정부와 정치에 대한 신뢰수준이 낮은 한국의 상황에서 일방적 통치는 기대한 성과를 거둘 수 없다. 정부와 시민은 이제 의사결정뿐만 아니라 의제설정에서도 그 권한을 공유하여야 한다. 특히 디지털 네트워크의 확산으로 인해 시민들의 참여욕구가 증가하면서 정부의 일방적 정책 결정은 엄청난 순응비용을 초래하게 되었다.

네트워크 사회의 민주주의 모델은 이러한 점들을 종합적으로 고려하여 결정하여야 한다. 앞서 살펴 본 4가지 민주주의 모델은 이론적 이상형을 보여주는 일종의 순수 민주주의 모델(*pure democracy model*)이다. 현실에서의 민주주의는 4가지 모델 가운데 하나만이 적용되는 것이 아니라 상이한 형태의 민주주의 모델이 복합적으로 운용되는 혼합적 민주주의(*mixed democracy*)의 모습으로 나타난다. 어떤 민주주의 모델을 혼합적으로 활용할 것인가 하는 문제는 적용되는 집단의 맥락적 특성과 정책의 성격에 따라 달리 결정될 것이다. 즉, 특정 이슈에 대한 사회적 합의를 찾을 필요가 있을 때, 그 정책이 적용되는 범위와 해당 정책의 성격에 따라 의사결정 방식이 달리 적용되어야 할 것이며, 그에 따라 정책결정 과정에 참여하는 대표와 시민의 역할 및 권한도 다르게 나타날 것이다.

거버넌스를 사회 집단 내 혹은 집단 간 합의도출 및 의사결정 방식과 절차라고 정의한다면, 결국 정보사회, 특히 소셜 네트워크 사회가 요구하는 사회적 합의방식은 단일 민주주의 모델 혹은 거버넌스 유형으로는 불가능할 것이며, 맥락에 따라 그리고 대상에 따라 다른 합의제도가 적용되는 '융합 거버넌스' 구축이 필연적으로 요구된다. 대의민주주의에서 집합적 의사결정 방식은 거래비용의 최소화, 즉 의사결정의 효율성을 최우선 가치로 전제한다. 한편 직접민주주의의 의사결정 과정에서는 모든 구성원의 불만을 최소화하는 민주성의 가치를 우선시 한다. 디지털 네트워크 시대에 적합한 집합적 의사결정 모델은 효율성과 민주성 사이의 균형점을 찾는 것에 우선적 가치를 두어야 할 것이다. 즉, 거래비용과 순응비용의 접점에서 집합적 의사결정이 이뤄질 때 공적 가치가 실현될 가능성이 가장 높다고 보는 것이다(윤성이 · 김용철, 2009, pp. 57~58). 다만 네트워크 사회의 정치와 시민의 특성을 고려할 때 순응비용이 증가할 가능성이 매우 높으며, 따라서 다소 거래비용이 증가하더라도 의사결정 과정에 있어 시민들의 참여와 협의를 중시하는 참여민주주의 모델이 결과적으로 의사결정 비용을 줄이는 결과를 가져올 것이다. 이는 또한 건강한 민주주의 발전을 위한 필수요소인 정부의 정통성과 제도신뢰를 높이는 방안이기도 하다.

참고문헌

강원택(2007), 《인터넷과 한국정치》, 집문당.

김강민(2006. 8. 9), "웹 2.0과 소셜 네트워크", 〈인터넷 이슈리포트〉, 한국인터넷 진흥원.

김경미(2007), "미디어, 감정, 그리고 시민참여: 인터넷 시대의 시민모델에 대한 함의를 중심으로", 전기사회학대회 논문집.

김문조(2005), 《IT와 새로운 사회질서의 형성》, 정보통신정책연구원.

김수진(2008), "촛불집회와 정당정치 그리고 대의민주주의", 경향신문 주최 《촛불집회와 한국민주주의》 긴급시국대토론회 발표자료집.

김 욱(2005), 《정치참여와 탈물질주의》, 집문당.

민 희·윤성이(2009), "정보화 시대에 있어서 대의제의 적실성 탐색", 〈21세기 정치학회보〉, 19(2).

박원석 외(2008), 《촛불이 민주주의다》, 해피스토리.

송경재(2008), "네트워크 시민운동의 동학." 한국정치학회 건국60주년 기념세미나 자료집.

울리히 벡(1998), 문순홍 옮김, 《정치의 재발견》, 거름.

유석진·이현우·이원태(2005), "인터넷의 정치적 이용과 정치참여: 제17대 총선에서 대학생 집단의 매체 이용과 투표참여를 중심으로", 〈국가전략〉, 11(3).

윤성이(2009a), "2008년 촛불과 정치참여 특성의 변화: 행위자, 구조, 제도를 중심으로", 〈세계지역연구논총〉, 27(1).

______(2009b), "민주주의 패러다임의 재성찰", 〈현대정치연구〉, 2(2).

______(2012), "소셜 네트워크의 확산과 민주주의 의식의 변화", 〈한국정치연구〉, 21(2).

______·김용철(2009), 《디지털 컨버전스 환경에서 정치 거버넌스의 변화》, 정보통신정책연구원.

이광모(2003), "복잡적응시스템(CAS)으로서의 거버넌스 특성에 관한 연구", 〈한국지방자치학회보〉, 15(4).

이재열·장덕진(2005), 《새로운 조직 패러다임의 특성과 전망》, 정보통신정책연구원.

이재열·송호근(2007), "네트워크 사회의 가능성과 도전", 이재열·안정옥·송호근 공편, 《네트워크 사회의 구조와 쟁점》, 서울대 출판부.

이현우(2008), "촛불집회의 정치적 의미", 한국정치학회 하계학술대회 발표논문.

임혁백(2005), 《IT와 공공 거버넌스의 새로운 패러다임》, 정보통신정책연구원.

장승권·최종인·홍길표(2004), 《디지털 권력: 디지털기술, 조직 그리고 권력》, 삼성경제연구소.

전상진(2008), “촛불, 전문가지배에 대한 집단지성의 도전? 일반인과 전문가 관계 변동을 중심으로”, 《온라인 세대와 촛불》, 정보통신정책연구원.
정연정(2004), “영리한 군중(Smart Mobs)의 등장과 디지털 정치참여”, 〈국제정치논총〉, 44(2).
최장집(2008. 6. 6), “촛불집회가 할 수 있는 것과 할 수 없는 것”, 경향신문 주최 〈촛불집회와 한국민주주의〉, 긴급시국대토론회 발표자료집.
키이스 포크(2005), 이병천 외 옮김, 《시티즌십》, 아르케.
피에르 레비(2002), 권수경 옮김, 《집단지성 - 사이버 공간의 인류학을 위하여》, 문학과 지성사.
하승우, (2006), “풀뿌리 공론자에 대한 이론적 고찰: 하버마스 공론장 개념의 비판적 재구성과 확장”, 경희대 대학원 정치학과 박사학위논문.
______, (2008. 6. 6), “촛불집회와 진보정당의 과제”, 진보신당·경향신문 공동주최 제2차 긴급시국대토론회 발표집.
한국인터넷진흥원(2007), 《UCC 이용실태조사》.
A. L. 바라바시(2002), 강병남·김기훈 옮김, 《링크: 21세기를 지배하는 네트워크 과학》, 동아시아.
E. E. 샤츠슈나이더 저. 현재호 외 역(2008), 《절반의 인민주권》, 후마니타스.

Baym, Nancy K(2010), *Personal Connections in the Digital Age*, Cambridge, UK: Polity.
Blaug, Richardo(2002), “Engineering Democracy”, *Political Studies*, 50.
Buchanan, James M. and Gordon Tullock(1962), *The Calculus of Consent: Logical Foundation of Constitutional Democracy*, Ann Arbor: The University of Michigan Press.
Chadwick, Andrew(2006), *Internet Politics: States, Citizens, And New Communication Technologies*, Oxford University Press.
Clark, P. B. (1996), *Deep Citizenship*, London: Pluto Press.
Cohen, J. (1991), “Deliberation and Democratic Legitimacy”, A Hamlin and P. Pettit, eds. *The Good Polity: Normative Analysis of the State*, Oxford: Basil Blackwell.
Coleman, Stephen(2008), “Foundations of Digital Government” in Chen, Hsinchun(eds.) *Digital Government: E-Government Research, Case Studies, and Implementation*, Oklahoma: Springer.
Dahl, R. A. and Tufte, E. (1974), *Size and Democracy*, Stanford, CA: Stanford University Press.
Dalton, J. Russell(2006), *Citizen Politics: Public Opinion and Political Parties in Advanced Industrial Democracies*, Washington: CQ Press.
Douglas, S. (1999), *Listening In: Radio and the American Imagination*, Minneapolis, MN:

University of Minnesota Press.
Fishkin, J. S. (1992), *The Dialogue of Justice: Toward a Self-Reflective Society*, New Haven, CT: Yale University Press.
Harbers, Jurgen (1985), *The Theory of Communicative Action Vol. 1: Reason and Rationalization of Society*, Beacon Press.
Hendriks, Frank (2010), *Vital Democracy: A Theory of Democracy in Action*, Oxford University Press.
Giddens, Anthony (1984), *The Constitution of Society: Outline of the Theory Structuration*, University of California Press.
______(1991), *Modernity and Self Identity: Self and Society in the Late Modern Age*, Blackwell.
Habermas, J. (1992), "Further Reflections on the Public Sphere", C. Calhoun, ed. *Habermas and the Public Sphere*, Cambridge, MA: MIT Press.
Katz, J. E. & Aakhus, M. (2002), "Introduction: Framing the Issues", In J. E. Katz & M. Aakhus eds. *Perpetual Contact: Mobile Communication, Private Talk, Public Performance*, Cambridge: Cambridge University Press.
Lievrouw, L. A. (2006), "New Media Design and Development: Diffusion of Innovations v. Social Shaping of Technology" In L. A. Lievrouw & S. Livingston, eds., *The Handbook of New Media*, London: Sage.
Mouffe, Chantal (1993), *The Return of the Political*, London: Verso.
Norris, Pippa (2002), *Democratic Phoenix: Reinventing Political Activism*, Cambridge, UK: Cambridge University Press.
______(2011), *Democratic Deficits: Rising Aspirations, Negative News, or Failing Performance*, Cambridge University Press.
Schudson, M. (1988), *The Good Citizen: A History of American Public Life*, New York: Free Press.
Suny, R. G. (2004) "Why We Hate You: The Passions of National Identity and Ethnic Violence", Berkerly Program in Soviet and Post-Soviet Studies. http://repositories.cdlib.org/iseees/bps/2004_01-suny.
Webster, Frank (2002), *Theories of the Information Society*, Routledge: New York.
Young, Irish (1996), "Communication and the Other: Beyond Deliberative Democracy", Seyla Benhabib, eds., *Democracy and Difference: Contesting the boundaries of the political*, Princeton: Princeton University Press.
Yun, Seongyi and Min Hee (2012), "Democracy in South Korea: Consolidated but in Deficit", *Korea Observer*, 43(1).

소셜 미디어 정치의 국제적 비교: 연결과 단절의 갈등을 중심으로

제 12 장

조희정

들어가는말

소셜미디어(*Social Media*)[1]의 영향력은 시공간을 초월하여 누구나와 연결될 수 있다는 '연결의 위력'에 있다. 2000년대 초반까지만 해도 홈페이지를 개설하고 다른 사용자가 방문하기만을 하염없이 일방적으로 기다려야 했다. 그 시절에 비하면 소셜미디어의 연결의 위력은 정말 놀라운 현상이다. 대표적 소셜미디어인 트위터를 통해 실시간으로 다양한 소식을 접하고, 페이스북을 통해 친구의 친구와 꼬리에 꼬리를 물고 연결되는 상황은 이미 국내에서는 싸이월드 미니홈피 열풍을 통해 국민의 대부분이 경험했던 현상이기는 하다.

다만 차이점이 있다면, 미니홈피가 국내 친구 연결 서비스에 치중한 반면 트위터나 페이스북의 경우는 해외 사용자와의 연결이 좀더 쉽다는 데 있을 것이다. 그러나 단지 연결의 확장이라는 장점만으로 전 세계적 소셜미디어의 확산을 설명하는 것은 부족하다. 연결이 가능한 서비스가 존재한다는 것과 연결을 통해서 다양한 사회현상이 발생할 수 있다는 것은 별개의 문제이기 때문이다. 즉, 전자가 기

1 최근에는 모바일 메신저나 애플리케이션 등을 통해서도 많은 정치적 매개현상이 이루어지고 있기 때문에, 이 글에서는 소셜 네트워크서비스와 모바일 서비스 등 연결형 서비스를 합쳐 소셜미디어로 용어를 통일한다.

술의 문제라면, 후자는 사람 혹은 사회의 문제인 것이다.

연결기술을 이해할 수 있는 유용한 이론으로는 네트워크 이론이 있다.[2] 네트워크 이론에서는 네트워크의 가장 핵심이 되는 허브(*hub*), 허브를 허브로 성장시킬 수 있는 커넥터(*connector*), 메이븐(*maven*)의 활약, 이들이 연결되어 만들어지는 세상은 6단계(*six degrees*)만 건너면 모두가 서로 알 수 있는 좁은 세상이라고 이야기한다. 이와 같은 네트워크 이론을 통해서는 정보·사람·돈·질병·테러리스트의 연결까지 모두 파악할 수 있다. 또한 이들이 서로 어떻게 연결되었는지, 즉 서로 간의 상관관계를 파악할 수 있다. 그러나 상관관계에 대한 분석만으로는 사회현상이 왜 발생했는지는 파악하기 어렵다.

정보사회의 정치학은 바로 이 지점에서 출발한다. 정보사회의 정치학은 모든 사회현상이 왜 발생했는가, 즉 인과관계를 찾는 것에서 시작하여 연결이라는 현상이 발생하게 된 원인을 파악함으로써 사회변화의 의미를 설명하고자 한다. 만약 사람과 정보 등의 연결을 정부가 잘 활용하면 민주적이고 신속하게 시민의 요구에 반응할 수 있는 정부 서비스를 제공할 것이고, 정당이나 후보자가 선거운동에서 연결의 장점을 이용한다면 당선에 유리한 전략을 세우거나 지지기반을 확대할 수 있을 것이며, 시민사회 내에서 연결의 힘이 늘어난다면 전 세계적인 연결 및 이슈의 연결이 가능해진다는 식으로 의미를 부여하는 것이다.

이 글은 정보사회 정치의 관점에서 우샤히디, 중동혁명, 월스트리트 점령시위와 같은 최근의 대표적인 글로벌 사회운동 사례의 발생원인과 확산과정을 분석함으로써 기술로서의 소셜미디어가 사회변화에 미치는 영향에 대해 설명한다. 선정된 세 가지 사례 외에도 크고 작은 많은 사례가 있지만, 이 글에서는 소셜미디어의 효과가 가장 크고 넓게 나타난 세계적 수준의 사례에 주목하고자 한다.

우샤히디는 아프리카 지역에 한정되어 나타난 정치부정 감시운동이 소셜미디어를 통해 전 세계의 시민들에 의한 위기 정보 공유 플랫폼으로 거듭난 경우이다. 이는 일상적 차원에서의 단일운동이 전 세계적 사회공조로 변화하는 현상을 잘

2 네트워크 이론의 기원 및 주요 네트워크 이론의 세부내용에 대해서는 조희정(2010) 참조.

보여주는 사례라고 할 수 있다. 대부분의 통신이 정부통제 아래 있던 튀니지와 이집트에서는 소셜미디어가 위기상황의 촉매제와 같은 역할을 함으로써 역사에 남을 중동혁명이라는 사건이 발생하였다. 또한 신자유주의적 자본의 무책임성을 비판하고 시민의 권리를 설파한 월스트리트 점령시위는 소셜미디어를 통해 전 세계적 의제(*agenda*)가 되었다. 이 모든 최근의 현상은 TV나 신문으로 보도되기보다는 트위터, 유튜브, 페이스북과 같은 소셜미디어 연결을 통해 급속하게 확산되었다.

혹자는 이러한 현상을 '트위터 혁명', '페이스북 혁명', 'SNS 혁명'이라고 성급히 진단하지만 아무리 단시간에 급속도로 진행된 현상이라고 하여도 그러한 진단을 내리는 것은 성급하다. 즉, 생산력과 생산관계가 변화한 것이 아니기 때문에 혁명이라고 말하기에는 불충분한 부분이 많이 있다. 따라서 소셜미디어 때문에 사회변화가 촉진될 수 있다는 성급한 평가를 내리기보다는 그 모든 현상이 왜, 어떻게, 어디에서, 누구에 의해 발생하였고, 그것이 거시적 차원에서 사회변화에 기여할 수 있는 순기능과 부정적으로 영향을 미칠 수 있는 역기능을 상세히 분석할 필요가 있다. 단 한 번의 혁명으로 바뀐 세상에 만족하고 말 것이 아니라면, 세상이 조금씩 변화하는 흐름의 원인과 영향에 대한 거시적 관점에서의 진지한 고민이 필요하며 그 가운데 소셜미디어가 어떤 역할을 하고 있는가는 평가하려고 노력해야 한다.

그런 문제의식으로 시작한 이 글의 구성은 다음과 같다.

우선 두 번째 절에서는 기술적 상관관계 분석에 머물고 있는 네트워크 이론 외에 소셜미디어 사회현상을 분석하는 데 유용한 제프리 골드팝(Jeffrey Goldfarb)의 '작은 것들의 정치'론을 소개한다. 일상 차원에서의 자유로운 소통이 커다란 사회변화로 이어질 수 있다는 골드팝의 주장은 소셜미디어를 통해 심화된 사회현상을 이해하는 데 매우 많은 시사점을 제공한다. 골드팝 외에 클레이 서키(Clay Shirky)나 리드비터(Charles Leadbeater), 돈 탭스콧(Don Tapscott) 류의 온라인 정치현상에 대한 해석도 유용하므로 덧붙여 서술하였다. 이어서 이론적 배경으로서는 온라인 사회운동에 대한 기존의 연구성과를 간략히 정리하여 소개한다.

이 부분은 현재의 글로벌한 소셜미디어 사회운동이 느닷없이 나타난 것이 아니라 오래전부터 여러 징후를 보이며 진화해온 것이라는 역사적 계보를 소개하는 부분이기도 하다.

셋째 절에서는 본격적 사례에 대한 소개로서 우샤히디, 중동혁명, 월스트리트 점령 시위의 전개과정과 그 가운데서 이루어진 소셜미디어의 역할 그리고 이로 인해 나타난 사회적 영향 혹은 소셜미디어 사회운동의 시사점을 정리한다. 2011년 한 해 동안 전 세계를 떠들썩하게 했던 이 세 가지 사례에 대한 상세한 이해를 통해 기술이 단지 기술에만 머무는 것이 아니라 사회적으로 활용될 수 있는 방법을 파악하게 될 것이며, 나아가 세상을 발전시키기 위해서는 소셜미디어를 어떻게 활용하는 것이 좀더 유용한가를 파악할 수 있을 것이다.

넷째 절에서는 이 모든 순기능에도 불구하고, 사건의 전개과정에서 제기된 소셜미디어의 기여에 대한 찬반양론을 포함하여 다양한 쟁점을 소개한다. 모든 사회현상에서는 항상 긍정과 부정적인 측면이 함께 존재하기 때문에, 소셜미디어 역시 잘 쓰면 유용한 매개체이지만, 잘못 활용되면 안 쓰는 것만 못한 미디어가 될 수 있음을, 소셜미디어에 대한 비판을 통해 더 잘 이해할 수 있을 것이다.

끝으로 마지막 절에서는 소셜미디어의 유용성 및 이에 대한 비판을 고려해 볼 때 향후 사회에는 어떤 변화가 나타날 것이며, 이러한 전망을 낙관적으로 구현하기 위해서는 국내적 차원에서 어떤 문제들이 해결되어야 하는가를 살펴봄으로써 글을 맺는다.

1) 사회운동 구성원리로서의 '작은 것의 정치'[3]

미시분석의 이론적 단초를 제시한 연구자로는 제프리 골드팝을 들 수 있다. 그는 온라인 집단화에 대한 미시·과정 중심의 분석을 강조한다. 그가 강조하는 '작은 것의 정치'(*politics of small things*)는 한나 아렌트(Hannah Arendt), 어빙 고프만(Erving Goffman), 미셸 푸코(Michel Foucault)를 이론적 기반으로 한다. '작은 것의 정치'에 대한 아렌트의 기여는 전체주의에 대한 대안으로서, 인간의 정치적 역량, 즉 자유의 원리에 근거하여 타자의 현존 속에서 하나의 평등한 존재로 출연하고 말할 수 있는 능력을 가졌다는 것을 강조했다는 것이다. 한편 고프만은 일상생활에서 사람들이 어떻게 스스로를 연출하고 그런 표현을 통해 어떻게 사회적 현실을 구성하는가를 분석했다. 푸코는 일상적 행위와 상호작용을 훈육하는 권력에 대해 역사적으로 연구했다는 점에서 '작은 것의 정치'에서의 '작은' 행위자들의 중요성을 강조한다(Jeffrey Goldfarb, 2011, pp. 44~45).

'작은 것의 정치'는 거대 이데올로기가 아닌 '일상생활의 잠재적 구성요소'로써, 국가적 차원보다 상대적으로 작은 단위에서의 사회운동이 만들어내는 공간과 관계에서의 '작은 정치'를 의미한다. 과거의 신사회운동이나 일반적 의미에서 제도에 대비되는 작은 규모의 시민운동과 달리 그가 제시하는 '작은 것의 정치' 개념에서는 '규모'보다 '독립성'이 훨씬 더 강조된다. 또한, '정치'와 제도화[4]를 위한 정책 제시에 대한 상호의견 교류와 적극성이 강조된다.

즉 '작은 것의 정치'는 일찍이 들뢰즈와 가타리(Deleuze & Gattari, 1998)가 제시한 '분자운동'과 같이 각각의 분자적인 개인이 상이한 이해관계에 근거하여 자

3 조희정·이상돈(2011, pp.237~239).

4 '작은 것의 정치'는 대체로 기존 제도 안에서 시작되고, 그 기획이 실현되는 것도 제도 안에서이다(Jeffrey Goldfarb, 2011, p.197).

신의 주변에 퍼져 있던 일상문제에 대해 의견을 제시하고 이것이 수평적 관계를 의미하는 '횡단성'에 의해 마치 눈덩이 효과처럼 대규모로 모아지면서 보다 거시적인 사회운동으로 확대발전하는 방식과 연관성이 있으면서도 한편으로는 독립성에 근거하며 제도화를 지향한다는 점에서 온라인 사회운동의 구성원리를 좀더 정확하게 설명하고 있다.

골드팝이 인터넷과 관련하여 제시한 작은 정치의 사례는 미트업(MeetUp), 무브온(MoveOn),[5] 오바마의 선거운동 등인데, 이들의 등장 이후 이전과는 다른 새로운 정치담론이 생성되었다는 점에서 가장 큰 의미가 부여되며, 그 과정에서 작동하는 미디어의 매개성이 강조된다. 이들은 인터넷을 통해 원활하게 상호작용하고 상대적으로 평등하게 관여한다는 점에서 덜 위계적이며, 좀더 심의적이라는 정치적 함의를 가진다. 작은(사적인) 공간에서 그들은 훈육된 권력의 지배를 받으면서도 그것보다는 상대적으로 매우 자유롭게 표현하고 상호작용한다. 물론 인터넷은 민주적일 수도 비민주적일 수도 있지만, 기본적으로 사람이 모이는 것을 가능하게 하고, 민주적인 작은 정치의 형성에 도움이 되는 경향이 강하게 나타난다는 것이다.

특히 사람들은 하버마스가 말하는 식자층의 공적 영역이 아닌, 카페에서의 대화나 선술집에서 벌어지는 독립적인 상호작용 속에서 사회화의 즐거움을 공유한다. 사람들은 자신과 비슷한 생각을 가진 사람들을 쉽게 만날 수 있으며 서로에게 말을 건네고 함께 일할 수 있게 되었는데, 이는 작은 것들이 능동적으로 합쳐지게 되었음을 의미한다(Goldfarb, 2011, p. 10). 따라서 '작은 것의 정치'는 최소주의적이고 구체적인 상황정의를 형성하고, 자발성에 의한(가상성을 포함하는) 상호작용을 이루며, 인터넷과 같은 매개를 통해 수단의 변화를 이루고, 정치의 형태가 이슈의 내용보다 중요해지는 국면을 형성한다. 이제 민주주의는 '구체적인 것'으로서의 중요성을 가지게 된 것이다.

집단지성 이론의 대표적 연구자인 리드비터는 사람들이 사무실과 여러 관료적

---

5 무브온의 특징은 그것이 옵트인(opt in) 방식으로 운영되었으며 탈집중화되었다는 데 있다.

인 절차 및 위계 등 무수히 번잡한 관문을 거치지 않고 저렴한 비용으로 새로운 방식의 조직화를 이룰 수 있음을 강조한다. 그런 과정을 통해 집단적 자기표현과 자체 조직화 능력은 새로운 방식으로 조직을 꾸리고 협업활동을 할 수 있는 새로운 대안을 창조하게 된 것이다. 이러한 세계에서 개인의 사회참여는 각자의 아이디어를 공유하고 결합하는 능력과 조화를 이루어야만 큰 성과를 올릴 수 있다. 이제는 무엇을 소유하느냐 만큼이나 무엇을 공유하느냐 하는 것이 중요해지는 것이다(Leadbeater, 2008, pp. 19~20, p. 48).

2) 온라인 사회운동의 발전과 특징

온라인 사회운동은 인터넷상의 시민사회운동을 지칭하는 것으로 특히 '웹이라는 새로운 영역에서 시민적 권리를 찾기 위한 제반 활동 전체'를 의미한다. 이와 더불어 '행위자들이 의미를 창출하며 의사소통하고 협상하여 의사를 결정해 나가는 과정'이라는 멜루치(Melucci, 1988)의 사회운동에 대한 정의도 온라인 사회운동을 해석하기에 적절한 규정이라고 할 수 있다.

온라인 사회운동은 오프라인 중심의 시민운동단체들이 오프라인 활동의 효과를 높이기 위하여 인터넷을 도구로 사용하는 형태와 온라인 자체에서 이루어지는 운동으로 구분할 수 있는데, 특히 안티운동과 같이 문제제기와 조직화, 해결 과정 전반이 온라인상에서 이루어지는 형태를 취한다(정재철, 2006, p. 254).

시기적으로는 1990년대까지의 오프라인 시민운동이 인터넷이라는 공간으로 진출하면서 물적·인적 자원의 동원가능성이 높아졌으며, 의제도 다양화되었다. 특히 저비용 고효율의 가능성이나 사회적 약자의 사회세력화 가능성이 커지면서 온라인 사회운동에 대한 관심도 높아지기 시작했다.

온라인 사회운동은 현실공간과 구별되거나 분리되어 인식될 수 있지만 개인은 온라인 공간에서도 현실 세계의 본인이 위치한 정치·사회적 환경에 영향을 받는다는 점이 중요하다. 즉, 온라인에서도 각 개인이 위치하고 있는 구체적인 사회·문화적 맥락이 영향을 미친다는 것이다(정재철, 2006, p. 281).[6]

〈표 12-1〉 기존 사회운동과 온라인 사회운동의 특징 비교

구분	기존 사회운동	온라인 사회운동
구성원리	수직적, 고정적	수평적, 연동적
주체	단체	단체, 개인
의제	거시적인 기존 의제	기존의제, 생활의제
구현방법	물리적 동원, 서명, 집회	말머리 달기, 로고와 배너 달기, 온라인 토론, 온라인 서명, 상호 링크

인터넷 집단행동과 온라인 사회운동에 대한 기존연구는 첫째, 기존 사회운동과 온라인 사회운동의 차이에 대한 연구 및 논증, 둘째, 온라인 집단행동의 발생원인, 발생과정에서 나타나는 패턴의 특징, 유형 등에 대한 사례연구가 주로 이루어졌다. 첫째 부류에 해당하는 연구는 인터넷 활용이 집단행동에 미친 긍정적 효과와 기술적 유용성을 중심으로 진행되었으며,[7] 둘째 부류의 사례연구로는 카스텔(Castell, 2001; 2004), 백욱인(2001), 임정수(2003) 등의 논의가 있다. 시기적으로는 인터넷 영향에 대한 평가가 전반부의 연구경향이었다면 이후에 나타나는 연구는 사례연구로 이루어지면서 좀더 구체화되는 경향이 나타난다.

그러나 과거의 이론적 논의들은 대의민주주의의 제도적 틀 내에서 정치참여 및 집단행동의 구조와 동학(*Dynamics*)을 분석하는 것에 집중하는 경향 때문에 중동의 시민혁명과 같은 급격한 사회혁명 과정에서 인터넷의 매개적 역할을 사실적으로 규명하고 이론화하는 데는 많은 한계가 있었다. 또한 각 개인의 행동이 서로 다른 문턱값(*threshold value*)을 갖는 상황에서 개인의 행동과 집단화 과정에 대한 미시 분석은 더욱 부족했다는 한계를 노출하고 있다.[8]

6 이런 의미에서 virtual reality를 현실과 동떨어진 '가상'이 아닌 현실의 연장선상에 있는 '실효' 현실로 해석해야 한다는 김용석의 주장을 눈여겨볼 필요가 있다.

7 Barber (1998); Poster (2001); 윤영민 (2000); 정연정 (2000); 황용석 · 김재영 · 정연정 (2000) 참조

8 그라노베터 (Mark Granovetter)나 왓츠 (Ducan Watts)는 사회적 행동에서 이러한 문턱값의 중요성과 규명의 필요성을 강조하고 실험하여 증명하고 있다.

글로벌 사회운동 및 혁명 사례

1) 글로벌 위기정보 공유의 플랫폼 : 우샤히디(*Ushahidi*)

트위터의 실시간 속보 보도를 조직화한 대표적인 사례로는 아프리카의 재해 속보 네트워크인 우샤히디가 있다. '우샤히디'(www. ushahidi. com)[9]는 재난을 관리하는 오픈소스의 범용 플랫폼으로서 집단지성 + 위치정보 + 지도서비스를 제공한다. 문자, 이메일, 트위터 등 다양한 채널로 취합된 정보를 실시간으로 지도 위에 시각화하며, 동명의 모바일 앱[10]도 제공한다. 우샤히디는 2007년 6월, 미국 워싱턴 로펌의 변호사이자 에나블리스(Enablis, 남아프리카 기업가 지원기구)의 고문변호사이자 블로거인 오리 오콜로(Ory Okolloh)가 TED 강연[11]을 통해 아프리카에 대한 국제적 관심을 요청한 것에서 시작하였다.

이미 아프리카에는 'Afrigator'라는 블로그 포털이 있었는데,[12] 오콜로는 이보다 더 좋은 대안이 필요하며 '발 빠른 치타 세대'가 적극적으로 사회운동을 해야 한다고 강조하며 정치인에 대한 요구를 표명하는 사이트(www. mzalendo. com)를 운영하였다. 2007년 12월, 오콜로는 케냐 대선의 선거기간 중 발생한 인종 간 폭력사건을 자신의 블로그(Kenyan Pundit)를 통해 취합하였는데, 정부가 미디어 폐쇄조치를 시행하면서 블로그가 핵심 미디어로 부상하는 상황이었다.

그는 당시 아프리카의 표준장치라 할 수 있는 모바일을 중심으로 기술을 구성하였으며[13] 트위터 등에서 너무 많은 정보가 발생하기 때문에 실제로 관심을 쏟는 것은 사건 발생 후 최초의 3시간이 의미 있다는 분석 하에 불특정 다수에게 정보

9 우샤히디는 스와힐리어로 '증언'(testimony), '목격'을 의미함

10 http://bit.ly/JVSE72

11 http://bit.ly/1lHCQ (2007년 6월).

12 당시 웹사이트 호스팅 비용은 20달러였으며, 스와힐리어 위키피디아의 경우, 5천만 명의 스와힐리어 사용자 가운데 단 5명만이 이 서비스를 이용하는 상황이었다.

13 http://bit.ly/k23z6 (2009년 2월).

를 노출하고 정보 제공자들의 점수를 매기도록 하면서 그 과정에서 의사를 반영하는 정보의 선순환 효과를 창출하게 되었다.

우샤히디의 주요 활동으로는 멕시코 선거부정사건(2007년), 인도 선거 지원(2009년), 아이티 지진 사태 지도(2010년),[14] 러시아 산불 지도(2010년), 영국 런던 지하철 파업 지도(2010년, tubestrike.crowdmap.com), 미국 워싱턴 대폭설 도로 제설작업 지도(2010년, snowmageddoncleanup.com), 칠레 지진 지도(2010년, chile.ushahidi.com), 케냐 국민투표 모니터링 지도(2010년, uchaguzi.co.ke), 미국 애틀랜타 범죄지도(2010년, crime.mapatl.com) 등이 있다. 그 외에도 DR 콩고 사태 모니터, 알자지라의 가자 지구 폭력사태 추적 등에도 우샤히디 플랫폼이 사용되었다.

우샤히디의 주요 사례로 소개되는 엠페디그리(mPedigree) 사례의 경우는 2007년, 가나의 공공정책조사관 브라이트 시몬스(simmons)가 가나의 심각한 의료문제에 관심을 갖고, 많은 이들이 처방받는 의약품을 안심하고 사용할 수 있도록 할 방법을 고민하다 당시 서아프리카에서 급속도로 보급되던 휴대폰에 주목하였다.[15] 2008년, 시몬스와 그의 동료들은 의약품 복제와 변조를 방지하기 위한 '엠페디그리'라고 불리는 프로젝트에 착수하여 오래지 않아 엠페디그리의 레이더망에 다른 대륙의(인도와 같이 세계에서 가장 많은 복제약을 생산하는) 거대한 국가들이 들어올 것이라고 전망하였다. 시몬스는 인도에서 가장 규모가 큰 다국적 기업 타타그룹(tata group)과 인도 정부의 핵심 두뇌집단인 기업업무부와 함께 공통적인 이해관계를 구축하였다.

이와 같이 우샤히디는 인명구조, 건물파괴, 범죄, 질병 등에 관한 정보를 목격한 시민이나 자원봉사자, 구호단체들이 휴대폰과 인터넷을 활용하여 자발적으로 실시간 제보하는 통로가 됨으로써 일종의 '위기지도' 역할을 하고 있다. 시민의

14 미국 Knight Foundation의 보고서 *Media, Information Systems and Communities: Lessons from Haiti* 에 의하면 이동통신사, 구호단체, 신문, 방송 미디어는 4636번호를 사용하여 주민들에게 공공보건정보를 전달하였으며, 이 외에도 인명구조, 건물파손, 질병, 범죄정보가 제공되었다.

15 2008년 5월, 가나의 휴대폰 가입자 수는 870만 명 돌파하여 보급률 50%를 넘어섰다.

고발정신을 고양시켜 위기처리의 투명성과 효율성에 긍정적 영향을 미쳐 '분쟁의 위키피디아'라고도 평가받았다. 클레이 서키는 우샤히디의 이와 같은 성공은 기술 + 관대함 〔여유시간 + 여유재능, 창조하기 + 공유하기 등의(경제적인 것 외의 혹은 경제적인 것에 국한되지 않는) 내적 동기〕으로 이루어진 '인지잉여'(*cognitive surplus*) 때문이라고 평가하였다.[16] 관대함을 모으는 기술방식의 승리라는 것이다. 이는 일반적인 가벼운 흥미가 아니라, 참여자들이 만들어내지만 사회 전체가 향유할 수 있다는 의미의 시민적 가치를 내포한다는 점을 높이 평가한 것이다.

결론적으로 우샤히디 서비스가 시사하는 바는 오픈소스 사용 등과 같은 개방성, 트위터와 구글앱을 연동시킨 연결성, 누구나 쉽게 접근하여 정보를 제보하고 공유할 수 있도록 하는 집단지성의 특성이 소셜미디어를 통한 사회발전에 기여할 수 있다는 것이다. 현재에도 우샤히디는 플랫폼, 커뮤니티, 무브먼트로 활동하고 있다.

2) 소셜미디어 매개정치의 3단계 : 중동 혁명(*Arab Uprisings*)[17]

우샤히디 사례에서의 소셜미디어 활용이 사회발전의 원칙을 제공하였다면, 2011년 1월부터 본격화된 중동혁명은 소셜미디어 활용의 구조를 좀더 명확히 보여준다. 즉, 마이크로블로그의 소셜 네트워크화와 소셜미디어 서비스를 동시다발로 사용한 융합네트워크화, 그리고 응집의 특성을 발휘한 집단 여론의 네트워크화를 통해 혁명과 같이 긴박한 위기상황에서 소셜미디어를 통한 변화의 촉발이나 사건의 증폭이 가능하다는 것이다.

2011년 중동혁명은 혁명 이전의 정부의 통제와 이에 대한 누적된 반발이 표출된 사건이다. 튀니지와 이집트의 정부 모두 2005년 전후 정보화의 확장시기부터 네트워크를 심각하게 규제했는데, 단순한 내용검열을 넘어 관련자에 대한 감시와 오랜 투옥은 시민사회의 자유로운 표현을 가로막는 일방적 통제라는 비난을

---

16 http://bit.ly/cYDyIG (2010년 6월).

17 조희정(2011, pp.319~330)을 내용에 맞게 수정함

받았다.[18] 이러한 위기와 균열이 혁명 초기의 몇 가지 사건에 의해 혁명촉발로 이어졌다. 그러나 이 몇 가지 사건조차 일반인들이 자연스럽게 알 수 있는 것이 아니라 대안 미디어나 블로그 및 페이스북을 통해 전달되었다. 규제와 저항이라는 양분된 갈등구도에 머무는 초기 단계에서 정보의 생성과 유통이 훨씬 빨라지는 단계로 진화하였는데, 분신과 탄압 등의 심화는 추모운동으로 이어지고 추모인파가 늘어나 정부 퇴진의 메시지로 구체화되었다.

혁명의 심화단계에서 정부는 인터넷 차단이나 무력진압, 반체제 인사 감금, 국제사회의 관여 등으로 위기에 처하게 되고 시민사회 네트워크는 정보 확산 및 매개 그리고 의견 결집 및 집단행동의 외연 확장을 통해 급속히 확대되었다. 이 과정에서 튀니지의 운동은 이집트의 도움을 받고 이집트의 운동은 튀니지의 도움을 받았으며, 정부의 네트워크 규제를 우회할 수 있는 다양한 기술적 아이디어들이 집단지성을 통해 생성되고 공유되었다. 특히 이집트의 인터넷 차단이라는 초강수 정책은 국제사회 네트워크의 결집을 가져오는 커다란 계기로 작용하였는데, 인터넷의 자유주의 정신에 대한 정면 도전이라고 받아들인 전 세계 네티즌의 주목을 받으면서 서구의 주요 인터넷 사업자들과 미디어사업자들도 네트워크의 중요 행위자로 뛰어들게 되었다.[19]

이러한 튀니지와 이집트의 혁명 이전, 초기, 심화의 3단계를 네트워크의 3가지 속성의 구성요소를 중심으로 정리하면 〈표 12-2〉, 〈표 12-3〉과 같다.

소셜미디어의 매개정치구조는 마이크로 블로그를 중심으로 한 소셜 네트워크화, 멀티미디어와 모바일이 결합하는 융합네트워크화, 집합 여론네트워크화의 3차원으로 구성되어있다. 따라서 이 3가지가 모두 활발해질 경우, 혁명 확산의 범위와 강도는 더욱 심화된다.

---

18 이집트의 경우 1981년부터 실시된 비상계엄법에 의해 18,000명을 체포했으며, 튀니지 정부는 정부가 나서서 활동가들의 온라인 계정을 피싱(phishing)하고 차단하는 방법을 사용함으로써 네트워크 규제와 파괴 강도는 매우 컸다.

19 2월 1일 일본 소프트뱅크는 이집트에서 SMS 사용을 무료로 할 수 있는 정책을 실시하였다.

〈표 12-2〉 튀니지 혁명의 전개과정과 각 단계 네트워크의 활동

구분	혁명 이전	혁명 초기	혁명 심화
주요 정치적 사건	• 2005년부터 인터넷 검열 • 2010년 여름부터 정부는 활동가들의 G메일, 야후, 핫메일, 페이스북 계정에 피싱 공격을 하여 암호를 빼내고 계정 봉쇄(2011년 1월 3일에도 피싱 공격)	• 2010년 12월 17일에 시디 부지드(Sidi Bouzid)에서 분신한 모하메드 부아지지 (Mohammed Bouazizi)가 1월 4일 사망함 • 5명 자살 • 경찰 진압으로 66명 사망 • 1월 6일 변호사 8천 명 시위에 참여 • 1월 7일 블로거와 래퍼 등 체포됨	• 1월 12일 군병력 배치, 야간통행금지령 • 내무부 장관 경질, 체포된 시위대 석방 • 1월 15일, 벤 알리 대통령(Zine El-Abidine Ben Ali, 1987~2011년) 퇴진
소셜 네트워크화	• 위키리크스의 튀니지 정권 부패에 대한 미 대사관 보고서 제공 • 2010년 4월 슬림 아마무(Slim Amamou, 2011년 1월 22일 현재 팔로워 1만 명)가 ReadWite Web에 인터넷 비밀경찰 6백 명 활동에 대해 폭로	• 12월 17일 알 자지라가 부아지지 사건을 동영상과 함께 보도하여 해외에 알려지기 시작함 • 1월 4일 추모 운동 • 트위터 : 시위에서 사망한 '레겝의 순교자' 5명의 사진 게재	
융합 네트워크화		• 유튜브 : 분신지역인 시디 부지드 관련 동영상 3,000개, Nawaat.org는 시민들이 아랍어 '자유'를 몸으로 표현한 동영상 게재 • 슬림 아마무가 포스퀘어로 감금 사실 제공	• 유튜브 : 정부의 홈페이지 폐쇄에 저항하는 'Free from 404' 동영상 • DailyMotion : 동영상 서비스
집합 여론 네트워크화	• 2008년 페이스북 차단 • Tunileaks : Nawaat. org가 제작한 정부 부패 폭로 사이트(튀니지판 위키리크스)	• Nawaat.org의 조직화 활동 • 페이스북 자동번역 서비스 제공 • 1월 3일 이집트 해커가 "Open Tunisia"라는 이름으로 튀니지 정부의 8개 사이트에 DDoS 공격	• 페이스북 그룹과 블로거들의 다양한 집단 활동

출처 : 조희정(2011 : 320)

〈표 12-3〉 이집트 혁명의 전개과정과 각 단계 네트워크의 활동

구분	혁명 이전	혁명 초기	혁명 심화
주요 정치적 사건	• 1981년부터 비상계엄법(Emergency Law) 실시 : 5명 이상의 집회 금지, 18,000명 체포 • 2005년부터 인터넷과 언론 탄압 • 2007년부터 인터넷 통제와 억압 강화 • 2008년 북부 산업지역 마할라(Mahalla) 섬유공장 노동자 파업(2008-2009년까지 800번 파업)	• 1월 17-18일 3명 분신 • 1월 25일 반정부 시위 발발, 트위터 차단 • 1월 26일 야권 인사 20명 검거, 모하메드 엘바라데이 전 국제원자력기구 사무총장 가택연금, 페이스북 차단 • 1월 27일 인터넷, 휴대폰 차단, 사망자 7명으로 증가	• 1월 28일 휴대폰 정상화, 금요 기도회 후 최소 26명 사망, 엘바라데이 가택 연금, 군 탱크 진입, 내무부 장관이 수감되었던 무슬림 형제단과 4월 6일 그룹을 사살하고 7천여 명의 흉악범을 풀어 약탈이 벌어짐 • 내무부 장관이 체포됨 • 1월 31일 군, 발포 안한다고 발표, 군부와 부통령도 대통령 하야 요구, 무디스의 이집트 신용등급 하향 • 2월 1일 백만 대행진, UN은 300명 이상이 사망했다고 발표 • 2월 2일 인터넷 정상화, 100만 명의 최대 반정부 시위 • 2월 7일 구글의 고님 석방, 2월 11일 무바라크 퇴진
소셜 네트워크화	• 2005년 선거 후 정치블로거들이 유행(Kafaya, Wael Abbas, Al Dustur, Abdel Monem Mahmoud, Mustafa Naggar 등), 경찰의 과잉 진압이나 성희롱 사건을 해외에 알림 • 가장 정치적이고 강력한 블로그 : 'Muslim Brotherhood'	• 1월 24일-30일 : 이집트, 예멘, 튀니지라는 단어를 포함한 트윗 수 130만 개(cf. 1월 16-23일 트윗 수 12만 개, Sysomos 조사)	• 1월 28일 자정부터 1시간 반 동안 올라온 24만 5천 건의 트윗 중 8%가 이집트에서 올라온 것 • TweetDeckdsk HootSuite와 같은 제3자 애플리케이션을 사용하여 휴대폰으로 트위터 이용 • 프락시 서버 사용 • 전화모뎀(가장 인기 높음) : 해외 인터넷 서버에 접속 • 팩스 • 모스부호로 국제인터넷활동가단체 'Telecomix'에 소식을 전달하면 이를 다시 저항단체 'We Build'에 띄우는 방식으로 소식 전달 • 집전화(구글 서비스 Speak2tweet)로 트위터에 소식 전달(2011년 1월 31일) • '이집트 인터넷 차단을 우회하는 20가지 방법' 정보제공 • 알 자지라는 CC를 적용하여 보도자료 공유, 트위터에 중계 • 이집트 거주 트위터리안 아이디 공유 • 트위터 : 공식성명 'The Tweets Must Flow' 발표(2011년 2월 1일) • 2월 3일 이집트 작가가 비디오커뮤니티에 올린 글이 RT됨

〈표 12-3〉 계속

구분	혁명 이전	혁명 초기	혁명 심화
융합 네트워크화	• 유튜브 : 2010년 6월 경찰 비리를 폭로한 칼레드 사이드(Khaled Said)가 인터넷 카페에서 연행됨	• 자동프록시검색 우회프로그램 '울트라 서프(UltraSurf)' 로 인터넷 접속 • 유튜브 : '1월 28일 경찰의 폭력 진압하는 동영상' 이 최초의 동영상으로 게시됨	• 유튜브 : '피해자 때문에 우는 고님의 모습 동영상' 등 이집트 혁명 관련 동영상 195,000개 업로드 • 알 자지라 : 라이브스트리밍으로 트위터 내용 생중계(2,500% 시청률 상승) • '중동의 선율(mideastunes.com)' 에서 다양한 음악을 통해 표현의 자유, 사회변화 인권 등을 표현 • 스마트폰을 통한 정보 공유 • HyperCities project : 트위터의 파생서비스로서 도시내 30만개의 트윗을 분석하여 해시태그의 변화상황을 동영상으로 제공 • 2월 3일 전세계 연대서명 100만 명의 이름이 타히르 광장에서 스크린으로 전송됨
집합 여론 네트워크화	• 페이스북 그룹 : 2008년 노동자 파업을 지지하는 '6 April Group' (7만 명 참가), 거리 시위 조직, 투옥 언론인 석방 운동 전개, 정치 토론 진행. 6만 명 참여 • 페이스북 그룹 'We Khaled Said' : 구글 임원 고님이 2010년 6월부터 운영. 47만 명	• 페이스북 그룹 'We are all Khaled Said' 가 제안한 1월 25일 집회 : 8만 5천 명이 참여 의사 밝힘	• '고님을 저항세력의 대변인으로' 라는 페이스북 페이지에는 15만 명 이상이 친구로 등록 • 2주 동안 페이스북에 3만 2천개 단체와 1만 4천개 페이지가 개설됨 • 광장에서의 구호 '우리는 인터넷을 하고 싶다(We Want Internet)' • 이집트의 3인조 랩그룹 아라비안 나이츠(Arabian knights)가 인터넷 봉쇄 상태에서도 페이스북을 통해 노래 '반역(rebel)' 발표 • 2월 2일 시위지지 해커모임(Anonymous)이 이집트 정보부와 집권 국민민주당(NDP) 홈페이지를 공격하여 서버 다운 • 2월 2일 인터넷 재개 후 페이스북 이용자가 500만 명으로 급증(휴대전화 접속자 100만 명) • Mideastyouth(블로그 포털)의 토론방 • 2월 13일 구글 모더레이터 개설(토론방)

출처 : 조희정(2011 : 321-322).

(1) 마이크로 블로그의 소셜 네트워크화

다른 사람에게 자신이 알리고 싶은 글을 효과적으로 전파할 수 있는 리트윗(RT, *Retweet*) 기능과 사용자가 임의로 정할 수 있는 주제어인 해시태그(*hash tag*)는 트위터의 속보성을 더욱 확대시킬 수 있는 서비스들이다. 혁명기간에는 트위터 타임라인에 그 어느 때보다 많은 관련 해시태그가 올라와[20] 관심을 모으고 여론을 형성했다. 단순히 의견개진뿐만 아니라 인터넷 통제 시에도 소식을 알 수 있는 다양한 정보원을 공유하고, 중요 소식을 전달하고, 시시각각으로 변화하는 상황을 알리는 데 가장 큰 역할을 한 것이 트위터였다. 튀니지에서 마이크로 블로그를 통한 소셜 네트워크화는 뉴스 블로그를 통한 정부 부패의 폭로와 경찰의 폭력진압 과정에서 사망한 순교자들의 사진 등이 링크되면서 확산되었다. 즉, 텍스트 기반 의미전달이라는 트위터의 특성 외에 리트윗이나 링크 등을 통해 뉴스의 폭발력이 더욱 확대된 것이다.

시소모스(Sysomos)가 조사한 이집트 혁명 당시의 해시태그 분포를 보면 주로 일시(1월 25일, 1월 28일, today), 지역 및 위치(타히르, 카이로, street), 인물(호스니, 무바라크), 매체(알 자지라, 타임, 인터넷, ajenglish, ajarabic, 뉴스) 등이 주를 이루고 있음을 알 수 있다(〈그림 12-1〉참조). 이는 시민들이 자신의 집단행동에 대한 정보를 공유하고 집회사건을 대외적으로 알릴 수 있는 매체로서 트위터를 이용하고 있음을 보여주며, 혁명의 주요 의제가 부패 종식, 경제적 조건 개선, 민주주의와 인권 보호라는 사실을 명확히 나타내는 것이기도 하다.

다음으로 중동혁명의 소식을 알리기 위한 알 자지라(Al Jazeera)의 온라인 활용 또한 매우 적극적이었다. 전 세계에서 6천만 명이 시청하는 알 자지라는 신속한 보도,[21] 전문적 해석, 배타적 저작권(*copyright*)이 아닌 개방적 저작권으로서의

---

20 중동혁명 과정에서 나타난 주요 해시태그로는 #bouazizi, #sidibouzid, #tunisia, #egypt, #tahrir, #censorship, #mubarak, #cairo, #jan25(이집트), #Feb3(예멘), #Feb5(시리아), #Feb12(알제리), #Feb14(바레인) 등이 있는데, 튀니지의 시디부지드 지역 사태를 나타낸 #sidibouzid 관련 트윗은 12월 27일 하루 동안에만도 시간당 2만 8천 개씩이 생성되었다.

21 이들의 보도는 텍스트만으로 이루어진 것이 아니라 인터넷 사이트를 통해 스트리밍 속보로 제공되었다. 이후 이집트에서는 1월 30일 알 자지라의 카이로 지국이 폐쇄되었고, 31일에는 기자 6명을 체포하기도 하였다.

〈그림 12-1〉 이집트 혁명 당시의 트위터 해시태그 분포

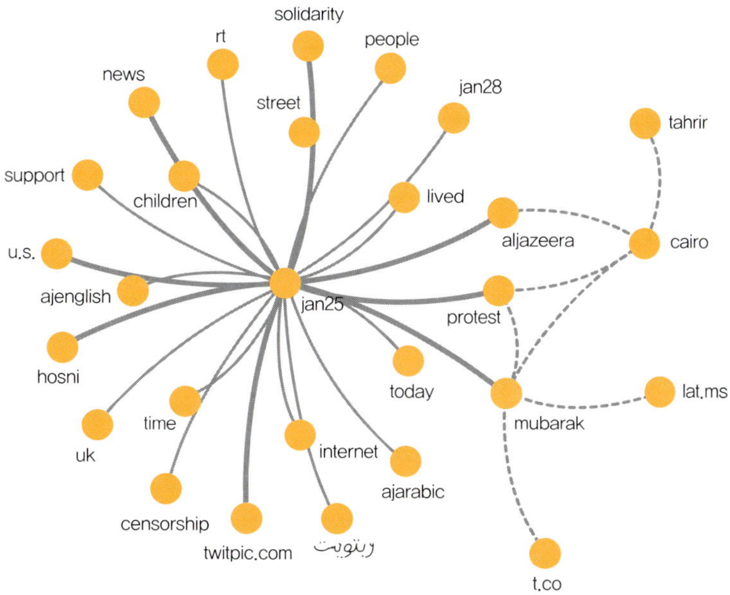

* 자료 : Mark Evans(2011.1.31)

CC(*Creative Commons*)를 활용하여 다양한 플랫폼에 여러 형태의 콘텐츠를 유통시켰다. 이와 같은 적극적인 콘텐츠 배포 전략은 드러나지 않은 폐쇄적 지역으로서의 이슬람을 세계무대에 부각시킨 성공적인 전략이었다.

한편, 알 자지라뿐만 아니라 평화와 민주화 운동을 주로 보도하는 데모크라시 나우(Democracy Now!), 이미 유명한 진보적 블로그 언론인 허핑턴 포스트(Huffington Post), 슬림 아마무[22]의 튀니지 인터넷 감시 폭로게재로 유명한 미디어 리드라이트웹(ReadWriteWeb)과 같은 온라인 미디어도 의제생산에 큰 기여를 하였다. 아울러 혁명 이전에는 튀니지 혁명의 도화선을 제공한 위키리크스의 미 대사관이 작성한 튀니지 정부부패 문건도 중동혁명에서 매우 중요한 역할을 했다고 평가받고 있다. 그러나 한편으로는 잘 알려지지 않은 이런 미디어의 활동 외에

22 슬림 아마무는 컴퓨터 프로그램 회사를 운영하며 해적당(Pirate Party)의 일원이기도 하다.

서구 기존 매스미디어의 대응은 느리거나 혁명에의 영향이 미약했다는 비판도 제기되었다(Simon Cottle, 2011).

(2) 멀티미디어와 모바일의 융합 네트워크화

두 번째 층위는 주로 다양한 콘텐츠를 융합하여 재생산하는 융합적 네트워크화로 유튜브나 동영상 서비스 혹은 다양한 문화 콘텐츠를 제공하는 플랫폼이 정보전달의 통로역할을 하였다. 먼저, 유튜브에 이미 개설된 '시티즌튜브'(Citizen Tube)는 분신자살, 고님의 우는 동영상, 저항하는 시민들의 모습, 경찰의 폭력 진압 장면 등을 담은 동영상을 제공하면서 혁명에 대한 관심을 증폭시키는 데 큰 기여를 했다.

블로그 포털이자 토론방인 '미드이스트유스'(*Mideastyouth*)를 운영하는 에즈라 알 샤페이가 운영하는 '중동의 선율'(*mideastunes.com*)에는 중동 젊은이들의 문화적 요구가 다양한 형식의 음악으로 표출되었다. 페르시아어 랩, 팔레스타인식 트랜스 음악, 요르단식 펑크, 바레인식 R&B 등에서 사회변화, 인권, 표현의 자유

〈그림 12-2〉 리비아 혁명에서의 정보의 흐름

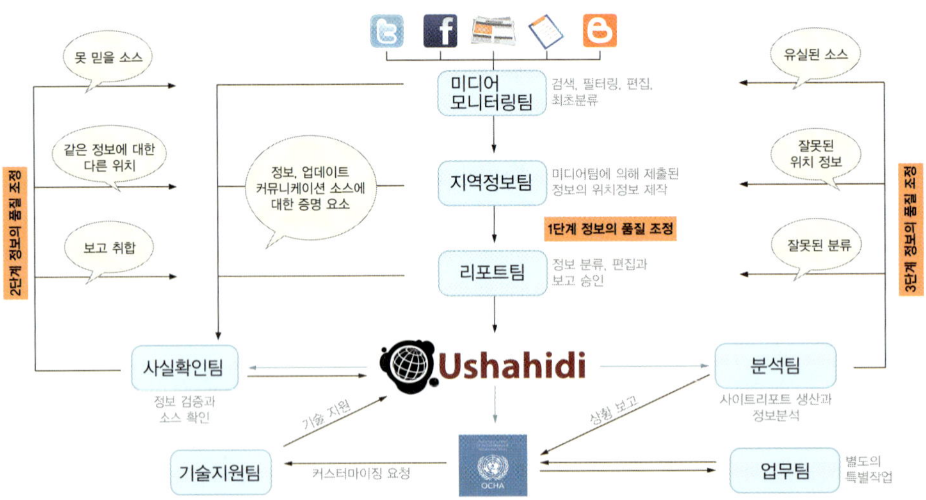

출처 : http://www.slideshare.net/dalezak/ushahidi-in-revolutions

에 관한 메시지들이 전달되었다. 인터넷 차단 시 인터넷 접속을 도와주는 자동프록시검색 우회 프로그램인 '울트라 서프'(*Ultra Surf*)[23]는 이집트의 인터넷이 위기에 처한 1월 27일에는 1일 페이지뷰(*pageviews*)가 780만 번으로 급증하기도 했으며, 트위터의 30만 개 트윗의 해시태그만을 분석하여 도시 내에서의 상황변화를 동영상으로 만들어 제공한 '하이퍼시티즈'(*HyperCities*) 프로젝트도 소셜미디어의 촉매기능을 했다.

이와 같이 정보생산의 보조역할 내지는 정보생산 자원을 제공하는 융합 네트워크의 경우 서구의 전폭적 지원을 받기도 하였는데 중동혁명 발생 후 미국정부는 이와 같은 융합 네트워크 관련 서비스에 대한 지원을 통해 이슬람 지역의 민주화를 앞당기겠다는 발표를 하기도 하였다.

(3) 집합여론 네트워크화

마이크로 블로그의 소셜 네트워크화 확산과정과 융합네트워크에 의한 정보의 확대와 더불어 또 하나의 의미 있는 네트워크 확산 단계는 집합적 여론형성의 단계이다. 일반적인 인터넷 커뮤니티나 게시판을 통한 집합여론의 형성에 더하여 페이스북 그룹을 통한 의견의 결집은 소셜미디어를 통해서 새롭게 나타난 의견결집 매체라고 볼 수 있다. 페이스북 그룹이나 구글 '모더레이터'(*moderator*) 같은 서비스는 사용자 결집과 토론을 통해 의제를 생산한다. 페이스북 그룹은 수십만 명을 응집시키고 실제 집회일시나 장소, 방법 그리고 대통령 퇴진 등 정치적 행동에 대한 의제를 생산하여 온라인 게시판이나 커뮤니티와 같은 새로운 집단행동 채널로 부상하였다. 페이스북에서 더욱 흥미로운 것은 이집트 운동가들이 단순히 사람들을 모으고, 해당 페이지에서 '좋아요'(*like*)만을 제공한 것이 아니라 시민들에게 실망감을 표출할 수 있는 공간을 제공했다는 것이다. 즉, 사람들을 참여시키고, 온라인이 아닌 실제 세계에서 행동으로 옮길 수 있도록 동기를 부여하기 위해 소셜미디어를 사용한 것이다(Sharon Gaudin, 2011. 5).

---

23 http://www.ultrareach.com

튀니지의 경우 '튀니리크스'와 같은 정부 부패폭로 사이트를 통해 사람들의 집단지성에 의한 정보공유의 커뮤니티를 운영하였으며, 블로거들의 행동강령을 결집하여 보여주기도 하였다. 2011년 2월 13일 구글의 임원 고님이 구글의 모더레이터 서비스에 개설한 "이집트 2.0, 우리가 필요한 것은 무엇인가"(*Egypt 2.0, What does we need? What are our dreams?!*) 라는 토론[24]에는 4만 126명이 5만 천 137개의 아이디어를 제출하고 138만 270번의 투표를 했다. 또한 블로그 포털사이트인 '미드이스트유스'에는 3만 5천 명이 참여하여 4만 5천 300건의 아이디어를 제시하였다. 이들의 아이디어는 교육이나 내무부 개혁으로 수렴되었으며, 새로운 정책에 이들 의견이 반영되어야 한다는 요구 또한 높았다.

3) 월스트리트 점령 (2011년 9월)

2011년 중동혁명에서 나타난 소셜미디어 매개정치의 네트워크는 2011년 9월 또 하나의 사례로 나타났다. 이른바 월스트리트 점령(*Occupy WallStreet*) 운동은 미국의 경제불안과 세계화에 따른 경제위기 상황에서 경제적 불평등의 해소를 주장하며 등장하였는데, 미국의 젊은이 30여 명이 2011년 9월에 시작하여 3주 만에 전 세계로 확산되었다. 또한 확산의 과정에서 의회 등 저항대상의 확대로 이어져 수많은 점령(*Occupy*) 운동이 나타나게 되었다.

오바마의 선거운동에 마이보(MyBO)가 허브였듯이 이들의 시위에서는 사이트(occupywallst.org, www.occupytogether.org)가 허브로 작동하였다. 이 사이트를 통해 전 세계의 시위일정과 정보를 게시하고, 실시간 댓글토론을 하면서 각 지역에서의 시위 대처법에 대한 의견도 나누며 페이스북, 트위터, 레딧(*reddit*) 등의 소셜미디어로 연결하고, 실시간 소식을 SMS로 전달하고, 구글 맵 지도서비스를 통해 사용자들이 거주하는 지역의 시위상황을 실시간으로 알렸다. 자원봉사자인 저스틴 오토나이(Justin O'Tonnaigh)가 만든 occupywallst.org의 경우는

24 http://www.google.com/moderator/#16/e=581e0

2011년 9월 18일부터 10월 28일까지 20일 동안 470만 명의 방문자를 기록했다. 특히, 방문자 가운데 1,619명의 특성을 분석한 결과, 방문자의 대부분은 학생, 실업자, 민주당원, 백인인 것으로 나타났다.[25]

월스트리트 점령 시위 또한 앞서 설명한 중동혁명과 같은 패턴으로 진행되었다. 즉, 소셜 네트워크화, 융합적 네트워크 그리고 집단적 여론형성의 네트워크 특징이 나타났다. 먼저 소셜 네트워크화 층위에서, 온라인 잡지 '애드버스터'는 트위터의 해시태그(#) 기능을 이용하여 월스트리트 점령 시위에 첫 번째 불씨를 지폈다. 애드버스터는 이집트 혁명을 월가에서도 이어가자는 의미에서 7월 13일에 '#OCCUPYWALLSTREET'라는 제목의 성명서를 발표했고 이에 호응한 시민들이 잇따라 해시태그를 단 글을 퍼트리며 분위기가 고조되어 9월 17일, 월스트리트에 있는 주코티 공원에서 시위가 시작되었다. 트위터 주제어 표기 방식인 해시태그의 '#' 표시 하나로 트위터 이용자들의 시선을 사로잡은 뒤 단숨에 목표를 현실화시킨 것이다. 트위터 계정(@occupywallst)은 팔로워가 10만 명에 이르고 관련 계정이 1시간에 1만~1만 5천 개까지 만들어지기도 했다.[26] 또한 월가 시위의 정신적 지주로 통하는 철학자 슬라보예 지젝(Slavoj Zizek)은 시위 초기 "새로운 세상을 꿈꾸는 것을 두려워하지 말자"고 마이크도 없이 연설했지만 트위터나 페이스북을 통해 빠르게 퍼져 시위 확산에 기여하였다.

융합적 네트워크 특성으로는 동영상 사이트 유튜브에서 시위 모습을 도시별로 나눠 게재하는 채널들이 큰 인기를 끌었다는 것이다. 뉴욕의 시위모습을 담은 'Occupy TVNY', 포틀랜드의 장면을 촬영해 올리는 'OccupyPDX' 같은 동영상 채널들은 도시별 시위상황을 생생하게 기록해 수십 만 건의 조회 수를 기록했다. 이들은 제도언론이 충분히 보여주지 못한 시위 참여자들의 다양한 모습을 담아 전 세계로 전달했다. 실시간으로 전 세계의 시위상황을 동영상으로 보여주는 라

---

25 이 조사는 비즈니스 분석가 Harrison Schultz와 Baruch College 공공행정학과 Hector R. Cordero-Guzman 교수의 10월 5일 조사이며, 이와 같은 결과는 10월 21~22일에 Fast Company가 5,006명을 대상으로 한 조사에서도 유사하게 나타났다(*Fast Company* 2011.11.2).

26 "소셜미디어의 힘… 시위 문화, 패턴까지 바꿨다", (〈한국일보〉, 2011.10.18).

〈그림 12-3〉 occupywallst.org의 구글 맵 서비스

이브스트림 채널(*occupynyc*)의 '글로벌 레볼루션' 동영상에는 시간당 시청자가 4천 명 이상이 되기도 했으며, 텀블러에는 'We Are the 99 percent'라는 게시판이 만들어졌고 600명이 넘는 사람의 운동 참여수기가 올라왔다.

집단적 여론형성의 층위에서는 시위 참여자들이 *The Occupy Wall Street Journal*이라는 잡지를 만들기 위해 소액 기부전문 소셜펀딩 사이트 '킥스타터'에 잡지 발간목적 등을 올린 뒤 1,696명으로부터 목표액의 6배가 넘는 7만5천 달러를 기부 받는 데 성공했다. 한편, 페이스북의 경우 '이벤트' 생성기능이 가장 많이 이용됐다. 'Occupy together', 'Occupy wall street' 등 다양한 페이스북 페이지들이 끊임없이 시위정보를 제공하면서 이벤트 기능을 이용하여 구체적인 시위장소와 방법을 알리고 '참여' 버튼을 클릭하게 함으로써 실제 참여를 이끌어내는 식이다. 페이스북 페이지(*Occupy Wall Street*)는 10만 명 이상이 '좋아요'로 동조하였는데,[27] 11월 5일에는 뱅크 오브 아메리카 등 대형 은행의 계좌에서 돈을 빼 중소은행으로 옮기자는 운동인 'Bank transfer day'가 새로운 이벤트로 등록돼 8만여 명이 참여의사를 밝혔다.[28]

〈그림 12-4〉 월스트리트 점령 시위에서의 소셜미디어 사용규모

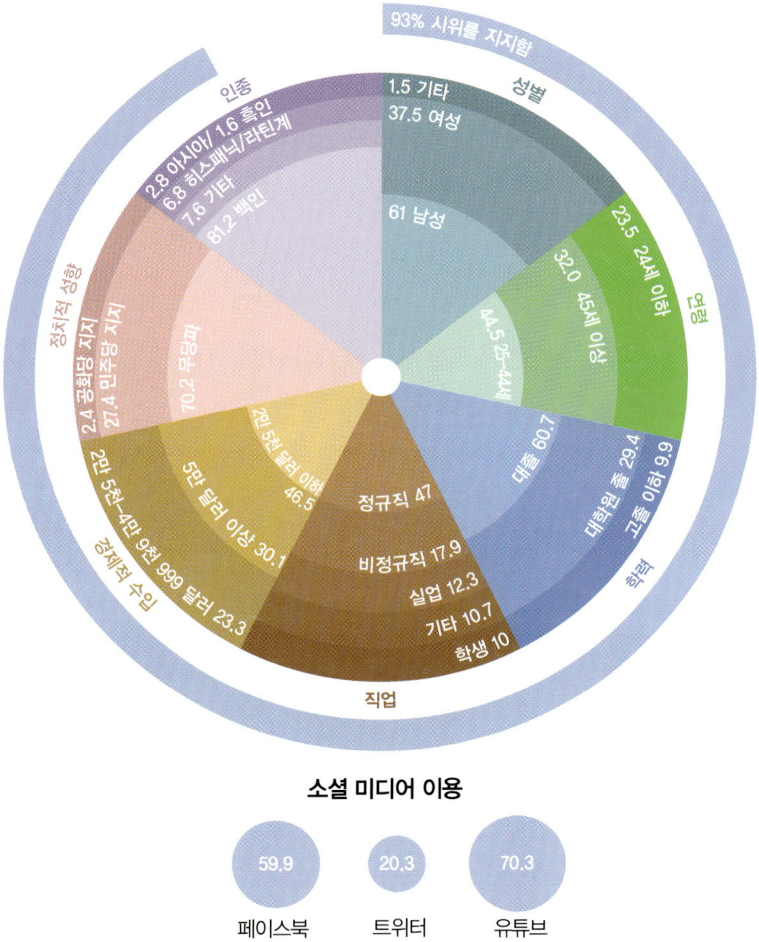

27 페이스북에는 이 페이지 외에도 월스트리트 점령 관련계정과 페이지가 수백 개 개설되어 있다.

28 이 운동은 뱅크오브아메리카(Bank of America)가 직불카드 사용고객에게 월 5달러의 수수료를 부과하려고 하자 LA에 거주하는 크리스틴 크리스천이 페이스북 친구들에게 은행계좌를 신용협동조합으로 옮기자고 한 것에서 출발하였다. 즉, 월스트리트 점령 시위대가 시작한 것은 아니었지만 시위대가 이 계획을 지지함으로써 급속히 발전하게 되었다. 운동에 참여한 사람은 1개월간 65만 명에 이르렀으며 총 45억 달러가 이전되어 1인당 평균 6,900달러를 옮긴 효과가 나타났다.

최근 월스트리트 점령시위에 대한 트위터의 구조를 분석한 마크 스미스(Marc Smith)의 연구에 따르면, 11월 15일 30분 동안 월스트리트 점령시위에 동조한 사람들이 올린 1,400여 건의 트윗으로 보아 트위터를 잘 활용하는 젊은 층이 중심인 월스트리트 점령시위 진영이 같은 시각, 우파인 티파티(*Tea Party*) 진영보다 훨씬 활발하게 움직이는 것으로 나타났다. 또한 네트워크 구조에 있어서는 마치 불꽃놀이처럼 주요 인물을 중심으로 몇몇 군집이 존재하며 전체적으로는 트위터 간의 연결이 느슨한 모습이었다(Marc Smith, 2011).

〈그림 12-5〉에서의 회색선은 다른 사람의 트위터에 대한 팔로워를, 청색선은 트위터 메시지를 다른 사람에게 옮기거나 거기에 자기 의견을 게시한 것을 의미

〈그림 12-5〉 월스트리트 점령 시위의 트위터 네트워크

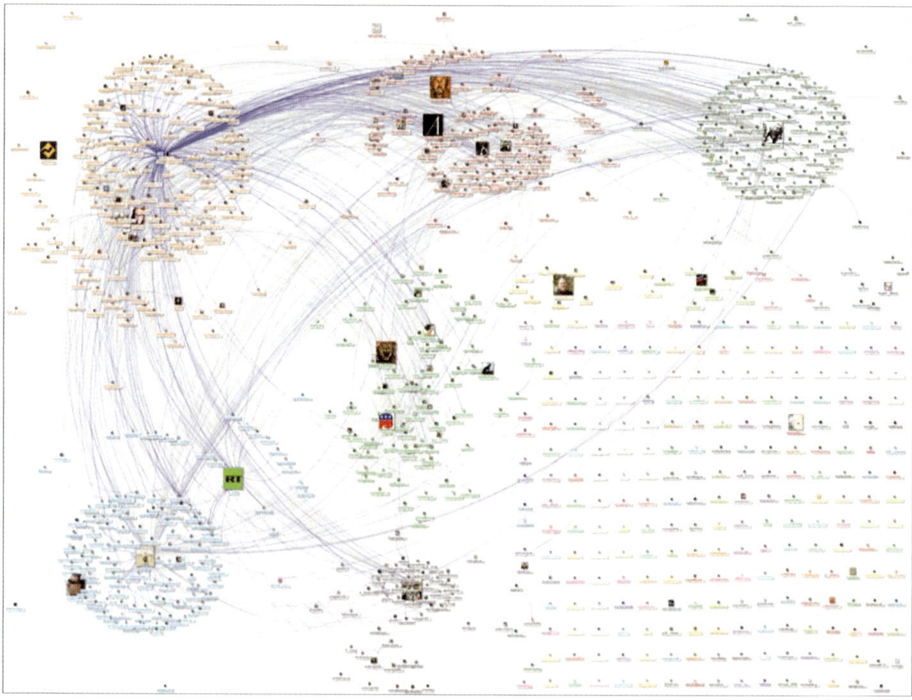

출처: Marc Smith. 2011.11.15."Twitter-occupywallstreet network mentions and reply edges highlighted with labels" (http://bit.ly/JpydE2, 검색일 : 2011년 11월 20일).

한다. 우측 아래의 점들은 메시지를 옮기지 않은 트위터 사용자와 팔로워로, 연결되지 않은 사용자들로서 시위를 발전시킬 수 있는 잠재력으로 평가된다. 월스트리트 점령시위의 트위터 사용자들은 다른 사람의 의견을 주변에 옮기거나 자기 의견을 덧붙이는 데 활발한 것으로 나타났다. 따라서 다른 사용자와 팔로워로 이어지지 않으면서도 해당 운동에 동조하는 의견을 낸 사용자들이 장차 운동을 발전시킬 수 있는 약한 유대의 잠재력을 보여주는 것으로 평가할 수 있다.

소셜미디어 사회운동의 과정과 쟁점

1) 소셜미디어를 통한 매개정치의 네트워크

소셜미디어 매개정치의 세 가지 단계는 이념형이며 차례대로 나타나는 현상이 아니라 네트워크 내에서 연동되어 나타나는 현상이다. 말하자면 소셜미디어 생태계(*eco system*)의 입체형을 단면으로 자르면 세 네트워크의 중층구조로 구성될 수 있다. 그러한 네트워크 구조의 구성과정은 〈그림 12-6〉과 같이 전개된다.

〈그림 12-6〉 좌측에 나타난 블로그와 페이스북의 담벼락 등은 일종의 정보 보관소와 같다. 이것보다 중요한 것은 세 층위 네트워크의 구성과정인데, 먼저 트위터의 해시태그와 리트윗에 의해 매개되는 소셜 네트워크화 단계에서는 정보가 다양한 플랫폼으로 생산되고 확산된다. 다음으로 멀티미디어 콘텐츠와 모바일 간의 융합적 네트워크 단계에서는 유튜브, 플리커, 데일리모션, 밤유저 등에서 동영상이나 이미지와 트위터의 메시지가 결합하면 일종의 이슈 매개현상이 발생한다. 이 과정에서는 행위자와 행위자 사이에도 연결고리가 생겨 그 결과 집합적 여론형성의 네트워크 단계로 발전한다. 또한 이렇게 의견결집이 가속화되면 이전 국면이 다음 국면을 매개하는 전환의 과정도 발생한다.

한편, 〈그림 12-6〉의 전체 과정은 매개가 일어나는 속도에 따라 좌우의 폭이

〈그림 12-6〉 소셜미디어를 통한 매개정치 구성과정

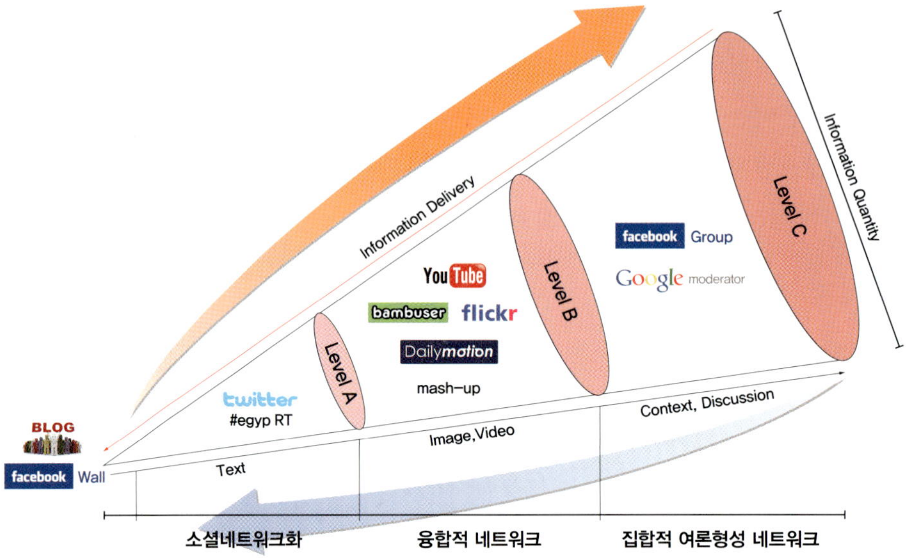

줄었다 늘었다 변화할 수 있다. 즉, 매개가 급속하게 이루어지면 당연히 폭이 줄어들 것이고, 일상 공간 정도의 안정적인 매개 속에서는 폭이 상대적으로 늘어난다. 이 과정은 또한 끊임없이 순환하며, 순환과정에서 정보의 양이 많아질 가능성도 높다.

또 하나 중요한 것은 급변기의 매개정치 네트워크는 그 내부에서 소셜미디어를 통한 매개의 역동적인 과정으로 구성된다(〈그림 12-7〉 참조). 즉, 안정기에는 소셜미디어의 약한 유대가 상시적으로 존재하지만 급변기에는 소셜미디어의 매개도가 높은가 낮은가에 따라 강한 유대의 형성을 촉진할 수 있다. 안정기에는 자기가 이용하고 싶은 소셜미디어에서 상시적으로 정보를 확산하고, 매개하고, 의견을 결집하겠지만 급변기에는 어디라도 자신이 확산시키고자 하는 메시지가 있다면(일종의 핫라인을 찾는 것처럼) 가장 강한 소셜미디어로 찾아가 더욱 강하게 결집하는 현상이 발생할 수 있다는 의미이다.

전체적으로 이러한 네트워크의 특성으로는 첫째, 매시업과 연동된 속보성을 들 수 있다. 콘텐츠의 융합을 활용하여 상황변화를 신속하게 알려줄 경우 일반적

〈그림 12-7〉 안정기와 변화기의 네트워크 형태에 대한 개념도

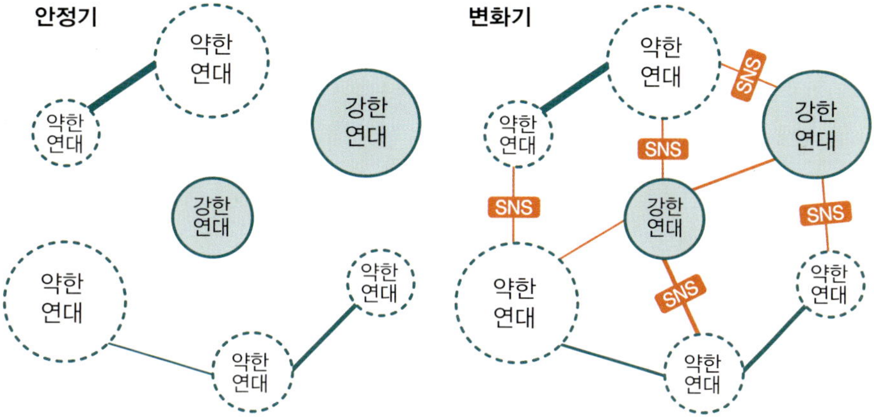

인 텍스트에 비해 정보전달 효과가 매우 크다. 단지 텍스트와 이미지의 형태로 분리되어 있는 것이 아닌 의견이 덧붙여져 있는 동영상, 이미지를 파노라마처럼 이어 스토리를 구성한 콘텐츠, 속보와 속보가 합쳐져서 나타나는 다양한 집단지성의 산출물들은 매시업과 연동된 속보성이라는 네트워크의 대표적 특징을 갖는다. 기존 미디어 또한 언론, 방송의 분리된 형태를 넘어 융합성이 더욱 증가하고 있는 것이 최근의 추세인데, 소셜미디어에서는 이와 같은 콘텐츠의 형식과 내용의 융합이 더욱 활발하게 이루어지는 것이다.

둘째, 네트워크의 자발성이다. 혁명이라는 과정이 어차피 제도적으로 양성되거나 공식적인 의제에 의해 형성되는 것은 아니지만 소셜미디어가 사회운동에서 가장 자유롭고 활발하게 사용되는 이유는 사용자들의 자발성에서 기인한다. 즉, 소셜미디어에서 사용자의 정체성과 견해가 표출된다는 것이다. 이와 같은 사실은 기술이 사회를 형성한다는 기술결정론에서 도외시되는 부분인데, 각 노드(*node*)의 자발성이 연계되어 거대한 네트워크를 움직이는 자기조직화 과정으로 이어지는 것의 정치적 의미는 매우 크다고 할 수 있다.

셋째, 네트워크의 매개성이다. 소셜미디어는 혁명의 독립변수나 별 것도 아닌 존재가 아니라 과정을 상승시키는 촉발적 매개체라고 할 수 있다. 특히 중동처럼

정부가 지나치게 네트워크를 억압하고 있는 상황에서 시민들이 의견을 표현·유통·공유할 수 있는 공간은 소셜미디어가 유일했다고 평가되는데, 페이스북의 그룹에서 단지 시민의 선호만을 수렴하는 것이 아니라 시민들이 의견을 표출할 공간을 마련하여 이를 집단행동으로 전환시켰고, 구글의 모더레이터에서는 혁명 이후의 새로운 정책에 대한 의견을 수렴하는 등 의미 있는 현실화 기능을 수행했다. 이는 네트워크의 매개기능이 그 자체로 사회변화의 동인이라는 점을 설명하기에 충분하다.

2) 소셜미디어의 매개효과에 대한 논란

2011년 중동혁명을 기점으로 소셜미디어의 영향력에 대한 무용론 중심의 말콤 글래드웰(Malcolm Gladwell)과 필요론 중심의 클레이 서키(Clay Shirky)의 상반된 주장이 주목받았다.

(1) 소셜미디어 무용론

먼저, 무용론 중심의 말콤 글래드웰은 〈뉴요커〉(*The NewYoker*)에 "작은 변화"(*Small Change*)라는 제목으로, 혁명을 만드는 것은 관계고리가 약한 소셜미디어가 아니라 강한 연대라고 주장했다. 과거에도 혁명이 있었고 그 핵심에는 시민이 있었던 것처럼 광장에 모인 시민이 혁명을 이루었다는 것이다(Gladwell, 2010. 10. 4). 이와 유사하게 칼럼니스트 기든 라흐만 또한 "이집트 혁명에 대한 감상"(*Reflections on the Revolution in Egypt*)이라는 〈파이낸셜 타임스〉(*Financial Times*) 기고문에서 이집트 국민의 44%가 문맹 또는 반 문맹 상태에 있고 소셜미디어를 사용할 수 있는 사람은 상대적으로 교육을 잘 받은 소수에 불과하다고 지적했다(Rachman, 2011. 2. 14). 따라서 이집트 혁명은 단지 인터넷에 의해 가능했던 것이 아니라 독재와 부패에 대한 분노, 중산층의 좌절과 빈민들의 절망 등 좀더 보편적인 요인에 의해 촉발되었다는 것이다. 이어서 기든은 프랑스 혁명과 볼셰비키 혁명시대에 소셜미디어가 없었다는 점을 강조하였다.

율리시스 메지아스(Ulises Mejias)의 경우는 미디어를 혁명의 주역으로 평가한다면, 수백만 명의 사람들을 광장으로 이끈 신발이 트위터보다 더 큰 영향력을 발휘한 것이라고 주장하였다. 그렇다고 중동혁명을 '신발 혁명'이라고 부르지 않는 것처럼 기술에 의한 혁명 가능성이 과대평가되고 있다는 것이 그의 주장이다(Mejias, 2011).

그러나 소셜미디어 무용론에 의하면 혁명의 주체로서 피플 파워(*people power*)의 중요성을 강조할 수 있지만, 한편으로는 20여 년간 축적된 인터넷과 소셜미디어에 의한 모든 사회현상을 무화하는 오류를 범할 수 있다. 약한 연대의 힘으로는 변화를 일으킬 수 없다는 글래드웰의 강조는 수많은 소셜미디어가 약한 유대를 통해 오랜 시간 평판과 신뢰를 누적하고 변화의 원동력이 되거나 그 확산범위 또한 크다는 사실, 즉 소셜미디어는 혁명의 조건이 아닌 혁명 가속화의 조건이 될 수 있다는 사실을 간과하며, 약한 유대를 유지하는 강력한 허브(*hub*)의 힘을 지나치게 폄하한다.

(2) 소셜미디어 필요론

다음으로 필요론 중심의 클레이 서키는 〈포린 어페어스〉(*Foreign Affairs*)를 통해 말콤 글래드웰의 의견에 반박했는데, 그는 낙관적 입장에서 소셜미디어의 확대는 10년 내 중국 공산당의 붕괴까지 야기할 수 있다고 평가하였다(Shirky, 2011. 1). IT 기술자, 아프리카 지역전문가이며 대안 미디어 '글로벌 보이스 온라인'(Global Voice Online)의 설립자 에단 주커만 또한 〈포린 폴리시〉(*Foreign Policy*) 기고문 "첫 번째 트위터 혁명인가"(*The First Twitter Revolution?*)에서 중동혁명을 '트위터 혁명'으로 명명하였다(Zuckerman, 2011. 1. 14). 이어 오바마 대통령 역시 혁명과정에서 사용된 모바일 기기의 위력을 강조하며 'M 혁명'(*Mobile Revolution*)이라고 불렀다. 포레스터(Forrester)의 분석가 오지 레이(Augie Ray)는 "소셜미디어가 이집트 국민들의 봉기를 시작한 것은 아니지만 이 불씨가 소셜 채널로 이어지자, 비용 없이 실시간으로 많은 사람들에게 전달되는 소셜미디어의 특성이 이집트 국민들의 시위가 퍼지고 유지되는 데 큰 역할을 했다"고 밝혔다

(Sharon Gaudin, 2011. 6).

조셉 나이(Joseph S. Nye Jr.)는 이와 같은 변화에는 두 가지 권력이 작용하고 있다고 분석했는데, 하나는 국가로부터 다른 주체로의 권력이행이고 다른 하나는 권력의 확산이라고 보았다. 이집트 혁명과정에서는 연성권력(*soft power*)이 훨씬 중요하게 작용하였는데, 프로테스탄트의 확산에 구텐베르크의 인쇄술이 있었던 것 이상으로 훨씬 다양하고 많은 정보기술로부터 권력이 생산되고 확산되었다는 것이다(Nye Jr., 2011. 2. 18). 그러나 필요론은 혁명 내부에서의 소셜미디어 역할에 대한 분석을 결여함으로써, 혁명의 독립변수로 소셜미디어를 과대평가하기 때문에 추후에는 소셜미디어 통제론으로까지 확대될 수 있다. 소셜미디어를 강조하고 있음에도 불구하고 소셜미디어를 더 이상 발전시킬 수 없는 정치적 역리가 나타날 수 있는 것이다.

(3) 소셜미디어 매개론

권위주의 국가에서의 인터넷 통제에 대한 연구를 통해 인터넷의 다양한 측면을 강조하고 있는 모로조프(Morozov)의 경우는 정치변화 기저에 흐르는 변화보다 기술전략만을 강조하는 인터넷 기업의 수단강조 전략을 '인터넷 중심주의'(*Internet Centrism*)라고 비판하였다. 다른 축소론자에 비해 사례 이해의 필요성을 크게 강조하는 그는 기업상품으로서의 페이스북과 혁명 플랫폼으로서의 페이스북을 구분하는 정도의 인식이 필요함을 강조하였는데 이는 매우 중요한 지적이다. 존 팰프리(John Palfrey) 또한 소셜미디어의 매개역할을 '지원 도구'로 평가하고 혁명과정에서 증폭하는 부분이 있음을 강조하였다(Christopher Rhoads, 2011. 2. 12).

따라서 소셜미디어 무용론과 필요론이 강조하는 결과 중심의 관점은 과정중심의 분석으로 전환될 필요가 있다. 1990년대 말부터 2010년대까지 20여 년간 이어져 온 인터넷과 소셜미디어의 참여 · 공유 · 개방 정신이 위기의 순간에 어떻게 현실화되었으며, 국제정치무대에 중동지역이 새로운 민주화 물결의 성지로 부상하는 데 기여한 방법이 무엇인가를 평가할 필요가 있다.

〈표 12-4〉 소셜미디어 필요론과 무용론의 주요 내용과 근거 비교

구분	SNS 필요론	SNS 무용론
인물	클레이 서키, 에단 주커만, 오지 레이, 미국정부와 정치인	말콤 글래드웰, 기든 라흐만, 율리시스 메지아스, 크리스토퍼 로즈
내용	• 결정적 역할 • 혁신지향의 기술 속성	• SNS 외 다양한 변수들이 중요 • SNS는 특정 계층만 제한적으로 사용 • 피플 파워 강조
근거	비용 우위, 표현의 자유와 연대의 힘	기술이 없던 과거의 시민혁명
한계	• 구체적인 활용방법을 제시하지 않음 • SNS 통제론 야기	• 실제 SNS의 경험 사례를 폄하함 • SNS 무용론 야기

혁명은 소기의 목적을 달성하는 것이 가장 중요하겠지만, 정치변화 또한 정치발전을 위한 필요충분 과정이라고 한다면 바람직한 변화과정에 대해 고민하는 것은 정치과정의 핵심이기 때문이다. 즉, 필요론과 무용론 이전에 소셜미디어가 단지 경제나 문화활동에 머무는 것이 아니라 어떤 식으로 사회변화를 일으키는 역할을 하는지를 좀더 규명할 필요가 있으며, 그 안에 작용하는 복합적 '정치'를 분석해야 한다. 또한 기존 미디어 이용자의 인지적 태도변화에 관련된 의제설정(*agenda setting*) 이론이나 이용자의 행동적-행위적 변화와 관련한 점화효과(*priming effect*) 이론과 같이 인터넷 매개커뮤니케이션이론을 소셜미디어 매개이론으로 적용하려는 노력이 필요하다.

소셜미디어 사회 발전을 위한 과제

1860년대, 미국의 남북전쟁은 단지 노예해방전쟁이었다는 의미만 있는 것은 아니었다. 남과 북이 총으로 전투하던 당시 백악관의 링컨은 완전히 다른 종류의 '전략적' 전쟁을 치르고 있었다. 긴 전쟁기간 동안 쉴 새 없이 철도를 건설하여 병력을 이동시키고,[29] 후방의 모든 산업역량을 총동원하여 전쟁물자를 조달하고, 전신(電信)을 통해 전방의 상황을 파악했다. 이렇듯 큰 전략 아래에 세부전술을

구사한 링컨의 네트워크 전략에 비해 철도 신설은커녕 작전체계조차 허술했던 남군은 결국 패하고 만다.[30] 오늘날의 트위터와 같은 역할을 150년 전의 미국에서 전신이 해낸 것이다. 전신을 통해 드넓은 미국 영토 안의 거리가 줄어들기 시작하고, 남북전쟁에서 워싱턴은 허브로 기능한 것이다. 그렇듯, 앞으로는 채 150년이 되지 않는 기간 내에 우리가 상상하기 어려운 새로운 기술이 등장할 것이다. 세상은 영원히 변화할 것이고, 빠르게 소통하는 기술 또한 계속 향상될 것이다.

소셜미디어는 일방향의 올드미디어와 다른 쌍방향의 연결형 뉴미디어이다. 그러나 단순히 새로운 서비스가 아니라 사회변화와 진보의 가치를 반영한 서비스라고 평가할 수 있다. 많은 서비스들의 역사적 흥망성쇠에 나타난 것처럼 특정 서비스가 사라지더라도 서비스가 시사하는 본질적 가치의 경로는 완성될 수 있다. 즉, 웹 1.0 서비스로서의 홈페이지가 시공간을 넘나든 연결의 가능성과 위력을 시민에게 제공했다면, 웹 2.0 서비스는 참여, 공유, 개방의 가치가 얼마나 참여민주주의와 친화적일 수 있는가를 알려주었다. 소셜미디어는 오픈 플랫폼의 촉매 효과를 의제의 소셜화, 기술의 융합화, 여론의 집단화 등을 통해 참여, 공유, 개방의 가치를 증폭, 심화시켜 표출하고 있는 것이다. 향후 이러한 서비스의 본질은 다시 모바일과 시멘틱 같은 기술로 이어지고 확장될 것이다. 그리하여 남는 것은 민주적 가치의 확장이 갖는 사회적 의미이며, 모든 기술을 개인맞춤형이 되는 Me(혹은 My) Age로 수렴될 것이다.

그러나 이러한 낙관적 전망과 분석에도 불구하고 글로벌 소셜미디어 활용이 가지는 국가적 한계의 문제가 여전히 남는다. 흔히 이야기되는 소셜미디어의 특징은 인터넷과 같이 시공간의 구분 없이 편하게 이용할 수 있으며, 해외 사용자들과 언제든지 연결될 수 있다는 것이다. 그러나 실제로 각국 사용자들의 소셜미디어 이용패턴은 차이가 있다. 우리나라는 서구와 비했을 때 소셜미디어 활용도가 높

---

29 당시에 육로로 2개월 걸리는 길이를 철도로는 7일 만에 이동할 수 있었다. 또한 링컨은 이러한 중요성 때문에 민간이 관리하던 남부와 달리 북부의 철도를 정부의 관리 하에 두었다. 전쟁기간동안 북부는 6,500km의 새로운 철도를 건설하였고, 남부는 650km건설에 그쳤다.

30 KBS. 2012. 2. 21. 〈세상의 모든 다큐 : 미국, 400년의 도전 - 3부 남북전쟁〉.

기보다는 커뮤니티 사용자들의 활동성이 더 높게 나타난다. 서구에서는 아무 거리낌 없이 공개되는 개인의 정보를 국내에서도 그렇게 공개하기란 쉬운 일이 아니다. 민주주의 국가와 달리 중국이나 중동에서는 소셜미디어에 대한 강력한 통제가 이루어지기도 한다. 민주국가에서조차 정보의 통제와 규제가 강화되는 경향이 나타난다. 시공간의 구애 없이 모두가 연결될 수 있다는 것은 매우 큰 강점임에도 불구하고, 현실에서는 아직 그러한 장점이 완전히 구현되고 있지 않다는 의미이다. 그 원인은 오프라인 정치문화의 경로의존성, 의제의 성격, 국가의 규제 때문이다.

분쟁의 위키피디아이자 위기지도 역할을 하는 우샤히디는 오픈 플랫폼을 통한 연결의 확장 가능성을 보여주었다. 중동혁명과 월스트리트 점령시위 사례에서 볼 수 있는 것은 의제의 소셜화, 기술의 융합화, 여론의 집단화 현상이다. 크고 작은 다른 많은 사례들보다 이 사례들이 중요한 이유는 이제까지의 글로벌 소셜미디어 운동의 핵심적 특징을 보여주며, 그만큼 많은 사회적 참여와 관심을 모았기 때문이다. 소셜미디어가 아이디어, 경험, 지식교환의 플랫폼을 제공하여 혁명 발생을 매개하고, 글로벌 서비스이기 때문에 정부의 검열을 받지 않으므로 교육받은 젊은 세대들이 자유롭게 사용할 수 있다는 것은 아랍과 같은 폐쇄적 사회에서의 소셜미디어를 통한 사회발전을 촉발시키는 계기가 되었다. 소셜미디어 공간으로 모여든 크고 작은 그룹들이 일반 대중과 소통함으로써 혁명을 가속화하는 기폭제로 작용한 것이다.

이 글은 선거나 제도 변화가 아닌 사회운동의 차원에서 소셜미디어 활용 가능성을 분석하였는데, 미시적이고 일상적인 차원에서의 정치를 펼치기에 유리한 공간인 소셜미디어에서 협력과 공조 그리고 집단지성을 동원하면 어떻게 효과적으로 사회변화를 이끌 수 있는가를 보여주고자 하였다. 과거에 알려진 것처럼 혁명은 역사적 상황에서만 발생하는 것이 아니라, 일상생활에서의 상호작용에서도 나타날 수 있다는 골드팝의 지적은 글로벌 소셜미디어 사회운동을 분석할 때 필요한 시각이다. 즉, 광범위한 상호작용에 내재한 자유로운 공적 공간이 중요하기 때문에 여기에서 발생하는 대항지식과 대항권력에 주목할 필요가 있는 것이다.

조희정(2010), 《네트워크 사회의 정치와 민주주의: 정부, 정당, 시민사회의 변화와 전망》, 서강대 출판부.

______(2011), "2011년 중동의 시민혁명과 SNS의 정치적 매개역할", 〈한국정치연구〉, 20(2), pp. 309~337.

______ · 강원택(2010), 《디지털 정치조직의 출현과 e-거버넌스의 미래》, 정보통신정책연구원.

조희정 · 이상돈(2011), "네트워크 사회의 사회적 개인의 발현과 공조: 소셜미디어를 활용한 의제제안 · 의제연결 · 집단화 과정을 중심으로", 〈시민사회와 NGO〉, 9(2), pp. 231~267.

Goldfarb, Jeffrey C. (2006), *The Politics of Small Things: The Power of the Powerless in Dark Times*, University Of Chicago Press, 이충훈 역(2011), 《작은 것의 정치》, 후마니타스.

Shirky, Clay(2008), *Here Comes Everybody*, Brockman, 송연석 역(2008), 《끌리고 쏠리고 들끓다》, 갤리온.

______(2009. 6), "어떻게 소셜미디어는 역사를 만들어내는가" http://bit.ly/gIXJ9

______(2010), *Cognitive Surplus*, Brockman Inc., 이충호 역(2011), 《많아지면 달라진다》, 갤리온.

Smith, Marc. (2011. 11. 15), "Twitter-occupywallstreet network mentions and reply edges highlighted with labels"(http://bit.ly/JpydE2, 검색일: 2011년 11월 20일).

Tapscott, Don(2008), *Grown Up Digital: How the Next Generation Is Changing Your World*, McGraw-Hil, 이진원 역(2009), 《디지털 네이티브》, 비즈니스북스.

제 13 장

SNS와 인터넷 거버넌스

문상현

들어가는말

페이스북(*facebook*), 트위터(*twitter*) 등 소셜 네트워크 서비스(*SNS*) 사용자의 급속한 증가는 전 지구적 매체로서 인터넷과 그 거버넌스에 대한 인식에 새로운 차원을 더하고 있다. 인터넷 등장 초기의 주요한 관심은 인터넷을 통한 방대한 정보와 지식의 공유나 새로운 상거래 수단으로서 인터넷의 활용 등에 맞추어져 있었다. 세계 최대의 검색엔진인 구글(*Google*)에 대한 사회적·학문적 관심이나 90년대 중후반 국제사회에서 정책논란의 중심에 놓였던 전자상거래에 대한 관심이 그 대표적 사례들이다. 사실 이때만 하더라도 새로운 매체로서 인터넷에 대한 주목에 비해 이를 이용하는 인터넷 사용자 자체에 대한 관심은 상대적으로 미미했다. 이러한 경향을 바꾸는 데 크게 일조한 것은 유튜브(*Youtube*)로 상징되는 사용자 제작콘텐츠(*UGC: User Generated Contents*) 열풍이나 위키피디아 등의 집단지성 사이트 같은 소셜미디어(*Social Media*)의 등장이었다. 소셜미디어의 빠른 확산과 함께 미디어 수용자들은 전통적 매스미디어의 수동적 존재에서 프로슈머(*prosumer*)나 프로듀저(*produser*) 같은 능동적 사용자(*active user*)로 재개념화되기 시작했다. 이제 수용자들은 거대권력인 미디어가 일방적으로 전해주는 정보와 지식만을 편식하는 '우매한' 존재가 아니라, 정보의 바다에서 자신이 원하는 정보와 지식을 찾아내고 이를 공유할 뿐만 아니라 스스로 지식을 생산하는 '지혜로운' 존재가 되었다.

지식을 생산하고 공유하며 자신의 사회적 연결망을 확대하는 사용자의 모습이 가장 잘 드러나는 곳이 바로 이른바 SNS들이다. 마이스페이스(*Myspace*), 트위터, 그리고 페이스북이 대표적 SNS들인데, 이들 사이트에서 사용자들은 국내외를 가로질러 인맥을 만들고 자신의 소소한 일상사에서부터 사회문제에 대한 정치적 견해나 지식을 나눈다. 또한 자신들이 찍은 사진이나 영상물을 올려 다른 '친구들'의 평가를 받고 공유하기도 한다. 이와 같이 SNS에서는 개인의 신상이나 정보에 대한 노출이 일상적으로 이루어진다. SNS에서는 개인의 일거수일투족이 상세히 드러나고, SNS 사이트는 위치확인 동의 등을 요구함으로써 이러한 개인정보노출을 더욱 심화시킨다. 최근 이슈가 되는 빅데이터의 축적은 이와 같은 효율적 데이터 수집시스템과 개인의 '자발적' 공여에 의해 가능해진다. 따라서 SNS의 확산은 자연스럽게 개인정보의 투명한 수집 및 사용과 프라이버시 보호 등의 이슈를 부각시키게 되었다. 또한 마이스페이스나 페이스북 등에서 공유되는 동영상은 순수한 창작물도 많지만 저작권의 보호를 받는 영상들이거나 이를 부분적으로 사용한 것들이 상당수를 차지한다. 또한 우리나라의 카카오톡처럼 SNS는 불법동영상을 공유하는 채널로서 활용되는 경우도 빈번하여 지적 재산권 보호와 관련하여 심각한 문제를 일으키기도 한다. 이 밖에도 SNS에서의 음란한 내용이나 소수자에 대한 혐오적 표현, 그리고 중국이나 아랍 국가들의 사례처럼 트위터나 페이스북에서의 국내정치 관련 내용에 대한 검열 등은 적잖은 논란의 대상이 되고 있다.

이 글의 주요한 목적은 SNS의 확산이 지구적 맥락에서 인터넷 거버넌스에 어떠한 함의를 갖는지 살펴보는 데 있다. 이 글에서는 그 함의를 두 가지 문제의식에서 접근하고자 하는데, 첫째는 SNS의 등장과 확산이 인터넷 거버넌스를 둘러싸고 이루어지는 다양한 이해당사자들 간의 경쟁과 갈등에 어떤 함의를 갖는가에 주목하는 것이다. 둘째는 SNS와 주요 인터넷 거버넌스 이슈들 간의 관련성에 주목하는 것이다. 즉, 인터넷 거버넌스에 대한 국제적 논의는 관련 이슈들을 중심으로 진행되었는데, SNS의 확산이 이러한 이슈들의 내용과 성격에 어떠한 영향을 주었는지를 살펴보고자 하는 것이다. 이런 점에서 이 글은 "SNS의 거버넌스"에 대한 것이라기보다는 "SNS와 인터넷 거버넌스"에 대한 것이라고 할 수 있다.

이 글의 전체 구성을 보면, 먼저 다음 절에서는 글로벌 거버넌스의 개념과 이것이 미디어영역에서 갖는 의미에 대해 살펴본다. 이어서 인터넷 거버넌스의 개념과 제도화, 그리고 그에 대한 국제적 논의과정을 살펴본다. 그 다음에서는 인터넷 거버넌스에 관련된 핵심 이슈들을 검토하여 SNS의 확산이 이들에 어떠한 영향을 미쳤는지 살펴볼 것이다. 마지막에서는 SNS 시대에 바람직한 인터넷 거버넌스란 어떠해야 하는지에 대한 논의로 글을 맺는다.

지구화, 미디어 그리고 글로벌 거버넌스

1990년대 이후 사회과학계의 주요 화두로 등장한 거버넌스(*governance*) 개념은 급속도로 변화하는 국내 및 국제 정치, 경제, 행정 혹은 경영환경을 이해하기 위한 새로운 문제 틀이 필요하다는 학문적, 정책적 공감대의 산물이다. 사실 거버넌스는 학계에서 이미 오래전부터 사용한 개념으로 새로운 것은 아니다. 그럼에도 불구하고 이 개념에 대한 명확한 정의나 구체적으로 거버넌스가 어떻게 작동하는지에 대해서는 학자들 간에 이견이 많았다. 그 한 예로 거버넌스가 정부(*government*)라는 개념과 혼동되어 쓰이는 것을 들 수 있다. 비록 두 개념 간에 많은 공통점이 존재하긴 하지만, 거버넌스와 정부가 동일한 개념들은 아니다. 정부가 주로 공식적일 뿐만 아니라 경찰력에 의해 정책의 집행을 보장받는 활동들을 지칭하는 데 반해, 거버넌스는 공식적, 비공식적인 활동들을 모두 포함하는 한편 정책의 집행을 강제하고 불응에 대응하는 데 경찰력에 반드시 의존할 필요가 없는 활동들을 의미한다. 이런 의미에서 거버넌스는 집합적 의미에서의 국가, 정부 또는 레짐(*regime*)보다 더 광범위한 개념인 것이다.

국제정치학자인 로즈나우(Rosenau)에 따르면 거버넌스는 "사회구성원들 간의 간주관적 의미(*intersubjective meaning*)에 의존하며 사회 대다수의 동의와 승인에 의해서만 작동하는 규칙들의 체계(*a system of rules*)"로 정의할 수 있다(1992, p. 4). 이처럼 규칙과 그 집합체로서 제도가 국제체제의 근본적 특성이기 때문에 거버넌스는 다양한 사회적 행위자들에 의해 규칙이 형성되고 변화되는 과정과 밀접하게 연관된다. 동시에, 거버넌스는 규칙과 제도를 통해 행위자들에 의해 작동·운영되는 것이다. 국제정치학에서 거버넌스의 형성과 운용은 오랫동안 일정한 물리적 영토 안에서 공적 권위를 가진 국가에게 배타적으로 귀속된 것으로 이해되었다. 따라서 국제적 수준에서의 거버넌스의 내용과 형식 역시 개별 국가들 간의 상호협력과 경쟁의 산물로 인식되었던 것이다.

그러나 국제정치가 점차적으로 다극화함에 따라 더 이상 국가를 국제 거버넌스에 대해 독점적 책임과 권한을 지는 유일한 행위자로 인식하지 않게 되었다. 이러한 인식의 변화를 추동한 것은 무엇보다도 지역 및 지구적 수준에서 진행되는 급속한 국가경제의 통합이라고 할 수 있다. 즉, 국가경제의 통합은 급변하는 정책환경에서 변화에 적응하려고 하는 국가에게 많은 어려움을 야기하였을 뿐만 아니라, 효율적인 국내 및 국제 거버넌스에 필요한 전문성과 자원의 결핍을 초래하였다. 게다가 냉전(冷戰)의 해체는 군사력과 물질적 자원에 기반을 두었던 구세계질서를 상당히 약화시켰을 뿐만 아니라, 국제관계를 보다 규칙과 규범에 근거한 체제로 변화시켰다. 국가에 의한 행위로 이해되었던 국제 거버넌스가 이처럼 복잡 다양해짐에 따라, 민간기업, 시민단체, 기술전문가집단 등 다양한 행위자들이 국가와 함께 국제 거버넌스의 중요한 주체로 등장하기 시작하였다. 이러한 국제 거버넌스의 탈중심적 변화는 국내 및 국제적 수준 모두에서 두드러졌는데, 미디어 영역에서도 예외가 아니었다.

1980년대 이후 급속히 진행된 국가경제의 통합과 정치적 이데올로기로서 신자유주의의 확산은 미국과 EU를 시작으로 대부분의 국가에서 탈규제와 자유화를 산업정책의 핵심원칙으로 받아들이게 하였다. 특히 미디어 산업은 융합으로 상징되는 정보통신기술의 발전에 힘입어 지난 20여 년 동안 국내 및 국제적 수준 모두에서 탈규제와 자유화가 빠르게 그리고 집중적으로 진행된 산업부문이다. 국내적으로는 미디어의 막대한 정치 문화적 영향력 때문에, 국제적으로는 국가의 문화주권이라는 명분으로 혹은 국가의 기간산업이라는 이유 등으로, 대부분의 국가에서 미디어 산업은 보호무역장벽과 국가독점 등을 통해 국내기업들 간 또는 외국기업들과의 시장경쟁으로부터 보호받아 안정적인 외형적 성장을 이루었다. 국가 간 이루어지는 미디어 상품의 교류나 커뮤니케이션 역시 일부 미디어 상품을 제외하고는 국가 간의 배타적 협약이나 통제 아래 제한적으로 이루어졌기 때문에 경제적으로 그다지 큰 의미를 갖지 못했다. 따라서 국제커뮤니케이션의 주요한 논쟁적 이슈들 역시 정치적이거나 문화적인 영향력의 전파가 갖는 부작용 등에 국한되는 경향을 보였다.

그러나 이러한 상황은 융합으로 상징되는 정보통신기술의 발전과 세계무역기구(WTO)로 대변되는 신자유무역체제의 도래로 근본적 변화를 겪게 되었다. 시장접근을 특징으로 하는 신무역체제는 자국의 시장이든 타국의 시장이든 간에 상관없이 모든 시장 참여자가 동일한 규칙과 규범 아래서 경쟁할 것을 요구한다. 게다가 정보통신 기술의 발전에 의해 미디어 상품의 교환과 소비과정이 국가의 영토적 경계에 구애받지 않고 상호연결된 글로벌 네트워크를 통해 이루어질 수 있게 되면서 영토 내에서 국가에 의해 배타적으로 이루어졌던 기존의 미디어 규제 혹은 거버넌스의 효율성은 근본적인 도전에 직면했다. 이처럼 지구적 시장규모의 경쟁이 일상화되고 국가의 경계를 넘어 이루어지는 커뮤니케이션이 확대되자, 미디어산업에 있어서 개별 국가들의 상이한 규제 혹은 법제체제를 아우르는 공통의 규칙과 규범, 그리고 제도가 필요하게 되었다. 최근 미디어 산업에서 글로벌 거버넌스가 핵심적 이슈로 부각된 것은 바로 이 같은 이유 때문이라고 할 수 있다.

인터넷으로 대표되는 새로운 커뮤니케이션 기술의 발전으로 미디어 관련영역에서 새로운 이슈들이 등장함에 따라 기존의 법적·제도적 틀이 변화된 커뮤니케이션 기술 환경을 반영하지 못하고 있다는 우려와 비판들이 제기되었다. 특히 인터넷 자체가 지구적 속성을 가지고 있기 때문에 이러한 문제제기는 자연스럽게 국제적 수준에서의 대응의 필요성으로 이어지게 되었다. 인터넷을 통한 상호작용과 상거래 등의 확산은 글로벌 미디어 거버넌스의 문제를 더욱 복잡한 이슈로 만들었는데, 이는 내용규제, 지적 재산권, 프라이버시, 표준화, 보편적 서비스 등 기존 미디어 관련 이슈들에 과세, 보안, 무역이슈 등 상법상의 이슈들까지 더해져 글로벌 미디어 거버넌스의 범위와 내용이 확대되었기 때문이다. 미디어 문제를 다루는 데 있어서 복잡한 기술적 지식과 다양한 전문지식의 필요성이 증가함에 따라 국내 및 국제적 수준 모두에서 국가에 의한 거버넌스의 효율성에 의문이 제기되기 시작했다.

이와 함께 급속히 발전하는 정보통신기술의 주요 생산자이며 기술표준화 결정과정에서 그 주도권이 더욱 강화된 시장행위자들이 오히려 복잡해지는 미디어 영역에서 더 효율적인 거버넌스를 제공할 수 있다는 인식이 광범위하게 확산되었다. 이 같은 인식의 확산에는 국가에 의한 미디어 규제의 정당성을 뒷받침해온 미디어의 사회적 규제 필요성이 감소하고 80년대 이후 산업규제 혹은 경제규제의 중요성이 더욱 부각된 것이 원인으로 자리한다. 그 결과 90년대 중반 이후 글로벌 미디어 거버넌스에서 민간부문, 특히 시장행위자들의 주도적 활동이 주목할 만큼 증가했다. 이 같은 추세는 원래 민간부문의 역할이 중시되었던 표준화 같은 기술적 이슈에만 국한되지 않고 다양한 미디어 관련 이슈들에서 광범위하게 나타났다. 이에 따라 글로벌 미디어 거버넌스는 정부, 국제기구, 민간기업, 시민사회 행위자, 그리고 기술전문가 등 다양한 이해당사자들의 경쟁과 타협이라는 형태로 이루어지게 되었다. 이러한 거버넌스의 탈중심화는 인터넷 영역에서도 동일하게 발생하였다.

인터넷 거버넌스와 글로벌 정치

1) 인터넷 거버넌스와 ICANN

인터넷 거버넌스의 정의는 그 자체가 인터넷을 둘러싼 국제정치의 산물이라고 할 수 있다. 왜냐하면 인터넷 거버넌스를 어떻게 정의하느냐에 따라 관련 이해당사자들의 인터넷 거버넌스에 대한 이해관계의 범위와 영향력의 정도가 결정되기 때문이었다. 사실 초기의 인터넷 거버넌스 개념은 인터넷을 사용하는 데 핵심적인 인터넷 주소와 도메인 이름 같은 기술자원의 할당과 운용을 의미했다. 이때에는 인터넷이 미국의 군사적 목적에 의해 개발된 만큼 기술의 개발 및 운용과정에서 미국정부의 영향력으로부터 벗어나기가 어려웠다. 물론 인터넷 기술을 개발하는 데 공헌한 기술전문가 공동체(*technical community*)와 미국정부 간에 인터넷의 운용방식과 주도권을 둘러싼 갈등이 첨예했지만, 그럼에도 불구하고 인터넷에 대한 미국정부의 기득권이 근본적으로 부인되지는 않았다. 그러나 미국을 넘어 전 세계로 인터넷 사용이 확대되고 그것의 기술적, 상업적 잠재력에 대한 관심이 높아지면서, 인터넷 핵심 기술과 자원에 대한 미국의 독점적 영향력에 대해 각국 정부들이 문제를 제기하기 시작했다. 또한 도메인네임의 지적 재산권적 함의에 주목하기 시작한 상업세력들 역시 도메인네임 운용의 안정성, 상표권의 보호 등을 위해 미국정부에 강력한 로비를 하기 시작했다. 뮐러(Mueller, 2002)는 인터넷 거버넌스 형성 초기에 이해당사자들 간 첨예한 논란이 되었던 이슈들을 다음과 같이 열거한다(pp. 8~10).

- 도메인네임 체제(DNS)는 누구에 의해 그리고 어떻게 통제되어야 하는가? 미국정부, 통신서비스제공자, 인터넷 기술 공동체, UN같은 국제기구 아니면 완전히 새로운 레짐(*regime*)?
- 지적 재산권과 상표권(*trademark*) 보호조약들과 관련하여 도메인네임의 등록이 국가의 기존 법체계나 국제협약에 의해 어느 정도까지 규제되어야 하는가?

그리고 사이버 공간에서 이와 관련하여 표현의 자유 제약이 어느 정도까지 용인되어야 하는가?

- 도메인네임의 희소성 문제는 다수의 새로운 도메인들을 만드는 것으로 해결될 수 있는가? 그러나 도메인의 증가는 온라인 시장에 대한 진입장벽을 낮춤으로써 기업이 자신들의 지적재산권과 시장점유율을 보호하기를 더욱 어렵게 만들 것이다. 그렇다면 그러한 희소성은 지속되어야 하는가?
- 전체 13개의 루트서버 중 10개가 미국에 집중되어 있었는데, 그처럼 중요한 글로벌 자원이 소수의 국가에 물리적으로 위치하는 것이 바람직한가?

이른바 도메인네임 전쟁(*Domain Name Wars*)이라고 불린 이러한 갈등을 중재하기 위해 인터넷 기술전문가 공동체를 대표하던 ISOC(Internet Society)가 만든 것이 국제인터넷특별위원회 IAHC(International Ad Hoc Committee)였다. IAHC는 ISOC를 중심으로 한 기술전문가세력, 상표권 관련 세력, 그리고 각국 정부를 대표하는 국제기구인 국제통신연합(ITU)과 세계 지적 재산권기구(WIPO) 등이 참여하였다. 체노우(Chenou, 2010)는 IAHC의 출범을 계기로 인터넷 거버넌스의 실질적 국제화가 시작되었으며, 인터넷 거버넌스가 세계정치의 이슈가 되는 계기가 되었다고 주장한다(p. 17). 이는 IAHC의 자율규제안인 gTLD-MoU를 ITU가 주도함으로써 인터넷 거버넌스에 다른 국가들의 영향력이 확대되는 것을 미국이 꺼려했다는 사실로도 알 수 있다(김의영 · 이영음, 2008, p. 178).

1998년 미국에 의한 인터넷주소 자원관리기구(ICANN: Internet Corporation for Assigned Names and Numbers)의 설립은 인터넷 거버넌스를 둘러싼 국제정치의 지형변화에 대한 미국정부의 대응이라고 할 수 있다. 즉, 비정부기구 형태인 ICANN을 설립함으로써 미국을 제외한 국가들과 비국가행위자들의 인터넷 거버넌스에서의 영향력 증대를 막기 위한 것이었다.

미국 상무성과의 상호양해각서 아래 캘리포니아 주법의 적용을 받는 사단법인으로 설립된 ICANN의 도메인 관련 활동은 인터넷 자체의 중요성뿐만 아니라, ICANN이 공적 기구가 아니라 순수하게 비영리적인 사적 기구의 형태를 띤다는 점에서 큰 주목을 받았다. ICANN의 중요한 기능은 인터넷 도메인 이름과 주소

관리에 필요한 규칙과 규범, 그리고 이를 집행하는 다양한 절차들을 스스로 만들 뿐만 아니라 분쟁조정 절차를 통해 이해당사자들 간에 파생되는 문제점들을 해결하는 데 있다. ICANN은 정부 간 국제기구도 아니고 형식적으로는 어느 특정 국가에 대해 책임을 지지 않는다. 그러나 ICANN은 인터넷 거버넌스를 둘러싼 국제적 갈등과 대립의 맥락에서 탄생했기 때문에 다양한 이해관계 세력의 정치적 공세에서 자유로울 수 없었다. ICANN은 출범 이후 핵심인터넷 자원에 대한 통제권을 유지하려는 미국과 이에 맞서 ICANN 내에서 자신의 영향력을 확대하려는 기술전문가공동체, 상업세력, 국제기구, 영국이나 프랑스 같은 선진국들과 개발도상국들, 그리고 시민사회세력들 간의 경쟁이 계속되는 글로벌 정치공간이 되었다.

2) 인터넷 거버넌스 개념의 확대와 WSIS

인터넷 사용이 전 세계로 확대되어 이용자수가 폭발적으로 늘고 그 이용의 범위도 다양해지면서, 인터넷과 관련된 다양한 정책이슈들이 제기되었다. 이에 따라 인터넷 거버넌스의 개념을 도메인네임이나 인터넷 주소와 같은 핵심자원의 할당과 운용으로 국한하는 것은 인터넷 발전의 현실을 제대로 반영하지 못한다는 인식이 확산되었다. 특히 국제사회에서 인터넷의 발전적 함의에 대한 관심이 높아지면서 인터넷 거버넌스의 개념적 확대뿐 아니라 참여주체를 다양화할 필요에 공감하게 되었다. 이것이 바로 2000년대 들어 정보통신영역에서 개최된 가장 중요한 국제회의인 '정보사회를 위한 세계정상회의'(WSIS: World Summit on Information Society)의 배경이라고 할 수 있다. UN이 주관한 정보사회에 관한 최초의 정상회의인 WSIS는 1998년 ITU 전권위원회(Plenipotentiary Conference)의 정보사회에 대한 국제적 논의가 필요하다는 결의안이 계기가 되었고, 2001년 UN총회에서 ITU가 채택한 WSIS의 기본 틀이 승인되면서 구체화되었다. 정보통신기술의 발전적 함의에 대한 관심을 배경으로, WSIS는 2회에 걸쳐 개최되었다. 첫 번째 회의는 2003년 12월 10일부터 12일까지 스위스 제네바에서, 두 번째 회의는 튀니지의 수도 튀니스에서 2005년 11월 16일부터 18일까지 열렸다.

정보사회의 전반적인 주제들을 논의하기 위한 WSIS 회의에서 인터넷 거버넌스는 애당초 큰 관심사가 아니었으나, 갑작스럽게 가장 뜨거운 논쟁거리로 부상하였다. WSIS 1차 회의에서 개발도상국들을 중심으로 정부 간 국제기구가 인터넷 루트 디렉토리와 도메인네임 등의 핵심자원에 대한 관리 및 운영 책임을 맡아야 한다는 주장이 제기되었다. 즉, 국가 최상위 도메인과 인터넷주소 등 핵심자원에 대한 개별 정부의 주권적 권리와 통제를 주장한 것이다. 이에 대해 미국, 영국과 민간기업의 상업적 세력, 그리고 인터넷 기술전문가 공동체는 ICANN을 중심으로 한 기존 민간 거버넌스 시스템을 지지함으로써 대립이 첨예화되었다. 또한 WSIS 1차 회의에서는 인터넷 거버넌스의 어젠다가 확대되어야 한다는 인식이 공감을 얻어, 핵심자원의 관리문제 외에 상호접속, 스팸, 보안, 무역, 지적재산권, 프라이버시, 소비자 보호, 전자상거래 등 인터넷과 관련된 다양한 공공정책 이슈들을 포함할 것이 제기되었다. WSIS 1차 회의는 인터넷 거버넌스에 대한 관점의 차이만을 확인(*agreed to disagree*) 하고 끝났으나 성과가 아주 없지는 않았다. WSIS 1차 회의는 UN 총장에게 인터넷 거버넌스에 대한 보다 심도 있는 논의를 위해 인터넷정책위원회(WGIG: Working Group on Internet Governance) 를 구성할 것을 요청하였다.

WGIG는 협상을 위한 조직이 아니라, 다양한 이해당사자들 간의 대화를 통해 인터넷 거버넌스 이슈들을 정의하고, 정부, 민간부문, 시민사회 등 주요 이해당사자들의 역할을 정초하며, WSIS 2차 회의에서의 논의를 위해 정책 제언을 하도록 만들어진 조직이었다. WGIG는 제네바에서 열렸던 WSIS 1차 회의에서 도출한 "인터넷 거버넌스는 다자주의적(*multilateral*) 이며, 민주적이고 투명해야 하며, 공공과 민간섹터뿐만 아니라 시민사회의 필요를 고려해야 한다"는 원칙을 충실히 구현한 조직이었다. 즉, 다수 이해관계자 접근(*multi-stakeholder approach*) 의 성공적인 모델을 실현하여, WGIG에는 정부뿐만 아니라 민간부문, 시민사회와 인터넷 기술전문가 공동체 등이 동등한 자격으로 참여하였다. 다수 이해관계자주의(*multi-stakeholderism*) 는 이후 인터넷 거버넌스에 대한 국제적 논의의 기본 원칙이 되었는데 이는 비국가적 행위자의 영향력 증대와 국가의 쇠퇴라는 1990년대 이후 탈중심화된 글로벌 정치의 현실을 잘 보여준다. WGIG는 무엇보다도 인터넷 거버넌스에 대한 광의의 개념을 도출하였는데, 그에 따르면 인터넷 거버넌스는 핵심자원의 관리를 넘어서 다양한 공공정책들을 포함하는 것이다. 그리고 거버넌스의 주체 역시 정부를 넘어서 민간부문과 시민사회로 확대하고 있다. 또한 WGIG 보고서는 인터넷 거버넌스 이슈들을 지속적으로 논의하기 위한 포럼 창설을 제안하고, 지역과 국가 단위에서의 인터넷 거버넌스에도 다수이해관계자주의를 도입할 것을 제언하였다. 이외에도 개발도상국의 능력배양과 인터넷 거버넌스에 대한 개발도상국 이해당사자들의 효과적 참여가 필요함을 강조하였다.

튀니스에서 열린 WSIS 2차 회의는 WGIG에서 도출된 어젠다에 대해 논의하고 광의의 인터넷 거버넌스 개념을 포함한 보고서의 주요 제안들을 추인하였다. 보다 구체적으로 2차 회의는 인터넷 거버넌스에서 주요 이해당사자들의 역할들을 재확인했으며 다수이해관계자주의가 국제논의의 기본원칙이 되어야 함을 강조하였다. 또한 글로벌 인터넷 거버넌스에서 모든 정부들의 동등하고 책임 있는 역할을 강조했을 뿐 아니라, 국가 최상위 도메인(ccTLD)에 대한 개별 국가의 합법적인 이해관계를 인정하였다. 또한 향후 확대된 인터넷 거버넌스 이슈들을 논의하기 위한 공간으로 인터넷 거버넌스 포럼(IGF: Internet Governance Forum)을 구성하고 5년간 운영한 후 검토를 통해 연장 여부를 결정하기로 하였다.

점차 커지는 인터넷의 중요성을 인식한 각국 정부들과 이를 대표하는 ITU에 의해 추진된 WSIS는 인터넷 거버넌스를 둘러싼 글로벌 정치가 더욱 분명하게 드러나는 계기가 되었다. 뮐러(2010)는 WSIS를 글로벌 거버넌스의 두 모델 간의 충돌로 묘사하는데, 하나는 영토에 기반을 둔 주권국가 간의 협약에 근거한 모델이며, 다른 하나는 미국의 지구적 헤게모니에 일정 정도 의존하는 초국적 비국가 행위자들 간의 사적계약에 근거한 모델이다(p. 55). 미국의 영향력 아래에 있는 ICANN의 인터넷 거버넌스는 시작부터 인터넷이라는 중요한 지구적 자원에 대한 주권국가의 정당한 영향력 행사를 제한한다는 비판을 받았다. 따라서 인터넷 자원에 대한 미국의 독점적인 영향력을 축소하고 모든 국가들이 그에 대한 영향력과 책임을 공유할 필요성이 제기되었고, 이것이 제도적으로 공식화되는 계기가 바로 WSIS였던 것이다. 게다가 WSIS에서 원칙으로 정식화된 다양한 이해관계자들의 거버넌스 참여는 글로벌 정치의 탈중심화를 반영하는 것이기도 했지만, 동시에 ICANN의 인터넷 거버넌스가 정책결정 및 운용과정에 다양한 이해관계자들이 개입하는 것을 제약했다는 사실에서도 그 동기를 찾을 수 있다.

WSIS가 ICANN의 사적 거버넌스에 대한 각국 정부들의 불만에서 비롯되었고, 정부를 포함한 다양한 이해관계자들의 참여를 주장하였지만 실제 회의과정은 결코 순조롭지 않았다. 미국정부는 일관되게 ICANN이 주도하는 민간거버넌스에 대한 지지를 고수했고, 인터넷 핵심자원에 대한 정부 간 국제기구의 감독 및 관리를 허용하는 안에 격렬히 저항하였다(Mathiason, 2008). 한편 과거 미국의 입장에 동조했던 유럽연합은 다자주의에 근거해 정부가 글로벌 인터넷 거버넌스에서 주도적 역할을 해야 한다고 역설함으로써 미국의 주장과는 대립되는 노선을 천명하였다. 또한 민간부문에 대한 참여의 정도와 범위에 관해서도 기업과 시민사회 등 민간부문의 참여를 적극적으로 지지한 선진국과 WSIS에서의 논의참여를 정부에 국한하고자 했던 개발도상국 사이에는 상당한 견해차가 존재했다(조화순, 2006, p. 201).

출범 이후 수많은 비판에도 불구하고 미국과 상업적 세력의 지원 아래 안정적으로 인터넷 자원의 할당과 운영의 거버넌스를 수행했던 ICANN 역시 글로벌 정치의 결과 적잖은 변화를 겪게 되었다. 각국 정부들의 영향력 확대 요구에 대해서 정부자문위원회(Governmental Advisory Committee)의 역할 조정으로 대응하였고, 시민사회 등 민간부문에 대한 거버넌스 참여 확대를 통해 국제정책결정과정의 핵심 규범이 된 다수이해관계자주의를 구현하고자 하였다. 그러나 앞에서 언급한 것처럼 다양한 행위자들의 거버넌스 참여는 ICANN의 안팎에서 참여의 범위와 영향력 행사의 정도를 놓고 참여자들 간에 끊임없는 경쟁과 갈등을 배태하는 결과를 낳았다. ICANN과는 별개로 WSIS 이후 인터넷 거버넌스에 관한 국제사회의 논의는 인터넷 거버넌스 포럼으로 이동하게 된다. WSIS의 결정에 의해 마련된 IGF는 다수이해관계자주의를 운영의 원칙으로 하며, 기존 인터넷 거버넌스 메커니즘, 제도, 조직을 대체하는 것이 아닌 기존 체제 위에서 관련 토론의 공간을 제공하는 것이 주목적이다. 매티어슨(Mathiason, 2008)은 IGF가 인터넷에 대한 정부 간 국제기구의 엄격한 관리・감독을 원하는 세력과 이를 전혀 원하지 않는 세력 간 타협의 산물이라고 주장한다. 왜냐하면 의견의 차이가 분명하고 이해관계가 대립될 때 관련당사자들 간 최대공약수의 합의를 얻어낼 수 있는 유일한 방법은 관련당사자들이 동등한 자격으로 참여가 가능한 열린 공간에서의 토론뿐이기 때문이다.

뮐러(2010) 역시 비슷한 시각으로 IGF를 바라보고 있다(pp. 108~109). 그는 WSIS에 참여한 세력을 글로벌 인터넷 거버넌스에서 국가중심의 변화를 원하는 개발도상국 정부, 인터넷 거버넌스에 대한 미국의 독점적인 통제의 완화를 바라지만 전통적인 정부 간 국제기구가 통제권을 행사하는 것은 꺼리는 국가와 민간부문 행위자들, 국제커뮤니케이션정책에서 발언권과 참여를 제도화하고자 하는 시민사회 행위자들, 그리고 ICANN 주도의 기존 체제를 고수하고자 하는 미국과 민간부문 행위자들의 4가지로 구분한다. 뮐러에 따르면, 미국이 IGF의 설립을 찬성한 것은 정부 간 국제기구인 UN이 주도한 WSIS에서 벗어나 원하지 않는 변화를 막아낼 토론의 장을 선점하려는 목적이며, ICANN을 공격한 국가들은 IGF가 자신들의 주장과 이슈들을 새로운 장에서 계속적으로 다룰 수 있기 때문에 동의했다는 것이다. 2006년 공식적으로 업무를 시작한 IGF는 매년 회의와 자문 등을 통해 각국 정부, 기술전문가집단, 시민사회, 기업, 국제기구 등의 관계자들이 참여해 인터넷 거버넌스에 관련된 정책 이슈들 — 핵심자원의 관리, 접근, 보안, 다언어사용, 능력배양, 다양성 — 을 논의했다. 5년의 활동을 끝내고 리뷰를 통해 다시 활동 연장을 승인받은 IGF는 최근 다수이해관계자주의 원칙이 흐려졌다는 우려가 제기되고 있다(Malcom, 2011).

이상에서 기술한 것처럼 인터넷 거버넌스를 둘러싼 글로벌 정치는 거버넌스의 개념, 범위, 참여주체의 범주와 그들이 갖는 영향력, 정책 이슈의 내용과 방향성 등 전 영역에서 이루어진다. 글로벌 인터넷 거버넌스의 정치는 국가 간 협의와 갈등조정이라는 전통적인 방법론이 국제정치경제의 변환과 함께 더 이상 효율성을 담보하지 못함에 따라 더욱 복잡해지고 있다. 특히 인터넷 거버넌스는 기술전문가집단과 미국의 후원을 받는 ICANN이라는 민간기구에 의해 시작됨으로써 100여 년의 시간 동안 미디어 거버넌스에서 독점적이고 배타적인 권위를 유지해온 국가와의 충돌과 갈등을 필연적으로 배태한다. 이러한 갈등과 대립은 지구적 차원에서뿐만 아니라 지역과 국가 차원에서도 빈번하게 발생했다. 글로벌 인터넷 서비스가 특정 국가 내에서는 해당 국가의 사법권과 규제권위에 충돌하는 경우가 있어, 이로 인해 적잖은 갈등이 빚어졌던 것이다. 중국정부와 구글 간의 갈등이 그 대표적인 사례라고 할 수 있다.

지구적 차원에서 아직도 보편적 합의에 이르지 못한 규범들과 개별 국가의 규제주권 사이의 갈등은 최근 소셜미디어와 SNS가 확산되면서 더욱 복잡해지고 있다. 전 세계적으로 수억 명의 사용자를 보유하고 있는 페이스북과 트위터의 경우 개인정보의 공개와 수집이 일상적으로 이루어지며, SNS나 구글 등을 통해 공유되는 정보에 대한 개별 국가의 검열 역시 끊임없이 시도되고 있어 표현의 자유를 둘러싼 갈등도 여전하다. 다음에서는 SNS 등장과 확산이 글로벌 인터넷 거버넌스에 어떠한 함의를 갖는지에 대해 관련 이슈들을 중심으로 살펴보고자 한다.

SNS의 확산과 글로벌 인터넷 거버넌스:
인터넷 거버넌스 이슈들에 대한 SNS의 함의

WSIS의 논의를 거치면서 인터넷 거버넌스는 인터넷 핵심자원의 할당과 운영 외에 다양한 공공정책 이슈들을 포함하게 되었다. 국제적 논의에서뿐만 아니라 개별 국가차원에서도 가장 많은 관심이 주어진 정책 이슈들은 인터넷 주소와 도메인네임 같은 핵심자원의 관리, 보안, 지적 재산권, 그리고 내용규제 등이다. 보안 이슈에는 스팸, 바이러스와 피싱(*phishing*) 방지 문제, 해킹이나 사이버 테러 같은 사이버 범죄의 문제, 프라이버시와 정보보호 문제 등이 포함된다. 뮐러(2010)는 인터넷 보안문제가 인터넷 거버넌스에 관한 담론을 표현의 자유나 개방성에 대한 찬사로부터 규제와 통제에 대한 요구로 전환시키는 데 가장 큰 역할을 했다고 평가한다(p. 182). 지적 재산권 이슈는 인터넷 거버넌스 초기부터 도메인 네임과 관련된 상표권 분쟁으로 인해 중요한 정책이슈로 다루어졌다. 이 밖에도 인터넷 기술과 표준의 특허권, 인터넷 콘텐츠의 불법복제나 저작권 문제 역시 지적재산권 이슈에 해당된다. 마지막으로 내용규제 이슈는 표현의 자유가 가장 충실하게 구현되는 공간으로서 인터넷의 이상(*ideal*)과 상충된다는 이유로 큰 논란의 대상이 되었다. 대부분의 사회에서 동의하는 아동포르노 금지 같은 경우도 있지만 종교나 정치적 표현처럼 특정 사회에서만 금기가 되는 내용을 규제하는 것은 종종 표현의 자유를 억압하는 과도한 규제라는 비판이 제기된다.

인터넷 마케팅 기업인 ComScore에 따르면, 2011년 말 현재 전 세계 페이스북 사용자는 7억 명에 달하고 트위터의 경우 2억 명에 이른다. 국내에서도 페이스북의 사용자수가 2012년 5월 현재 700만에 달한다는 통계(facebakers. com)가 있을 정도로 SNS 사용은 인터넷 이용자들의 일상적인 커뮤니케이션 행위가 되었다. 관계맺기와 정보공유를 특징으로 하는 SNS의 확산은 우리 사회의 정치, 경제, 사회문화 전경을 바꿔놓았다. 이 같은 현상은 정도의 차이는 있지만 기본적 정보통신 인프라를 갖춘 대부분의 국가에서 보편적으로 목도된다. 인터넷 사용에서 SNS가 차지하는 비중이 커지고, SNS의 정치, 사회, 경제적 영향력 역시 증대됨에 따라 SNS가 인터넷 거버넌스에 미치는 영향에 대한 관심 또한 높아지고 있다. 사실 인터넷 플랫폼상에서 구현되는 커뮤니케이션 서비스의 하나이기 때문에 SNS가 기존 인터넷 거버넌스에서 다루지 않던 전혀 새로운 이슈들을 발생시키는 것은 아니다. 그보다는 SNS가 기존 인터넷 거버넌스 이슈들 중 특정 이슈를 부각시키거나 그 이슈 내에서 새로운 하위 문제들을 파생시킨다고 보는 것이 더 적절할 것이다. 실제로 글로벌 인터넷 거버넌스를 논의하는 IGF에서도 소셜미디어나 SNS에 관심을 가진 것은 비교적 최근의 일이며, 그 관심의 깊이와 폭 역시 아직 제한적이다. 2011년 나이로비에서 열린 연례 포럼에서 논의될 주제들을 소개하는 이슈페이퍼에서 SNS와 프라이버시문제를 새로운 이슈로 소개한 것이 그 예다(APC, 2011).

1) SNS와 프라이버시

현재 SNS와 관련해서 가장 큰 관심의 대상이 되는 이슈는 개인정보 보호와 프라이버시 문제이다. 앞에서 언급한 IGF의 이슈페이퍼에서도 밝혔듯이 개인정보의 노출과 공유를 특징으로 하는 SNS의 확산은 프라이버시 침해에 대한 우려를 불러일으킨다. SNS 사용자들은 다른 사람들과 인맥을 맺길 원하며 따라서 자신의 프라이버시를 위협하는 방식으로 행동할 수밖에 없기 때문이다(Grimmelmann, 1999). 페이스북 등의 SNS에서는 이용자가 자신의 생년월일, 직업, 학력, 종교, 이메일주소 등 많은 개인정보를 자연스럽게 노출한다. 이러한 정보들이 관계 맺을 친구들을 찾는 수단으로 사용되기 때문이다. 게다가 SNS 사용자들은 네트워크상에서 자신의 일상을 기록하고 이를 친구들과 공유함으로써 개인 관련 정보들을 타인에게 지속적으로 제공한다. 물론 많은 경우 이러한 정보제공은 자발적으로 이루어진다. 하지만 이러한 개인정보들은 자신의 의지와 상관없이 내가 모르는 친구의 인맥은 물론, 전혀 모르는 제 3자에게까지 전달되는 경우도 많다. 트위터나 페이스북에서 보편화된 위치확인 기능처럼 개인의 장소이동을 추적하는 경우나 개인의 취향에 대한 정보 수집 역시 프라이버시 침해의 소지가 많다. 사회적으로 큰 논란을 불러일으키는 SNS를 통한 개인의 '신상털기'나 기업의 인사담당자가 구직자의 SNS를 방문해 개인의 사생활을 살펴보고 이를 채용에 반영하는 일 등도 SNS의 확산으로 인한 프라이버시 침해사례라 할 수 있다.

SNS에서의 개인정보 노출이나 이로 인한 프라이버시 침해는 서비스의 특성상 자발적으로 이루어지는 경우가 많다. 하지만 서비스 사업자의 의도적인 프라이버시 침해 역시 빈번하게 일어나는 게 현실이다. 2005년 회원가입 시 개인정보를 전혀 요구하지 않았던 페이스북은 사용자에 대한 정보공개의 요구수준이 해를 거듭할수록 높아졌다. 특히 2010년 4월에는 오픈그래프와 소셜플러그인에 맞춰 이용자의 모두에게 공개된 일반정보를 접속하는 모든 채널에서 가져갈 수 있도록 함으로써 큰 비난을 받았다(이원태 · 유지연 · 박현유 · 김위근, 2010, p. 80).

사실 SNS 사업자가 사용자의 개인정보를 가능한 한 많이 얻어내려 하는 것은 자연스러운 일이다. 왜냐하면 개인이 제공하는 모든 정보는 데이터 마이닝을 통해 상업적 목적으로 활용될 수 있기 때문이다. 데이터의 중요성은 웹 2.0 시대의 가장 중요한 특성이라고 하지 않았는가? 최근 큰 관심을 불러일으키는 빅 데이터(*big data*)에 대한 논의도 사실 SNS를 통한 개인들의 끊임없는 정보생산과 밀접한 관련이 있다. 서로 무관한 것처럼 보이는 엄청난 양의 데이터 속에서 연관성을 찾아내고 이를 비즈니스에 활용하는 것이 결국 빅 데이터 수집을 통해 기업이 달성하려는 목표인 것이다. 전 세계 7억 명의 페이스북 사용자와 2억 명의 트위터 사용자가 생산해내는 방대한 양의 정보를 특정 국가의 기업이 독점적으로 소유하고 이를 자신의 상업적 혹은 정치적 목적을 위해 활용한다면 그 파급효과는 엄청날 것이다.

SNS의 전 세계적 확산이 개인정보보호와 프라이버시에 중요한 함의를 갖게 됨에 따라 이에 대한 정책적 대응의 필요성이 높아졌다. SNS에서의 프라이버시 침해 문제는 아직 인터넷 거버넌스의 전통적인 영역으로 간주되지 않지만, 새롭게 부상한 이슈임은 분명하다(APC, 2011, p. 7). 오히려 SNS와 프라이버시 문제는 지역과 개별 국가수준에서 더 큰 주목을 받고 있다. 가장 빠른 움직임은 전통적으로 데이터보호(*data protection*)에 정책적 중요성을 부여해 온 유럽연합에서 찾아볼 수 있다. 유럽연합은 2008년 3월 SNS제공자와 이용자에 대한 개인정보보호 가이드라인을 발표했다. 특히 유럽연합은 유럽에 있지 않은 SNS사업자들에게도 유럽의 정보보호지침을 따라야 할 의무를 부과함으로써 사업자가 사용자의 프라이버시를 침해하지 않도록 가능한 노력을 다하게 하였다(이원태 외, 2010, pp. 85~86). 한편 개별 국가의 경우, 2010년 독일의 슐리스비히-홀스타인 주가 독일 웹사이트에서 페이스북의 '좋아요'(*like*) 버튼 사용을 금지하는 법안을 제출하였다. 페이스북이 아닌 타 사이트에서 '좋아요' 버튼을 클릭할 경우 사용자의 정보를 제 3자가 활용할 가능성이 있다는 이유에서이다. 또한 캐나다에서는 2008년 오타와에 근거지를 둔 인터넷 정책 및 공익 클리닉(CIPPIC: Canadian Internet Policy and Public Interest Clinic)이 프라이버시위원회(Office of the Privacy Commissioner of Canada)에 페이스북이 캐나다의 개인정보보호법을 위반하고 있다며 청원을 제출하였다. 이 청원은 캐나다가 아닌 미국에 본사를 둔 글로벌 기업의 국경을 넘어 이루어지는 위반행위(*trans-bordered violations*)에 대해 캐나다의 공공기관이 법적 관할권을 행사해야 하는 사례였다. 2009년 8월 프라이버시위원회는 페이스북이 캐나다 개인정보보호법을 준수하기 위해 자사의 프라이버시 정책을 수정하는 데 동의했다고 발표했다(Shtern, 2010).

2) SNS와 내용규제

인터넷 거버넌스와 관련해서 SNS가 주목받는 또 다른 이슈는 내용규제에 관한 것이다. 사실 내용규제와 표현의 자유문제는 인터넷 거버넌스 논쟁의 핵심이라고 할 수 있다. 왜냐하면 표현의 자유는 국가에 의한 미디어규제의 정당성을 무력화시키는 데 동원된 가장 강력한 무기였기 때문이다. 인터넷은 개별 국가 내에서뿐만 아니라 지구적 차원에서 권위주의적 정치체제와 미디어 통제를 약화시키는 데 큰 기여를 했다. 인터넷과 표현의 자유가 인권과 민주주의를 상징하는 표상물로 작용해온 것이다. 그럼에도 불구하고 아동포르노나 혐오적 표현의 금지처럼, 정당한 명분을 갖는 내용규제는 필요하다는 주장도 적잖은 설득력을 얻고 있다. 실제로 정도의 차이는 있지만 대부분의 국가에서 음란물이나 소수자, 인종, 종교 혹은 정치에 관련된 민감한 표현 등을 규제하고 있다.

인터넷 거버넌스 논쟁에서도 오랫동안 표현의 자유를 주장하는 세력과 내용규제의 정당성을 주장하는 세력 간에 날카로운 대립이 있었다. 그리고 이러한 대립은 단순히 특정 콘텐츠에만 관련된 것이 아니었다. 오히려 인터넷이란 매체의 정체성을 둘러싸고 상이한 이념적 지향성 간에 벌어진 대립이라고 보는 것이 맞을 것이다. 그 좋은 예를 ICANN의 최상위 도메인 정책에서 찾을 수 있다. ICANN 정부자문위원회 GAC(Governmental Advisory Committee)는 새로운 최상위 도메인의 이름에 특정 국가, 문화, 지리, 종교와 관련된 민감한 표현은 사용하지 말 것을 요구했다. 그리고 ICANN은 성인물 전용 도메인(.xxx)이 촉발했던 파장을 되풀이하지 않고자 GAC의 요구에 적극 동의하였다. 뮐러(2010)는 ICANN의 이러한 태도가 도메인네임뿐 아니라 궁극적으로는 해당 도메인네임을 사용하게 될 웹사이트의 콘텐츠에 대한 규제 역시 허용하는 것이라며 강력하게 비판하였다.

MB정부의 SNS 규제시도에서도 잘 나타나듯이 일부 권위주의 정부들은 국가의 영토를 넘어 정보를 신속하게 전달하고 공유할 수 있는 SNS에 큰 부담을 느낀다. 아랍 및 아프리카 국가의 민주화운동에 페이스북과 트위터가 어떻게 기여하는지를 지켜본 이들 정부는 가능한 모든 수단을 써서 SNS의 사용을 막고 정보를 차단하려고 한다. 가장 대표적인 국가가 바로 중국이다. 중국은 인터넷 인프라에 방화벽(*Great Firewall*)을 설치하고 외국에서 유입되는 비판적 정보를 통제하는데, 2010년 중국 내 서비스를 중단하고 홍콩으로 철수한 구글의 사례에서 볼 수 있듯이 중국정부의 인터넷 검열은 상상을 초월할 정도이다. SNS의 경우 중국정부는 2009년 신장지구에서 있었던 폭동을 빌미로 페이스북과 트위터를 차단하였다. 중국정부는 해외 SNS의 확산을 막기 위해 자국의 SNS를 적극적으로 지원하였고, 그 결과 중국의 SNS는 매우 빠르게 성장해 현재 사용자 수만 5억 명에 달하고 있다. 중국 정부의 입장에서는 자국의 SNS가 해외에 본사를 두고 운영되는 글로벌 서비스보다 통제가 훨씬 용이할 뿐만 아니라 외교적 분쟁이나 외국으로부터의 비판이 발생할 소지가 없기 때문에 이 같은 정책을 선호할 수밖에 없는 것이다.

중국정부의 인터넷 검열에 적극적으로 호응하는 대가로 중국시장에 진출했던 구글의 사례는 체제의 안정성을 최우선시하는 정부와 글로벌 인터넷 사업자 간의 갈등이 어떤 식으로 파국을 맞는지에 대한 생생한 사례이다. 2010년 구글이 중국 내 검색서비스에서 검색결과에 대한 필터링을 더 이상 하지 않겠다고 선언하며 홍콩으로 철수하자 미국과 중국정부는 상반되는 논평을 발표하였다. 미국은 구글의 철수결정을 적극 지지하며 인권과 무역에서 인터넷의 자유가 중요함을 강조한 반면, 중국은 인터넷의 자유가 서구 제국주의의 변종에 불과하며 중국에 정치적 불안정을 야기할 것이라고 주장하였다(Tsai, 2011, p. 401). 중국은 기존 인터넷 거버넌스 체제에 근본적 불신을 표시했다. 중국의 관점에서 보면 민간부문에 의한 현재의 인터넷 거버넌스는 국가의 정당한 주권행사를 제약하며, ICANN에 대해 미국만이 독점적 영향력을 유지하는 것 역시 받아들일 수 없다는 것이다. 이 같은 양국 정부의 대조적 반응은 인터넷 거버넌스에서 참여자들 간의 문화적, 제도적 차이가 공통의 규칙을 만드는 데 큰 장애가 되는 현실을 잘 보여준다. 또한 중국과 구글의 갈등은 흔히 규제가 비효율적이고 불가능하다고 여겨졌던 인터넷 역시 효율적으로 정부의 간섭과 통제에 놓일 수 있음을 보여주는 사례라고 할 수 있다. 이런 점에서 인터넷 역시 여전히 국경이 있는(*bordered*) 공간이라는 주장은 상당한 설득력이 있다(Goldsmith & Wu, 2006).

이상의 논의에서 인터넷 거버넌스와 관련해서 몇 가지 시사점을 얻을 수 있다. 첫째, SNS의 전 세계적 확산은 글로벌 미디어 기업에 의한 개인정보의 수집과 축적의 수준을 이전과는 비교할 수 없을 정도로 확대했다. 물론 SNS가 등장하기 전에도 전자상거래라든가 검색서비스의 이용을 통해서 개인정보의 수집이나 축적은 이루어졌다. 그러나 SNS처럼 개인의 정보를 대규모로 그리고 지속적으로 수집하는 경우는 드물다. 특히 쇼핑, 음악, 게임 등 다양한 애플리케이션이 SNS와 결합되면서 수집되는 정보의 유형도 다양해졌다. 그 결과 글로벌 서비스인 SNS의 대규모 개인정보 수집은 개별 국가의 개인정보보호법이나 프라이버시법의 비효율성과 보완필요성에 대한 인식을 높였다. 따라서 지구적 차원에서 개인정보와 프라이버시 보호를 위한 새로운 가이드라인 및 규범의 마련이 시급하다.

둘째, 한국의 선거나 이집트 민주화운동의 사례 등에서 확인된 것처럼 페이스북이나 트위터 같은 SNS의 정치적 파급력은 권위주의 정부의 커다란 근심거리가 되었다. SNS를 통한 정치정보의 생산과 공유는 단순 웹페이지나 검색서비스를 통하던 방식과는 차원이 다르다. 특히 SNS의 실시간 정보 공유는 스마트폰 같은 모바일기기의 보급과 맞물려 더욱 큰 파급력을 발휘하고 있다. 따라서 중국정부가 정부비판에 재갈을 물리기 위해 중국판 트위터인 웨이보에 실명제를 도입했듯이 권위주의 국가들에서 SNS에 대한 통제가 강화될 수 있다.

셋째, ICANN과 기술전문가집단 등 민간부문이 주도해온 인터넷 거버넌스에서 국가의 영향력이 여전히 크다는 것이다. 앞에서 소개한 캐나다 페이스북의 프라이버시 침해와 중국의 구글 사례에서 공통적으로 발견되는 사실은 글로벌 서비스를 제공하는 기업과 갈등이 발생했을 때 현지 정부의 이해관계가 관철되는 경우가 많다는 것이다. 이는 인터넷이 탈영토적(*de-territorial*) 특성을 갖기 때문에 인터넷 거버넌스에서 국가의 영향력은 약화될 수밖에 없다는 주장에 의문을 갖게 한다.

맺는말

이 글은 맺기와 정보공유를 특징으로 하는 SNS가 전 지구적 커뮤니케이션 행위가 된 시대에 인터넷 거버넌스가 어떤 의미를 갖는지에 대해 살펴보려고 했다. 인터넷 거버넌스 논의에서 SNS라는 주제가 아직은 큰 주목을 받지 못하기 때문에, SNS가 프라이버시와 내용규제 이슈에 대해 갖는 함의를 중심으로 간략하게 다루었다. 사실 인터넷 거버넌스에서 SNS가 더 큰 위상을 차지하는 부분은 소통수단으로서의 역할일 것이다. 트위터나 페이스북 같은 SNS가 다양한 행위자들이 인터넷 거버넌스 논의에 참여하는 효율적인 채널의 기능을 하기 때문이다. 하지만 사용자수와 서비스 지역의 빠른 증가, 그리고 음악, 쇼핑, 게임 등 다양한 애플리케이션과의 결합으로 인한 통합서비스로의 진화 등을 고려할 때 SNS는 빠른 시일 내에 인터넷 거버넌스의 중요 영역으로 부상할 것이다.

인터넷 등장 이후의 사회변화를 여러 가지 측면에서 규정할 수 있겠지만, 대체로 공감할 수 있는 것은 사회적 소통의 증가, 개방성 및 투명성의 증대와 참여민주주의의 확대 등이 아닐까 한다. 기술결정론의 오류에 빠지지 않는다는 전제하에 인터넷이 이러한 변화에 핵심적 역할을 했다고 해도 크게 틀린 말은 아닐 것이다. 물론 인터넷의 확산이 야기한 부정적 결과들도 많다. 앞에서도 살펴 본 것처럼 개인의 사생활과 프라이버시는 점점 지켜내기가 어려워졌고, 각종 사이버범죄, 아동포르노의 유통이나 불법복제 같은 공공의 질서를 위협하는 행위들도 완벽한 통제가 어려울 정도로 일상화되고 정교해졌다. 게다가 인터넷 기술의 발전과 인터넷 커뮤니케이션 행동의 유형은 따라가기 벅찰 정도로 빠르게 변하고 있다. 인터넷 등장 초기에 과연 누가 전 세계 인구의 10%가 페이스북이라는 서비스를 사용하게 될 것이라고 상상이나 했겠는가? 그저 인터넷이 정보를 검색하고 쇼핑이나 하는 매체라고 단순하게 생각했던 사람이라면 지금의 변화는 그야말로 상전벽해라고 할 수밖에 없을 것이다.

인터넷의 등장은 미디어 규제에서 미디어 거버넌스로 정책 패러다임의 전환을 초래했다. 이러한 전환은 상당부분 인터넷의 매체적 속성에서 기인한 것으로, 국가 입장에서는 불가항력적인 것이었다. 그러나 또 한편으로 이러한 변화는 국제 및 국내 정치경제의 변환 속에서 비국가적 행위자들, 특히 기술전문가집단과 상업적 세력에 의해 추동된 것이기도 하다. 따라서 일국 내에서의 정부의 배타적 규제권한, 그리고 정부들 간의 협의와 조정이라는 전통적인 미디어 규제 모델과 다수이해관계자들 사이에 규제권한을 공유하는 새로운 협치 모델 간의 대립과 갈등은 불가피한 것이었다. ICANN을 둘러싼 갈등과 WSIS의 논의는 이 두 모델 간의 충돌이 분명하게 드러난 사례들이다. 앞에서 살펴본 것처럼 SNS의 확산은 전 세계 곳곳에서 프라이버시와 표현의 자유 등을 둘러싼 이해당사자들 간의 갈등을 낳고 있다. 또한 갈등 해결과정에서 역시 상반된 두 모델 간의 경쟁이 분명하게 드러났다. SNS의 사용이 전 지구적으로 확대되는 상황에서 특정 국가에 본사와 서버를 둔 글로벌 기업이 다수 국가들에 서비스를 제공하면서 해당 국가의 법규체계와 충돌하는 경우는 더욱 늘어날 것이다.

빠르게 변하는 미디어 기술과 일국적 규제의 비효율성, 그리고 지구적 공통규범의 마련이 시급하지만 쉽지 않은 일이라는 사실은 당분간은, 아니 어쩌면 생각보다 긴 시간 동안 글로벌 서비스를 둘러싼 국제적, 국내적 갈등이 지속될 것이라는 예측을 하게 만든다. 이렇게 볼 때 현 시점에서 SNS시대의 인터넷 거버넌스가 어떤 '내용'이어야 하는가는 논의 자체가 무의미할 수 있다. 그렇다면 지금 보다 현실적이고 중요한 것은 인터넷 거버넌스가 어떤 '형식'이어야 하는가이다. 이에 대해서는 이미 WSIS에서 도출한 결론이 있다. 바로 인터넷 거버넌스는 다자주의적(*multilateral*)이고 민주적이며 투명해야 한다는 것, 그리고 반드시 다양한 이해관계자들의 필요를 고려해야 한다는 원칙이다. 인터넷 거버넌스에서 일종의 보편규범으로 간주되는 다수이해관계자주의는 바로 이러한 원칙을 반영한 것이다.

특히 중요한 것은 이 같은 원칙이 개별 국가 수준에서도 관철되고 존중되어야 한다는 점이다. 왜냐하면 대부분의 국가, 특히 개발도상국에서는 미디어 거버넌스에 관련된 모든 자원과 권력이 정부에 집중되어 있기 때문이다. 민간부문은 정부와 유착관계에 있고, 시민사회는 역량이 부족하거나 조직화가 미비해서 실제 거버넌스 과정에 참여하기가 어려운 경우가 대부분이다.

이와 관련해서 강조해야 할 두 가지가 있다. 첫째는 인터넷 거버넌스에 참여하는 이해당사자들의 역량의 문제를 고려해야 한다는 점이다. 다수 이해관계자 주의에 대해 비관적 전망을 하는 사람들은 무엇보다도 참여당사자들 간에 존재하는 역량의 차이를 가장 큰 문제점으로 지적한다. 특히 이들은 국가와 민간부문에 비해 상대적으로 자원과 전문성이 부족한 시민사회 행위자들이 인터넷 거버넌스에서 구조적으로 배제되고 있음을 비판한다. 둘째, 각 이해당사자들은 민주적이고 개방적이며 투명한 거버넌스 메커니즘 속에서 자신들의 역할을 규정하고 조정하기 위해 노력해야 한다. 이런 점에서 볼 때 인터넷 거버넌스는 과정과 내용 모두 다양한 이해당사자들 간의 상호작용을 통해 끊임없이 재구성(*reconstructing*) 되는 것이라고 할 수 있다.

참고문헌

김의영·이영음(2008), "인터넷과 거버넌스: ICANN의 ccNSO 형성과정에서 ccTLD 세력의 역할을 중심으로", 〈국제정치논총〉, 48(2), pp. 173~196.

이원태·유지연·박현우·김위근(2010), 《방통융합 환경에서 정보의 자유와 개인의 프라이버시 보호방안 연구》, 정보통신정책연구원.

조화순(2006), "글로벌 인터넷 거버넌스의 형성과 동아시아의 대응: WSIS와 ICANN 사례를 중심으로", 〈신아세아〉, 13(1), pp. 190~213.

Association for Progressive Communications(APC) (2011), "Southern African Internet Governance Forum Issue Papers 5(3): Security, Openness and Privacy", *Internet Governance Forum*.

Chenou, J. (2010), "Multistakeholderism or Elitism? The Creation of a Transnational

Field of Internet Governance", Presented in Fifth GigaNet Annual Symposium, Vilnius, Lithuania.

Goldsmith, J. & Wu, T. (2006), *Who Controls the Internet?: Illusion of a Borderless World*, Oxford University Press.

Grimmelmann, J. (2009), "Saving Facebook", *Iowa Law Review*, 94, pp. 1148~1206.

Malcolm, J. (2011), "Arresting the Decline of Multi-stakeholderism in Internet Governance", Presented in GigaNet Sixth Annual Symposium, Nairobi, Kenya.

Mathiason, J. (2008), *Internet Governance: The New Frontier of Global Institutions*, Taylor & Francis.

Mueller, M. (2002), *Ruling the Root: Internet Governance and the Taming of Cyberspace*, MIT Press.

______ (2010), *Networks and States: The Global Politics of Internet Governance*, MIT Press.

Rosenau, J. (1992), "Governance, Order, and Change in World Politics. In J. Rosenau & E. Czempiel" (Eds.), *Governance without Government: Order and Change in World Politics* (pp. 1~29). N. Y. : Cambridge University Press.

Shtern, J. (2010), "Models of Global Internet Governance and the Projection of State Power: The Case of Facebook and the Office of the Privacy Commissioner of Canada", Presented in Fifth GigaNet Annual Symposium, Vilnius, Lithuania.

Tsai, K. (2011), "How to Create International Law: The Case of Internet Freedom in China", *Duke Journal of Comparative & International Law*, 21, pp. 401~430.

SNS 정치발언의 사실검증

제 14 장

오택섭 · 설진아
마동훈 · 김해영

언론과 SNS, 그리고 '사실검증'의 필요성

1) 정치인의 소셜미디어 이용과 '사실검증'의 문제

동서고금을 막론하고 정치인의 발언은 쉽게 믿을 수 없다. 이들의 이야기가 거의 예외 없이 '정치적'이기에 믿기 힘들다는 것이다. 따라서 항상 주의 깊은 맥락의 파악이 필요하다. 뉴스 수용자는 언론에게 정치인의 발언을 검증하는 역할을 위탁했다. 그러나 실상 언론의 정치 보도조차 수용자들로부터 큰 신뢰를 받지 못함이 유감이다. 언론 또한 정파성에서 자유롭지 않음을 잘 알기 때문이다. 그래서 최근에는 뉴스 수용자의 눈길이 새로운 테크놀로지에 의해 매개되는 소셜미디어(*social media*)에 쏠리고 있다.

소셜미디어는 사회적 관계망을 바탕으로 사람들이 정보나 경험, 생각과 의견을 공유하기 위해 온라인 도구나 모바일 도구를 활용할 수 있는 서비스를 제공한다. 수많은 소셜미디어 가운데 소셜 네트워크 서비스(이하 SNS)는 무엇보다 커뮤니케이션 기술의 확장성(*scalability*)[1]을 이용해 사회적 상호작용을 가능하게 하며, 이를 통해 웹상이나 모바일상에서 사람들의 주장과 의견을 쉽게 전파하도록 고안된 서비스이다. 궁극적으로 SNS는 사회적 상호작용에 대한 인간의 욕구를 지원하는 매체인 것이다.

소셜미디어가 등장한 후 많은 정치인이 자신의 정책을 홍보하고 국민과 소통하기 위한 도구로서 소셜미디어를 활용하고 있다. 국내·외를 막론하고 정치인들은 유권자와의 친밀도를 높이기 위해 소셜미디어를 적극적으로 배우고 사용하는 경향이 있다. 정치인들은 소셜미디어를 통해 감성 중심의 소프트 뉴스를 유권자들에게 전파함으로써 지지층을 확대하며, 소셜미디어가 정치인과 국민을 직접 소통하게 함으로써 기성 언론에 의해 형성된 '정치 냉소'를 완화하는 데 도움이 된다고 판단한다. 실제로 2008년 미국 대선에서 오바마 대통령 후보가 페이스북과 트위터와 같은 소셜미디어를 적극 활용함으로써 선거를 승리로 이끌었고, 2010년 영국 총선에서도 보수당과 자유민주당이 소셜미디어 선거캠페인에서 노동당을 압도했다. 이와 같이 정치 홍보와 지지자 결집 수단으로 소셜미디어의 효율성이 입증되면서 전 세계 정치 지도자들과 각국의 주요 정당들도 소셜미디어를 활용한 선거 전략을 수립하는 데 역점을 두고 있다.

그러나 SNS를 정치·사회적 목적으로 사용하는 사람들이 늘어나면서 검증되지 않은 사적 정보의 유포나 확산에 따른 혼란을 우려하는 목소리도 높다. 또 미디어적 기능을 보유한 SNS가 정책이슈보다 정치인 개인 중심의 홍보미디어로 전락할 위험성도 다분히 내포하고 있어, 정치인 팬클럽 간의 과다경쟁으로 갈등이 증폭될 소지도 없지 않다. 특히 선거기간 중 후보자 간 치열한 경쟁 속에 소셜미디어의 역기능이 증폭되어 여론이 왜곡될 위험성도 있기 때문에 트위터를 비롯한 소셜미디어의 보다 합리적 운영방안이 모색되어야 할 것이다(설진아, 2011).

소셜미디어가 가져온 가장 큰 변화는 누구나 정보를 공시(公示) 또는 접근할 수 있는 도구(*tools*)를 제공했다는 점이다. 특히 개인 미디어로서 SNS는 누구나

---

1 정보통신기술에서 scalability(범위성, 확장성)는 컴퓨터 애플리케이션이나 제품이 사용자의 요구에 맞추기 위해 크기나 용량을 변경해도 그 기능이 계속해 잘 동작할 수 있는 능력을 말한다. 즉, 확장된 환경에서 기능이 잘 동작할 뿐 아니라 실제로 그것의 이득을 최대한 누릴 수 있는 능력을 말한다(http://searchdatacenter.techtarget.com).

뉴스를 생산, 배포할 수 있도록 플랫폼을 개방하였다. 또 소셜미디어들은 기존의 전통미디어와는 달리, 이용자들이 어떤 콘텐츠를 수용할 것인지 여부를 각자 자신들의 기준에 따라 결정하도록 한다.

SNS가 뉴스를 생산, 유통시키는 대안언론으로서의 역할을 수행하기 시작하면서 정치뉴스 정보원들이 뉴스생성에 직접 참여하기 시작하였다. 특히 정치인들이 SNS를 활용하면서 신문과 방송 같은 전통적 언론에서 언급하지 않은 이슈나 발언들이 국민에게 직접 전달되기도 한다. 최근에는 소셜미디어가 모바일과 결합되면서 전통 언론매체에서 커버하지 못하는 실시간 정치 뉴스나 정치인의 활동이 SNS상에서 공개되고 이를 주류 언론들이 재매개(*remediation*) 하는 현상도 종종 목격된다.

그러나 소셜미디어에는 뉴스생산 및 유통과정에서 전통언론과 같은 게이트키핑(*gate-keeping*) 이 존재하지 않는다. 정치인과 유명인들의 발언이 SNS상에서 '소셜 뉴스'로 생성됨으로써 국민과의 직접 소통은 가능해졌지만 사실검증(*fact-checking*) 의 단계를 거치지 않고 전달된 정치정보는 정치영역에서 촛불시위와 같은 그라운드스웰(*groundswell*) 현상[2]을 초래할 수도 있다. SNS는 전파의 속도가 워낙 빨라서 언론에서 보도되지 않은 작은 사건도 큰 파장을 빚을 수 있기 때문이다. 즉, 시민들이 SNS를 통해 정치정보를 모으고 공유하고 분석하면서 정부의 잘못된 정책이나 정치인의 발언에 대하여 비판하는 행동으로 나아갈 수 있으며, 이 과정에 잘못된 정치 발언이나 정보가 유포됨으로써 사회적 위험요소를 담은 과잉 커뮤니케이션 현상을 초래할 수도 있는 것이다.

실제로 우리 사회의 정치적 정보유통과 왜곡현상을 자세히 살펴보면, 정치인의 발언과 이에 대한 언론의 보도, SNS의 정치정보 모두 무엇이 사실이고 또한 진실인지를 혼돈스럽게 만든 책임에서 자유롭지 못하다. 여기서 정치인의 발언과 언론보도, SNS 정치발언의 '사실검증'은 '사실'(*fact*) 과 '주장'(*claim*) 의 관계를

2 그라운드스웰(groundswell)은 '먼 곳의 폭풍에 의해 생기는 큰 파도'라는 사전적 의미를 갖고 있으며, 하나의 사회적 트렌드로서 사람들이 과거에는 회사와 같은 조직으로부터 원하는 것을 얻었다면, 이제는 테크놀로지의 힘을 빌려 서로에게 얻는 경향을 말한다. 여기서는 SNS이용자들이 인터넷 도구를 이용해 스스로 정보를 모으고 분석, 판단해 행동에 나서는 것을 의미한다(Li,Charlene, 2008).

바탕으로 한 '진실(*truth*) 검증'의 문제를 의미한다.

특히 중요한 점은 사실과 주장 사이의 적합한 '맥락성'(*contextuality*)의 해석 문제이며, 그 결과에 따라 정치인 발언의 사실여부가 판단된다. 이러한 맥락에서 정치인의 소셜미디어 이용 증가현상과 함께 정치정보 유통에서의 SNS 위상을 점검하고, 정치현실에서 SNS가 생성하는 정보 및 뉴스들의 '사실검증' 문제를 논의하고자 한다. 보다 구체적으로 이 글은 SNS상의 정치인의 발언과 정치정보 역시 '사실검증'의 대상임을 국내외 사례를 통해 규명하고, 미국 언론의 '사실검증' 시스템 분석을 통해 한국에서의 언론과 SNS 정치발언과 관련한 '사실검증' 모델을 제시하고자 한다.

2) 정치현실에서 SNS의 영향과 '사실검증'의 중요성

최근 미국의 퓨리서치(Pew research)가 발간한 조사보고서 "SNS와 정치" (*Social Networking Sites and Politics*)에 따르면(Pew research, 2012. 3), 전체 SNS 이용자의 75%가 때때로 정치적 게시물을 올린다고 응답했으며, 18%는 정치적 게시물 때문에 다른 이용자와의 소통을 차단한 경험이 있다고 밝혔다. 특히 상대적으로 SNS를 많이 이용하는 진보성향의 이용자 가운데서는 28%가 다른 이용자를 차단한 경험이 있다고 응답했다. 대다수의 이용자들이 정치적 목적으로 SNS를 이용하지만, 그중 상당수는 자신과 다른 의견에 노출되는 것을 의도적으로 피한다. 또한 정치적 의견을 포함한 게시물을 접하였을 때 중립적 정치성향을 가진 이용자들은 약 18%의 경우에만 적극적으로 찬반의견을 개진한 반면, 보수와 진보 양극단에 위치한 이용자들은 45% 이상의 경우에 적극적으로 찬반의견을 드러냈다. 결국 이는 SNS가 양극단의 정치성향 집단 간 소통보다는 유사 정치성향 집단 간 의견개진의 장에 머무르고 있음을 보여주는 것이다.

이러한 현상은 실제로 한국과 미국의 정치현실에서 여실히 나타난다. 한국의 경우, 지난 2011년 10월의 서울시장 보궐선거는 소셜미디어가 서로 다른 정치적 성향을 가진 집단 간 소통보다는 양극단의 첨예한 의견개진의 장에 머물러 있음

〈그림 14-1〉 SNS상 친구의 정치 발언에 동의하는 빈도 (정치성향별)

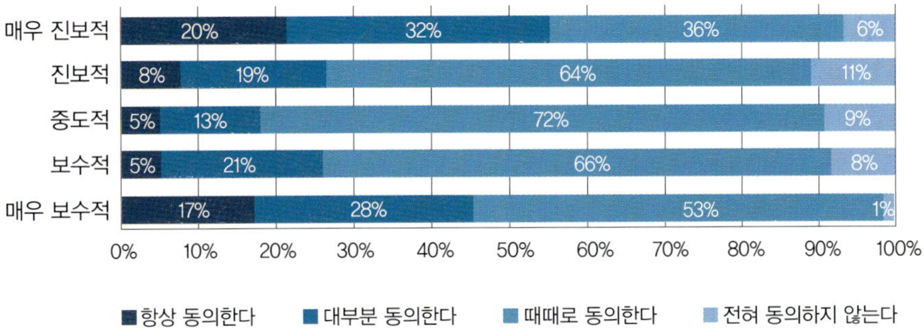

출처: Pew research.

을 보여 주는 대표적 사례였다. 트위터 분석 서비스인 트윗믹스(www. tweetmix. net) 에 따르면 서울시장 선거 직전인 10월 25일의 트윗은 50만여 건에 달해, 8월 초순 33만여 건의 1. 5배의 수치를 기록했다. 같은 자료에 의하면, 서울시장 선거기간 보름 중 박원순과 나경원 두 후보에 대한 트윗은 98만 5, 158개로 나타났는데, 이는 2011년 4월 27일 재보선 기간 중 입후보한 주요 후보들에 대한 트윗을 모두 합친 수치(95, 792개) 의 10배에 이른다. 선거기간 중 두 후보에 대한 트윗의 수를 단순 비교하면 박원순 후보를 언급한 것이 약 45만 건, 나경원 후보를 언급한 것이 약 53만 건으로 큰 차이가 없었다. 그러나 그 실질적 내용에서의 차이는 컸다. 나경원 후보와 관련되어 가장 많이 리트윗된 상위 10개 트윗의 내용이 모두 부정적 내용을 다룬 한편, 박원순 후보와 관련되어 가장 많이 리트윗된 10개의 내용은 대부분 긍정적 내용을 다뤘다.

결국 SNS 선거전에서의 박원순 후보의 승리가 실제 선거의 승리로 이어졌다고 봐도 큰 무리가 없어 보인다. 이는 SNS라는 미디어의 속성과 미디어에 반영된 여론이 선거결과에 영향을 미친 것이라고 볼 수 있는 한편, SNS를 활용한 탁월한 선거기획의 성과이기도 했다. 박원순 후보는 예비후보 등록 이후 원순닷컴 블로그에 '"우리가 바라는 서울은 ○○○한 서울이에요!"하고 외쳐 봐요!'라는 제목으로 서울에 대한 시민의 의견을 듣는 코너를 마련했다. 또한 '참여로 함께 만드는 희망, 1003 시민경선' 등의 모토로 유권자들의 자발적 참여 동기를 지속적으로 부여한 결과, SNS를 선거캠페인의 주요 매체로 활용하는 데 성공할 수 있었다(유창주, 2012).

SNS 매개 선거전의 양상은 범야권 단일후보 경선과정에서도 그대로 나타난 적이 있다. 경선기간인 2011년 9월 27일부터 10월 3일까지 박원순 후보 관련 트윗은 경쟁자인 박영선 후보보다 두 배가량 많은 것으로 나타났으며, 특히 선거일인 10월 3일에는 1만 7,377건을 기록해 박영선 후보의 6,777건을 크게 넘어섰다(이승헌, 2011). 이는 트위터를 매개로 박원순 후보 지지층이 결집했다는 이야기와 다름없다. 범야권 단일후보로 선출된 박원순 후보가 기호 10번을 배정받자 '10점 만점에 10점', '10월엔 10번, 10번 찍어 안 넘어오는 서울 없다', '10년이면 강산이 변하고 10번이면 서울이 변한다' 등의 표어가 SNS 댓글을 중심으로 나타난 것은 동일한 정치적 견해를 가진 이용자들의 정치참여 및 의견개진의 활성화 측면에서 주목할 만한 현상이었다.

미국에서도 2008년 대선 당시 버락 오바마 진영의 사례에서 SNS 활용과 정치참여의 관계가 확인되었다. 그런데 동시에 SNS와 정치의 상호작용에 대한 회의적 시각도 나타났음에 주목할 필요가 있다. SNS상에서는 동일한 정치적 견해를 가진 사람들만이 모이게 됨에 따라 기존의 정치적 인식을 강화하는 것 이상의 의미가 없다는 것이다. 즉, SNS는 수용자 개개인이 본인과 다른 의견으로부터 단절됨에 따라, 개인의 정치적 견해를 더욱 극단적으로 만들 수 있다.

이상의 내용들은 미국과 한국에서 모두 정치정보원의 힘 쏠림이 전통적 언론에서 인터넷과 SNS로 급격히 기울어져 감을 잘 보여준다. 그렇다면 그 이유는 무엇일까? 첫째, 새로운 컴퓨터 매개 커뮤니케이션 테크놀로지와 이에 편승한 SNS의 보편화다. 이는 전통적 언론이 뉴스 공급의 주도권을 유지하기 위한 산업전략을 확립하지 못함과 관련된다. 변화하는 시장에 대한 전통적 언론의 적응이 지체됨에 따라 뉴미디어의 확산이 더욱 가속화된 것이다. 둘째, 전통적 언론의 정파성으로 인해 국민들이 이들에게서 등을 돌리게 되었기 때문이다. 전자가 전통적 언론의 산업적 위기문제에 대한 지적이라면, 후자는 저널리즘의 위기문제다. 전통적 언론의 사실보도와 여론선도 기능을 의심하게 되면서 국민들은 새로운 정보원을 찾게 됐다. 그 틈새를 파고든 것이 미국에서는 페이스북, 블로그, 체인 이메일(*chain e-mail*) 등이고, 한국에서는 트위터, 팟캐스트, 블로그 등의 '틈새'(*niche*) 매체들이다. 그런데 그 틈새가 급격히 크고 깊어지면서 SNS가 '대안'(*alternative*) 매체로서의 기능까지 부분적으로 수행하고 있다. 이제 SNS는 미국과 한국 사회 모두의 정치정보 유통과정에서 무시하지 못할 지분을 갖기에 이르렀다.

정치현실에서 소통의 문제는 중요한 정치과정인 동시에 목적이기도 하다. 현실적으로 소통의 양대 매체로 자리잡고 있는 것이 전통적 언론, 그리고 SNS가 대표하는 틈새 혹은 대안매체다. 정치인과 유력 여론지도자의 정치발언이 이들 양대 매체를 경유해 급속히 확산되는데 특히 트위터의 경우 정보확산의 즉시성으로 인해 이제까지 없었던 심각한 문제들이 발생하고 있다. 트위터는 이용자들의 삶의 순간들을 중대한 사건이든 평범한 사건이든 언제나 원할 때 공유하게 해주며, 이로 인해 사람들은 서로 더 연결되어 있다고 느끼게 된다.

한편 전통적 언론과 SNS는 상호인용의 방식으로 뉴스를 활용하기도 한다. 이렇게 보면 국민에게 도달하는 정치뉴스의 경로 또한 전통적 언론과 소셜미디어를 통한 경로로 구분될 수 있다. 전통적 언론의 정치보도는 편집국 혹은 보도국 데스크에 의한 최소한의 사실검증 과정을 거친다. 그럼에도 불구하고 국민들은 전통적 언론의 사실검증 기능에 회의를 갖고 있다. 언론 데스크의 정파적 개입 때문이다. 그러나 국민들이 찾아가는 대안 정보원인 SNS의 경우에는 최소한의 사실검증 기능조차 사실상 존재하지 않는다. 이것이 문제다. 최근 중앙선거관리위원회 인터넷 감시단이 부분적인 검증작업을 하고 있지만 키워드 검색중심의 검증이기 때문에 한계가 있다. 이 또한 사전 검증이 아닌 사후 검증이며, 특정 정치인에 대한 심각한 명예훼손 등 정치적으로 매우 예민한 사안에 국한된다.

전통적 언론의 정치 뉴스와 SNS 등 소셜미디어의 정치발언 모두가 사실검증의 대상이 되어야 함은 물론 자명하다. 그러나 이 글에서는 대표적인 소셜미디어인 SNS를 경유한 정치뉴스만을 일단 사실검증의 대상으로 삼고자 한다. 이는 우리 사회의 정치뉴스 유통에서 SNS가 대안적 언론매체로서 차지하는 비중이 점차 커지고 있으며, 또한 사적 관계의 유지와 정보의 공유를 목적으로 하는 SNS가 공적 정치여론의 공간으로 진입함으로써 야기하는 문제들의 중요성 때문이다.

전통적 언론이든 대안언론이든 언론의 궁극적 목표가 '사회의 진실한 모습을 공중에게 알리는 것'이라면 '진실한 보도는 사건을 정확하고 완전하게 공정한 시각에서 보도하는 것'을 의미한다(오택섭 외, 2009, p. 384). 물론 저널리즘적 사실이란 단순하게 정확성과 공정성만으로는 충분하지가 않다. 코바치와 로젠타일(Kovach & Rosenstiel, 2001)이 '사실은 가장 혼란스러운 첫 번째 저널리즘 원칙'이라고 주장했듯이, 비록 저널리즘이 추구하는 사실의 정의가 복잡하고 때로는 모순되는 현상을 담고 있지만, 그렇다고 단순히 '객관성'과 '정확성', '공정성과 균형성'만을 의미하는 것은 아님을 적시해야 한다. 저널리즘 특유의 사실은 대중과 기삿거리가 되는 사람이나 사건, 그리고 기자와 최초의 기사 사이에 전개되는 사실분류의 과정을 포함한다고 할 수 있다. 그 여정 속에 사실을 검증하고, "얻을 수 있는 최선의 사실"을 제공하기 위해서는 상황과 해석을 덧붙이는 일을 서두르기보다는 '통합과 사실검증'에 집중할 필요가 있다. 그러나 기존의 매스 미디어가 민주주의 과정에서 이와 같은 저널리즘의 역할을 제대로 수행하지 못하면서 전통 저널리즘에 대한 위기의식이 점차 높아지고 있다. 이런 상황을 배경으로 사회적 관계망을 토대로 한 SNS는 대안 언론으로서 부상하게 됐다.

3) 미디어로서 SNS와 '집단지성'의 한계

트위터, 페이스북, 싸이월드, 블로그 등 SNS를 사적인 정보공유 매체로 볼 것인가, 아니면 공적 영역의 뉴스전달 매체로 볼 것인가의 문제는 여전히 매우 논쟁적이다. 그럼에도 불구하고 SNS는 우리사회의 정치뉴스 생산 및 유통에 있어 이미 전통적 뉴스 미디어와 의제를 공유하면서도 나름대로의 차별화된 의제를 형성하고 있다. 트위터와 언론매체 간 의제설정 효과를 살펴본 연구결과, 정치인이 트위터에서 다루는 의제는 앞선 시점에 신문에서 다룬 의제와 상관관계가 있었으며, 이후 방송뉴스의 의제에 영향을 주는 것으로 나타났다(최진호 · 한동섭, 2011). 결국 SNS를 사적인 정보공유 매체로 규정하더라도 정치적 사안에 있어 SNS와 기존 언론은 이미 서로 의제를 공유하는 동시에, 상호매개를 통해 독자적이고 차별화된 의제를 생성해나가는 공적 기능을 수행하는 것이다.

최근 우리 국민들의 SNS 이용 용도에 대한 복수응답 조사결과에 의하면(한국언론진흥재단, 2012), 지인에게 메시지 보내기(62.9%), 지인의 메시지 공유하기(45.3%), 나의 일상사 말하기(40.2%), 정보 검색하기(28.9%)의 순이었다. 이어서 내 의견을 제시하기(13.3%), 새로운 사람 사귀기(12.7%), 직접 뉴스 및 시사문제 점검하기(12.3%)의 순으로 나타났다. SNS를 아용해 뉴스와 시사문제를 점검한다는 응답, 지인과의 메시지 공유, 내 의견 제시하기를 합하면 광의의 사회 내 정치소통에서 SNS가 차지하는 비중은 최대 80%에 이른다. 이 조사결과에 비추어 볼 때, 우리 국민들의 SNS 이용 용도에서 정치 소통의 비중을 결코 과소평가할 수 없을 것이다.

SNS의 정치적 활용과 영향에 대한 최근의 연구들은 SNS가 사회 참여적 행위를 증가시킨다고 주장한다. 상대적으로 높은 정치적 관심을 갖고 있는 이용자들은 정보소통의 창구로 SNS를 활용함으로써 사회 정치참여행위에 긍정적 효과를 고양한다는 것이다(황유선, 2011). 또한 SNS는 이용자들의 활용을 통해 사회참여행위를 증가시킨다는 점에서, 단순한 정보원이 아니라 의제설정 기능을 가진 미디어라고도 볼 수 있다. 그러나 SNS가 '소통적 미디어'로서 자리매김하지 못했다는 주장도 있다. 즉, 트위터에 나타난 유권자들의 정치적 행위를 살펴보면 '지지의견 표명'이 가장 많았으며, '일방적 지지'에 비해 '정책적 논의'는 상대적으로 희소했다. 트위터 등에서 정치적 의견 표출이 증가하고 있지만 주로 단순 홍보수단으로 활용되며, 정책적 논의가 부족해 유권자와의 공감대를 형성하지 못하고 있다(홍주현·박미경, 2011). 특히 트위터를 중심으로 살펴볼 때 자기의견에 대한 근거를 제시한 경우는 절반을 조금 넘었고, 이견에의 노출기회는 매우 제한적이었다. 이는 트위터에서 비슷한 의견을 가진 사람들끼리만 토론에 참여함으로써 트위터 이용자 간 분절화(*segmentation*)가 일어나고 있을 가능성을 시사한다(신현기·우지숙, 2011).

이와 같은 일련의 연구결과들을 살펴볼 때 정치의 영역에 있어 최근 SNS가 유력한 정보전달 매체로 활용되고 있지만, 대안적 공론장의 형성에 과연 '집단지성'으로서 기여하고 있는지에 대해서는 추가적 논의가 전개되어야 할 것이다. 최근 우리 사회가 SNS에 대해 갖고 있는 기대는 바로 SNS가 매개하는 '집단지성'[3](*collective intelligence*)에 대한 기대이기도 하다. 집단지성이 힘 있는 소수에 의한 사실과 의견의 생산·유통의 독점을 견제하고 다수의 보통 시민이 그 과정에 직접 개입할 수 있다는 것은 그 자체로서 충분히 매력적이다. 이는 법원의 배심원 제도가 갖는 매력과도 같다. 사실 정보와 의견의 독점이 곧 권력의 독주로 이어질 수 있기에 이에 대한 대안으로 집단지성의 가치는 분명히 크다.

그러나 우리 사회에서 SNS에 의해 매개되는 집단지성의 실체에 대해서는 몇 가지 의문이 제기된다. 먼저 우리 사회의 보통 시민들이 갖고 있는 가치관과 지식의 '다양성'에 대한 의문이다. 우리 사회의 국민과 언론의 정치적 인지 지도를 살펴보면 우파 보수와 좌파 진보의 대결로 지나치게 단순화 되어 있다. 아군이 아니면 모두가 적군이다. 따라서 합리적 대화와 토론이 설 땅이 없다. 좌·우 이념대립에 관한 한 이분법적 대립 구도의 가장 큰 원인은 건국 이후 지속된 분단이라는 역사적 현실이다. 여기에 현실 정치인, 지식인, 학교 교육 그리고 언론도 한몫했다. 따라서 보통 시민들이 이념의 지형에서 지식과 의견의 '독립성'을 견지하기 힘든 것이 문제이다.

다음으로 SNS에 의해 공유 및 전달되는 정치뉴스의 선택과 콘텐츠의 편집 권한을 누가 가지고 있는가에 대한 의문이다. 무엇보다 다양한 가치관과 지식을 가진 시민들이 자유롭게 개진하는 독립적인 생각들이 합리적·상식적인 방식으로 통합되는지 명확하지가 않다. 여론을 파악하는 데 있어 기존 언론은 국민의 신뢰를 상당 부분 잃었다. 정치적 소견이 분명치 않은 많은 사람들은 옆 사람 생각에 휩쓸린다. 손쉽게 눈길이 가는 곳이 당연히 페이스북, 트위터 등 사적 관계망인

---

3 다양한 가치관과 지식을 가진 보통의 시민들이 자유롭게 개진하는 독립적인 의견이 합리적·상식적으로 통합된다면 이는 의미 있는 사회적 자산이 될 수 있다. 영국의 저술가 피터 러셀은 이를 '집단지성'이라고 불렀다(Russell, 1983).

〈그림 14-2〉 사실검증의 개념과 범위

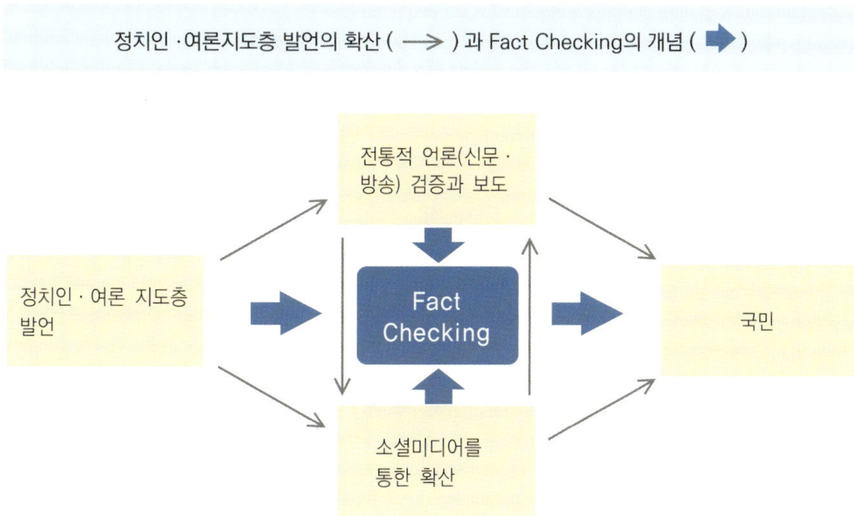

SNS이다. 그러나 소셜미디어가 사회의 지식과 의견을 '통합'하는 방식도 전적으로 상식적이고 합리적이라고 할 수는 없을 것 같다. 더 나아가 몇몇 '파워 트위터리언'이 확산시키는 사실 정보와 의견은 검증되지 않은 채 사회에 즉시적으로 유통된다는 사실에 주목해야 한다.

물론 국민 모두가 파워 트위터리언이 될 수는 없기에 트위터를 통한 사실 정보와 의견의 유통도 늘 일방향적이다. 이와 같은 시각은 전통적 언론의 '전문가 지성'이 의심받으면서 더욱 힘을 얻게 됐다. 그렇다면 문제는 SNS의 다양성과 독립성, 통합의 방식에 대한 평가다. SNS에 의해 유통되는 정치정보의 사실검증을 통한 사실 규명의 필요성도 여기에 있다. 언론의 전문가 지성과 SNS의 집단지성 사이의 건전한 견제가 균형 잡힌 정치문화를 선도할 수 있으리라는 점에서 사실검증의 중요성은 매우 크다(마동훈, 2011) 우리사회에서 정치인과 여론지도층 발언의 신뢰성이 추락하고 언론보도의 진실성은 물론 소셜미디어가 야기한 집단지성의 신뢰도에도 의문이 제기되고 있는 이즈음 새로운 전문가 지성이 필요하다. 이를 위해 중요한 과업 중 하나가 바로 정치정보의 '사실검증' 문제다.

이러한 맥락에서 이 글은 언론과 SNS 정치발언의 '사실검증' 문제를 심도 있게 다루고자 한다. 이를 위해 먼저 미국에서의 정치인과 여론지도자의 정치 발언에 대한 사실검증의 역사와 사례를 고찰하고 정치적 발언과 관련해 '사실검증' 시스템과 검증방법의 모델을 살펴보고자 한다. 보다 구체적으로, 2012년 현재 미국 정치뉴스의 사실검증 '3대 강자'로 꼽히는 'Politifact. com', 'Factcheck. org', 그리고 워싱턴 포스트의 'The Fact Checker'의 사례를 탐색할 것이다. 다음으로 한국에서의 SNS 정치발언 사례를 통해 이들이 우리 정치뉴스 생산 및 유통에 끼칠 수 있는 영향을 분석하고 한국에서의 언론과 SNS 정치발언과 관련한 '사실검증' 모델을 제시하고자 한다. 끝으로 한국 정치 현실에서 의미 있는 사실검증 모델이 무엇일지 모색하고, 미디어로서 SNS의 정치발언이 갖는 사실검증의 함의를 논의할 것이다. 무엇보다 이 글은 우리 사회의 성숙한 민주주의 정치질서의 유지와 발전을 위해 '사실검증' 프로젝트가 갖는 의미를 고찰하는 것을 목적으로 한다.

4) 이 글의 전개

이 글의 다음 절에서는 먼저 미국에서의 정치인과 여론지도자의 정치발언에 대한 사실검증의 역사와 사례를 고찰한다. 미국에서의 정치발언에 대한 사실검증의 문제제기는 1980년대 후반부터 시작된다. 초기 사실검증의 대상은 정치인과 정치적 여론지도자의 발언, 언론의 정치보도였지만 2008년 미국대선을 기점으로 블로그, 페이스북, 트위터 등 SNS와 체인 이메일 등도 사실검증의 대상이 되었다. SNS에 매개되는 정치 발언의 사실검증에 대한 문제의식의 출발이 1980년대 전통적 언론 주도시대였다는 점에서 이 시기의 사실검증 작업에 대한 이해가 필요하다. 이어서 미국에서의 정치 사실검증 시스템과 방법의 모델을 고찰한다. 미국 사실검증의 3대 강자로 꼽히는 'Politifact. com', 'Factcheck. org', 워싱턴 포스트의 'The Fact Checker'의 사례를 정리하고, 이어지는 절에서는 미국에서의 주요 사실검증 시스템의 SNS 발언 검증 사례들을 살펴보고자 한다.

넷째 절에서는 한국에서의 SNS 정치 발언의 사례를 통해 이들이 우리 정치정보 유통에 끼칠 수 있는 영향을 고찰한다. 이후 다섯째 절에서는 한국에서의 SNS 정치 사실검증을 위한 모델을 제시하고 우리 정치현실에서 의미 있는 사실검증 모델이 무엇일지에 대해 논의한다. 그리고 이 글의 마지막 절에서는 한국 정치에서 SNS 정치 사실검증이 갖는 함의를 논의한다. 이를 통해 우리 사회의 민주주의 정치질서의 유지와 발전에 사실검증 프로젝트가 갖는 의미를 고찰하고자 한다.

미국 언론의 '사실검증' 시스템

1) 미국 '사실검증'의 역사

미국에서 정치인의 정치발언과 메시지에 대한 사실검증의 필요성은 1988년 대통령 선거 당시 처음 대두됐다. 공화당 대통령 후보 부시(George H. W. Bush)의 정치광고가 논쟁의 중심에 있었다. 당시 부시의 정치광고는 상대후보인 전 매사추세츠 주지사 듀카키스(Michael Dukakis)의 환경정책, 군비축소 정책, 세금정책 등을 다루면서 네거티브 캠페인의 전형을 보였다. 특히 광고에서 "무기수 호톤(Willie Horton)에게 주말휴가를" 준 듀카키스의 온정주의를 비판하면서 네거티브 캠페인의 수위는 극에 달했다. 선거는 부시의 승리로 끝났지만 언론은 일제히 부시의 네거티브 캠페인의 문제점을 지적하면서 사실을 오도하는 언론보도의 문제점을 지적했다. 당시 부시의 캠페인 광고들은 지금도 역대 최고 혹은 최악의 정치 광고로 매우 상반된 평가를 받고 있다.[4]

1992년 대통령 선거 당시 CNN 기자였던 잭슨(Brooks Jackson)은 CNN 뉴스에서 보다 체계적으로 정치광고를 검증하는 'Adwatch'와 정치발언을 검증하는 'Factcheck' 포맷을 고안해서 활용했다. 이는 최초의 체계적 정치발언과 광고의 검증장치로서 큰 주목을 받았다. 1996년과 2000년 대통령 선거전에서는 정치인

4 www.youtube.com/watch?v=zs8SQLmix6o; www.youtube. com/watch?v=EC9j6Wfdq3o

의 말 바꾸기(*flip*)에 대한 언론검증의 필요성이 대두됐다. 2004년 미국 대통령 선거를 앞두고 체계적인 사실검증 시스템이 처음으로 선을 보였다. 애넌버그 재단의 기부금으로 펜실베이니아 대학의 공공정책연구소(Annenberg Public Policy Center)에서 'Factcheck. org'를 개설하고 정기적인 정치발언 사실검증 결과를 공표했다.

2008년 대선을 앞둔 2007년 8월 플로리다 〈세인트 피터스버그 타임스〉(St. Petersberg Times, 현재 Tampa Bay Times)의 워싱턴 지국에서 Politifact. com 웹사이트를 개설하며 본격적인 정치발언 사실검증과 공표를 개시했다. Politifact. com은 2009년 탐사보도 부문 퓰리처상을 수상하는 등 주요 정치발언의 사실검증 부문에서 독보적인 업적을 쌓고 있다.

2012년 대선을 2년여 앞둔 시점인 2011년 1월 워싱턴 포스트에는 국무성 취재 경력을 가진 중견 언론인 글렌 캐슬러의 사실검증 칼럼 "The Fact Checker"이 연

〈그림 14-3〉 미국 사실검증 시스템의 발전

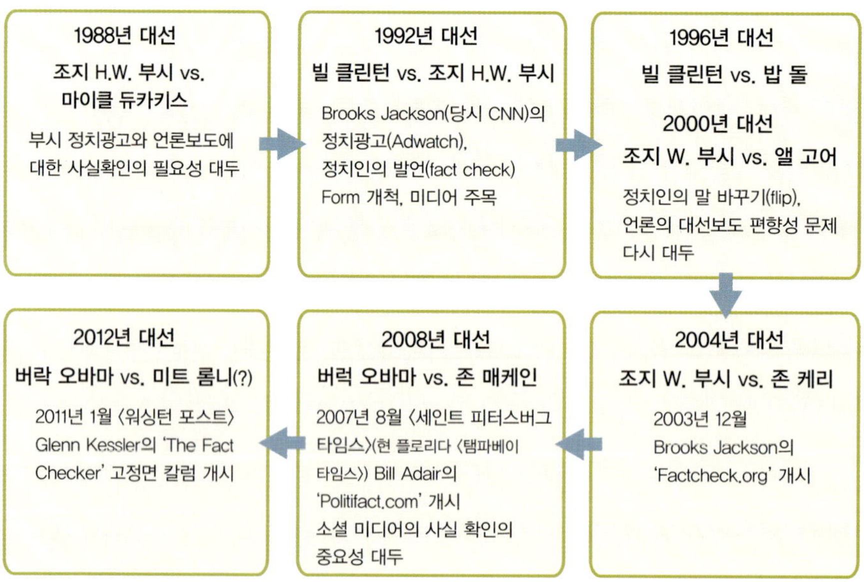

〈그림 14-4〉 Politifact.com 기본 메뉴

재되기 시작했다. 현재 미국에는 전통적 언론을 중심으로 다수의 fact-checker들이 정치인, 언론, SNS 매개 정치정보의 사실성 여부를 정기적으로 검증하고 있다. 이들의 검증 시스템 운영방식과 검증영역은 조금씩 다르며, 검증결과를 공표하는 방식에도 차이가 있다. 다음에서는 미국의 대표적인 3대 정치발언 사실검증 모델을 설명하고자 한다.

2) 미국의 정치발언 사실검증 모델

(1) Politifact.com: 언론사 내부 독립기구 모델

현재 미국에서 가장 주목받는 사실검증 시스템은 〈탬파베이 타임스〉(*Tampa Bay Times*)의 워싱턴 지국이 운영하는 언론사 내부 독립기구 모델인 Politifact. com이다. 2007년 11월 출범한 Politifact. com는 워싱턴지국 기자 4명이 공동작업한 사실검증 결과를 1일 2건, 홈페이지에 공개한다. '진실검증기'(*Truth-O- Meter*), '사실지수'(*Politifact Truth Index*), '말 바꾸기 검증기'(*Flip- O-Meter*), '공약준수 검증기'(*Promise Meter*)는 물론 '오바마 검증기'(*Obameter*)와 같이 특정 유력 정치인의 발언을 집중 검증하는 메뉴도 만들고, 그 검증 결과를 정기적으로 공표해서 독자들의 큰 관심을 끌고 있다.

Politifact. com은 모 신문사인 〈탬파베이 타임스〉의 재정적 후원 이외에도 독립적 재정구축을 위해 많은 노력을 하고 있다. 현재 미국 내 10개 주를 대표하는 10개 지방지가 Politifact. com의 제휴사로 가입하여 사실검증 방법을 전수받아 실행하고 있으며, 이에 따른 보상으로 제휴사 가입비(3, 500달러)와 연회비(1천달러)를 지불한다. 또한 Politifact. com의 검증 결과를 Fox-TV뉴스에 정기적으

〈그림 14-5〉 Politifact.com의 Truth-O-Meter 검증 척도

진실: 정확한 발언으로 중요사항 누락 없음

대부분 진실: 정확한 발언이지만 해명 또는 추가정보 필요

절반의 진실: 부분적으로 정확한 발언이지만 중요 세부사항이 빠졌거나 맥락에서 벗어남

대부분 허위: 진실의 요소는 갖췄으나 다른 인상을 줄 수 있는 결정적 사실이 무시됨

허위: 정확하지 않음

새빨간 거짓말: 정확하지 않은 발언으로 허무맹랑한 주장임

로 내 보내 새로운 수익창출 모델을 만들고 있으며, 선별적으로 웹사이트 광고도 유치하고 있다.

Politifact.com에 근무하는 기자들은 모두 〈탬파베이 타임스〉의 워싱턴 지국 소속의 중견기자들이다. 이들의 하루는 워싱턴 정가 뉴스의 체크와 기사작성, 그리고 그날의 사실검증 대상 아이템의 검토와 선정을 위한 회의로 시작된다. 보통 오전 중에 검증대상을 확정하고 본격적인 검증작업에 들어간다. 오후 2시의 1차 검증내용 점검회의에 이어 오후 4시에 최종검증을 완료한다. 최종회의를 통해 진실 검증기 검증(*ruling*) 결과가 확정된다.

완성된 검증결과는 Politifact.com을 통해 매일 오후 5시 이전에 공표된다. 그리고 다음 날 〈탬파베이 타임스〉 오프라인 신문에 게재된다. 검증결과는 검증 대상의 내용, 검증과정, 검증결과, 검증결과의 '진실 검증기' 측정값 부여 이유와 아울러 검증에 동원된 모든 자료들이 함께 제시된다.

Politifact.com 책임자는 아데어(Bill Adair)는 그의 사실검증의 기본 과정을 다음과 같이 설명한다.[5]

① 뉴스 정보원들 탐문하기(Ask for the sources.)
② 최초 정보원에 탐문하기(Look for the original source.)
③ 인터넷을 사랑하면서도 두려워하기(Love and fear the Internet.)
④ 사실검증을 사실검증하기(Fact-check the fact-checking.)

즉, 검증대상과 관련된 다양한 정보를 살펴본 후 검증대상의 최초 정보원과 검증방식을 다시 검증해야만 한다는 것이다. 이 과정에서 공식, 비공식 자료의 검

〈그림 14-6〉 Politifact.com의 진실 검증기(Truth-O-Meter) 검증 사례

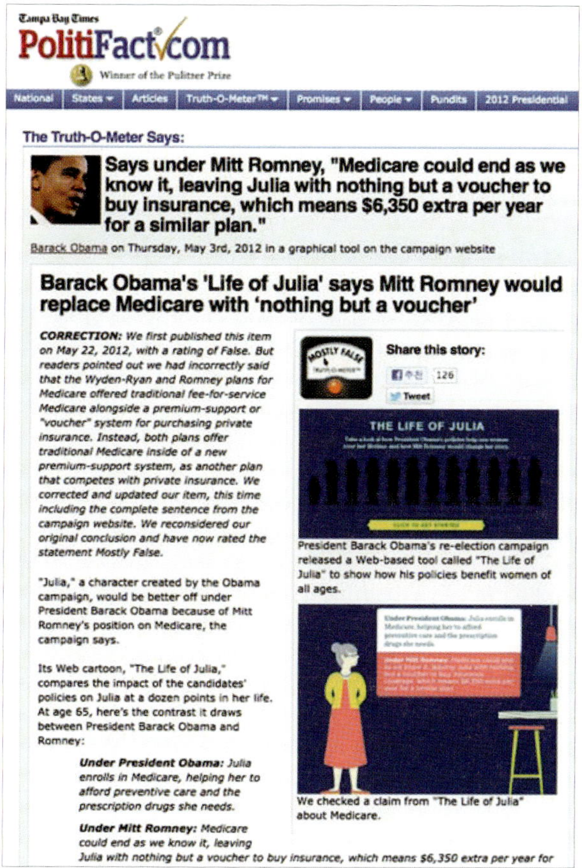
Tampa Bay Times
PolitiFact.com
Winner of the Pulitzer Prize
National | States | Articles | Truth-O-Meter™ | Promises | People | Pundits | 2012 Presidential

The Truth-O-Meter Says:

Says under Mitt Romney, "Medicare could end as we know it, leaving Julia with nothing but a voucher to buy insurance, which means $6,350 extra per year for a similar plan."

Barack Obama on Thursday, May 3rd, 2012 in a graphical tool on the campaign website

Barack Obama's 'Life of Julia' says Mitt Romney would replace Medicare with 'nothing but a voucher'

CORRECTION: *We first published this item on May 22, 2012, with a rating of False. But readers pointed out we had incorrectly said that the Wyden-Ryan and Romney plans for Medicare offered traditional fee-for-service Medicare alongside a premium-support or "voucher" system for purchasing private insurance. Instead, both plans offer traditional Medicare inside of a new premium-support system, as another plan that competes with private insurance. We corrected and updated our item, this time including the complete sentence from the campaign website. We reconsidered our original conclusion and have now rated the statement Mostly False.*

"Julia," a character created by the Obama campaign, would be better off under President Barack Obama because of Mitt Romney's position on Medicare, the campaign says.

Its Web cartoon, "The Life of Julia," compares the impact of the candidates' policies on Julia at a dozen points in her life. At age 65, here's the contrast it draws between President Barack Obama and Romney:

> ***Under President Obama:*** *Julia enrolls in Medicare, helping her to afford preventive care and the prescription drugs she needs.*
>
> ***Under Mitt Romney:*** *Medicare could end as we know it, leaving Julia with nothing but a voucher to buy insurance, which means $6,350 extra per year for*

MOSTLY FALSE
Share this story:
126
Tweet

THE LIFE OF JULIA

President Barack Obama's re-election campaign released a Web-based tool called "The Life of Julia" to show how his policies benefit women of all ages.

We checked a claim from "The Life of Julia" about Medicare.

5 www.youtube.com/watch?v=Ezo_wsHoxyc

증, 그리고 전문가 인터뷰 취재방식도 동원된다. 인터뷰는 반드시 이메일로 주고받는 등 확실한 검증기록을 확보해야 하며, 인터넷의 다양한 자료들을 검증에 활용하지만 그 자료의 오류 가능성을 염두에 두고 검증한다. 특히 무엇보다 중요한 것은 검증자 자신들이 검증 과정과 결과에 대해 계속 반문하는 과정을 통해 보다 완성도 높은 결론에 이르게 하는 것이다.

사실, 사실과 주장의 관계에 대한 검증 작업이 완벽할 수는 없다. 그래서 비판의 대상이 되기도 한다. 예를 들면, 2012년 1월에서 4월까지의 Politifact.com의 100개 검증 대상을 정당별로 분류하면 공화당 정치인과 조직이 76%로 압도적으로 많으며, 민주당 조직과 정치인이 18%, 기타 6%였다. 여기에서 드러나는 '진보 편향'(*liberal bias*)은 비판의 대상이 될 수 있다. 그러나 Politifact.com은 이 시점의 주요 이슈가 공화당 대통령 후보 경선이었던 만큼 피할 수 없는 결과라고 말한다. 그리고 실제로 지난 4년간 가장 많은 검증을 받은 정치인은 민주당의 오바마 대통령이었다는 사실을 들어 항변하기도 한다. 아데어는 다음과 같이 사실검증 대상의 결정 시의 판단 준거들을 설명한다. 검증자가 신은 아니지만, 매뉴얼화된 판단 준거들을 통해 검증 대상을 고르고 그 검증 과정에서 구성원들의 심도 있는 논의가 이루어지도록 하는 방식으로 최선을 다하고 있다(Bill Adair 인터뷰, 2012. 4. 10). 검증 대상을 선별하는 3가지 원칙은 다음과 같다.

① 국민들이 자연스러운 질문(Is it true? 혹은 Really?)을 제기하는 아이템
② 정치적으로 중요하다고(*significant*) 판단되는 아이템
③ 실제로 검증이 가능하다고(*verifiable*) 판단되는 아이템

(2) Factcheck.org: 대학 독립연구기관 모델

Factcheck.org는 펜실베이니아대학 '애넌버그 공공정책센터'(Annenberg Public Policy Center)에 기반을 둔 사실검증 시스템이다. 이는 1992년 미국에서 처음으로 사실검증 포맷을 도입한 잭슨(Brooks Jackson, 당시 CNN 기자)이 2005년 최초로 설립한 사실검증 시스템이다. 전문 검증자 및 경영자 10명, 대학생 펠로 5명이 1일 평균 1건의 아이템에 대한 사실검증 결과를 Factcheck.org 웹사이트

〈그림 14-7〉 Factcheck.org 기본 메뉴

〈그림 14-8〉 The Fact Checker

의 "Ask Factcheck (Q&A)", "Featured Article", "Viral Spiral" 등 메뉴를 통해 공표한다. 특히 Viral Spiral은 체인 이메일에 의해 유통되는 정보들을 집중검증한다. 웹사이트에 공표된 검증결과는 언론들이 인용하여 보도하도록 한다.

Factcheck. org 모델은 언론이 아닌 대학기반 연구센터의 독립재정에 의해 운영된다는 점이다. 2011년 기준으로 총 운영비 약 12만 달러의 절반 이상이 애넌버그 재단 기부금(612, 125달러) 이었고 나머지도 개인 후원자 혹은 후원 조직이나 재단의 공익적 기부금으로 충당했다(Factcheck. org. 2111년 재정보고서). 재정을 전적으로 공익적 기부금에 의존하게 하는 제도는 Factcheck. org가 정치적으로 독립된 공정한 사실검증을 할 수 있는 토대이다. 또한 대학의 다양한 전문적 정보원이 사실검증에 동원되고 미래 언론인인 대학생 펠로에게 탐사언론의 진수를 경험하는 장을 열어 주고 있는 점이 매우 흥미롭다.

(3) 〈워싱턴 포스트〉의 The Fact Checker: 언론사 내부 조직 모델

The Fact Checker는 유력 신문사 워싱턴 포스트가 언론사 내부에 검증자를 두고 정기적으로 주요 정치발언을 검증하는 방식으로 운영된다. 30여 년 경력의 국무성 출입기자로 국내외 정치이슈 전문가인 케슬러(Glenn Kessler)가 단독으로 검증대상을 결정하고 검증한 결과를 고정 칼럼 "The Fact Checker"를 통해 매일 온라인과 오프라인으로 게시한다. 2011년 1월 개시된 고정칼럼 "The Fact Checker"의 온라인 판은 80~100만 조회 수를 기록할 정도로 주목을 받고 있다. 1인 검증 시스템으로서 단점도 있지만 비용과 운영측면에서 매우 효율적이며, 상대적으로 독자들에게 친근한 전통적인 신문 고정칼럼의 형식을 취하고 있어 흥미롭다.

1인 검증자 케슬러는 주로 정치인의 의미 있는 직접발언을 검증대상으로 삼으며 SNS 발언은 다루지 않는다. 경제, 환경, 과학 등 검증자가 직접 자문을 요구하는 사안에 대해서는 편집국 내 전문기자들이 투입되어 공동작업을 하지만 여전히 필자는 케슬러이다. 고정칼럼 "The Fact Checker"에는 검증대상의 설명, 중요성, 그리고 검증의 과정과 결과가 제시된다. 엄밀한 검증 정보원을 제시하지는 않고 하나의 칼럼형식으로 완성된다. 검증결과의 판정은 피노키오(Pinocchio) 1~4개와 게파토(Geppatto) 아이콘을 통해 제시하여 흥미를 더한다. 유력 신문 워싱턴 포스트의 후광으로 워싱턴 정가에서 가장 영향력 있는 사실검증 시스템으로 빠른 시간 내에 자리 잡고 있다.

이들 미국의 3대 사실검증자들이 공통적으로 이야기하는 내용이 시사적이다. 아데어, 잭슨, 케슬러는 모두 이들의 검증 작업이 미국 정치인들을 바꿀 것이라고는 생각하지 않는다. 다만 이들은 전·현직 언론인으로서 미국 국민들에게 사실이 무엇인지를 검증해서 알려주는 공공 서비스를 하고 있다.[6] 미국에서 정치발언의 사실검증은 언론의 탐사보도의 의미 있는 영역으로 이미 자리잡고 있다. 미국의 유력한 전·현직 언론인들이 이 역할을 담당하고 있다.

6 "Fact-checking is not for changing the politicians, but for providing public service for the readers", 개별 인터뷰, 2012. 4. 10~12.

미국 SNS 정치발언의 '사실검증' 사례

1) SNS 발언의 사실검증 결과

이번 절에서는 미국에서의 SNS 발언의 사실검증 사례를 중심으로 미국 사회의 정치정보 유통의 한 단면을 설명하고자 한다. Politifact.com이 2007년 11월 출범한 이래 '사실 검증기'를 통해 검증한 사례의 수는 총 2,367건이다. 이 중 35.5%가 '사실'(18.5%)과 '대부분 사실'(17%)로 판정됐다. '절반의 사실' 판정 비율은 21.4%였으며, '대부분 거짓'이 14.3%, '거짓'이 20.3%, '새빨간 거짓말'의 비율이 8.5%였다.

Politifact.com이 같은 기간 동안 검증한 SNS와 체인 이메일의 검증사례(156건) 중 '사실'은 3.2%, '대부분 사실'은 4.5%, '절반의 사실'은 9%에 불과했다. 반면 '대부분 거짓'은 7.1%, '거짓'은 25.6%, '새빨간 거짓말'은 50.6%였다. Politifact.com이 정치인 및 언론의 발언과 SNS 발언의 평가에 동일한 기준을 적용한 것을 고려하면 미국의 경우에도 SNS 등 소셜미디어를 통한 정치정보의 유통에 심각한 문제가 있음을 알 수 있다. 이러한 경향은 최근자료(2012년 1월 1일~5월 23일, 총 검증사례 171, SNS 검증사례 24)와 비교해도 의미 있는 차이를 보이지 않는다.

〈표 14-1〉 Politifact.com의 사실검증 판정결과 (2007~2012년)

항목	사례 수	비율 (%)
사실 (True)	437 (5)	18.5 (3.2)
대부분 사실 (Mostly True)	402 (7)	17 (4.5)
절반의 사실 (Half True)	506 (14)	21.4 (9)
대부분 거짓 (Mostly False)	338 (11)	14.3 (7.1)
허위 (False)	482 (40)	20.3 (25.6)
새빨간 거짓말 (Pants on Fire)	202 (79)	8.5 (50.6)
계	2367 (156)	100 (100)

2007년 11월~ 2012년 5월 23일 현재 (괄호 안은 SNS와 체인 이메일)

〈표 14-2〉 Politifact.com의 사실검증 판정결과 (2012년)

항목	사례 수	비율 (%)
사실 (True)	13 (1)	7.6 (4.1)
대부분 사실 (Mostly True)	27 (1)	15.8 (4.1)
절반의 사실 (Half True)	50 (6)	29.2 (25)
대부분 거짓 (Mostly False)	32 (4)	18.7 (16.7)
허위 (False)	33 (4)	19.3 (16.7)
새빨간 거짓말 (Pants on Fire)	16 (8)	9.4 (33.4)
계	171 (24)	100 (100)

2012년 1월 1일~ 2012년 5월 23일 현재 (괄호 안은 SNS와 체인 이메일).

〈표 14-3〉 이메일, SNS, 블로그 검증 총계 (2012년)

항목	사례 수			
	체인이메일	SNS포스트	블로그포스팅	계
사실 (True)	5 (1)	0 (0)	0 (0)	5 (1)
대부분 사실 (Mostly True)	5 (0)	0 (0)	2 (1)	7 (1)
절반의 사실 (Half True)	8 (2)	4 (3)	2 (0)	14 (5)
대부분 거짓 (Mostly False)	10 (4)	0 (0)	1 (1)	11 (5)
거짓 (False)	32 (3)	1 (0)	7 (2)	40 (5)
새빨간 거짓말 (Pants on Fire)	63 (6)	3 (2)	13 (0)	79 (8)

2) SNS 발언의 검증사례

이번 절에서는 Politifact. com과 Factcheck. org의 최근사례를 중심으로 미국에서 SNS 정치발언과 검증의 내용을 살펴보고자 한다.

(1) Politifact.com

사례1

롬니와 오바마 선거캠프 상위 기부자 (2012.4.27)

"롬니 기부금은 금융권에서, 오바마 기부금은 첨단 테크놀로지 산업계와 학계에서"

▶ 절반의 사실

http://www.politifact.com/truth-o-meter/statements/2012/apr/27/facebook-posts/facebook-post-says-romneys-top-donors-come/

한 페이스북 메시지는 롬니와 오바마 캠페인의 상위 기부자 자료를 근거로 롬니는 금융권의 지지를 받는 한편 오바마는 첨단 테크놀로지 산업계와 학계의 지지를 받고 있다고 보도했다. Politifact. com은 이 자료를 비정파적 웹사이트OpenSecrets. org가 2012년 4월 17일 공표한 선거본부 재정자료와 비교검증했다. 그 결과는 발신인 미상인 페이스북 정보와 거의 일치했다.

그러나 Politifact. com의 사실 측정기는 DLA Piper를 신 테크놀로지 전문 법률법인이라고 보기 힘들다는 자료상의 문제점을 지적한다. 그리고 실제로 이들의 기부는 회

〈표 14-4〉 미국 대선 후보별 고액기부자 순위

고액 기부자 순위	롬니 (페이스북)	롬니 (OpenSecret)	오바마 (페이스북)	오바마 (OpenSecret)
1	골드만삭스	골드만삭스	마이크로 소프트	마이크로 소프트
2	JP 모건 체인스	JP 모건 체인스	DLA 파이퍼*	DLA 파이퍼
3	모건 스탠리	뱅크 오브 아메리카	구글	캘리포니아 대학
4	크레딧 스위스**	모건 스탠리	캘리포니아대학	시들리 오스틴 LLP***
5	시티 그룹	크레딧 스위스	하버드대학	구글
6		시티 그룹		하버드대학

* DLA Piper: 전문 법률법인 /** Credit Suiss: 취리히에 본사를 둔 금융그룹 /*** Sidley Austin LLP: 전문 법률법인

사조직 차원의 기부가 아닌 PAC(Political Action Committee) 혹은 회사 구성원의 개별기부의 합이므로 상위권 기부조직과 후보자 캠페인의 직접적 후원관계로 설명하는 것은 무리라고 지적하면서 '절반의 사실'로 판정했다.

사례2

뱅크 오브 아메리카의 과다한 보너스 지출 (2012.4.25)

"2010년 직원 보너스는 878,300명의 신규 고용에 소요되는 액수다."

▶ 새빨간 거짓말

http://www.politifact.com/truth-o-meter/statements/2012/apr/25/facebook-posts/facebook-post-says-bank-america-bonuses-are-big-en/

최근 페이스북을 통해 전해진 이 소식은 매우 정확한 수치를 제공하여 금융권의 방만한 경영에 대한 격한 반향을 불러왔다. 그러나 Politifact.com이 서비스업 종사자 국제조합(SEIU), 2010년 뱅크 오브 아메리카 연례 재정보고서, 블룸버그 뉴스 보고서 등을 면밀히 검토하고 경제 및 임금 전문가, 뱅크 오브 아메리카 재정책임자와 이메일 인터뷰한 결과 어느 경우에도 이 주장이 정당하다고 볼 수 없었다. 따라서 '새빨간 거짓말'로 판정했다.

사례 3

공화당 정치인들의 건강보험 개인부담에 대한 말 바꾸기 (2012.4.19)

"1993년 공화당이 건강보험 개인부담을 옹호했다."

▶ 절반의 사실

http://www.politifact.com/truth-o-meter/statements/2012/apr/19/facebook-posts/facebook-post-says-republicans-embraced-individual/

Americans Against the Tea Party가 전한 페이스북 메시지에 의하면 1993년 공화당이 건강보험의 개인부담(*individual mandate*)을 옹호했음에도 불구하고 지금은 말 바꾸기(*flip*)를 해 가며 오바마의 건강보험 정책을 비판하고 있다고 했다. Politifact.com은 논쟁의 초점인 공화당 샤피 상원의원의 1993년 법안과 의회에서의 논쟁과정을 의회 자료와 언론보도의 구체적 사실들을 중심으로 추적했다. 그 결과 일부 공화당 정치인들이 이러한 주장을 한 것은 사실이지만 공화당이 당론으로 이를 옹호한 바는 없었다는 것이 밝혀졌다. 따라서 이는 '절반의 사실'로 판정했다.

사례4

1997년 휘발유 불매운동은 매우 효과적 (2012.4.15)

"1997년 4월 휘발유 불매운동의 결과 하룻밤 사이에 휘발유 갤런당 값이 30센트 하락했다."

▶ 새빨간 거짓말

http://www.politifact.com/new-jersey/statements/2012/apr/15/facebook-posts/gas-out-boycott-1997-pushed-gasoline-prices-down-3/

체인 이메일의 내용을 페이스북이 받아서 유포한 메시지에는 1997년 4월 15일 운전사들의 휘발유 불매운동의 결과로 하룻밤 사이에 휘발유 갤런당 값이 30센트 하락했다고 전한다. 이는 고유가 시대에 휘발유 소비자들의 관심을 끌만한 매우 뜨거운 이슈다. Politifact.com New Jersey의 검증결과 휘발유 불매운동은 1997년에서 2000년 사이에 지속적으로 진행됐으며 1997년 4월에도 있었던 것이 사실이다. 그러나 당시의 휘발유가 변동에 대한 모든 공식적 자료를 검증한 결과 4월 15일 밤 휘발유가 대폭 하락한 흔적은 어디에도 없었으며, 당시 휘발유가 변동 폭은 하루에 1~2센트 이내였다. 따라서 '새빨간 거짓말'로 판정했다.

사례5

헤리티지재단 블로그 오바마의 크리스마스트리 세금문제 거론 (2011. 11.9)

"공화당 블로거가 오바마의 크리스마스트리에 대한 신규 세금문제를 비판"

▶ 대부분 거짓

http://www.politifact.com/oregon/statements/2011/nov/09/blog-posting/republicans-bloggers-needle-obama-creating-new-tax/

미국인 모두의 명절인 크리스마스를 장식할 트리의 판매에 오바마가 새로운 세금을 부가했다는 보수 블로거의 주장은 선거를 1년 앞둔 미국 국민 모두의 관심사였다. 미국 내 크리스마스트리 생산의 절대량을 공급하는 오리건 주의 Politifact.com Oregon은 현지 생산자, 유통업자, 주 농림국, 세무 당국을 대상으로 검증작업에 들어갔다. 검증결과 실제로는 생산 및 유통 비용이 상승한 것이며 새로운 세금이 부과된 사실이 없음이 밝혀졌다. 그러나 이 문제를 처음으로 제기한 루이지애나 하원의원 벨을 이는 해석의 문제이며 실제로는 세금과 다름없다고 여전히 주장한다고 한다. 이러한 검증결과를 바탕으로 '대부분 거짓'으로 판정했다.

사례6

워커 위스콘신 주지사의 위선이 임금 문제에서 드러나 (2011.10.28)

"워커 주지사가 주 고용자 임금은 동결하고 자신의 임금은 인상했다."

▶ 거짓

http://www.politifact.com/wisconsin/statements/2011/oct/28/blog-posting/bloggers-say-gov-scott-walker-taking-pay-raise-whi

위스콘신 주의 대표적인 진보 블로그인 The Cognitive Dissidence와 Uppity Wisconsin이 임금 문제에 관한 워커 주지사의 위선을 폭로했다. 이들은 매우 상세한 자료를 첨부하고 구체적인 숫자를 제시하며 워커 주지사가 주 고용 근로자의 임금을 동결하면서 자신과 측근의 임금을 상승시켰다고 했다. 그러나 검증 결과 이들은 모두 사실이 아니었으며, 그 원인은 위스콘신 주 정부의 공식 재정 자료의 부실 때문이었다. 따라서 이는 '거짓'으로 판정했다.

앞에 제시된 최근의 Politifact.com 사실 측정기가 검증한 페이스북, 체인 이메일, 블로그의 사례들은 모두 아데어가 언급한 검증대상 선정을 위한 3가지 원칙에 따라 선정되었으며, 검증과정의 4가지 원칙에 의해 검증됐다. 물론 사안에 따라서는 재반론의 여지도 있었다. 앞서 언급한 '대상선정의 진보 편향성'의 문제가 제기되기도 했으며, 사실의 해석 여부에 대한 논란도 있었다. 그럼에도 불구하고 다양한 자료들에 대한 심층적 검토와 논의, 검증을 바탕으로 제시된 최종 판정결과는 다양한 반론보다 훨씬 많은 공감을 불러일으키고 있다. 특히 미국 대선을 6개월 남긴 시점에 타 매체와 국민들의 폭넓은 관심을 받고 있으며, 아데어 등이 언급한 바와 같이 국민들이 정확하게 알아야 할 정치적 사실에 대한 관심을 불러온다는 점에서 주목할 만하다.

2) Factcheck.org "Viral Spiral"

Factcheck.org의 소셜미디어 검증은 "Viral Spiral"에서 주로 이루어지고 있다. 최근 다룬 체인 이메일 내용의 검증 사례는 다음과 같다.

사례1

오바마 대통령이 자신에 반대하거나 본인이 꺼려하는 질문을 하는 행위를 범죄로 규정하는 법안에 비밀리에 서명했다. (2012.5.7)

▶ 거짓

Factcheck.org의 검증결과 이러한 체인 이메일의 내용은 "거짓"이었다. 오바마는 보안 서비스 보호영역의 무단 침해를 저지하는 1971년 법안을 소폭 수정하여 하원을 압도적으로 통과한 법안에 서명했다고 발표한 적이 있을 뿐이었다.

사례2

부동산업자연합(National Association of Realtors) 이 2013년 발효 예정인 주택 매도 세금 3.8%를 없애기 위해 로비를 하고 있다. (2012. 4.30)

▶ 거짓

이런 세금은 존재하지 않는다, 다만 악의적 거짓 정보가 유통되고 있을 뿐이다.

사례3

오바마 대통령이 알래스카의 몇몇 섬들을 러시아에 양도하려 하고 있다. (2012. 3.27)

▶ 거짓

악의적 이메일과 웹사이트에서 유통되는 정보에 언급된 것은 미국이 점유권을 주장한 바가 없는 러시아령의 섬이 대부분이었다. 더욱이 이들 섬들은 알래스카보다 오히려 시베리아 연안에 가까운 섬들이었다.

사례4

ABC 뉴스에 보도된 것과 같이 오바마 대통령은 중국 회사들이 초기 자금을 투입해 미국의 교량건설 사업에 개입하게 한 문제에 책임이 있다. (2012.2.17)

▶ 거짓

ABC 뉴스를 왜곡해서 전한 내용이다. 캘리포니아 정부가 중국 노동자들을 고용했고, 연방정부의 "Buy America" 법안들을 피하기 위해 연방정부 예산의 활용을 거부한 적이 있을 뿐이다.

Factcheck. org의 사례는 검증내용의 소개와 검증결과를 매우 단순화하여 '사실' 혹은 '거짓'으로 판정하고 이를 Q&A의 형식으로 간략히 정리한다. 물론 심층적인 검증과정과 내용은 자료의 출처와 함께 한 편의 주제검증 칼럼형식으로 제공되고 있다. 별도 메뉴의 Viral Spiral은 최근 정치정보의 유통에서 소셜미디어의 중요성을 잘 이야기해 준다.

한국의 SNS 정치발언의 '사실검증' 사례

1) 한국에서의 트위터 – 여론 게임과 사실 게임

앞서 이야기한 것처럼 한국에서의 정치적 소셜미디어로 주목받는 것은 단연 트위터이고 그 다음이 팟캐스트와 블로그 등이라는 점이 미국과 다른 점이다. 흥미로운 점은 우리 사회의 정치 트위터가 많은 경우 '여론 게임'의 관찰대상으로 여겨지고 있는 반면 '사실 게임'의 심각한 관찰 대상으로 여겨지는 사례는 상대적으로 적다는 것이다.

트위터를 통해 정치 여론의 풍향계를 감지하는 분석의 의의는 매우 크다. 그러나 더 중요한 것은 이들 트위터 정치 발언의 '가치'에 대한 판단의 문제다. 트위터

발언의 사실여부 분석과 검증자료의 제시는 아데어 등이 언급한 것처럼 독자에 대한 매우 의미 있는 공공 서비스 영역이다. 최근 트위터의 발언을 자신의 입맛에 맞게 인용하기에 급급했던 몇몇 언론들이 트위터 발언에 대한 부분적인 검증작업을 수행한 바 있다. 그러나 이러한 검증도 언론사가 설정한 주장에 반대되는 사실에 대한 재반박을 위한, 매우 정파적인 수준의 검증에 그치는 것이 문제다. 이에 대한 최근의 몇몇 사례들을 살펴보겠다.

2) 한국에서의 최근 정치 SNS 발언검증 사례

사례 1

무상급식 주민투표 (2011.8.23)

"대망의 주민투표 D-2입니다. 날짜에 주의하세요. 25일 목요일! 꼭 투표하세요 (트위터 아이디 emblem0210)."

▶ 새빨간 거짓말

지난 2011년 8월 24일의 '서울시 무상급식 지원범위에 대한 주민투표'는 한국에서 SNS를 통한 정치적 발언의 검증 필요성이 대두된 계기라고 할 수 있다. 선거를 앞둔 시점 트위터에는 투표를 독려하는 메시지가 난무했다. 문제는 트윗이 담고 있는 주장이 아니라 잘못된 정보였다. 한나라당을 가장한 것으로 보이는 트위터 계정 'Hannarardang'은 "서울시 무상급식 주민투표가 25일(목)에 서울시 곳곳에서 열립니다. 반드시 투표해서 오세훈 시장을 구하고, 나라를 망국적 포퓰리즘에서 구합시다"라며 잘못된 투표 날짜를 전했고, 실시간으로 리트윗됐다. 의도적으로 적대적인 정당을 사칭하고, 거짓 정보를 전달해 투표율을 낮추려고 한 것이다.

무상급식투표 결과에 따라 이어진 서울시장 보선, 그리고 현재까지도 트위터를 통한 정치적 의견표출은 지속되고 있다. 이는 유명 인사들의 트위터를 통한 발언에 힘입은 바가 큰데 특히 한·미 FTA와 관련, 조국 서울대 교수는 "MB 정부가 재협상을 통해 양보한 한·미 FTA에 대해 분노가 인다"고 했고, 소설가 공지영 씨와 배우 김여진 씨 등도 한·미 FTA 반대의견을 올리면서 FTA 저지의 응원군 역할을 했다. 그러나 그 가운데 상당수는 여전히 "ISD 조항이 들어가면 미국의 식민지가 된다"와 같은 확인되지 않은 내용을 트윗했다. 이런 측면을 볼 때 SNS를 통한 정치적 발언의 검증 필요성은 커지고 있다고 할 수 있다.

사례2

공지영의 '범죄와의 전쟁'에 대한 'TV조선' 투자참여 발언 (2012.2.6)

" 〈범죄와의 전쟁〉 TV조선이 투자했단 말에 급 호감 하락ㅜㅜ"

▶ 대부분 거짓

한·미 FTA 발언 등을 통해 주목받은 대표적인 파워 트위터리언인 작가 공지영은 2012년 2월 자신의 트위터에 영화 '범죄와의 전쟁'에 종편채널 'TV조선'이 투자했다는 말에 호감이 하락했다는 트윗을 전했다. 이 내용이 언론을 통해 "공지영, 범죄와의 전쟁 보이콧" 등으로 보도되면서 파장이 일었다. 영화계 안팎에서 비난이 일었으며 특히 배우 조재현은 본인의 페이스북을 통해 "어떤 이유였든 상처를 주는 것은 나쁩니다"라고 반박글을 게재했으며, 공지영은 5일 동안 트위터 활동을 중단(5일 후 재개) 하기에 이르렀다.

실제로 TV조선이 '범죄와의 전쟁'에 투자했는가 여부가 일차적인 검증대상이다. 공지영의 발언은 '범죄와의 전쟁'의 투자사 가운데 하나인 대성창업투자가 지난 2011년 11월 23일 TV조선과 상생투자조합을 결성했다는 사실에 바탕을 두었다고 할 수 있다. 그러나 TV조선이 직접적으로, 또 의도적으로 '범죄와의 전쟁'에 투자했다는 근거는 없다. 공지영 작가 본인도 "TV조선이 투자했단 말에 …"라는 표현을 사용해 확실히 검증되지 않은 발언이라는 것을 보여준다.

또 다른 검증이 필요한 부분은 '보이콧'이라는 기사의 표현이다. 사건의 파장이 확산될 무렵 공지영 작가는 언론사와 인터뷰를 통해 "난 딱 두 마디만 했다. 'TV조선이 투자했다는 말에 급 호감하락'과 '죄송해요. 그런데 비호감이에요'였다" 라며 "그런데 언론 등에서는 내가 그 영화를 보이콧했다는 표현을 시작했다"고 밝혔다. 즉, '비호감'이라는 표현을 '보이콧'이라고 옮긴 언론의 기사는 거짓을 전하고 있다고 볼 수 있다. 이 사례는 파워 트위터리언의 발언이 언론을 통해 전파될 때, 그 영향력의 증폭과정을 잘 보여준다. 또한 SNS와 언론, 발언자가 발언내용에 대해 각각의 책임을 가질 뿐만 아니라 다각도의 사실검증이 필요함을 역설한다.

사례3

정의화 국회부의장의 '신공항' 관련 트위터 발언 (2012.2.13)

"신공항! 미래를 위한 것이라면 당연히 해안에 건설해야 한다. 땅이 한없이 넓은 국가 외에는 모두가 해안에 신공항을 건설한다. 일본 내륙의 나리타공항이 지금에 와서 해안가의 하네다공항을 확장하고 있다. 더구나 기상이변이 많은 현대에 내륙에 건설하는 건 어리석은 행태이다!"

▶ 대부분 거짓

부산 지역구의 정의화 국회부의장은 본인의 트위터를 통해 미래를 위해서 신공항은 당연히 해안에 건설해야 한다고 주장했다. 동시에 이 근거로 국토가 아주 큰 나라 외에는 모든 국가가 신공항을 해안에 건설하고 있다고 언급했다. 그러나 2011년 개항 및 건설 중 국제공항 중 독일 베를린 신공항, 미얀마 네이피도 공항 등 최소 2개 공항은 해안이 아닌 내륙 지방에 건설, 혹은 건설 계획중이다. 즉, 국토가 아주 넓지 않은 국가에서도 경제성 및 운송분산 필요에 따라 일부 내륙 신공항이 건설 중이라고 볼 수 있다. 물론 내륙보다 해안에 신공항을 건설하는 것이 좀더 효과적이며, 국제적 추세라고 주장할 수 있다. 또 그 주장은 사실일 가능성이 있다. 그러나 근거 없이 "땅이 한없이 넓은 국가 외에는 모두가 해안에 신공항을 건설한다"는 논지를 펴는 것은 성급한 일반화이며, 논리적 오류라고 볼 수 있다.

사례4

홍준표 의원의 트윗에 대한 언론사의 기사들 (2012.2.14)

"2. 14 … 어제 기자들과 식사하면서 부산 사상을 비롯한 낙동강 벨트를 걱정하는 말을 했더니 마치 제가 지역구를 옮겨 출마할 의사가 있는 것처럼 보도된 것은 유감스런 일입니다. 저는 동대문 을 재출마 여부만 당에서 전략적으로 조속히 결정해 주었으면 합니다."

▶ 대부분 거짓

4월 11일 총선을 앞두고 후보선정이 진행되던 시기, 홍준표 국회의원의 동일한 트윗을 언급한 두 언론은 사뭇 다른 뉘앙스를 보였다. 동아일보는 2월 15일 "홍준표-김태호 '문재인과 안 붙는다'"라는 제목의 기사에서 트윗 전문을 인용, 부산 지역으로 지역구를 옮겨 출마할 의사가 없다는 말에 초점을 맞췄다. 반면 한겨레는 같은 날, "'공천권 당에 일임', 의원들 꿍꿍이는?" 이라는 기사를 통해 "동대문 을 재출마 여부만 당에서 전략적으로 조속히 결정해 주었으면 한다"라는 부분만을 인용해, 기존의 총선출마 여부를 포함한 모든 거취를 당에 일임하겠다는 자세에서 '당 실세 퇴진론'에 대한 역공으로서 결단을 압박한 것이라고 평가했다.

홍준표 의원의 트윗은 결과적으로 다양한 의미로 해석될 수 있으며, 두 언론사의 의미 부여에는 큰 오류가 있다고 할 수 없다. 그러나 동일한 사실이 다양한 방식으로 해석될 수 있다는 것은 사실검증에서 매우 중요한 의미를 가지고 있다. 단순히 사실의 진위를 가리는 것을 넘어서 발언의 맥락에 적절한 의미를 부여하고 있는가를 검증하는 것이 중요하다.

위에 언급된 사례들은 우리 사회의 SNS 정치발언에 대한 관심과 연구에 몇 가지 시사점을 준다. 첫째, 우리 사회의 SNS 정치발언의 심각한 사실왜곡 가능성과 이에 대한 대책의 문제다. 최소한의 게이트키핑 과정을 생략한 SNS를 통한 개인과 조직의 정치공세가 사실을 왜곡할 가능성은 미국이나 한국이나 모두 동일하게 심각한 문제이다. 이는 사실검증 시스템의 문제이기도 하다. 둘째, 현재 언론이 주도하는 우리의 SNS 정치발언 검증시스템에는 많은 언론의 정치적 자의성이 개입하고 있어, 사실을 검증하는 방식과 과정의 전문성에 대해 회의가 생길 수밖에 없다. 결국 '정파성이 강한 우리 언론이 과연 사실검증의 주체가 될 수 있는가'라는, 현실적으로 매우 중요한 문제가 제기된다. 그렇다면 우리의 SNS 정치발언에 대한 검증은 누구의 손에 의해, 어떻게 이루어져야 하는가?

언론과 SNS 정치발언의 '사실검증' 대상 및 방법

1) 어떤 사실검증 시스템이 가능한가?

첫째는 시스템의 문제다. 미국의 사실검증 시스템의 교훈은 우리 시스템이 갖추어야 할 정치적, 재정적 독립성의 요건이다. 즉, 언론이 사실검증 시스템을 갖추려 할 때 가장 중요한 선결요건은 정치적 · 재정적 독립성이며, 이를 보장하기 위한 현실적 모델로 "학계와 언론의 산학협력 모형"을 들 수 있다. 이는 미국의 언론사 내부 독립기구인 Politifact.com과 대항 독립 연구기관 모델인 Factcheck.org의 절충형 모델이다. 이 경우 언론과 학계의 상호 견제를 통해 최소한의 독립성을 유지할 수 있고, 공동재원으로 투명한 운영이 이루어져 재정적 독립성의 확보도 어느 정도 가능하다. 이 경우 언론과 학계가 공동으로 사실검증 작업의 실무를 담당하고 합의된 내용에 대해서만 공표하는 시스템을 통해 정치적 독립성을 어느 정도 유지할 수 있다.

특정 언론사의 정치적 독립성이 여전히 문제라면 대학이 독립적으로 시스템을 구축하고 사실검증의 자격과 경륜을 갖춘 전·현직 언론인과 개별적으로 계약하여 시스템을 유지하는 것도 고려해볼 수 있는 방안이다. 이 경우 대학의 정치적·재정적 독립성, 그리고 검증의 전문성이 여전히 문제이기는 하다. 또한 대학의 탐사보도 강의와 연계해 저널리즘 교육과 데이터베이스의 구축도 가능하다.

또 하나의 검토 가능한 대안은 "언론사 내부조직 모델"이다. 워싱턴 타임스의 The Fact Checker 모델이 그것이다. 즉, 언론사들이 기사를 내보내는 지면 혹은 방송에 자체적으로 사실검증의 고정면 혹은 시간대를 확보하는 것이다. 이 경우 여전히 언론사의 정파성이 문제다. 물론 다양한 정치적 논조를 가진 언론이 상호 견제하면서 부분적으로 해결될 수 있다. 정치적으로 편향되거나 불완전한 사실검증은 자연도태되므로, 궁극적으로는 사실검증의 공공 서비스 기능을 수행할 수 있다는 것이다.

2) 구체적으로 무엇을 어떻게 검증할 것인가?

두 번째는 구체적으로 무엇을 어떻게 검증할 것인가 하는 문제다. 먼저 검증 대상 선정에 대한 논의이다. 우리 사회 정치뉴스와 발언의 사실검증의 대상은 원칙적으로 ① 정치인과 여론지도자의 공식적 연설, 기자회견, 기자간담회, 대중강연, 보도자료 내용, ② 정당과 정치인의 정치광고 내용, ③ 신문과 방송의 정치, 정치인, 여론지도자 정치발언 등에 관한 모든 보도 내용, ④ 트위터, 블로그 등

SNS와 팟캐스트를 포함한 소셜미디어의 정치발언 내용을 모두 포괄해야 한다. 이 글은 SNS 정치발언의 사실검증을 중점적으로 검토하고 있지만, 대상을 SNS에 국한하는 것은 우리 사회 정치발언의 사실검증이라는 본연의 목적에 비추어 볼 때 균형감각을 상실할 우려가 있다. 앞서 설명한 것과 같이 사회 내부의 정치 정보의 유통은 정치인과 언론, SNS가 상호 인용하며 해석하는 과정을 통해 이루어지는 구조이기에 보다 포괄적인 검증대상의 정립이 필요하다. 미국의 유수한 사실검증 시스템도 같은 이유로 포괄적 의미의 정치발언과 뉴스 모두를 대상으로 하고 있음은 많은 것을 시사한다.

구체적인 사실검증의 대상은 첫째, '과연 사실인가'(Is it true?)라는 보편적 질문을 불러일으키는 주장(*claim*)이어야 한다. 둘째, 우리 사회에서 정치적으로 '중요한'(*significant*) 사실(*fact*)과 주장에 관한 것이어야 한다. 과연 이 발언 혹은 뉴스에 대한 사실검증이 우리 정치에 의미 있는 것인가라는 신중한 판단이 필요하다. 마지막으로, 정치발언 혹은 뉴스의 내용이 '검증 가능한'(*verifiable*) 사실을 바탕으로 한 주장인가 하는 질문이 필요하다. 이상의 요건을 갖춘 내용들을 구체적으로 어떻게 사실검증할 것인가? 사실검증의 대상의 '사실'과 '주장'의 관계의 유형은 〈그림 14-9〉와 같다.

첫째는 '주장(*claim*)이 없는 사실(*fact*)'이다. 주장이 없는 사실이라고 항상 보편성과 정치적 중요성의 요건을 갖추지 않는 것은 아니다. 외연으로 드러나지는 않지만 그 사실 속에 내포된 주장은 얼마든지 가능하며 그 자체가 정치적 중요성을 갖는 사례는 얼마든지 있다. 따라서 그 사실이 검증 가능성의 요건을 갖추고 있다면 검증의 대상이 될 수 있다.

둘째, '사실(*fact*)이 없는 주장(*claim*)'의 문제다. 이 경우 보편적인 질문 요건과 중요성의 요건은 있음에도 불구하고 '사실의 부재'로 인해 실제적인 검증이 불가능하다는 것이 문제다. 어떤 의미에서는 검증할 가치가 없는 주장일 가능성도 있다. 이 주장의 의미에 대한 정확한 검증의 제시는 여전히 필요하다.

셋째, '적합하지 않은(*irrelevant*) 사실을 근거로 한 주장'의 문제다. 실제로 미국 사실검증의 많은 사례는 이러한 주장에 주목한다. 많은 경우 '단순한 텍스트로

〈그림 14-9〉 사실검증에서의 사실과 주장의 관계 유형

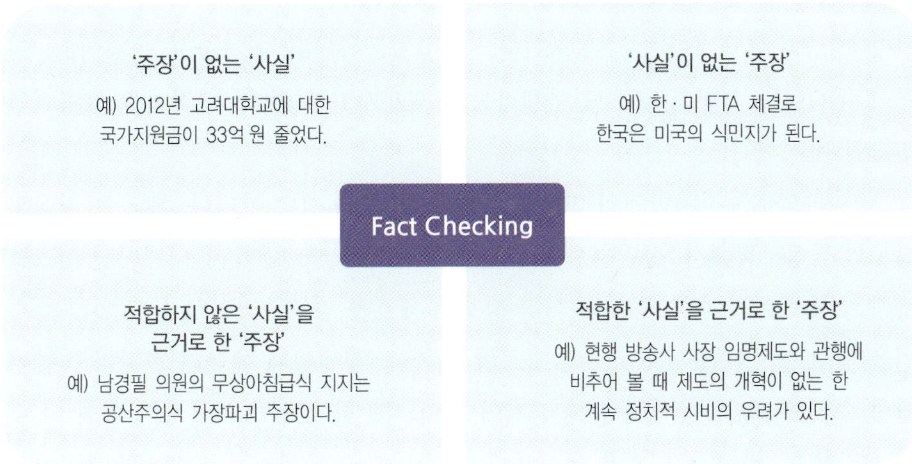

서는 사실이지만, 맥락적으로는 사실이 아닌 경우'(*textually fact, but contextually false*)다. 명백한 정치적 의도로 가공된 경우가 많으며, 따라서 사실검증의 논쟁이 가장 치열히 이루어져야 하는 검증대상이다.

마지막으로 '적합한(*relevant*) 사실을 근거로 한 주장'의 문제다. 역시 주장을 뒷받침하는 사실의 적합성 문제다. 정치적으로 논란이 되는 경우도 많다. 이 경우 사실검증의 목적은 그 사실의 적합성을 다양한 자료의 심층 검증을 통해 명확하게 설명하는 것이다.

SNS 사실검증의 한계와 전망

'사실 게임'은 일면 매우 흥미로워 보이지만 한편 매우 지루한 게임이다. 또한 늘 많은 논쟁을 빚을 수밖에 없다. 그러나 '사실검증'의 문제는 '과잉 커뮤니케이션'의 시대에 반드시 주목해야 할 연구와 실행의 대상이다. 특히 우리 사회의 SNS가 쏟아내는 다양한 정치발언들의 양과 파급효과를 고려하면, 사실검증의 중요성은

더욱 커진다.

그러나 문제의 초점을 SNS에만 맞추는 것은 우리 사회의 의사소통 구조를 감안할 때 그리 균형적이지 않아 보인다. 정치가 문제이고, 정치인이 문제이고, 언론이 문제이고 그리고 SNS도 문제라는 문제제기가 훨씬 더 솔직하고 균형적인 진술일 것이다.

그렇다고 SNS 정치발언이 면죄부를 받을 수 있는 것은 아니다. SNS는 지식과 정보의 독점사회에서 "집단지성"의 가능성을 보여준 새로운 커뮤니케이션 테크놀로지 중 하나이기에, 그리고 지식과 정보의 새로운 민주주의의 장을 견인하는 소임을 띠고 출발한 유망주이기에 사회의 이에 대한 애정과 아울러 견제의 눈빛이 강할 수밖에 없다. 어떤 공정한 견제의 룰이 가능할 것인가 라는 고민에서 이 글을 시작했고, 몇 가지 의견을 제시했다. 결론적으로 사실검증을 수행할 정치적·재정적으로 독립된 시스템의 구축과, 사실과 주장의 관계를 중심으로 한 구체적 검증방식에 대한 논의가 전개되어야 할 시기이다. 이는 어떤 의미에서는 집단지성을 보완할 새로운 전문가 지성의 필요성에 대한 주장이다. 따라서 몇 가지 향후 논의점들을 제시하고자 한다.

첫째, 우리 사회에서의 '사실검증' 프로젝트의 정교화를 위해 '사실'과 '주장', 그리고 '사실'의 관계에 대한 심층적 고민과 성찰이 필요하다. 이는 단순한 '언어논리학'의 주제이기보다는 '맥락의 해석학'의 영역이고, '지식과 정보의 계보학'의 영역에서 성찰해야 한다.

둘째, 한국 사회에서의 이상적인 사실검증 '시스템'의 구축 문제다. 이를 위해 몇 가지 미국 사례와 한국에서의 대안이 제시됐다. 핵심은 '독립성'이다. 이를 위해 어떤 구체적 방안들이 강구되어야 할지 논의해야 한다.

셋째, SNS의 '매체 특성'에 맞추어진 사실과 주장의 진술의 특성이 논의되어야 한다. 모든 매체가 만능일 수 없으며 모두 각각의 특성을 갖고 있다. 트위터는 140자의 한계 속에서 메시지를 전하지만 리트윗이 쉬워 네트워크 확산에 빠른 특징이 있다. 팟캐스트는 라디오와 같이 대표적인 핫 미디움이라고 볼 수 있다. 따라서 정세도가 매우 높은 한편 청취자의 능동적 참여도는 약하다. 이러한 매체별 특성 자체에서 기인하는 사실과 주장의 관계 진술의 특성에 주목할 필요가 있다.

사람과 조직이 하는 사실검증이 완벽할 수는 없다. 그러나 더 나아지고자 하는 노력은 필요하다. 우리 정치, 언론, 사회 커뮤니케이션의 업그레이드를 위해 반드시 필요한 과제라면, 지금 시작해야 한다.

참고문헌

금혜성(2011), "정치인의 SNS 활용", 〈한국정당학회보〉, 10(2), pp. 189~220.

마동훈(2011a), "네트워크 시대의 지식생산 패러다임", 한국언론학회 편, 《한국 사회의 디지털 미디어와 문화》, 커뮤니케이션북스.

______(2011b), "집단지성의 빛과 그림자", 〈중앙일보〉, (9. 24. A35면).

설진아(2011), 《소셜미디어와 사회변동》, 커뮤니케이션북스.

손영일(2012), 홍준표-김태호 "문재인과 안 붙는다", 〈동아일보〉, (2. 15).

신현기 · 우지숙(2011), "트위터에서 일어나는 정치적 담론활동에 대한 탐색적 연구", 〈언론과 사회〉, 19(3), pp. 45~76.

오택섭 · 강현두 · 최정호 · 안재현(2009), 《뉴미디어와 정보사회》, 나남출판.

유창주(2012), 《박원순과 시민혁명 — 50일 간의 희망기록》, 두리미디어.

윤호영 · 박한우(2011), "한국 정치인들의 트위터 활용 방식", 〈동아인문학〉, 20, pp. 559~582.

이승헌(2011), " SNS로 보는 대한민국 - 박원순 '트위터戰 압승' ", 〈동아일보〉, (10. 5. A4면, A10면).

임인택(2012), " '공천권 당에 일임', 의원들 끙끙이는?", 〈한겨레〉, (2. 15. A6면).

정환봉 · 허호준(2012), "문화재위원 '구럼비바위 보존가치 있어' ", 〈한겨레〉, (3. 12. 6면).

장덕진(2011), "트위터 공간의 한국정치", 〈언론정보연구〉, 48(2), pp. 80~107.

최진호 · 한동섭(2011), "정치인 트위터와 신문 · 방송 뉴스의 의제 상관성에 관한 연구", 〈언론과학연구〉, 11(2), pp. 501~532.

한국언론진흥재단(2012), 〈2011 언론수용자 의식조사〉.

홍주현 · 박미경(2011), "선거기간 중 트위터에 나타난 후보자와 유권자의 정치적 행위(*political action*) 연구", 〈사이버커뮤니케이션 학보〉, 28(4), pp. 257~301.

황유선(2011), "트위터 이용이 사회 정치참여에 미치는 영향", 〈한국언론학보〉, 55(6), pp. 56~81.

Kovach B. & Rosenstiel, T. (2001), *The Elements of Journalism*, New York: Three Rivers Press.

Levy, P. (1997), *Collective Intelligence: Mankind's Emerging World in Cyberspace*, Perseus Books Group.

Li, Charlene(2008), 이주만 역, 《그라운드스웰(Groundswell), 네티즌을 친구로 만드는 기업들》, 지식노마드.

Russell, P. (1983), *The Global Brain: Speculations on the Evolutionary Leap to Planetary Consciousness*, L. A. & Boston: J. P. Tarcher.

www. tweetmix. net

www. politifact. com

www. factchecker. org

www. youtube. com/watch?v = zs8SQLmix6o

www. youtube. com/watch?v = EC9j6Wfdq3o

www. youtube. com/watch?v = Ezo_wsHoxyc

찾아보기

ㅈ · ㅊ

ㅋ ~ ㅎ

기 타

김지영

영남대 언론정보학 학사, 동 대학원 언론정보학과 석 · 박사 통합과정 재학 중. 현 영남대 사이버감성연구소 연구원.
주요 논문으로 "한국과 일본 언론사의 웹사이트 특성에 관한 연구 : 신문사 사이트의 웹 피처 분석을 중심으로"(공저)가 있다.

김해영

서울대 농경제학과 학사, 고려대 언론학과 석사,
현 고려대 언론학과 박사과정.
주요 논문으로 "한국신문에 한류 담론에 대한 연구" 등이 있다.

나은영

서울대 영어영문학 학사, 동 대학원 심리학 석사, 미국 예일대(Yale Univ.) 사회심리학 박사. 서강대 대외협력처장과 언론대학원 부원장을 역임.
현 서강대 신문방송학과 교수.
저서로 《미디어심리학》(한국방송학회 학술상 수상)과 《인간커뮤니케이션과 미디어》가 있다. 그 외 《세계의 문화와 조직》 등 번역서와 다수의 논문이 있다.

마동훈

고려대 신문방송학 학 · 석사, 영국 리즈대(Leeds Univ.) 커뮤니케이션학 박사. 전북대 신문방송학과 교수 역임. 현 고려대 미디어학부 교수.
저서로 《한국사회의 디지털미디어와 문화》(공저), 《한국 텔레비전과 방송 50년》(공저) 등이 있고 주요 논문으로 "초기 라디오와 근대적 일상", "웹2.0의 문화정치학" 등이 있다.

문상현

서울대 언론정보학 학 · 석사, 미국 인디애나대(Indiana Univ.) 텔레커뮤니케이션 석사, 오하이오 주립대(Ohio State Univ.) 커뮤니케이션학 박사.
현 광운대 미디어영상학부 교수.
주요 저서로 《미디어 공공성》(공저), 《인터넷 권력의 해부》(공저), 주요 논문으로 "미디어 정치경제학의 학문적 지형과 이론적 과제" 등이 있다.

문재완

서울대 법과대학 학사, 미국 인디애나대(Indiana Univ.) 로스쿨 석사 (LL.M.) · 박사 (S.J.D.). 현 한국외대 법학전문대학원 교수 · 한국언론법학회 부회장.
저서로 《언론법: 한국의 현실과 이론》, 《변호사와 한국사회 변화》, 《언론관계소송》(공저)가 있고 "표현의 자유와 민주주의: 청자(聽者)중심의 표현의 자유 이론을 위한 시론" 등 다수의 논문이 있다.

박지영

영남대 언론정보학과 학사, 동 대학원 언론정보학 석사과정 재학. 현 영남대 사이버감성연구소 연구원. 주요 논문으로 "한국에서 나타난 마이크로 블로깅과 정치현상 사이의 상호작용: 서울시장 예비후보 토론회를 중심으로"(공저), "Using social media data to explore communication processes within South Korean online innovation communities"(공저)가 있다.

박한우

한국외대 신문방송학 학사, 서울대 언론정보학 석사, 미국 뉴욕주립대(SUNY-Buffalo) 커뮤니케이션학 박사. 현 아시아 트리플 헬릭스 학회 학회장.
영남대 언론정보학 부교수, 사이버감성연구소 소장.
편저서로 《인터넷 거미줄에 걸린 사람들》, 《인터넷 소셜미디어 개론》이 있고 2002년부터 SSCI급 국제저널에 40편 이상의 논문을 발표했다(공저 포함).

서희정

숙명여자대학교 정보방송학 학 · 석사.
현 숙명여자대학 대학원 미디어학과 박사과정.
주요 논문으로 〈제3자 관련 정보제공이 신문독자의 감정유발에 미치는 영향에 관한 연구〉(공저)가 있다.

설진아

고려대 신문방송학 학사, 미국 조지아주립대(Georgia State Univ.) 언론학 석사, 맥쿼리대(Macquarie Univ.) 언론학 박사. 현 한국방송통신대 미디어영상학과 교수. 저서로 《소셜미디어와 사회변동》, 《방송기획제작의 기초》, 《글로벌미디어》 등이 있고, 주요 논문으로 "SNS시대의 시민저널리즘과 정보의 민주화", "페이스북이용과 프라이버시 침해에 관한 연구" 등이 있다.

오택섭

서울대 외교학과 학사, 미국 인디애나대(Indiana Univ.) 언론학 석 · 박사. 중앙일보 · 동양방송 이사, 고려대 언론학부 교수, 한국언론학회 회장과 사이버 커뮤니케이션학회 초대회장 등을 역임했다. 현 고려대 미디어학부 명예교수.
주요 저서로 《사회과학데이터분석법》, 《설득이론과 광고》, 《뉴미디어와 정보사회》 등이 있다.

윤성이

연세대 정치외교학 학사, 동대학 정치학과 석사, 미국 오하이오 주립대(Ohio State Univ.) 정치학 박사. 현 경희대 정치외교학과 교수.
주요 논문으로 "소셜 네트워크의 확산과 민주주의 의식의 변화", "Democracy in South Korea: Consolidated but in Deficit"(공저), "한국사회 이념측정의 재구성"(공저)이 있다.

이기형

연세대 영문학과 학사, 미국 일리노이대(Univ. of Illinois) 사회학 석사 · 커뮤니케이션학 박사. 문화연구와 미디어연구 전공. 현 경희대 언론정보학과 교수.
주요 저서로 《미디어 문화연구와 문화정치로의 초대》, *Asian Media Studies*(공저), 논문으로 "담론분석과 담론의 정치학", "세대와 세대담론의 문화정치" 등이 있다.

이미나

고려대 신문방송학과 학 · 석사, 미국 앨라배마대(Alabama Univ.) 텔레커뮤니케이션 석사 · 커뮤니케이션 박사 · 심리학 석 · 박사 통합과정 수료.
현 숙명여대 미디어학부 조교수.
주요 논문으로 "신문기사 제공방식의 차이에 따른 기사회상과 뉴스가치 인식 차이에 대한 탐색적 고찰" 등이 있다.

이소영

연세대 정치외교학 학 · 석사, 미국 텍사스대(Texas Univ.) 정치학 박사.
현 대구대 국제관계학과 조교수.
저서로 《소셜네트워크와 정치변동》(공저), 주요 논문으로 "웹 2.0 시대 온라인 미디어의 정치적 역할", "대의민주주의와 소통: 미국 오바마 행정부 하의 의료보험 개혁 사례를 중심으로" 등이 있다.

이영수

중앙대 신문방송학 석 · 박사. 현 서울대 언론정보연구소 연구원.
주요 논문으로 "부모 학력과 독서 효능감이 고등학생의 독서에 미치는 영향: 부르디외의 문화자본을 중심으로", "사회자본과 정치참여 기대감이 정치참여 의도에 미치는 영향에 관한 연구"(2009) 등이 있다.

이영주

성균관대 독어독문 학사, 동 대학원 신문방송학 석 · 박사. 현 한국예술종합학교 한국예술연구소 책임연구원 · 연세대 커뮤니케이션대학원 겸임교수.
역 · 저서로 《커뮤니케이션의 이해: 이론과 사상》, 《작은 문화콘텐츠 정책론》이 있고, 주요 논문으로 "나꼼수 현상이 그려내는 문화정치의 명암", "지식 저널리즘과 텔레비전 문화" 등이 있다.

이재신

서울대 공학 학 · 석사, 미국 미시건 주립대(Michigan state Univ.) 텔레커뮤니케이션학 석사, 코넬대(Cornell Univ.) 커뮤니케이션학 박사.
현 중앙대 신문방송학부와 문화예술경영학과 교수.
저서로 *Social Networks: Development, Evaluation and Influence*(공저), 《미디어 융합과 디지털 콘텐츠의 이해》 등이 있고, 주요 논문으로 "정치정보 습득, 관여도, 정치적 불만과 정치참여 유형의 관계" 등이 있다.

임영호

서울대 신문학과 학사, 동 대학원 신문학 석사, 미국 아이오와대(Univ. of Iowa) 언론학 박사. 현 부산대 신문방송학과 교수.
저서로 《전환기의 신문 산업과 민주주의》, 《신문원론》, 《SNS혁명의 신화와 실제》(공저), 《민주화 이후의 한국언론》(공저), 《저널리즘의 이해》(공저) 등이 있다.

정일권

연세대 사회학과 학사, 미국 오하이오 주립대(Ohio state Univ.) 커뮤니케이션학 박사. 현 광운대 미디어영상학부 조교수.
저서로 《SNS혁명의 신화와 실제》(공저), 논문으로 "An Approach for Examining Third-person Effect Hypothesis"가 있다.

조화순

연세대 정치외교학과 학 · 석사, 미국 노스웨스턴대(Northwestern Univ.) 박사. 현 연세대 정치외교학과 교수, 정보사회연구센터 소장, 외교통상학 책임교수.
주요 저서로 《디지털 거버넌스: 국가 · 시장 · 사회의 미래》, 《정보시대의 인간안보: 감시사회인가? 복지사회인가?》 등이 있고, 정보사회의 정치, 정치경제, 정치와 사회변화에 관한 다수의 논문을 썼다.

조희정

성신여대 학 · 석사, 서강대 정치학 박사.
국회입법조사처 문화방송통신팀 입법조사관.
저서로 《네트워크사회의 정치와 민주주의》, 《인간과 정치》(공저) 등이 있으며 주요 논문으로 "소셜미디어 매개 매니페스토 정책 선거 활성화 방안", "정당의 소셜미디어 활용 현황과 과제: 의제 · 자원 · 확산 전략을 중심으로" 등이 있다.

허윤철

부산대 신문방송학 학 · 석사, 박사과정 수료.
현 영남대 사이버감성연구소 연구원.
주요 논문으로 "한국언론과 세계화 담론: 조선일보와 한겨레의 세계화 보도 비교 연구", "한국 언론과 5 · 18 광주민주화운동 담론" 등이 있다.

융합과 통섭: 다중매체환경에서의 언론학 연구방법

한국언론학회 엮음

'융합'과 '통섭'의 이름으로 젊은 언론학자 19명이 모였다. 급변하는 다중매체 환경 속 인간과 사회를 능동적으로 이해하고 설명하는 것은 언론학 연구의 임무이자 과제다. 이를 위해서는 관례와 고정관념을 탈피하려는 다양한 고민과 시도가 연구방법으로 이어져야 한다. 38대 한국언론학회 기획연구 워크숍 발표자료를 엮은 이 책은 참신하고 다양한 언론학 연구방법을 고민하는 이들에게 소중한 지침서가 될 것이다. 크라운판 변형 | 520면 | 32,000원

정치적 소통과 SNS

한국언론학회 엮음

뉴스, 광고, 인간관계에까지 우리 일상 어디에나 SNS가 있다. 그렇다면 과연 우리는 SNS에 대해 얼마나 알고 있을까? 커뮤니케이션 연구와 교육의 최전선에 있는 한국언론학회 필진이 뜻을 모아 집필한 이 책은 SNS에 관한 국내외의 사례와 이론을 폭넓게 아우른다. 왜 우리는 SNS를 사용하게 되었나부터, 어떻게 사용하고 있나, 또 앞으로 어떻게 사용해야 하나까지 과거, 현재, 미래에 대한 통찰이 담겨 있다. 크라운판 변형 | 456면 | 27,000원

한국사회 소통의 위기와 미디어

윤석민(서울대)

학문과 실천 양 방면에서 활발하게 활동하고 있는 언론학자 윤석민 교수가 심각한 위기의 양상을 보이는 한국사회의 소통과 미디어의 실태를 진단하고, 위기의 구조적 원인 및 극복 방안을 제시한 책이다. 소통 및 소통자의 개념, 이상적 사회 소통의 상태, 미디어의 본질과 변화방향을 소개하고, 미디어 정책의 혼선과 이를 해결하기 위한 미디어 정책의 그랜드 플랜을 제시한다.
신국판 | 656면 | 32,000원

SNS 혁명의 신화와 실제: '토크, 플레이, 러브'의 진화

김은미(서울대) · 이동후(인천대) · 임영호(부산대) · 정일권(광운대)

요즈음 전성기를 구가하고 있는 소셜미디어는 사람들 간 진지한 관계나 대화를 담보할 수 있는가? 인류의 오래된 희망인 관계의 수평화 · 평등화를 가능케 할 것인가? 이 책은 내로라하는 커뮤니케이션 소장학자들이 발랄하면서도 진지한 작업 끝에 내놓은 결과물이다. 소셜미디어의 모든 것을 분해하고, 다시 종합하는 이 책을 통해 독자들은 소셜미디어 혁명의 허와 실을 간파하게 될 것이다.
크라운판 변형 | 320면 | 20,000원

뉴미디어와 정보사회

오택섭(前 고려대) · 강현두(前 서울대) · 최정호(前 연세대) · 안재현(KAIST) 공저

이 책은 매스미디어 현상을 일반교양으로 이해하고자 하는 독자들에게 체계적 이해의 틀을 제공한다. 언론학자들과 함께 IT경영학자인 KAIST의 안재현 교수가 공동으로 참여하여 학문적 컨버전스를 이루면서 미디어 빅뱅의 내용을 담아냈다. 특히 최근의 디지털화/멀티미디어화를 통한 뉴미디어의 등장과 방송통신의 융합의 이슈들을 다루었고, E-Journalism을 통해 변화하는 언론의 역할을 조명했다. 4×6배판 변형 | 444면 | 25,000원

디지털 시대와 미디어 공공성: 미디어, 문화, 경제

그레이엄 머독 | 이진로(영산대) 외 옮김

이 책은 한국사회의 방송 공영성 회복과 관련된 14개의 글을 담고 있다. 머독 교수의 이 책은 오늘날의 방송과 뉴미디어 현상에서 공익성을 최우선으로 강조한다는 점에서 우리에게 중요한 시사점을 던져준다. 그는 방송과 뉴미디어가 사회 공동의 자원으로 공익성을 부여받지만 사적 소유에 의해 왜곡된 현실을 비판하고, 공공성과 공익성을 복원할 것을 주장한다.

신국판 | 432면 | 22,000원

뉴스론: 미디어 사회학적 연구

이강수(前 한양대)

다미디어·다채널화가 더욱 확대되어 이른바 미디어의 백화제방시대가 도래하였다. 그러면 과연 정보 유통량이 증가한 만큼 '투명한 사회'가 되었는가? 다양한 지식정보를 통해 사람들은 교양 있고, 견문이 넓은 '민주시민'으로 성장하였는가? 시민들 간의 담론이 활발하게 이뤄져서 이른바 '공론장'이 확대되고, '숙의민주주의'가 발전되었는가? 등등 뉴스에 관련된 다양한 이슈들을 폭넓게 다루고 있다. 신국판 | 656면 | 35,000원

현대 신문의 이해

장호순(순천향대 신문방송학과)

이 책은 신문방송학 전공자를 위한 교과서이자 한국의 신문에 대한 종합건강진단 보고서라고 할 수 있다. 지난 25년간 발행된 신문에 관한 논문과 저술을 체계적으로 정리하고, 풍부한 예시와 사진 · 도표를 제시하였다. 신문의 기능, 역사에서부터 신문산업의 특징, 취재방식, 기사작성 방식, 편집디자인, 광고, 법제 등 신문과 관련된 다양한 지식들을 담고 있으며, 행간마다 신문이 나아가야 할 방향을 제시한다. 4×6배판 | 384면 | 20,000원

미디어 효과이론 (제3판)

제닝스 브라이언트 · 메리 베스 올리버 편저
김춘식(한국외대) · 양승찬(숙명여대) · 이강형(경북대) · 황용석(건국대) 옮김

이 책은 이용과 충족이론, 의제 설정이론, 문화계발효과이론 등 고전이론의 최신 업데이트된 연구결과를 비롯해 빠르게 진화하는 미디어 세계의 이슈들에 대해서도 다뤘다. 미디어 효과연구 영역을 폭넓게 다룬 포괄적인 참고도서이자 최근의 미디어 효과연구의 진행방향을 정리한 보기 드문 교재로 미디어 이론 연구를 위한 기준을 제공할 것이다. 4×6배판 | 712면 | 38,000원

매스 커뮤니케이션 이론 (제5판)

데니스 맥퀘일 | 양승찬(숙명여대) · 이강형(경북대) 공역

제4판(2000년)과 비교해 이번 제5판(2005년)에서는 특히 인터넷시대의 '뉴미디어'가 출현하고 성장하는 과정 속에서 기존의 매스미디어 이론과 연구결과를 토대로 이야기했던 것을 수정·보완하는 데 주력한 것이 두드러진다. 또한 저자 맥퀘일은 변화하는 미디어 환경 속에서 기존 매스 커뮤니케이션이 어떻게 변화할지에 관심을 두고 각 장의 내용을 전개한다. 새롭게 등장한 이론적 접근에 대한 소개가 추가되었고, 각 장에서의 이슈는 뉴미디어 현상과 연관하여 다루어진 특징이 있다. 크라운판 변형 | 712면 | 28,000원

커뮤니케이션 이론: 연구방법과 이론의 활용

세버린 · 탠카드 | 박천일 · 강형철 · 안민호(숙명여대) 공역

매스 커뮤니케이션의 기본개념부터 다양한 이론적 논의와 연구방법, 연구사례에 이르기까지 언론학 전반을 조감해 주는 교과서이다. 다른 책과 구별되는 큰 장점은 제반 이론을 소개하면서 과학의 특성인 실용성과 누적성이 절로 드러나도록 하는 뚜렷한 관점을 가지고 있다는 것이다. 우선, 소개되는 이론에 관련한 실제 연구사례들을 수집해 제시한다. 더불어 이론이 등장해 어떻게 비판되고 지지되고 발전되었는지 역사적으로 추적한다.
크라운판 | 548면 | 22,000원

디지털 미디어 디바이드: 참여와 통합의 디지털 미디어 정책

고삼석(중앙대)

2012년 12월 31일 아날로그 지상파방송이 중단되고 디지털 방송으로 전환되는데 이는 방송정책과 산업, 그리고 사회 전반에 걸쳐 큰 변화를 가져올 일대 혁신이라고 할 수 있다. 디지털 미디어 디바이드 현상은 단순히 개인 혹은 특정계층의 문제나 산업적·기술적 측면에서 접근할 것이 아니라, 사회문화적 측면에서 국민들의 정보복지 확보를 위해 정부가 적극적으로 해법을 모색해야 한다.
신국판 | 378면 | 19,000원

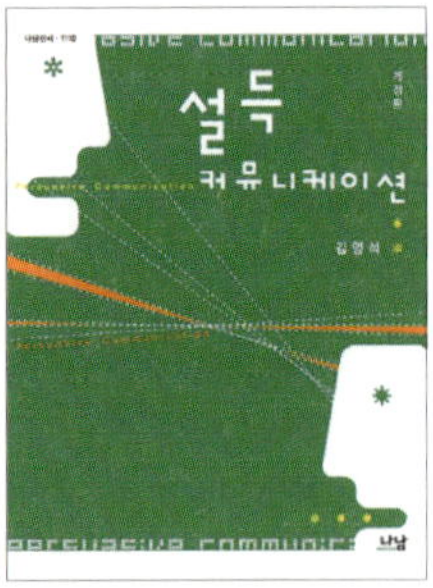

설득커뮤니케이션 (개정판)

김영석(연세대)

저자는 이 책을 통해 다양한 설득 연구들을 모아 설득의 역사, 심리학적 원리기법들을 커뮤니케이션 관점에서 체계적으로 분석하고 있다. 심리학, 정치학, 사회학, 커뮤니케이션학, 스피치학, 광고홍보학 등의 여러 분야에서 다루는 설득 관련 이론 및 방법을 종합적으로 제시해, 설득의 개별사례들에 대한 단순한 이해가 아니라 이면에 담긴 심리학적 원리를 이론적으로 고찰해 소개하고 있다.

크라운판 변형 | 600면 | 28,000원

현대언론사상사

허버트 알철 | 양승목(서울대) 옮김

이 책은 '밀턴'에서 '맥루한'까지 미국 저널리즘의 근간을 이룬 서구 사상가들을 다루고 있다. 현대언론사상의 백과사전이라고 할 수 있을 정도로 300년간의 서구 사상가와 사상들을 집합시켰다. 저널리즘은 오로지 눈앞의 현실이며 실천일 뿐이라고 믿는 사람들에게 그 현실과 실천의 뿌리를 살펴볼 것을 촉구하고 역사성을 회복하라고 호소하고 있다.

신국판 | 682면 | 35,000원

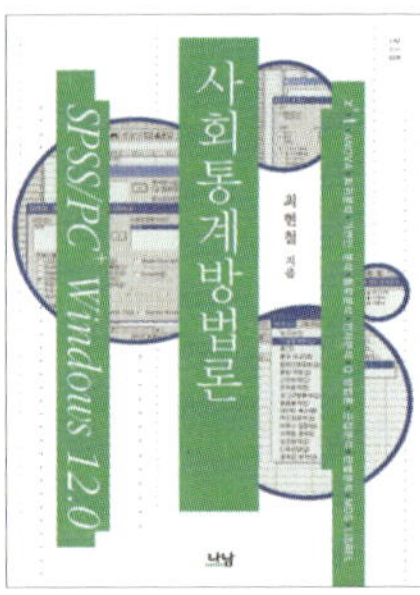

사회통계방법론: SPSS/PC+ Windows 12.0

최현철(고려대)

이 책은 각종 사회통계방법을 총망라한 책으로 가급적 수학공식은 피하고, 통계의 이해와 적용에 중점을 두었다. 특히 각 장의 마지막에는 독자들이 논문이나 보고서를 쉽게 쓸 수 있도록 개별 통계방법의 논문작성법을 제시했다. 또한 통계 프로그램은 Window용 SPSS/PC+의 최신 버전인 12.0(한글판)을 사용하여 데이터 입력에서부터 출력까지의 과정을 보여주면서 실행방법을 자세하게 설명하였다. 4X6배판 변형 | 544면 | 24,000원

코드 2.0

로렌스 레식 | 김정오(연세대) 옮김

이 책은 사이버공간은 규제될 수 없다는 일반적인 믿음에 대해 반론을 펼친다. 상거래의 영향 아래에서 사이버공간은 현실공간보다 행위가 더욱 엄격히 통제되는 규제의 공간이 되고 있다는 것이다. 어떤 사이버공간을 만들어내고 그 속에서 어떤 자유를 보장받을지는 우리가 선택할 수 있는 것이고 선택해야만 하는 문제이다. 그 선택은 결국 구조에 대한 것이고 사이버공간의 법이라 할 수 있는 "코드"를 어떻게 만들어낼 것인가의 문제이다. 신국판 | 672면 | 35,000원

미디어 정책 개혁론: 21세기 미국의 미디어 정치학

로버트 W. 맥체스니 | 오창호(부경대) · 최현철(고려대) 옮김

미국 미디어체제의 본질적 문제들에 천착해온 미국의 대표적 미디어 학자이자 미디어 개혁단체 '자유언론'의 대표인 로버트 맥체스니가 2004년에 펴낸 *The Problem of the Media*를 우리말로 옮긴 책이다. 미국에서 미디어 소유권을 둘러싼 논쟁이 한창 벌어지던 시기에 쓰여진 책으로 최근 우리 사회에 미디어 관련법 문제가 첨예한 갈등적 이슈로 떠오른 시점에서 이 책이 제기하는 주제들은 우리에게 매우 의미심장하다. 신국판 | 504면 | 25,000원

미디어 경제경영론: 이론과 방법

A.알바란 외 공편 | 김동규(건국대) · 정재민(서울여대) · 서상호(건국대) 공역

이 책은 왜 미디어 경제경영 분야가 등장하였고 어떤 과정을 통해 발전했는지, 그리고 주요 연구영역과 분석틀은 무엇인지, 나아가 미래의 주요 연구과제는 무엇인지에 대해 종합적으로 소개하고 있다. 연구영역 부분에서는 인사관리, 재무관리, 전략경영, 신상품 개발, 초국가 미디어 경영, 마케팅 브랜딩, 미디어 융합, 글로벌화 등 최신 이슈들을 다양하게 다룬다. 신국판 | 656면 | 28,000원

철학자들의 언론강의: 언론사상사

존 머릴 | 김동률(서강대) 편역

정치인들의 사생활을 취재할 때 국민의 알권리와 취재대상의 프라이버시 중 무엇을 우선시해야 할까? 몰래카메라와 같은 비합법적 취재로 거대한 사회악을 폭로한다면 취재방식이 정당화될 수 있을까? 이 책은 이처럼 취재현장에서 일어날 수 있는 윤리적 고민을 해결할 수 있는 실마리를 제공한다. 동서고금의 저명한 철학자들의 사상을 언론현장에 대입시켜 현실에서 부딪힐 수 있는 문제를 탐구하여 저널리스트와 저널리즘 전공자들에게 훌륭한 윤리적 가이드라인을 전해줄 것이다. 신국판 | 284면 | 15,000원

변화의 지향: 사상의 자유시장과 인터넷의 미래

이태희(방송통신위원회)

이 책은 인터넷과 포털을 사상의 자유시장의 관점에서 조망한 언론학 해설서이자 인터넷 규제에 관한 한국과 미국의 판례를 분석한 사이버스페이스상의 법률서적이다. 필자는 인터넷과 포털이 지닌 인문학적 가치에 대해 학문적으로, 저널리즘적으로 정리하고 있다. 우리 사회의 인터넷의 구조가 어떤 것인지, 정부와 의회, 법원이 인터넷 정책의 우선순위를 어디에 둬야 하는지, 왜 그런지 짚어본다. 신국판 | 728면 | 35,000원

민주주의와 언론: 김민환의 언론 문화시평

김민환(前 고려대)

이 책은 한국의 대표적 언론학자인 김민환의 칼럼집으로 필자가 〈서울신문〉을 비롯해 〈한국일보〉, 〈중앙일보〉 등에 기고했던 93편의 글을 담고 있다. 필자는 머리말에서 "대중매체에 글을 쓰는 것에 대해 부정적으로 보는 경향이 있다는 걸 알지만, 언론현상에 대해 살피고 말하는 일이야말로 언론학자인 내가 반드시 해야 할 일이라고 생각한다"며 "매스컴 교수"가 되고자 한 이유를 설명했다. 권력과 언론을 향한 고언은 현직 언론인들에게는 '입에 쓴 약'과 같고, 언론을 지망하는 이들에게는 나침반 구실을 해줄 만하다. 신국판 | 344면 | 16,000원

현대 커뮤니케이션 사상사

조맹기(서강대)

그동안 커뮤니케이션 사상사 분야의 연구서를 전문적으로 펴낸 저자가 커뮤니케이션학의 다양한 학문적 풍토 마련과 학제간 연구를 위해 또 하나의 사상서를 출간했다. 로크, 이니스, 맥루한, 하버마스, 롤스, 라자스펠드, 아도르노, 라스웰, 그람시, 이관구 등 현대 언론사상에 지대한 영향을 미친 사상가 10명의 언론철학을 담았다.

신국판 | 438면 | 22,000원

레토릭의 사상가들

조맹기(서강대)

이 책은 커뮤니케이션학의 한 분야로서 수사학의 사상가들과 그들의 이론을 소개한다. 초기 소피스트, 고르기아스, 이소크라테스, 플라톤, 아리스토텔레스 등 고대 그리스로마시대의 사상가들부터 에라스무스, 베이컨, 블레어, 캠벨, 툴민을 지나 하버마스의 공론장 형성까지 수사학의 흐름을 짚는다. 호형호제 사이라고 할 만큼 가까운 커뮤니케이션학과 철학의 역사현실을 기술하고 있다.

신국판 | 312면 | 14,000원

포토 저널리즘 (개정판)

이병훈(한국영상자료원)

이 책은 저자가 10여 년간 대학강단에서 가르치며 연구한 포토 저널리즘 전반의 내용을 체계적으로 정리한 것이다. 저자의 체험적 현장기록임과 동시에 사진과 신문에 대한 생각을 취합한 보도사진 전반에 관한 개설서인 이 책은 디지털 기술 발전에 따른 보도사진의 환경변화에 발맞추어 한정된 프레임 안에서 표현하고 싶은 메시지를 효과적으로 담아내는 방법을 전하고 있다.

4×6배판 | 688면 | 38,000원